C++를 이용한 데이터구조 및 알고리즘 분석

Mark Allen Weiss 저

김현철 | 유현창 | 이상근 | 임희석 | 조광문 공역

PEARSON

홍릉과학출판사

Data Structures and Algorithm Analysis in C++

Third edition

MARK ALLEN WEISS 저

김현철, 유헌창, 이상근, 임희석, 조광문 공역

Addison-Wesley
is an imprint of

PEARSON

www.pearsonhighered.com

역자 머리말

정보화 시대를 넘어선 21세기의 IT 융복합 시대에 잘 적응하고 행복한 삶을 살아가기 위해서 필요한 것이 여러 가지가 있을 수 있다. 그 중의 하나는 자신의 일을 효율적으로 처리할 수 있는 능력을 갖추는 것이라고 생각한다. 효율적인 일처리를 하는 사람들의 공통된 특징 중의 하나는 자신이 해야 되는 일들을 체계적으로 정리하고 관리하는 능력을 갖고 있다는 것이다.

전산학에서 데이터 구조는 자료를 효율적으로 이용할 수 있도록 컴퓨터에 저장하는 방법이라고 알려져 있다. 주어진 상황에 최적으로 맞도록 선택한 데이터 구조는 보다 효율적인 알고리즘을 사용할 수 있게 한다. 이러한 데이터 구조의 신택문제는 대개 추상적 데이터 구조의 선택으로부터 시작하는 경우가 많다. 효과적으로 설계된 데이터 구조는 실행시간 혹은 메모리 용량과 같은 자원을 최소한으로 사용하면서 연산을 수행하도록 함으로써 일의 효율적인 처리가 가능해진다. 즉, 데이터 구조는 효율적이고 체계적인 프로그래밍 기법을 습득하는데 기본이 된다고 할 수 있다.

대형 SI 프로그램, 스마트폰, 또는 무선 인터넷과 같은 이동 통신 환경에서의 작은 응용 프로그램까지 여러 다양한 프로그램을 설계할 때, 어떤 데이터 구조를 선택할 지는 가장 우선적으로 고려되어야 한다. 프로그램 구현의 난이도나 최종 결과물의 성능이 데이터 구조에 크게 의존하고 있다는 것을 관련 개발자들은 이미 많이 경험해 왔기 때문이다. 일단 데이터 구조가 선택되면 적용할 알고리즘은 상대적으로 명확해지기 마련이다. 경우에 따라서는 반대의 순서로 정해지기도 하지만, 이는 목표로 하는 연산이 특정한 알고리즘을 반드시 필요로 하며, 해당 알고리즘이 특정 데이터 구조에서 가장 좋은 성능을 나타낼 경우에 해당된다. 어떠한 경우든지 적절한 데이터 구조의 선택이 필수적이라고 할 수 있다.

역자들은 다년간의 실무 경험과 학교에서의 강의 경험에 근거하여 IT 관련 개발자들이 프로그램에 가장 적합한 데이터 구조를 선택하고 이를 효율적인 알고리즘에 적용하여 구현할 수 있는 방법을 제공하는 교재를 만들고자 고민하였다. 본 교재는 데이터 구조와 알고리즘의 설계 패턴과 객체지향 설계 개념을 소개하고, C++ 언어를 이용하여 일관된 객체지향 관점으로 데이터 구조 및 알고리즘을 설계할 수 있도록 다양한 예제들을 제시하면서 상세하면서도 알기 쉽게 전개하였다. 각 장마다 충분한 연습문제가 제공되어 있으며, 추가적인 학습을 위한 참고문헌 목록이 제시되어 있다.

아무쪼록 본 교재를 통하여 독자 여러분들이 보다 프로그램다운 "프로그램"을 작성하는데 있어서 조금이나마 도움이 될 수 있기를 바란다. 효율적인 프로그램의 작성 능력을 배양하여 국내 IT 기술의 발전에 일익을 담당하는 훌륭한 개발자로 성장할 수 있다면 역자 입장에서 큰 보람이 될 것으로 생각한다. 끝으로 바쁜 일정과 여러 가지 어려운 여건 중에서도 교재의 출판에 도움을 주신 홍릉과학출판사의 모든 분들께 감사를 드린다.

2010년 2월
역자 씀

차 례

1 서론 / 1

10 알고리즘 설계 기법 / 457

11 상환 분석 / 553

12 고급 자료구조와 구현 / 583

1 서 론

Data structures and Algorithm Analysis in C++

이 장에서는 이 책의 목표와 목적에 대해 논의하고 프로그래밍 개념과 이산수학에 대해 간략히 알아본다. 이 장의 내용은 다음과 같다.

- 프로그램이 대용량의 입력 값에 대해 어떻게 수행하는 가는 적당한 크기의 입력 값에 대한 프로그램의 성능만큼 중요한 이유를 알아본다.
- 이 책의 후반부에 필요한 기본적인 수학적 배경 지식을 정리한다.
- 재귀(recursion)에 대해 간략히 알아본다.
- 이 책의 전반에 걸쳐 사용되는 C++의 중요한 특징을 정리한다.

1.1 이 책의 소개

*N*개의 원소로 이루어진 집합에서 *k*번째 큰 원소를 선택한다고 생각해 보자. 이는 선택 문제(selection problem)로 알려져 있다. 하나 이상의 프로그래밍 강좌를 들은 대부분의 학생들은 이 문제를 해결하는 프로그램을 작성하는 데 어려움이 없을 것이다. 여기에는 몇 가지 "명백한" 해결방법이 있다.

이 문제에 대한 해결 방법들 중 하나는 배열로부터 *N*개의 원소를 읽은 후, 버블정렬(bubblesort)과 같은 간단한 알고리즘을 이용하여 내림차순으로 배열을 정렬하고 *k*번째 위치에 있는 원소를 출력하는 방법이다.

다소 더 나은 알고리즘으로는 배열에서 처음 *k*개의 원소를 읽고 이들을 (내림차순으로) 정렬한 후, 남아 있는 원소를 하나씩 읽을 때 배열에서 *k*번째 원소보다 더 작으면 무시하고 배열 내에서 적절한 위치를 찾으면 해당 위치에 삽입하면서 배열 밖으로 맨 뒤에 원소를 밀어내는 방법이다. 이 알고리즘이 끝나면, *k*번째 위치의 원소가 결과로 출력된다.

두 알고리즘 모두 코드가 간단하여 추천할 만한 방법이다. 어떤 알고리즘이 더 좋은지, 그리고 더 중요한 것은 어느 알고리즘이 충분히 좋은지 여부를 묻는 것은 당연한 질문이다. 천만 개의 원소와 k=5,000,000인 임의의 파일을 사용한 실험에서는 어느 알고리즘도

	1	2	3	4
1	t	h	i	s
2	w	a	t	s
3	o	a	h	g
4	f	g	d	t

그림 1.1 단어 퍼즐 예제

적절한 시간 내에 끝나지 않는다는 것을 보여 준다. 이는 두 알고리즘을 수행하여 정확한 결과값이 나온다 하더라도 며칠 동안 컴퓨터 작업을 수행해야 한다는 것이다. 7장에서 언급하는 방법은 몇 초 내에 결과값이 출력된다. 위 두 알고리즘은 정상적으로 작동한다 하더라도 다른 세 번째 알고리즘이 다룰 수 있는 대용량의 입력 값에 대해 비실용적이므로 좋은 알고리즘이 아니다.

이제 유명한 단어 퍼즐을 해결하는 문제를 생각해 보자. 입력 값은 문자로 이루어진 2차원 배열과 단어 리스트로 이루어져 있다. 목적은 퍼즐에서 단어를 찾는 것이다. 이 단어는 가로, 세로, 대각선 어느 방향으로도 만들 수 있다. 예를 들면, 그림 1.1의 퍼즐에서 *this, two, fat, that*을 찾을 수 있다. *this*는 1행, 1열인 (1,1)에서 (1,4)까지 문자로 이루어진다. 비슷하게 *two*는 (1,1)에서 (3,1), *fat*은 (4,1)에서 (2,3), *that*은 (4,4)에서 (1,1)까지 걸쳐 있다.

이 문제를 해결하는 최소한 두 개의 간단한 알고리즘이 있다. 첫 번째 방법은 단어 리스트에서 각 단어의 존재를 알기 위해 (*행, 열, 방향*)의 3원소를 검사한다. 이는 수많은 중첩된 for 루프(loop)를 가지고 있지만 가장 기본적인 방법이다.

다른 방법은 (*행, 열, 방향, 문자수*)의 4원소로 구성되어 퍼즐의 밖으로 나가지 않는 단어 리스트에서 단어가 있는지 여부를 조사할 수 있다. 이 방법은 많은 중첩된 for 루프를 가지고 있으며 최대 문자수를 알 수 있다면 실행 시간을 줄일 수 있다.

잡지에서 종종 등장하는 퍼즐을 해결하는 방법은 코드화하기가 상대적으로 쉽다. 이들 퍼즐은 대체로 16개의 행과 열, 40여개의 단어로 구성된다. 그러나 주어진 퍼즐판에서 영어 사전에 있는 영단어를 모두 고려할 경우, 앞서 제안한 두 방법 모두 이 문제를 해결하는데 많은 시간이 걸려서 적합하지 않다. 그러나 많은 단어 리스트를 고려하는 상황에서도 이 문제를 수초 내에 해결할 수 있는 방법은 있다.

많은 문제에서 중요한 개념은 그저 작동하는 프로그램을 만드는 것으로는 충분하지 않다는 것이다. 프로그램이 큰 데이터 집합에서 작동할 때 실행시간은 큰 문제가 된다. 이 책에서는 대용량의 입력 값을 가지는 프로그램의 실행시간을 측정하는 방법을 알아본다. 또한, 더 중요한 방법인 실제 코드 없이 두 프로그램의 실행시간을 비교하는 방법을 알아볼 것이다. 다음으로 프로그램의 속도를 획기적으로 개선시키는 방법과 프로그램의 병목지점을 결정하는 방법을 살펴본다. 이러한 방법은 최적화하기 위해 노력을 기울여야 할 특정 부분의 코드를 찾게 해 준다.

1.2 수학적 분석

이 절에서는 기억해야 될 기본 공식과 기본적인 증명 방법에 대해 알아본다.

1.2.1 지수 함수

$$X^A X^B = X^{A+B}$$

$$\frac{X^A}{X^B} = X^{A-B}$$

$$(X^A)^B = X^{AB}$$

$$X^N + X^N = 2X^N \neq X^{2N}$$

$$2^N + 2^N = 2^{N+1}$$

1.2.2 로그 함수

컴퓨터 과학에서 특별한 경우를 제외한 모든 로그의 밑은 2이다.

정의 1.1

$X^A = B$이면 $\log_X B = A$이고 그 역도 성립한다.

위 정의로부터 몇 개의 편리한 정리(theorem)가 존재한다.

정리 1.1

$$\log_A B = \frac{\log_C B}{\log_C A}; \quad A,\ B,\ C > 0,\ A \neq 1$$

증명

$X = \log_C B$, $Y = \log_C A$, $Z = \log_A B$라고 하자. 로그의 정의에 의해 $C^X = B$, $C^Y = A$, $A^Z = B$가 된다. 이 세 수식을 합치면 $B = C^X = (C^Y)^Z$이다. 따라서 $X = YZ$, $Z = X/Y$가 되어 정리가 증명된다.

정리 1.2

$$\log AB = \log A + \log B; \quad A,\ B > 0$$

증명

$X = \log A$, $Y = \log B$, $Z = \log AB$라고 하자. 밑이 2라고 가정하므로 $2^X = A$, $2^Y = B$, $2^Z = AB$가 된다. 이 세 수식을 합치면 $2^X 2^Y = AB = 2^Z$이다. 따라서 $X + Y = Z$가 되어 정리가 증명된다.

비슷한 방법으로 유도한 다른 유용한 정리는 다음과 같다.

$$\log A/B = \log A - \log B$$
$$\log(A^B) = B \log A$$
$$\log X < X, \text{ 모든 } X > 0 \text{ 일 때}$$
$$\log 1 = 0,\ \log 2 = 1,\ \log 1{,}024 = 10,\ \log 1{,}048{,}576 = 20$$

1.2.3 급수(Series)

가장 먼저 알아야 될 공식은

$$\sum_{i=0}^{N} 2^i = 2^{N+1} - 1$$

이며 동등한 공식으로

$$\sum_{i=0}^{N} A^i = \frac{A^{N+1} - 1}{A - 1}$$

이 되며, $0 < A < 1$일 때 다음 공식이 성립한다.

$$\sum_{i=0}^{N} A^i \leq \frac{1}{1 - A}$$

이는 N이 ∞로 갈 때, 합이 $1/(1-A)$이며, 이들은 "등비급수(geometric series)"라 한다.

다음 방법으로 $\sum_{i=0}^{\infty} A^i\ (0 < A < 1)$을 유도할 수 있다. S를 합이라고 하면

$$S = 1 + A + A^2 + A^3 + A^4 + A^5 + \cdots$$

이고

$$AS = A + A^2 + A^3 + A^4 + A^5 + \cdots$$

이다. 수렴급수에서만 허용되는 두 식의 차를 구하면 1을 제외한 우변의 모든 항이 삭제되어 다음과 같다.

$$S - AS = 1$$

이고

$$S = \frac{1}{1 - A}$$

이다.

자주 발생하는 합인 $\sum_{i=1}^{\infty} \frac{i}{2^i}$을 계산하기 위해 동일한 방법을 이용하면

$$S = \frac{1}{2} + \frac{2}{2^2} + \frac{3}{2^3} + \frac{4}{2^4} + \frac{5}{2^5} + \cdots$$

이고, 양변에 2를 곱하면

$$2S = 1 + \frac{2}{2} + \frac{3}{2^2} + \frac{4}{2^3} + \frac{5}{2^4} + \frac{6}{2^5} + \cdots$$

위 식에서 아래 식을 빼면,

$$S = 1 + \frac{1}{2} + \frac{1}{2^2} + \frac{1}{2^3} + \frac{1}{2^4} + \frac{1}{2^5} + \cdots$$

이며, $S = 2$이다.

급수의 다른 형태는 등차급수이다. 등차급수는 다음 기본 공식에서 구할 수 있다.

$$\sum_{i=1}^{N} i = \frac{N(N+1)}{2} \approx \frac{N^2}{2}$$

예를 들면, $2+5+8+\cdots+(3k-1)$을 구하려면, 이를 $3(1+2+3+\cdots+k)-(1+1+1+\cdots+1)$로 풀면 이는 $3k(k+1)/2-k$이다. 이를 기억하는 다른 방법은 첫 항과 마지막 항을 더하고 $(3k+1)$, 두 번째와 마지막에서 두 번째 항을 더하여 $(3k+1)$ 계속 같은 방법을 사용하며 더해 나가는 방법이다. 전체 쌍이 $k/2$개이므로 총 합은 $k(3k+1)/2$가 되어 앞의 값과 같게 된다.

다음은 드물게 사용하는 두 개의 공식이다.

$$\sum_{i=1}^{N} i^2 = \frac{N(N+1)(2N+1)}{6} \approx \frac{N^3}{3}$$

$$\sum_{i=1}^{N} i^k \approx \frac{N^{k+1}}{|k+1|}, \quad k \neq -1$$

$k=-1$일 때 두 번째 공식은 유효하지 않다. 다음 공식은 다른 수학분야보다는 컴퓨터과학에서 유용하게 쓰인다. H_N은 조화상수(harmonic numbers)이고 합은 조화합(harmonic sum)이다. 근사값인 $\gamma \approx 0.57721566$은 **오일러 상수(Euler's constant)**이다.

$$H_N = \sum_{i=1}^{N} \frac{1}{i} \approx \log_e N$$

다음 두 공식은 일반적인 대수적 처리법(algebraic manipulation)이다.

$$\sum_{i=1}^{N} f(N) = Nf(N)$$

$$\sum_{i=n_0}^{N} f(i) = \sum_{i=1}^{N} f(i) - \sum_{i=1}^{n_0-1} f(i)$$

1.2.4 모듈러 계산법(Modular Arithmetic)

N이 $A-B$를 나눈다면, A는 B modulo N과 합동, 즉 $A \equiv B(\bmod N)$이 된다. 이것은 A나 B가 N에 의해 나누어질 때의 나머지와 같다. 다시 말하면, $A \equiv B(\bmod N)$이면 $A+C \equiv B+C(\bmod N)$이고 $AD \equiv BD(\bmod N)$이다.

모듈러 계산법을 적용한 많은 정리가 있고 이들 중에는 정수론(number theory)으로 증명해야만 하는 것들이 있다. 이 책에서는 가끔 모듈러 계산법을 사용할 것이고 이는 앞의 정리들이면 충분하다.

1.2.5 문자 P

일반적으로 데이터 구조 분석에서 명령문(statement)를 증명하는 방법으로 귀납법(proof by induction)과 모순법(proof by contradiction)이 있다. 증명하는 가장 좋은 방법은 반례(counterexample)를 들어 정리가 거짓임을 보이는 것이다.

귀납법(proof by induction)

귀납법은 두 단계로 이루어진다. 첫 번째 단계로 초기값(base case)을 증명한다. 즉, 작은 값에서 이 정리가 참임을 밝히며 이는 언제나 명백하다. 다음으로 **귀납적 가정(inductive hypothesis)**이 적용된다. 일반적으로 이는 가설(assumption)이 k번째까지 참임을 가정하면서, 다음 값($k+1$)이 참임을 증명하여 이 정리를 증명하게 된다.

예로써, $F_0=1$, $F_1=1$, $F_2=2$, $F_3=3$, $F_4=5$, ..., $F_i=F_{i-1}+F_{i-2}$인 피보나치 수열이 $i \geq 1$일때 $F_i < (5/3)^i$를 만족하는지 증명해 보자. (다른 정의에서는 $F_0=0$으로 시작하기도 한다.) 먼저 이 정리가 명백한 경우에 참임을 증명해야 한다. $F_1=1<5/3$이고 $F_2=2<25/9$이므로 초기값를 증명하는 것은 쉽다. 이 정리가 귀납적 가정인 $i=1, 2, . . . , k$ 일 때 참임을 가정한다. 이 정리를 증명하기 위해 $F_{k+1}<(5/3)^{k+1}$임을 보여야 한다. 다음 식은 피보나치 수열의 정의이다.

$$F_{k+1} = F_k + F_{k-1}$$

위 식으로부터 우변을 귀납적 가정을 사용하여 다음 식을 얻을 수 있다.

$$\begin{aligned} F_{k+1} &< (5/3)^k + (5/3)^{k-1} \\ &< (3/5)(5/3)^{k+1} + (3/5)^2(5/3)^{k+1} \\ &< (3/5)(5/3)^{k+1} + (9/25)(5/3)^{k+1} \end{aligned}$$

이를 간단히 하면

$$\begin{aligned} F_{k+1} &< (3/5 + 9/25)(5/3)^{k+1} \\ &< (24/25)(5/3)^{k+1} \\ &< (5/3)^{k+1} \end{aligned}$$

이므로, 정리를 증명한다.

두 번째 예로서, 다음 정리를 증명해 보자.

정리 1.3

$$N \geq 1\text{이면, } \Sigma_{i=1}^{N} i^2 = \frac{N(N+1)(2N+1)}{6}$$

증명

귀납법으로 증명한다. 초기값의 경우인 $N = 1$일 때는 쉽게 정리가 참임을 알 수 있다. 귀납적 가정에 의해 $1 \leq k \leq N$일 때 정리가 참임을 가정하면, $N+1$인 경우에 다음 식이 참이어야 한다.

$$\sum_{i=1}^{N+1} i^2 = \sum_{i=1}^{N} i^2 + (N+1)^2$$

귀납적 가정을 적용하면

$$\begin{aligned} \sum_{i=1}^{N+1} i^2 &= \frac{N(N+1)(2N+1)}{6} + (N+1)^2 \\ &= (N+1)\left[\frac{N(2N+1)}{6} + (N+1)\right] \\ &= (N+1)\frac{2N^2+7N+6}{6} \\ &= \frac{(N+1)(N+2)(2N+3)}{6} \end{aligned}$$

이고,

$$\sum_{i=1}^{N+1} i^2 = \frac{(N+1)[(N+1)+1][2(N+1)+1)]}{6}$$

이므로 정리가 증명된다.

반증법(Proof by Counterexample)

수식 $F_k \le k^2$은 거짓이다. 이를 증명하는 가장 간단한 방법은 $F_{11} = 144 > 11^2$이 되어 거짓임을 증명한다.

모순법(Proof by Contradiction)-귀류법

모순법은 정리가 거짓임을 가정하고 이 가정이 어떤 알려진 특징에 의해 거짓임을 보여 주어, 본래의 가정이 틀리게 하여 증명하는 방법이다. 전형적인 예로서 소수(prime)가 무한개라는 정리의 증명이다. 이를 증명하기 위해 정리가 거짓이며, 가장 큰 소수가 P_k라고 가정한다. $P_1, P_2, \cdots, P_k$이 순서대로 나열된 모든 소수라 하고 다음을 고려한다.

$$N = P_1 P_2 P_3 \cdots P_k + 1$$

명백하게 N은 P_k보다 크고 가정에 의해 N은 소수가 아니다. 그러나 모든 $P_1, P_2, P_3, \cdots, P_k$은 N을 나눌 때 1이 남게 된다. 이것은 모든 수가 소수이거나 소수의 배수이어야 하므로 모순이 된다. P_k는 가장 큰 소수라는 가정은 거짓이 되고 정리는 참이 된다.

1.3 재귀(recursion)함수 입문

우리에게 친숙한 대부분의 수학 함수는 간단한 공식으로 기술된다. 예를 들면, 화씨에서 섭씨로 바꾸려고 할 때, 다음 공식을 적용한다.

$$C = 5(F - 32)/9$$

이 공식으로 C++ 함수를 만드는 것은 어렵지 않다. 선언과 괄호를 제외하면 한 줄의 공식은 한 줄의 C++ 언어로 표현할 수 있다.

수학 함수는 때때로 준표준형으로 정의된다. 예를 들면, 함수 f를 음이 아닌 정수에서 유효하며, $f(0) = 0$과 $f(x) = 2f(x-1) + x^2$를 만족한다고 하자. 이 정의로부터 $f(1) = 1$, $f(2) = 6$, $f(3) = 21$, $f(4) = 58$임을 알 수 있다. 함수가 자기 자신에 대해 정의될 때 이를 **재귀**(recursive)라 한다. C++에서는 재귀함수를 지원한다.[1] C++에서 제공하는 것은 단지 재귀적 경향을 따르려는 시도임을 기억하자. 모든 수학적 재귀함수가 C++에서 효율적으로 구현되지는 않는다. 재귀 함수 f는 비재귀 함수와 마찬가지로 단지 몇 행으로 표현되어야 한다. 그림 1.2는 함수 f를 재귀적으로 구현한 것이다.

1) 수치계산에 재귀를 사용하는 것은 일반적으로 좋은 방법이 아니다. 우리는 기본적인 요소를 설명하기 위해 재귀를 이용하였다.

```
1  int f ( int x )
2  {
3     if ( x == 0 )
4        return 0;
5     else
6        return 2 * f ( x - 1 ) + x * x;
7  }
```

그림 1.2 재귀 함수

3, 4행에서는 **초기값(base case)**이라고 알려진 재귀함수에 의지하지 않은 경우를 다룬다. 수학적으로 $f(0)=0$을 포함시키지 않고서는 함수 $f(x)=2f(x-1)+x^2$는 의미가 없기에, 재귀적 C++ 함수는 초기값 없이 쓸 수는 없다. 6행에서는 재귀호출을 한다.

재귀에 대한 몇 가지 중요하고 혼동하기 쉬운 특징이 있다. 가장 많은 질문이 "재귀가 단순히 순환 논리(circular logic)가 아닌가?"이다. 재귀는 자기 자신을 이용해서 함수를 정의하지만 자기 자신의 함수의 특정한 경우로 정의하지 않는다. 즉, $f(5)$를 $f(5)$를 이용해서 푼다면 순환이 되지만, $f(5)$를 $f(4)$를 이용해서 풀려고 한다면 순환이 아니다. 가장 중요한 쟁점은 아마도 문제를 어떻게 풀고 왜 푸는가라는 것이다. 3장에서는 문제를 어떻게, 왜 푸는지 논리적으로 풀어놓고 있다. 여기에서는 간단한 설명만 하겠다.

재귀호출은 다른 호출과 다르지 않게 다루어진다. 함수 f가 4의 값으로 호출된다면 6행에서 $2*f(3)+4*4$의 계산을 필요로 한다. 또한 $f(3)$을 계산하기 위하여 호출되고, $2*f(2)+3*3$의 계산이 이루어진다. 이는 $f(2)$를 계산하기 위하여 또 다른 호출이 이루어지고, $2*f(1)+2*2$가 계산된다. 결국 $f(1)$인 $2*f(0)+1*1$에서 초기값인 $f(0)=0$을 이용하여 계산한다. $f(0)$에서부터 시작되면 $f(1)=1$이 되며, $f(2)$, $f(3)$, $f(4)$를 각각 순서대로 계산할 수 있다. 모든 계산은 함수 호출이 진행되는 경로를 따라가면서 컴퓨터에 의해 자동적으로 수행된다(함수 호출은 재귀호출이 끝나길 기다리지 않고 시작된다). 그러나, 중요한 점은 재귀 호출은 초기값에 도달할 때까지 계속 수행된다는 것이다. 예를 들면, $f(-1)$를 수행하기 위해서는 $f(-2)$, $f(-3)$ 등을 호출해야 한다. 이 경우에는 절대 초기값에 도달할 수 없기 때문에, 답을 구할 수 없다. 때때로 그림 1.3과 같이 민감한 에러가 발생할 수 있다. 그림 1.3의 에러는 정의된 bad (1)이 6행에서 bad (1)이 되면서 나타난다. 즉, bad (1)이 무엇인지 알 수 있는 단서가 없다. 컴퓨터는 값을 알기 위해 bad (1)을 계속 호출할 것이다. 결국 수행 시스템은 공간이 부족하여 비정상적으로 종료된다. 일반적으로 이러한 함수를 우리는 특수한 경우에는 수행되지 않고 다른 경우에는 수행된다고 말한다. 그러나 이는 거짓이다. bad (2)는 bad (1)을 호출하며, bad (2) 역시 계산할 수 없다. 더 나아가 bad (3), bad (4), bad (5) 모두 bad (2)를 호출한다. bad (2)를 계산할 수 없기 때문에 이 모든 값들은 계산할 수 없다. 사실상, 이 프로그램은 0을 제외한 모든 음이 아닌 수에서 작동되지 않는다. 재귀 프로그램에서는 "특수한 경우(special case)"란 존재하지 않는다.

```
int bad ( int n )
{
   if ( n == 0 )
      return 0;
   else
      return bad ( n / 3 + 1 ) + n - 1;
}
```

그림 1.3 무한 재귀 함수

이를 고려해 볼 때 중요한 두 개의 기본적인 재귀 법칙을 이끌어 낼 수 있다.

1. *초기값(Base case)*. 재귀없이 풀 수 있는 초기값을 가지고 있어야 한다.
2. *진행(Making progress)*. 재귀적으로 풀어지는 모든 경우에서 재귀 호출은 초기값 쪽으로 진행되어야 한다.

이 책 전반에 걸쳐서, 우리는 문제를 해결하는 데 재귀를 사용할 것이다. 수학적이지 않는 예로서 큰 사전을 생각해 보자. 사전 내의 단어들은 다른 단어로 정의되어 있다. 우리가 단어를 찾을 때 때로는 정의를 이해하지 못해 정의 내의 다른 단어를 찾아야 할 때가 있고 이 단어조차도 이해가 안 된다면 다른 단어를 더 찾아나가야 한다. 사전은 유한하기 때문에 결국 (1) 어떤 정의에서 모든 단어를 이해하거나 (이 경우 하나의 정의를 이해하여 다른 정의를 순서대로 이해해 나간다.) (2) 정의가 순환하여 교착상태에 빠지거나, 정의내의 모르는 단어가 사전에 없는 경우가 발생한다.

단어를 이해하는 우리의 재귀 방법은 다음과 같다. 단어의 의미를 안다면 해결된 것이고, 모른다면 사전을 찾아봐야 한다. 사전을 찾아본 후, 정의내의 모든 단어를 안다면 해결되고 반대의 경우라면 정의 내의 모르는 다른 단어를 재귀적으로 찾아야 한다. 이 과정은 사전이 순환하지 않고 잘 정의되어 있다면 끝날 것이고 단어가 정의되어 있지 않거나 순환적으로 정의되어 있다면 끝나지 않을 것이다.

수치 출력(Printing Out Numbers)

출력하고자 하는 양의 정수 n이 있다고 하자. 함수는 printOut (n)을 포함하는데, I/O 함수는 한자리 수만 취하여 이를 터미널에 출력한다고 가정하자. 이 함수를 printDigit이라고 하면 printDigit (4)는 터미널에 4를 출력한다.

재귀는 이 문제에 대한 간단한 해결방법을 제시한다. 76234를 출력하기 위해, 먼저 7623을 출력하고 다음에 4를 출력해야 한다. 두 번째 단계는 printDigit (n%10)로 쉽게 처리할 수 있지만, 첫 번째 단계는 원래 문제보다 쉽지 않다. 이 문제를 해결하기 위해 printOut (n/10)을 재귀적으로 호출하게 된다.

```
void printOut ( int n ) // 0보다 큰 정수 n 출력
{
   if ( n >= 10 )
      printOut ( n / 10 );
   printDigit ( n % 10 );
}
```

그림 1.4 정수를 출력하기 위한 재귀 함수

이는 일반적인 문제를 어떻게 해결하는지 보여 주며, 프로그램이 무한 루프를 돌지 않는지 확인해야 할 필요가 있다. 초기값을 아직 정의하지 않았으므로, 먼저 이를 해결해야 한다. 초기값은 printDigit (n) ($0 \le n < 10$)이다. 이제 0에서 9까지의 모든 양수에 대해서 printOut(n)은 정의되어 있고 더 큰 수는 작은 양수를 통해 정의할 수 있다. 여기에는 순환이 없으며 전체 함수는 그림 1.4에 나타나 있다.

이 문제를 해결하는 데 노력할 필요가 없다. $n\%10 = n - \lfloor n/10 \rfloor * 10$ [2]이기 때문에 mod함수를 사용하여 해결할 수 있다(mod함수는 큰 비용을 필요로 한다).

재귀와 귀납

이제 위의 재귀 수치출력 프로그램을 엄밀히 증명해 보자. 이를 위해 귀납법을 사용한다.

정리 1.4

재귀 수치출력 알고리즘은 $n \ge 0$에서 수행된다.

증명 **(n의 자리수만큼 귀납법 수행)**

우선, n이 한자리수라면 한번의 printDigit를 호출하기 때문에 프로그램은 명백히 수행된다. printOut이 k개의 자릿수 이하의 모든 수에서 수행된다고 가정하면, $k+1$개 자리수의 수들은 처음 k개의 자리수와 마지막의 중요한 한자리수로 나눌 수 있다. 처음 k개의 자리수는 귀납적 가정에 의해 정확히 $\lfloor n/10 \rfloor$ 이 되어 정확히 출력된다. 프로그램이 $(k+1)$개의 자리수를 가진 수를 정확히 출력하기 위해서는 마지막 자리수는 n mod 10이 된다. 이는 귀납에 의해 모든 수는 정확히 출력된다.

이 증명은 아마도 알고리즘 설명과는 약간 동떨어지게 보일지도 모른다. 재귀 프로그램을 디자인하는데 같은 문제의 더 작은 경우는 정확히 수행된다고 가정한다. 재귀 프로그램은 현재의 문제를 해결하기 위해 재귀를 통해 "마법처럼(magically)" 얻어지는 더 작은 문제의 해결책을 이용한다. 이의 수학적 정당성은 귀납법에 의해 증명되며 여기에서 재귀의 세 번째 법칙이 나온다.

---

2) $\lfloor x \rfloor$는 x와 같거나 x보다 작은 수들 중에서 가장 큰 정수이다.

3. *설계 법칙*(*Design rule*). 모든 재귀 호출은 수행됨을 가정한다.

이 법칙은 재귀 프로그램을 설계하는데 있어서 수많은 재귀호출을 일일이 쫓아가볼 필요가 없고 재귀호출의 세부항목까지 알 필요가 없다는 것을 의미한다는 점에서 중요하다. 실질적으로 재귀호출의 실제 순서를 따라간다는 것은 어렵다. 물론 우리는 컴퓨터에서 복잡한 세부항목을 알아볼 수 있으며 이는 재귀의 유익한 사용 방법이 될 수 있다.

재귀에서의 주된 문제점은 숨겨진 수행비용이다. 재귀 프로그램이 알고리즘을 단순화시키고 간단한 코드로 표현된다는 점에서 이러한 비용은 거의 정당하다고 인정되어지지만, 재귀는 for 루프의 대용으로 결코 사용되어지지 않는다. 3.6절에서는 재귀에 포함된 오버헤드(overhead)에 대해 논의해 볼 것이다.

재귀 함수를 쓸 때, 다음 4개의 기본 법칙을 잘 기억해 놓고 있어야 한다.

1. *초기값*(*Base case*). 재귀없이 풀 수 있는 초기값을 가지고 있어야 한다.
2. *진행*(*Making progress*). 재귀적으로 풀어지는 모든 경우에서 재귀 호출은 초기값 쪽으로 진행되어야 한다.
3. *설계 법칙*(*Design rule*). 모든 재귀 호출은 수행됨을 가정하라.
4. *복리 법칙*(*Compound interest rule*). 분리된 재귀 호출로 같은 유형의 문제를 해결함으로써 중복 작업을 하지 말라.

이후의 절에서 정의되어질 네 번째 법칙은 피보나치 수열과 같은 간단한 수학 함수를 계산하는 데 재귀를 사용하는 것은 좋지 않는 방법이라는 것에 대한 이유가 된다. 이 법칙을 명심하고 있다면 재귀 프로그래밍은 수월해질 것이다.

1.4 C++ 클래스

이 책을 공부하면서 많은 자료구조를 작성하게 될 것이다. 그러한 모든 자료구조들은 데이터(보통, 동일한 타입으로 이루어진 아이템의 집합을 말함)를 저장하고 이러한 것을 다루는 함수를 제공하는 객체가 된다. 다른 언어들과 마찬가지로 C++에서도 이러한 작업은 *클래스*(*class*)를 사용함으로써 처리할 수 있다. 이번 절에서는 C++의 클래스에 대하여 설명한다.

1.4.1 기본적인 class 문법

C++에서 클래스는 **멤버(member)**들로 구성된다. 이러한 멤버는 데이터나 함수로 구성될 수 있다. 클래스에서의 함수는 **멤버 함수(member function)**라고 불린다. *객체*(*object*)라는 것은 어떠한 클래스로부터 생성된 인스턴스(instance)를 말한다. 객체는 클

래스에서 기술되어 있는 데이터 요소로 구성된다. (이것은 그 데이터 요소가 static이 아닐 경우에만 적용된다. 이에 관한 자세한 내용이 현재의 단계에서 불명확하더라도 안심해도 좋을 것이다) 멤버 함수는 객체에 어떠한 작용을 하기 위해서 사용된다. 이러한 멤버 함수는 **메소드**(method)라는 이름으로 불리기도 한다.

예를 들면, 그림 1.5에 IntCell이라는 간단한 클래스가 있다. IntCell 클래스를 보면, 각각의 인스턴스(IntCell 객체)는 storedValue라는 이름의 단일 데이터 멤버를 가지고 있다. 그것을 제외한 나머지는 전부 메소드이다. 이 예에서는 총 4개의 메소드가 있으며 그 중 두 개는 read와 write라는 이름의 일반적인 함수이다. 나머지 두 개는 생성자(constructor)라고 알려진, 특별한 메소드이다. 여기서 몇 가지 중요한 특성을 소개한다.

첫 번째로, public과 private라는 두 개의 레이블을 주목하자. 이러한 레이블은 클래스 멤버의 가시성(visibility)을 결정한다. 이 예에서 데이터 멤버인 storedValue를 제외한 모든 멤버들은 public으로 지정되어 있다. storedValue는 private으로 선언되어 있나. public으로 지정된 멤버는 다른 모든 클래스의 모든 메소드에서 접근이 가능하다. private으로 지정된 멤버는 자신의 클래스내 모든 메소드에서 접근이 가능하다. 전형적으로 데이터 멤버는 private으로 선언하는데, 이는 클래스 내부의 세부사항에 대한 접근을 제한하기 위한 것이다. 반대로 메소드는 일반적인 사용을 위한 것이기 때문에 public으로 지정되어 있다. 이러한 메커니즘을 **정보은닉**(information hiding)이라고 한다. private 데이터 멤버를 사용함으로써, 객체의 내부적인 표현에 변경이 있더라도 프로그램 내에서 그 객체를 사용하는 부분에 영향을 주지 않는 것이 가능하다. 이것은 객체에 접근하는 것이 외부에서 봤을 때 그 기능이 변하지 않는 public 멤버 함수를 통해서만 이루어지기 때문이다. 클래스의 사용자는 그 클래스가 어떻게 구현되었는가에 대한 세부사항을 알아야 할 필요가 없다. 데이터 멤버는 멤버 함수를 통해서만 접근 가능하다는 방식은 많은 문제들을 사전에 방지할 수 있다. 예를 들어서, month, day, year이라는 private 데이터 멤버를 가지는 클래스에서 외부 사용자가 Feb 29, 2001과 같이 오류가 있는 데이터를 저장하려고 시도하는 것을 금지할 수 있다. 하지만 몇몇의 메소드는 클래스 내부에서만 사용되며, 이러한 메소드는 private로 지정할 수 있다. 클래스에서 모든 멤버는 기본적으로 private이므로 멤버를 클래스 외부에 공개할 경우 반드시 public으로 지정해야 한다.

두 번째는 **생성자**(constructor)에 대한 내용이다. 이것은 클래스의 인스턴스가 어떻게 생성될 것인가를 기술한 메소드이다. 만약 명시적으로 정의된 생성자가 없을 경우, 언어의 기본값(default)으로 데이터 멤버를 초기화하는 생성자가 자동적으로 주어진다. IntCell 클래스의 경우, 두 개의 생성자가 정의되어 있다. 첫 번째는 클래스의 사용자가 매개변수를 입력하지 않았을 때 호출된다. 두 번째는 int 매개변수가 주어졌을 때 호출되고 storedValue 멤버를 초기화하기 위하여 그 int를 사용한다.

```
/**
 * 정수형 메모리 셀을 시뮬레이션하는 클래스
 */
class IntCell
{
  public:
    /**
     * IntCell 객체를 생성한다.
     * 초기값은 0이다.
     */
    IntCell( )
      { storedValue = 0; }

    /**
     * IntCell 객체를 생성한다.
     * 초기값은 initialValue이다.
     */
    IntCell( int initialValue )
      { storedValue = initialValue; }

    /**
     * 저장된 값을 반환한다.
     */
    int read( )
      { return storedValue; }

    /**
     * 저장된 값을 x로 변경한다.
     */
    void write( int x )
      { storedValue = x; }

  private:
    int storedValue;
};
```

그림 1.5 IntCell 클래스의 선언

1.4.2 추가적인 생성자 문법과 접근자

클래스가 쓰여진 대로 작동하지만, 더 나은 스타일로 코딩하기 위한 추가적인 문법이 있다. 네 가지 변경된 사항이 그림 1.6에 나타나 있다(간결함을 위하여 주석은 제외한다). 그 차이점은 다음과 같다.

```
1  /**
2   * 정수형 메모리 셀을 시뮬레이션하는 클래스
3   */
4  class IntCell
5  {
6    public:
7      explicit IntCell( int initialValue = 0 )
8        : storedValue( initialValue ) { }
9      int read( ) const
10       { return storedValue; }
11     void write( int x )
12       { storedValue = x; }
13
14   private:
15     int storedValue;
16 };
```

그림 1.6 개선된 IntCell 클래스

기본 매개변수

IntCell 생성자는 **기본 매개변수**(default parameter)를 묘사하고 있다. 결과적으로 두 개의 IntCell 생성자가 정의된다. 첫 번째 생성자는 initialValue 매개변수를 받는다. 두 번째 생성자는 매개변수가 없는 생성자(zero-parameter constructor)로서, 이는 하나의 매개변수를 가지는 생성자(one-parameter constructor)에서 initialValue가 선택 가능하다고 선언했기 때문에 묵시적으로 정의된 것이다. 기본값인 0은 매개변수가 주어지지 않았을 경우에 0이 사용된다는 것을 의미한다. 이러한 기본 매개변수는 임의의 함수에서 사용될 수 있으나 대부분은 생성자에서 사용된다.

초기화 리스트(Initializer List)

IntCell 생성자는 생성자의 본문(body)에 앞서 **초기화 리스트**(initializer list, 그림 1.6, 8행)를 사용한다. 초기화 리스트는 데이터 멤버를 직접적으로 초기화하기 위해서 사용한다. 그림 1.6에서 보듯이 거의 차이점은 없으나, 본문내의 할당문 대신에 초기화 리스트를 사용하는 것은 데이터 멤버가 복잡한 초기화를 필요로 하는 클래스 타입일 때 시간을 절약할 수 있게 한다. 때때로 이것이 필요한 경우가 있다. 예를 들어, 데이터 멤버가 const(객체가 생성된 이후로 값이 변하지 않는다는 것을 의미함)인 경우, 이러한 데이터 멤버의 값은 오직 초기화 리스트에서 초기화된다. 또한, 데이터 멤버 자체가 매개변수가 없는 생성자를 가지지 않는 클래스 타입일 경우 반드시 초기화 리스트에서 초기화되어야 한다.

explicit 생성자(explicit Constructor)

IntCell 생성자는 explicit로 선언되어 있다. 하나의 매개변수를 갖는 생성자는 의도하지 않은 타입으로 변환되는 것을 피하기 위해서 explicit로 지정하는 것이 좋다. 그렇지 않았을 경우 명시적 캐스팅 연산(explicit casting operation)없이 다소 완화된 타입 변환 규칙이 적용된다. 이것은 강한 데이터 타입 변환(strong typing) 원칙에 반하는, 프로그래머가 의도하지 않은 행동이며 찾기 어려운 버그가 될 수 있다. 예를 들어 다음을 고려해 보자.

```
IntCell obj;  // obj는 IntCell 객체이다.
obj = 37;     // 컴파일되지 않음: 타입 불일치
```

이 같은 코드는 IntCell 객체인 obj를 생성한 뒤 할당문을 실행한다. 하지만 할당 연산자의 오른쪽 편이 IntCell이 아니기 때문에 이 할당문은 작동하지 않는다. 이 경우 obj 객체의 write 메소드가 사용되어야 한다. 하지만 C++에는 완화된 규칙이 적용된다. 보통 하나의 매개변수를 가지는 생성자는 **암시적 타입 변환**(implicit type conversion)을 정의한다. 그 안에서 임시적인 객체가 생성되어 할당연산(또는 함수로의 매개변수)이 사용될 수 있다. 이 경우 컴파일러는

```
obj = 37;     // 컴파일되지 않음: 타입 불일치
```

을

```
IntCell temporary = 37;
obj = temporary;
```

로 변환할 것이다.
temporary가 하나의 매개변수를 가지는 생성자에 의해 생성되었다는 것을 주목하자. explicit의 사용은 하나의 매개변수를 가지는 생성자가 암시적으로 temporary를 생성할 수 없다는 것을 의미한다. 따라서 IntCell의 생성자가 explicit로 선언되었기 때문에, 컴파일러로부터 타입 불일치가 일어났다는 에러 메시지를 받게 될 것이다.

7.8 절에서 다소 완화된 규칙이 도움이 되는 예제를 보게 될 것이다. 하지만 그것은 규칙이라기보다 일종의 예외(exception)이다.

상수 멤버 함수(Constant Member Function)

객체의 상태를 바꾸지 않고 조사하는 멤버 함수를 **접근자**(accessor)라고 한다. 반대로 객체의 상태를 변화시키는 함수는 **변경자**(mutator)라고 한다. 예를 들면, 전형적인 collection 클래스에서 isEmpty 메소드는 접근자이고 makeEmpty 메소드는 변경자이다.

C++에서는 모든 멤버 함수를 접근자 또는 변경자로 명시할 수 있다. 이러한 점은 클래스의 설계 과정에서 중요한 부분이며 단순히 주석 처리함으로써 그 의미를 전달하기는

힘든 것이다. 이러한 특성은 실제적으로 아주 중요한 문맥적인 의미를 제공한다. 예를 들어, 변경자는 상수 객체(constant object)에 적용될 수 없다. 기본적으로 모든 멤버 함수는 변경자이다. 멤버 함수를 접근자로 지정하기 위해서는 const 키워드를 함수의 매개변수 타입 리스트를 선언하는 닫는 괄호 뒤에 반드시 명시해야 한다. 상수성(const-ness)은 함수 서명(signature)의 일부분이다. 또한 const는 많은 다른 의미로 사용된다. 함수 선언에서의 const는 세 가지의 서로 다른 의미를 가질 수 있다. 닫는 괄호 뒤에 오는 const가 그 함수가 접근자라는 것을 뜻한다. const의 다른 사용 예는 1.5.2절과 1.5.3절에서 설명한다.

IntCell 클래스에서 read 함수는 명백한 접근자이다(IntCell 객체의 상태에 변화를 주지 않는다). 따라서 9행에서와 같이 상수 멤버 함수로 정의되었다. 만약 접근자로 정의된 멤버 함수가 데이터 멤버의 값을 변경하려 한다면 컴파일 에러가 발생한다.[3)]

1.4.3 인터페이스와 구현의 분리

그림 1.6의 클래스는 문법적인 오류가 없는 구문으로 작성되었다. 하지만 C++에서 클래스의 인터페이스(interface)와 실제의 구현(implementation)을 분리하는 것이 보통이다. 인터페이스에는 클래스와 그 멤버(데이터와 함수)가 나열되어 있다. 구현부에서는 함수의 실제적인 구현 코드가 들어가게 된다.

그림 1.7은 IntCell 클래스의 인터페이스, 그림 1.8은 구현, 그림 1.9는 IntCell 클래스를 이용하는 main 루틴을 보여 주고 있다. 다음에서 몇 가지 중요한 사항을 설명한다.

전처리기 명령(Preprocessor Commands)

인터페이스는 전형적으로 .h로 끝나는 파일에 작성한다. 특정한 인터페이스에 대한 인식이 필요한 소스 코드는 반드시 그 인터페이스 파일을 포함(#include 구문을 사용)해야 한다. 앞선 예제에서 구현 파일과 main 함수를 포함하는 파일 모두 그러한 규칙을 따른다. 복잡한 프로젝트는 보통 다른 파일을 포함하는 많은 파일로 이루어지며, 따라서 하나의 파일을 컴파일할 때 동일한 인터페이스를 여러 번 읽는 문법적인 오류를 범할 수 있다. 이러한 것을 방지하기 위해서 각각의 헤더 파일은 클래스 인터페이스를 읽을 때 심벌(symbol)을 정의하는 전처리기를 사용한다. 이것은 그림 1.7에 처음 두 행에 나타나 있다. IntCell_H라는 심벌 이름은 다른 어떤 파일에서도 정의될 수 없다(심벌 이름은 보통 파일 이름과 동일하게 한다). 인터페이스의 첫 행에서 심벌이 미리 정의되어 있는지 여부를 검사한다. 만약 정의되지 않은 심벌 이름이라면 그 파일을 처리하게 된다. 그렇지 않으면 이 파일을 이미 읽었다는 것을 알기 때문에, #endif 행으로 넘어감으로써 그 파일을 처리하지 않는다.

3) 데이터 멤버는 상수성(const-ness)이 적용될 수 없다는 것을 명시하기 위해 mutable이라 표시될 수 있다.

```
#ifndef IntCell_H
#define IntCell_H

/**
 * A class for simulating an integer memory cell.
 */
class IntCell
{
  public:
    explicit IntCell( int initialValue = 0 );
    int read ( ) const;
    void write ( int x );

  private:
    int storedValue;
};

#endif
```

그림 1.7 *IntCell.h* 파일에서 IntCell 클래스 인터페이스

유효 범위 연산자(Scoping Operator)

전형적으로 .cpp, .cc 또는 .C로 끝나는 구현 파일에서 각각의 멤버 함수들은 자신이 속한 클래스를 명시해야 한다. 그렇지 않을 경우, 그 함수의 유효 범위는 전역적이라고 가정한다(그리고 이것은 수많은 논리적 오류를 야기할 위험이 있다). 문법은 ClassName::member 형식이고 ::를 **유효 범위 연산자(scoping operator)**라고 한다.

함수의 서명은 반드시 일치해야 한다

구현된 멤버 함수의 서명은 반드시 클래스 인터페이스에 나열된 서명과 일치해야 한다. 멤버 함수가 접근자(마지막에 const를 붙임으로써)인지 변경자인지를 알려주는 것이 서명의 한 부분이 된다는 것을 상기해 보자. 즉 하나의 예를 들어보면, 그림 1.7과 1.8에서 하나의 const가 read 함수의 서명들 중 하나에서 생략된다면 오류가 발생할 것이다. 기본 매개변수는 오직 인터페이스에서만 명세되고 구현에서는 생략된다는 것을 기억하자.

객체는 원시형과 같은 방식으로 선언된다

C++에서 객체는 원시형(primitive type)과 같은 방법으로 선언된다. 따라서 다음은 문법적인 오류없이 IntCell 객체를 선언하는 코드이다.

```
IntCell obj1;            // 매개변수가 없는 생성자
IntCell obj2 ( 12 );     // 하나의 매개변수를 가지는 생성자
```

```
#include "IntCell.h"

/**
 * Construct the IntCell with initialValue
 */
IntCell::IntCell ( int initialValue ) : storedValue ( initialValue )
{
}

/**
 * Return the stored value.
 */
int IntCell::read ( ) const
{
   return storedValue;
}

/**
 * Store x.
 */
void IntCell::write ( int x )
{
   storedValue = x;
}
```

그림 1.8 *IntCell.cpp* 파일에서 IntCell 클래스의 구현

반면에 다음은 부정확하다.

```
IntCell obj3 = 37;          // 생성자가 명시적이다
IntCell obj4( );            // 함수 선언문
```

obj3의 선언문은 하나의 매개변수를 가지는 생성자가 explicit이기 때문에 문법적인 오류가 있다. 그 생성자가 explicit하지 않다면 문법적으로 문제가 없다(다시 말해서, 하나의 매개변수를 가지는 생성자를 사용하는 선언문의 경우 초기값을 표시하기 위한 괄호를 반드시 사용해야 한다). obj4의 선언문은 객체 생성 코드가 아니라, 매개변수가 없고 IntCell을 반환하는 함수(다른 곳에서 정의되어 있을)의 선언문이 된다.

1.4.4 vector와 string

C++ 표준에서는 vector와 string이라는 두 개의 클래스가 정의되어 있다. vector는 C++에 내장된 배열(여러 가지 문제에 대한 원인이 된다)을 대체하기 위한 의도로 작성되었다. 내장된 C++ 배열은 일류 객체(first-class object)처럼 행동하지 않는다는 문제점

이 있다. 예를 들어서, 내장된 배열은 = 연산자로 복사할 수 없고, 얼마나 많은 아이템을 저장할 수 있는지를 손쉽게 알아낼 수 없으며, 색인 연산자(indexing operator)에 주어진 인덱스가 유효한지를 검사하는 기능도 없다. 내장된 문자열은 단순히 문자들의 배열이므로 배열이 가지는 약점을 답습할 수 밖에 없다. 예를 들면, == 연산자는 두 문자열을 비교하는 역할을 하는 것이 아니다.

STL(표준 템플릿 라이브러리)에서 제공되는 vector와 string 클래스는 배열과 문자열을 일류 객체처럼 다룬다. vector 객체는 자신의 크기를 알고 있으며 두 개의 string 객체는 ==, < 와 같은 비교 연산자에 의한 문자열 비교가 가능하다. vector와 string 모두

```
#include <iostream>
#include "IntCell.h"
using namespace std;

int main( )
{
   IntCell m;   // 또는 IntCell m (0); 그러나 IntCell m ( );은 사용 불가

   m.write ( 5 );
   cout << "Cell contents:" << m.read ( ) << endl;

   return 0;
}
```

그림 1.9 *TestIntCell.cpp* 파일에서 IntCell 클래스를 사용하는 프로그램

```
#include <iostream>
#include <vector>
using namespace std;

int main( )
{
   vector<int> squares ( 100 );

   for( int i = 0; i < squares.size ( ); i++ )
      squares [ i ] = i * i;

   for( int i = 0; i < squares.size ( ); i++ )
      cout << i << " " << squares [ i ] << endl;

   return 0;
}
```

그림 1.10 vector 클래스를 사용하여 100개의 제곱수를 저장하고 출력하는 프로그램

= 연산자를 이용하여 복사(copy)할 수 있다. 가능하다면 최대한으로 C++의 내장된 배열, 문자열을 사용하지 않을 것을 권장한다. 3장에서 vector가 어떻게 구현될 수 있는가를 보여 주기 위한 의미에서 내장된 배열에 대하여 설명한다.

vector와 string을 사용하는 것은 쉬운 일이다. 그림 1.10의 코드는 100개의 완전 제곱수를 저장하고 출력하는 vector를 생성한다. size는 vector의 크기를 반환하는 메소드라고 하자. 3장에서 보다 자세히 설명될 vector의 좋은 특성 중 하나는 그 크기를 변경하는 것이 쉽다는 점이다. 많은 경우에 vector의 초기 크기는 0으로 설정하고 필요에 따라서 그 크기를 늘려간다.

string 역시 사용하기 쉬우며 두 문자열의 상태를 비교하기 위한 모든 관계 연산자와 동등 연산자(equality operator)를 지원한다. 따라서 str1==str2는 문자열의 값이 같을 경우에 참이 된다. 또한 length 메소드를 이용하여 그 문자열의 길이를 알 수 있다.

1.5 C++ 세부 사항

다른 프로그래밍 언어와 마찬가지로, C++는 여러 가지 프로그래밍 언어의 특징과 세부사항을 공유하고 있다. 이러한 것 중 몇 가지가 이 절에서 소개된다.

1.5.1 포인터

포인터 변수(pointer variable)는 다른 객체가 메모리에 위치하는 주소를 저장하는 변수이다. 이것은 많은 자료구조에서 사용되는 근본적인 메커니즘이 된다. 예를 들어, 아이템 리스트를 저장하기 위해서 인접한 연속적인 배열을 사용할 수 있지만, 배열의 중간에 아이템을 삽입하는 것은 다른 많은 아이템의 위치를 바꿔야 한다. 이러한 것을 배열에 저장하기 보다는 프로그램이 실행될 때마다 할당되는, 연속되지 않은 메모리 단위에 분리하여 저장하는 것이 보통이다. 각각의 객체들은 자신의 다음 객체를 가리키는 링크를 가지게 된다. 링크는 다른 객체의 메모리 위치를 저장하기 때문에 포인터 변수가 된다. 이것이 고전적인 연결 리스트이며 3장에서 보다 자세히 설명될 것이다.

포인터에 적용되는 연산에 대하여 설명하기 위해서 그림 1.9의 프로그램을 다시 작성하였다. 새로운 버전에서는 IntCell 객체가 동적으로(dynamically) 할당된다. IntCell과 같이 간단한 클래스일 경우, 이런 방식으로 C++ 코드를 작성할 필요가 있는 것은 아니다. 굳이 새로운 버전을 작성한 것은 동적 메모리 할당에 대한 예제를 보여 주기 위한 것이다. 이 책의 뒷부분에서 이러한 기법이 필요하고 유용하게 사용되는 더 복잡한 클래스를 볼 수 있을 것이다. 그림 1.9의 새로운 버전은 그림 1.11에 나타나 있다.

```
1   int main ( )
2   {
3       IntCell *m;
4
5       m = new IntCell ( 0 );
6       m->write ( 5 );
7       cout << "Cell contents: " << m->read ( ) << endl;
8
9       delete m;
10      return 0;
11  }
```

그림 1.11 IntCell 객체에 대한 포인터를 사용하는 프로그램(반드시 이러한 방식으로 프로그래밍할 필요는 없다.)

선언

3행에서 m을 선언하고 있다. *은 m이 포인터 변수라는 것을 지시한다. 따라서 m은 IntCell 객체를 가리킬 수 있다. m의 **값(value)**은 m이 가리키는 객체의 주소가 된다. 이 단계에서는 아직 m의 값이 초기화되어 있지 않다. C++에서는 m을 사용하기 전에서 특정한 값을 할당 받았는지를 검사하지는 않는다(하지만, 몇몇 업체들은 이것을 포함한 추가적인 검사를 하는 컴파일러를 만들고 있다). 일반적으로 초기화되지 않은 포인터를 사용하는 것은 존재하지 않은 메모리 지역에 대하여 접근하기 때문에 프로그램을 충돌시킨다. 일반적으로 포인터 변수를 사용함에 있어 3행과 5행을 결합하거나 m을 NULL 포인터로 설정하여 초기값을 명시적으로 할당하는 것이 좋다.

동적 객체 생성(Dynamic Object Creation)

5행에서는 동적으로 생성된 객체를 설명하고 있다. C++에서 new는 새롭게 생성된 객체의 포인터를 반환한다. C++에서는 매개변수가 없는 생성자를 이용하여 객체를 생성하는 두 가지 방법이 있다. 다음에 제시된 코드는 둘 다 문법적으로 적합하다.

```
m = new IntCell ( );      // OK
m = new IntCell;          // 이 책에서 선호하는 형식
```

1.4.3절의 obj4에서 설명한 문제 때문에 일반적으로 두 번째 형식을 사용한다.

쓰레기 수집(Garbage Collection)과 delete

몇몇 언어에서는 어떤 객체가 더 이상 참조되지 않을 때 자동적인 쓰레기 수집(garbage collection)이 적용된다. 따라서 프로그래머는 그러한 객체에 대하여 신경 쓸 필요가 없다. 하지만 C++에서는 쓰레기 수집 기능이 없다. new를 사용하여 할당된 객체가

더 이상 참조되지 않을 때에는 반드시 delete 연산을 적용해야 한다. 그렇지 않으면 그 객체가 차지하는 메모리 공간이 프로그램이 종료될 때까지 낭비되는 것이다. 이러한 것을 **메모리 누수(memory leak)**라고 하며, 불행히도 C++로 작성된 프로그램에서 자주 발생한다. 다행인 것은 조심스럽게 코드를 작성한다면 메모리 누수의 원인을 상당부분 제거할 수 있다는 점이다. 한 가지 중요한 규칙으로서 자동 변수(automatic variable)가 사용될 수 있는 경우라면, new 키워드로 객체를 생성하지 않는다는 것이 있다. 이전의 프로그램에서 IntCell은 new로 할당되지 않고 지역 변수처럼 할당되었다. 이 경우에 IntCell 객체에 할당된 메모리는 그 객체가 선언된 함수가 반환될 때 자동으로 해제된다. delete 연산자는 그림 1.11의 9행에 나타나 있다.

포인터의 할당과 비교

C++에서 포인터 변수의 할당과 비교 연산을 적용하는 것은 포인터의 값, 다시 말해서 포인터에 저장된 메모리 주소에 기초한다. 따라서 두 포인터 변수가 같은 객체를 가리키면 두 포인터 변수의 값은 같다. 만약 두 포인터 변수가 다른 객체를 가리킨다고 하면, 비록 포인터 변수가 가리키는 두 객체가 같은 값, 상태를 가진다고 해도, 포인터 변수는 서로 다른 것이 된다. lhs와 rhs를 서로 비교 가능한 타입의 포인터 변수라고 했을 때, lhs=rhs라는 식은 rhs가 가리키는 객체를 lhs 역시 가리키도록 한다.[4]

객체 멤버의 포인터를 이용한 접근

포인터 변수가 클래스 타입의 객체를 가리킨다면, 그 객체의 멤버는 -> 연산자를 통하여 접근하는 것이 가능하다. 이것은 그림 1.11의 6행과 7행에 나타나 있다.

나머지 포인터 연산

C++에서는 포인터에 조금은 색다른 연산이 허용되며 종종 이러한 것이 유용할 때가 있다. 예를 들어 < 연산이 정의되어 있다. 포인터 lhs와 rhs가 있다고 할 때, lhs<rhs라는 식은 lhs가 가리키는 객체가 rhs가 가리키는 객체보다 더 낮은 메모리 지역에 저장되어 있을 때 참이 된다. 실제로 이러한 구문은 매우 드물게 사용된다. 그렇지만, 이것과 비슷하게 조금은 생소한 연산자가 7.8절에 설명될 것이다.

또 하나의 중요한 연산자로 **참조 연산자(address-of operator &)**가 있다. 이 연산자는 하나의 객체가 메모리상에서 존재하는 주소를 반환하며 1.5.5에서 설명될 내용인 별칭 테스트를 구현하는 데 유용하게 쓰인다.

4) 이 책의 전반에 걸쳐서, 이항 연산자(binary operator)에 대한 왼쪽 항과 오른쪽 항을 각각 변수 lhs와 rhs로 설정한다.

1.5.2 매개변수 전달

C와 Java를 포함한 많은 언어들은 모든 매개변수를 **값에 의한 호출**(call by value) 방식으로 전달한다(실인수(actual argument)가 형식 매개변수(formal parameter)로 복사된다). 하지만 C++에서 매개변수는 복사 작업이 비효율적인, 크고 복잡한 객체일 수도 있다. 부가적으로 호출을 통하여 전달된 값을 변경할 필요가 있는 경우가 종종 있다. 이러한 이유로, C++에서는 세 가지 매개변수 전달 방식을 제공한다. 그리고 어떤 방식을 적용할 지를 결정하는 간단한 규칙이 있다.

세 가지 매개변수 전달 메커니즘은 다음의 함수 선언부에 나타나 있다. 이 함수는 정수형의 arr에서 처음 n개의 정수에 대한 평균값을 반환하고, n이 arr.size( )보다 크거나 1보다 작으면 errorFlag를 true로 설정한다.

```
double avg( const vector<int> & arr, int n, bool & errorFlag );
```

여기에서 arr는 vector<int> 타입으로, **상수 참조에 의한 호출**(call by constant reference)로 전달된다. n은 정수형 int 타입으로서 **값에 의한 호출**(call by value)로 전달된다. 또한, errorFlag는 bool 타입이며 **참조에 의한 호출**(call by reference)로 전달된다. 매개변수 전달(parameter-passing) 메커니즘은 다음과 같은 두 개의 검사로 결정한다.

1. 만약 형식 매개변수가 실인수의 값을 변경할 수 있어야 한다면 *반드시 참조에 의한 호출을 사용한다.*
2. 그렇지 않으면 실인수의 값은 형식 매개변수를 통하여 변경될 수 없다. 이 때 원시형의 변수를 사용한다면 값에 의한 호출을 사용하고, 그렇지 않다면 클래스 타입의 변수로서 일반적으로 상수 참조에 의한 호출을 사용하여 전달된다.[5)]

함수 avg의 선언에서, errorFlag는 참조에 의해 전달되기 때문에 errorFlag에 새롭게 할당된 값은 실인수에 영향을 미친다. arr와 n은 avg 함수의 호출로 그 값이 변하지 않는다. arr은 클래스 타입이기 때문에 상수 참조에 의해 전달되며, 복사본을 생성하여 전달하는 방식은 비용이 클 수 있으므로 비효율적이다. n은 원시형 변수이고 값을 복사하는 비용이 적으므로 값에 의하여 전달된다.

매개변수-전달의 선택사항을 정리하면 다음과 같다:

1. 값에 의한 호출은 함수 호출을 통하여 값이 변하지 않는 작은 객체에 적당하다.
2. 상수 참조에 의한 호출은 함수 호출을 통하여 값이 변하지 않는 큰 객체에 적당하다.
3. 참조에 의한 호출은 함수 호출을 통하여 값이 변하는 모든 객체에 적당하다.

5) 그렇지만, 단 하나의 내장형 변수를 저장하는 것과 같이 크기가 작은 클래스 타입은 상수 참조에 의한 호출 대신에 값에 의한 호출을 사용하여 전달될 수 있다.

1.5.3 반환값 전달

객체를 반환하는 방식에는 값에 의한 반환, 상수 참조에 의한 반환, 그리고 참조에 의한 반환 등 세 가지 메커니즘이 있다. 가능하다면 참조에 의한 반환은 사용하지 않는 것이 좋다. 1.7.2절에서 참조에 의한 반환 메커니즘이 유용한 예를 보게 되지만, 이러한 경우는 드물다.

값에 의한 반환은 어떤 경우에라도 안전한 방식이다. 그렇지만 반환되는 객체가 클래스 타입일 경우 복사에 대한 오버헤드를 피하기 위한 의도로 상수 참조에 의한 반환을 사용하는 것이 더 나을 수도 있다.[6] 반환문 안에 있는 식의 수명(lifetime)이 함수가 반환된 후에도 계속 유지가 된다는 것이 보장되는 상황에서만 가능하다. 이것은 많은 컴파일러들이 위의 경우와 같은 잘못된 사용에 경고 메시지를 주는데 실패할 정도로 C++에서 아주 다루기 힘든 부분 중 하나이다.

예를 들어 그림 1.12의 코드를 살펴봤을 때, 배열에서 가장 큰(알파벳순으로) string을 찾는 작업을 수행하는, 거의 동등한 두 함수가 제시되어 있다. 양쪽 모두 상수 참조로서 값을 반환하고 있다. 첫 번째 버전인 findMax 함수는 문법적, 의미적으로 오류가 없다.

```
const string & findMax ( const vector<string> & arr )
{
   int maxIndex = 0;

   for ( int i = 1; i < arr.size ( ); i++ )
      if ( arr[ maxIndex ] < arr[ i ] )
         maxIndex = i;

   return arr[ maxIndex ];
}

const string & findMaxWrong ( const vector<string> & arr )
{
   string maxValue = arr[ 0 ];

   for ( int i = 1; i < arr.size ( ); i++ )
      if ( maxValue < arr[ i ] )
         maxValue = arr[ i ];

   return maxValue;
}
```

그림 1.12 가장 큰 문자열을 찾는 함수의 두 가지 버전(첫 번째 버전만 옳은 것이다)

6) 여기서 사용되는 const는 반환될 객체 자체가 나중에 변경될 수 없다는 것을 의미한다. 이것은 매개변수 리스트에서의 const와 접근자임을 명시하는 const와는 다르다.

a[maxIndex] 식은 findMax 함수 외부에서 이미 존재하는 vector를 가리키며, 함수 호출이 반환된 후의 시점에도 존재할 것이기 때문이다. 두 번째 버전은 잘못 사용되었다. maxValue는 함수가 반환될 때는 더 이상 존재하지 않는 지역변수이기 때문이다. 따라서 이 경우에는 복사본을 생성하지 않고 반환하는 것은 적절하지 못하다. 컴파일러가 이러한 경고 메시지를 출력하지 않는다고 하면, 컴파일러에 의해 maxValue에 사용된 메모리가 폐기되는 시점에 따라서 반환되는 값의 유용성이 결정된다. 이러한 점은 디버깅 작업을 아주 힘들게 한다.

1.5.4 참조 변수

참조변수와 상수 참조변수는 매개변수 전달에 흔하게 사용된다. 또한 지역변수와 클래스의 데이터 멤버에 사용될 수도 있다. 이러한 경우, 변수의 이름은 자신이 참조하는 객체의 별칭(synonym)이 된다(참조에 의한 호출에서 형식 매개변수가 실인수에 대한 별칭이 되는 것과 같다). 참조변수가 지역변수로 사용될 때는 복사에 의한 비용을 피할 수 있기 때문에 클래스 타입의 컬렉션을 포함하는 자료구조에 대한 질의에 유용하다. 따라서 많은 경우에, 다음과 같은 코드가

```
string x = findMax( a );
...
cout << x << endl;
```

다음의 코드보다 더 좋다.

```
const string & x = findMax( a );
...
cout << x << endl;
```

두 번째 사용법으로는 지역 참조변수를 복잡한 식으로 지정되는 객체의 이름을 재설정할 목적으로 이용하는 것이 있다. 이것은 5장에서 다시 보게 될 내용으로, 다음의 코드와 비슷한 형태이다.

```
list<T> & whichList = theLists[ hash( x, theLists.size( ) ) ];
if( find( whichList.begin( ), whichList.end( ), x ) != whichList.end( ) )
    return false;
else
    whichList.push_back( x );
```

이 예에서, 상대적으로 더 복잡한 식인 theLists[hash(x,theLists.size( ))]를 네 번 쓰고 계산해야 한다는 점을 피하기 위해서 참조변수가 사용되었다.

참조변수는 클래스의 데이터 멤버로 사용될 수 있지만, 이 책에서는 그러한 방식으로 사용하지 않는다. 그리고 참조변수는 자신이 참조할 객체에 대하여 초기화해야 한다.

1.5.5 3대 중요 요소: 소멸자, 복사 생성자, operator=

C++의 클래스에서는 프로그래머가 명시적으로 작성하지 않더라도 세 가지 특별한 함수인 **소멸자**(destructor)와 **복사 생성자**(copy constructor), 그리고 operator=를 제공한다. 많은 경우, 컴파일러에 의해서 기본적으로 제공되는 이러한 함수들이 프로그래머의 필요에 부합하지만 때때로 그렇지 않은 경우도 있다.

소멸자(destructor)

소멸자는 어떠한 객체의 유효 범위를 벗어날 때마다 호출되고 delete에 종속된다. 소멸자의 전형적인 역할은 객체를 사용함에 있어 할당된 모든 자원을 해제하는 것이다. 이것은 객체를 사용하는 과정에서 일련의 new 키워드로 생성된 다른 모든 객체에 대하여 delete를 호출하는 것과 열린 모든 파일을 닫는 것과 같은 작업을 포함한다. 기본적으로 제공되는 소멸자는 단순히 각각의 데이터 멤버에 대하여 소멸자를 적용한다.

복사 생성자(copy constructor)

새로운 객체를 생성할 때, 같은 타입의 객체 상태를 복사하여 초기화하는 특별한 형태의 생성자가 있다. 이것을 **복사 생성자**라고 부른다. IntCell 객체와 같이 모든 객체에 대하여 복사 생성자는 다음과 같은 경우에서 호출된다.

- 다음의 코드와 같이 초기화를 동반한 선언문

  ```
  IntCell B = C;
  IntCell B( C );
  ```

  하지만 다음의 코드는 다른 의미를 가진다.

  ```
  B = C;  // 할당 연산자, 나중에 논의될 것임.
  ```

- (& 또는 const &에 의한 호출이 아닌)매우 드물지만 값에 의해 호출된 객체
- (& 또는 const &에 의한 반환이 아닌)값에 의해 반환된 객체

첫 번째 경우가 이해하기 가장 쉬운데, 이것은 생성되는 객체가 명시적으로 요구되었기 때문이다. 두 번째와 세 번째 경우는 프로그래머에게는 보이지 않는 임시적인 객체를 생성한다. 그렇다고 해도 객체를 생성하는 작업은 분명히 일어나며, 양쪽 모두 새롭게 생성된 객체에 원본 객체를 복사하는 것이다.

기본적으로 복사 생성자는 각각의 데이터 멤버에 순차적으로 복사 생성자를 적용하는 방식으로 구현된다. int, double 또는 포인터 같은 원시형의 데이터 멤버는 단순히 값을

할당한다. IntCell 클래스의 데이터 멤버인 storedValue가 이 경우에 해당한다. 데이터 멤버 자체가 클래스 객체인 경우에는 각 데이터 멤버의 클래스에 대한 복사 생성자는 그 데이터 멤버에 적용된다.

operator=

복사 할당 연산자(copy assignment operator, operator=)는 사전에 미리 생성된 두 객체에 '='를 적용하였을 때 호출된다. lhs=rhs라는 식은 rhs의 상태를 lhs로 복사하는 작업을 수행하는 것이다. 기본적으로 operator=는 각각의 데이터 멤버에 순차적으로 operator=를 적용하는 것으로 구현한다.

기본 사항(default)의 문제점

IntCell 클래스를 살펴보면, 기본적으로 제공되는 사항들(기본 생성자, 기본 소멸자 등)이 아무런 수정을 거치지 않고 그대로 사용할 수 있다는 것을 알 수 있다. 만약 어떠한 클래스의 데이터 멤버들이 모두 원시형의 객체이거나 기본 사항이 문제없이 적용되는 객체일 경우에는 클래스에서 기본적으로 제공되는 것들이 프로그래머의 의도를 잘 반영한다. 따라서 데이터 멤버가 int, double, vector〈int〉, string, 심지어 vector〈string〉인 클래스에서도 기본 사항을 잘 적용할 수 있다.

기본 사항을 수정 없이 적용시키려 할 때 가장 큰 문제가 되는 것은 데이터 멤버가 포인터일 경우이다. 이러한 문제점과 그 해결책을 3장에서 보다 자세히 설명할 것이다. 이 절에서는 간략한 개요만을 살펴본다. 유일한 데이터 멤버로 포인터를 가지는 클래스를 가정해 보자. 이 포인터는 동적으로 할당되는 객체를 가리킨다. 포인터에 대한 기본 소멸자는 아무 것도 수행하지 않는다(그 이유로서 delete를 프로그래머 스스로가 호출해야 한다는 것을 상기해 보라). 더욱이, 복사 생성자와 operator=에 의하여 복사되는 것은 모두 포인터가 가리키는 객체 자체가 아니라 단순히 포인터에 저장된 값이 된다. 따라서 이 경우에는 단순히 동일한 객체를 가리키는 포인터를 저장하는 두 개의 클래스 인스턴스를 가지게 되는 것이다. 이것을 **얕은 복사**(shallow copy)라고 부른다. 하지만 일반적으로 이 경우에 필요한 것은 객체 전체에 대한 복제본을 생성하는 **깊은 복사**(deep copy)일 것이다. 따라서 클래스의 데이터 멤버로 포인터를 가지고, 포인터가 가리키는 데이터의 사본이 필요한 경우에는 일반적으로 소멸자와 operator=, 그리고 복사 생성자를 직접 구현해야 한다.

IntCell 클래스에 대하여 이러한 연산의 서명은 아래와 같다.

```
~IntCell( );                     // 소멸자
IntCell( const IntCell & rhs);        // 복사 생성자
const IntCell & operator=( const IntCell & rhs);
```

IntCell 클래스의 기본 사항은 프로그래머의 의도를 잘 반영하는 것이며(포인터 데이터 멤버가 없기 때문에), 그림 1.13에 제시된 것과 같이 3대 중요 요소를 구현할 수 있다. 소멸자의 경우, 코드 부분에 대한 실행이 끝난 후에 각각의 데이터 멤버에 대한 소멸자가 자동으로 호출된다. 따라서 이 경우에서의 소멸자는 중괄호 안에 코드가 없다. 복사 생성자의 경우, 코드 부분의 실행 뒤에 따라오는 기본 사항은 복사 생성자에 대한 초기화 리스트이다. 만약에 초기화 리스트에 아무런 원소가 없다면, 복사본을 갖는 것이 아니라 각각의 데이터 멤버가 기본 (매개변수가 하나인) 초기화를 갖는다.

operator=가 가장 흥미롭다. 14행은 별칭 검사(alias test)에 관한 것으로, 객체가 스스로를 복사하는 것이 아니라는 점을 확인한다. 테스트가 문제없이 끝났을 경우 operator=를 각각의 데이터 멤버에 적용한다(15행). 그런 다음에 16행에서 참조를 현재의 객체에게 반환하기 때문에 a=b=c와 같이 할당문이 사슬 구조를 이루게 된다.

앞으로 작성할 프로그램에서 이러한 기본 사항이 본래의 의도를 잘 반영하는 경우 별다른 수정 없이 그대로 사용할 것이다. 기본 사항이 우리의 요구에 잘 맞지 않는다면 소멸자, operator=, 복사 생성자를 직접 구현할 수밖에 없다. 이 경우에, 일반적인 복사 생성자는 보통의 생성자를 모방한 뒤에 operator=를 호출하는 것으로 구현할 수 있다. 대안으로 적절하게 작동하는 복사 생성자를 새롭게 구현할 수도 있지만, 이때에는 값에 의한 호출을 허용하지 않기 위해서 복사 생성자는 private 절에 위치해야 한다.

```
1  IntCell : : ~IntCell( )
2  {
3     // IntCell 클래스가 오직 int형 데이터 멤버만을 가지기 때문에 아무 것도
4     // 수행하지 않는다. 만약에 IntCell이 클래스 객체를 가지고 있다면,
5     // 그 객체에 대한 소멸자가 호출된다.
6  }
7
8  IntCell : : IntCell ( const IntCell & rhs ) : storedValue ( rhs.storedValue )
9  {
10 }
11
12 const IntCell & IntCell : : operator= ( const IntCell & rhs )
13 {
14    if ( this != &rhs ) // Standard alias test
15       storedValue = rhs.storedValue;
16    return *this;
17 }
```

그림 1.13 3대 중요 요소에 대한 기본 사항

기본 사항을 그대로 적용할 수 없을 경우

기본 사항이 제대로 작동하는 않는 가장 흔한 상황은 데이터 멤버가 포인터 타입이고, 그 포인터가 가리키는 객체는 생성자와 같은 멤버 함수에 의하여 할당되는 경우이다. 하나의 예로서 그림 1.14와 같이 int형 변수를 동적으로 할당하는 IntCell을 구현하였다. 예제를 간단히 하기 위하여 인터페이스와 구현을 분리하지 않았다.

그림 1.15의 코드에는 여러 가지 문제점이 드러나 있다. 첫 번째로, 출력되는 결과가 세 개의 4로 이루어져 있다는 것인데, 논리적으로 따져서 4는 오직 한 번만 출력되어야 한다. 이 문제는 기본으로 제공되는 operator=와 복사 생성자가 storedValue에 저장된 포인터 값을 그대로 복사하는 사실에서 발생한다. 따라서 a.storedValue, b.storedValue, c.storedValue 모두 같은 int 변수를 가리키게 된다. 이러한 것을 얕은 복사라고 한다. 포인터가 가리키는 대상이 아닌 포인터가 복사된다. 두 번째로, 잘 드러나지는 않지만,

```
class IntCell
{
  public:
    explicit IntCell( int initialValue = 0 )
      { storedValue = new int( initialValue ); }

    int read( ) const
      { return *storedValue; }
    void write( int x )
      { *storedValue = x; }
  private:
    int *storedValue;
};
```

그림 1.14 데이터 멤버가 포인터이다. 기본 사항은 바람직하지 못하다.

```
int f( )
{
  IntCell a( 2 );
  IntCell b = a;
  IntCell c;

  c = b;
  a.write( 4 );
  cout << a.read( ) << endl << b.read( ) << endl << c.read( ) << endl;
  return 0;
}
```

그림 1.15 그림 1.14에서의 문제점이 드러나는 함수

```
class IntCell
{
  public:
    explicit IntCell( int initialValue = 0 );

    IntCell( const IntCell & rhs );
    ~IntCell( );
    const IntCell & operator= ( const IntCell & rhs );

    int read( ) const;
    void write( int x );
  private:
    int *storedValue;
};

IntCell : : IntCell( int initialValue )
{
    storedValue = new int( initialValue );
}

IntCell : : IntCell( const IntCell & rhs )
{
    storedValue = new int( *rhs.storedValue );
}

IntCell : : ~IntCell( )
{
    delete storedValue;
}

const IntCell & IntCell : : operator= ( const IntCell & rhs )
{
    if( this != &rhs )
      *storedValue = *rhs.storedValue;
    return *this;
}

int IntCell : : read( ) const
{
    return *storedValue;
}

void IntCell : : write( int x )
{
    *storedValue = x;
}
```

그림 1.16 데이터 멤버가 포인터이다. 3대 중요 요소를 다시 작성할 필요가 있다.

이 함수는 메모리 누수의 위험이 있다. a의 생성자로 할당된 int형 변수가 여전히 할당된 채로 있으므로 메모리가 회수될 필요가 있다. c의 생성자로 할당된 int형 변수는 다른 어떤 포인터 변수로부터 참조되지 않는다. 이 변수의 메모리 영역 역시 회수될 필요가 있지만 그 변수의 포인터가 존재하지 않게 되는 것이다.

이러한 문제점들을 바로 잡기 위해서 소멸자, operator=, 복사 생성자를 필요에 맞게 직접 구현해야 한다. 그림 1.16에 그 결과(구현과 인터페이스가 분리되어 있다)가 제시되어 있다. 일반적으로 말해서, 소멸자가 메모리를 회수할 필요가 있다면 기본으로 제공되는 복사 할당 연산자와 복사 생성자는 올바로 작동하지 않는다.

클래스의 데이터 멤버가 자기 자신을 복사하는 능력을 가지고 있지 않다면 기본 operator=는 아무런 연산도 수행하지 못한다. 이 책의 뒷부분에서 그러한 예를 보게 될 것이다.

1.5.6 C-스타일 배열과 문자열

C++언어는 내장된 C-스타일 배열 타입을 제공한다. 10개의 정수형을 갖는 배열, arr1을 선언하는 코드는 다음과 같이 작성할 수 있다.

```
int arr1[ 10 ];
```

실제적으로 arr1은 일류 배열 타입이 아니라 10개의 int 변수를 저장할 수 있는 메모리를 가리키는 포인터이다. 따라서 = 연산을 배열에 적용하는 것은 배열의 원소 전체를 복사하는 것이 아니라 두 포인터 값을 복사하는 연산이 된다. 그리고 위의 선언문에서는 arr1이 상수 포인터이기 때문에 = 연산을 적용하여 arr1의 값을 변경하는 것은 불가능하다. arr1이 함수를 통하여 전달될 때, 배열의 크기에 대한 정보를 잃은 채, 포인터의 값(메모리 주소)만 전해지게 된다. 따라서 배열의 크기 또한 추가적인 매개변수로 전달되어야 한다. 그리고 그 정확한 크기를 알지 못하기 때문에 인덱스의 범위를 검사하는 것도 불가능하다.

앞의 선언문에서는 배열의 크기를 컴파일 시간에 알 수 있다. 하지만 배열 원소의 개수인 10은 변수로 대체될 수는 없다. 만약 배열의 크기를 정확하게 아는 것이 아니면 명시적으로 포인터를 선언하고 new[ ]를 통해서 메모리를 할당해야 한다. 예를 들어서, 다음과 같이 작성한다.

```
int *arr2 = new int[ n ];
```

이 코드를 실행하면 arr2가 const 포인터가 아니라는 점을 제외하고는 arr1과 똑같이 행동할 수 있다. 하지만 메모리가 동적으로 할당되었기 때문에, arr2를 더 이상 사용하지 않는 경우에는 명시적으로 delete[ ]를 사용하여 메모리를 해제해야 한다.

```
delete [ ] arr2;
```

그렇지 않으면 메모리 누수가 발생하며 배열의 크기가 클 경우 프로그램의 실행에 심각한 악영향을 줄 수도 있다.

내장된 C-스타일 문자열은 문자의 배열로 구현된다. 문자열의 길이를 전달해야 하는 것을 피하기 위하여 문자열의 논리적 종료를 가리키는 특별한 널-종료문자인 '\0'을 사용한다. 그리고 문자열의 복사에는 strcpy 함수, 비교 연산에는 strcmp 함수, 각 문자열의 길이를 알기 위해서는 strlen 함수 등이 있다. 문자열 내에서 각각의 문자는 배열 인덱스 연산자를 통해서 접근할 수 있다. 문자열을 복사하는 것은 복사 대상이 되는 문자열보다 충분히 큰 배열에서 작업한다는 가정으로 복잡해질 수 있으며, 메모리 관리가 쉽지 않다는 것을 포함하여 배열과 관련된 스트링에 대한 많은 문제들이 존재한다. 앞에서와 같은 가정이 존재하지 않는다면, 자주 널-종료문자를 위한 공간이 남겨져 있지 않기 때문에 어려운 디버깅 과정이 필요로 된다.

표준 vector 클래스와 string 클래스는 내장된 C-스타일 배열과 문자열에 대한 연산을 숨김으로써 구현된다. 3장에서는 vector 클래스 구현에 대해 기술한다. 대부분 vector 클래스와 string 클래스를 사용하는 것이 좋으나 C와 C++로 설계된 라이브러리로 작업할 때는 C-스타일을 사용하도록 할 수도 있다. 속도 측면에서 최적화된 코드에서는 드물지만 경우에 따라 C-스타일을 사용할 필요가 있다.

1.6 템플릿(Template)

배열에서 가장 큰 아이템을 찾는 문제를 생각해 보자. 간단한 알고리즘은 순차적인 스캔(sequential scan)으로, 각각의 아이템을 처음부터 끝까지 조사하는 과정에서 가장 큰 아이템에 대한 정보를 저장하여 두는 것이다. 많은 알고리즘과 마찬가지로 순차적인 스캔 알고리즘은 타입에 대해 독립적(type-independent)이다. 타입에 독립적이라는 것은 이 알고리즘의 논리가 배열에 저장되는 아이템의 타입에 의존적이지 않다는 것을 뜻한다. 정수형, 부동소수 또는 비교 연산이 의미 있게 정의된 모든 타입의 아이템으로 이루어진 배열에 대하여 동일한 논리로서 문제를 해결할 수 있다.

이 책의 전반에 걸쳐서 타입에 독립적인 알고리즘과 자료구조를 설명할 것이다. 타입에 독립적인 알고리즘 또는 자료구조를 C++로 작성할 때, 각기 다른 자료형마다 각각의 코드를 제시하기 보다는 일반적인 코드를 한 번 작성하는 방법을 사용할 것이다.

이 절에서는 타입에 독립적인 알고리즘(일반화 알고리즘, generic algorithms)을 C++의 템플릿을 이용하여 작성하는 법을 설명한다. 먼저 함수 템플릿을 설명하고 다음으로 클래스 템플릿을 알아본다.

1.6.1 함수 템플릿

함수 템플릿은 일반적으로, 작성하기 아주 쉽다. **함수 템플릿(function template)**은 실제적인 함수라기 보다는 함수가 될 수 있는 어떠한 패턴이다. 그림 1.17에서 제시된 함수 템플릿인 findMax는 그림 1.12에서 string에 적용하는 일련의 작업들과 가상적으로 완전히 동일하다. 템플릿 선언부를 포함하는 행은 Comparable이 템플릿 인수라는 것을 암시하고 있다. 함수를 생성하기 위해서 이 부분에 어떠한 타입이라도 대체될 수 있게 된다. 예를 들어서, findMax가 vector〈string〉을 매개변수로 하여 호출되면 실제의 함수는 Comparable을 string으로 대체하여 형성되게 된다.

그림 1.18은 함수 템플릿이 필요에 따라 자동적으로 확장되는 것을 보여 준다. 각 새로운 타입의 확장에 따라 추가적인 코드가 형성된다는 것을 주목하라. 이것은 **코드 비대화(code bloat)**라는 용어로 알려져 있으며, 대규모의 프로젝트에서 종종 찾아볼 수 있다. findMax(v4)가 컴파일 시간 에러가 난다는 것 또한 주목하라. 이는 Comparable이 IntCell로 교체될 때, 그림 1.17의 12행이 적법하지 않게 되기 때문이다. IntCell에서 < 함수가 정의되어 있지 않기 때문이다. 따라서 템플릿의 코드 부분에 앞서 템플릿 인수에 대하여 어떠한 가정이 적용되었는지를 설명하는 주석이 큰 도움이 될 것이다. 이것은 어떠한 종류의 생성자가 필요한가에 대한 가정을 포함한다.

템플릿 인수가 어떠한 클래스 타입을 가정할 수 있기 때문에 매개변수-전달, 반환-전달의 메커니즘을 결정할 때, 템플릿 인수가 원시형이 아니라는 것을 가정해야 한다. 이것이 앞의 예제에서 상수 참조를 반환한 이유가 된다.

그 외에도 함수 템플릿을 다루는 많은 규칙이 있다. 대부분의 문제가 템플릿이 매개변수에 대해 정확한 일치를 제공하지 못할 때 발생하며, 이는 (암시적 타입 변환을 통해)

```
1   /**
2    * 배열 a에서 가장 큰 아이템을 반환한다.
3    * a.size( ) > 0 이라고 가정한다.
4    * Comparable 객체는 반드시 < 연산자와 = 연산자를 제공해야 한다.
5    */
6   template <typename Comparable>
7   const Comparable & findMax( const vector<Comparable> & a )
8   {
9       int maxIndex = 0;
10
11      for( int i = 1; i < a.size( ); i++ )
12      if( a[ maxIndex ] < a[ i ] )
13          maxIndex = i;
14      return a[ maxIndex ];
15  }
```

그림 1.17 findMax 함수 템플릿

```
int main( )
{
    vector<int> v1( 37 );
    vector<double> v2( 40 );
    vector<string> v3( 80 );
    vector<IntCell> v4( 75 );

    // 벡터에 원소를 채우기 위한 추가적인 코드가 여기에 들어간다.

    cout << findMax( v1 ) << endl; // 적법함: Comparable = int
    cout << findMax( v2 ) << endl; // 적법함: Comparable = double
    cout << findMax( v3 ) << endl; // 적법하지 않음: < 연산자가 정의되어 있지 않다.
    cout << findMax( v4 ) << endl; // Illegal; operator< undefined

    return 0;
}
```

그림 1.18 findMax 함수 템플릿의 사용

거의 해결할 수 있다. 이런 모호성을 해결할 방법은 존재하고 규칙들은 매우 복잡하다. 템플릿과 비템플릿이 함께 쓸 수 있다면 비템플릿이 우선권을 가지게 된다는 점을 기억하라. 또한 거의 동등하게 비슷한 두 개의 매치가 있다면, 코드는 적법하지 못할 것이고 컴파일러는 코드의 모호함에 대하여 경고할 것이다.

1.6.2 클래스 템플릿

가장 간단한 버전의 클래스 템플릿은 함수 템플릿과 같이 작동한다. 그림 1.19는 MemoryCell 템플릿을 보여 준다. MemoryCell은 IntCell 클래스와 비슷하지만 매개변수가 없는 생성자, 복사 생성자, 그리고 복사 할당 연산자를 제공함으로써 모든 타입의 Object에 작동한다.

Object가 상수 참조에 의해 전달된다는 점을 기억하자. 또한 0은 유효한 Object가 아니기 때문에 기본 매개변수가 0이 아니라는 점도 기억하자. 0 대신에 매개변수가 없는 생성자의 결과로 생성되는 Object가 기본 생성자가 된다.

그림 1.20은 MemoryCell이 원시형과 클래스 타입의 객체를 저장하기 위하여 어떻게 사용될 수 있는지를 보여 준다. MemoryCell은 클래스가 아니라 단지 클래스 템플릿임을 상기하라. MemoryCell〈int〉과 MemoryCell〈string〉은 실질적인 클래스이다.

클래스 템플릿을 단일 구조로 구현한다면 문법이 간단해진다. 사실 많은 클래스 템플릿이 이런 방법으로 구현되고 있으며, 이는 현재 템플릿을 분리하여 컴파일 하는 것이 많은 플랫폼에서 잘 작동하지 않기 때문이다. 그러므로 많은 경우에서 클래스 전체와 구현 부분까지 함께 .h 파일에 위치해야 한다. 표준 라이브러리의 구현은 이러한 전략을 따른다.

부록 A에서 논의된 대안적인 방안은 클래스 템플릿의 인터페이스와 구현을 분리하는 것이다. 이러한 방법은 여분의 문법과 규칙이 추가되어야 하며 전통적으로 컴파일러가 명확하게 처리하기 힘든 것으로 여겨진다. 이 책의 전반에 걸쳐서 여분의 문법을 사용하는 것을 피하기 위하여 온라인으로 제공되는 코드는 인터페이스와 구현을 분리하지 않은 클래스 템플릿으로 제공한다. 그림에서는 인터페이스가 컴파일을 분리하는 방법으로 사용되는 것처럼 주어지지만, 멤버 함수의 구현은 컴파일의 분리를 피하는 형태로 제공될 것이다. 이렇게 하였을 경우 C++ 문법 설명에 이 책의 많은 부분을 할애하는 것을 피할 수 있게 해 준다.

```
/**
 * 메모리 셀을 시뮬레이션 하는 A 클래스
 */
template <typename Object>
class MemoryCell
{
  public:
    explicit MemoryCell( const Object & initialValue = Object( ) )
      : storedValue( initialValue ) { }
    const Object & read( ) const
      { return storedValue; }
    void write( const Object & x )
      { storedValue = x; }
  private:
    Object storedValue;
};
```

그림 1.19 분리하지 않은 MemoryCell 클래스 템플릿

```
int main( )
{
  MemoryCell<int> m1;
  MemoryCell<string> m2;( "hello" );

  m1.write( 37 );
  m2.write( m2.read( ) + "world" );
  cout << m1.read( ) << endl << m2.read( ) << endl;

  return 0;
}
```

그림 1.20 MemoryCell 클래스 템플릿을 사용하는 프로그램

1.6.3 Object, Comparable과 예제

이 책에서는 Object와 Comparable을 일반화 타입으로 반복적으로 사용할 것이다. Object는 매개변수가 없는 생성자, operator=, 그리고 복사 생성자를 가진다고 가정한다. findMax 예제에서 제시된 것과 같이 Comparable은 전체적인 순서를 정할 수 있도록 operator< 형태의 부가적인 기능을 가진다.[7)]

그림 1.21은 Comparable에 필요한 기능을 구현한 클래스 타입과 연산자 오버로딩(operator overloading)의 예제를 보여 준다. 연산자 오버로딩은 내장된 연산자의 의미를 프로그래머가 다시 정의할 수 있는 메커니즘을 제공한다. Employee 클래스는 name과 salary를 가지며, salary에 기초하여 operator<를 정의한다. operator<를 더 복잡하게 정의하는 것도 가능하다. 예를 들면 name 데이터 멤버를 알파벳 기준으로 크기를 비교하는 방법이 있다. Employee 클래스에는 매개변수가 없는 생성자, operator=, 그리고 복사 생성자가 기본적으로 정의되어 있다. 따라서 findMax의 Comparable을 사용하기에 충분하다.

이것을 실질적으로 프로그래머가 사용할 수 있게 하려면 데이터 멤버가 public으로 설정하거나 추가적인 접근자와 변경자를 제공해야 한다. 그림 1.21은 setValue 멤버 함수를 보여 주며 동시에 새로운 클래스 타입에 출력함수를 제공하는데 널리 쓰이는 관용구를 실명하고 있다. 이것은 ostream을 매개변수로 받는 print라는 이름의 public 멤버 함수의 형태로 주어져 있다. 이 public 멤버 함수는 전역적이고 클래스에 독립적인 함수 operator<<에 의하여 호출되며, ostream을 받아서 객체를 출력하게 된다.[8)]

1.6.4 함수 객체

일반화 알고리즘을 작성하는데 함수 템플릿을 이용하는 방법에 대하여 1.6.1절에서 설명하였다. 그에 대한 예로서, 그림 1.17의 함수 템플릿은 배열에 있는 가장 큰 아이템을 찾는데 사용할 수 있다.

그렇지만, 템플릿은 아주 중요한 측면에서 한계를 가지고 있다. 위의 예를 다시 살펴보면, 첫 번째로, 템플릿은 operator< 함수가 정의되어 있고 두 객체를 비교하는 수단이 오직 operator<에 기초하는 객체에서만 쓰일 수 있다. 많은 상황에서 이러한 접근법은 실용성이 떨어진다. 예를 들어, 이름, 연봉, 나이, 입사 년차 등과 같은 데이터 멤버를 갖는

7) 12장에서 소개될 몇몇 자료구조는 operator<와 더불어 operator==를 사용한다. 전체적인 순서를 제공한다는 목적에서 봤을 때, a<b와 b<a가 모두 false인 경우 a==b이다. 따라서 operator==의 사용은 단순히 편의를 위한 것이다.

8) 이것에 대한 대안으로 operator<<가 print의 논리를 직접적으로 구현하도록 하는 것이다. operator<<는 클래스 멤버가 아니기 때문에 Employee 클래스의 friend 함수로 만들어야 할 필요가 있으며, 그러기 위해서는 C++문법에 대한 더 자세한 내용을 소개해야 한다. 이러한 대안의 추가적인 단점은 전역 템플릿 함수와 friend 선언을 정확하게 구분하지 못하는 오래된 컴파일러에서 작동하지 않는다는 것이다. 또한 상속(inheritance, 이 책에서는 다루지 않는다)과 같이 더욱 복잡한 문맥에서는 제대로 작동하지 않는다는 단점이 있다.

```
class Employee
{
  public:
    void setValue( const string & n, double s )
      { name = n; salary = s; }

    const string & getName( ) const
      return name;
    void print( ostream & out ) const
      { out << name << " (" << salary << ")"; }
    bool operator< ( const Employee & rhs ) const
      { return salary < rhs.salary; }

    // 이외의 일반적인 접근자와 변경자가 여기에 들어간다.
  private:
    string name;
    double salary;
};

  // Employee 객체의 출력 연산자를 정의한다.
ostream & operator<< ( ostream & out, const Employee & rhs )
{
  rhs.print( out );
  return out;
}

int main( )
{
  vector<Employee> v( 3 );

  v[0].setValue( "George Bush", 400000.00 );
  v[1].setValue( "Bill Gates", 2000000000.00 );
  v[2].setValue( "Dr. Phil", 13000000.00 );
  cout << findMax( v ) << endl;

  return 0;
}
```

그림 1.21 Comparable은 Employee와 같은 클래스 타입이 될 수 있다.

Employee 클래스가 operator<를 가진다고 가정한다. 그림 1.17의 Employee 클래스의 경우에서처럼 하나의 operator<는 원하는 것이 아닐 수도 있다. 즉, 비교의 기준을 연봉에 두는 것이 아니라 입사 년차로 설정할 수도 있는 것이다. 두 번째 예로서, 비교의 기

준을 문자열로 하였을 때 문자열 배열에 적용되는 기본 operator<는 대소문자 구분을 하지 않는다. 그렇기 때문에 "ZEBRA"가 "alligator"보다 앞선 것으로 평가되는데, 이것은 일반적인 경우에 사용자가 원하는 결과가 아닐 것이다. 세 번째로, 객체를 가리키는 포인터들의 배열을 다룰 때 발생하는 문제가 있다(이러한 기법은 고급 C++ 프로그램에서 흔하게 사용하고 있지만, 이 책에서는 비중 있게 다루지 않을 것이다).

이러한 경우에 대한 해결책으로, 객체의 배열을 매개변수로 전달하고 동시에 어떤 객체가 더 크고 작은지를 결정하는 비교함수를 함께 제공하도록 findMax를 다시 작성하는 것이 있다. 사실상 배열 객체는 자기 자신을 어떻게 비교하는지 더 이상 알지 못한다. 비교의 기준에 대한 정보를 배열 안의 객체들과 완전히 분리하는 것이다.

매개변수로서 함수를 전달하는 좋은 방법이 있다. 객체는 데이터와 멤버 함수를 가진다는 점에 착안하여, 데이터 멤버는 없지만 하나의 멤버 함수를 가지는 클래스를 정의한 뒤 그 클래스의 인스턴스를 매개변수로서 전달하는 것이다. 요컨대, 함수는 객체 안에 자리를 잡고 실제로 전달되는 것은 객체가 된다는 말이다. 이러한 객체를 **함수 객체**(function object)라고 부른다.

그림 1.22에 함수 객체에 대한 아이디어를 아주 간략하게 구현한 프로그램이 제시되어 있다. findMax 함수는 두 번째 매개변수로 일반화 타입을 받는다. 오류없이 findMax 템플릿을 확장하기 위하여 일반화 타입은 반드시 일반화 타입의 매개변수를 두 개 가지며 bool값을 반환하는 isLessThan 멤버 함수를 가져야 한다. 그렇지 않으면 컴파일러가 템플릿 확장을 시도하는 9행의 코드에서 에러가 발생할 것이다. 26행에서 문자열 배열과 isLessThan 메소드를 가지는 객체를 두 매개변수로 하여, findMax 함수가 호출되는 것을 알 수 있다. isLessThan 메소드는 매개변수로서 두 개의 문자열을 받는다.

C++의 함수 객체는 이러한 아이디어를 기본으로 하여 구현되지만, 문법이 다소 복잡하게 보일 수도 있다. 먼저, 이름이 있는 함수를 사용하기보다는 연산자 오버로딩 기법을 쓴다. 다시 말해서 isLessThan이 아니라 operator( )가 된다. 두 번째로, operator( )를 호출하는 cmp.operator( )(x,y) 구문은 cmp(x,y)로 축약될 수 있다(조금 다르게 말해보면 이것은 함수의 호출과 동일한 형태이며, 결과적으로 operator( )는 함수 호출 연산자(function call operator)라고 불린다). 그 결과, 매개변수의 이름이 더 이해하기 쉬운 것으로(isLessThan) 변경될 수 있어서 함수 호출을 isLessThan(x,y)와 같은 방식으로 작성할 수 있게 된다. 세 번째로, 함수 객체 없이 작동하는 새로운 버전의 findMax를 제공할 수 있게 된다. 이것에 대한 구현은 일반적인 기본 순서 매김을 하는 함수 객체를 생성하기 위하여 less라는 이름의 표준라이브러리 함수 객체 템플릿을 사용한다. 그림 1.23에는 더욱 전형적인(하지만 다소 암호처럼 보이는) C++ 관용구를 사용하는 구현이 나타나 있다.

```
// 함수 객체를 사용하는, 일반화된 findMax의 첫 번째 버전
// 사전 조건: a.size( ) > 0
template <typename Object, typename Comparator>
const Object & findMax( const vector<Object> & arr, Comparator cmp )
{
  int maxIndex = 0;

  for( int i = 1; i < arr.size( ); i++ )
    if( cmp.isLessThan( arr[ maxIndex ], arr[ i ] ) )
      maxIndex = i;

  return arr[ maxIndex ];
}

class CaseInsensitiveCompare
{
  public:
    bool isLessThan( const string & lhs, const string & rhs ) const
      { return stricmp( lhs.c_str( ), rhs.c_str( ) ) < 0; }
};

int main( )
{
  vector<string> arr( 3 );
  arr[ 0 ] = "ZEBRA"; arr[ 1 ] = "alligator"; arr[ 2 ] = "crocodile";
  cout << findMax( arr, CaseInsensitiveCompare( ) ) << endl;

  return 0;
}
```

그림 1.22 findMax의 두 번째 매개변수로 함수 객체를 사용하는 간단한 방법. 결과는 ZEBRA가 된다.

4장에서는 저장된 아이템을 순서에 따라 정돈할 필요가 있는 클래스의 한 예를 제시한다. 대부분의 코드는 Comparable을 사용하여 작성할 것이며 함수 객체를 사용하는 것이 필요한 실례를 보여 줄 것이다. 함수 객체를 추가하는 것은 크게 어려운 작업이 아니다. 따라서 이 책의 전반에 걸쳐서 프로그램 코드를 간단히 제시하기 위하여 함수 객체에 대한 세부사항은 최대한 피하도록 한다.

```
// C++ 스타일의 함수 객체를 사용하는, 포괄적인 findMax 함수
// 사전 조건: a.size( ) > 0
template <typename Object, typename Comparator>
const Object & findMax( const vector<Object> & arr, Comparator isLessThan )
{
    int maxIndex = 0;

    for( int i = 1; i < arr.size( ); i++ )
      if( isLessThan( arr[ maxIndex ], arr[ i ] ) )
        maxIndex = i;

    return arr[ maxIndex ];
}

// 기본적인 순서 매김을 사용하는 일반화된 findMax 함수
#include <functional>
template <typename Object>
const Object & findMax( const vector<Object> & arr )
{
    return findMax( arr, less<Object>( ) );
}

class CaseInsensitiveCompare
{
  public:
      bool operator( )( const string & lhs, const string & rhs ) const
      { return stricmp( lhs.c_str( ), rhs.c_str( ) ) < 0; }
};

int main( )
{
    vector<string> arr( 3 );
    arr[ 0 ] = "ZEBRA"; arr[ 1 ] = "alligator"; arr[ 2 ] = "crocodile";
    cout << findMax( arr, CaseInsensitiveCompare( ) ) << endl;
    cout << findMax( arr ) << endl;

    return 0;
}
```

그림 1.23 C++ 스타일의 함수 객체를 사용하는 두 번째 버전의 findMax. 결과는 cocodile이 아닌 ZEBRA가 된다.

1.6.5 클래스 템플릿의 분리된 컴파일

일반적인 클래스와 마찬가지로, 클래스 템플릿은 선언부에서 완전하게 구현할 수 있고, 구현부와 인터페이스를 분리할 수도 있다. 그렇지만 선언과 구현이 분리된 템플릿을 지원하는 컴파일러는 일반적으로 강력하지 못하며 특정 플랫폼에 종속적이다. 따라서 많은 경우에 구현부를 포함한 클래스 템플릿 전체가 하나의 헤더 파일에 위치한다. 표준 라이브러리의 주요 구현들은 클래스 템플릿을 구현하기 위하여 이러한 전략을 따른다.

부록 A에서 템플릿을 분리하여 컴파일 하는데 연관되는 메커니즘을 설명한다. 어떠한 템플릿에 대한 인터페이스를 선언하는 것은 일반적인 방법과 동일하다. 멤버 함수는 그에 대한 구현을 기술하기보다는 하나의 세미콜론으로 끝나게 된다. 그렇지만 부록 A를 살펴보면, 특히 operator=와 같은 함수에서 알 수 있듯이 멤버 함수를 구현함에 있어서 다소 복잡해 보이는 문법이 새롭게 소개되고 있다. 더욱 심한 것은 컴파일 시간에 컴파일러가 특정한 함수가 누락되어 있다는 잘못된 분석을 하기도 하며, 이러한 문제를 해결하기 위하여 플랫폼에 종속적인 해결책을 요구한다.

결과적으로 이 책에 동반하여 온라인으로 제공되는 코드에서는 모든 클래스 템플릿을 하나의 헤더 파일 안에서 선언부와 같이 구현한다. 이렇게 하는 이유는 현재의 단계에서 플랫폼 간의 컴파일 문제를 해결하는 유일한 방법이라고 생각했기 때문이다. 이 책에서 예시로 프로그램 코드를 보여 줄 때에는 클래스의 인터페이스를 제시할 것이나, 실제의 구현은 온라인 코드에서 확인할 수 있다. 특정한 플랫폼에 맞춰서 코드를 수정하는 것이 필요한 경우에는 온라인 코드에서 하나의 헤더 파일로 작성된 코드를 인터페이스 부분과 구현 부분으로 나누어 컴파일 할 수 있을 것이다. 이것이 적용되는 다른 예제를 확인하려면 부록 A를 읽어보기 바란다.

1.7 행렬의 사용

10장의 몇몇 알고리즘은 2차원의 배열, 즉 행렬을 사용한다. C++ 라이브러리에서는 matrix 클래스를 제공하지 않는다. 하지만 실용적이고 적당한 matrix 클래스를 작성하는 것은 비교적 간단한 작업이다. 기본적인 생각은 벡터의 벡터를 사용하는 것이다. 실제로 구현하기 위해서는 연산자 오버로딩에 대한 추가적인 지식이 필요하다. matrix에 대하여 배열 색인 연산자(array-indexing operator)라는 이름의 operator[ ]를 정의한다. matrix 클래스는 그림 1.24에서 주어진다.

```
#ifndef MATRIX_H
#define MATRIX_H

#include <vector>
using namespace std;

template <typename Object>
class matrix
{
  public:
    matrix( int rows, int cols ) : array( rows )
    {
      for( int i = 0; i < rows; i++ )
        array[ i ].resize( cols );
    }

    const vector<Object> & operator[ ]( int row ) const
      { return array[ row ]; }
    vector<Object> & operator[ ]( int row )
      { return array[ row ]; }

    int numrows( ) const
      { return array.size( ); }
    int numcols( ) const
      { return numrows( ) ? array[ 0 ].size( ) : 0; }
  private:
    vector< vector<Object> > array;
};

#endif
```

그림 1.24 완전한 matrix 클래스

1.7.1 데이터 멤버, 생성자, 기본 접근자

행렬은 vector〈Object〉의 vector로 선언되는 array 데이터 멤버로 표현한다. 먼저 생성자가 array를 생성한다. 이 array는 각 엔트리가 매개변수가 없는 생성자로 생성되는 vector〈Object〉 타입의 rows를 가진다. 따라서 Object 형의 길이가 0인 벡터인 rows를 갖게 된다.

생성자의 몸체로 들어가서 각각의 행이 cols 열을 갖도록 크기를 재조정한다. 그리하여 생성자는 2차원 배열을 생성한 후에 종료된다. numrows 와 numcols 접근자를 구현하는 것은 간단한 작업이다.

1.7.2 operator[ ]

행렬 m이 있다고 가정하면, m[i]는 matrix m의 i번째 행에 해당하는 vector를 반환한다는 것이 operator[ ]의 기본적인 아이디어이다. 더 나아가서 m[i][j]는 정상적인 벡터 지시 연산자(normal vector indexing operator)를 사용하여 vector m[i]의 j번째 엔트리를 참조하게 된다. 따라서 martix operator[ ]는 Object를 반환하는 것이 아니라 vector〈Object〉를 반환하게 된다.

이제 operator[ ]가 vector〈Object〉 타입의 엔트리를 반환해야 한다는 것을 알게 되었다. 그러면 값에 의한 반환, 참조에 의한 반환, 상수 참조에 의한 반환 중 어떤 메커니즘을 적용해야 할까? 먼저, 반환되는 엔트리가 크고 호출이 끝난 시점에도 메모리에 존재하는 것이 확실하기 때문에, 값에 의한 반환은 논의에서 제외될 수 있다. 따라서 참조에 의한 반환 또는 상수 참조에 의한 반환 중에 선택하도록 한다. 아래의 메소드를 살펴보자(실제로 알고리즘에 영향을 미치지 않지만 별칭의 존재와 두 행렬의 크기가 서로 호환되지 않을 가능성에 대해서는 무시하자).

```
void copy( const matrix<int> & from, matrix<int> & to )
{
    for( int i = 0; i < to.numrows( ); i++ )
        to[ i ] = from[ i ];
}
```

copy 함수는 matrix from의 각 행을 그에 대응하는 matrix to의 각 행에 복사하려고 한다. 만약 operator[ ]가 상수 참조를 반환한다면, to[i]는 할당문의 왼쪽 편에 위치할 수 없다. 따라서 operator[ ]는 참조 정보를 반환해야 하는 것으로 보인다. 그렇지만 이렇게 했을 경우, 비록 from이 상수 행렬이라고 해도 from[i]가 상수 vector가 아니기 때문에 from[i]=to[i]와 같은 식은 컴파일이 된다. 이러한 것은 좋은 설계라고 할 수 없다.

따라서 이 경우에 정말 필요한 것은 operator[ ]가 from에 대하여 상수 참조를 반환하지만 to에 대해서는 평범한 참조 정보를 반환하는 것이다. 다시 말해서 operator[ ]에 대하여 반환하는 타입이 다른 두 개의 버전이 필요하다는 것이다. 이것이 평범한 방식으로 가능한 일은 아니지만 약간의 편법이 있다. 데이터 멤버의 상수성(const-ness, 함수가 접근자인지 변경자인지를 지시하는 것)은 서명의 일부분이기 때문에 operator[ ]의 접근자 버전은 상수 참조를 반환하고 변경자 버전은 단순한 참조를 반환하게 할 수 있다. 이러한 것들이 그림 1.24에 나타나 있다.

1.7.3 소멸자, 복사 할당, 복사 생성자

소멸자, 복사 할당, 복사 생성자는 vector에서 제공하는 기본 사항이 잘 정의되어 있으므로 matrix 클래스에서 자동적으로 생성되는 기본 사항 역시 아무런 문제가 없다. 따라서 이러한 코드는 완전한 기능을 하는 matrix 클래스의 전체가 된다.

1장 요약

이 장은 이 책 전반에 걸쳐서 필요한 기초 지식을 다지기 위한 것이다. 많은 양의 입력을 받는 하나의 알고리즘이 문제를 해결하는 데 필요한 시간은 그 알고리즘이 좋은지를 판단하는데 아주 중요한 기준이 된다(물론, 문제를 정확하게 해결하는 것이 가장 중요할 것이다). 하지만 '속도'는 상대적인 것이다. 어떠한 시스템에서 특정한 문제를 빠르게 풀 수 있다고 해도 다른 시스템에서 동일한 문제를 풀거나 동일한 시스템에서 다른 문제를 풀 경우 느려질 수도 있는 것이다. 다음 장에서는 이러한 사항에 초점을 맞추게 된다. 이번 장에서 논의된 수학적인 시식을 활용하여 알고리즘을 평가하는 정형적인 모델을 확립할 것이다.

1장 연습문제

1.1 선택 문제를 해결하는 프로그램을 작성하라. $k = N/2$로 한다. 여러 가지 N 값에 대하여 실행시간을 나타내는 표를 그려라.

1.2 단어 퍼즐 문제를 해결하는 프로그램을 작성하라.

1.3 입출력으로 오직 printDigit만을 사용하여 임의의 double형 수(음수가 될 수도 있다)를 출력하는 함수를 작성하라.

1.4 C++에서는 *include* 문장의 위치에 *filename* 파일을 읽어서 그 내용을 삽입하는

#include *filename*

과 같은 문장을 허용한다. *include* 문장은 중첩 가능하다. 다시 말해서, *filename* 파일 자체가 *include* 문장을 가질 수 있다는 것이다. 하지만 특정한 파일이 스스로를 포함하여 순환이 이루어지게 할 수는 없다. *include* 문장에서 변경되는 것처럼 특정한 파일을 읽고 출력하는 프로그램을 작성하라.

1.5 정수 N의 2진수 표기에서 1의 개수를 출력하는 재귀 함수를 작성하라. 이것은 N이 홀수일 때 $N/2$에 대한 2진수 표기에서의 1의 개수에 1을 더한 것과 같다는 특징을 이용하라.

1.6 다음의 선언문에 대한 함수를 작성하라.

```
void permute( const string & str );
void permute( const string & str, int low, int high );
```

1.7 다음의 식을 증명하라.

a. $X > 0$인 모든 X에 대하여 $\log X < X$이다.
b. $\log(AB) = B \log A$

1.8 다음의 식을 풀어라.

a. $\sum_{i=0}^{\infty} \frac{1}{4^i}$

b. $\sum_{i=0}^{\infty} \frac{i}{4^i}$

*c. $\sum_{i=0}^{\infty} \frac{i^2}{4^i}$

**d. $\sum_{i=0}^{\infty} \frac{i^N}{4^i}$

1.9 다음의 식을 풀어라.

$$\sum_{i=\lfloor N/2 \rfloor}^{N} \frac{1}{i}$$

1.10 2100 (mod 5)의 값은 무엇인가?

1.11 1.2절에서 정의된 피보나치 수를 F_i라고 하자. 다음의 식을 증명하라.

a. $\sum_{i=1}^{N-2} F_i = F_N - 2$

b. $\varnothing = (1+\sqrt{5})/2$일 때, $F_N < \varnothing^N$

1.12 다음의 식을 증명하라.

a. $\sum_{i=1}^{N} (2i-1) = N^2$

b. $\sum_{i=1}^{N} i^3 = (\sum_{i=1}^{N} i)^2$

1.13 Object 객체를 배열에 저장하고 현재 원소의 개수에 대한 정보를 가지는 Collection 클래스 템플릿을 작성하라. public 함수로 isEmpty, makeEmpty, insert, remove, contains를 제공하라. contains(x)는 현재 저장된 원소 중 x가 있을 경우 true를 반환한다.

1.14 배열에 Comparable 컬렉션을 저장하고 현재 컬렉션의 크기에 대한 정보를 가지는 OrderedCollection 클래스 템플릿을 작성하라. public 함수로 isEmpty, makeEmpty, insert, remove, findMin, findMax를 제공하라. findMin과 findMax는 컬렉션에서 가장 작고 가장 큰 Comparable을 반환한다. 현재의 OrderedCollection이 비어있을 경우, 이러한 연산들이 어떻게 작용해야 하는지 설명하라.

1.15 그림 1.23의 findMax 루틴을 사용하여 이름을 기준으로 "최대" Employee를 찾는 main 함수를 작성하라. 반환되는 Employee 객체는 대소문자를 구별하지 않고 알파벳순으로 가장 뒤에 있는 이름을 가지는 사람이어야 한다.

1.16 matrix 클래스에 대하여, resize라는 이름의 멤버 함수와 매개변수가 없는 생성자를 추가하라.

1장 참고문헌

이 장에서 살펴본 수학적인 내용을 다루는 좋은 책이 많이 있다. 그 중 대표적인 책으로 [1], [2], [3], [9], [14], [16]이 있다. [9]는 특별히 알고리즘 분석에 초점을 맞춘 것이다. 여기에서 언급한 대부분의 내용은 3권으로 이루어진 시리즈 중에서 첫 번째 책을 참고하였다. 보다 더 깊은 내용은 [6]에서 다루고 있다.

이 책의 전반에 걸쳐서 C++에 대한 사전 지식이 필요하다. 이에 관한 대부분의 내용은 가장 최근의 표준을 잘 설명하며, C++의 첫 설계자가 집필한 [15]에 가장 큰 비중을 두었다. 다른 표준 참고문헌으로는 [10]이 있다. C++에 관한 고급 주제들은 [5]에서 논의되고 있다. 두 권으로 나누어진 책인 [11, 12]는 C++에서 빠지기 쉬운 많은 함정을 다루고 있다. 이 책 전체에서 다루는 표준 템플릿 라이브러리(STL)는 [13]에서 묘사되고 있다. 1.4절에서 1.7절까지의 내용은 이 책에서 사용하는 언어의 특징에 대한 개관을 제공하기 위한 것이다. 우리는 또한 독자가 포인터와 재귀에 대하여 어느 정도 친숙하다고 가정한다(이 장에서 제시되었던 재귀에 대한 요약은 독자의 빠른 복습을 의도한 것이었다). 이 책의 전반에 걸쳐 그것들의 사용에 대한 힌트를 제공할 것이다. 포인터와 재귀에 대해 잘 알지 못하는 독자들은 [17]이나 다른 좋은 중급 프로그래밍 교재를 참고하기 바란다.

일반적인 프로그래밍 스타일은 여러 책에서 논의되었다. 이에 대한 원론적인 책으로는 [4], [7], [8] 등이 있다.

1. M. O. Albertson and J. P. Hutchinson, *Discrete Mathematics with Algorithms*, John Wiley & Sons, New York, 1988.
2. Z. Bavel, *Math Companion for Computer Science*, Reston Publishing Co., Reston, Va., 1982.
3. R. A. Brualdi, *Introductory Combinatorics*, North-Holland, New York, 1977.
4. E. W. Dijkstra, *A Discipline of Programming*, Prentice Hall, Englewood Cliffs, N.J., 1976.
5. B. Eckel, *Thinking in C++*, Prentice Hall, Englewood Cliffs, N.J., 2nd ed. 2002.
6. R. L. Graham, D. E. Knuth, and O. Patashnik, *Concrete Mathematics*, Addison-Wesley, Reading, Mass., 1989.
7. D. Gries, *The Science of Programming*, Springer-Verlag, New York, 1981.
8. B. W. Kernighan and P. J. Plauger, *The Elements of Programming Style*, 2d ed., McGraw-Hill, New York, 1978.
9. D. E. Knuth, *The Art of Computer Programming, Vol. 1: Fundamental Algorithms*, 3d ed., Addison-Wesley, Reading, Mass., 1997.

10. S. B. Lippman and J. Lajoie, *C++ Primer*, 3d ed., Addison-Wesley, Reading, Mass., 1998.
11. S. Meyers, *50 Specific Ways to Improve Your Programs and Designs*, 2d ed., Addison-Wesley, Reading, Mass., 1998.
12. S. Meyers, *More Effective C++: 35 New Ways to Improve Your Programs and Designs*, Addison-Wesley, Reading, Mass., 1996.
13. D. R. Musser and A. Saini, *STL Tutorial and Reference Guide: C++ Programming with the Standard Template Library*, Addison-Wesley, Reading, Mass., 1996.
14. F. S. Roberts, *Applied Combinatorics*, Prentice Hall, Englewood Cliffs, N.J., 1984.
15. B. Stroustrop, *The C++ Programming Language*, 3d ed., Addison-Wesley, Reading, Mass., 1997.
16. A. Tucker, *Applied Combinatorics*, 2d ed., John Wiley & Sons, New York, 1984.
17. M. A. Weiss, *Algorithms, Data Structures, and Problem Solving with C++*, 2nd ed., Addison-Wesley, Reading, Mass., 2000.

2 알고리즘 분석

Data structures and Algorithm Analysis in C++

알고리즘(algorithm)은 어떤 문제를 풀기 위해서 따라야 하는, 간단하고 명확하게 기술된 명령들의 집합이다. 문제를 풀기 위한 알고리즘이 주어지고 그 알고리즘이 옳은 것으로 결정되고 난 뒤의 중요한 단계는 그 알고리즘을 실제로 실행시키는 데 필요한 자원(시간 또는 메모리 공간)이 얼마나 되는가를 결정하는 일이다. 주어진 문제를 해결할 수는 있지만 1년의 시간이 필요한 알고리즘이라면 실제로 사용되기는 힘들다. 비슷한 이유로, 메인 메모리의 수 기가바이트(GByte)를 필요로 하는 알고리즘은 대부분의 시스템에서는 사용할 수가 없다.

이 장에서는 다음과 같은 주제에 대하여 논의한다.

- 프로그램의 수행 시간을 측정하는 방법
- 프로그램의 실행시간을 며칠 또는 몇 년에서 단지 몇 초의 시간으로 줄이는 방법
- 부주의한 재귀(recursion)의 사용이 가져오는 결과.
- 어떠한 수를 거듭제곱으로 증가시키고 두 수의 최대공약수를 구하는 매우 효율적인 알고리즘

2.1 수학적 배경지식

어떠한 알고리즘을 실행하는 데 필요한 자원을 평가하는 분석은 일반적으로 이론적인 과정이며, 정형화된 이론적인 틀이 필요하다. 따라서 몇 가지 수학적인 정의들로부터 이 절을 시작한다.

이 책의 전반에 걸쳐서 아래의 네 가지 정의를 사용할 것이다.

정의 2.1 **양의 상수 c와 n_0에 대하여, $N \geq n_0$일 때 $T(N) \leq cf(N)$을 만족하면 $T(N) = O(f(N))$이다.**

정의 2.2 **양의 상수 c와 n_0에 대하여, $N \geq n_0$일 때 $T(N) \geq cg(N)$을 만족하면 $T(N) = \Omega(g(N))$이다.**

정의 2.3

$T(N) = O(h(N))$**이고** $T(N) = \Omega(h(N))$**이면** $T(N) = \Theta(h(N))$**이다.**

정의 2.4

임의의 상수 c**에 대하여,** $N > n_0$**일 때** $T(N) < cp(N)$**을 만족하는** n_0**가 있다면,** $T(N) = o(p(N))$**이다. 더 쉽게 풀어보면,** $T(N) = O(p(N))$**이고** $T(N) \neq \Theta(p(N))$ **일 때,** $T(N) = o(p(N))$**이다.**

이러한 정의들은 함수들 간의 상대적인 순서를 결정하는 것을 기본적인 아이디어로 한다. 두 개의 함수가 주어졌을 때, 보통은 하나의 함수가 다른 함수보다 값이 작아지는 지점들이 존재하게 되는데 이러한 경우에는 $f(N) < g(N)$과 같이 함수의 값을 절대적으로 비교하는 것은 이치에 맞지 않는다. 따라서 그 함수들 간의 상대적인 증가 비율을 비교하게 된다. 이러한 접근 방식을 알고리즘 분석에 적용할 때 이것이 왜 중요한 수단이 되는지를 알게 될 것이다.

N이 작은 값일 경우에 $1,000N$이 N^2보다 크지만, N^2은 빠른 비율로 증가하게 되므로 결국에는 N^2가 더 큰 값을 가지는 함수가 될 것이다. 이 경우에 전환점은 $N = 1,000$이 된다. 첫 번째 정의는 적어도 $c \cdot f(N)$이 항상 $T(N)$보다 큰 값을 가지게 되는 지점이 존재하고, 만약 상수가 무시될 경우 적어도 $f(N)$이 $T(N)$만큼은 큰 함수라는 것을 말한다. 위의 예에서는 $T(N) = 1,000N$, $f(N) = N^2$, $n_0 = 1,000$, $c = 1$이 된다. 물론 $n_0 = 10$, $c = 100$이라고 설정하는 것도 가능하다. 따라서 첫 번째 정의를 따르면 $1,000N = O(N^2)$ (order N-squared)라고 말할 수 있다. 이러한 표시법을 **빅-오 표기법(Big-Oh notation)**이라고 한다. 일반적으로 "order......,"라고 말하는 대신에"Big-Oh......"라고 한다.

만약 기존의 부등 연산자를 사용하여 두 함수의 증가율을 비교한다고 하면, 첫 번째 정의는 $T(N)$의 증가율이 $f(N)$보다 작거나 같다(≤)는 것을 말하는 것이다. 두 번째 정의, $T(N) = \Omega(g(N))$ ("오메가"라고 발음한다)는 $T(N)$의 증가율이 $g(N)$보다 크거나 같다(≥)는 것을 가리킨다. 세 번째 정의, $T(N) = \Theta(h(N))$ ("세타"라고 발음한다)은 $T(N)$과 h(N)의 증가율이 같다(=)는 것을 의미한다. 마지막 네 번째 정의, $T(N) = o(p(N))$ ("리틀-오"라고 발음한다)는 $T(N)$의 증가율이 $p(N)$보다 작다(<)는 것을 뜻한다. 리틀-오는 빅-오와 차이점이 있는데, 이는 빅-오에서 두 함수의 증가율이 같다는 가능성을 허용하기 때문이다.

보통, 어떤 함수들의 관계가 $T(N) = O(f(N))$이라는 것을 증명하기 위해서는 앞에서 제시된 정의를 형식적으로 적용하지 않고 대신에 알려진 결과의 레퍼토리(repertoire)를 이용한다. 이것이 의미하는 바는, 일반적으로 위의 정의들을 증명(또는 특정한 가정이 옳지 않다는 것을 결정)하는 것은 아주 간단한 계산이며, 예외적인(알고리즘 분석의 영역에서 다룰 것이라고 예상되지 않는) 몇몇 상황을 제외하고는 복잡한 미적분학까지 고려할 필요가 없다는 것이다.

$T(N) = O(f(N))$이라는 것이 옳다는 것을 알고 있다면, 함수 $f(N)$이 함수 $T(N)$보다 빠른 비율로 증가한다는 것은 보장되어 있다. 따라서 $f(N)$은 $T(N)$의 상한선(upper bound)이 된다. 동일한 논리를 적용하여 $f(N) = \Omega(T(N))$라고 한다면, $T(N)$이 $f(N)$의 하한선(lower bound)이 된다.

예를 들어서 N^3는 N^2보다 빨리 증가하기 때문에 $N^2 = O(N^3)$ 또는 $N^3 = \Omega(N^2)$라고 할 수 있다. $f(N) = N^2$이고 $g(N) = 2N^2$이라고 했을 때, 두 함수는 동일한 비율로 증가하기 때문에 $f(N) = O(g(N))$과 $f(N) = \Omega(g(N))$은 모두 참이 된다. 두 함수의 증가율이 같을 때, 이 함수들을 $\Theta()$에 적용시켜서 참이 되는지 거짓인지를 결정하는 것은 특정한 전후 관계에 따라 달라진다. 만약 $g(N) = 2N^2$이면 $g(N) = O(N^4)$, $g(N) = O(N^3)$, $g(N) = O(N^2)$라고 하는 것으로는 모두 기술적으로는 정확하지만 마지막 선택($g(N) = O(N^2)$)이 최선의 해답이다. $g(N) = \Theta(N^3)$라고 기술하는 것은 $g(N) = O(N^?)$라는 것뿐만 아니라 그 결과가 최적화 되어 있다는 사실을 말해 준다.

위의 정의들을 바탕으로 해서 알아야 할 중요한 공식들은 다음과 같다.

공식 1

$T_1(N) = O(f(N))$이고 $T_2(N) = O(g(N))$이라고 가정하면,

(a) $T_1(N) + T_2(N) = O(f(N) + g(N))$이다.

(직관적으로 쉽게 풀어보면, $\max(O(f(N)),\ O(g(N)))$이다.)

(b) $T_1(N) * T_2(N) = O(f(N) * g(N))$이다.

공식 2

$T(N)$을 최고차항이 k인 다항식이라고 가정하면,

$T(N) = \Theta(N^k)$이다.

공식 3

임의의 상수 k에 대하여, $\log^k N = O(N)$이다. 이것은 로그함수가 아주 느리게 증가한다는 것을 뜻한다.

이러한 정보들은 대부분의 일반적인 함수들을 증가율에 따라 정리하는데 충분할 것이다(그림 2.1을 보라).

몇 가지 사항에 대하여 정리한다. 먼저, 상수 또는 낮은 차수의 항을 Big-Oh의 내부에 포함하는 것은 아주 나쁜 표기이다. $T(N) = O(2N^2)$ 또는 $T(N) = O(N^2 + N)$과 같은 식을 사용하지 말라. 두 경우 모두 정확한 식은 $T(N) = O(N^2)$이 된다. 이것은,

함수	이름
c	상수(constant)
$\log N$	로그(Logarithmic)
$\log^2 N$	로그-제곱(log-squared)
N	선형(Linear)
$N \log N$	
N^2	2차(Quadratic)
N^3	3차(Cubic)
2^N	지수(Exponential)

그림 2-1 전형적인 함수들의 증가율

빅-오 해답이 필요로 하는 어떠한 경우에서라도 식의 단순화가 가능하다는 것을 뜻한다. 높은 수준의 정확도가 요구되지 않기 때문에, 일반적으로 낮은 차수의 항은 무시되며 상수 역시 고려하지 않는다.

두 번째로, 로피탈의 법칙[1])을 이용해서 $\lim N \to \infty f(N)/g(N)$을 계산하면 두 함수, $f(N)$과 $g(N)$의 상대적인 증가율은 언제든지 정확하게 알아낼 수 있다. 이 경우에서의 극한값은 네 가지 가능한 값을 가진다.

- 극한이 0인 경우: $f(N) = o(g(N))$이 만족한다는 것을 뜻한다.
- 극한이 c≠0인 경우: $f(N) = \Theta(g(N))$이 만족한다는 것을 뜻한다.
- 극한이 무한대일 경우: $g(N) = o(f(N))$이 만족한다는 것을 뜻한다.
- 극한이 진동할 경우: 두 함수의 증가율에 대한 관계가 없다(알고리즘 분석의 상황에서 이 경우는 일어날 수 없다)

이 방법은 정확한 결과를 알 수 있지만 대부분의 경우 불필요한 작업이다. 보통 두 함수, $f(N)$과 $g(N)$의 간계를 단순한 대수학(algebra)을 이용하여 유추 가능하다. 예를 들어서 $f(N) = N \log N$이고 $g(N)$이 $N^{1.5}$일 때 $f(N)$과 $g(N)$ 중에서 증가율이 큰 함수를 결정한다고 하면, 실제로 필요한 작업은 $\log N$과 $N^{0.5}$ 중에서 어느 함수가 더 큰 증가율을 가지는지를 결정하는 것뿐이다. 바꿔 말해서, $\log^2 N$ 함수와 N 함수의 증가율을 비교하는 것과 같다. 공식 3에서 선형 함수는 로그함수에 몇 제곱을 하든지 상관없이 로그함수보다 더 빠르게 증가한다고 알려졌기 때문에, 이것은 아주 간단한 문제가 된다. 따라서 함수 $g(N)$의 증가율이 함수 $f(N)$의 증가율보다 더 크다.

---

1) 로피탈의 법칙: $f'(N)$과 $g'(N)$이 각각 $f(N)$과 $g(N)$의 도함수일 때, $\lim N \to \infty f(N) = \infty$이고 $\lim N \to \infty g(N) = \infty$이면, $\lim N \to \infty f(N)/g(N) = \lim N \to \infty f'(N)/g'(N)$이다.

표기 방식에 대하여 한 가지 덧붙여서, $f(N) \le O(g(N))$이라고 기술하는 것은 나쁜 표기이다. 왜냐하면 빅-오의 정의에서 부등식의 의미가 이미 포함되어 있기 때문이다. $f(N) \ge O(g(N))$이라고 하는 것은 본래의 정의와 모순되므로 옳지 않다.

인터넷을 통하여 파일은 전송받는 문제와 같이, 실제로 수행되고 있는 전형적인 종류에 대한 분석을 예로 들어보자. 초기화 작업(연결을 설정하는 등)에 3초의 지연이 있고 그 뒤에 1.5 K(bytes)/sec로 파일이 전송된다고 가정한다. 만약 파일의 크기가 N Kbytes 라고 한다면 전송받는 데 걸리는 시간은 $T(N) = N/1.5 + 3$이라는 공식으로 표현할 수 있다. 이를 **선형 함수(linear function)**라고 한다. 1,500 Kbytes의 파일을 전송받는 데 걸리는 시간(1,003초)이 대략적으로(정확한 수치가 아니지만) 750 Kbytes의 파일을 다운로드하는 데 필요한 시간(503초)의 두 배가 된다는 것을 주목하라. 이런 특징을 보이는 것이 전형적인 선형 함수가 된다. 연결의 속도가 두 배가 된다면 두 가지 경우 모두 파일 전송의 시간이 줄어들지만 1,500 Kbytes를 다운로드하는 데 걸리는 시간은 750 Kbytes 때보다 여전히 두 배가 필요하다는 것 또한 주목하라. 이것은 선형-시간 알고리즘의 전형적인 특성이며, 상수 인자를 무시한 채 $T(N) = O(N)$이라고 기술하는 이유가 된다. (비록 빅-세타를 사용하는 것이 더 정확하겠지만 관습적으로 Big-Oh 해답이 주어진다.) 물론 이러한 성질이 모든 알고리즘에 대해서 항상 옳은 것은 아니라는 것 역시 살펴보기 바란다. 1.1절에서 설명된 첫 번째 알고리즘에서, 실행시간은 정렬을 수행하는 데 걸리는 시간에 의해 제어된다. 앞에서 제시된 버블정렬과 같이 간단한 정렬 알고리즘에서 입력 데이터가 충분히 클 때, 입력이 두 배가 되면 실행시간은 4의 인수로 증가하게 된다. 이것은 그 알고리즘이 선형적이지 않기 때문이다. 정렬에 대하여 논의할 때 보게 될 것이지만, 평범한 정렬 알고리즘은 $O(N^2)$ 또는 4차 함수의 실행시간을 가진다.

2.2 모델

정형적인 방법으로 알고리즘을 분석하기 위해서는 먼저 계산의 도구가 되는 모델이 필요하다. 모델은 기본적으로 명령어들이 순차적으로 실행되는 보통의 컴퓨터가 된다. 이 모델에서는 덧셈, 곱셈, 비교연산, 대입연산 등과 같이 간단한 명령어들의 표준적인 레퍼토리를 가지지만 실제 컴퓨터에서의 경우와는 달리 각각의 연산을 수행하는 데 필요한 시간은 하나의 단위 시간으로 동일하다. 합리적인 모델을 설정하기 위해서, 현대의 컴퓨터와 같이 고정된 크기(32-비트와 같은)의 정수를 가지며, 하나의 단위 시간 동안 수행될 수 없는 역 행렬 연산, 정렬과 같은 연산은 없다고 가정한다. 또한 무한한 메모리 공간을 가지고 있다고 가정한다.

이 모델은 분명히 몇몇 약점을 가지고 있다. 명백하게도, 각각의 연산들을 수행하는 데 필요한 시간은 서로 같지 않다. 특히 이 모델에서는 디스크에 있는 데이터를 한 번 읽어 오는 시간이 덧셈 연산에 걸리는 시간과 같지만 실제로는 덧셈 연산이 몇 차수 차이 정도로 더 빠르다. 또한 메모리 공간이 무한하다고 가정함으로써 페이지 부재(page fault)와 같은 상황을 고려하지 않아도 되지만, 특별히 효율적인 알고리즘에서는 이러한 것이 실제적인 문제가 될 수 있다.

2.3 분석의 대상

일반적으로 분석에서의 가장 중요한 자원은 실행시간이다. 여러 가지 인자들이 프로그램의 실행시간에 영향을 끼친다. 프로그램을 생성하는 컴파일러 또는 프로그램을 실행시키는 컴퓨터의 특성과 같은 요인들은, 비록 그것이 현실적으로 중요한 인자임에도 불구하고, 이론적인 모델의 영역에서 제외시키는 것이 마땅하다. 그러한 요인들은 여기에서 다룰 수가 없다. 나머지 중요한 인자들로는 문제를 해결하는 데 사용된 알고리즘과 그 알고리즘으로 다룰 입력 데이터가 있다.

전형적으로, 입력의 크기(size)는 중요하게 고려해야 할 사항이다. 알고리즘의 대상이 되는 입력 크기가 N일 때 평균적인 경우(average-case)와 최악의 경우(worst-case)의 실행시간을 각각 $T_{\text{avg}}(N)$과 $T_{\text{worst}}(N)$이라는 함수로 정의한다. 물론 $T_{\text{avg}}(N) \leq T_{\text{worst}}(N)$이 된다. 만약 하나 이상의 입력이 있다면 이 함수들은 하나 이상의 인수를 가지게 될 것이다.

때때로 한 알고리즘에 대한 최적의 경우(best-case)의 성능을 분석하기도 한다. 하지만 이것은 그 알고리즘의 전형적인 동작을 제대로 표현하지 못하기 때문에 많은 의미를 지니지 못하게 된다. 평균적인 경우의 성능은 보통 그 알고리즘의 전형적인 동작을 반영하며 최악의 경우에 대한 성능 분석은 가능한 모든 입력에 대하여 보장되는 성능을 표현한다. 비록 이 장에서는 C++ 코드를 분석하지만, 프로그램보다는 알고리즘을 분석하는 것으로 이해해야 한다. 프로그램은 어떠한 알고리즘을 특정한 언어로 구현한 것에 불과하며, 거의 대부분의 경우 프로그래밍 언어의 세부사항에 관한 것은 빅-오 해답에 영향을 미치지 않는다. 만약 프로그램이 알고리즘 분석에서 제시된 것보다 훨씬 더 느리게 작동한다면 알고리즘의 구현이 효율적이지 못하기 때문일 것이다. 이러한 점은 C++에서의 배열이 참조(reference)에 의해서 전달되지 않고 배열의 전체 항목들이 부주의하게 복사되는 경우에 발생할 수 있다. 이것과 비슷하게, 그 차이를 포착하기 힘든 또 다른 예를 12.7절의 마지막 두 단락에서 소개할 것이다. 위에서 논의된 것과 같은 이유로 2장 이후부터는 프로그램보다 알고리즘을 분석하게 될 것이다.

일반적으로, 최악의 실행시간을 분석하는 것은 다른 것보다 더 중요하다. 이것에 대한 한 가지 이유는 그 알고리즘에게 불리한 입력을 포함한 모든 입력에 대하여 알고리즘의 최소 성능에 대한 정보를 제공해 주기 때문이다. 이러한 정보는 평균적인 경우에 대한 분석으로는 알 수 없다. 다른 이유로는 평균적인 경우의 성능이 보통 계산하기 훨씬 더 어렵다는 것이 있다. 또, 몇몇 예에서는 "평균적"이라는 개념의 정의가 모호하기 때문에 결과의 영향을 줄 수도 있다(예를 들어서, 주어진 문제에 대한 평균적인 입력이 무엇인가?).

다음 절에서는 하나의 예로서 아래와 같은 문제를 생각해 볼 것이다.

부분 수열의 최대 합 문제

$A_1, A_2, \ldots, A_n$이라는 정수(음수도 가능)가 주어졌을 때, $\sum_{k=i}^{j} A_k$의 최대 값을 찾아라. (편의상 주어진 모든 정수가 음수일 때는 부분 수열의 최대 합은 0이 된다.)

입력이 -2, 11, -4, 13, -5, -2일 때 답은 20(A_2에서 A_4까지의 합)이 된다.

정확한 답을 도출해 내는 알고리즘이 매우 많다는 사실과 그러한 알고리즘에 따른 성능의 차이가 매우 크다는 것이 이 문제를 흥미롭게 하는 가장 큰 이유이다. 이러한 알고리즘들을 실제 컴퓨터(알고리즘 간의 성능 비교가 목적이기 때문에, 컴퓨터의 정확한 사양은 중요하지 않다)에서 실행하였을 때의 시간이 그림 2.2에 주어져 있다.

이 표에는 주목할 가치가 있는 여러 가지 중요한 사항이 있다. 먼저, 적은 양의 입력에 대해서는 모든 알고리즘이 아주 짧은 시간 안에 실행된다. 따라서 입력되는 데이터의 양이 매우 적다고 기대할 수 있다면, 좀 더 효율적인 알고리즘을 고안하기 위해서 많은 노력을 쏟는 것이 불필요할 수도 있다. 반면에 입력의 크기가 작다는 가정(최근에 많은 분야에서 더 이상 유효하지 않은 가정)에 기초하여 수년 전에 작성된 프로그램을 다시 작성하는 큰 시장이 형성되었다. 그러한 프로그램들 조악한 알고리즘이 사용되었기 때문에 현재에는 너무 느리게 작동한다. 많은 양의 입력에 대해서, 알고리즘 4가 최선의 선택임에 분명하다.

입력 크기	알고리즘 시간			
	1 $O(N^3)$	2 $O(N^2)$	3 $O(N \log N)$	4 $O(N)$
N = 10	0.000009	0.000004	0.000006	0.000003
N = 100	0.002580	0.000109	0.000045	0.000006
N = 1,000	2.281013	0.010203	0.000485	0.000031
N = 10,000	NA	1.2329	0.005712	0.000317
N = 100,000	NA	135	0.064618	0.003206

그림 2.2 부분 수열의 최대 합을 구하는 여러 가지 알고리즘의 실행시간(초 단위)

두 번째로, 이 표에서는 입력을 읽는 데 필요한 시간이 포함되지 않았다. 네 번째 알고리즘을 보면, 디스크로부터 입력 데이터를 읽는 데 소요되는 시간이 문제를 해결하는 데 걸리는 시간보다 몇 제곱 정도 더 클 것으로 예상된다. 이것은 효율적인 많은 알고리즘에 대하여 일반적으로 적용할 수 있는 사항이다. 데이터를 읽어 들이는 것은 전형적인 병목현상으로 작용한다. 데이터를 한 번 읽기만 하면, 문제를 해결하는 것은 상대적으로 짧은 시간 내에 이루어질 것이다. 효율적이지 못한 알고리즘은 막대한 양의 컴퓨터 자원을 사용하기 때문에 이러한 사항이 적용되지 않는다. 따라서 최대한으로 효율적인 알고리즘을 작성하여, 알고리즘 자체가 그 문제를 풀기 위한 전체 과정의 병목이 되지 않게 하는 것이 중요하다.

그림 2.3은 네 가지 알고리즘의 실행시간 증가율을 보여 준다. 비록 이 그래프가 10에서 100 사이의 N값만을 표현하고 있지만 상대적인 증가율은 명백하게 차이가 난다. $O(N\log N)$의 성능 그래프가 선형적으로 보이지만 종이나 줄자를 사용해서 확인해 보면 그렇지 않다는 것을 쉽게 알 수 있다. 그림 2.4는 N값이 클 때의 성능을 비교한 그래프이다. 이것은 효율적이지 못한 알고리즘이 적당한 양의 입력에 대해서도 얼마나 쓸모없을 수 있는지를 극단적으로 보여 주고 있다.

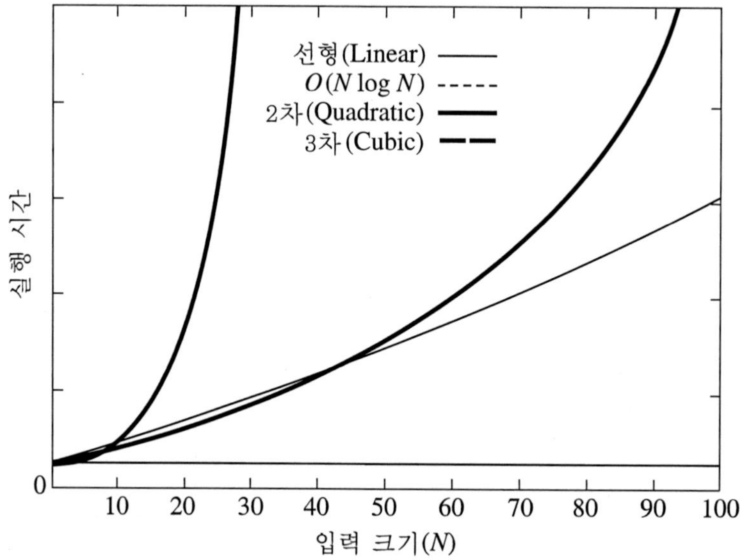

그림 2.3 여러 가지 알고리즘의 성능 그래프(입력 크기 vs. 시간)

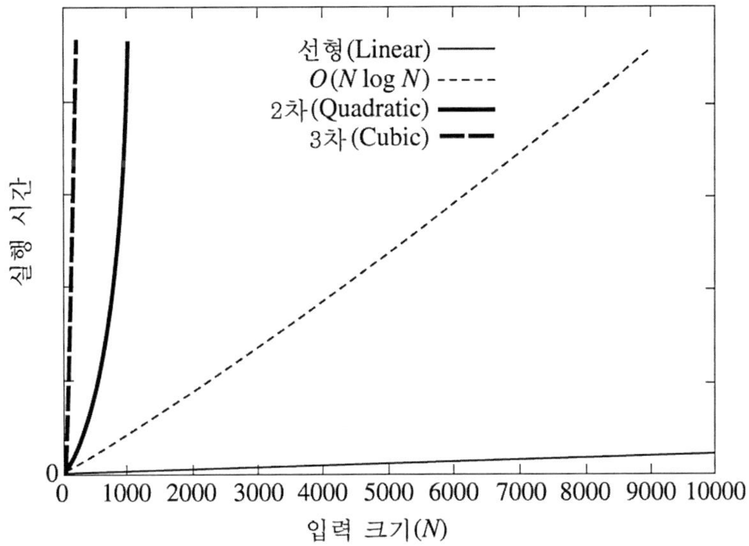

그림 2.4 여러 가지 알고리즘의 성능 그래프(입력 크기 vs. 시간)

2.4 실행시간 계산

프로그램의 실행시간을 측정하는 데는 여러 가지 방법이 있다. 이전에 제시된 표는 실험적인 결과에서 얻은 것이다. 만약 두 개의 프로그램이 비슷한 실행시간을 가질 것이라고 예상된다면, 어느 쪽이 더 빠른지를 결정하는 최선의 방법은, 아마도, 코딩을 한 후 실제로 그 두 프로그램을 실행해 보는 것이 될 것이다.

그렇지만 일반적으로, 동일한 문제를 해결하는 알고리즘이 여러 개 있을 때 직접 코딩을 하지 않고서도 비효율적인 알고리즘을 선택 대상에서 제외하고자 할 것이며, 따라서 알고리즘 분석이 필요하게 된다. 더욱이 이러한 분석 능력 자체가 보통 효율적인 알고리즘의 디자인에 도움이 된다. 또한 알고리즘 분석은 면밀히 코딩할 가치가 있는 병목지점에 대한 정보를 제공한다.

이러한 분석을 단순화하기 위하여 특정한 단위 시간은 고려하지 않는다는 관례를 따르기로 한다. 따라서 주요한 상수들은 무시된다. 또한 낮은 차수의 항 역시 고려하지 않기 때문에 실제의 분석에서 가장 핵심적인 작업은 빅-오 실행시간을 계산하는 것이 된다. 빅-오는 알고리즘의 상한선을 표현하기 때문에 프로그램의 실행시간을 더 적게 계산하지 않도록 주의해야 한다. 사실 빅-오 해답은 프로그램이 어떤 특정한 시간 내에는 반드시 종료될 것이라는 것을 보장하는 값이기 때문이다. 프로그램이 빅-오 해답에서 예상된 시간보다 일찍 종료될 수는 있지만, 더 늦게 끝나는 경우는 없다.

2.4.1 간단한 예제

아래는 $\sum_{i=1}^{N} i^3$을 계산하는 간단한 프로그램의 한 부분이다.

```
  int sum( int n)
  {
       int partialSum;

1      partialSum = 0;
2      for( int i = 1; i <= n; i++ )
3          partialSum += i * i * i;
4      return partialSum;
  }
```

이 코드에 대한 분석은 간단하다. 먼저 선언문은 실행시간 계산에 포함되지 않는다. 1행과 4행은 각각 하나의 단위 시간으로 계산된다. 3행은 네 개의 단위 시간(두 개의 곱셈연산, 하나의 덧셈연산, 하나의 대입연산)이 소요되고 N번 실행되므로 총 $4N$ 단위 시간이 필요하다. 2행에서는 i의 초기화, $i \leq N$ 비교연산, i를 증가시키는 비용이 든다. 초기화에는 1, 모든 비교연산은 $N+1$, 증가연산은 N 단위 시간이 소요되므로 총 $2N+2$ 단위시간이 필요하게 된다. 함수를 호출하고 반환하는 비용은 무시하기 때문에 모두 $6N+4$가 된다. 따라서 이 함수는 $O(N)$이라고 평가할 수 있다.

만약 프로그램을 분석할 때마다 이러한 모든 작업을 수행해야 한다고 하면 알고리즘 분석은 분명히 현실적으로 실행 불가능한 작업이 될 것이다. 하지만 Big-Oh의 형태로 분석을 하게 되면 최종적인 답에 영향을 주지 않는 간결한 방법이 여러 가지 있다. 예를 들어서, 3행은 명백히 $O(1)$ 문장이며 몇 개의 단위 시간이 소요되는지를 정확하게 계산할 필요가 없다. 1행의 실행시간은 for 순환문과 비교했을 때 극히 일부분이므로 충분히 무시될 수 있다. 이러한 것에 대한 고찰은 아래의 일반적인 법칙을 이끈다.

2.4.2 일반적인 규칙

규칙 1 **FOR 루프**

for 순환 실행시간의 상한은 for 순환 안에 있는 문장의 실행시간에 순환 횟수를 곱한 것이 된다.

규칙 2 **중첩된 루프(Nested loop)**

중첩된 순환문은 가장 안쪽부터 시작하여 바깥쪽으로 계산한다. 중첩된 루프 내부에 있는 문장의 전체 실행시간은 각각의 루프 크기를 곱하여 계산한다.

예를 들어서, 아래의 코드는 $O(N^2)$이 된다.

```
for( i = 0; i < n; i++)
    for( j = 0; j < n; j++)
        k++;
```

규칙 3 **연속적인 문장(Consecutive Statement)**

연속적인 문장의 경우, 각각의 실행시간을 단순히 더한다. 다시 말해서, 3 페이지(실제로 책을 만들 때는 그 공식이 실리는 페이지로 고쳐주기 바람)의 공식 1을 적용시켰을 때, 일련의 문장 중에서 실행시간이 가장 큰 값을 전체의 실행시간으로 평가한다.

예를 들어서 설명하면, 아래의 코드와 같이 $O(N)$ 뒤에 $O(N^2)$이 연속적으로 따른다고 했을 때, 전체의 실행시간은 $O(N^2)$이 된다.

```
for( i = 0; 1 < n; i++ )
    a[ i ] = 0;
for( i = 0; i < n; i++ )
    for( j = 0; j < n; j++ )
        a[ i ] += a[ j ] + i + j;
```

규칙 4 **If/Else 조건문**

아래의 코드를 살펴보자.

```
if( condition )
    S1
else
    S2
```

if/else 조건문의 전체 실행시간은 조건 검사에 필요한 시간에 S1과 S2 중 더 실행시간이 큰 것을 더한 것보다 더 클 수 없다.

실제로는 이렇게 분석한 결과보다 실행시간이 더 적게 걸릴 수는 있지만, 실행시간이 더 초과하는 경우는 없다. 물론 다른 규칙들도 더 있지만, 위에서 설명한 것과 같이 코드의 가장 깊은(가장 많이 중첩된) 곳에서부터 바깥쪽으로 분석한다는 전략으로 충분한 알고리즘 분석을 수행할 수 있다. 만약 함수 호출이 있다면 그 함수 먼저 분석되어야 할 것이다. 재귀 함수가 있다면 몇 가지 다른 선택사항이 있다. 만약 그 재귀 함수가 단지 for 루프처럼 작용한다면, 분석 작업은 보통 사소한 것이다. 예를 들어서, 아래의 함수는 실제로 하나의 단순한 루프이며 분석 결과는 $O(N)$이 된다.

```
long factorial( int n )
{
    if( n <= 1 )
        return 1;
    else
        return n * factorial( n - 1 );
}
```

위의 예제는 재귀 함수를 아주 단순한 형태로 이용하는 것이다. 재귀 함수를 이렇게 사용하였을 때는 단순한 루프 구조로 변환하는 것이 어렵다. 이 경우에서, 알고리즘 분석은 문제를 풀기 위하여 필요한 반복 관계에 연관되어 있다. 무슨 일이 일어날지 알아보기 위하여, 재귀 함수를 극도로 복잡하게 사용하는 아래의 프로그램을 보자.

```
    long fib( int n )
    {

1       if( n <= 1 )
2           return 1;
        else
3       return fib( n - 1 ) + fib( n - 2 );
    }
```

코드를 잠시 살펴보면, 위의 코드는 재귀 함수를 아주 명석한 방법으로 사용한 것처럼 느껴질 것이다. 하지만 이 프로그램을 실제로 작성하고 입력으로 40 정도의 값을 할당하여 실제로 프로그램을 실행해 보면, 이 프로그램이 얼마나 비효율적인지를 쉽게 알 수 있을 것이다. 이러한 분석은 상당히 간단한 편에 속한다. $T(N)$을 fib(n) 함수 호출의 실행시간이라고 하자. $N=0$ 또는 $N=1$이면, 실행시간은 1행에서의 조건 검사 부분과 2행에서의 반환문으로 이루어진 단순한 상수 시간이 된다. 상수의 크기를 무시할 경우 $T(0)=T(1)=1$이라고 말할 수 있다. 이 경우를 기준으로 삼은 뒤, N이 다른 값일 때의 실행시간은 기준 시간에 상대적으로 측정할 수 있다. $N>2$일 때, 함수의 실행시간은 1행에서의 상수 시간과 3행에서 걸리는 시간을 더한 것이다. 3행에서는 한 번의 덧셈과 두 번의 함수 호출을 수행한다. 함수 호출은 단순한 연산이 아니기 때문에, 그 자체가 먼저 분석되어야 한다. 첫 번째 함수 호출은 fib(n-1)이고, T의 정의에 따라서, 실행하는데 $T(N-1)$ 시간이 걸린다. 비슷한 방법으로 계산하면, 두 번째 함수 호출에 필요한 시간은 $T(N-2)$가 된다. 따라서 총 필요한 시간은 $T(N-1)+T(N-2)+2$가 되며, 여기서 2는 1행에의 조건 검사와 3행에서의 덧셈연산에 필요한 시간을 가리킨다. 따라서 $N\geq 2$일 때, fib(n)에 대한 실행시간은 아래와 같은 식으로 표현할 수 있다.

$$T(N)=T(N-1)+T(N-2)+2$$

fib(N)=fib(n-1) + fib(n-2)이기 때문에, $T(N) \geq$fib(n)이라는 것은 귀납법으로 쉽게 추리 가능하다. 1.2.5절에서 $fib(N) < (5/3)^N$이라는 것을 배웠다. 그와 비슷한 계산으로 fib(N) $\geq (3/2)^N$이라는 것을 알 수 있으며, 따라서 이 프로그램의 실행시간은 기하급수적으로(exponentially) 증가한다.

이 프로그램은 실행 중에 엄청난 양의 중복 작업을 파생하며, 1.3절에서 소개된 재귀 용법의 네 번째 기본 규칙(복리 법칙)을 위배하고 있기 때문에 비효율적이며 느리다. 3행에서의 첫 번째 함수 호출인 fib(n-1)를 계산하기 위해서는 fib(n-2)의 값이 필요하다는 것을 주목하라. 이러한 정보들은 각각의 함수 호출 사이에 전혀 공유되지 않으며, 3행의 두 번째 함수 호출에서 다시 계산되고 있다. 이렇게 재사용되지 않는 정보들의 양이 재귀적으로 중복되어 결과적으로 실행시간이 매우 커지게 되는 것이다. 이것은 "어떤 것이든 한 번 이상 계산하지 말라"는 격언에 가장 알맞은 예제일 것이다. 이 격언을 잘 따른다면 재귀 함수 사용의 위험성에서 벗어날 수 있다. 이 책의 전반에 걸쳐서 재귀 함수를 아주 효율적으로 사용하는 예를 보게 될 것이다.

2.4.3 부분 수열의 최대 합 문제의 풀이

이번 절에서는 부분 수열의 최대 합 문제를 푸는 네 가지 알고리즘을 설명한다. 첫 번째 알고리즘은 단순히 가능한 모든 경우에 대하여 풀이를 시도하는 것으로 그림 2.5에 나타나 있다. for 순환문의 인덱스를 살펴보면 C++에서 배열의 시작 인덱스는 1이 아닌 0이라는 것을 알 수 있다. 또한 이 알고리즘의 실제의 부분 수열을 계산하는 것은 아니다. 따라서 이것을 위한 추가적인 코드가 필요하게 된다.

일단은 이 알고리즘이 제대로 작동한다고 수긍해 보자(물론 수긍하기 힘들지도 모른다). 13행과 14행을 살펴보면, $O(1)$ 문장이 세 단계로 중첩된 for 순환문에 놓여 있기 때문에 전체 실행시간은 $O(N^3)$이 된다. 8행에 있는 루프의 크기는 N이다.

두 번째 루프의 크기는 $N-i$인데, N보다 작을 수도 있지만 동시에 N과 같을 수도 있다. 최악의 경우를 가정해야 하기 때문에 두 번째 루프의 크기는 N이라고 평가한다. 세 번째 루프는 $j-i+1$의 크기를 가지며 이것은 또한 N의 크기를 가진다고 가정해야 한다. 전체의 분석은 $O(1 \cdot N \cdot N \cdot N) = O(N^3)$이 된다. 6행은 $O(1)$이고 16행과 17행은 두 개의 루프 안에 있는 간단한 식이기 때문에 $O(N^2)$이다.

루프의 정확한 크기를 계산하는 더 정확한 분석의 결과는 이 알고리즘이 $\Theta(N^3)$이라는 것을 말해 준다. 이는 앞서 분석한 결과가 조금 과도해 보이더라도 상수는 무시할 수 있기 때문에 아무런 문제가 없다. 이러한 점은 일반적으로 위와 비슷한 종류의 문제들에 대하여 참이다. 정확한 분석은 14행이 몇 번 실행되는지를 알려주는 $\sum_{i=0}^{N-1}\sum_{j=i}^{N-1}\sum_{k=i}^{j}1$의 합으로 구한다. 특히, 앞선 N개의 정수와 앞선 N 제곱의 합에 관한 식을 이용할 것이다. 먼저 아래의 식을 바탕으로 시작하여,

```
/**
 * 부분 수열의 최대 합 문제 알고리즘(3차 함수).
 */
int maxSubSum1( const vector<int> & a )
{
    int maxSum = 0;

    for( int i = 0; i < a.size( ); i++ )
        for( int j = i; j < a.size( ); j++ )
        {
            int thisSum = 0;

            for( int k = i; k <= j; k++ )
                thisSum += a[ k ];

            if( thisSum > maxSum )
                maxSum = thisSum;
        }

    return maxSum;
}
```

그림 2.5 알고리즘 1

$$\sum_{k=i}^{j} 1 = j - i + 1$$

다음으로 아래의 식을 평가한다.

$$\sum_{j=i}^{N-1} (j - i + 1) = \frac{(N-i+1)(N-i)}{2}$$

식이 의미하는 바가 단지 앞선 $N-i$개 정수의 합이라는 것을 바탕으로 위의 식을 계산한다. 계산을 완결하기 위하여 아래의 식을 평가하게 된다.

$$\begin{aligned}
\sum_{i=0}^{N-1} \frac{(N-i+1)(N-i)}{2} &= \sum_{i=1}^{N} \frac{(N-i+1)(N-i+2)}{2} \\
&= \frac{1}{2}\sum_{i=1}^{N} i^2 - (N+\frac{3}{2})\sum_{i=1}^{N} i + \frac{1}{2}(N^2+3N+2)\sum_{i=1}^{N} 1 \\
&= \frac{1}{2}\frac{N(N+1)(2N+1)}{6} - (N+\frac{3}{2})\frac{N(N+1)}{2} + \frac{N^2+3N+2}{2}N \\
&= \frac{N^3+3N^2+2N}{6}
\end{aligned}$$

```
/**
 * 부분 수열의 최대 합 문제 알고리즘(2차 함수).
 */
int maxSubSum2( const vector<int> & a )
{
   int maxSum = 0;

   for( int i = 0; i < a.size( ); i++ )
   {
      int thisSum = 0;
      for( int j = i; j < a.size( ); j++ )
      {
         thisSum += a[ j ];

         if( thisSum > maxSum )
            maxSum = thisSum;
      }
   }

   return maxSum;
}
```

그림 2.6 알고리즘 2

for 루프를 줄임으로써 세제곱의 실행시간을 피할 수 있다. 이러한 것이 항상 가능한 것은 아니지만, 이 알고리즘에서는 불필요한 계산이 아주 많다. 보다 진보된 알고리즘에는, $\sum_{k=1}^{j} A_k = A_j + \sum_{k=i}^{j-1} A_k$이기 때문에 알고리즘 1의 13행과 14행이 과도하게 비용이 많이 든다는 것을 포착하여 비효율성을 제거한다. 이 알고리즘은 그림 2.6에 구현되어 있다. 알고리즘 2의 분석 결과는 $O(N^2)$가 된다. 분석하는 과정도 앞선 알고리즘보다 더 간단하다.

이제부터 설명하게 될 알고리즘은 이 문제에 재귀용법을 적용하여 상대적으로 복잡한 $O(N \log N)$ 해답을 가진다. 만약에 이 문제에 대하여 $O(N)$, 즉 선형의 성능을 보이는 해답이 없었다면, 이 알고리즘은 재귀용법의 효용성을 보여 주는 좋은 예가 되었을 것이다. 이 알고리즘의 핵심 아이디어는 주어진 문제를 개략적으로 동일한 하위의 문제로 나누어서, 그 하위 문제를 재귀적으로 풀어나간다는 것이다. 이것이 "분할(divide)" 단계이다. "정복(conquer)" 단계에서는 두 개의 하위 문제를 통합하는 과정과 가능한 최소한의 추가 작업으로 본래의 문제에 대한 해답을 제시하게 된다.

본래의 수열을 반으로 분할하였을 때, 최대 합을 가지는 부분 수열은 세 위치 중 하나이다. 부분 수열의 전체가 처음 절반에 위치하거나 나머지 절반에 위치할 수도 있고, 양쪽 절반의 사이에 교차하여 위치할 수도 있다. 앞의 두 경우에서는 재귀적으로 문제를 풀 수 있다. 마지막 경우에는 처음 절반에서 마지막 원소를 포함하는 가장 큰 부분 합과, 나머지 절반에 첫 번째 원소를 포함하는 가장 큰 부분 합을 찾음으로써 풀이해나갈 수 있다. 이렇게 구한 두 개의 합이 같이 더해질 수 있다. 예를 들어서 아래의 입력을 살펴보자.

처음 절반	나머지 절반
4 −3 5 −2	−1 2 6 −2

처음 절반에 대하여, 부분 수열의 최대 합은 6(원소 A_1부터 A_4까지)이며 나머지 절반에 대해서는 8(원소 A_6부터 A_7까지)이다.

처음 절반에서 마지막 원소를 포함하는 최대 합은 4(원소 A_1부터 A_4까지)이고 나머지 절반에서 첫 번째 원소를 포함하는 최대 합은 7(원소 A_5부터 A_7까지)이다. 따라서 양쪽 절반을 통합하였을 때, 최대 합을 가지는 부분 수열은 양쪽 절반 사이에 교차하여 위치하게 되고 그 값은 4+7=11(원소 A_1부터 A_7까지)이 된다.

다시 말해서, 최대 합을 가지는 부분 수열이 위치할 수 있는 경우의 수는 3가지이며, 각각을 구하였을 때 이 예에서는 양쪽 절반을 포함하는 부분 수열의 합이 가장 크다는 것을 알 수 있었다. 따라서 해답은 11이다. 그림 2.7에서 이러한 전략에 대한 구현이 제시되어 있다.

알고리즘 3을 구현한 코드에서 몇 가지 중요한 사항을 정리한다. 이 코드에서 재귀 함수를 호출하는 일반적인 형태는 입력으로 주어진 배열과 왼쪽, 오른쪽 경계를 매개변수로 전달하는 방식이다. 이러한 경계들은 호출되는 각각의 재귀함수가 작업하는 배열의 범위를 정하게 된다. 한 라인으로 작성된 구동 프로그램(driver program)이 배열과 함께 0과 $N-1$ 사이의 인덱스를 전달하는 방식함으로써 이러한 사항을 설정하는 역할을 한다.

8행에서 12행까지가 이 알고리즘의 초기값에 대하여 다룬다. left==right이면 분열된 수열이 단 하나의 원소를 가진다는 것을 뜻하기 때문에, 음수가 아닐 경우에는 그 원소가 부분 수열의 최대 합이 된다. N이 음이 아닌 정수라면 left>right일 경우는 발생하지 않는다.(이 코드에서 별로 중요하지 않은 불안요인이 이를 망쳐 놓을 수 있다.) 15행과 16행은 두 재귀 함수 호출을 수행하고 있다. 이러한 재귀 호출은 언제나 원래의 문제보다 더 작은 문제를 호출하나 코드의 중요하지 않은 불안요인이 이 특성을 망칠지도 모른다. 18행에서 24행, 26행에서 32행은 중간의 분할자에 걸치는 두 최대 합을 구한다. 두 값을 합한 것이 양쪽 절반을 통합한 최대 합이 된다. max3 루틴(생략됨)에서 세 가지 경우에 대하여 가장 큰 값이 반환된다.

알고리즘 1과 2와 비교하여, 알고리즘 3을 구현하는데 더 많은 노력이 필요하다는 것은 쉽게 알 수 있다. 그렇지만 더 짧은 코드가 반드시 더 좋은 코드라는 것을 의미하는 것은 아니다. 앞서 제시한 여러 가지 알고리즘에 대한 실행시간을 보여 주는 표를 살펴보면, 가장 작은 크기의 입력에 대한 실행시간을 제외하고는 알고리즘 3의 성능이 훨씬 좋다는 것을 알 수 있다.

```
/**
 * 부분 수열의 최대 합 문제를 풀이하는 재귀적인 알고리즘
 * 부분 수열 a[left..right]에 걸쳐서 최대 합을 찾는다.
 * 실제 최대의 수열을 유지하는 시도를 하지는 않는다.
 */
int maxSumRec( const vector<int> & a, int left, int right )
{
    if( left == right ) // Base case
        if( a[ left ] > 0 )
            return a[ left ];
        else
            return 0;

    int center = ( left + right ) / 2;
    int maxLeftSum = maxSumRec( a, left, center );
    int maxRightSum = maxSumRec( a, center + 1, right );

    int maxLeftBorderSum = 0, leftBorderSum = 0;
    for( int i = center; i >= left; i-- )
    {
        leftBorderSum += a[ i ];
        if( leftBorderSum > maxLeftBorderSum )
            maxLeftBorderSum = leftBorderSum;
    }

    int maxRightBorderSum = 0, rightBorderSum = 0;
    for( int j = center + 1; j <= right; j++ )
    {
        rightBorderSum += a[ j ];
        if( rightBorderSum > maxRightBorderSum )
            maxRightBorderSum = rightBorderSum;
    }

    return max3( maxLeftSum, maxRightSum,
                 maxLeftBorderSum + maxRightBorderSum );
}

/**
 * 부분 수열의 최대 합 문제에 대한
 * '분할 및 정복' 알고리즘을 구동한다.
 */
int maxSubSum3( const vector<int> & a )
{
    return maxSumRec( a, 0, a.size( ) - 1 );
}
```

그림 2.7 알고리즘 3

이 알고리즘의 실행시간 분석은 피보나치 수를 계산하는 프로그램을 분석하는 방법과 유사하게 이루어질 수 있다. $T(N)$을 입력의 크기가 N인 부분 수열의 최대 합 문제를 푸는 데 걸리는 시간이라고 하자. $N=1$일 경우, 8행에서 12행까지의 코드를 수행하는 상수 시간만이 필요할 것이며, 이것을 단위 시간으로 한다. 따라서 $T(1)=1$이다. 나머지의 경우에는 반드시 두 번의 재귀 함수 호출(19행과 32행 사이에 있는 2개의 for 순환문)이 이루어져야 하며, 14행과 32행과 같은 추가적인 작업이 필요하다. 두 개의 for 루프는 부분 배열의 모든 원소에 인접하여 결합하며 각각의 루프에서는 일정한 작업만을 수행하기 때문에 19행에서 32행까지의 실행시간은 $O(N)$이 된다. 8행에서 14행까지, 그리고 18행과 26행, 34행은 모두 고정된 크기의 작업을 수행하므로 $O(N)$과 비교하여 무시될 수 있다. 나머지 작업은 15행과 16행에서 처리된다. 이 두 행에서 크기가 $N/2$인 (N은 짝수라고 가정한다) 두 개의 부분 수열 문제를 풀이한다. 따라서 이 두 행에서 하나의 부분 수열당 $T(N/2)$만큼의 시간이 소요되므로 전체 $2T(N/2)$의 시간이 필요하다. 이러한 분석을 통합하여, 알고리즘 전체의 시간은 $2T(N/2)+O(N)$이 된다는 것을 알 수 있다. 이것을 정리하면 아래의 식과 같다.

$$T(1)=1$$
$$T(N)=2T(N/2)+O(N)$$

계산을 간단히 하기 위하여 $O(N)$을 N으로 대체한다. $T(N)$이 빅-오 표기법으로 표현될 것이기 때문에, 이렇게 하는 것은 최종적인 해답에 영향을 주지 않는다. 이 식을 정밀하게 푸는 방법에 대해서는 7장에서 다룰 것이다. 여기에서는 $T(N)=2T(N/2)+N$이고 $T(1)=1$일 때, $T(2)=4=2*2$, $T(4)=12=4*3$, $T(8)=32=8*4$, $T(16)=80=16*5$이 되는 패턴에 주목한다. 패턴을 분석하여 $N=2^k$이면 $T(N)=N*(k+1)=N\log N+N=O(N\log N)$이 된다는 것을 경험적으로 알 수 있다.

이 분석에서는 N이 짝수라고 가정한다. 비록 실제로 주어지는 문제는 하위의 문제의 크기가 홀수이거나 2의 제곱수가 아닐 수도 있지만, 이 분석은 재귀적은 특성을 따르기 때문에 엄밀히 따져서 N이 2의 제곱수일 때만 유효하다. N이 2의 제곱수가 아닐 때는 다소 더 복잡한 분석이 필요하지만, 최종적인 빅-오 해답에는 변화를 주지 않는다.

이 책의 뒷부분에서, 재귀용법을 명석하게 사용하는 응용분야를 보게 될 것이다. 여기에서는 부분 수열의 최대 합을 구하는 네 번째 알고리즘을 소개한다. 이 알고리즘은 재귀 알고리즘보다 구현하기 더 간단하며 또한 더욱 효율적이다. 이 알고리즘은 그림 2.8에 나타나 있다.

이 알고리즘의 분석 결과가 정확하다는 것은 명확하지만, 알고리즘이 제대로 작동한다는 것을 알기 위해서는 약간의 생각을 필요로 한다. 알고리즘의 논리를 설명하기 위하여, 알고리즘 1, 2에서 j가 현재 수열에서의 마지막을 가리키며 i가 그 수열의 처음을 가리키는 인덱스라는 것을 기억하자. 만약에 실제 해답이 되는 부분 수열이 어디에서 시작하는

```
/**
 * 부분 수열 최대 합 문제를 풀이하는 선형-시간 알고리즘
 */
int maxSubSum4( const vector<int> & a )
{
    int maxSum = 0, thisSum = 0;

    for( int j = 0; j < a.size( ); j++ )
    {
        thisSum += a[ j ];

        if( thisSum > maxSum )
            maxSum = thisSum;
        else if( thisSum < 0 )
            thisSum = 0;
    }

    return maxSum;
}
```

그림 2.8 **알고리즘 4**

지를 알 필요가 없다면 i는 프로그램 외부에서 최적화 될 수 있지만, 알고리즘을 디자인하는 단계에서는 i를 정확하게 알 필요가 있다고 가정하자. 이제 알고리즘 2를 개선할 것이다. a[i]가 음수라면, i는 최적화된 부분 수열의 시작 인덱스가 될 수 없다는 것을 주목하라. a[i]로 시작하는 부분 수열보다 a[i+1]부터 시작하는 부분 수열의 합이 항상 더 클 것이다. 비슷한 논리로, 합이 음수가 되는 부분 수열은 해답으로 반환될 부분 수열의 앞부분으로 포함될 수 없다. 가장 결정적으로, 중첩된 루프의 안쪽에서 a[i]와 a[j] 사이의 부분 수열의 합이 음수가 되면 i에 대하여 계산을 하지 않고 건너 뛸 수 있게 된다는 사실에 주목한다. 더욱 중요한 것은 i 다음에 계산을 시작하는 인덱스를 i+1이 아니라 j+1까지 전진할 수 있다는 사실이다. 이것을 확인하기 위하여, 먼저 p를 i+1과 j 사이에 있는 임의의 인덱스라고 가정한다. 인덱스 p에서 시작하는 임의의 부분 수열의 합은 인덱스 i에서 시작하여 a[i]와 a[p-1]을 사이의 부분 수열을 포함하는 것의 합보다 크지 않다. 그 이유는 a[i]와 a[p-1] 사이의 모든 부분 수열은 음수가 아니기 때문이다(i부터 시작하는 부분 수열의 합을 음수로 만드는 첫 번째 인덱스는 j가 된다). 따라서 i에서 j+1로의 전진이 최적의 해답을 구하는데 아무런 영향을 미치지 않는다.

이 알고리즘은 많은 명석한 알고리즘의 전형적인 예라고 말할 수 있다. 실행시간의 분석은 명백하지만 알고리즘의 정확성에 대한 분석은 쉽지 않다. 따라서 이러한 알고리즘에 대하여 정형적인 정확성 증명(위에서 간단히 제시한 것보다 더 정형적인)이 요구된다. 또한 이러한 알고리즘은 아주 교묘한 프로그래밍 기법을 필요로 하여 개발 기간이 길어

지게 한다. 하지만 알고리즘이 제대로 동작한다면 실행시간은 아주 빠를 것이며, 작은 크기의 입력에 대하여 무차별적이고(brute-force) 비효율적인 알고리즘(대개 구현하기 더 쉽다)과 비교하여 코드의 논리를 검사할 수 있다.

이 알고리즘의 추가적인 장점으로, 입력 데이터에 대하여 단 한 번의 읽기만을 수행하여 문제를 해결할 수 있다는 점이 있다. 다시 말해서 a[i]를 한 번 읽은 뒤 처리하고 나면 a[i]의 값을 더 이상 기억하지 않아도 된다는 것이다. 따라서 배열이 디스크에 있든지 인터넷을 통하여 전송되든지에 상관없이 입력을 순차적으로 읽으며 알고리즘을 수행하기 때문에, 입력을 메인 메모리에 저장해 둘 필요가 없다. 더 나아가, 부분 수열 문제 해결에 있어서, 특정 시점까지 읽은 입력에 대하여 항상 정확한 해답을 제시할 수 있다. (나머지 다른 알고리즘에는 이러한 특성이 없다.) 이러한 특성을 보이는 알고리즘을 **온라인 알고리즘(on-line algorithm)**이라고 한다. 온라인 알고리즘은 입력 데이터의 크기에 상관없이 일정한 양의 메모리만을 사용하며 실행시간 또한 선형적으로 증가하기 때문에, 부분 수열의 최대 합을 구하는 문제에 있어서 가능한 최선의 알고리즘이라고 할 수 있다.

2.4.4 로그 함수적 실행시간

알고리즘 분석에서 가장 혼동하기 쉬운 측면은 아마도 로그의 사용에 있을 것이다. 우리는 이미 몇몇 분할 및 정복(divide and conquer) 알고리즘이 $O(N \log N)$으로 분석된다는 것을 앞서 확인했다. 분할 및 정복 알고리즘과 나란히 가장 흔하게 볼 수 있는 알고리즘은 다음과 같은 일반적인 규칙을 따른다. 문제의 크기를 특정한 비율로 줄이는데(보통은 1/2) 상수의 $(O(1))$ 실행이 필요한 알고리즘은 $O(\log N)$이 된다. 반면에 문제의 크기를 특정한 크기로 줄이는 알고리즘은 $O(N)$이다.

특정한 종류의 문제를 해결하는 알고리즘만이 $O(\log N)$이 될 수 있다는 것은 명백하다. 예를 들어서 입력이 N개의 숫자로 이루어진 목록이고 그 입력을 단지 읽기만 하는 작업이라면 알고리즘은 당연히 $\Omega(N)$이 된다. 따라서 이러한 종류의 문제에 대하여 $O(\log N)$ 알고리즘을 설정할 때는 입력을 미리 읽는다고 가정 하에 진행한다. 로그적인 특성을 가지는 세 가지의 예를 하나씩 살펴보자.

이진 탐색

로그 실행시간의 알고리즘에 대한 첫 번째 예로 보통 이진 탐색이 많이 언급된다.

이진 탐색(binary search)

정수 X와 메모리상에서 미리 정렬된 정수 $A_0, A_1, \ldots, A_{N-1}$이 있을 때, $A_i = X$가 되는 i를 찾아서 반환한다. X가 입력에 없으면 -1을 반환한다.

쉽게 생각해 볼 수 있는 해결책으로 리스트를 처음부터 끝까지 순차적으로 탐색하는 것이 있으며, 이것은 선형적인 실행시간을 가진다. 하지만 이러한 알고리즘은 리스트가 미리 정렬되어 있다는 점을 활용하지 않은 것이므로 최선의 알고리즘이라고 할 수 없다. 더 나은 전략으로 리스트의 가운데 원소와 비교를 하는 것이다. 그 가운데 원소가 X라면 답은 이미 구해진 것이다. 만약 X가 가운데 원소보다 작다면 똑같은 전략을 리스트의 가운데 원소 왼쪽으로 이루어진 부분 배열에 적용한다. 반대로 X가 가운데 원소보다 크다면 오른쪽 반을 살펴보게 된다. 이러한 과정에서 X를 찾으면 알고리즘이 종료된다. 그림 2.9에서 이진 탐색을 수행하는 코드가 제시되어 있다(이 함수가 답으로 반환하는 값은 mid이다). 다른 것과 마찬가지로 이 코드에서도 인덱스가 0부터 시작한다는 C++의 관습을 따른다.

루프 안에서 수행되는 모든 작업은 한 번 수행하는데 $O(1)$이 되므로 이 알고리즘에 대한 분석에는 반복이 몇 번이나 수행되는지를 알아야 한다. 루프가 반복될 때마다 high- low가 이전 단계에서의 값에 비하여 적어도 반이 되고 high-low≥-1 일 때 반복이 끝난다. 따라서 루프를 반복하는 횟수는 최대한으로 $[\log(N-1)]+2$가 된다. (예로서 설명하면, high low가 128일 때, 각각의 반복에서 high-low의 최대 값은 64, 32, 16, 8, 4, 2, 1, 0, -1이 된다.) 따라서 실행시간은 $O(\log N)$이다. 이와 동등하게 실행시간을 계산하는 순환식을 작성할 수 있지만 이러한 종류의 무차별(brute-force)적인 접근은 정말 무슨 일이 일어나는지 그리고 왜 그런 것인지를 알게 된다면 보통은 불필요한 것이다.

```
/**
 * 레벨마다 두 번의 비교 검사를 하는 표준 이진 탐색을 수행한다.
 * 아이템을 찾았을 경우 그 인덱스를, 찾지 못했을 경우 -1을 반환한다.
 */
template <typename Comparable>
int binarySearch( const vector<Comparable> & a, const Comparable & x )
{
    int low = 0, high = a.size( ) - 1;

    while( low <= high )
    {
        int mid = ( low + high ) / 2;

        if( a[ mid ] < x )
            low = mid + 1;
        else if( a[ mid ] > x )
            high = mid - 1;
        else
        return mid;          // Found
    }
    return NOT_FOUND;     // NOT_FOUND는 -1로 정의되어 있다.
}
```

그림 2.9 이진 탐색

이진 탐색은 이 책을 공부하며 처음으로 구현하는 자료구조라고 볼 수 있다. 이진 탐색은 $O(\log N)$ 시간의 "contains" 연산을 제공하지만 다른 모든 연산(특히, 삽입 연산)은 $O(N)$의 실행시간을 보인다. 데이터가 정적인(삽입과 삭제가 일어나지 않는) 응용에서는 이진 탐색은 아주 유용할 것이다. 입력이 단 한 번 정렬되고 나면 그 다음으로 데이터에 접근하는 작업은 빠르다. 주기율표(화학, 물리학 분야에서 사용하는)의 정보를 유지하는 프로그램이 그 예가 될 수 있다. 이 표에는 새로운 원소가 추가되는 일이 (거의) 없으므로 상대적으로 영속적이다. 원소의 이름으로 정렬을 하고나면, 대략 110개의 원소가 있기 때문에 최악의 경우라도 8번의 접근을 통하여 원하는 원소를 찾을 수 있게 된다. 순차적 접근법을 적용한다면 더 많은 접근이 필요할 것이다.

유클리드 알고리즘

두 번째 예는 최대공약수를 구하는 유클리드 알고리즘(Euclid's algorithm)이다. 두 정수에 대한 최대공약수(*gcd*)는 각각의 수를 나눌 때 공통적으로 떨어지는 약수에 중에서 가장 큰 수를 말한다. 따라서 gcd(50, 15)=5이다. 그림 2.10의 알고리즘은 $M \geq N$라는 가정 하에서 $\gcd(M,N)$을 구한다(만약 $N > M$이라면 루프의 첫 번째 반복에서 그 둘의 값을 서로 바꿔주게 된다).

이 알고리즘은 나머지가 0이 될 때까지 계속적으로 계산하는 방식으로 작동한다. 가장 마지막으로 0이 아닌 나머지가 해답이 된다. 따라서 $M = 1{,}989$이고 $N = 1{,}590$이라고 하면 나머지(rem)는 순차적으로 399, 393, 6, 3, 0으로 계산되며, 따라서 gcd(1989, 1590)=3이다. 예에서 제시한 것처럼 이것은 아주 빠른 알고리즘 중 하나이다.

이전에, 알고리즘의 전체 실행시간을 평가하는 것은 순차적인 단계에서 나머지가 얼마나 남느냐에 따라 결정된다고 하였다. 비록 $\log N$ 실행시간이 효율적인 것으로 보이지만 나머지의 값이 반드시 특정한 비율로 줄어야 한다는 것이 명백하게 보이지 않을 수도 있다. 이 예에서는 두 번째 단계에서 나머지 399가 단지 393으로 줄었을 뿐이다. 사실, 이 알고리즘에서 한 번의 순환으로 나머지가 특정한 비율로 감소하는 것은 아니다. 그렇지만

```
long gcd( long m, long n )
{
    while( n != 0 )
    {
        long rem = m % n;
        m = n;
        n = rem;
    }
    return m;
}
```

그림 2.10 유클리드 알고리즘

지만 두 번째 순환이 지나면 나머지가 적어도 처음의 값보다 반으로 줄어든다는 것을 증명할 수 있다. 따라서 순환하는 횟수가 많아야 $2\log N = O(\log N)$이며 이것으로 실행시간을 평가할 수 있다는 것을 알게 된다. 이러한 증명은 간단하므로 바로 아래에서 제시한다. 증명은 아래의 정리를 따른 것이다.

정리 2.1

만약 $M > N$이라고 하면, $M \bmod N < M/2$이다.

증명

두 가지 경우가 있다. 만약 $N \le M/2$이라고 하면, 나머지가 N보다 작기 때문에 이 경우에 정리는 참이 된다. 다른 경우인 $N > M/2$일 때는 M을 N으로 나눈 나머지 $M - N$이 $M/2$보다 작게 되므로 정리가 증명된다.

이쯤에서 위 예제에서 $2\log N$ 실행시간은 약 20이지만, 실제 단 7번의 연산만이 수행되므로 $2\log N$이 최적의 실행시간인가에 의문을 가지게 된다. 상수는 최악의 경우에 대략 $1.44\log N$까지 약간 개선할 수 있다.(이는 M과 N이 연속적 피보나치 수일 때 성립한다.) 유클리드 알고리즘의 평균 실행시간을 분석하려면 매우 정교한 수학적 분석을 기록할 많은 페이지가 필요하다. 반복의 평균 실행시간은 약 $(12 \ln 2 \ln N)/\pi^2 + 1.47$이다.

누승법(exponentiation)

이 절의 마지막 예로서, 정수의 거듭제곱을 구하는 알고리즘을 다룰 것이다. 거듭제곱의 결과로 얻어진 수는 보통 아주 큰 편이며, 따라서 충분히 큰 수를 처리할 수 있는 시스템(또는 이것을 시뮬레이션 할 수 있는 컴파일러)에서 작업한다는 가정을 바탕으로 분석을 시작한다. 실행시간의 측정 기준으로 거듭제곱하는 횟수를 젤 것이다.

가장 단순한 알고리즘은 $N-1$번 거듭제곱하여 X^N을 구하는 것이다. 하지만 재귀 알고리즘으로 더욱 좋은 성능을 보일 수 있다. $N \le 1$은 기본 경우가 된다. 나머지 경우에서, N이 짝수이면 $X^N = X^{N/2} \cdot X^{N/2}$가 되고, N이 홀수이면 $X^N = N^{(N-1)/2} \cdot \cdot X^{(N-1)/2} \cdot X$가 된다.

예를 들어서 X^{62}를 계산할 때, 이 알고리즘을 적용하면 단지 9번의 곱셈만으로 문제를 해결한다. 계산은 아래에 제시되어 있다.

$$X^3 = (X^2)X,\ X^7 = (X^3)^2X,\ X^{15} = (X^7)^2X,\ X^{31} = (X^{15})^2X,\ X^{62} = (X^{31})^2$$

문제를 풀기 위하여 곱셈을 하는 횟수는 명백하게도, 많아야 $2\log N$이다. 이것은 문제를 절반으로 나누기 위하여 많아야 두 번의 곱셈만이 필요하기 때문이다. 단순한 직관으로 봐도 무차별 접근법이 필요하기 때문에 순환식으로 이 문제를 작성하고 풀 수 있다.

```
1   long pow( long x, int n )
2   {
3     if( n == 0 )
4       return 1;
5     if( n == 1 )
6       return x;
7     if( isEven( n ) )
8       return pow( x * x, n / 2 );
9     else
10      return pow( x * x, n / 2 ) * x;
11  }
```

그림 2.11 효율적인 누승법

그림 2.11은 이러한 아이디어를 구현한 것이다. 알고리즘의 정확성에 아무런 영향을 주지 않으면서 코드가 얼마나 개선될 수 있는가를 보는 것은 가끔 흥미로울 때가 있다. 그림 2.11에서 5행과 6행은 사실 불필요한 것으로, N이 1이면 10행에서 올바른 계산을 하기 때문이다. 따라서 10행은 알고리즘의 정확성을 손상하지 않는 범위 내에서 아래와 같이 고쳐 쓸 수 있다.

```
10      return pow( x, n - 1 ) * x;
```

사실 이렇게 하더라도 거듭제곱의 연속이 이전과 같기 때문에 프로그램은 $O(\log N)$의 성능을 보인다. 하지만 아래에서 제시된 8행에 대한 대안적인 코드는, 비록 정확해 보이더라도, 전부 옳지 않은 코드이다.

```
8a      return pow( pow( x, 2 ), n / 2 );
8b      return pow( pow( x, n / 2 ), 2 );
8c      return pow( x, n / 2 ) * pow( x, n / 2);
```

8a와 8b가 정확하지 않은 이유는, N이 2일 때 pow에 대한 재귀 호출 중 하나가 두 번째 인수로 2를 가지기 때문이다. 이것은 문제 해결에 아무런 진척이 없이 무한 루프에 빠지는 결과를 가져 온다.

8c의 코드를 사용하는 것은 효율성에 영향을 준다. 이것은 재귀 호출할 때의 인자의 크기가 1에서 $N/2$로 늘어나기 때문이며, 따라서 실행시간은 더 이상 $O(\log N)$이 될 수 없다. 이 경우에 실행시간을 계산하는 것은 연습문제로 남겨 둔다.

2.4.5 분석 결과의 확인

알고리즘에 대한 분석이 이루어졌을 때, 해답이 정확한지를 확인해 보는 작업을 추가하는 것이 바람직하다. 하나의 방법으로, 알고리즘을 실제의 프로그램으로 작성하여 분석으로 얻어진 실행시간과 프로그램 실행시간을 경험적으로 비교해 보는 것이 있다. 입력의 크기가 2배가 되면 선형, 2차, 3차의 알고리즘 대한 프로그램의 실행시간은 각각 2배, 4배, 8배가 된다. 같은 환경에서, 로그 실행시간을 가지는 프로그램은 입력이 2배가 되어도 약간의 추가적인 시간만이 더 소요될 뿐이며, $O(N \log N)$ 프로그램은 2배보다 약간 더 많은 실행시간을 가지게 된다. 하지만 입력의 증가에 따른 실행시간에 대한 경험적인 분석은 알고리즘 분석에서 최고차항보다 낮은 항들의 실행시간에 대한 비중이 상대적으로 크거나, 입력이 충분히 크지 못한 경우에는 쉽게 알아차리기 힘들다. 부분 수열의 최대합 문제에서 입력이 10에서 100으로 증가하는 경우를 한 예로 들 수 있다. 그리고 선형적인 프로그램과 $O(N \log N)$은 경험적인 분석으로 구분하기 아주 힘들 수 있다.

어떤 프로그램이 $O(f(N))$이라는 것을 검증하기 위하여 흔하게 사용되는 편법 중 다른 한 가지는 경험적으로 얻은 실행시간, $T(N)$에 대하여 여러 크기의 입력(보통 2배씩 차이 나게 설정한다)으로 $T(N)/f(N)$을 계산해 보는 것이다. 만약 $f(N)$이 정확한 실행시간의 분석에 근접하다면, 계산된 값은 특정한 양수로 수렴하게 된다. 그리고 $f(N)$이 지니치게 그게 평가 되었다면 계산된 값은 0으로 수렴하고, $f(N)$이 지나치게 작게 평가되었거나 예측이 틀렸다면 계산된 값은 수렴하지 않게 된다.

예를 들기 위하여 제시한 그림 2.12의 프로그램은 입력 값인 N보다 작거나 같은 두 개의 서로 다른 수를 무작위로 추출하여, 그 두 수가 상대적으로 수소일 확률을 계산한다(N 값이 커짐에 따라서, 해답은 $6/\pi^2$에 근접하게 된다).

이러한 프로그램에 대한 분석은 즉각적으로 답할 수 있어야 한다. 그림 2.13에는 실제의 컴퓨터에서 그림 2.12의 프로그램을 실행하여 얻은 결과이다. 표를 잘 살펴보면 마지막 열이 가장 좋은 결과를 보이며, 앞서 독자가 직관적으로 예상했다고 믿는 분석이 옳다는 것을 알 수 있다. 로그 실행시간은 입력의 크기가 커짐에 따라 아주 조금씩 증가하기 때문에 $O(N^2 \log N)$과 $O(N^2)$ 사이에는 큰 차이가 없다는 것을 기억하자.

```
double probRelPrime( int n )
{
   int rel = 0, tot = 0;

   for( int i = 1; i <= n; i++ )
      for( int j = i + 1; j <= n; j++ )
      {
         tot++;
         if( gcd( i, j ) == 1 )
            rel++;
      }

   return (double) rel / tot;
}
```

그림 2.12 무작위로 선출한 두 수가 서로소일 확률을 평가한다.

N	CPU 시간(T)	T/N^2	T/N^3	$T/(N^2 \log N)$
100	022	.002200	.000022000	.0004777
200	056	.001400	.000007000	.0002642
300	118	.001311	.000004370	.0002299
400	207	.001294	.000003234	.0002159
500	318	.001272	.000002544	.0002047
600	466	.001294	.000002157	.0002024
700	644	.001314	.000001877	.0002006
800	846	.001322	.000001652	.0001977
900	1,086	.001341	.000001490	.0001971
1,000	1,362	.001362	.000001362	.0001972
1,500	3,240	.001440	.000000960	.0001969
2,000	5,949	.001482	.000000740	.0001947
4,000	25,720	.001608	.000000402	.0001938

그림 2.13 그림 2.12에 대한 실험적인 실행시간

2.4.6 비판적 분석

경험적으로 얻은 분석은 때때로 알고리즘의 실행시간을 지나치게 크게 평가할 때가 있다. 첫 번째로 세심한 분석으로 결과를 조정해야 할 필요가 있는 경우 또는 최악의 경우 실행시간이 평균적인 실행시간보다 현저히 크기 때문에 평가의 결과를 조정할 수 없는 경우 모두 이에 해당한다. 복잡한 작업을 수행하는 많은 알고리즘들이 최악의 입력을 고려하여 실행시간의 상한선을 결정하지만 현실적으로 이러한 분석은 대게 알고리즘의 실행시간을 과대평가(성능을 지나치게 나쁘게 해석)한 것이다. 유감스럽게도 이러한 문제들 대부분은 평균적인 경우에 대한 분석이 극도로 복잡하거나 분석 자체가 불가능할 수도 있다. 따라서 최악의 경우에 대한 상한선을 제시하는 것이 (비록 어느 정도 회의적인 결과가 나오더라도) 알고리즘 분석에 대한 최선의 선택이 될 수가 있다.

2장 요약

이 장에서는 프로그램의 복잡도를 어떻게 분석할 것인지에 대한 몇 가지 힌트를 제공한다. 그렇지만 완벽한 길잡이를 제시하는 것은 아니다. 단순한 프로그램은 보통 간단한 방법으로 분석이 가능하지만, 이것도 항상 그런 것은 아니다. 예를 들어서, 이 책의 뒷부분에서 보게 될 정렬 알고리즘(셸 정렬, 7장)과 서로소 집합(disjoint set)을 유지하는 알고리즘(Chapter 8)은 약 20 라인의 코드로 작성할 수 있다. 셸 정렬은 아직 완전한 분석이 이루어지지 않았으며 배반 집합 알고리즘의 분석에는 극도로 어렵고 서로 뒤얽힌, 엄청난 양의 계산이 필요하다. 이 장에서 접하게 될 대부분의 알고리즘에 대한 분석은 비교적 간단하며 반복문에서의 반복 횟수를 계산하는 것과 연관된 것이다.

이 장에서 다루지 않은 알고리즘 분석의 한 종류에서 흥미를 끄는 것으로 하한선(low-bound) 분석이 있으며 7장에서 이에 대한 예를 보게 될 것이다. 이것은 오직 비교연산만을 사용하여 정렬하는 알고리즘은 최악의 경우에라도 $\Omega(N \log N)$의 비교연산만 수행하면 정렬이 완료된다는 것을 증명하는 것이다. 하한선 분석에 대한 증명은 특정한 단일 알고리즘에 적용하는 것이 아니라 특정한 문제를 푸는 여러 개의 알고리즘 전체에 적용되기 때문에 일반적으로 가장 어렵다고 할 수 있다.

여기에서 설명한 몇몇 알고리즘은 실제 생활에서 사용하는 응용 프로그램에 적용되고 있다는 사실을 언급하면서 이 장을 마친다. 한 가지 예를 들어서, *gcd* 알고리즘과 누승법 알고리즘은 모두 암호 작성과 해독 분야에서 사용되고 있다. 특히, 400개의 자리수를 가진 수가 다른 400자리수를 가진 수만큼의 거듭제곱을 수행하는데 각각의 제곱이후에 1의 자리부터 400개 또는 그 이하의 자릿수만을 남겨 놓는다고 하자. 이 계산은 400개의 자리수를 지닌 수를 다루기 때문에 효율성이 명백히 중요하다. 누승법에 대한 간단한 알고리즘은 10^{400}번의 곱셈을 필요로 하지만, 이 장에서 살펴본 알고리즘에서는 단지 최악의 경우에 2,600번만을 필요로 한다.

2장 연습문제

2.1 아래의 함수를 증가율에 따라 순서대로 나열하라. 동일한 증가율을 가지는 함수를 표시하라.

$$N,\ \sqrt{N},\ N^{1.5},\ N^2,\ N\log N,\ N\log\log N,\ N\log^2 N,$$
$$N\log(N^2),\ 2/N,\ 2^N,\ 2^{N/2},\ 37,\ N^2\log N,\ N^3$$

2.2 $T_1(N) = O(f(N))$이고 $T_2(N) = O(f(N))$이라고 하면, 아래의 식에서 참인 것은 무엇인가?

a. $T_1(N) + T_2(N) = O(f(N))$
b. $T_1(N) - T_2(N) = o(f(N))$
c. $\dfrac{T_1(N)}{T_2(N)} = O(1)$
d. $T_1(N) = O(T_2(N))$

2.3 아래의 두 함수 중에서 어떤 함수가 더 빠르게 증가하는가?

$N\log N,\ N^{1+\epsilon/\sqrt{\log N}}\ (\epsilon > 0)$

2.4 임의의 상수 k에 대하여 $\log^k N = o(N)$임을 증명하라.

2.5 $f(N) = O(g(N))$도 $g(N) =)O(f(N))$도 아닌 두 함수 $f(N)$과 $g(N)$을 찾아라.

2.6 최근의 판례에서 한 판사가 어떤 도시에 모욕죄에 대한 벌금으로 첫 날에 2달러 부과하였다. 그 도시가 판사의 명령을 따를 때까지, 벌금이 매일 증가하여 부과된다. (다시 말해서, 벌금이 2달러, 4달러, 16달러, 256달러, ...와 같이 부과된다)

a. N일이 지난 후에 벌금은 어떻게 되는가?
b. 벌금이 D달러에 도달하기까지 며칠이 걸리겠는가? (빅-오 표기법으로 답하라)

2.7 아래에 제시된 6개의 코드에 대하여

a. 실행시간을 분석하라(빅-오 표기법으로 답하라).
b. 각자 선호하는 언어로 코드를 구현한 다음에 N값을 조절하여 실행시간을 구해 보라.

c. 실제의 실행시간과 a에서 분석한 결과를 비교하라.

(1)
```
sum = 0;
for( i = 0; i < n; i++ )
    sum++;
```

(2)
```
sum = 0;
for( i = 0; i < n; i++ )
    for( j = 0; j < n; j++ )
        sum++;
```

(3)
```
sum = 0;
for( i = 0; i < n; i++ )
    for( j = 0; j < n * n; j++ )
        sum++;
```

(4)
```
sum = 0;
for( i = 0; i < n; i++ )
    for( j = 0; j < i; j++ )
        sum++;
```

(5)
```
sum = 0;
for( i = 0; i < n; i++ )
    for( j = 0; j < i * i; j++ )
        for( k = 0; k < j; k++ )
            sum++;
```

(6)
```
sum = 0;
for( i = 1; i < n; i++ )
    for( j = 1; j < i * i; j++ )
        if( j % i == 0 )
            for( k = 0; k < j; k++ )
                sum++;
```

2.8 처음 N 정수에 대하여 임의의 순열을 생성한다고 가정하자. 예를 들어서 {4, 3, 1, 5, 2}와 {3, 1, 4, 2, 5}는 옳지만, {5, 4, 1, 2, 1}은 1이 중복되었고 3이 빠져 있으므로 원하는 순열이 아니다. 이러한 루틴은 알고리즘을 시뮬레이션 하는데 쓰인다. 난수 생성기 r이 randInt(i, j)라는 메소드의 형태로 주어진다고 가정한다. 여기서 randInt(i, j)는 i와 j 사이의 정수를 동일한 확률로 생성한다. 세 가지 알고리즘이 주어진다.

1. 배열 a를 a[0]에서 a[N-1]까지 채운다. a[i]는 난수생성기에서 받은 수를 할당하되, a[0], a[1], ... , a[i-1]과 비교하여 동일한 수 일 경우는 다른 수를 받는다.

2. 알고리즘 1과 동일하나, used라는 추가적인 배열을 둔다. 새로운 난수, ran를 배열 a에 할당할 때 used[ran]=true라고 설정한다. 이것은 새로운 수를 배열에 넣기 위하여 이미 배열에 있는 수인지를 검사하는데 한 단계만 필요하다는 것을 의미한다. 첫 번째 알고리즘에서는 이것을 검사하기 위하여 i 단계가 필요하였다.
3. a[i]=i+1과 같은 방식으로 배열을 채운다. 그 다음에 아래의 코드를 수행한다.

```
for( i = 1; i < n; i++ )
    swap( a[ i ], a[ randInt( 0, i ) ] );
```

a. 위에서 제시된 세 가지 알고리즘 모두 동일한 형태의 올바른 수열을 생성한다는 것을 증명하라.
b. 각각의 알고리즘에 대하여 예상되는 실행시간을 최대한 정확하게 빅-오 표기법으로 분석하라.
c. 신뢰할만한 평균값을 얻기 위하여, 각 알고리즘에 대하여 10번 실행하는 프로그램을 작성하라. (1) $N=250$, 500, 1,000, 2,000의 입력으로 알고리즘 1을 구현한 프로그램을 실행하라. (2) $N=25{,}000$, 50,000, 100,000, 200,000, 400,000, 800,000의 입력으로 알고리즘 2를 구현한 프로그램을 실행하라. (3) $N=100{,}000$, 200,000, 400,000, 800,000, 1,600,000, 3,200,000, 6,400,000의 입력으로 알고리즘 3을 구현한 프로그램을 실행하라.
d. 실제 실행시간과 b.에서 얻은 결과를 비교하라.
e. 각 알고리즘에 대하여 최악의 실행시간은 어떻게 되는가?

2.9 그림 2.2의 표에서 시뮬레이션 하기에 너무 오래 걸리기 때문에 비워져 있는(NA라고 표시된) 부분을 채워 넣어라. 알고리즘의 실행시간을 보간하고 백만 개의 숫자에 대하여 부분 수열의 최대 합 문제를 계산하는 실행시간을 평가해 보라.

2.10 손으로 간단히 풀 수 있는 아래의 문제에 대한 전형적인 알고리즘을 분석하여 실행시간을 계산해 보라.

a. N자리 숫자 두 개의 덧셈
b. N자리 숫자 두 개의 곱셈
c. N자리 숫자 두 개의 나눗셈

2.11 입력의 크기가 100일 때 0.5 ms가 걸리는 알고리즘이 있다. 실행시간 분석이 아래와 같다고 가정하면, 이 알고리즘에 크기가 500인 입력으로 실행할 때, 실행시간이 어떻게 되겠는가? (낮은 차수의 항은 무시할 수 있다고 가정한다)

a. 선형
b. O(N log N)
c. 2차
d. 3차

2.12 입력의 크기가 100일 때 0.5 ms가 걸리는 알고리즘이 있다. 실행시간 분석이 아래와 같다고 가정하면, 이 알고리즘으로 1분 동안 처리할 수 있는 입력의 크기는 얼마인가? (낮은 차수의 항은 무시할 수 있다고 가정한다)

a. 선형
b. O(N log N)
c. 2차
d. 3차

2.13 $f(x) = \sum_{i=0}^{N} a_i x^i$를 계산하기 위하여 얼마나 많은 시간이 필요한가?

a. 누승법을 계산하는 가장 단순한 루틴을 사용
b. 2.4.4절의 루틴을 사용

2.14 $f(x) = \sum_{i=0}^{N} a_i x^i$을 평가하는 아래의 알고리즘("호너의 법칙(Horner's rule)"이라고 한다)을 살펴보자.

```
poly = 0;
for( i = n; i >= 0; i-- )
    poly = x * poly + a[i];
```

a. $x = 3, f(x) = 4x^4 + 8x^3 + x + 2$일 때 이 알고리즘을 수행하는 단계를 보여라.
b. 이 알고리즘이 잘 동작하는 이유를 설명하라.
c. 이 알고리즘의 실행시간을 분석하라.

2.15 정수 배열 $A_1 < A_2 < A_3 <$ ...... $< A_N$에서 $A_i = i$를 만족하는 정수가 존재하는지를 결정하는 효율적인 알고리즘을 작성하라. 그 알고리즘의 실행시간은 어떻게 되는가?

2.16 아래의 내용을 참고하여 gcd 알고리즘의 대안을 작성한다.

a. $\gcd(a, b) = 2\gcd(a/2, b/2)$: a와 b가 모두 짝수일 때
b. $\gcd(a, b) = \gcd(a/2, b)$: a는 짝수, b는 홀수일 때
c. $\gcd(a, b) = \gcd(a, b/2)$: a는 홀수, b는 짝수일 때
d. $\gcd(a, b) = \gcd((a+b)/2, (a-b)/2)$: a와 b가 모두 홀수일 때

2.17 아래의 문제에 대하여 효율적인 알고리즘(과 실행시간 분석)을 제시하라.
a. 부분 수열의 최소 합
*b. 부분 수열의 최소 양수 합
*c. 부분 수열의 최대 곱

2.18 수치 해석 분야에서 중요한 문제 중 하나는 임의의 f에 대하여 $f(x) = 0$ 방정식의 해를 구하는 것이다. 연속함수에서 $f(low)$와 $f(high)$의 부호가 다른 low, high 값을 가질 때, 방정식의 해는 반드시 low와 high 사이에 있으며, 이진 탐색을 활용하여 해를 찾을 수 있다. 매개변수로 f, low, high를 받고 0에 대하여 방정식을 풀이하는 함수를 작성하라. 프로그램이 종료된다는 것을 보장하기 위하여 무엇을 해야 하는가?

2.19 이 책에서 제시된 부분 수열의 최대 합 알고리즘은 최대 합을 가지는 부분 수열을 표시하는 기능이 없다. 최대 합과 동시에 부분 수열을 단일 객체 형태로 반환하도록 알고리즘을 수정하라.

2.20 a. 양의 정수 N이 소수인지를 결정하는 프로그램을 작성하라.
b. N에 관하여, 위에서 작성한 프로그램의 최악의 경우 실행시간이 어떻게 되는가? (a.에서 작성한 프로그램은 적어도 $O(\sqrt{N})$의 성능이 나와야 한다)
c. N을 이진법으로 변환했을 때의 비트 수를 B라고 하자. B의 값은 무엇인가?
d. 20비트 수와 40비트 수가 소수라는 것을 결정하는 실행시간을 비교하라.
e. 이때의 실행시간을 N 또는 B에 관한 함수로 분석한다고 할 때, 어느 쪽이 더 유효한가? 그 이유는 무엇인가?

***2.21** 에라토스테네스의 체는 N보다 작은 모든 소수를 계산하는 기법이다. 정수 2에서 N까지의 표를 가지고 문제를 풀기 시작한다. x 표시가 되지 않은 가장 작은 정수 i를 찾아서 출력한 다음, i, $2i$, $3i$를 x 표시한다. 이런 과정이 반복되고 $i > \sqrt{N}$이 되면 알고리즘이 종료된다. 이 알고리즘의 실행시간은 어떻게 되는가?

2.22 X^{62}을 단지 8번의 곱셈으로 구할 수 있음을 보여라.

2.23 재귀용법을 사용하지 않고 누승법을 구하는 효율적인 프로그램을 작성하라.

2.24 누승법을 구하는 효율적인 루틴에서 필요한 곱셈의 횟수를 정확하게 구하라. (힌트: N의 이진수 표기법을 고려하라.)

2.25 프로그램 A와 B를 분석한 결과 최악의 경우 실행시간이 각각 $150N\log_2 N$과 N^2보다 크지 않다는 것을 알아내었다. 유효한 질문을 선택하여 답하라.

a. $N > 10,000$을 만족하는 큰 입력에 대하여, 어느 프로그램이 실행시간에 관하여 더 좋은 성능을 보장하는가?
b. $N < 100$을 만족하는 작은 입력에 대하여, 어느 프로그램이 실행시간에 관하여 더 좋은 성능을 보장하는가?
c. $N = 1,000$에 대하여, 어느 프로그램이 평균적으로 더 빠른가?
d. 가능한 모든 크기의 입력에 대하여, 프로그램 B가 프로그램 A보다 항상 빨리 실행되는 것이 가능한가?

2.26 크기가 N인 배열 A에 대하여, $N/2$번을 초과하여 배열에 할당된 원소를 과반수 원소(majority element)라고 한다. 예를 들어서,

3, 3, 4, 2, 4, 4, 2, 4, 4

의 배열에서 과반수 원소는 4이며,

3, 3, 4, 2, 4, 4, 2, 4

의 배열에서는 과반수 원소가 존재하지 않는다. 여기서 작성할 프로그램은 이러한 사항을 지시할 수 있어야 한다. 이 문제를 풀이하는 알고리즘을 아래에서 간략하게 설명한다.
먼저 과반수 원소의 후보를 찾는다(이것이 가장 힘든 부분이다). 이렇게 해서 찾은 원소는 배열 안의 모든 원소 중에서 유일하게 과반수 원소가 될 수 있는 가능성을 가지고 있다. 다음 단계에서 이 후보가 실제로 과반수 원소인지를 확인한다. 그러기 위해서, 주어진 배열에 대하여 단순히 순차적인 탐색을 실행한다. 배열 A에서 후보 원소를 찾기 위하여 새로운 배열 B를 형성한다. 그런 다음에 A_1(배열 A의 첫 번째 원소)과 A_2를 비교한다. 두 원소가 같으면 이 원소 중 하나를 배열 B에 넣는다. 두 원소가 다를 경우, 아무 것도 수행하지 않고 다음 단계로 넘어간다. 다음으로 A_3와 A_4를 비

교하여 위와 같은 작업을 한다. 이러한 방식으로 배열 A 전체를 읽을 때까지 진행한다. 그런 후에 배열 B에 대하여 재귀적으로 후보 원소를 찾는다. 이렇게 찾은 후보가 배열 A에 대한 후보 원소가 된다.

a. 재귀함수가 종료하는 조건이 무엇인가?
*b. N이 홀수일 때 어떻게 처리할 것인가?
*c. 알고리즘의 실행시간이 어떻게 되는가?
d. 추가적인 배열 B를 사용하지 않고 문제를 해결하려면 어떻게 해야 할까?
e. 과반수 원소를 계산하는 프로그램을 작성하라.

2.27 $N*N$ 행렬이 메모리상에 있다고 가정한다. 각각의 행은 왼쪽에서 오른쪽으로 증가하고 각각의 열은 위에서 아래로 증가한다. 주어진 수 X가 이 행렬의 원소인지를 결정하는 최악의 성능 $O(N)$ 알고리즘을 제시하라.

2.28 양수의 배열 a을 입력으로 받아서 아래에 제시된 사항을 결정하는 효율적인 알고리즘을 작성하라.

a. $j \geq i$일 때, $a[j]+a[i]$의 최대 값
b. $j \geq i$일 때, $a[j]-a[i]$의 최대 값
c. $j \geq i$일 때, $a[j]*a[i]$의 최대 값
d. $j \geq i$일 때, $a[j]/a[i]$의 최대 값

***2.29** 이 장에서 제시한 컴퓨터 모델이 고정된 크기의 정수를 가진다고 가정하는 것이 왜 중요한가?

2.30 1장에서 설명한 단어 퍼즐 문제를 고려해 보자. 가장 긴 단어가 10개의 문자로 이루어진다고 가정한다.

a. R과 C가 각각 행과 열의 개수이고 단어의 개수를 W라고 했을 때, 1장에서 설명한 알고리즘의 실행시간은 어떻게 되는가?
b. 단어의 리스트가 이미 정렬되어있다고 가정하자. 이 알고리즘의 실행시간이 두드러지게 빨라지게 하기 위하여 어떻게 이진 탐색을 사용할 수 있는지를 보여라.

2.31 이진 탐색 루틴에서 5행이 low=mid+1 대신에 low=mid라는 문장이라고 가정해 보자. 이 루틴이 문제없이 잘 작동할 것인가?

2.32 매 순환마다 오직 한 번의 비교연산을 수행하도록 이진 탐색을 구현하라.

2.33 그림 2.7의 알고리즘 3에서 15행과 16행을 아래와 같은 코드로 대체한다고 하면, 이 루틴이 문제없이 잘 작동할 것인가?

```
15      int maxLeftSum  = maxSubSum( a, left, conter - 1 );
16      int maxRightSum = maxSubSum( a, center, right );
```

2.34 3차 함수의 성능을 보이는 부분 수열 최대 합 알고리즘의 중첩된 루프에서 가장 안쪽의 코드는 $N(N+1)(N+2)/6$번 반복된다. 또한 2차 함수의 성능을 보이도록 개선한 알고리즘에서는 $N(N+1)/$번 반복되고 선형적인 성능을 보이는 알고리즘에서는 N번 반복된다. 이러한 패턴에 연관성을 제시할 수 있는가? 이러한 현상에 대하여 순열조합적인 설명을 할 수 있는가?

2장 참고문헌

알고리즘의 실행시간에 대한 분석은 처음으로 크누스(Knuth)의 3부 시리즈 [5], [6], [7]에 의하여 널리 알려지게 되었다. gcd 알고리즘의 분석은 [6]에 나타나있다. 이 주제에 관하여 더 고적전인 책으로 [1]이 있다.

빅-오, 빅-오메가, 빅-세타, 리틀-오 표기법은 크누스의 논문 [8]에서 인용되었다. 이 문제에 관하여 학계로부터 완벽한 동의를 얻은 것은 아니며, 특히 $\Theta()$를 사용함에 있어서 더욱 그러하다. 더 적은 의미를 내포함에도 불구하고 많은 사람들이 $O()$의 사용을 선호한다. 추가적으로, $O()$는 하한선을 표현하는데(원래 $\Omega()$의 역할이지만) 몇몇 분야에서 사용되고 있다.

부분 수열의 최대 합 문제는 [3]에서 참조하였으며, [2], [3], [4]에서는 실행속도에 관하여 프로그램을 최적화하는 방법이 설명되어 있다.

1. A. V. Aho, J. E. Hopcroft, and J. D. Ullman, *The Design and Analysis of Computer Algorithms*, Addison-Wesley, Reading, Mass., 1974.
2. J. L. Bentley, *Writing Efficient Programs*, Prentice Hall, Englewood Cliffs, N.J., 1982.
3. J. L. Bentley, *Programming Pearls*, Addison-Wesley, Reading, Mass., 1986.
4. J. L. Bentley, *More Programming Pearls*, Addison-Wesley, Reading, Mass., 1988.
5. D. E. Knuth, *The Art of Computer Programming, Vol 1: Fundamental Algorithms*, 3d ed., Addison-Wesley, Reading, Mass., 1997.
6. D. E. Knuth, T*he Art of Computer Programming, Vol 2: Seminumerical Algorithms*, 3d ed., Addison-Wesley, Reading, Mass., 1998.
7. D. E. Knuth, *The Art of Computer Programming, Vol 3: Sorting and Searching*, 2d ed., Addison-Wesley, Reading, Mass., 1998.
8. D. E. Knuth, "Big Omicron and Big Omega and Big Theta," *ACM SIGACT News*, 8 (1976), 18-23.

3 리스트, 스택, 그리고 큐

Data structures and Algorithm Analysis in C++

이 장에서는 가장 간단하고 기본적인 3가지의 자료 구조에 대해서 설명한다. 거의 모든 프로그램에서 이 세 가지 자료 구조 중 적어도 한 가지 자료구조를 명시적으로 선언하여 사용할 것이다. 그리고 스택은 여러분들의 정의 여부와 상관없이 묵시적으로 프로그램에서 항상 사용되는 자료 구조이다. 이번 장에서는 다음과 같은 내용을 중심으로 설명한다.

- 추상자료타입(abstract data types)의 개념을 소개한다.
- 리스트에서 어떻게 효율적인 연산이 수행되는지 설명한다.
- 스택의 추상자료타입를 설명하고 재귀순환(recursion)에서의 스택의 활용을 설명한다.
- 큐(queue)의 추상자료타입를 설명하고 알고리즘 디자인과 시스템 연산에서 큐의 사용법을 설명한다.

3.1 추상자료타입(ADTs)

추상자료타입는 연산자 집합을 포함하는 객체들의 집합으로 이루어진다. 추상자료타입은 수학적인 추상화 개념이다. 추상자료타입에는 연산자들이 어떻게 구현되는지에 대한 설명은 어디에도 존재하지 않는다. 정수, 실수, 불리언이 자료 타입인 것처럼 취급하듯이 리스트, 집합, 그래프와 같은 객체는 그들의 연산자와 함께 추상자료타입으로 간주된다. 정수, 실수, 그리고 불리언은 그것들과 연관된 연산자들을 가지고 있는 것처럼 추상자료타입들도 그들과 연관된 연산자를 가지고 있다. 집합 추상자료타입의 경우 add, remove, size, contains 등과 같은 연산자를 생각해 볼 수 있다. 또는 union과 find의 연산자만으로 구성된 집합 추상자료타입을 생각해 볼 수도 있을 것이다.

C++ 클래스는 구현의 상세한 부분을 적절히 은닉하면서 추상자료타입의 구현을 가능하게 한다. 그래서 프로그램의 어떤 부분에서라도 적절한 메소드를 호출함으로써 추상자료타입에 연산을 수행할 수 있다. 만약 필요한 경우 단순히 추상자료타입 연산자를 수행하는 루틴들을 수정함으로써 쉽게 구현의 상세 부분을 수정할 수 있다. 이러한 수정이 프로그램의 다른 나머지 부분에게도 완벽히 투명하게 될 수 있다.

각각의 추상자료타입에 지원되어야 하는 연산자에 대해서는 아무런 규칙이 따로 존재하지 않으며 이는 추상자료타입을 어떻게 디자인 하느냐에 달려 있다. 오류 처리와 같은 것은 일반적으로 프로그래머에게 달려 있다. 이 장에서 공부할 3가지 자료구조가 주요 추상자료타입의 예이다. 이 장에서는 3가지 자료구조가 서로 다른 방법으로 어떻게 구현되는지 설명할 것이지만 자료구조를 이용하는 프로그램에서는 상세한 구현 방법에 대해서는 알 필요가 없을 것이다.

3.2 리스트 추상자료타입

$A_0, A_1, A_2, \ldots, A_{N-1}$과 같이 N개의 크기로 이루어진 리스트를 생각해 보자. 특별히 N이 0인 리스트를 **공백 리스트**(empty list)라고 하자.

공백 리스트를 제외한 모든 리스트에서 A_i가 $A_{i-1}(i < N)$를 후행한다고 하고 A_{i-1}는 $A_i(i > 0)$를 선행한다고 한다. 리스트의 첫 번째 요소는 A_0이고 마지막 요소는 A_{n-1}이다. A_i의 리스트 내에서의 **위치**는 i이다. 리스트의 요소로는 복잡한 어떤 자료구조라도 상관없지만 앞으로 설명의 편의를 위해서 정수라고 가정한다.

리스트 추상자료타입에서 수행하려는 연산자 집합은 리스트의 "정의"와 연관이 되어 있는 것들이다. printlist나 makeEmpty와 같은 연산자는 그 의미가 매우 분명하여 설명이 필요없을 것 같고, find 연산자는 특정 요소가 있는 첫 번째 출현 위치를 찾는 연산자이며 insert와 delete는 리스트에 특정 요소를 삽입하거나 삭제하는 연산자이다. findKth 연산자는 특정한 위치에 있는 요소를 찾는 연산을 수행한다. 만약 (34, 12, 52, 16, 12)로 구성된 리스트에서 find(52)는 2를 리턴하고 insert(x, 2)는 리스트의 2번째 위치에 x를 삽입하여 (34, 12, x, 52, 16, 12)와 같이 만드는 연산자이다. remove(52)는 리스트에서 요소 52를 삭제하는 연산을 수행하여 (34, 12, x, 16, 12)를 만드는 연산자이다.

특별한 경우의 처리나 예외 처리에 있어서와 같이 특정한 이름의 함수가 수행하는 작업의 형태는 전적으로 프로그래머에게 달려 있다. 리스트 연산에 next와 previous를 추가하고 각각의 연산자가 위치값을 인수로 받아 후행자(successor)의 위치와 선행자(predecessor)의 위치값을 되돌려 주는 함수로 만들 수도 있을 것이다.

3.2.1 배열을 이용한 리스트

위에서 말한 모든 연산자는 배열을 이용하여 간단하게 구현될 수 있다. 비록 배열은 특정한 크기로 결정되어 생성되지만 배열을 내부적으로 저장하는 vector 클래스는 배열이 필요한 경우 커지도록 만들 수 있다. vector 클래스 사용은 배열을 사용할 때 예상되는 가장 큰 크기로 배열의 크기를 결정해야 한다는 심각한 문제를 해결하는 좋은 방법이다.

배열로 리스트를 구현하는 경우 printList는 선형 시간안에 수행되며 findKth 연산자는 상수 시간에 수행될 수 있다. 하지만 데이터 삽입과 삭제의 경우 요소가 삽입 또는 삭제되는 위치에 따라 연산 시간의 차이가 발생할 수 있다. 최악의 경우, 리스트의 맨 앞 위치 0에 자료를 삽입하는 것은 삽입될 위치를 확보하기 위해서 요소들을 옮기는 추가 연산이 발생하며, 삭제 시에는 삭제되어 생기게 된 빈 공간을 채우기 위한 데이터의 이동 연산이 수행되어 $O(N)$만큼의 연산이 요구된다. 평균적으로 하나의 연산에 대해 리스트의 반이 이동될 필요가 있으므로, 선형시간 만큼의 비용이 발생한다. 한편, 모든 연산이 리스트의 맨 끝에서 발생한다면 이동될 요소가 없으므로 삽입과 삭제에 소요되는 비용은 $O(1)$이 된다.

일반적으로 리스트의 가장 마지막 위치에 데이터를 삽입하고 데이터의 특정 위치에만 접근을 요구하는 경우에는 배열을 이용한 리스트의 구현이 적절하지만 리스트의 모든 영역에서 삽입 또는 삭제가 발생하는 경우에는 배열보다는 연결 리스트(linked list)를 이용한 구현이 바람직하다.

3.2.2 단순 연결 리스트

요소의 삽입 또는 삭제시 선형 시간의 비용을 줄이기 위해서는 리스트가 연속적으로 저장되지 말아야 함을 보장할 수 있어야 한다. 그렇지 않으면 이미 설명한 바와 같이 많은 요소들의 위치 이동을 위한 추가 연산이 소요될 수밖에 없다. 그림 3.1은 **연결 리스트**(linked list)의 개념을 나타내고 있다.

연결 리스트는 메모리 상에 연속적으로 있을 필요가 없는 노드들의 시리즈로 구성되어 있다. 각 노드는 요소값을 저장하는 공간과 자신의 뒤에 있는 노드의 위치를 저장하는 next 링크라는 주소 공간으로 구성된다. 연결 리스트에서의 마지막 노드의 next 링크는 NULL값을 갖는다.

printList( )나 find(x)와 같은 연산을 수행하기 위해서는 첫 번째 요소부터 마지막 요소까지 next 링크를 따라 가며 요소들을 출력하거나 원하는 내용을 검색하면 된다. 비록 배열이 사용되었을 경우보다 상수 시간의 경우 약간 긴 시간을 요구하지만 printList( )나 find(x)는 선형 시간안에 작업을 수행할 수 있다. 리스트를 이용할 경우 findKth(i)는 그리 효율적이지 못하며 $O(i)$만큼의 시간을 요구한다. 예를 들어, findKth(2), findKth(3), findKth(4) 그리고 findKth(6)은 리스트를 차례로 이동해 가면서 실행될 수 있다.

remove 연산은 한 노드의 next 포인터만을 수정함으로써 수행될 수 있으며 그림 3.2가 그림 3.1의 리스트에서 3번째 요소를 삭제한 경우의 리스트 모양을 나타내고 있다.

insert 연산은 new 함수를 통해서 생성되는 새로운 노드 하나를 필요로 하며 두 개의 next 포인터의 연산을 통해서 작업이 수행된다. 그림 3.3은 리스트의 삽입과 관련한 개념을 설명한 것이다. 점선은 기존의 포인터를 나타낸다.

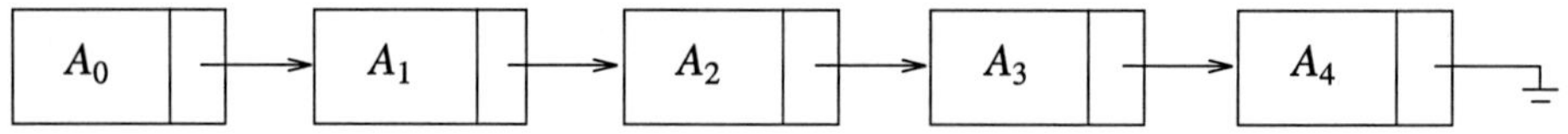

그림 3.1 연결 리스트

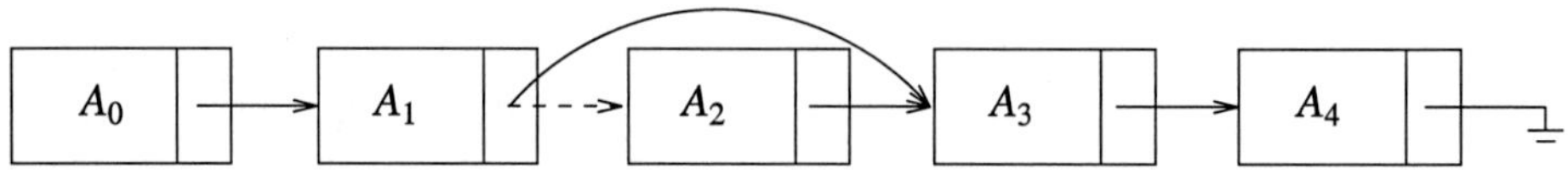

그림 3.2 연결 리스트에서 삭제 연산

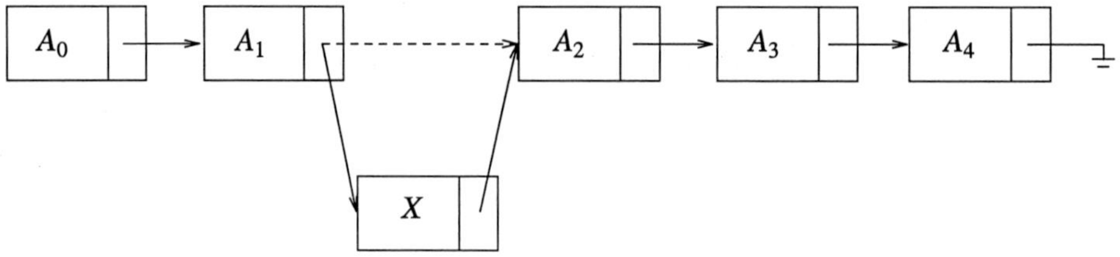

그림 3.3 연결 리스트에서 삽입 연산

리스트의 경우 앞의 예에서 설명한 것과 같이 만약 삽입 또는 삭제가 발생할 위치를 아는 경우 배열에서와 같이 많은 요소의 이동없이 몇 가지의 포인터 연산을 통해서 상수 시간 안에 간단하게 수행될 수 있다.

연결 리스트의 앞의 링크가 유지된다는 가정하에 리스트의 가장 앞에 요소를 삽입하거나 삭제하는 일들도 상수 시간 안에 수행될 수 있다. 연결 리스트의 가장 마지막 요소의 링크를 아는 경우 리스트의 가장 마지막에 새로운 요소를 추가하는 작업도 상수 시간에 수행될 수 있다. 그래서 일반적인 경우 리스트의 처음과 마지막 요소에 대한 링크 값을 유지하게 된다. 마지막 요소를 삭제하기 위해서는 마지막 노드의 앞 노드를 알 수 있어야 하고, 그 노드의 next 값을 NULL 값으로 바꾸고, 마지막 노드를 가리키는 노드의 링크를 갱신한다. 하지만 일반적으로 연결 리스트에는 next 링크만이 존재하며 마지막 요소에 대한 next 링크 값을 알 수 있는 방법이 없다.

이를 위해서 마지막 노드의 이전 노드에 대한 또 다른 링크를 유지하는 방법을 생각할 수 있으나 remove 연산시 그 링크도 갱신되어야 하므로 좋은 방법은 아니다. 대신에 모

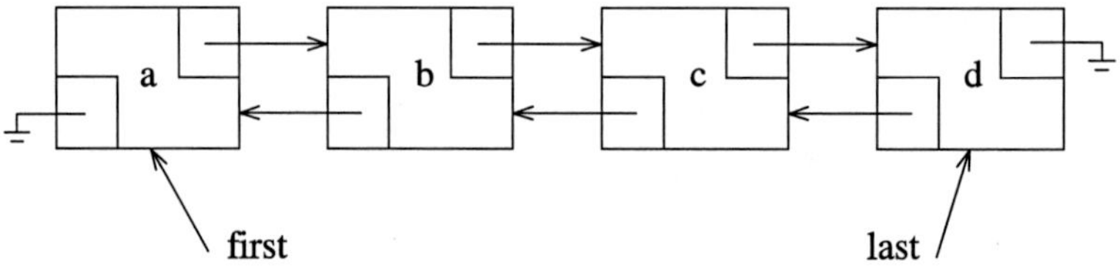

그림 3.4 이중 연결 리스트

든 노드에 자신의 앞과 뒤의 노드에 대한 링크값을 유지할 수 있는 두 개의 링크를 값을 갖도록 할 수 있는데, 그러한 노드로 구성된 리스트를 **이중 연결 리스트**(doubly linked list)라고 한다. 그림 3.4는 이중 연결 리스트의 예를 보인 것이다.

3.3 STL에서의 벡터와 리스트

C++는 라이브러리에 공통 자료 구조에 대한 구현 내용을 포함하고 있는데, 바로 STL(standard Template Library)이 그것이다. 리스트 추상자료타입도 STL 내에 포함되어 있는 것 중의 하나이다. 4장에서 다른 것들에 대해서도 설명이 될 것이며 일반적으로 이런 자료 구조들을 collection 또는 **컨테이너**(container)라고 부른다.

리스트 추상자료타입을 구현한 2가지의 유명한 것은 vector와 list이다. vector는 크기가 증가 가능한 리스트 추상자료타입이다. vector의 장점은 상수 시간 인에 색인이 가능하다는 것이며 단점으로는 새로운 요소의 추가나 기존 요소의 삭제가 vector의 가장 마지막에서 발생하지 않는다면 많은 비용을 발생시킨다는 것이다. list는 리스트 추상자료타입의 이중 연결 리스트의 구현을 제공한다. list 사용의 장점은 삽입 또는 삭제될 위치를 아는 경우 삽입과 삭제에 비용이 적게든다는 것이다. 단점은 vector와 다르게 색인이 쉽지 않다는 것이다. vector와 list는 모두 탐색에는 비효율적인 구조이다. 앞으로의 설명에서 list는 STL 안의 이중 연결 리스트를 의미하고 리스트는 일반적인 리스트 추상자료타입을 의미한다.

vector와 list는 그것들이 저장하는 요소의 자료형으로 생성되는 클래스 틀이다. 둘 다 모두 몇 가지 공통적인 메소드를 가지고 있는데, 그중 다음에 보이는 3가지는 모든 STL 컨테이너를 위해서도 사용가능한 것들이다.

- int size( ) const : 컨테이너 내의 요소의 개수를 리턴
- void clear( ) : 컨테이너로부터 모든 요소를 삭제
- bool empty( ) : 컨테이너에 아무 요소도 없을 경우 true, 그렇지 않을 경우 false를 리턴

vector와 list는 상수 시간 안에 리스트의 마지막에 데이터의 삽입과 삭제가 가능하며 리스트 앞단의 요소를 접근할 수 있도록 지원한다. 이들이 지원하는 연산은 다음과 같다.

- void push_back(const Object & x) : x를 리스트의 뒤에 삽입
- void pop_back( ) : 리스트의 뒤의 객체를 삭제
- const Object & back( ) const : 리스트의 마지막 객체를 리턴
- const Object & front( ) const : 리스트의 처음 객체를 리턴

이중 연결 리스트의 경우 리스트의 처음 부분에서 효율적인 변경을 제공하지만 vector의 경우 그렇지 못하기 때문에, list는 다음 두 가지 연산이 가능하다.

- void push_front (const Object & x) : 리스트 앞단에 x를 삽입
- void pop_front( ) : 리스트 앞단의 객체를 삭제

vector는 리스트에 있지 않은 자신만의 메소드를 가지고 있다. 효율적인 색인이 가능하게 하는 2가지의 메소드와 내부 용량을 조회하거나 변화시키기 위한 2가지 메소드도 있다.

- Object & operator[ ] (int idx) : vector 내에서 인덱스 idx에 있는 객체를 리턴, bound 체크를 수행하지 않음(상수 참조를 리턴하는 접근자가 제공됨)
- Object & at (int idx) : vector 내에서 인덱스 idx에 있는 객체를 리턴, bound 체크를 수행함(상수 참조를 리턴하는 접근자가 제공됨)
- int capacity( ) const : vector의 내부 용량을 리턴(자세한 내용은 3.4절을 참조)
- void reserve (int new Capacity) : 새로운 용량을 설정. vector의 용량 추정을 잘 할 수 있을 경우 vector의 확장을 피하기 위하여 사용될 수 있음(자세한 내용은 3.4절을 참조)

3.3.1 Iterators

리스트의 중간에 객체를 삽입 또는 삭제하기 위한 연산들은 위치 개념을 요구하게 된다. STL의 경우 위치 정보가 iterator와 같은 내포 형태(nested type)로 표현된다. 특별히 list〈string〉의 경우 위치 정보가 list〈string〉: : iterator 형으로 표현되며, vector〈int〉의 경우는 vector〈int〉: : iterator 형으로 표현된다. 메소드를 구현할 때는 내포된 클래스 이름으로 기술하여야 하나 앞으로 설명을 위해서 짧게 iterator라고 쓸 것이다.

먼저 세 가지 주요 이슈에 대해서 설명한다. 설명할 세 가지는 첫째, iterator를 얻을 수 있는 방법, 둘째, iterator가 수행할 수 있는 연산, 그리고 셋째, 어떤 리스트 추상자료타입이 파라미터로서 iterator를 필요로 하는가이다.

Iterator 획득

Iterator 획득을 위해서 STL 리스트는 두 가지 메소드를 정의한다.

- iterator begin( ) : 컨테이너안의 첫 번째 요소를 나타내는 적절한 iterator를 리턴
- iterator end( ) : 컨테이너안의 마지막 마커를 나타내는 iterator를 리턴(컨테이너의 마지막 요소 다음 위치)

end 메소드는 실제 요소가 없는 바깥 위치를 리턴하기 때문에 이 메소드의 사용은 다

소 이상하게 느껴질 수 있다. vector v 안의 모든 요소를 출력하기 위해서 일반적으로 사용되는 다음의 코드를 생각해 보자.

```
for ( int i = 0; i != v.size( ); ++i )
    cout << v[ i ]  << endl;
```

만약 iterator를 이용하여 위의 코드를 수정하면 begin과 end 메소드와의 자연스러운 일치를 이해할 수 있다.

```
for ( vector<int>::iterator itr = v.begin( ); itr != v.end( ); itr.??? )
    cout << itr.??? << endl;
```

반복문의 종료 조건 검사에서 i!=v.size( )와 itr!=v.end( )는 모두 반복문의 카운터가 범위를 넘어선 것인지를 검사하기 위함이다. 위의 코드는 iterator가 그것과 연관된 메소드를 가져야 한다는 이슈를 제기한다(현재 코드에서 알려지지 않은 메소드는 ???로 표현되어 있다.)

Iterator 메소드

위의 코드에서 보면 iterator는 !=와 ==이 비교될 수 있다는 것이 확실하다. 그리고 copy 생성자와 operator=를 가져야 한다는 것을 생각할 수 있다. 그래서 iterator는 메소드를 포함하며 그들의 많은 메소드들이 오버로딩 연산자를 사용한다. 복사뿐만 아니라 iterator에 사용되는 가장 일반적으로 연산은 다음과 같다.

- itr++와 ++itr : itr 값을 다음 값으로 증가 시킨다. ++를 앞에 또는 뒤에 쓸 수 있다.
- *itr : itr의 위치에 저장되어 있는 객체의 참조를 리턴한다. 리턴된 참조는 수정이 가능가거나 불가능할 수 있다.
- itr1==itr2 : itr1과 itr2가 동일한 위치를 참조하는 경우에는 참을, 그렇지 않은 경우에는 거짓을 리턴한다.
- itr1!=itr2 : itr1과 itr2가 다른 위치를 참조하면 참을, 그렇지 않으면 거짓을 리턴한다.

위의 연산자들을 이용하여 출력한 코드는 다음과 같다.

```
for ( vector<int>::iterator itr = v.beigin( ); itr != v.end( ); itr++ )
    cout << *itr << endl;
```

연산자 오버로딩의 이용은 현재의 요소를 참조하도록 하고, *itr++를 이용하여 다음 요소의 위치로 이동시킨다. 이것을 이용하면 다음과 같은 코드가 가능하다.

```
vector<int>::iterator itr = v.begin( );
    while ( itr != v.end( ) )
        cout << *itr++ << endl;
```

iterator를 필요로 하는 컨테이너 연산들

마지막 이슈로 iterator를 필요로 하는 잘 알려진 메소드는 리스트의 특정한 위치에 삽입 또는 삭제를 하는 것이다.

- iterator insert (iterator pos, const Object & x) : iterator pos 위치 앞에 x를 삽입한다. 이 연산은 list에서는 상수 시간에 일어나는 연산이나 vector에서는 그렇지 않다. 리턴되는 결과값은 삽입된 요소의 위치를 나타내는 iterator 값이다.
- iterator erase (iterator pos) : iterator에 의해서 주어진 위치의 객체를 삭제한다. 이 연산도 역시 list에서는 상수 시간에 일어나는 연산이나 vector에서는 그렇지 않다. 리턴값은 연산 수행 이전의 pos 다음 요소의 위치 값이다. 이 연산은 컨테이너 요소가 제거되었기 때문에 pos를 필요없게 만든다.
- iterator erase (iterator start, iterator end) : start 위치에서부터 end 위치 직전까지의 모든 요소를 삭제한다. c.erase (c.begin( ), c.end( ))를 이용하면 리스트의 모든 요소 삭제가 가능하다.

3.3.2 예 : 리스트에서 erase 사용

예로써 리스트의 처음부터 시작하여 모든 다른 요소들을 제거하는 루틴을 제공한다. 만약 6, 5, 1, 4, 2를 포함하는 리스트가 있고, 여기에 그 루틴을 적용하면 5, 4만을 포함하게 된다. 이러한 연산은 erase 연산을 매 두 번째 요소에 적용함으로써 가능하게 할 수 있다. list에서 이러한 연산은 상수 시간이 소요되나 vector의 경우 erase를 위한 시간이 비효율적이므로 4배 정도의 시간이 소요된다. 그래서 일반적으로 list만을 이용하여 해당 코드를 작성하게 된다. 하지만 실험적인 목적으로 list와 vector에 작동하는 함수 템플릿을 작성할 수 있으며 동시에 소요 시간 정보도 제공할 수 있다. 그러한 함수 템플릿은 그림 3.5와 같다. 그림 3.5에서 4번 줄의 typename은 특정한 컴파일러에서 Container::iterator가 데이터 필드나 메소드가 아니라 형이라는 사실을 나타내는 것을 요구하는 경우가 있다. list<int>를 넘겨서 해당 코드를 실행시키면 400,000개 list에서는 0.062초가 소요되고 800,000개의 list에서는 0.125초가 소요된다. 입력 값의 크기에 따라 실행시간이 증가하기 때문에 이러한 연산이 선형 시간 루틴이 확실함을 알 수 있다. vector<int>를 넘겨서 동일한 연산을 수행한 경우는 다음과 같다. 400,000 요소를 가진 vector에 대해서는 2분 30초가 소요되었고 800,000개 요소를 가진 vector의 경우 10분이 소요되었다. 이를 통해 입력값의 크기가 2배 증가할 때 실행시간은 4배로 증가한다는 것을 알 수 있다.

```
template <typename Container>
void removeEveryOtherItem( Container & lst )
{
   typename Container::iterator itr = lst.begin( );
   while( itr != lst.end( ) )
   {
      itr = lst.erase( itr );
      if( itr != lst.end( ) )
         ++itr;
   }
}
```

그림 3.5 리스트 안의 모든 다른 요소들을 삭제하기 위하여 iterator를 사용하기. 이 방법은 리스트에 대해서는 효율적이지만 vector에 대해서는 효율적이지 못함

3.3.3 const_iterators

*itr은 iterator가 보이는 요소값이 아니라 요소 그 자체를 나타내는 것이다. 그러한 차이는 iterator가 매우 강력하게 할 뿐만 아니라 복잡성을 만들어 내기도 한다. 먼저 장점을 알아보기 위해서 콜렉션의 모든 요소의 값을 다른 특정한 값으로 바꾸기를 원한다고 가정하자. 다음의 루틴이 vector와 list에서 모두 선형 시간 안에 동작할 것이다. 이 루틴은 매우 일반적이면서 형-독립적인 코드이다.

```
template <typename Constainer, typename Object>
void change ( Container & c, const Object & newValue )
{
   typename Container::iterator itr = c.begin( );
   while ( itr != c.end( ) )
      *itr++ = newValue;
}
```

잠재적인 문제점을 보기 위해서 Container c가 상수 참조에 의한 호출로 특정한 루틴에 전달되었다고 가정하자. 이것은 c에는 어떠한 변화도 기대할 수 없음을 의미하는 것이고, 컴파일러는 c를 변화시키는 어떤 루틴에도 허락을 하지 않도록 하여야 한다. 다음의 코드를 살펴보자. 아래의 코드는 정수 list를 출력하고 리스트를 바꾸려고 시도한다.

```
void print ( const list<int> & list, ostream & out = cout )
{
   typename Container::iterator itr = lst.begin( );
   while ( itr != lst.end( ) )
   {
      out << *itr << endl;
```

```
            *itr = 0; // 이 부분이 이상한 부분임
            itr++;
        }
    }
```

만약 위의 코드가 합법적인 코드라면 list의 const-ness는 완전히 의미없는 것이다. 왜냐하면 그것은 너무 쉽게 무시될 수 있기 때문이다. 실제로 이 코드는 비합법적이고 컴파일되지 않는 코드이다. STL에 의해서 제공되는 해결책은 모든 콜렉션이 iterator 내포 형을 갖는 것뿐만 아니라 const_iterator 내포형도 갖게 하는 것이다. 두 가지의 큰 차이점은 const_iterator의 operator*가 상수 참조를 리턴하고 const_iterator를 위한 *itr이 할당문의 왼쪽에 나타날 수 없다는 것이다.

컴파일러는 const_iterator를 상수 콜렉션을 순회하기 위해서 사용하도록 강요한다. 이것은 두 가지 버전의 begin과 두 가지 버전의 end를 제공함으로써 가능하며 다음과 같다.

- iterator begin( )
- const_iterator begin( ) const
- iterator end( )
- const_iterator end( ) const

메소드의 const-ness가 시크너쳐의 일부분으로 간주되기 때문에 두 가지 begin 버전은 동일한 클래스에 있을 수 있다. 이러한 기교는 1.7.2절에서 이미 본 바 있으며 3.4절에서 다시 보게 될 것이다.

```
template <typename Container>
void printCollection( const Container & c, ostream & out = cout )
{
    if( c.empty( ) )
        out << "(empty)";
    else
    {
        typename Container::const_iterator itr = c.begin( );
        out << "[ " << *itr++; // Print first item

        while( itr != c.end( ) )
            out << ", " << *itr++;
        out << " ]" << endl;
    }
}
```

그림 3.6 임의의 컨테이너 출력

만약 비상수 컨테이너에서 begin이 호출된다면, iterator를 리턴하는 "mutotor" 버전이 호출된다. 그런데, 만약 상수 컨테이너에서 begin이 호출된다면 리턴되는 것은 const_iterator이고 그 리턴 값은 iterator에 할당되지 않을 수도 있다. 만약 그렇게 시도를 하려 한다면 컴파일러 오류가 발생한다. 일단 itr이 const_iterator이면, *itr=0은 비합법적인 것으로써 쉽게 탐색될 수 있다.

그림 3.6은 임의의 컬렉션을 출력하기 위한 const_iterator의 사용을 보여 주고 있다.

3.4 벡터의 구현

이 절에서는 유용한 vector 클래스 템플릿의 구현에 대해 설명한다. vector는 첫 번째 클래스 형이며,이것은 C++에서 기본 배열과는 달리 vector는 복사되고 그것이 사용하는 메모리가 자동적으로 재선언될 수 있음을 의미한다. 1.5.6절에서 C++ 기본 배열의 중요한 특성들에 대해서 설명한 바 있으며 다음과 같다.

- 배열은 메모리 블록에 대한 단순한 포인터 변수이다; 실제 배열의 크기는 프로그래머에 의해서 별도로 유지되어야 한다.
- 메모리 블록은 new[ ]에 의해서 할당될 수 있으며, delete[ ]에 의해서 반느시 해세되어야 한다.
- 메모리 블록의 크기는 재조절이 될 수 없다.(그러나 새로운 아마도 더 큰 블록은 이전 블록으로 얻어질 수 있고 초기화될 수 있으며, 이전 블록은 해제될 수 있다.)

라이브러리 클래스와의 모호함을 피하기 위하여, 앞으로는 우리의 클래스 템플릿을 Vector라고 하자. Vector 코드를 살펴보기 전에 주요한 사항들을 먼저 설명한다.

1. Vector는 기본 배열(할당된 메모리 블록에 대한 포인터 변수를 통해서), 그 배열의 용량, 그리고 현재 Vector 내부에 저장된 요소의 개수를 유지한다.
2. Vector는 복사 생성자와 operator=를 위한 심층 복사 의미를 제공하기 위한 Big-three를 구현하고, 기본 배열을 재선언하기 위한 소멸자를 제공한다.
3. Vector는 Vector의 크기를 변경할 수 있는 resize 루틴, Vector의 용량을 변경할 수 있는 reserve 루틴을 제공한다. 용량은 기본 배열을 위해 메모리의 새로운 블록을 얻고, 새로운 블록에 이전 블록을 복사하고, 그리고 이전 블록을 재선언함으로써 변경된다.
4. Vector는 operator[ ]의 구현을 제공한다(1.7.2절에서 언급된 바와 같이 operator[ ]는 접근자와 변경자 버전과 같이 구현된다.)

5. Vector는 size, empty, clear, back, pop_back, 그리고 push_back 등과 같은 기본적인 루틴을 제공한다. 만약 크기와 용량이 동일하다면 push_back 루틴은 reserve 루틴을 호출한다.
6. Vector는 내포 타입 iterator, const_iterator, 그리고 연관된 begin, end 메소드를 위한 지원을 한다.

그림 3.7과 그림 3.8은 Vector 클래스를 보여 주고 있다. Vector의 STL의 상대방과 같이 Vector에도 제한된 오류 검사가 있다. 오류 검사가 어떻게 이루어지는 가를 나중에 간단하게 설명하겠다.

90-92줄에 있는 것처럼, Vector는 크기, 용량과 기본 배열을 데이터 멤버로 저장한다. 5~7번 줄의 생성자 코드가 사용자로 하여금 디폴트 값이 0으로 크기값을 초기화하도록 한다. 그 다음 데이터 멤버들을 그 크기보다 약간 큰 용량으로 초기화를 한다. 그렇게 되면 push_back이 용량의 변화없이 수행될 수 있다.

8~9줄에 있는 복사 생성자는 기존 Vector의 복사본을 만들기 위해서 operator=를 호출한다. 10~11줄의 소멸자는 기본 배열을 재선언한다. 13~26번 줄에 있는 operator=가 가장 묘수와 같은 부분이다. 15번 줄에서 검사를 수행한 후, 17번 줄에서와 같이 이전 배열을 해제하고, 21줄에서와 같이 복사된 Vector와 동일한 크기로 새로운 배열을 생성한다. 그 크기만큼이 복사된 후, 데이터 요소를 하나씩 복사하게 된다. 물론 이 과정에서 본래의 배열의 크기가 충분히 크다면 불필요하게 배열을 메모리를 해제하고 새로운 배열을 재할당하지는 않는다. 메모리 할당의 비용이 중요하기 때문에 추가적인 로직은 Vector 클래스 라이브러리에 만들어지는 것이 바람직하다.

resize 루틴은 28~33번 줄에 보여지고 있다. 그 코드는 가능한 용량 확장을 한 후에 간단히 theSize 데이터 멤버를 설정한다. 용량의 확장은 매우 값이 비싸기 때문에 만약 용량이 확장된다면 35~49번 줄에서 보여지는 것처럼, reserve 루틴을 통한 이상적인 용량의 확장을 하지 않고 다시 용량의 확장되는 것을 피하기 위해, 두 배 이상의 크기로 확장한다. 이것은 operator[ ]와 매우 유사한 로직을 가진다 : 42번째 줄에 새롭게 배치된 배열, 43~44번째 줄의 기존 콘텐츠를 복사하고, 48번째 줄의 oldarray를 재선언하는 것 등이다. 37~38번째 줄에서 보여지는 것처럼, reserve 루틴은 또한 기존의 배열을 축소시키는데 사용될 수도 있다. 하지만 명세된 새로운 capacity가 최소한 그 크기보다 커야 된다. 만약 그렇지 않다면, reserve의 요청은 거부된다.

operator[ ]의 두 가지의 버전은 평범하고(그리고 1.7.2절의 matrix 클래스의 operator[ ]와 매우 유사하게 구현됨) 50~53번째 줄에서 보여지고 있다. 에러검사는 index의 범위가 0~size( )-1에 포함되고, 아닌 경우 예외대상을 버림으로써 간단히 추가된다.

```
template <typename Object>
class Vector
{
  public:
    explicit Vector( int initSize = 0 )
      : theSize( initSize ), theCapacity( initSize + SPARE_CAPACITY )
      { objects = new Object[ theCapacity ]; }
    Vector( const Vector & rhs ) : objects( NULL )
      { operator=( rhs ); }
    ~Vector( )
      { delete [ ] objects; }

    const Vector & operator= ( const Vector & rhs )
    {
      if( this != &rhs )
      {
        delete [ ] objects;
        theSize = rhs.size( );
        theCapacity = rhs.theCapacity;

        objects = new Object[ capacity( ) ];
        for( int k = 0; k < size( ); k++ )
            objects[ k ] = rhs.objects[ k ];
      }
      return *this;
    }

    void resize( int newSize )
    {
      if( newSize > theCapacity )
        reserve( newSize * 2 + 1 );
      theSize = newSize;
    }

    void reserve( int newCapacity )
    {
      if( newCapacity < theSize )
        return;

      Object *oldArray = objects;

      objects = new Object[ newCapacity ];
      for( int k = 0; k < theSize; k++ )
        objects[ k ] = oldArray[ k ];

      theCapacity = newCapacity;

      delete [ ] oldArray;
}
```

그림 3.7 vector 클래스1/2

```
        Object & operator[ ]( int index )
          { return objects[ index ]; }
        const Object & operator[ ]( int index ) const
          { return objects[ index ]; }

        bool empty( ) const
          { return size( ) == 0; }
        int size( ) const
          { return theSize; }
        int capacity( ) const
          { return theCapacity; }

        void push_back( const Object & x )
        {
          if( theSize == theCapacity )
            reserve( 2 * theCapacity + 1 );
          objects[ theSize++ ] = x;
        }

        void pop_back( )
          { theSize--; }

        const Object & back ( ) const
          { return objects[ theSize - 1 ]; }

        typedef Object * iterator;
        typedef const Object * const_iterator;

        iterator begin( )
          { return &objects[ 0 ]; }
        const_iterator begin( ) const
          { return &objects[ 0 ]; }
        iterator end( )
          { return &objects[ size( ) ]; }
        const_iterator end( ) const
          { return &objects[ size( ) ]; }

        enum { SPARE_CAPACITY = 16 };

      private:
        int theSize;
        int theCapacity;
        Object * objects;
};
```

그림 3.8 vector 클래스2/2

짧은 루틴의 호스트, 즉 empty, size, capacity, push_back, pop_back, 그리고 back들은 55~73번째 라인에 구현되어 있다. 66번째 줄에는 theSize를 사용하여 배열을 정렬하고, 그리고 theSize를 증가시키는 후위(postfix) 연산자 ++를 사용하는 것을 볼 수 있다. 우리는 iterators에 대해 이야기할 때 같은 종류의 유형을 볼 수 있다 : *itr++는 어떤 항목을 볼 것인지 선택하기 위해 새로운 itr을 사용하고 itr을 증가시킨다. ++matter들의 위치 : 전위(prefix) 연산자 ++, *++itr는 itr을 증가시키고 나서 어떤 항목을 볼 것인지 선택하기 위해 새로운 itr을 사용하고 마찬가지로, object[++theSize]는 theSize를 증가시키고 배열을 검색하기 위한 새로운 값을 사용한다(우리가 원하지 않는 것). pop_back과 back는 size가 0일 때의 예외 에러검사에 모두 효율적이다.

최종적으로, 75~85번째 줄에는 iterator와 const_iterator의 중첩 타입들과 두 개의 begin과 두 개의 end 메소드들에 대해 선언한 것을 볼 수 있다. 이 코드에서는 C++에서, 포인터 변수가 iterator를 예상하기 위해 사용하는 연산자가 모두 같다는 사실을 이용한다. 포인터 변수는 복사되고 비교될 수 있고, * 연산자는 객체의 시작을 만들고, 특히, ++가 포인터 변수에 적용되었을 때, 포인터 변수는 다음의 연속되는 객체를 가르킨다 : 만약 포인터가 내부의 배열을 가르킬 경우 포인터를 증가시키는 것은 다음 배열의 요소를 가르키게 된다. 이러한 포인터들의 의미론은 C++의 기반인 C 프로그래밍 언어가 개발된 70년대 초반으로 거슬러 올라간다. STL iterator 매커니즘은 포인터 연산자의 흉내로 디자인 됐었다.

따라서, 75~76번째 줄에서, 우리는 iterator와 const_iterator가 포인터 변수에 대한 다른 이름인 typedef 명령문으로 선언하고 begin과 end는 간단히 각각의 첫 번째 배열 위치와 첫 번째 타당하지 않은 배열 위치를 나타내는 메모리 주소를 반환할 필요가 있다.

vector 타입을 위한 iterators와 포인터 사이의 연결은 C++배열이 약간의 부담이 있기 때문에 대신에 vector를 사용한다는 의미를 나타낸다. 이것에 대한 단점은 사용했을 경우 코드의 에러검사가 힘들다는 것이다. 만약 iterator itr가 끝까지 진행되었을 경우, ++itr과 *itr는 오류를 표시하지 않는다. 이러한 문제점을 해결하기 위해서는 간단한 포인터 변수를 사용하기보다 iterator와 const_iterator는 중첩 클래스 타입을 요구한다. 중첩 클래스 타입의 사용은 훨씬 더 일반적이고 3.5절의 List 클래스에서 알게 될 것이다.

3.5 list의 구현

이 절에서는 우리는 사용할 수 있는 list 클래스 템플릿 구현을 제공한다. vector 클래스에서처럼 리스트 클래스는 library 클래스의 중의성을 피하기 위해 List라고 불릴 것이다.

List 클래스는 두 개의 연결 리스트로 구현되고, 리스트의 양 끝에 포인터가 필요하다는 것을 상기해야 한다. 그렇게 함으로써 연산이 알려진 위치에서 일어나는 동안, 한 연산에 대해 일정한 시간 비용을 유지할 수 있다. 그 알려진 위치는 마지막 위치이거나 iterator에 의해서 명시된 위치일 수 있다.

이 설계에서, 우리는 4개의 클래스들을 제공해야 한다.

1. 양 끝에 링크, 리스트의 크기, 그리고 메소드들을 포함하는 List 클래스
2. private 중첩 클래스와 유사한 Node 클래스. 노드는 데이터와 이전 단계와 다음 노드를 가리키는 포인터들이 적당한 구조체에 함께 포함된다.
3. 위치에 대한 개념을 추상화하고, public 중첩 클래스인 const_iterator 클래스. const_iterator는 "current" 노드에 대한 포인터를 저장하고, =, ==, !=, 그리고 ++와 같이 오버로드된 연산자들의 유형인 iterator 연산에 대한 구현을 제공한다.
4. 위치에 대한 개념을 추상화하고, public 중첩 클래스인 iterator 클래스. iterator는 operator*가 항목에 대한 상수 참조라기 보다는 항목에 대한 참조를 반환한다는 점을 제외하고는 const_iterator와 기능적인 면에서는 같다. 가장 중요한 기술적인 이슈는 iterator가 const_iterator를 요구하는 루틴에서 사용될 수 있다는 것이나, 반대로는 안된다. 다른 말로 하면, iterator *IS-A* const_iterator (iterator가 const_iterator이다)이다.

iterator 클래스들이 "current node"에 대한 포인터를 저장하고, 끝을 가리키는 마커가 적당하기 때문에, 리스트의 끝 부분에 특별한 노드를 생성하여 끝을 가리키는 마커를 나타낼 수 있다. 게다가, 우리는 리스트의 앞부분에 시작 마커를 나타내는 노드를 생성할 수 있다. 이러한 특별한 노드들은 **sentinel node**들이라 종종 알려져 있다; 특히, 노드의 앞부분은 **header node**, 뒷부분은 **tail node**라고 종종 알려져 있다.

이러한 특별한 노드들의 장점은 특별한 경우의 호스트를 제거함으로써 코딩이 매우 간단해진다는 것이다. 예를 들어, 만약 우리가 헤더 노드를 사용하지 않는다면, 첫 번째 노드를 제거하는 것이 특별한 경우가 되는데, 리스트의 링크를 제거하는 동안 첫 번째 노드로 리셋하고 그 제거 알고리즘이 제거될 노드에 앞선 노드를 접근할 필요가 있기 때문이다(그리고 헤더 노드가 없는 경우, 첫 번째 노드는 이전의 노드를 갖지 못한다.) 그림 3.9는 헤더와 테일 노드들을 가지는 이중 연결 리스트이다. 그림 3.10은 비어있는 리스트를 보여 준다.

그림 3.11과 그림 3.12는 List 클래스의 간단한 틀(윤곽)과 부분적인 구현을 보여 준다.

우리는 5번째 줄에서 private 중첩 Node Class의 첫 선언부분을 볼 수 있다. 우리는 class 키워드를 사용하는 것보다는, struct를 사용한다. C++에서, struct는 C프로그래밍 언어에서부터 쓰여져 왔었다. C++의 struct는 본질적으로 멤버가 public인 class이다. class를 생각해 보면, 멤버는 private이다. 분명히 struct 키워드는 필요 없지만, 당신은

종종 프로그래머들이 일반적으로 포함된 데이터들을 다른 매소드들을 통해 사용하기보다는 직접 접근하여 사용하는 것을 볼 수 있을 것이다. 우리의 경우, Node class는 private이고 List class의 외부에서는 접근하기 어렵기 때문에, Node class에서 멤버들을 public으로 만드는 것에 문제가 없다.

9번째 줄에서 우리는 public 중첩 const_iterator 클래스의 선언 부분을 볼 수 있고, 그리고 12번째 줄에서는 public 중첩 iterator 클래스의 첫 선언부분을 볼 수 있다. 색다른 문법은 강력한 구조를 가진 inheritance이다. 하지만 이 책에서 쓰이지 않는다. inheritance 구문은 iterator가 const_iterator와 같은 기능을 가지고 있으며, iterator가 const_iterator와 상호호완적이어서 const_iterator가 쓰인 곳에서 같이 사용될 수 있다. 자세한 사항은 나중에 실제 구현에서 다시 이야기 해 보겠다.

70~72번째 줄에서는 List의 데이터 구성요소들을 포함하고 있다, 즉 헤더와 테일 노드들의 포인터를 말한다. 또한 우리는 데이터 멤버에서 크기를 유지하기 때문에, 이 size 매소드는 상수 시간에 구현될 수 있다.

나머지 List 클래스는 생성자, Big-Three, 매소드들로 구성되어 있다. begin과 end는 적절한 iterator를 반환한다; 26번째 줄의 iterator 구조를 반환하는 호출은 대표적인 구현이다(따라서 iterator와 const_iterator 클래스들은 각각의 Node에 대한 포인터를 파라미터로 갖는 생성자를 갖는다).

39~43번째 줄의 clear 매소드는 List가 비어지기 선까시 반복적으로 항목들을 제거한다. 이러한 방법은 노드 반환요구가 pop_front에 집중되기 때문에, clear는 반환되는 노드가 더럽혀 지는 것을 피할 수 있게 해 준다. 44~59번째 줄의 매소드들은 적절한 iterator를 사용하면서 모두 완벽하게 잘 작동한다. insert 매소드가 한 위치의 앞에 추가시키고, push_back은 끝을 가리키는 마커(endmarker) 앞에 추가한다는 것을 기억하자.

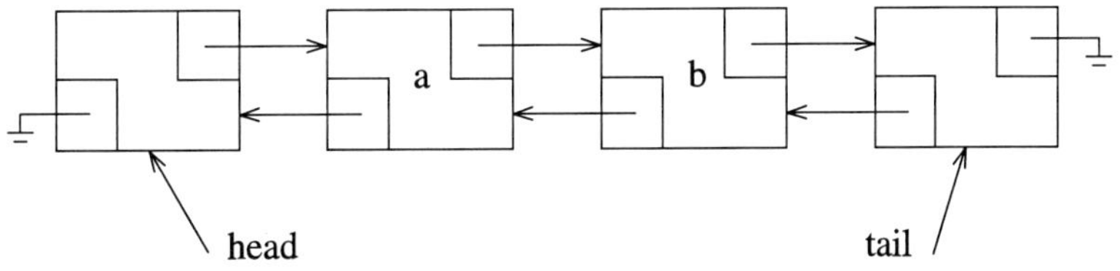

그림 3.9 헤드 노드와 테일 노드를 갖는 이중 연결 리스트

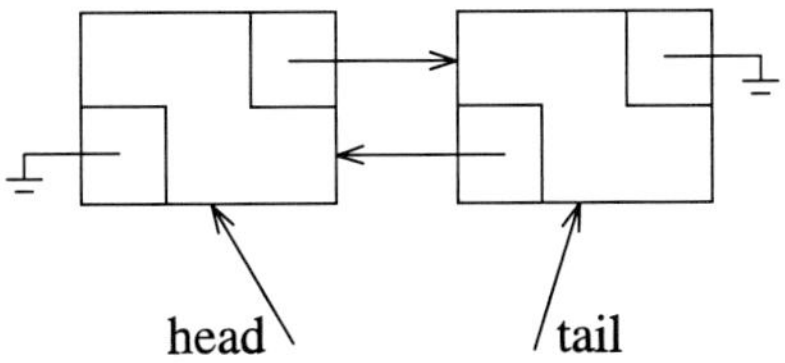

그림 3.10 헤드 노드와 테일 노드를 갖는 빈 이중 연결 리스트

```
template <typename Object>
class List
{
  private:
    struct Node
      { /* 그림 3.13 참조 */ };

  public:
    class const_iterator
      { /* 그림 3.14 참조 */ };

    class iterator : public const_iterator
      { /* 그림 3.15 참조 */ };

  public:
    List( )
      { /* 그림 3.16 참조 */ }
    List( const List & rhs )
      { /* 그림 3.16 참조 */ }
    ~List( )
      { /* 그림 3.16 참조 */ }
    const List & operator= ( const List & rhs )
      { /* 그림 3.16 참조 */ }

    iterator begin( )
      { return iterator( head->next ); }
    const_iterator begin( ) const
      { return const_iterator( head->next ); }
    iterator end( )
      { return iterator( tail ); }
    const_iterator end( ) const
      { return const_iterator( tail ); }

    int size( ) const
      { return theSize; }
    bool empty( ) const
      { return size( ) == 0; }

    void clear( )
    {
      while( !empty( ) )
        pop_front( );
    }
```

그림 3.11 List 클래스1/2

```
        Object & front( )
          { return *begin( ); }
        const Object & front( ) const
          { return *begin( ); }
        Object & back( )
          { return *--end( ); }
        const Object & back( ) const
          { return *--end( ); }
        void push_front( const Object & x )
          { insert( begin( ), x ); }
        void push_back( const Object & x )
          { insert( end( ), x ); }
        void pop_front( )
          { erase( begin( ) ); }
        void pop_back( )
          { erase( --end( ) ); }

        iterator insert( iterator itr, const Object & x )
          { /* 그림 3.18 참조 */ }

        iterator erase( iterator itr )
          { /* 그림 3.20 참조 */ }
        iterator erase( iterator start, iterator end )
          { /* 그림 3.20 참조 */ }

      private:
        int theSize;
        Node *head;
        Node *tail;

        void init( )
          { /* 그림 3.16 참조 */ }
    };
```

그림 3.12 List 클래스2/2

pop_back에서는 erase(--end( ))가 끝을 가리키는 마커와 대응하는 임시 iterator를 만들고, 임시적인 iterator를 지우고, 그리고 iterator를 지우기(erase)위해 사용한다는 것을 명심하자. 비슷한 현상이 back에서 발생한다. pop_front와 pop_back 연산들을 사용하는 경우, 노드 반환 요구를 처리하는 것을(다루는 것을) 피하기 위해 사용한다는 것 또한 명심하자.

그림 3.13은 저장된 항목, 전 단계 노드와 다음 단계의 노드 포인터, 그리고 생성자로 구성된 Node 클래스이다. 모든 데이터 멤버들은 public이다.

```
struct Node
{
   Object data;
   Node *prev;
   Node *next;

   Node( const Object & d = Object( ), Node *p = NULL, Node *n = NULL )
     : data( d ), prev( p ), next( n ) { }
};
```

그림 3.13 List 클래스에서 중첩된 Node 클래스

그림 3.14는 const_iterator 클래스, 그리고 그림 3.15는 iterator 클래스이다. 우리가 일찍이 언급했듯이, 그림 3.15에서 39번째 줄의 구문은 *inheritance*로 알려진 특징을 나타내고 iterator *IS-A* const_iterator을 의미한다.

iterator 클래스가 이러한 방식으로 쓰인 경우, 모든 데이터와 매소드들이 const_iterator로부터 상속을 받는다. 이것은 새로운 데이터를 추가시키고, 새로운 매소드들을 추가시키고, 그리고 기존에 존재하던 매소드들을 추가시킨다. 일반적인 시나리오에는 중요한 문장의 연관성을 가진 꾸러미들이 있다(종종 코드에 나타나는 virtual 키워드 결과).

그러나, 우리는 새로운 데이터를 추가시키지 않고, 존재하는 매소드들을 바꿀 계획이 없는 경우 많은 문장의 연관성 들을 피할 수 있다. 그러나 우리는 몇 가지의 매소드들을 iterator 클래스(const_iterator 클래스에서 기존 매소드와 유사한 서명)에 추가시킨다. 그 결과, 우리는 virtual 사용을 피할 수 있다. 그렇다 하더라도, const_iterator에는 몇가지 구문 속임수(syntax trick)이 있다.

28~29번째 줄에 const_iterator는 현재 노드에 대한 포인터를 한 가지 데이터 구성요소로 저장한다. 정상적으로 private이지만, iterator는 직접적인 접근이 없다. const_iterator의 구성요소들을 protected로 허용하고 만드는 것은 다른 클래스들의 접근을 허용하는 것이 아니라 const_iterator로 부터 상속받은 클래스들이 이 멤버들에 대한 접근을 허용하는 것이다.

34~35번째 줄에서 우리는 begin과 end의 List 클래스 구현에서 사용된 const_iterator의 생성자를 볼 수 있을 것이다. 우리는 모든 클래스들이 이 생성자를 보는 것을 원하지 않는다(iterator들은 포인터 변수들로부터 생성된 것으로 가정되지 않는다). 따라서 public이 될 수 없다. 하지만 보는 것을 가능하게 하기 위해 iterator 클래스를 필요로 한다. 그래서 이 생성자를 논리적으로 protected로 만들어야 한다. 그러나 그것은 List 구조에 접근을 허용하지 않는다. 37번째 줄의 const_iterator의 non-public 구성요소들을 통해 List 클래스의 접근을 허용해 주는 **friend 선언**이 그 해결책이다.

```
class const_iterator
{
  public:
    const_iterator( ) : current( NULL )
      { }

    const Object & operator* ( ) const
      { return retrieve( ); }

    const_iterator & operator++ ( )
    {
      current = current->next;
      return *this;
    }

    const_iterator operator++ ( int )
    {
      const_iterator old = *this;
      ++( *this );
      return old;
    }

    bool operator== ( const const_iterator & rhs ) const
      { return current == rhs.current; }
    bool operator!= ( const const_iterator & rhs ) const
      { return !( *this == rhs ); }

  protected:
    Node *current;

    Object & retrieve( ) const
      { return current->data; }

    const_iterator( Node *p ) : current( p )
      { }

    friend class List<Object>;
};
```

그림 3.14 List 클래스에서 중첩된 const_iterator 클래스

```
39  class iterator : public const_iterator
40  {
41    public:
42      iterator( )
43        { }
44
45      Object & operator* ( )
46        { return retrieve( ); }
47      const Object & operator* ( ) const
48        { return const_iterator::operator*( ); }
49
50      iterator & operator++ ( )
51      {
52        current = current->next;
53        return *this;
54      }
55
56      iterator operator++ ( int )
57      {
58        iterator old = *this;
59        ++( *this );
60        return old;
61      }
62
63    protected:
64      iterator( Node *p ) : const_iterator( p )
65      { }
66
67      friend class List<Object>;
68  };
```

그림 3.15 List 클래스에서 중첩된 iterator 클래스

const_iterator의 public 매소드들은 연산자 오버로딩(overloading)을 사용한다. operator ==, operator!=, 그리고 operator*은 간단하다. 우리는 10~21번째 줄에서 operator++의 구현을 볼 수 있다. operator++의 전위 및 후위 버전들은 의미상으로 매우 다르다는 것을 상기해야 한다. 그래서 우리는 각 형식마다 따로 분리된 루틴들을 사용해야 한다. 그것들은 같은 이름을 가지고 있기 때문에 구별하기 위해 서로 다른 표시방법들이 있어야 한다. C++는 전위 형식에는 빈 파라미터 리스트를, 후위 형식에는 하나의 int 파라미터를 명시함으로써 다른 표시를 제공하기를 요구한다. 그러면 ++itr은 파라미터가 없는 operator++를 호출한다. 그리고 itr++는 파라미터가 하나인 operator++를 호출한다. int 파라미터는 결코 쓰이지 않는다. 이것은 오로지 다른 표시

를 위하여 존재한다. 구현은 전위 혹은 후위 operator++를 선택하는 경우들에 있어서 전위 형식이 후위 형식 보다 빠를 것을 암시한다.

iterator 클래스에서, 64번째 줄의 protected 생성자는 상속된 현재 노드를 초기화하기 위해 초기화 리스트를 사용한다. operator==와 operator!=는 그들의 상속관계가 변하지 않기 때문에 이를 재구현할 수 없다. 우리는 본래의 const_iterator에 숨어 있는 새로운 operator++ 구현들을 제공하고, 또한 operator* 쌍의 accessor/mutator를 제공할 것이다.

```
List( )
  { init( ); }

~List( )
{
  clear( );
  delete head;
  delete tail;
}

List( const List & rhs )
{
  init( );
  *this = rhs;
}

const List & operator= ( const List & rhs )
{
  if( this == &rhs )
    return *this;
  clear( );
  for( const_iterator itr = rhs.begin( ); itr != rhs.end( ); ++itr )
    push_back( *itr );
  return *this;
}

void init( )
{
  theSize = 0;
  head = new Node;
  tail = new Node;
  head->next = tail;
  tail->prev = head;
}
```

그림 3.16 List 클래스에서 생성자, Big-Three, 그리고 private init 루틴

47~48번째 줄에서 보여지는 accessor operator*는 const_iterator의 구현과 같이 간단하게 사용된다. accessor는 본래의 구현이 mutator 버전의 새로운 추가에 가려지기 때문에 iterator에 명백히 구현되어 있어야 한다.

그림 3.16은 생성자와 Big-Three를 보여 준다. 파라미터가 없는 생성자와 copy 생성자는 둘 다 헤더와 테일 노드들에 할당해야 하기 때문에, 우리는 private init 루틴을 제공해야 한다. init는 빈 List를 만든다. 파괴자(destructor)는 헤더와 테일 노드들을 회수한다; 모든 다른 노드들은 파괴자가 clear를 호출할 경우 회수되어진다. 유사하게, operator=는 저수준 포인터 조작보다는 public 매소드들을 호출함으로써 구현된다.

그림 3.17은 x를 포함하는 새로운 노드가 어떻게 p와 p.prev 노드 사이에 연결되었는지를 설명한다. 노드 포인터들의 할당은 다음에 보는 바와 같다:

```
Node *newNode = new Node( x, p->prev, p );    // Steps 1 and 2
p->prev->next = newNode;                      // Step 3
p->prev = newNode;                            // Step 4
```

Steps 3과 4는 오로지 두 줄만으로 합해질 수 있다:

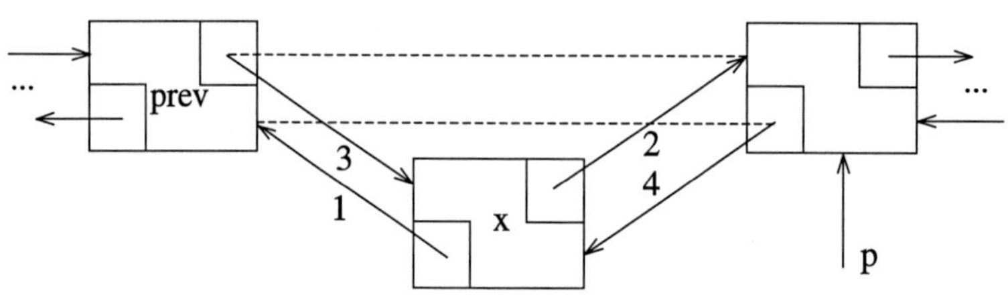

그림 3.17 새로운 노드를 얻고 지시된 순서대로 포인터를 변경함으로써 이중 연결 리스트에 삽입

```
// Insert x before itr.
iterator insert( iterator itr, const Object & x )
{
   Node *p = itr.current;
   theSize++;
   return iterator( p->prev = p->prev->next = new Node( x, p->prev, p ) );
}
```

그림 3.18 List 클래스를 위한 insert 루틴

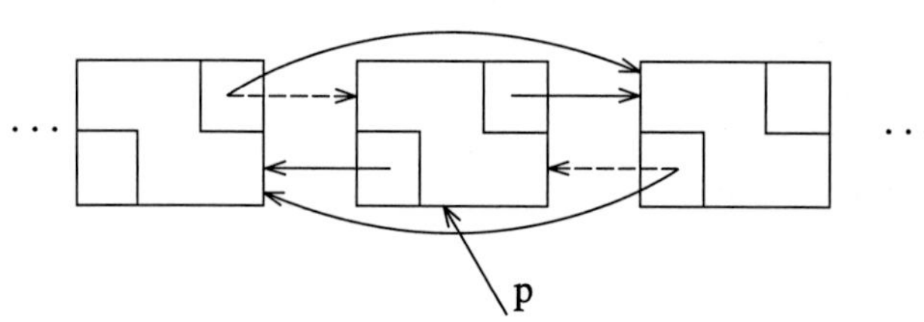

그림 3.19 이중 연결 리스트에서 p가 가르키는 노드 삭제

```
Node *newNode = new Node(x, p->prev, p);        // Steps 1 and 2
p->prev = p->prev->next = newNode;              // Steps 3 and 4
```

그러나 이때 이 두 줄 또한 합해질 수 있다:

```
p->prev = p->prev->next = new Node(x, p->prev, p);
```

이것들은 그림 3.18의 insert 루틴을 만든다.

그림 3.19는 노드 삭제의 로직을 보여 준다. 만약 p가 삭제될 노드를 가리킨다면, 오로지 두 개의 포인터들이 그 노드가 다시 사용되기 전에 변할 것이다.

```
p->prev->next = p->next;
p->next->prev = p->prev;
delete p;
```

그림 3.20은 한 쌍의 erase 루틴들을 보여 준다. erase의 첫 번째 버전은 위에서 보여 준 3줄의 코드를 포함하고, 또한 삭제된 후의 항목을 보여 주는 iterator를 반환하는 코드를 가진다. insert와 같이 erase는 theSize를 갱신해야 한다. erase의 두 번째 버전은 erase의 첫 번째 버전을 호출하기 위해 iterator를 간단히 사용한다. 우리는 itr++를 16번째 줄의 for 루프문에서에서 사용하지 못하고, 17번째 줄의 erase 반환값을 무시할 수

```
1   // Erase item at itr.
2   iterator erase( iterator itr )
3   {
4       Node *p = itr.current;
5       iterator retVal( p->next );
6       p->prev->next = p->next;
7       p->next->prev = p->prev;
8       delete p;
9       theSize--;
10
11      return retVal;
12  }
13
14  iterator erase( iterator start, iterator end )
15  {
16      for( iterator itr = from; itr != to; )
17          itr = erase( itr );
18
19      return to;
20  }
```

그림 3.20 List 클래스를 위한 erase 루틴

없음을 명심해라. erase는 iterator를 반환하기 때문에 erase를 막 호출한 뒤의 itr의 값은 바로 사용할 수가 없다.

코드를 살펴보면, 우리는 발생할 수 있는 호스트의 에러를 볼 수 있고, 어떠한 검사도 제공되지 않음을 볼 수 있다. 이를 테면, erase와 insert에 넘겨진 iterators은 초기화되지 않을 수 있다. Iterator들은 ++ 혹은 *를 이미 끝 표시지점에 있거나 그들이 초기화되지 않았을 때, 그들에게 적용할 수 있다.

초기화되지 않은 iterator는 NULL값을 가리킬 것이고, 그러므로 상태를 간단히 테스트할 수 있다. 끝표시의 다음 포인터는 NULL을 가리키기 때문에 끝표시의 ++ 혹은 *에 대한 검사는 간단하다. 그러나, 만약 erase 혹은 insert에 넘겨진 iterator가 정확한 리스트에 대한 iterator라면, iterator는 생성된 List에 대한 포인터를 표시하는 데이터 멤버를 저장해야 한다.

우리는 기초적인 아이디어를 구상하고, 세부적인 사항은 연습문제로 남긴다. 우리는 const_iterator 클래스에 List의 포인터를 추가시키고, List를 파라미터처럼 사용하기 위해 protected 생성자를 수정할 것이다. 우리는 또한 예외적인 부분을 처리하는 매소드들을 추가시킬 수 있다. 수정된 protected 부분은 그림 3.21에 보여진다. 그리고 iterator와 const_iterator 생성자의 대한 모든 호출들은 List의 begin 메소드에서 전에는 하나의 파라미터였지만 현재는 두 개다:

```
const_iterator begin( ) const
{
    const_iterator itr(*this, head);
    return ++itr;
}
```

```
protected:
   const List<Object> *theList;
   Node *current;

   const_iterator( const List<Object> & lst, Node *p )
      : theList( &lst ), current( p )
   {
   }

   void assertIsValid( ) const
   {
      if( theList == NULL || current == NULL || current == theList->head )
         throw IteratorOutOfBoundsException( );
}
```

그림 3.21 추가적인 에러 체크 기능과 합쳐진 const_iterator의 수정된 protected 부분

```
// Insert x before itr.
iterator insert( iterator itr, const Object & x )
{
    itr.assertIsValid( );
    if( itr.theList != this )
        throw IteratorMismatchException( );

    Node *p = itr.current;
    theSize++;
    return iterator( *this,
                     p->prev = p->prev->next = new Node( x, p->prev, p ) );
}
```

그림 3.22 추가적인 에러 체크 기능을 갖는 List insert

그리고 insert는 그림 3.22의 코드에서처럼 수정될 수 있다. 우리는 이같이 수정된 부분을 연습문제로 남긴다.

3.6 스택 ADT

3.6.1 스택 모델

스택은 삽입과 삭제가 한쪽에서만 수행하는 제약을 가진 리스트로서, 리스트의 끝부분을 top이라 부른다. 스택에서 기본적인 연산은 삽입에 해당하는 push 가장 최근에 삽입한 요소를 삭제하는 pop이 있다. 가장 최근에 삽입한 요소는 pop 연산이 수행되기 전에 top루틴(프로그램에 의한 일련의 작업)에 의해 조사할 수 있다. 빈 스택에서 pop이나 top연산은 스택에서 에러로 간주한다. 반면 push 수행 중 스택에 공간이 없을 경우 에러로 간주하지 않는다.

스택은 LIFO(last in, first out) 리스트로 알려져 있다. 그림 3.23에서 push는 입력연산, pop과 top은 출력연산을 나타낸다. 빈 스택을 만들고, 비어있는 지를 검사하는 연산은 스택의 일반적인 연산으로, 스택에서 할 수 있는 모든 것은 pop과 push 연산이다. 그림 3.24의 스택은 몇 개의 데이터를 삽입 후 추출하는 것을 보여 준다. 스택의 top 부분에 어떤 항목이 있고, 그 항목만 보이는 것이 일반적인 스택의 모델이다.

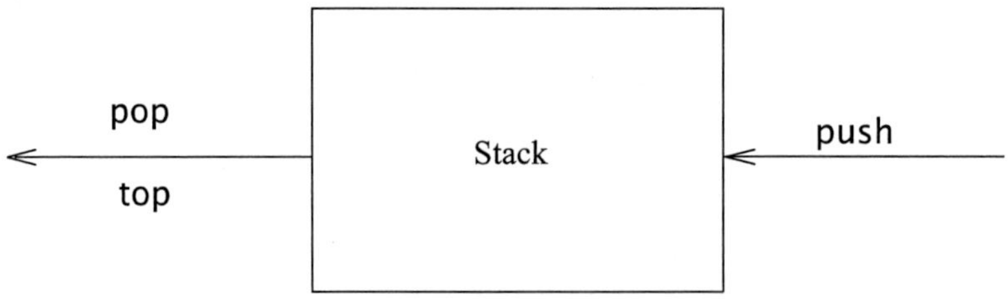

그림 3.23 스택 모델: push를 이용한 입력, pop과 top에 의한 출력

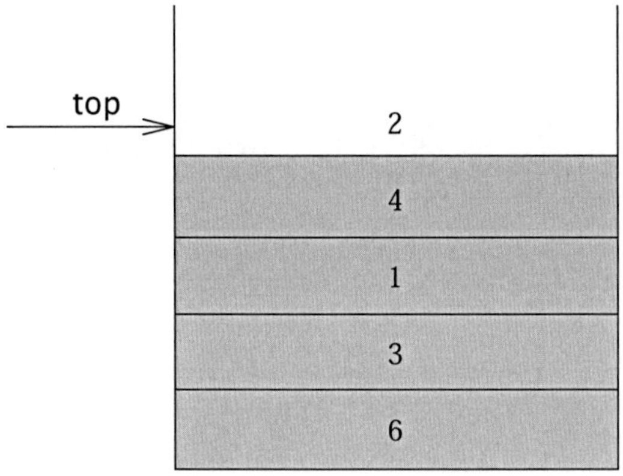

그림 3.24 스택 모델: top 요소만 접근 가능

3.6.2 스택 구현

스택은 리스트이기 때문에, 어떤 리스트든 스택으로 구현 가능하다. 분명한 것은 리스트나 벡터는 스택 연산을 지원하며, 99%는 리스트나 벡터를 선택하는 대부분의 이유이다. 이따금 벡터나 리스트는 특수 목적으로 스택을 빠르게 구현 할 수 있다. 왜냐하면 스택 연산은 상수 시간이며, 유일무이한 상황을 제외하고는 이를 인식하기 매우 어렵다.

이런 특수한 constant time을 위하여 우리는 2가지 일반적인 스택 구현을 제시한다. 하나는 연결 리스트 이용하며, 다른 하나는 배열을 사용 한다. 둘 다 **벡터**나 **리스트**의 로직이 간단하여 소스코드는 제공하지 않는다.

스택의 연결 리스트 구현

스택을 구현하기 위해 단일 연결 리스트를 사용한다. 리스트의 앞부분에 삽입하는 push를 수행한다. 리스트의 앞부분의 요소를 제거하기 위해 pop를 수행한다. top 연산은 리스트의 앞부분의 요소를 검사하는 과정뿐만 아니라 그 값도 가져온다. 때때로 pop과 top 연산은 하나로 결합된다.

스택의 배열 구현

다른 구현 방법은 링크를 배제하는 좀 더 일반적인 해결방안이 있다. back, push_back, pop_back을 벡터로 구현하는 것이며, 구현자체는 별것 아니다. 스택 theArray와 topOfStack은 연관이 되어 있으며, topOfStack이 -1이면 스택은 빈 것을 의미한다. 어떤 요소 x를 스택에 삽입하는 push는 topOfStack을 증가시키고 theArray[topOfStack]=x라 설정한다. pop은 theArray[topOfStack]의 값을 반환하고 topOfStack를 감소시킨다.

이런 연산은 굉장히 빠른 상수 시간에 실행된다. 어떤 머신에서는 push와 pop이 하나의 기계 명령어에 의해 쓰여 질 수 있으며, auto-increment 와 auto-decrement addressing에 등록되어 동작한다. 사실 대부분 현재의 머신은 스택 연산을 명령어 셋에 포함하고 있으며, 배열 이후로 컴퓨터 과학 분야에서 가장 기본적인 자료 구조일 것이다.

3.6.3 응용

스택 연산을 리스트로만 한정시키면, 연산속도가 굉장히 빠르다는 것은 놀랄 일이 아니다. 그러나 연산의 횟수가 더 적다는 것이 더욱 중요하다는 것이다. 우리는 스택의 응용으로 3가지를 제시했다. 세 번째 응용은 어떻게 프로그램이 조직화 되는지에 대해 깊은 안목을 제공한다.

Balancing Symbols

컴파일러는 프로그램의 구문에러를 체크하는데, 하나의 기호가 빠짐으로써 컴파일러는 실제 오류를 인지하지 못하고 진단 결과를 수백줄 늘어놓는다. 이런 상황에서 유용한 도구는 모든 내용을 체크하는 안정된 프로그램이다. 사실 오른쪽 중괄호, 꺽쇠, 소괄호는 왼쪽과 오른쪽이 일치하여야 한다. 순서가 [( )]이면 옳은 것이며, [( ])은 잘못된 것이다. 분명한 것은 이것은 거대한 프로그램에서 시간과 노력을 들일만한 일은 아니지만, 구문에러 등을 쉽게 체크하는 것이 된다. 간단하게 우리는 다른 문자들의 나타남은 무시하고 중괄호, 꺽쇠, 소괄호가 서로 조화롭게 일치하는지를 검사할 것이다.

다음은 스택을 사용하는 간단한 알고리즘이다.

> 빈 스택을 만든다. 파일의 끝까지 문자들을 읽는다. 문자가 개방 문자([{<)라면, 스택에 문자를 push한다. 문자가 닫힘 문자이고, 스택이 비었다면 에러를 보고하고, 그렇지 않으면 pop한다. 심벌이 pop 되었고 문자가 일치하지 않는다면 에러를 보고한다. 파일의 끝에서 스택이 비어있지 않다면 에러를 보고한다.

여러분 자신에게 이 알고리즘 작업을 스스로 확신시켜야 한다. 이것은 선형이고 단 하나의 통로로 입력되게 만드는 것이다. 이것은 온라인이며 상당히 빠르다. 오류가 보고가 되었을 때 무엇을 해야 할지 결정하는 추가 작업도 수행할 수 있다.

후위표기식(Postifx)

포켓용 계산기를 가지고 쇼핑 비용을 계산한다고 가정하자. 물품 목록을 더하고, 결과값에 1.06을 곱한다. 이것은 구입 물품의 비용과 세금이 부과되어 계산된다. 물품이 가격이 4.99, 5.99 그리고 6.99일 때 자연스러운 방법으로 순서대로 나열하면 된다.

4.99 + 5.99 + 6.99 * 1.06 =

계산기에 의존하면 이 상품의 가격은 의도된 대답인 19.05 또는 정확한 대답인 18.39 이다. 대부분의 간단한 사칙연산 계산기는 첫 번째의 결과가 나올 것이다. 그러나 다수의 진보된 계산기들은 더하는 것보다 곱하는 것의 우선 순위가 더 높은 것을 알고 있다. 반면에 어떤 물품들은 과세대상이든 아니든, 처음과 마지막 물품이 과세대상이면, 순서는 다음과 같다.

4.99 * 1.06 + 5.99 + 6.99 * 1.06 =

과학용 계산기는 옳은 대답(18.69)을 제시할 것이며, 간단한 계산기는 잘못된 대답(19.37)을 할 것이다. 과학용 계산기는 일반적으로 괄호로 묶는다. 그래서 우리는 항상 괄호에 의해 정확한 값을 얻을 수 있다. 그러나 간단한 계산기는 일시적인 결과 값을 기억할 필요가 있다.

전반적으로 이 예의 값을 구하는 순서는 4.99와 1.06를 곱해서 A_1에 저장한다. 그런 다음 5.99를 A_1를 더하여 A_1에 반영한다. 6.99와 1.06를 곱하여 A_2에 저장한다. 마지막으로 A_1과A_2를 더하여 A_1에 결과를 반영한다. 우리는 연산순서를 다음과 같이 쓸 수 있다.

4.99 1.06 * 5.99 + 6.99 1.06 * +

이 표현은 후위식(postfix) 또는 reverse Polish notation으로 알려져 있으며, 작성한 방식으로 평가된다.

이것을 쉽게 하는 방법은 스택을 사용하는 것이다. 숫자는 스택에 넣는다; 연산자의 경우에는 스택에서 2개의 숫자를 꺼내어 연산자에 적용하고, 그 결과는 스택에 넣는다. 사례를 보이면,

6 5 2 3 + 8 * + 3 + *

후위 표기식은 다음과 같이 값을 구한다: 처음 4개의 심벌은 스택에 넣는다.

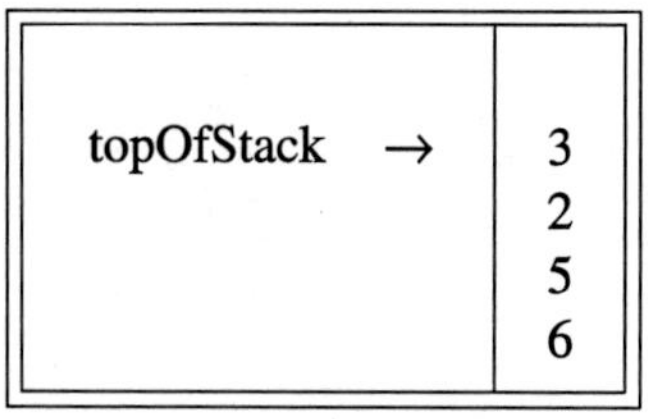

다음 '+'를 읽고, 스택에서 3과 2를 꺼내 와서 합한 후, 5를 스택에 넣는다.

topOfStack →	5
	5
	6

다음 8을 스택에 넣는다.

topOfStack →	8
	5
	5
	6

다음 '*'을 읽고 8과 5를 스택에서 꺼내 와서 곱한 후, 5 * 8 = 40를 스택에 넣는다.

topOfStack →	40
	5
	6

다음 '+'을 읽고 40과 5를 스택에서 꺼내 와서 더한 후, 5 + 40 = 45를 스택에 넣는다.

topOfStack →	45
	6

이제 3을 스택에 넣는다.

topOfStack →	3
	45
	6

다음 '+'보고 3과 45를 스택에서 꺼내 와서 더한 후, 45 + 3 = 48를 스택에 넣는다.

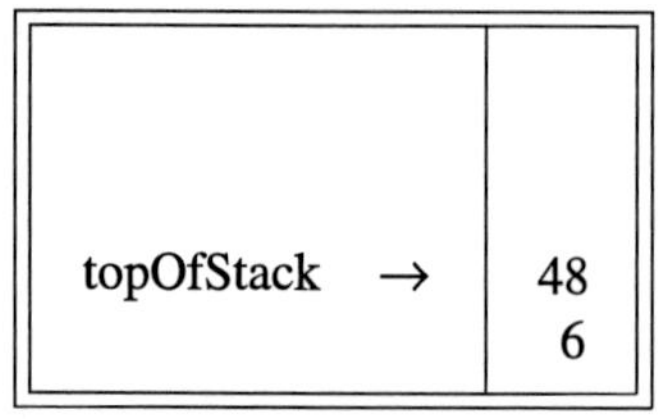

마지막으로 ' * '을 읽고 48과 6을 스택에서 꺼내온 후 곱한다. 6 * 48 = 288를 스택에 넣는다.

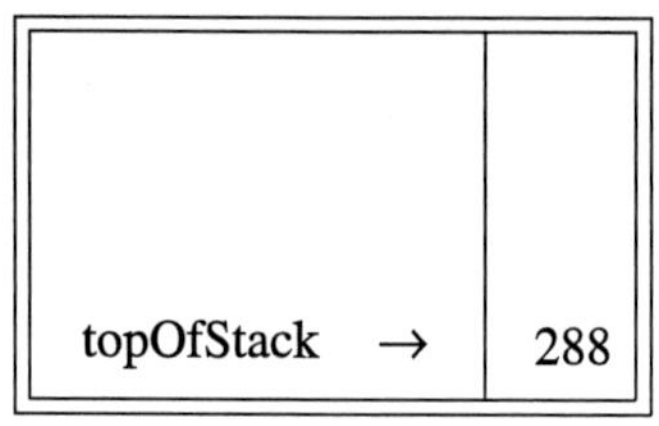

후위 표기식의 시간 복잡도는 $O(N)$인데, 입력으로 각 요소를 처리하는 것은 스택 연산으로 구성되고, 상수 시간이 걸린다. 알고리즘은 매우 단순하다. 후위 표기식이 주어졌을 때, 우선순위 규칙은 알 필요가 없는데, 이것은 분명한 이점이다.

중위식의 후위식으로의 변환

스택은 후위표기식으로 값을 구할 뿐만 아니라, **중위표기식**(infix)을 후위표기식(postfix)으로 변환하기 위해 스택을 사용할 수 있다. 우리는 보편적인 문제에 관련된 연산자 +,*,(,)을 사용하고 일반적인 우선순위 규칙을 따를 것이다. 표기식은 문제가 없다고 가정한다. 중위표기식을 후위표기식으로 바꾼다고 가정하자.

a + b * c + (d * e + f) * g

정확한 변환 결과는 a b c * + d e * f + g * + 이다.

오펀랜드를 읽을 때, 오펀랜드는 출력한다. 연산자는 바로 출력하지 않고, 다른 곳에 저장해 두어야 한다. 정확한 것은 연산자를 접했을 때, 연산자를 출력하지 않고, 스택에 위치시키는 것이다. 또한 괄호를 만나면 왼쪽 괄호는 스택에 저장시켜 놓는다. 처음에는 스택이 비어 있다.

만약 오른쪽 괄호가 있다면, 스택을 pop한다. 왼쪽 괄호를 만날 때까지 심벌을 쓰고, 괄호를 pop 하지만 출력하지는 않는다.

다른 심벌(+,*,( )이 보이면 낮은 우선순위 연산자를 발견할 때까지 pop한다. a는 절대로 제거하지 않는다. +는 가장 낮은 순위의 연산자이며, (가 가장 높은 순위의 연산자이다. pop 할때 연산자는 스택에 push한다.

마지막 입력값인 경우에는, 빈 스택이 될 때까지 pop하고, 심벌을 출력한다.

이 알고리즘의 아이디어는 연산자를 만나면 스택에 위치시키는 것이다. 스택은 잠시 저장된 연산자를 나타낸다. 그러나 높은 우선순위를 가지고 있는 스택에 있는 연산자는 pop되어 더 이상 저장되어 있지 않는다. 그러므로 스택에 연산자를 넣기 전에, 스택에 있는 연산자는 현재연산자보다 먼저 완료되어야 하고, pop해야 한다. 이는 다음의 표에서 설명된다.

표기식	세 번째 연산자가 처리될 때의 스택의 상태	동작
a*b-c+d	-	- is completed; + is pushed
a/b+c*d	+	Nothing is completed; * is pushed
a-b*c/d	-*	* is completed; / is pushed
a-b*c+d	-*	* and - are completed; + is pushed

괄호는 더욱 복잡하게 만든다. 왼쪽 괄호가 입력심볼인 경우에는 우선순위가 높은 연산자이고, 스택에 있을 때는 우선순위가 낮은 연산자이다. 오른쪽 괄호는 특별한 경우로 다룬다. 이 알고리즘이 어떻게 동작하는지 보면, 긴 중위표기식을 후위표기식으로 변환한다. 먼저 a 심벌을 읽고, 출력시킨다. 그런 다음 '+'을 읽고 스택에 넣는다. 그 다음 b를 읽은 다음 출력시킨다. 현재의 상태는 다음과 같다.

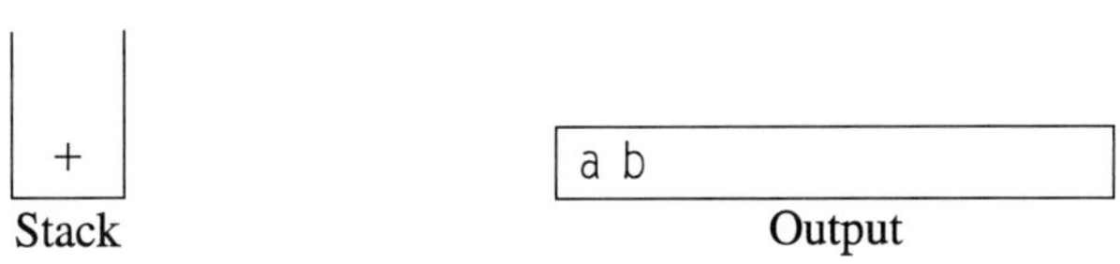

다음 *를 읽는다. 스택에 맨위에 있는 연산자가 *보다 우선순위가 낮기에 아무것도 출력되지 않고 *를 스택에 넣는다. 그 다음 c를 읽고 출력한다.

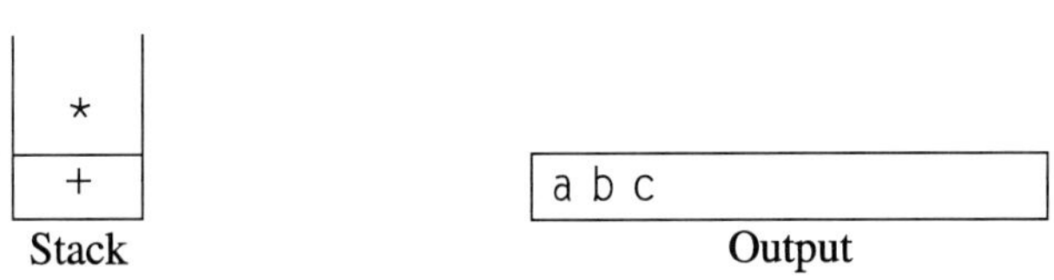

다음 심벌은 '+'이다. 스택을 검사하여 *를 pop하여 출력한다. 그리고 스택의 또 다른 연산자가 +가 우선순위가 낮지않고 같으므로 pop한다. 그리고 새로 읽은 '+'를 스택에 넣는다.

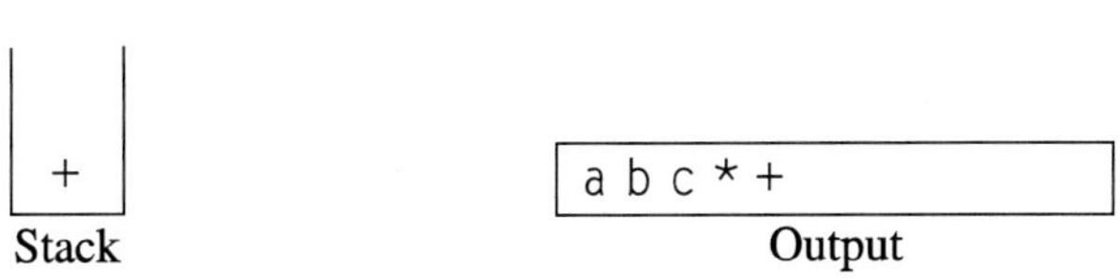

다음 심벌은 (으로써, 가장 우선 순위가 높으므로 스택에 넣는다. 그런 다음 d를 읽어 출력시킨다.

(
+

Stack

a b c * + d

Output

계속해서 '*'를 읽고 스택에 저장시키고, 여는 괄호 (()는 닫는 괄호 ())가 나와서 처리되기 전까지는 그대로 스택에 위치시킨다. 그러므로 출력되지 않는다. 다음 e를 읽어 출력한다.

*
(
+

Stack

a b c * + d e

Output

다음 심벌인 '+'를 읽는다. 스택에서 *를 pop하여 출력하고, +를 스택에 넣는다. 그런 다음 f를 읽어 출력한다.

+
(
+

Stack

a b c * + d e * f

Output

)를 읽고, 스택의 (전까지의 내용을 모두 출력시킨다. (는 pop하고 출력시키지 않는다.

+

Stack

a b c * + d e * f +

Output

*를 읽고 스택에 넣는다. 그런후 g를 읽어 출력시킨다.

*
+

Stack

a b c * + d e * f + g

Output

입력 값을 모두 읽었으면, 빈 스택이 될 때까지 pop 하고 출력시킨다.

Stack

a b c * + d e * f + g * +

Output

이와 같이 이 변환에 요구되는 복잡도는 $O(N)$이고, 입력되는 곳이 하나인 작업이다. 여러분은 빨셈이나 나눗셈도 덧셈과 빨셈의 우선순위가 동일하고, 나눗셈과 곱셈의 우선순위가 동일한 방식대로 할 수 있다.

유의할 사항은 a-b-c 표현식은 a b c--가 아니라 a b - c -로 변환되어야 한다는 것이다. 이 알고리즘은 옳은 것인데, 왼쪽에서 오른쪽으로 결합되고 있기 때문이다. 오른쪽에서 왼쪽으로 결합되는 것은 멱법과 연관이 있기 때문에 $2^{2^3} = 2^8 = 256$이며 $4^3 = 64$가 아니다.

함수 호출

알고리즘이 안정적으로 심벌을 체크하는 것은 컴파일 된 절차적 언어나 객체지향 언어에서 함수 호출 구현방법을 암시한다. 여기서 문제는 새로운 함수가 메모리에 적재되어 호출루틴의 변수에 의해 사용되기 전까지 새로 만든 함수를 호출할 때, 모든 변수가 호출된 지역에 있어야 하고, 시스템에 의해 저장되는 것이 필요하다. 더욱이 루틴의 현재 위치가 저장되어야 하는데, 새로운 함수가 호출된 이후 어디로 갈지 알아야 하기 때문이다. 일반적으로 변수는 컴파일러에 의해 머신 레지스터에 할당되어 있으며, 특히 재귀 호출이 연관되어 있다면 충돌이 일어난다. 이 문제는 심벌의 균형을 잡는 것과 비슷한 이유인데 함수 호출과 함수 복귀는 본래 괄호를 여는 것과 괄호를 닫는 것과 비슷하며, 동일한 아이디어로 작동된다.

함수를 호출할 때 레지스터 값과 복귀할 주소 같은 모든 중요한 정보가 저장되는 것이 필요한데, 추상적인 방법으로 종이조각에 저장되고 파일의 상단에 둔다. 그런 후 새로운 함수로 제어가 넘겨지는데 레지스터를 그 값으로 바꾸는 것은 자유이다. 그것이 만약 다른 함수 호출을 만든다면, 똑같은 과정으로 처리된다. 함수가 복귀를 원할 때 파일 상단의 종이처럼 보이며, 모든 레지스터들이 복구된다. 그런 다음 복귀점프를 만든다.

분명한건, 이 모든 작업은 스택으로 할 수 있으며, 재귀를 구현하는 모든 프로그래밍 언어로 이루어진다. 정보를 저장하는 것은 activation record이나 stack frame으로 부른다. 현재 환경은 스택의 top에 표현된다. 그러므로 복귀는 이전 환경을 제공한다. 실제의 컴퓨터에서 스택은 종종 자신의 메모리 구역으로부터 아래로 확장되며, 많은 시스템들은 스택 오버플로우를 체크하지 않는다. 동시에 진행중인 함수를 너무 많이 가지고 있다면, 스택의 공간이 모두 소진될 가능성이 있다. 말할 필요도 없이 스택의 공간이 소진되면 치명적인 에러를 항상 유발한다.

프로그래밍언어나 시스템에서 스택 오버플로우를 체크하지 않으면, 프로그램은 명확한 설명 없이 실패할 것이다.

스택의 공간은 소진되지 말아야 하며, 그런 경우에는 순환을 벗어남을 암시한다. 반면 아주 합리적이고 겉으로 보기에 좋은 프로그램도 스택의 공간을 바닥나게 하는 일을 일으킬 수 있다. 컨테이너에 프린트 하는 그림 3.25 루틴은 아주 합리적이고 옳다. 이 루틴은 빈 컨테이너의 기본적인 유형을 다루며, 재귀의 사용도 잘 맞다. 이 프로그램으로 합리적인 것을 증명할 수 있다. 그러나 유감스럽게도 컨네이너에 20,000개의 요소가 프린트 된다면 11번째 라인을 호출하는 곳에서 20,000개의 활성중인 레코드가 스택에 나타날 것이다. 활성중인 레코드는 일반적으로 매우 크다. 왜냐하면 모든 정보를 포함해야 하기 때문이다. 그래서 이 프로그램은 스택 공간을 모두 소진할 것이다.

이 프로그램은 재귀 호출을 꼬리 부분에서 처리하는 방법으로 알려진 테일 순환(tail recursion)으로 극단적으로 안 좋은 재귀호출의 사용 예이다. 재귀호출을 함수의 가장 끝에서 호출하기에 테일 순환이라 부른다.

```
1   /**
2    * Print container from start up to but not including end.
3    */
4   template <typename Iterator>
5   void print( Iterator start, Iterator end, ostream & out = cout )
6   {
7       if( start == end )
8           return;
9
10      out << *start++ << endl; // Print and advance start
11      print( start, end, out );
12  }
```

그림 3.25 좋지 않은 순환 : 컨테이너 출력

```
/**
 * Print container from start up to but not including end.
 */
template <typename Iterator>
void print( Iterator start, Iterator end, ostream & out = cout )
{
    while( true )
    {
        if( start == end )
            return;

        out << *start++ << endl; // Print and advance start
    }
}
```

그림 3.26 순환없이 컨테이너 출력 ; 컴파일러가 작업 수행

while루프로 내용 부분을 감싸고 함수 매개변수마다 하나의 선언문으로 재귀호출을 대신함으로써 테일순환은 기계적으로 소거할 수 있다. 이것은 재귀호출을 흉내 내는데, 아무것도 저장할 필요가 없기 때문이다. 재귀호출이 끝난 후 저장된 값을 알 필요는 없다. 이로 인해 재귀호출을 위해 사용되었던 값을 가지고 함수의 맨 위로 간다. 그림 3.26의 함수는 이 알고리즘에 의해 기계적으로 향상된 버전이 생성되었다. 테일순환의 제거는 간단하며, 어떤 컴파일러는 자동적으로 해 준다. 비록 그렇다 하더라도 여러분이 하지 않은 것을 발견해 내는 최선의 방법은 아니다.

재귀는 항상 완벽하게 제거할 수 있으나, 매우 지겨운 일이 될 수도 있다. 스택을 사용할 때 일반적으로 전략이 필요하며 최소한으로 스택에 두고 관리할 수 있다면 그것은 시간과 노력을 들일만한 일이다. 비록 비 재귀 프로그램이 확실히 재귀 프로그램보다 빠르다 할지라도 재귀를 제거한 결과가 속도의 이점이 그렇게 크지 않다는 것을 제외하고는 우리는 앞으로는 이것에 관해 자세히 설명하지는 않는다.

3.7 큐 ADT

스택과 같이 큐(queue)도 리스트다. 그러나 큐는 삽입이 한쪽 끝에서 일어나고 삭제는 반대쪽 끝에서 일어난다.

3.7.1 큐 모델

큐의 기본적인 연산은 enqueue와 dequeue이며, enqueue는 리스트의 끝부분에 요소를 삽입하는 연산이고, dequeue는 리스트의 앞부분에서 요소를 삭제하는 연산이다. 그림 3.27은 큐의 추상적인 모델이다.

3.7.2 큐의 배열 구현

스택처럼 어떤 리스트든 합법적으로 큐를 구현할 수 있다. 스택 같이 연결리스트나 배열로 구현하면 모든 연산의 실행 복잡도가 $O(1)$로 매우 빠르다. 연결 리스트로 큐를 구현하는 것은 간단한 일이라 연습문제로 남겨둔다. 우리는 이제 배열로 큐를 구현하는 것에 대해 논의할 것이다.

각각 큐의 데이터 구조를 위해, theArray배열을 유지하고, 큐의 양끝에 front와 back를 나타낸다. 또한 큐 요소의 갯수를 알기 위해 currentSize을 유지시킨다. 다음의 테이블은 큐에 들어가 있는 상태를 보여 준다.

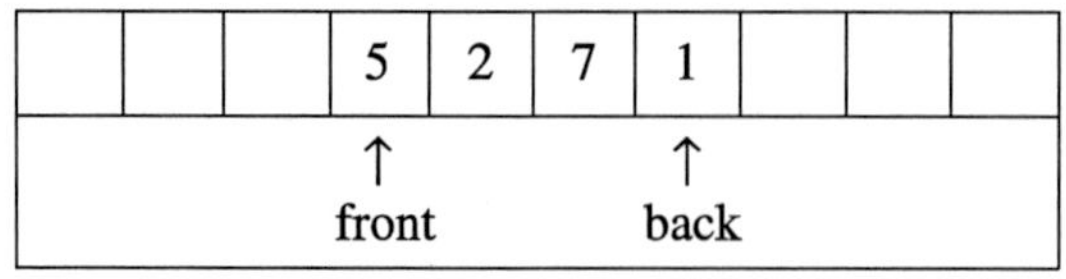

위 연산은 분명하다. 요소 x가 삽입되면 currentSize와 back을 증가시키고, theArray[back] = x로 설정한다. 요소가 삭제되면 theArray[front] 값을 반환하고, currentSize를 감소시킨후 front를 증가시킨다. 다른 방법도 가능하다. 다음에 에러체크에 대해 언급할 것이다.

이를 구현하는데 잠재적인 문제점 하나가 존재한다. 10번의 enqueue가 일어난 후 back이 마지막 배열 인덱스를 가리키기 때문에 큐는 다 찼다고 나타나고, 그리고 다음 enqueue는 존재하지 않는 위치를 가르킨다. 그렇지만 아마도 몇 가지 요소만 큐에서 나타날 것이다. 왜냐하면 몇몇의 요소는 이미 dequeue되었을 수 있기 때문이다. 스택처럼 큐도 많은 연산에 의해 작게 유지할 수 있다.

간단한 해결책은 front나 back을 배열의 끝에 놓일 때마다, 이것은 시작 지점으로 되돌아 가는 것이다. 다음의 테이블은 몇 가지의 연산을 하는 동안의 큐를 보여 준다.

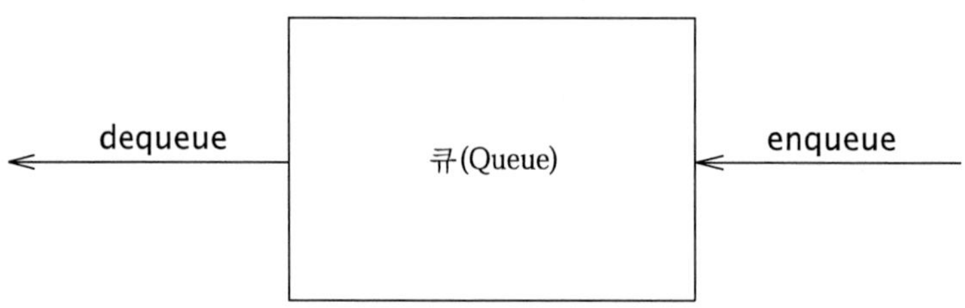

그림 3.27 **큐의 모델**

이는 **원형 배열**(circular array)로 구현되었다.

이를 구현하기 위해서는 최소한의 추가 코드가 요구된다. back이나 front가 증가되어 배열을 넘어서게 되는 일이 일어나면, 배열의 처음위치 값으로 설정한다.

몇몇의 다른 프로그램들은 큐의 back이나 front를 나타내는데 다른 방법을 사용한다. 예를 들어, 어떤 것은 큐의 크기를 관리하는 요소를 사용하지 않는데, 이유는 큐가 비었을 때 back = front −1이라는 기본유형에 의하기 때문이다. 큐의 크기는 back과 front를 비교하여 함축적으로 계산한다. 이것은 매우 교묘한 방법인데, 특별한 유형이기 때문이기도 하며, 이렇게 코드를 수정하려고 한다면 세심한 주의가 필요하다. currentSize를 명시적으로 유지시키지 않는다면, theArray.length( ) −1의 요소가 있을때, 큐가 찬 상태이고, theArray.length( )은 다른 크기로 구별할 수 있는데 그 하나가 0이다. 어떤 스타일로 하든 여러분들의 루틴은 일관되게 해야 한다. 구현을 위해 몇 가지 선택이 있으며, currentSize데이터 멤버를 사용하지 않는다면 코드에 1~2줄의 코멘트는 가치있는 것이다.

enqueue의 수가 큐의 수용량보다 크지 않다면, 순환배열 방식은 이용할 필요가 없다.

스택처럼 큐가 비었다는 것을 호출루틴이 확실히 알지 못하면, dequeue는 거의 수행되지 않는다.

그러므로, 중요한 코드를 제외하고는 이 연산에서 에러체크가 종종 생략된다. 일반적으로 이것은 적절하지 않은데, 시간절약이 그리 크게 되지 않기 때문이다.

초기상태

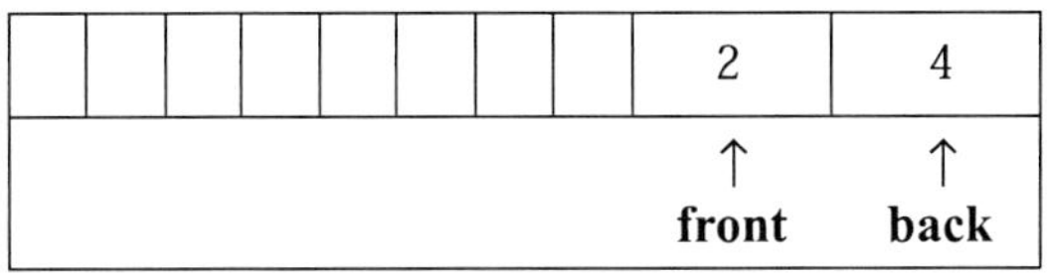

enqueue(1) 후

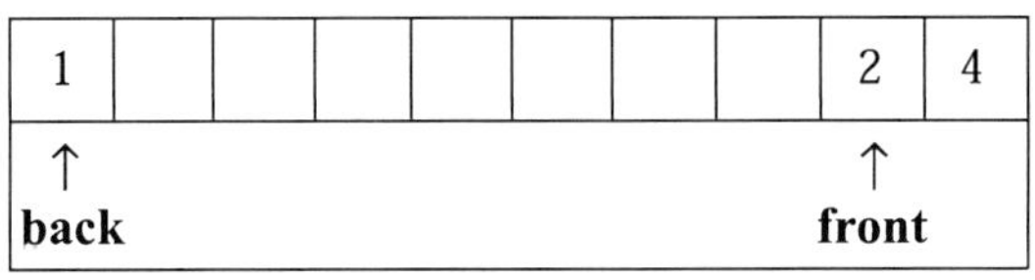

enqueue(3) 후

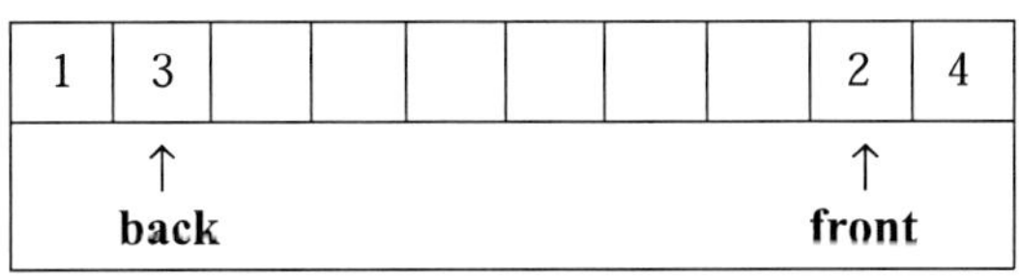

dequeue 후 2를 반환

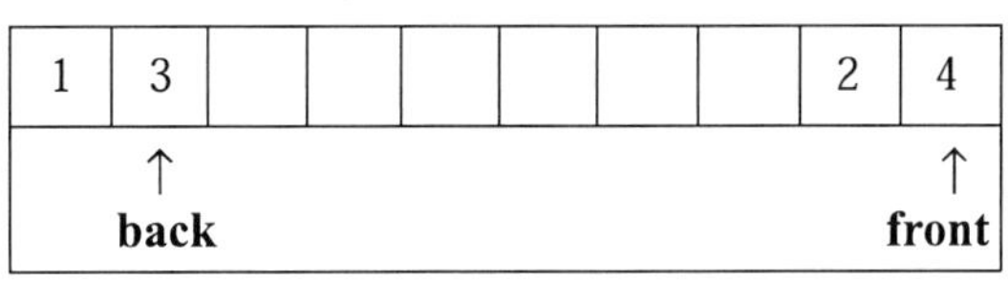

dequeue 후 4를 반환

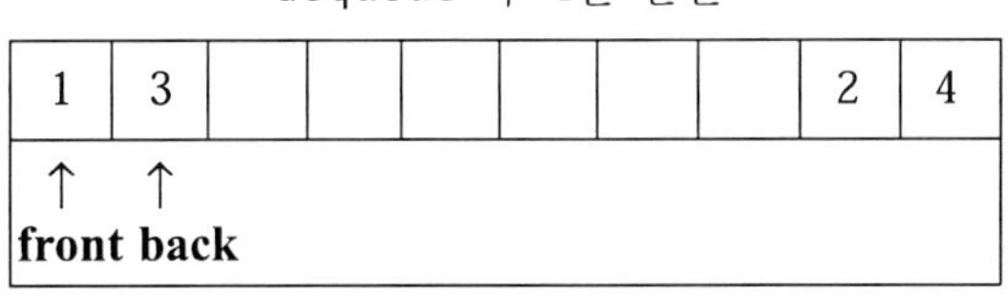

dequeue 후 1을 반환

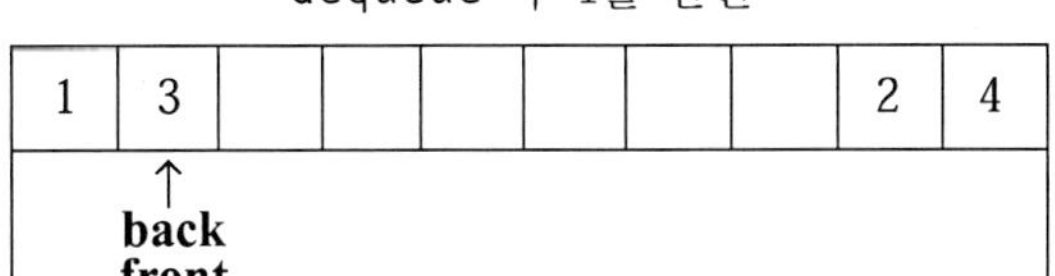

dequeue 후 3을 반환하고 빈 큐가 됨

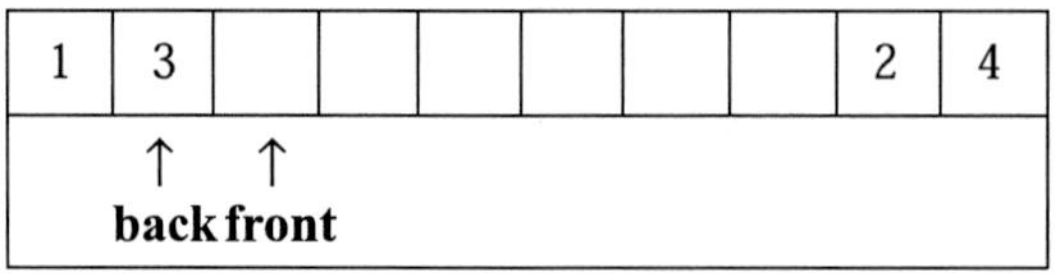

3.7.3 큐의 응용

효율적인 실행시간을 제공하기 위하여 큐를 사용하는 많은 알고리즘이 존재한다. 몇몇의 이런 알고리즘은 그래프 이론에서 발견되었고, 우리는 9장에서 논의할 것이다. 지금은 큐의 몇 가지의 예를 볼 것이다.

프린터에 작업요청이 이루어질 때 그들은 순서대로 정렬된다. 이렇게 라인프린터에 보내진 작업은 순서대로 큐에 들어간다.

사실상 실생활의 줄서는 것이 큐와 같다. 예를 들어, 티켓 판매소의 줄이 큐인데, 먼저 온 사람이 먼저 서비스를 받기 때문이다.

다른 예는 컴퓨터 네트워크와 관계가 있다. 많은 네트워크상의 개인용 컴퓨터가 **파일 서버**라는 컴퓨터 한대에 연결되어 있다. 각 다른 유저들은 파일 서버에 접속해 먼저 접속한 사람이 먼저 서비스를 받는 것을 기본으로 하는데, 이런 구조는 큐와 유사하다. 이외의 예는 다음과 같다.

- 모든 교환원들이 바쁠 때 호출은 일반적으로 큐에 놓인다.
- 대학에서 자원이 남아 있지 않고 모든 터미널이 사용되고 있다면, 학생들은 대기 리스트에 서명한 후 대기해야 한다. 터미널을 오래 보유하고 있는 학생들은 먼저 강제로 종료되고, 가장 오래 기다린 학생이 터미널을 할당받는다.

큐잉 이론(queuing theory)으로 알려진 수학분야 중 하나는 확률적으로 연산하는 것을 다루는데, 얼마나 오래 유저가 기다려야 되는지 예상하게 하는 것과 얼마나 오래 회선을 사용할 수 있는지, 그리고 다른 몇 가지의 질문들을 다룬다. 이 문제의 대답은 유저가 회선에 얼마나 종종 접속하는지, 유저가 서비스를 받을 때 처리시간이 얼마나 걸리는지에 대해 의존한다. 이는 모두 이산 확률 분포 함수로 주어진다. 간단한 예로, 분석적으로 계산하여 대답할 수 있다. 쉬운 유형의 예는 교환원을 통한 전화이다. 만약 교환원이 바쁘다면, 전화 거는 사람은 대기해야 한다. 이 문제는 사업에서 매우 중요한 일인데, 전화를 건 사람들은 빠르게 수화기를 놓는 것이 전형적이기 때문이다.

k명의 교환원이 있다면, 이 문제를 해결하기는 더욱 힘든 일이다. 분석적으로 문제를 해결하는 것은 어려운 것인데, 종종 시뮬레이션으로 해결한다. 이런 유형에서, 시뮬레이션을 위하여 큐를 사용할 필요가 있다. 만약 k가 크다면, 효율적인 다른 데이터 구조가 필요하다. 우리는 6장에서 이 시뮬레이션이 어떻게 동작하는지 볼 것이다. 몇몇의 k값

최소의 k값에 대해 시뮬레이션을 실행할 것이며, 논리적인 대기 시간을 제시할 것이다.

게다가 스택같이 큐를 많이 사용한다면, 간단한 데이터 구조는 매우 중요할 수 있다는 사실이 경이적일 것이다.

3장 요약

이번 장에서는 ADT의 개념과 3개의 가장 보편적이고 추상적인 데이터 타입의 개념을 설명했다. 주요 목적은 기능으로부터 추상적인 데이터 타입 구현을 분리하는 것이다. 프로그램은 어떤 연산을 할지 알아야 한다. 그러나 사실 어떻게 동작하는지 아는 것보다 더 좋지는 않다. 리스트, 스택, 큐는 모든 컴퓨터 과학에서 기초가 되는 자료구조일 것이다. 그리고 이런 사용은 예제를 통해 문서화된다. 특별히 우리는 스택이 어떻게 함수 호출을 기록하는지 보았으며, 재귀함수가 어떻게 구현되는지 보았다. 이것을 이해하는 것이 이 장에서 중요한 것이며, 절차적 언어로 만들 수 있기 때문이 아니라, 재귀함수를 어떻게 구현하는 지를 아는 것이 이것을 어떻게 다루는지의 의문점을 제거하기 때문이다. 비록 재귀함수가 강력하지만, 연산이 아주 자유로운 것은 아니다. 재귀함수를 오용이나 남용하면 프로그램을 잘못되게 할 수 있다.

3장 연습문제

3.1 정수값이 오름차순으로 정렬되어 있는 리스트 L과 P이 있다. printLots(L, P)는 리스트 L내에서 리스트 P의 값에 의해서 지정된 위치의 요소들을 출력하는 프로그램이라 하자. 예를 들어 P=1, 3, 4, 6이라면 L의 1, 3, 4, 그리고 6번째의 요소가 출력되는 것이다. 공개 STL 컨테이너 연산들만을 사용하여 printLots(L, P) 프로시저를 작성하여라. 그 프로시저의 실행 시간은 어떻게 되는가?

3.2 아래의 리스트 구조에서 링크만을 조정함으로써 인접한 두 개의 요소를 교환하는 방법을 제시하라.

a. 단순 연결 리스트
b. 이중 연결 리스트

3.3 start에서 시작하는 범위(end를 포함하지는 않음)에서 x의 첫 번째 출현을 포함하는 iterator를 반환하는 STL find 루틴을 작성하여라. 만약 x가 찾지 못하면, end를 반환한다. 이것은 서명을 갖는 비클래스(전역 함수)이다:

```
template <typename Iterator, typename Object>
iterator find ( Iterator start, Iterator end, const Object & x )
```

3.4 두 개의 정렬된 리스트, L_1과 L_2가 주어졌을 때 기본 리스트 연산만을 이용하여 $L_1 \cap L_2$를 계산하는 프로시저를 작성하여라.

3.5 두 개의 정렬된 리스트, L_1과 L_2가 주어졌을 때 기본 리스트 연산만을 이용하여 $L_1 \cup L_2$를 계산하는 프로시저를 작성하여라.

3.6 조세프(Josephus) 문제는 다음과 같은 게임이다: 1번부터 N번인 사람 N명이 원을 그리며 앉아있다. 1번 사람부터 시작해서 뜨거운 감자를 패스한다. M번의 패스 후 감자를 잡고 있는 사람이 빠지고 원이 작아진 후 게임이 계속된다. 마지막으로 남은 사람이 게임을 이기게 된다. 만약 $M=0$이고 $N=5$인 경우 5번 게임자가 이긴다. 만약 $M=1$이고 $N=5$일 경우 빠지는 사람의 순서는 2, 4, 1, 5이다.

a. 일반적인 M과 N값에 대해서 조세프 문제를 해결할 수 있는 프로그램을 작성하시오. 가능한 한 프로그램을 효율적으로 작성하고, 셀들을 제거할 수 있다는 것을

확신하시오.

b. 위에서 작성된 프로그램의 실행 시간은 어떻게 되는가?

c. 만약 $M=1$일 경우 위에서 작성한 프로그램의 실행 시간은? 매우 큰 N값에 대해서($N>100,000$) 여러분이 작성한 프로그램은 삭제 루틴에 의해서 얼마나 영향을 받는가?

3.7 색인을 위한 경계 체크(bounds checks)를 추가하기 위하여 Vector 클래스를 수정하시오.

3.8 Vector 클래스에 insert와 erase 루틴을 추가하시오.

3.9 C++ 표준에 따르면 Vector에서 push_back, pop_back, insert 또는 erase 호출은 Vector를 조망하는 모든 iterator를 무효화시킨다. 그 이유를 설명하시오.

3.10 포인터 변수보다는 클래스 타입의 iterator를 만듦으로써 iterator를 조사할 수 있는 기능을 제공하도록 Vector 클래스를 수정하시오.

3.11 단순 연결 리스트가 테일 노드 없이 헤더 노드만으로 구현되어 있고, 헤더 노드로의 포인터만을 가지고 있다고 가정하자. 다음의 메소드를 포함하는 클래스를 작성하시오.

a. 연결리스트의 크기를 반환하는 메소드
b. 연결리스트를 출력하는 메소드
c. 값 x가 연결리스트에 포함되어 있는지를 조사하는 메소드
d. 연결리스트에 값 x가 없으면 추가하는 메소드
e. 연결리스트에서 값 x를 제거하는 메소드

3.12 정렬된 단순 연결 리스트로 유지하도록 하면서 연습문제 3.11을 다시 반복하라.

3.13 List iterator 클래스가 operator--를 지원하도록 하시오.

3.14 STL iterator를 볼 때, iterator를 전진시키는 operator++의 응용을 필요로 한다. 가끔 요소의 전진없이 리스트에서 다음 요소를 봐야하는 경우가 선호될 수 있다. 일반적으로 이런 기능을 편하게 하는 다음 선언을 갖는 멤버 함수를 작성하시오. 이진 operator++는 현재 위치의 k번째 앞의 해당 iterator를 반환한다.

```
const_iterator operator+(int k ) const;
```

3.15 List 클래스에 splice 연산을 추가하시오. 함수의 선언은 아래와 같다.

```
void splice ( iterator position List<T>& lst);
```

단, lst로 부터 모든 요소를 제거하고 List *this의 position앞에 위치시킨다. lst와 *this는 다른 리스트이어야 한다. 작성된 루틴은 상수 시간에 수행되어야 한다.

3.16 STL List 클래스에 reverse iterators를 추가하시오. reverse_iterator와 const_reverse_iterator를 정의하시오. 헤더 노드 위치와 endmarker 앞의 위치를 나타내는 적절한 역 iterator를 반환하기 위한 rbegin과 rend 메소드를 추가하시오. reverse iterators는 내부적으로 ++와 -- 연산자의 의미를 반대로 만든다. 작성된 코드를 가지고 리스트 L을 출력할 수 있어야 한다.

```
List<Object>::reverse_iterator itr = L.rbegin( );
while( itr ! = L.rend( ))
    cout << *itr++ <<endl;
```

3.17 3.5절의 마지막에 제안되었던 아이디어를 이용하여 엄격한 iterator 조사 방법을 제공할 수 있도록 List 클래스를 수정하시오.

3.18 erase 메소드가 list에 적용될 때 삭제된 노드를 참조하는 모든 iterator를 무효화시킨다. 그런 iterator를 **실효된(stale)** iterator라고 한다. iterator의 현재값이 NULL이지만 실효된 iterator에 대해서 어떤 연산도 동작하도록 하는 것을 보장하는 효율적인 알고리즘을 기술하시오. 많은 실효된 iterator가 있을 수 있음을 주지하길 바란다. 여러분의 알고리즘을 구현하기 위해서 다시 작성될 필요가 있는 클래스가 어떤 것인지를 반드시 설명하시오.

3.19 헤더 노드와 테일 노드없이 List 클래스를 다시 작성하고 3.5절에서 제공된 클래스와의 차이점에 대해서 설명하시오.

3.20 우리가 제시한 삭제 전략의 대안으로 사용될 수 있는 것은 **lazy 삭제(lazy deletion)**이다. 요소를 삭제하기 위하여 단순히 그것을 삭제되었다고 표시를 한다(보통 이런 작업을 위한 추가적인 비트 필드를 사용한다). 삭제된 요소의 수와 비삭제된 요소의 수가 자료구조의 일부분으로 유지된다. 비삭제 요소만큼 삭제된 요소의 수가 많아지면 리스트의 전체를 읽어가며 삭제 표시된 모든 요소들을 표준 삭제 알고리즘을 이용하여 삭제한다.

a. lazy 삭제의 장단점을 설명하시오.

b. lazy 삭제 방법을 사용하는 표준 연결 리스트를 구현하시오.

3.21 다음의 언어에서 심볼들의 균형을 조사하는 프로그램을 작성하시오.

a. Pascal (begin/end, (), [], {}).

b. C++(/* */, (), [], {}).

*c. 가능한 원인을 반영할 만한 오류 메시지를 어떻게 출력하는지 설명하시오.

3.22 후순위(postfix) 수식을 평가하는 프로그램을 작성하시오.

3.23 a. (,), +, −, *, 그리고 /를 포함하는 중위표기식을 후위표기식으로 변환하는 프로그램을 작성하시오..

b. 작성된 프로그램에 멱승 연산자를 추가하시오.

c. 후위표기식을 중위표기식으로 변환하는 프로그램을 작성하시오.

3.24 하나의 배열을 이용하여 두 개의 스택을 구현하는 루틴을 작성하시오. 작성하는 스택 루틴은 배열의 모든 요소가 사용되지 않는다면 오버플로우를 선언하지 않을 것이다.

3.25 *a. push와 pop 연산 그리고 최악의 경우 $O(1)$ 시간에 가장 작은 요소를 반환하는 findMin 연산을 지원하는 자료구조를 제안한다.

*b. 만약에 네 번째 연산으로 가장 작은 요소를 찾아 삭제하는 deleteMin을 추가하면 최소한 한 가지 연산자는 $\Omega(\log N)$ 시간이 소요됨을 증명하시오. (이 문제는 7장의 학습이 필요하다.)

***3.26** 하나의 배열에서 세 개의 스택을 어떻게 구현하는지 보이시오.

3.27 만약 2.4절에서 피보나치 수를 계산하기 위하여 사용된 재귀 루틴이 $N=50$의 경우 수행된다면, 스택 공간이 모자랄 것인가 아니면 모자라지 않을 것인가? 또 그 이유는 무엇인지 설명하시오.

3.28 deque는 리스트로 구성된 자료구조로 다음과 같은 연산이 가능하다:

push(x) : deque의 앞에 x를 삽입

pop( ) : deque의 앞에 있는 요소를 제거하고 제거된 요소를 반환

inject(x) : deque의 마지막에 x를 삽입

eject( ) : deque의 맨뒤의 요소를 제거하고 제거된 요소를 반환

각 연산들이 $O(1)$ 시간에 수행될 수 있도록 deque 루틴을 작성하시오.

3.29 일정한 여분의 공간만을 이용하여 단순 연결 리스트를 거꾸로 출력하는 알고리즘을 작성하시오. 이 지시는 여러분이 알고리즘을 작성할 때 재귀를 사용할 수 없으나 여러분의 알고리즘이 list 멤버함수라고 가정할 수 있다는 것이다. 그 루틴이 상수 멤버 함수라면 그런 알고리즘이 작성될 수 있는가?

3.30 a. 자기 조절 리스트(self-adjusting list)의 배열 구현을 작성하시오. 자기 조절 리스트에서 모든 삽입 연산은 앞에서 수행된다. 자기 조절 리스트는 find 연산을 추가하고 find에 의해서 한 요소가 접근될 때 다른 요소들의 상대적 순서의 변화없이 리스트의 앞으로 이동한다.

b. 자기 조절 리스트의 연결 리스트 버전을 작성하시오.

*c. 각 요소가 고정된 확률로 접근된다고 가정하자. 이 때 접근 확률이 최대인 요소들이 앞쪽과 가까울 것 같은 이유를 설명하시오.

3.31 헤더 노드와 테일 노드 없이 단순 연결 리스트를 이용하여 스택을 효율적으로 구현하시오.

3.32 헤더 노드와 테일 노드 없이 단순 연결 리스트를 이용하여 큐를 효율적으로 구현하시오.

3.33 순환 배열을 이용하여 queue 클래스를 효율적으로 구현하시오. 기초 배열 구조로 vector를 사용할 수 있다.

3.34 연결리스트의 한 노드 p에서 시작해서 충분한 횟수만큼 다음 링크를 따라갔을 때 다시 그 노드로 돌아오는 경우 그 연결리스트가 순환한다고 한다. 노드 p는 첫 번째 노드일 필요는 없다. N개의 노드를 갖는 리스트가 주어졌다고 가정하자. 그러나 N값이 얼마인지를 알려져 있지 않다.

a. 리스트가 순환을 가지고 있는지를 결정할 수 있는 $O(N)$ 알고리즘을 작성하시오. $O(N)$의 추가적인 공간을 사용할 수 있다.

*b. $O(1)$의 추가 공간만을 사용하여 a.와 같은 알고리즘을 작성하시오.(힌트: 초기에는 리스트의 시작 부분에 있는 서로 다른 속도로 전진하는 다른 iterator를 사용하시오.)

3.35 큐를 구현하기 위한 한 가지 방법은 **순환 연결 리스트(circular linked list)**를 사용하는 것이다. 순환연결 리스트에서는 마지막 노드의 next 포인터가 첫 번째 노드를 가르킨다. 리스트가 헤더를 가지고 있지 않고 리스트의 노드에 해당하는 iterator만을 유지하고 있다고 가정하자. 다음 중 어떤 방법들이 상수적 최악의 시간안에 모든 큐 연산이 가능한가? 또 왜 그렇게 생각하는지 설명하시오.

a. 리스트의 처음 노드에 해당하는 iterator를 유지
b. 리스트의 마지막에 해당하는 iterator를 유지

3.36 단순 연결 리스트에서 리스트의 마지막 노드가 아님을 보장하는 노드를 가르키는 포인터를 가지고 있다고 가정하자. 다른 노드를 가르키는 포인터는 없다(다음 링크를 따르는 경우는 제외). 연결리스트의 통합성을 유지하면서 리스트로부터 그 노드에 저장된 값을 논리적으로 삭제하는 $O(1)$ 복잡도 알고리즘을 서술하시오(힌트: next 노드를 포함하라.)

3.37 단순 연결 리스트가 헤더와 테일 노드로 구현되었다고 가정하자. 다음에 해당하는 상수 시간의 알고리즘을 작성하시오.

a. iterator에 의해서 주어진 위지 p 이선에 x를 삽입하시오.
b. iterator에 의해서 주어진 위치 p에 저장된 요소를 제거하시오.

4 트리(Trees)

Data structures and Algorithm Analysis in C++

링크드 리스트를 이용하여 대용량의 입력 데이터를 선형 접근하는 데는 엄청난 시간이 소요된다. 본 장에서는 대부분의 수행 시간이 평균 $O(\log N)$ 소요되는 간단한 자료 구조에 대해 살펴본다. 또한 이 자료 구조에 개념적으로 약간의 변형을 한다. 이 자료 구조의 장점은 두 가지가 있다. 첫째는 최악 경우에도 일정한 time bound를 보장하는 것이다. 둘째는 긴 연속된 명령들의 실행을 $O(\log N)$ 수행 시간 내에 보장한다는 것이다. 이 자료 구조를 **이진 탐색 트리(binary search tree)**라고 한다. 이진 탐색 트리는 많은 응용에서 사용되는 두 개의 라이브러리 컬렉션 클래스인 set과 map을 구현하는데 기본이 된다. 일반적으로 트리는 전산학에서 매우 유용한 개념이고 많은 응용 방법이 있다.

본 장의 내용은 다음과 같다.

- 일반적인 운영체제에서 파일 시스템을 구현하는데 트리가 어떻게 사용되는지 알아본다.
- 수식을 계산하는데 트리가 어떻게 사용되는지 알아본다.
- 트리가 어떻게 평균 탐색 연산 시간 $O(\log N)$을 지원하는지, 그리고 어떻게 최악의 경우에도 $O(\log N)$에 바운드가 될 수 있는지 알아본다. 또한 데이터가 디스크에 저장되어 있을 때 어떻게 이 연산들을 구현하는지 알아본다.
- 클래스 set과 map에 대해 알아보고 사용한다.

4.1 개요

트리(tree)는 몇 가지 방법으로 정의할 수 있다. 가장 기본적으로는 트리를 재귀적으로 정의하는 것이다. 트리는 노드의 집합이다. 그 집합은 공집합이거나, **루트(root)**라고 하는 노드 r과 0개 또는 공집합이 아닌 복수개의 (서브)트리 T_1, T_2, ..., T_k로 구성된다. 이때 서브트리의 루트들은 r로부터 직접 **에지(edge)**로 연결된다.

각 서브트리의 루트는 r의 **자식(child)**이고, r은 각 서브트리 루트의 **부모(parent)**이다. 그림 4.1은 재귀적 정의를 이용한 전형적인 트리를 보여 준다.

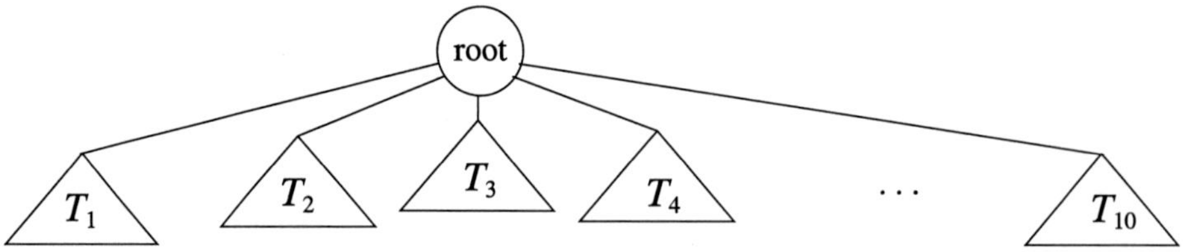

그림 4.1 일반적인 트리

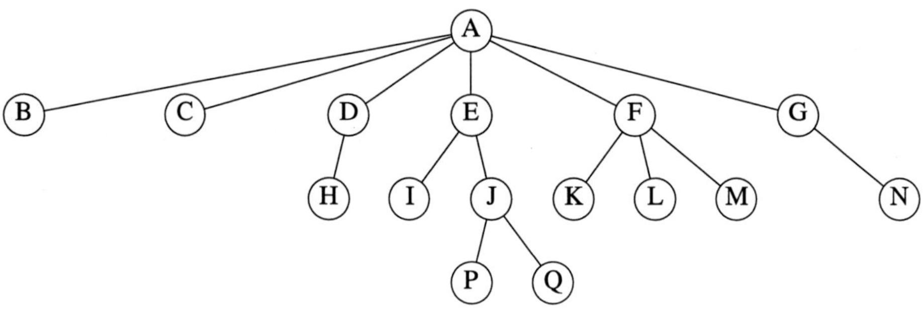

그림 4.2 트리

재귀적 정의로부터 트리는 N개의 노드(Node) 집합이라는 것을 알 수 있고, 그 중의 하나는 루트이고, 나머지는 $N-1$개의 에지이다. $N-1$개의 에지로부터 각 에지는 임의의 노드와 그 노드의 부모노드를 연결하고 있다는 사실과 루트를 제외한 모든 노드는 하나의 부모노드를 갖는다는 사실을 알 수 있다(그림 4.2).

그림 4.2 트리에서 루트는 A이다. 노드 F는 A를 부모로 갖고, K, L, M을 자식으로 갖는다. 각 노드는 0을 포함한 임의 개수의 자식을 가질 수 있다. 자식이 없는 노드를 **리프(leaves)**라고 한다. 그림 4.2의 트리에서 리프는 B, C, H, I, P, Q, K, L, M, N이다. 같은 부모를 갖는 노드들인 K, L, M을 형제노드(sibling)라고 한다. 같은 방식으로 grandparent와 grandchild를 정의할 수 있다.

노드 n_1에서부터 n_k까지의 **경로(path)**를 $n_1, n_2, ..., n_k$ 노드들의 순서로 정의할 수 있다. 여기에서 $1 \le i < k$에 대하여, n_i는 n_i+1의 부모이다. 이 경로의 **길이(length)**는 경로상의 에지의 개수, 즉 $k-1$이다. 모든 노드는 자기 자신에 대한 길이 0의 경로가 있다. 트리에는 루트로부터 각 노드까지의 오직 하나만의 경로만이 존재한다.

임의의 노드 n_i의 **깊이(depth)**는 루트로부터 n_i까지의 유일한 경로의 길이이다. 따라서 루트의 깊이는 0이다. n_i의 **높이(height)**는 n_i로부터 리프까지의 가장 긴 경로의 길이이다. 트리의 높이는 루트의 높이와 같다. 그림 4.2의 트리에서 E의 깊이는 1이고 높이는 2이다. F는 깊이 1, 높이 1이다. 트리의 높이는 3이다. 트리의 깊이는 가장 깊이 있는 리프의 깊이와 같으므로 항상 트리의 높이와 같다.

만약 n_1으로부터 n_2까지의 경로가 존재한다면, n_1은 n_2의 **조상(ancestor)**이고, n_2

는 n_1의 **후손(descendant)**이다. 만약 $n_1 \neq n_2$이면, n_1은 n_2의 proper ancestor이고, n_2는 n_1의 proper descendant이다.

4.1.1 트리의 구현

트리를 구현하는 한 방법은 각각의 노드와 노드의 데이터, 노드의 자식에 대한 각 링크를 연결시키는 것이다. 그러나 각 노드마다 자식의 수가 다양하고 변할 수 있기 때문에 자식에 대한 직접 링크를 자료구조에 만드는 것은 버려지는 공간이 너무 많아져 거의 불가능하다. 해결책은 간단하다. 각 노드의 자식들을 트리 노드의 링크드 리스트로 유지하는 것이다. 그림 4.3의 선언이 일반적이다.

```
struct TreeNode
{
   Object      element;
   TreeNode *firstChild;
   TreeNode *nextSibling;
};
```

그림 4.3 트리의 노드 선언

그림 4.4는 이러한 구현 방식으로 트리가 표현되는 방식을 보여 준다. 아래로 향하는 화살표는 firstChild 링크를 나타낸다. 왼쪽에서 오른쪽으로 향하는 화살표는 nextSibling 링크이다.

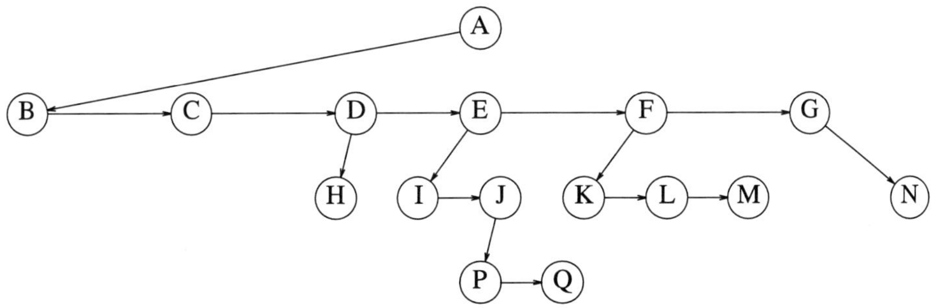

그림 4.4 그림 4.2의 트리에 대한 firstChild/sibling 표현

그림 4.4의 트리에서 노드 E는 sibling(F)에 대한 링크와 자식(I)에 대한 링크를 갖는다. 어떤 노드는 아무런 링크도 갖지 않는다.

4.1.2 응용에서의 트리 순회

트리에 대한 많은 응용들이 있다. 가장 많은 응용 중의 하나는 UNIX와 DOS 같은 많은 운영체제에서의 디렉터리 구조이다. 그림 4.5는 UNIX 파일 시스템의 전형적인 디렉터리이다.

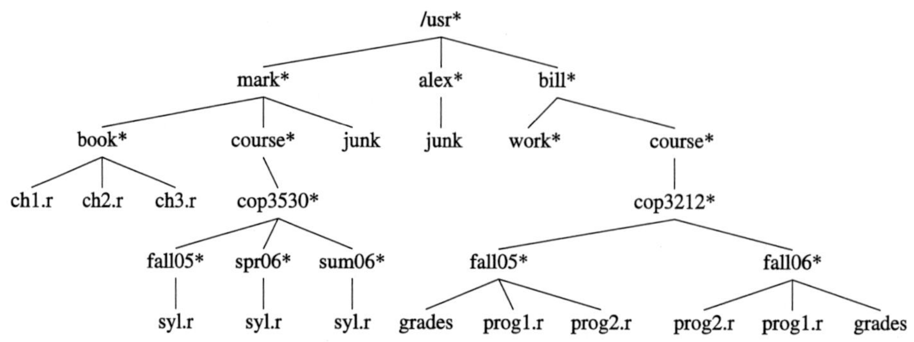

그림 4.5 UNIX 디렉터리

이 디렉터리의 루트는 /usr 이다.(이름 뒤의 *는 디렉터리임을 나타낸다.) /usr 는 mark, alex, bill의 3개의 자식을 갖는데, 이들 또한 디렉터리들이다. 즉, /usr 는 3개의 디렉터리를 포함하고 있지만, 정규 파일들은 없다. 가장 왼쪽의 자식을 3번 따라가서 파일 이름을 구했다. 처음 이후의 각 '/' 는 에지를 의미하고, 결과(/usr/mark/book/ch1.r)는 **완전 경로 이름(pathname)**이다. 계층적 파일 시스템은 사용자들이 데이터를 논리적으로 조직할 수 있어서 매우 많이 사용된다. 또한 서로 다른 디렉터리의 2개의 파일은 같은 이름을 가질 수 있다. 이들은 루트로부터 서로 다른 경로를 가짐으로써 서로 다른 경로 이름을 갖는다. UNIX 파일 시스템의 디렉터리는 단지 자식들의 리스트를 갖고 있는 파일이다. 따라서 디렉터리는 그림 4.3의 유형 선언과 거의 유사하게 정의할 수 있다[1]. 실제로 어떤 UNIX 버전에서는 파일 인쇄를 위한 일반적인 명령을 디렉터리에 적용하면, 디렉터리에 있는 파일들의 이름이 출력되는 것을 볼 수 있다.

디렉터리의 모든 파일들의 이름을 나열한다고 가정해 보자. 깊이 d_i의 파일에 대한 출력 형식은 d_i 탭만큼 들여쓰여질 것이다. 이 알고리즘에 대한 의사코드는 그림 4.6과 같다.

재귀함수 listAll은 깊이 0에서 시작한다. 즉, 루트는 들여쓰지 않는다. 이 깊이는 내부 변수이므로 호출 루틴에서 파라미터로 전달될 수 없다. 따라서 기본값으로 0이 depth로 제공된다.

```
void FileSystem::listAll( int depth = 0 ) const
{
    printName( depth ); // Print the name of the object
    if( isDirectory( ) )
        for each file c in this directory (for each child)
            c.listAll( depth + 1 );
}
```

그림 4.6 계층적 파일 시스템의 디렉터리 출력 의사코드

1) UNIX 파일 시스템의 각 디렉터리는 자기 자신을 가리키는 항목과 부모를 가리키는 항목을 추가적으로 갖는다. 따라서 기술적으로 UNIX 파일 시스템은 트리가 아니고, 트리와 유사하다고 할 수 있다.

```
/usr
    mark
        book
            ch1.r
            ch2.r
            ch3.r
        course
            cop3530
                fall05
                    syl.r
                spr06
                    syl.r
                sum06
                    syl.r
        junk
    alex
        junk
    bill
        work
        course
            cop3212
                fall05
                    grades
                    prog1.r
                    prog2.r
                fall06
                    prog2.r
                    prog1.r
                    grades
```

그림 4.7 디렉터리 출력

알고리즘의 논리는 간단하다. 파일 객체의 이름은 적절한 탭 개수와 함께 출력된다. 항목이 디렉터리이면 모든 자식들을 하나씩 재귀적으로 처리한다. 이 자식들은 한 단계 깊어져서 공백문자가 추가되어 들여쓰여진다. 출력은 그림 4.7과 같다.

이 순회 방법을 **전위 순회(preorder traversal)**라 한다. 전위 순회에서는 노드에 대한 작업이 자식들을 처리하기 전(pre)에 수행된다. 이 프로그램이 실행될 때, 각 이름이 한 번씩만 출력되어야 하기 때문에 1행이 각 노드에 대하여 최대 한 번만 수행되는 것은 명백하다. 각 노드에 대하여 1행이 최대 한 번 수행되기 때문에, 2행 또한 각 노드에 대해 한 번만 수행된다. 4행도 각 노드의 각 자식에 대하여 최대 한 번 수행될 수 있다. 그러나 자식의 수는 정확하게 노드의 수보다 1 작다. 마지막으로 for 루프는 4행의 수행마다 한 번씩 반복하고, 루프 종료에 한번 더 수행된다. 따라서 전체 작업량은 각 노드마다 일정하다. N개의 파일 이름을 출력하려면, $O(N)$의 실행 시간을 갖는다.

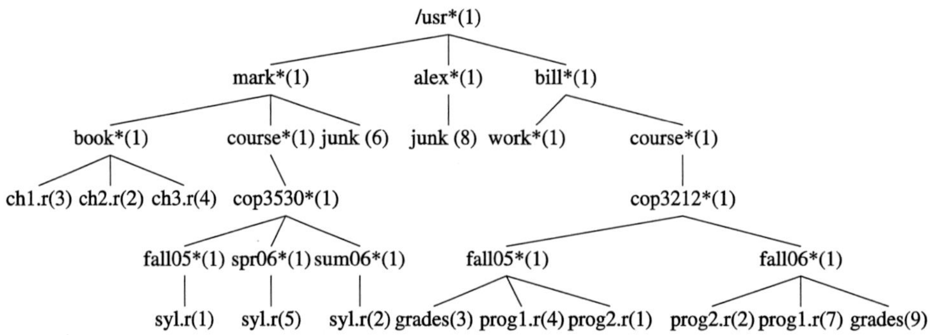

그림 4.8 후위 순회로 구한 파일 크기를 갖는 UNIX 디렉터리

```
int FileSystem::size( ) const
{
    int totalSize = sizeOfThisFile( );

    if( isDirectory( ) )
       for each file c in this directory (for each child)
          totalSize += c.size( );

    return totalSize;
}
```

그림 4.9 디렉터리 크기 계산을 위한 의사코드

트리 순회의 또 다른 일반적인 방법은 **후위 순회(postorder traversal)**이다. 후위 순회에서 노드에 대한 작업은 자식들을 처리한 후(post)에 수행된다. 예를 들어, 그림 4.8은 이전과 같은 디렉터리 구조를 나타낸다. 괄호 안의 숫자는 각 파일이 차지하고 있는 블록 수를 나타낸다.

디렉터리 자체도 파일이기 때문에 크기를 갖는다. 트리의 모든 파일들이 사용하는 총 블록 수를 계산한다고 가정하자. 가장 자연스러운 방법은 서브디렉터리에 포함되는 블록 수를 구하는 것이다. /usr/mark(30), /usr/alex(9), /usr/bill(32)이다. 총 블록 수는 서브디렉터리(71)에 /usr가 사용하는 1블록을 더한 72가 된다. 그림 4.9는 메소드 size에 대한 의사코드를 이러한 방법을 구현한 것이다.

현재의 객체가 디렉터리가 아니면, size는 현재 객체가 사용하는 블록 수만을 리턴한다. 그렇지 않으면, 디렉터리가 사용하는 블록의 수가 모든 자식들의 블록 수와 더해진다. 전위 순회와 후위 순회 전략의 차이점을 보이기 위하여 그림 4.10은 알고리즘이 각 디렉터리와 파일들의 크기를 생성하는 방법을 보여 준다.

```
            ch1.r            3
            ch2.r            2
            ch3.r            4
        book                10
                    syl.r    1
                fall05       2
                    syl.r    5
                spr06        6
                    syl.r    2
                sum06        3
            cop3530         12
        course              13
        junk                 6
    mark                    30
        junk                 8
    alex                     9
        work                 1
                    grades   3
                    prog1.r  4
                    prog2.r  1
                fall05       9
                    prog2.r  2
                    prog1.r  7
                    grades   9
                fall06      19
            cop3212         29
        course              30
        bill                32
/usr                        72
```

그림 4.10 함수 size의 결과

4.2 이진 트리

이진 트리는 모든 노드가 최대 2개의 자식을 갖는 트리이다.

그림 4.11은 루트와 2개의 서브 트리 T_L, T_R로 구성된 이진 트리를 보여 준다. 서브 트리는 공백일 수 있다.

이진 트리의 중요한 특성은 이진 트리의 평균 깊이가 N보다 훨씬 작다는 것이다. 트리의 평균 깊이는 $O(\sqrt{N})$이지만, 이진 트리의 특별한 형태인 **이진 탐색 트리**의 평균 깊이는 $O(\log N)$이다. 그러나 그림 4.12의 경우에서와 같이 깊이가 $N-1$이 될 수도 있다.

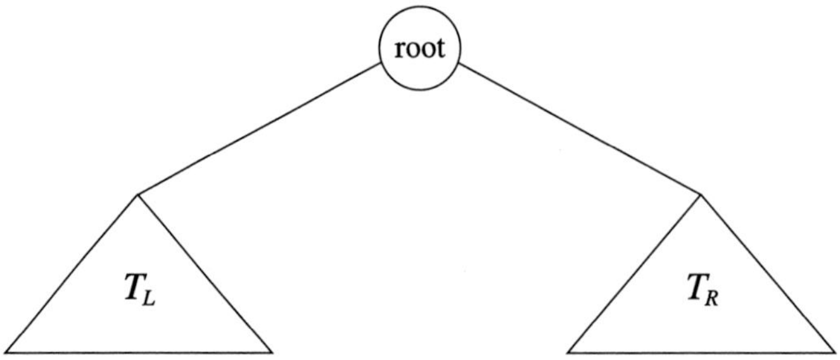

그림 4.11 일반적인 이진 트리

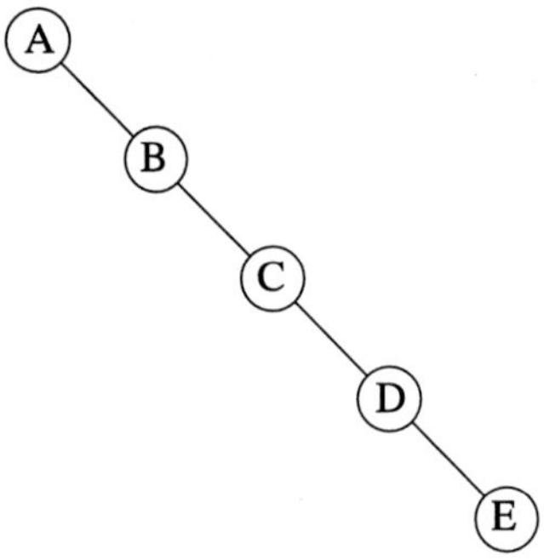

그림 4.12 최악 경우의 이진 트리

4.2.1 구현

이진 트리가 최대 2개의 자식을 갖기 때문에, 자식에 대한 직접 링크를 유지할 수 있다. 트리 노드에 대한 선언은 이중 링크드 리스트의 구조와 유사하다. 각 노드는 element와 다른 노드를 가리키는 2개의 포인터(left와 right)로 구성된 구조이다(그림 4.13).

링크드 리스트에 익숙한 표현인 직사각형을 이용하여 이진 트리를 그릴 수 있지만, 트리는 실제적으로 그래프이기 때문에 선으로 연결된 원으로 그리는 것이 일반적이다. 또한 N개의 노드로 구성된 모든 이진 트리가 $N+1$개의 NULL 링크를 필요로 하기 때문에 트리를 나타낼 때 NULL 링크는 그리지 않는다.

이진 트리는 탐색 이외에도 많이 사용된다. 일례로 우리가 알아보고자 하는 컴파일러 설계 영역에서 이진 트리가 중요하게 사용된다.

```
struct BinaryNode
{
   Object        element;  // The data in the node
   BinaryNode *left;       // Left child
   BinaryNode *right;      // Right child
};
```

그림 4.13 이진 트리 노드 클래스(의사코드)

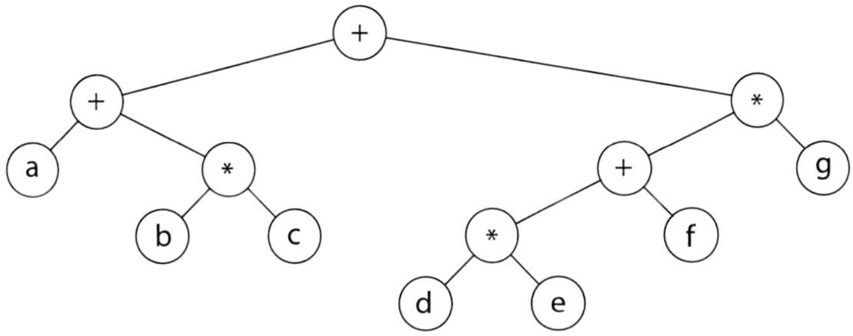

그림 4.14 (a + b * c) + (d * e + f) * g의 수식트리

4.2.2 수식 트리

그림 4.14는 **수식 트리**(expression tree)의 예를 보여 준다. 수식 트리의 리프는 상수나 변수값은 **피연산자**(operand)이고, 다른 노드들은 **연산자**(operator)를 갖는다. 이 특별한 트리는 간단한 경우로서 모든 연산자가 이진이기 때문에 이진 트리가 되지만, 노드가 2개 이상의 자식을 갖는 경우도 가능하다. 노드가 오직 하나의 자식만을 갖는 경우도 가능한데 이는 **음수**(unary minus) 연산자이다. 재귀적으로 계산된 왼쪽 서브 트리와 오른쪽 서브 트리의 결과 값을 루트의 연산자에 적용함으로써 수식 트리 T를 평가할 수 있다. 그림 4.14의 예에서, 왼쪽 서브 트리는 a + (b * c)이고, 오른쪽 서브 트리는 (d * e + f) * g이다. 따라서 전체 트리는 (a + b * c) + (d * e + f) * g)를 나타낸다.

괄호와 함께 왼쪽 수식을 재귀적으로 생성하고, 루트의 연산자를 출력하고, 마지막으로 재귀적으로 오른쪽 수식을 괄호와 함께 생성함으로써 중위(infix) 수식을 생성할 수 있다. 이러한 일반적인 방법(왼쪽, 노드, 오른쪽)을 **중위 순회**(inorder traversal)라고 한다. 이것은 수식 자체 유형이기 때문에 기억하기 쉽다.

다른 순회 방법은 왼쪽 서브 트리, 오른쪽 서브 트리, 그리고 연산자를 재귀적으로 출력하는 것이다. 이 방법을 적용하면 a b c * + d e * f + g * + 가 출력되며, 이는 3.6.3절의 후위 표현법과 같다. 이 순회 방법을 후위 순회라고 한다. 이미 이 방법에 대해서는 4.1절에서 보았다.

세 번째 순회 방법은 연산자를 먼저 출력하고, 다음으로 왼쪽과 오른쪽 서브 트리를 재귀적으로 출력하는 것이다. 결과 수식은 + + a * b c * + * d e f g 으로 4.1절에서 본 전위 순회를 따르는 전위 표현법으로서 그다지 유용하지 않다. 이 순회 방법들에 대하여 본 장의 뒤에서 다시 언급할 것이다.

수식 트리 구축

후위 수식을 수식 트리로 변환하는 알고리즘을 보자. 중위 수식을 후위 수식으로 변환하는 알고리즘을 이미 알고 있기 때문에, 두 가지의 입력 유형으로부터 수식 트리를 생성할 수 있다. 지금 설명하는 방법은 3.6.3절의 후위 평가 알고리즘과 매우 유사하다. 수식에서 한 번에 하나씩의 심벌을 읽는다. 심벌이 피연산자이면, 노드를 하나 갖는 트리를 만들고 이에 대한 포인터를 스택에 넣는다. 심벌이 연산자이면, 스택으로부터 2개의 트리(에 대한 포인터) T_1과 T_2를 꺼내어(pop) 새로운 트리를 만든다(T_1이 먼저 pop된다). 이 트리의 루트는 연산자이고, 왼쪽 자식은 T_2, 오른쪽 자식은 T_1이다. 새로운 트리에 대한 포인터를 스택에 넣는다.

예를 들어, 다음의 입력을 가정하자.

a b + c d e + * *

처음 두 개의 심벌이 피연산자이므로 노드 하나를 갖는 트리를 만들어 그 포인터를 스택에 넣는다[2].

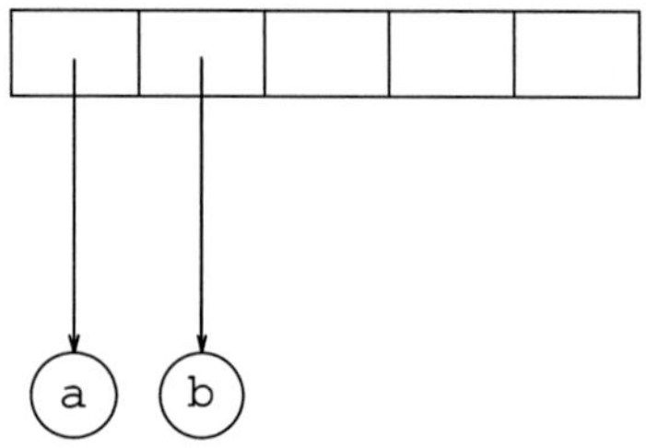

다음으로 + 가 읽어지고, 두 트리에 대한 포인터가 꺼내져 새로운 트리를 형성하고, 그 포인터를 스택에 넣는다.

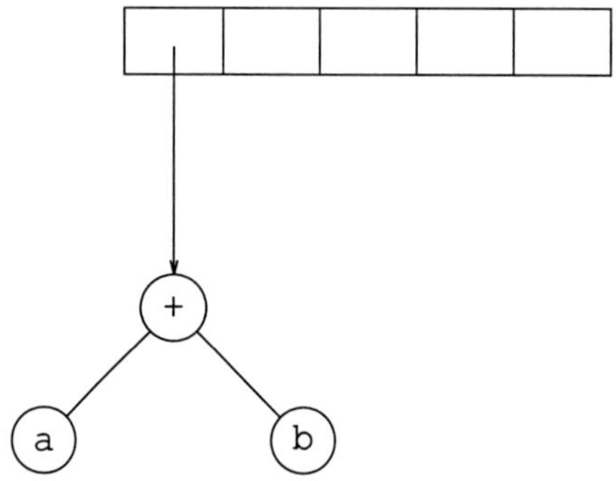

다음으로 c, d, e 가 읽어지고, 각각 노드 하나씩의 트리가 생성되어 그 포인터가 스택에 넣어진다.

2) 편의상 그림에서 스택은 왼쪽에서 오른쪽으로 커간다.

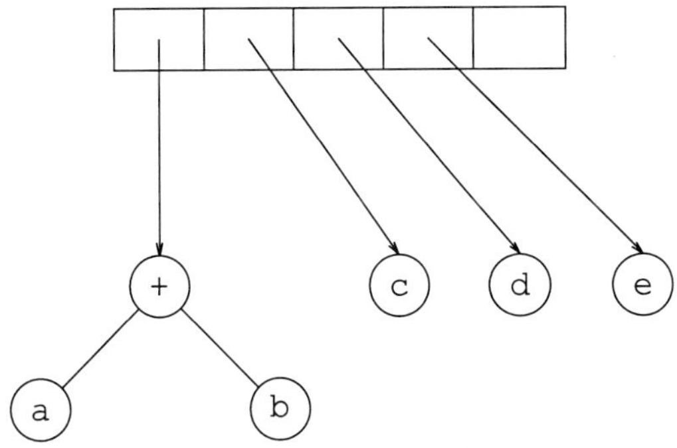

이제 + 가 읽어지고, 두 트리가 합병된다.

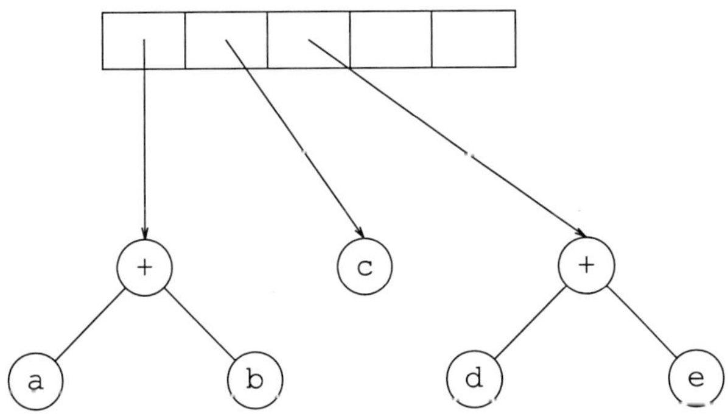

계속해서 * 가 읽어지고, 두 개의 포인터를 꺼내어 * 를 루트로 갖는 새로운 트리를 생성한다.

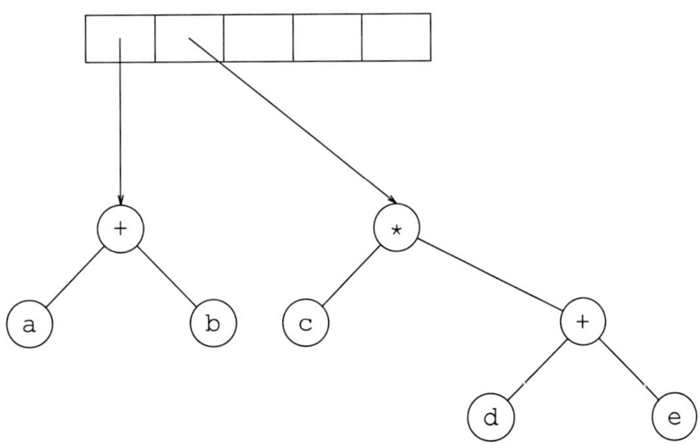

최종적으로 마지막 심벌이 읽어지고, 두 트리가 합병된다. 최종 트리에 대한 포인터가 스택에 남아 있다.

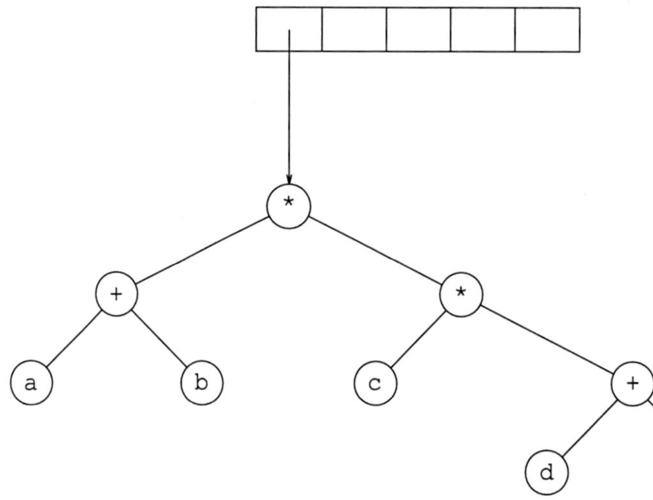

4.3 탐색 트리 ADT - 이진 탐색 트리

이진 트리의 중요한 응용은 탐색에 있다. 트리의 각 노드가 아이템을 저장하고 있다고 가정하자. C++에서는 임의의 복잡한 아이템도 쉽게 처리할 수 있지만, 우리의 예를 간단히 하기 위하여 노드의 값을 정수(integer)로 가정한다. 또한 모든 노드는 서로 다르다고 가정하고, 복잡한 경우에 대해서는 나중에 다루도록 한다.

이진 트리를 이진 탐색 트리로 만드는 특성은 트리의 모든 노드 X에 대하여 왼쪽 서브 트리의 모든 노드의 값은 X의 아이템보다 작고, 오른쪽 서브 트리의 모든 노드의 값은 X의 아이템보다 크다는 것이다. 이것은 트리의 모든 요소가 어떤 일관된 방법으로 정렬될 수 있다는 것을 암시한다. 그림 4.15에서 왼쪽의 트리는 이진 탐색 트리이지만, 오른쪽 트리는 이진 탐색 트리가 아니다. 오른쪽 트리에서 루트의 아이템 6보다 큰 7이 루트의 왼쪽 서브 트리에 있기 때문이다.

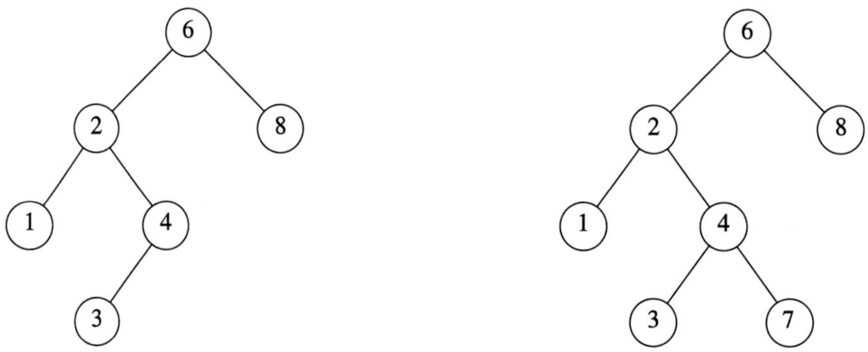

그림 4.15 두 개의 이진 트리(왼쪽 트리만 탐색 트리임)

이진 탐색 트리에서 자주 수행되는 연산들에 대한 간단한 설명을 보자. 트리에 대한 재귀적 정의로 인하여 이 루틴들도 재귀적으로 쓰여지는 것이 일반적이다. 이진 탐색 트리의 평균 깊이가 $O(\log N)$으로 판명되었기 때문에 스택 공간의 부족에 대한 걱정은 필요 없다.

그림 4.16은 이진 탐색 트리 클래스 템플릿의 인터페이스를 보여 준다. 여기에는 몇 가지 주목할 만한 것들이 있다. 탐색은 특정한 Comparable 타입을 위해 정의되는 < 연산자에 기반하여 이루어진다. 즉, x<y와 y<x가 모두 거짓이면, 아이템 x는 y와 같다. 이는 타입의 일부분(social security number 데이터 멤버 또는 salary)에 대해 정의된 비교 함수와 같이 복합 타입(employee 레코드)에 대한 Comparable을 허용한다. 1.6.3절은 Comparable로 사용될 수 있는 클래스를 설계하는 일반적인 기술을 설명한다. 이에 대한 대안으로 4.3.1절에 설명할 함수 객체도 허용한다.

데이터 멤버는 루트 노드에 대한 포인터이다. 공백 트리에 대한 이 포인터는 NULL이다. public 멤버 함수는 private 재귀 함수를 호출하는 일반적인 기술을 사용한다. 그림 4.17은 contains, insert, remove에서 이 사용 방법을 보여 준다.

몇 가지 private 멤버 함수들은 참조에 의한 호출 방식으로 포인터 변수를 전달하는 기술을 사용한다. public 멤버 함수는 루트에 포인터를 전달하고, private 재귀 멤버 함수로 전달할 수 있게 된다. 재귀 함수들은 루트의 값을 변경하여 root가 다른 노드를 가리키게 한다. 이에 대하여 insert 코드에서 더 자세히 설명할 것이다. 다음은 private 메소드 몇 가지에 대하여 기술한다.

4.3.1 contains

이 연산은 아이템 X를 갖는 노드가 트리 T에 있으면 true를 리턴하고, 없으면 false를 리턴한다. 트리의 구조가 이것을 간단하게 한다. T가 공백이면 단지 false를 리턴하고, T에 아이템 X가 저장되어 있으면 true를 리턴할 수 있다. 그렇지 않으면, T에 저장된 아이템과 X의 관계에 따라서 T의 왼쪽 또는 오른쪽 서브 트리에 대하여 재귀 호출을 한다. 그림 4.18은 이 방법을 구현한 것이다.

테스트의 순서를 주목하라. 공백 트리에 대한 테스트가 가장 먼저 수행된다는 것이 중요하다. 그렇지 않으면 NULL 포인터를 통한 데이터 멤버에의 접근 시도에 따른 실행 시간 오류가 발생할 것이다. 양쪽에 대한 재귀 호출이 실제적으로 tail recursion이어서 while 루프에서 쉽게 제거될 수 있다는 점에도 주목하라. 여기에서 tail recursion의 사용은 알고리즘 수식의 단순화가 속도 저하를 상쇄하고 사용되는 스택 공간을 단지 $O(\log N)$으로 하는 점에서 정당화된다.

그림 4.19는 아이템이 Comparable 이어야 한다는 조건 대신에 함수 객체를 사용할 수 있다는 약간의 변화를 보여 준다. 이것은 1.6절의 특징을 모방한 것이다.

```
template <typename Comparable>
class BinarySearchTree
{
  public:
    BinarySearchTree( );
    BinarySearchTree( const BinarySearchTree & rhs );
    ~BinarySearchTree( );

    const Comparable & findMin( ) const;
    const Comparable & findMax( ) const;
    bool contains( const Comparable & x ) const;
    bool isEmpty( ) const;
    void printTree( ) const;

    void makeEmpty( );
    void insert( const Comparable & x );
    void remove( const Comparable & x );

    const BinarySearchTree & operator=( const BinarySearchTree & rhs );

  private:
    struct BinaryNode
    {
      Comparable element;
      BinaryNode *left;
      BinaryNode *right;

      BinaryNode( const Comparable & theElement, BinaryNode *lt, BinaryNode *rt )
        : element( theElement ), left( lt ), right( rt ) { }
    };

    BinaryNode *root;

    void insert( const Comparable & x, BinaryNode * & t ) const;
    void remove( const Comparable & x, BinaryNode * & t ) const;
    BinaryNode * findMin( BinaryNode *t ) const;
    BinaryNode * findMax( BinaryNode *t ) const;
    bool contains( const Comparable & x, BinaryNode *t ) const;
    void makeEmpty( BinaryNode * & t );
    void printTree( BinaryNode *t ) const;
    BinaryNode * clone( BinaryNode *t ) const;
};
```

그림 4.16 이진 탐색 트리 클래스 스켈레턴

```
/**
 * Returns true if x is found in the tree.
 */
bool contains( const Comparable & x ) const
{
  return contains( x, root );
}

/**
 * Insert x into the tree; duplicates are ignored.
 */
void insert( const Comparable & x )
{
  insert( x, root );
}

/**
 * Remove x from the tree. Nothing is done if x is not found.
 */
void remove( const Comparable & x )
{
  remove( x, root );
}
```

그림 4.17 private 재귀 함수를 호출하는 public 멤버 함수의 설명

```
/**
 * Internal method to test if an item is in a subtree.
 * x is item to search for.
 * t is the node that roots the subtree.
 */
bool contains( const Comparable & x, BinaryNode *t ) const
{
  if( t == NULL )
    return false;
  else if( x < t->element )
    return contains( x, t->left );
  else if( t->element < x )
    return contains( x, t->right );
  else
    return true;          // Match
}
```

그림 4.18 이진 탐색 트리의 contains 연산

```
template <typename Object, typename Comparator=less<Object> >
class BinarySearchTree
{
  public:

    // Same methods, with Object replacing Comparable

  private:

    BinaryNode *root;
    Comparator isLessThan;

    // Same methods, with Object replacing Comparable

    /**
     * Internal method to test if an item is in a subtree.
     * x is item to search for.
     * t is the node that roots the subtree.
     */
    bool contains( const Object & x, BinaryNode *t ) const
    {
      if( t == NULL )
        return false;
      else if( isLessThan( x, t->element ) )
        return contains( x, t->left );
      else if( isLessThan( t->element, x ) )
        return contains( x, t->right );
      else
        return true; // Match
    }
};
```

그림 4.19 이진 탐색 트리를 구현하기 위한 함수 객체의 설명 사용

4.3.2 findMin과 findMax

이 private 루틴들은 트리의 가장 작은 요소와 가장 큰 요소를 포함하는 노드에 대한 포인터를 리턴한다. findMin을 수행하기 위하여 루트부터 시작하여 자식 노드가 남아 있을 때까지 왼쪽으로 간다. 포인트가 끝나는 곳이 최소 요소이다. findMax 루틴은 오른쪽 자식에 대하여 같은 방법으로 수행된다.

많은 프로그래머들이 재귀를 사용하는 어려움을 느끼지 않고 이 방법을 쉽게 사용한다. findMin을 재귀적으로 findMax를 재귀를 사용하지 않고 수행하는 코드를 그림 4.20과 그림 4.21에 나타낸다.

```
/**
 * Internal method to find the smallest item in a subtree t.
 * Return node containing the smallest item.
 */
BinaryNode * findMin( BinaryNode *t ) const
{
   if( t == NULL )
      return NULL;
   if( t->left == NULL )
      return t;
   return findMin( t->left );
}
```

그림 4.20 이진 탐색 트리에 대한 findMin의 재귀적 구현

```
/**
 * Internal method to find the largest item in a subtree t.
 * Return node containing the largest item.
 */
BinaryNode * findMax( BinaryNode *t ) const
{
   if( t != NULL )
      while( t->right != NULL )
         t = t->right;
   return t;
}
```

그림 4.21 이진 탐색 트리에 대한 findMiax의 재귀를 사용하지 않은 구현

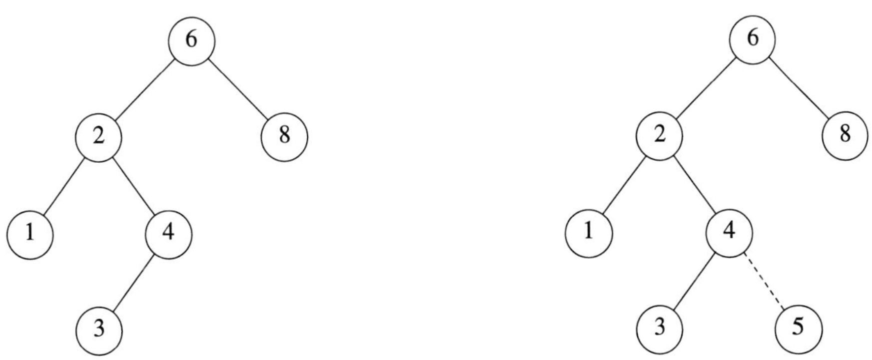

그림 4.22 이진 트리에 5 삽입 위치

(공백 트리의 퇴화된 경우를 다루는 방법을 주의하라. 이것이 항상 중요한 것이지만, 재귀 프로그램에서는 특히 중요하다. 또한 포인터의 복사본만을 갖고 있기 때문에

findMax에서 t를 변경하는 것이 안전하다. 그러나 항상 주의할 것은 t->right = t->right->right 같은 문장은 변화를 만든다는 것이다)

4.3.3 insert

삽입(insertion) 루틴은 개념적으로 간단하다. 트리 T에 X를 삽입하기 위하여 contains를 이용하여 트리를 내려간다. 만약 X가 발견되면 아무 일도 하지 않고, 그렇지 않으면 순회된 경로의 마지막 위치에 X를 삽입한다. 그림 4.22는 이 내용을 보여 준다. 5를 삽입하기 위하여 contains를 수행하는 것처럼 트리를 순회한다. 아이템 4를 갖는 노드에서 오른쪽으로 가야 되지만 서브 트리가 없다. 즉 5가 트리에 없고 이곳이 정확한 자리가 된다.

노드 레코드에 발생 빈도를 나타내는 추가 필드를 유지함으로써 중복 문제를 처리할 수 있다. 이는 전체 트리에 추가적인 공간을 사용하지만, 트리에 중복을 두는 것보다 낫다(트리를 더 깊게 만든다). 물론 이 방법은 ‘<’ 연산자에 대한 키가 보다 큰 구조의 단지 일부분인 경우에는 적당하지 않다. 이 경우에는 같은 키를 갖는 모든 구조를 리스트나 다른 탐색 트리와 같은 보조 데이터 구조에 유지할 수 있다.

그림 4.23은 삽입 루틴의 코드를 보여 준다. 12행과 14행에서 재귀적으로 x를 적절한 서브 트리에 추가한다. 재귀 루틴에서 새로운 리프가 생성될 때에만 t가 변경되는 것에 주의하라. 이 경우는 리프의 부모인 임의의 노드 p에서 재귀 루틴이 호출되었다는 것을 의미한다. 이 호출은 insert(x, p->left) 또는 insert(x, p->right)이다. 어떤 경우에도 t는 p->left 또는 p->right를 참조한다. 즉 p->left 또는 p->right가 새로운 노드를 가리키도록 변한다는 것이다.

```
1   /**
2    * Internal method to insert into a subtree.
3    * x is the item to insert.
4    * t is the node that roots the subtree.
5    * Set the new root of the subtree.
6    */
7   void insert( const Comparable & x, BinaryNode * & t )
8   {
9       if( t == NULL )
10          t = new BinaryNode( x, NULL, NULL );
11      else if( x < t->element )
12          insert( x, t->left );
13      else if( t->element < x )
14          insert( x, t->right );
15      else
16          ; // Duplicate; do nothing
17  }
```

그림 4.23 이진 탐색 트리에 삽입

4.3.4 remove

다른 자료 구조에서와 같이 가장 어려운 연산은 삭제(deletion)이다. 삭제되어야 할 노드가 발견되었을 때, 몇 가지 가능성을 고려할 필요가 있다.

노드가 리프이면 즉시 삭제할 수 있다. 노드가 하나의 자식을 가질 경우에 그 부모의 링크가 해당 노드를 우회하게 만든 후에 삭제된다. 그림 4.24를 보라.

복잡한 경우는 2개의 자식을 갖는 노드의 경우이다. 일반적인 방법은 해당 노드의 데이터를 오른쪽 서브 트리의 가장 작은 데이터(찾기 쉬움)로 교체하고 재귀적으로 해당 노드(공백이 아님)를 삭제하는 것이다. 오른쪽 서브 트리의 가장 작은 노드는 왼쪽 자식을 가질 수 없기 때문에 두 번째 remove도 쉬워진다. 그림 4.25는 초기 트리와 삭제 결과를 보여 준다. 삭제될 노드는 루트의 왼쪽 자식으로서 키 값 2를 갖는다. 이것은 오른쪽 서브 트리의 최소 데이터(3)으로 교체되고, 노드가 삭제된다.

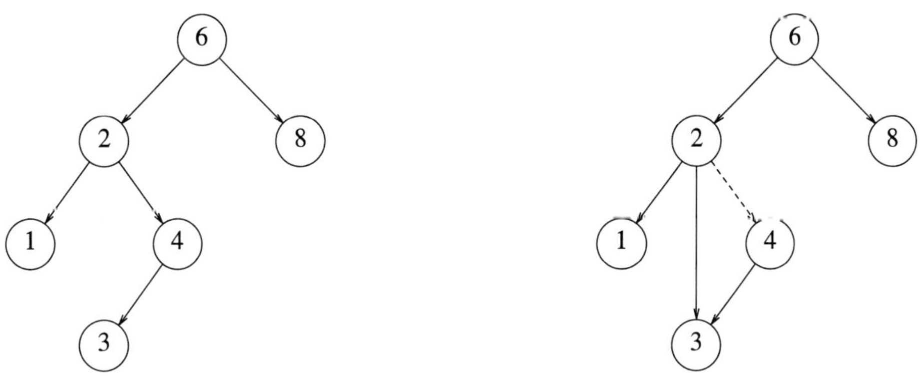

그림 4.24 하나의 자식을 갖는 노드(4)의 삭제 전과 후

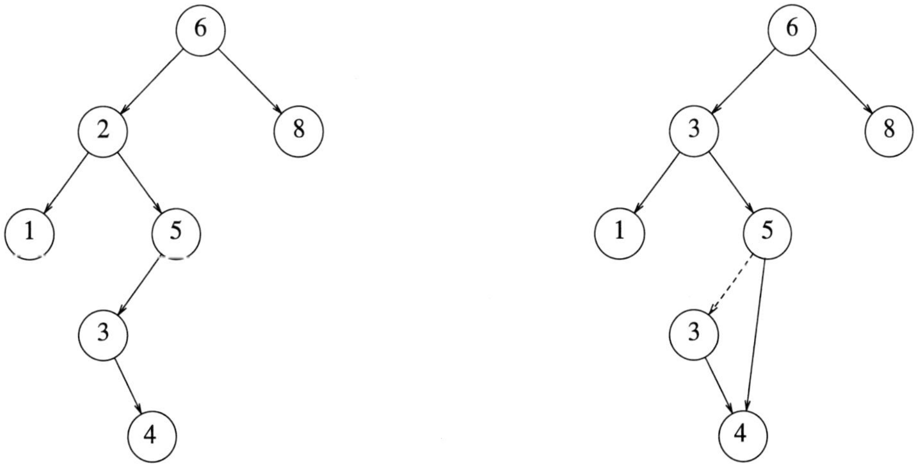

그림 4.25 두 개의 자식을 갖는 노드(2)의 삭제 전과 후

```
/**
 * Internal method to remove from a subtree.
 * x is the item to remove.
 * t is the node that roots the subtree.
 * Set the new root of the subtree.
 */
void remove( const Comparable & x, BinaryNode * & t )
{
   if( t == NULL )
      return; // Item not found; do nothing
   if( x < t->element )
      remove( x, t->left );
   else if( t->element < x )
      remove( x, t->right );
   else if( t->left != NULL && t->right != NULL ) // Two children
   {
      t->element = findMin( t->right )->element;
      remove( t->element, t->right );
   }
   else
   {
      BinaryNode *oldNode = t;
      t = ( t->left != NULL ) ? t->left : t->right;
      delete oldNode;
   }
}
```

그림 4.26 이진 탐색 트리의 삭제 루틴

그림 4.26의 코드는 삭제를 수행한다. 이것은 오른쪽 서브 트리의 최소 노드를 찾고 삭제하기 위하여 트리를 두 단계 내려가야 하기 때문에 비효율적이다. removeMin 메소드를 작성함으로써 이러한 비효율을 제거할 수 있지만, 이는 단순성을 위하여 남겨 놓는다.

삭제 회수가 작을 경우에 자주 사용되는 방법으로 lazy deletion이 있다. 이는 요소가 삭제되어야 할 때, 트리에 그냥 두고 단지 삭제되었다고 표시(mark)만 한다. 이것은 중복 아이템이 있는 경우에 주로 사용되는데, 발생 빈도를 유지하는 데이터 멤버의 값을 감소하기만 하면 되기 때문이다. 트리의 실제 노드의 수와 삭제 표시된 노드의 수가 같다면, lazy deletion과 연관된 시간 제약이 매우 작기 때문에 트리의 깊이가 작은 상수만큼만 올라가야 한다. 또한 삭제된 아이템이 재삽입되면 새로운 셀을 할당해야 하는 오버헤드가 필요 없게 된다.

4.3.5 Destructor와 Copy Assignment 연산자

일반적으로 destructor는 makeEmpty를 호출한다. public makeEmpty는 단순히 private 재귀 버전의 makeEmpty를 호출한다. 그림 4.27과 같이 t의 자식에 대한 재귀적 처리 후에 t에 대한 delete가 호출된다. 따라서 모든 노드들이 재귀적으로 회수된다. 마지막에 t는 루트로서 NULL 값으로 변경된다는 것에 주의하라. 그림 4.28에 나타난 copy assignment 연산자는 일반적인 절차에 따라서 먼저 메모리를 회수하기 위하여 makeEmpty를 호출하고 rhs의 copy를 만든다. 모든 복잡한 일을 수행하는 clone이라는 훌륭한 재귀 함수를 사용한다.

```
/**
 * Destructor for the tree
 */
~BinarySearchTree( )
{
   makeEmpty( );
}
/**
 * Internal method to make subtree empty.
 */
void makeEmpty( BinaryNode * & t )
{
   if( t != NULL )
   {
      makeEmpty( t->left );
      makeEmpty( t->right );
      delete t;
   }
   t = NULL;
}
```

그림 4.27 destructor와 재귀 makeEmpty 멤버 함수

4.3.6 Average Case 분석

직관적으로 makeEmpty와 operator=을 제외한 모든 연산들은 $O(\log N)$의 시간을 소요한다. 이는 상수 시간 내에 트리의 레벨을 내려갈 수 있고, 트리가 최대 절반 정도로 줄었기 때문이다. 실제로 모든 연산(makeEmpty와 operator= 은 제외)들의 실행 시간은 $O(d)$이다. d는 접근하고자 하는 아이템을 포함하고 있는 노드의 깊이이다.

이 절에서는 모든 삽입 순서가 균등하다는 가정 하에서 트리의 모든 노드에 대한 평균 깊이가 $O(\log N)$이라는 것을 증명한다.

```
/**
 * Deep copy.
 */
const BinarySearchTree & operator=( const BinarySearchTree & rhs )
{
    if( this != &rhs )
    {
        makeEmpty( );
        root = clone( rhs.root );
    }
    return *this;
}

/**
 * Internal method to clone subtree.
 */
BinaryNode * clone( BinaryNode *t ) const
{
    if( t == NULL )
        return NULL;

    return new BinaryNode( t->element, clone( t->left ), clone( t->right ) );
}
```

그림 4.28 operator= 과 재귀 clone 멤버 함수

트리의 모든 노드의 깊이의 합을 **내부 경로 길이(internal path length)**라고 한다. 이진 탐색 트리의 평균 내부 경로 길이를 계산해 보자. 평균은 이진 탐색 트리의 모든 가능한 삽입 순서에 대하여 계산된다.

$D(N)$을 N개의 노드를 갖는 트리 T의 내부 경로 길이라고 하자. $D(1)=0$이다. $N-$노드 트리는 $i-$노드 왼쪽 서브 트리와 $(N-i-1)-$노드 오른쪽 서브 트리, 깊이 0인 루트로 구성된다$(0 \le i < N)$. $D(i)$는 루트에 대한 왼쪽 서브 트리의 내부 경로 길이이다. 원래 트리에서 모든 노드는 한 레벨 더 깊다. 같은 내용이 오른쪽 서브 트리에도 적용된다. 따라서 다음과 같은 재귀적 결과를 얻는다.

$$D(N) = D(i) + D(N-i-1) + N - 1$$

이진 트리와 달리 이진 탐색 트리에서 모든 서브 트리의 크기가 거의 같다면, $D(i)$와 $D(N-i-1)$의 평균 값은 $(1/N)\sum_{j=0}^{N-1} D(j)$이다. 따라서 다음 식을 구할 수 있다.

$$D(N) = \frac{2}{N}\left[\sum_{j=0}^{N-1} D(j)\right] + N - 1$$

이러한 재귀적 결과는 $D(N) = O(N \log N)$의 평균 값을 구함으로써 7장에서 해결된다. 따라서 임의의 노드에 대한 평균 깊이는 $O(\log N)$ 이다. 예를 들어, 그림 4.29와 같이 임의적으로 생성된 500-노드 트리는 평균 높이 9.98의 노드를 갖는다.

이 결과로 지금까지 논의된 모든 연산들의 평균 실행 시간이 $O(\log N)$이라고 할 수 있지만, 완전히 맞지는 않다. 삭제 연산에 의해 이진 탐색 트리가 균등하지 않을 수 있기 때문이다. 특히 삭제 알고리즘은 항상 오른쪽 서브 트리의 노드로 삭제된 노드를 교체하기 때문에 오른쪽보다 왼쪽 서브 트리가 더 깊어지는 경향이 있다. 이 방법의 정확한 효과는 아직 알려져 있지 않지만, 이론상으로는 그렇다. 삽입과 삭제가 $\Theta(N^2)$ 시간으로 교대로 일어나면, 트리의 평균 깊이는 $\Theta(\sqrt{N})$이 된다. 임의의 25만개의 insert/remove 쌍의 연산 후에 그림 4.29의 오른쪽이 약간 무거운 트리는 확실히 균형적이지 않다(평균 깊이 12.51). 그림 4.30을 보라.

삭제되는 요소를 교체하고자 할 때 오른쪽 서브 트리의 최소 요소와 왼쪽 서브 트리의 최대 요소 중에서 임의로 선택함으로써 이 문제를 제거하고자 한다. 이것이 치우침을 없애고 트리를 균형있게 유지할 것 같지만, 아무도 이를 실제적으로 증명하지 못했다. 작은 트리에 대해서는 전혀 효과가 없기 때문에 이 현상은 거의 이론적인 것처럼만 보인다. 하지만 $\Theta(N^2)$의 insert/remove 쌍이 사용된 경우에 트리는 균형적으로 보인다!

이 논의의 주요 요점은 "평균"의 의미를 결정하는 것이 일반적으로 매우 어렵고, 정당하지 않을 수 있다는 가정이 필요로 된다는 것이다. 삭제가 없거나, lazy deletion 이 사용된다면 연산들의 평균 실행 시간은 $O(\log N)$이라고 결론지을 수 있다. 위에서 논의한 이상한 경우를 제외하고 이 결과는 매우 일관된 관찰 내용을 보여 준다.

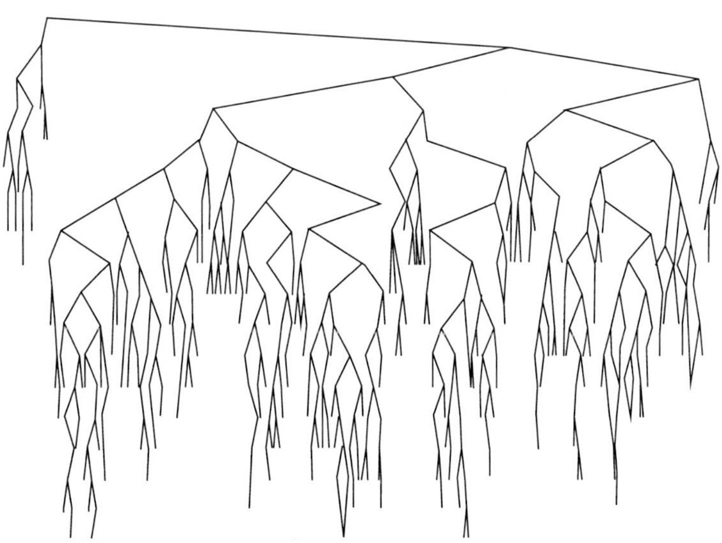

그림 4.29 임의적으로 생성된 이진 탐색 트리

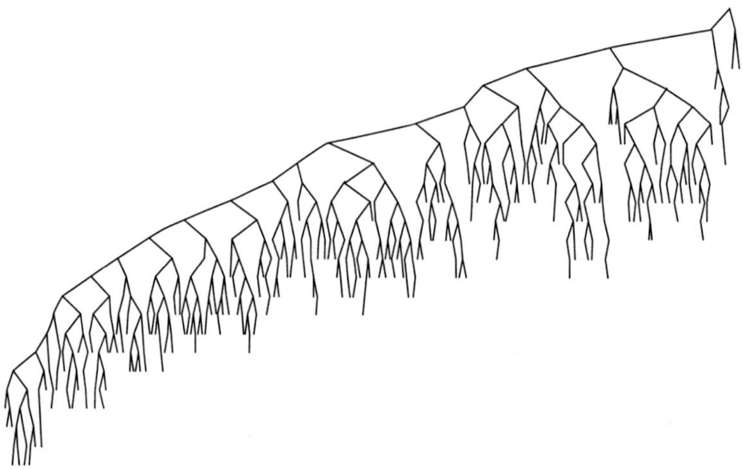

그림 4.30 $\Theta(N^2)$ insert/remove 쌍 연산 후의 이진 탐색 트리

트리에 입력되기 전에 정렬이 된다면 연속된 insert에 2차식의 시간이 필요하고, 링크드 리스트를 구현하는 비용이 많이 소요된다. 왜냐하면, 트리가 왼쪽 자식이 없는 노드들로만 구성되기 때문이다. 이 문제의 한 해결 방법은 balance 라는 추가적인 구조적 조건을 강요하는 것이다. 이것은 트리를 너무 깊게 만드는 노드는 허용하지 않는 것이다.

균형 트리를 구현하기 위한 몇 가지 일반적인 알고리즘이 있다. 대부분 표준 이진 탐색 트리보다 약간 복잡하고 평균적인 수정 시간이 더 길다. 그러나 이 방법들은 당황스러운 단순한 경우를 방지할 수 있다. 다음으로 AVL 트리라고 하는 전통적인 균형 탐색 트리에 대하여 살펴볼 것이다.

두 번째 새로운 방법은 균형 조건보다 먼저 수행되어 트리의 깊이가 임의적으로 될 수 있다. 그러나 모든 연산 후에 재구조화 규칙이 적용되어 다음 연산이 효율적으로 수행될 수 있도록 한다. 일반적으로 이런 유형의 자료 구조를 **자기조정(self-adjusting)**한 것으로 분류한다. 이진 탐색 트리의 경우에 더 이상 임의의 연산 하나에 대한 바운드로 $O(\log N)$을 보장하지 못하지만, M개의 **연속된** 연산에 대한 최악 경우의 총 시간은 $O(M \log N)$ 이다. 이것은 일반적으로 나쁜 최악 경우를 충분히 방지할 수 있다. 이 자료 구조는 스플레이 트리라고 하고, 이에 대한 분석은 상당히 복잡하여 11장에서 논의한다.

4.4 AVL 트리

AVL(Adelson-Velskii and Landis) 트리는 **균형 조건(balance condition)**을 갖는 이진 탐색 트리이다. 균형 조건은 관리하기 쉬워야 하고, 트리의 깊이가 $O(\log N)$이 되도록 하여야 한다. 가장 간단한 아이디어는 왼쪽과 오른쪽 서브 트리의 높이가 같도록 하는 것이다. 그림 4.31에서와 같이, 이 아이디어는 트리를 낮게 하지 못한다.

또 다른 균형 조건은 모든 노드가 같은 높이의 왼쪽과 오른쪽 서브 트리를 갖도록 하는 것이다. 공백 서브 트리의 높이를 -1(일반적으로 -1을 사용)로 정의한다면, 2^k-1개 노드의 완전한 균형 트리만이 이 조건을 만족할 것이다. 이 조건은 트리의 낮은 깊이는 보장하지만, 균형 조건을 활용하기에 융통성이 없어서 완화할 필요가 있다.

AVL 트리는 트리의 모든 노드에 대하여 왼쪽과 오른쪽 서브 트리의 높이 차이가 최대 1이라는 점 이외에는 이진 탐색 트리와 동일하다(공백 트리의 높이는 -1로 정의한다). 그림 4.32에서 왼쪽 트리는 AVL 트리이지만, 오른쪽 트리는 아니다. 높이에 대한 정보는 각 노드의 구조에 의해 유지된다. AVL 트리의 높이는 최대 약 $1.44\log(N+2)-1.328$이지만, 실제로는 $\log N$보다 약간 크다. 예를 들어, 그림 4.33은 높이가 9인 최소 개수의 노드(143)를 갖는 AVL 트리를 보여 준다. 이 트리의 왼쪽 서브 트리는 높이 7인 최소 크기의 AVL 트리이다. 오른쪽 서브 트리는 높이 8인 최소 크기의 AVL 트리이다. 이것은 높이 h인 AVL 트리의 최소 노드 개수가 $S(h)=S(h-1)+S(h-2)+1$임을 의미한다. $h=0$인 경우, $S(h)=1$이고, $h=1$인 경우, $S(h)=2$이다. 함수 $S(h)$는 피보나치 숫자와 밀접한 연관을 갖는다.

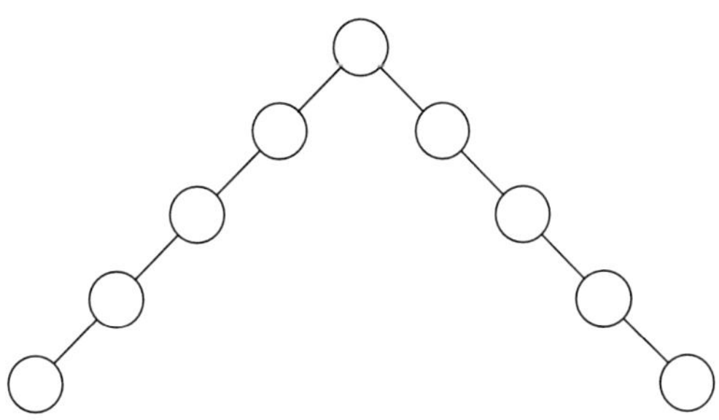

그림 4.31 좋지 않은 이진 트리. 루트의 균형이 충분하지 않음

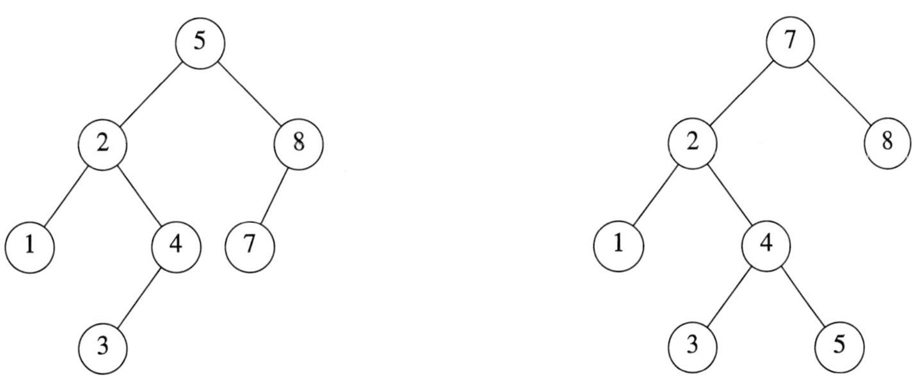

그림 4.32 2개의 이진 탐색 트리. 왼쪽 트리만 AVL

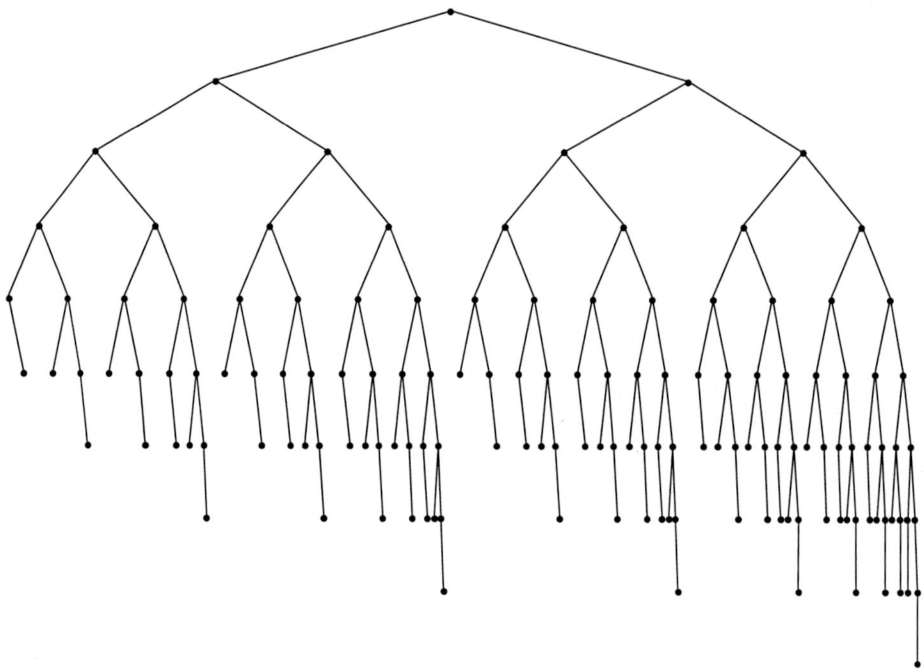

그림 4.33 높이 9인 최소크기의 AVL트리

따라서 **삽입(possibly insertion)**을 제외한 모든 연산이 $O(\log N)$시간에 수행될 수 있다(우리는 lazy deletion을 가정한다). 삽입을 수행할 때, 루트까지의 역경로 상에 있는 모든 노드의 균형 정보를 수정할 필요가 있다. 그러나 삽입이 잠재적으로 어려운 이유는 노드를 삽입하는 것이 AVL 트리의 특성을 위반할 수 있기 때문이다(예를 들어, 그림 4.32의 AVL 트리에 6을 삽입하면 키 8이 노드의 균형 조건을 위반한다). 이 경우에 삽입 단계가 종료되기 전에 이 특성이 복구되어야 한다. 이것은 **회전(rotation)**이라고 하는 간단한 수정으로 항상 수행할 수 있다는 것이 증명되었다.

삽입 후에 삽입 지점에서부터 루트까지의 경로 상에 있는 노드들만의 균형이 변경된다. 이는 이 노드들만이 변경된 서브 트리를 갖기 때문이다. 루트까지 경로를 따라 올라가면서 균형 정보를 수정하면서 새로운 균형이 AVL 조건을 위반하는 노드를 찾을 수 있다. 이러한 노드 중의 첫 번째(가장 깊은)에서 트리를 재균형있게 하는 방법을 보이고, 이러한 재균형이 전체 트리가 AVL 조건의 만족을 보장한다는 것을 증명한다.

재균형되어야 하는 노드를 α라 하자. 노드는 최대 2개의 자식을 갖기 때문에 높이 불균형이라는 것은 α의 두 서브 트리의 높이 차이가 2라는 것이다. 다음 4가지 경우에 위반이 일어난다는 것을 쉽게 알 수 있다.

1. α의 왼쪽 자식의 왼쪽 서브 트리에 삽입
2. α의 왼쪽 자식의 오른쪽 서브 트리에 삽입

3. α의 오른쪽 자식의 왼쪽 서브 트리에 삽입
4. α의 오른쪽 자식의 오른쪽 서브 트리에 삽입

유형 1과 4의 경우와 유형 2와 3의 경우는 각각 α에 대하여 대칭적이다. 결과적으로 이론상으로는 2가지 기본 경우이지만, 프로그래밍의 관점에서는 물론 여전히 4가지 경우이다.

첫 번째 경우는 삽입이 "바깥쪽(outside)"(즉, 왼쪽-왼쪽, 오른쪽-오른쪽)에서 발생하는 경우로서 트리의 single rotation으로 해결된다. 두 번째 경우는 삽입이 "안쪽(inside)"(즉, 왼쪽-오른쪽, 오른쪽-왼쪽)에서 발생하는 경우로서 약간 복잡한 double rotation으로 처리된다. 이들은 균형 트리 알고리즘에서 자주 사용되는 기본적인 연산들이다. 이 절의 나머지 부분에서 이 rotation에 대하여 설명하고, 균형을 유지하는데 충분하다는 것을 증명하며 AVL 트리를 구현할 것이다.

4.4.1 Single Rotation

그림 4.34는 유형 1을 바로잡기 위한 single rotation을 보여 준다. 왼쪽은 균형 전의 그림이고, 오른쪽은 균형 후의 그림이다. 어떤 일이 진행되는지 분석해 보자. 노드 k_2의 왼쪽 서브 트리가 오른쪽 서브 트리보다 2 레벨 깊기 때문에 AVL 균형 특성을 위반했다(그림 중앙의 점선은 레벨을 나타낸다). 이 그림은 유형 1 시나리오로서 k_2가 삽입 전에는 AVL 특성을 만족하지만, 삽입 후에는 이를 위반한다는 것을 보여 준다. 서브 트리 X가 추가 레벨로 증가하여 Z보다 정확하게 2 레벨 깊어지게 되었다. Y가 새로운 X와 같은 레벨에 있다면 k_2는 삽입 전에 이미 균형 조건을 만족하지 못하는 것이기 때문에, Y는 X와 같은 레벨에 있지 못한다. Y가 Z와 같은 레벨에 있다면 AVL 균형 조건 위반으로 루트까지 가는 경로 상의 첫 번째 노드가 k_1이기 때문에, Y는 Z와 같은 레벨에 있지 못한다.

원칙적으로 트리를 재균형하려면, X의 레벨을 올리고, Z의 레벨을 낮춘다. 이것은 실제적으로 AVL 특성의 요구 이상을 의미한다. 이렇게 하기 위하여 그림 4.34의 두 번째 부분에 보인 것처럼 노드를 동등한 트리 형태로 재배열한다. 시나리오를 요약하면 다음과

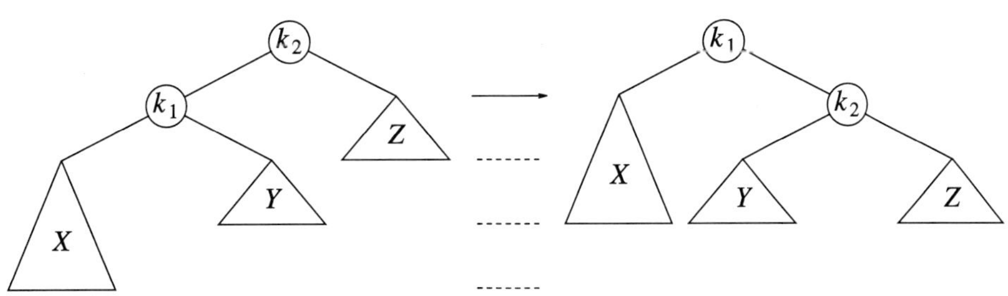

그림 4.34 유형 1을 위한 single rotation

같다: 트리가 유연하다고 상상하고, 자식 노드 k_1을 잡고, 흔들어서 중력이 적용되도록 한다. 그 결과로 k_1이 새로운 루트가 된다. 이진 탐색 트리의 특성에 따라 원래 트리에서 $k_2 > k_1$이므로 새로운 트리에서 k_2가 k_1의 오른쪽 자식이 되어야 한다. 여전히 X는 k_1의 왼쪽 자식이고, Z는 k_2의 오른쪽 자식이다. 원래 트리에서 k_1과 k_2 사이의 아이템인 서브 트리 Y는 새로운 트리에서 k_2의 왼쪽 자식이 됨으로써 모든 순서 조건을 만족한다.

결과적으로 몇 개의 포인터 변경만으로 또 다른 이진 탐색 트리인 AVL 트리를 얻었다. 이것은 X는 1 레벨 올라가고, Y는 같은 레벨에 있고, Z는 1 레벨 내려감으로써 이루어진다. k_2와 k_1은 AVL 요구 조건을 만족하면서, 정확히 같은 높이의 서브 트리를 갖게 된다. 또한 전체 서브 트리의 새로운 높이도 X의 삽입에 따른 증가 전의 원래 트리의 높이와 **정확히 같다**. 따라서 루트까지의 경로에서 더 이상 높이의 수정이 필요 없고, **더 이상의 rotation이 필요 없게 된다**. 그림 4.35는 원래의 AVL 트리의 왼쪽에 6을 삽입한 후에 노드 8이 불균형이 되는 것을 보여 준다. 7과 8 사이의 single rotation으로 오른쪽의 트리를 구한다.

이미 언급한 바와 같이 유형 4는 대칭적인 유형을 나타낸다. 그림 4.36은 single rotation의 적용을 보여 준다. 보다 긴 예제를 살펴보자. 초기에 공백 AVL 트리에서 시작하여 아이템 3, 2, 1, 4, 5, 6, 7을 순서대로 삽입한다고 가정하자. 첫 번째 문제는 1을 삽입할 때

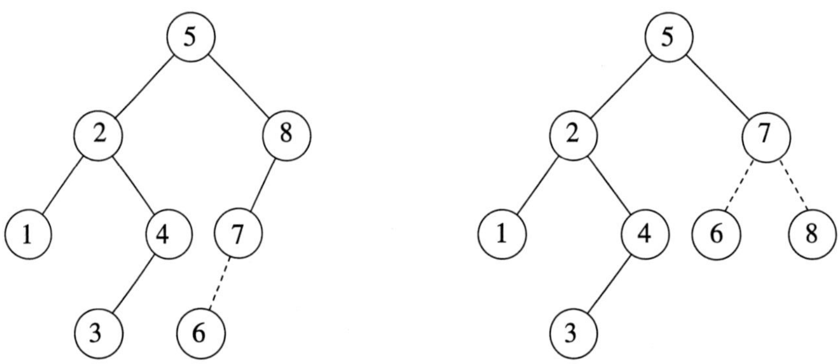

그림 4.35 6의 삽입으로 AVL 특성을 위반하고, single rotation으로 수정

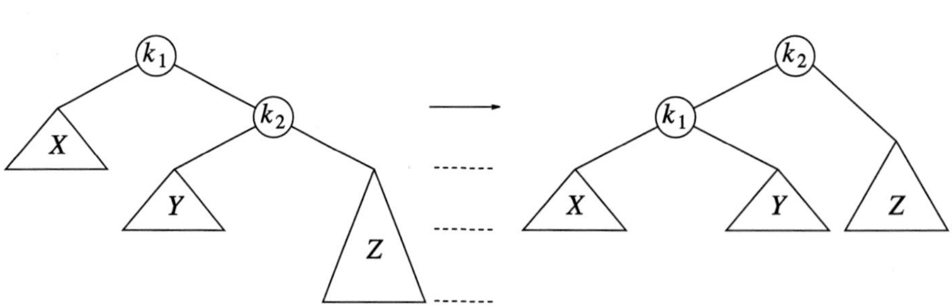

그림 4.36 유형 4의 single rotation

루트에서 AVL 특성을 위반한다. 이 문제를 해결하기 위하여 루트와 왼쪽 자식 사이에서 single rotation을 수행한다. 다음은 전과 후의 트리를 보여 준다.

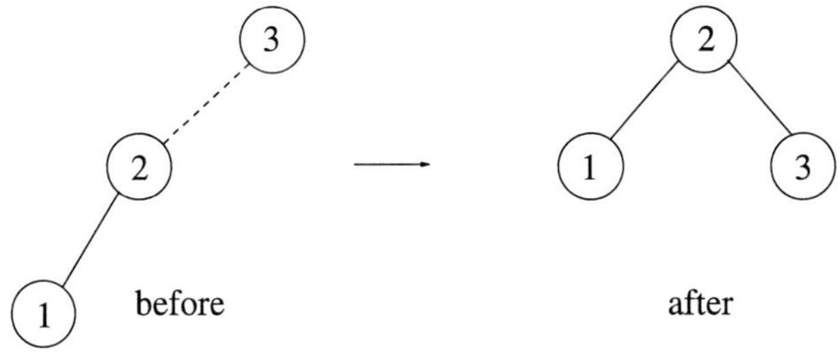

점선은 rotation의 대상이 되는 두 노드를 연결한다. 다음으로 4를 삽입하면 아무런 문제가 없지만, 5를 삽입하면 노드 3에서 위반이 발생하고 single rotation으로 해결된다. rotation에 따른 지역적인 변경 외에 프로그래머는 트리의 나머지 부분에 이 변경에 대하여 알려 주어야 한다는 것을 기억하여야 한다. 이것은 2의 오른쪽 자식이 3이 아닌 4로 링크되어야 한다는 것을 의미한다. 이것은 쉽게 잊혀지고 트리가 파괴된다(4에 대한 접근 불가능).

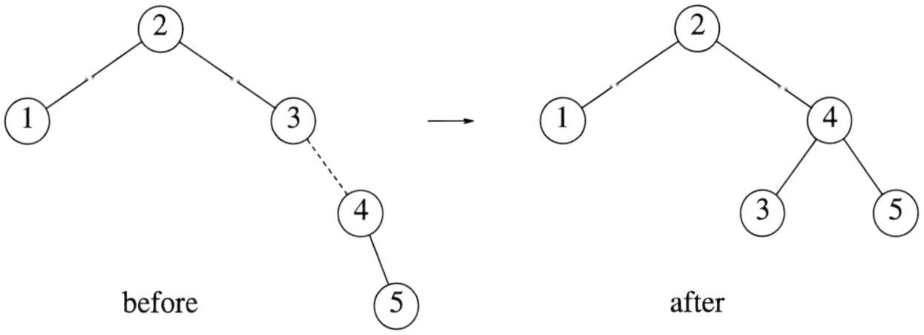

다음으로 6을 삽입하면, 루트의 왼쪽 서브 트리의 높이는 0이고, 오른쪽 서브 트리의 높이는 2가 되어 균형 문제가 발생한다. 루트 2와 4 사이에서 single rotation을 수행한다.

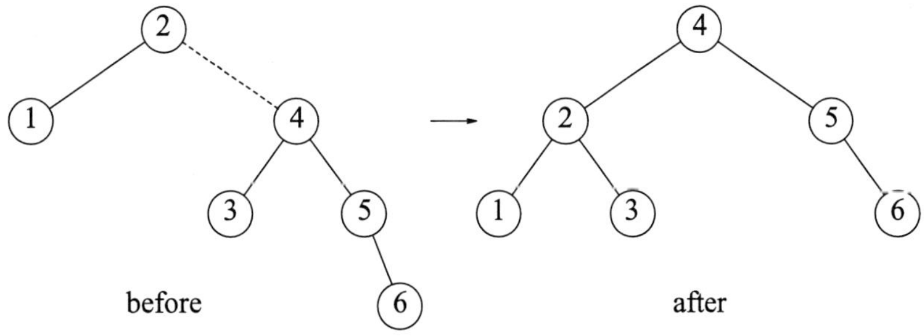

2가 4의 자식이 되게 하고, 4의 원래 왼쪽 서브 트리를 2의 새로운 오른쪽 서브 트리가 되게 한다. 이 서브 트리의 모든 아이템들은 2와 4 사이에 있게 된다. 다음에 삽입될 아이템은 7로서 또 다른 rotation이 발생한다.

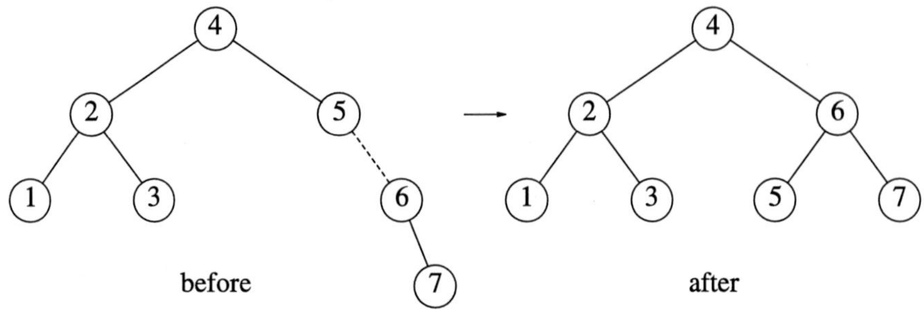

4.4.2 Double Rotation

위에 설명한 알고리즘은 그림 4.37에서와 같은 유형 2와 3의 경우에는 제대로 동작하지 않는다는 문제를 갖는다. 문제는 서브 트리 Y가 너무 깊어서 single rotation으로는 덜 깊게 만들지 못한다는 것이다. 그림 4.38은 이 문제를 해결하는 double rotation을 보여 준다.

그림 4.37의 서브 트리 Y가 삽입되는 아이템을 갖는다는 사실은 Y가 공백이 아니라는 것을 보장한다. 따라서 Y는 루트와 두 개의 서브 트리를 갖는다는 것을 가정할 수 있다. 결과적으로 트리는 3개의 노드에 연결된 4개의 서브 트리로 볼 수 있다. 그림에서와 같이 트리 B와 C 중의 하나는 D보다 2레벨 더 깊지만(그렇지 않으면 모두 공백임), 어떤 것인지는 알 수 없다. 그것은 문제가 되지 않고, 그림 4.38에서 B와 C는 모두 D보다 $1\frac{1}{2}$ 레벨 낮아진다.

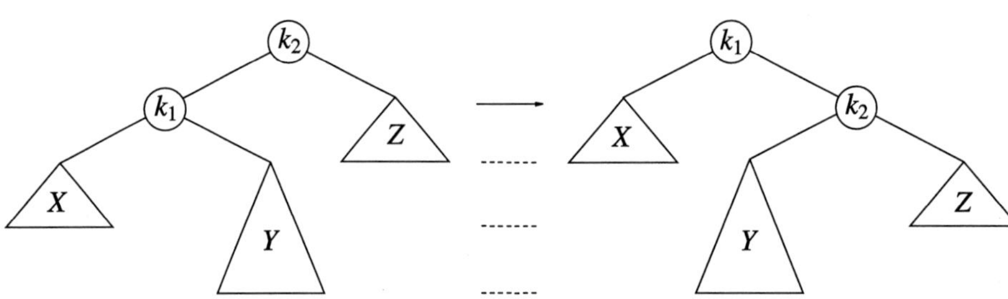

그림 4.37 유형 2를 해결하지 못하는 single rotation

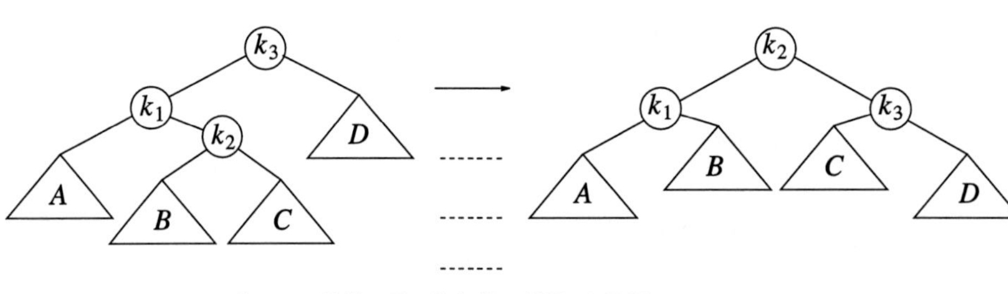

그림 4.38 유형 2를 해결하는 왼쪽-오른쪽 double rotation

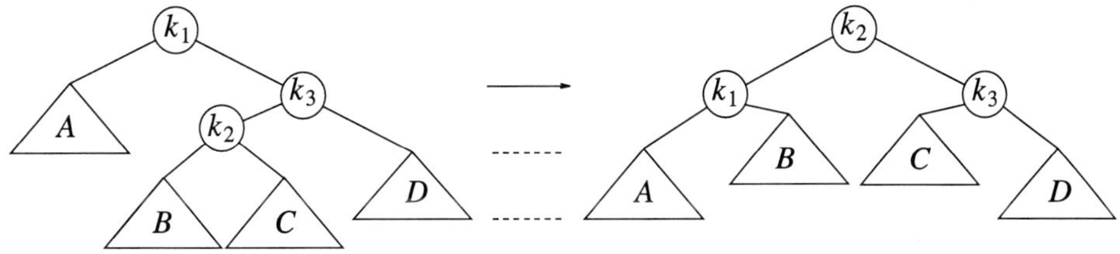

그림 4.39 유형 3을 해결하는 오른쪽-왼쪽 double rotation

재균형을 위하여 k_3를 루트로 남겨 놓을 수 없고, 그림 4.37의 k_3과 k_1 사이의 rotation은 동작하지 않으므로, 유일한 대안은 k_2를 새로운 루트로 만드는 것이다. k_1이 k_2의 왼쪽 자식이 되고 k_3가 오른쪽 자식이 되며, 4개 서브 트리의 완전한 위치를 결정하여야 한다. 결과 트리는 AVL 트리의 특성을 만족하고 single rotation에서와 같이 삽입 전의 높이를 복구하여 모든 균형과 높이 수정이 완전하게 된다. 그림 4.39는 대칭적인 유형의 3의 경우가 double rotation으로 해결되는 것을 보여 준다. 누 가지 유형에서 α의 자식과 grandchild 사이의 rotation과 α와 새로운 자식 아이의 rotation의 효과는 똑같다.

이전의 예에서 10부터 16까지 역순으로 삽입하고, 8과 9를 삽입하자. 16을 삽입하는 것은 균형 특성을 위반하지 않기 때문에 쉽지만, 15를 삽입하면 노드 7에서 높이 불균형이 발생한다. 이것은 유형 3의 경우로서 오른쪽-왼쪽 double rotation으로 해결된다. 오른쪽-왼쪽 double rotation에 노드 7, 16, 15가 관련된다. 이 경우에 k_1은 아이템 7의 노드이고, k_3은 아이템 16의 노드, k_2는 아이템 15의 노드이다. 서브 트리 A, B, C, D는 공백이다.

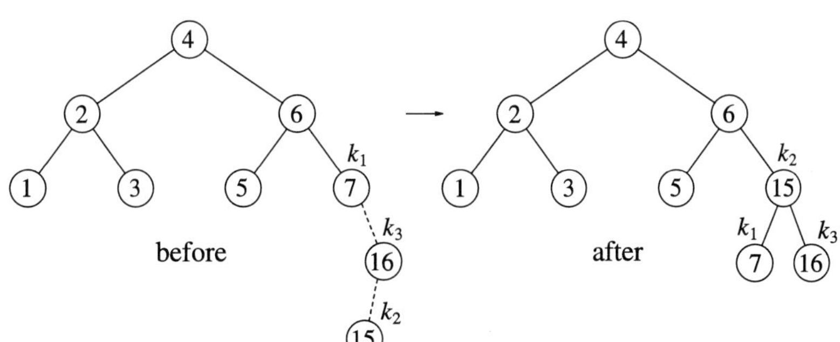

다음으로 14를 삽입하면 역시 double rotation이 필요하다. 6, 15, 7이 연관된 오른쪽-왼쪽 double rotation으로 트리가 복구된다. 이 경우에 k_1은 아이템 6의 노드이고, k_2는 아이템 7의 노드, k_3은 아이템 15의 노드이다. 서브 트리 A는 아이템 5의 노드를 루트로 하는 트리이고, 서브 트리 B는 원래 아이템 7의 노드의 왼쪽 자식인 공백 서브 트리이고, 서브 트리 C는 아이템 14의 노드를 루트로 하는 트리이고, 서브 트리 D는 아이템 16의 노드를 루트로 하는 트리이다.

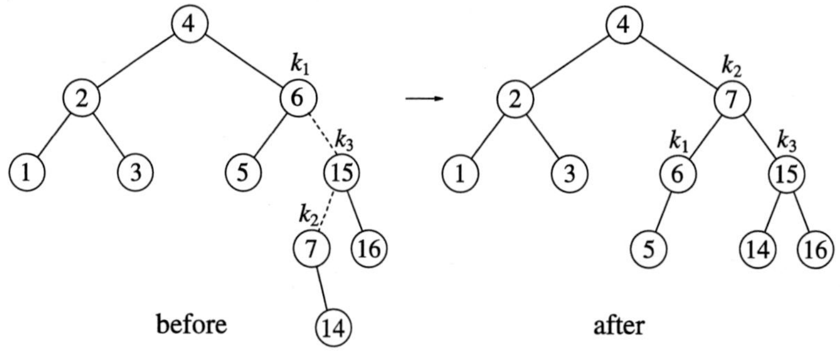

이제 13이 삽입되면 루트에서 불균형이 발생한다. 13은 4와 7 사이에 있지 않으므로 single rotation이 적용된다.

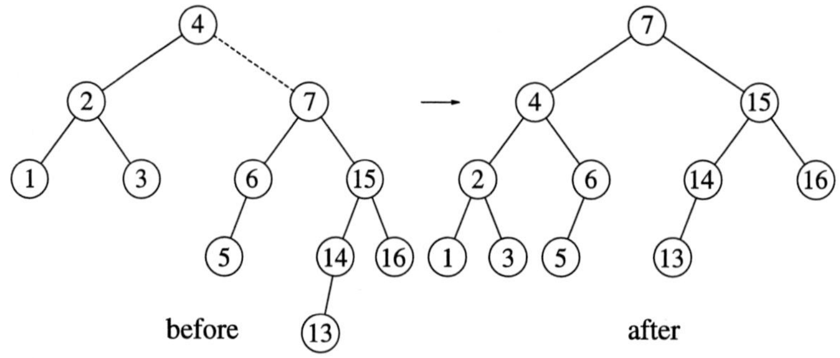

12의 삽입 또한 single rotation이 요구된다.

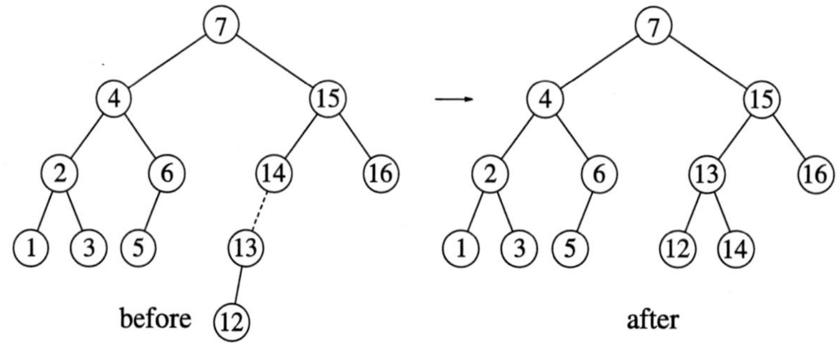

11과 10의 삽입도 각각 single rotation을 필요로 한다. 8의 삽입은 rotation이 필요하지 않고 거의 완벽한 균형 트리를 생성한다.

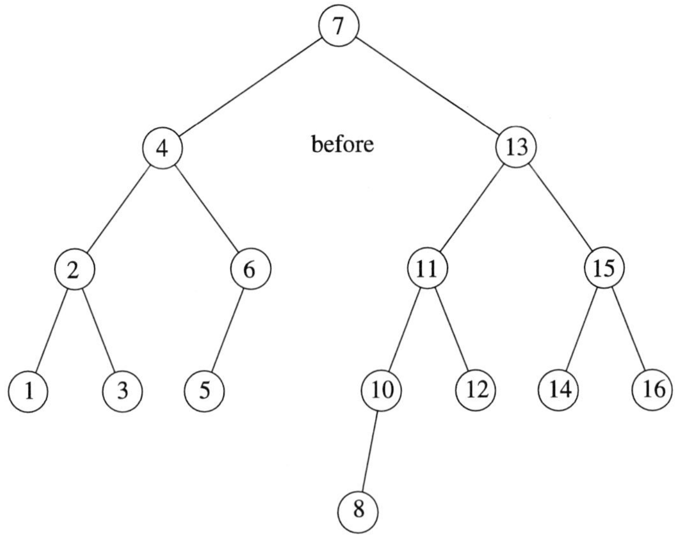

마지막으로 double rotation의 대칭 유형을 보이기 위하여 9를 삽입한다. 9의 삽입으로 노드 10에서 불균형이 발생한다. 9는 10과 8 사이에 있으므로, double rotation이 수행되고 다음의 트리가 만들어진다.

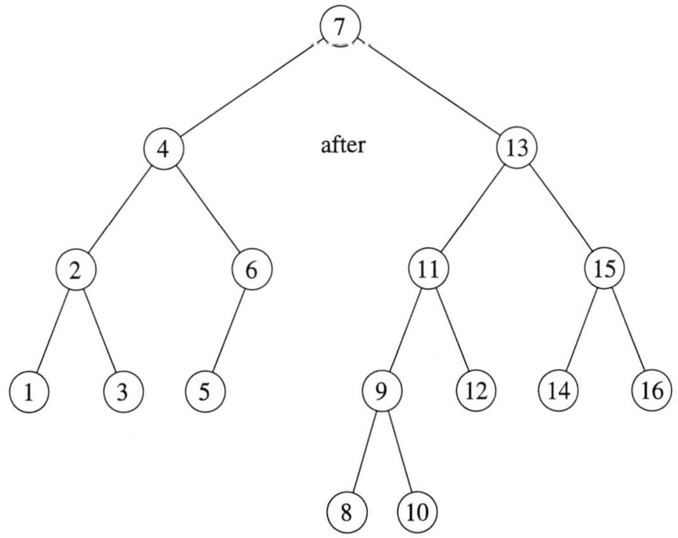

지금까지의 내용을 정리해 보자. 상세한 프로그래밍은 몇 가지 유형이 있다는 것 외에는 상당히 간단한 편이다. AVL 트리 T에 아이템 X를 갖는 새로운 노드를 삽입하기 위하여 T의 적절한 서브 트리(T_{LR}이라고 함)에 X를 재귀적으로 삽입한다. T_{LR}의 높이가 변하지 않으면 아무런 문제가 없다. T에 높이 불균형이 발생하면, X, T와 T_{LR}의 아이템에 따라 single 또는 double rotation을 수행하여 높이를 수정하면 된다. 하나의 rotation이 충분하므로 재귀를 사용하지 않은 코드가 재귀적 코드보다 훨씬 빠르다고 판명되었다.

그러나 재귀를 사용하지 않는 코드는 정확하게 작성하기가 어려워서 많은 프로그래머들은 AVL 트리를 재귀적으로 구현한다.

또 다른 효율성 문제는 높이 정보를 저장하는 공간에 관한 것이다. 실제로 요구되는 것은 작은 값을 갖는 높이의 차이이므로 2비트(+1, 0, −1을 나타냄)로 가능하게 된다. 이렇게 하는 것은 균형 요소의 반복적 계산은 피할 수 있지만 명확성이 다소 떨어진다. 결과 코드가 높이를 각 노드에 저장하는 것보다 다소 복잡해진다. 재귀 루틴이 작성된다면, 속도는 주요 고려사항이 아닐 것이다. 이 경우에 균형 요소를 저장함으로써 얻는 속도에서의 약간의 이득은 명확성의 손실이나 상대적인 단순성보다 가치가 없을 것이다. 또한 대부분의 기계가 최소 8비트 단위로 처리하기 때문에 사용되는 공간의 차이는 거의 없을 것이다. 8비트의 (싱글) char는 최대 127까지의 높이를 저장할 수 있다. 트리가 균형되기 때문에 이것이 부족하다는 것은 상상할 수도 없다(연습문제들을 보자).

이상으로 AVL 루틴을 작성할 준비가 되었다. 코드의 일부분은 여기에 보여 주고 나머지는 온라인에 있다. 먼저 그림 4.40의 AvlNode 클래스가 필요하다. 그림 4.41과 같은 노드의 높이를 리턴해 주는 빠른 함수도 필요하다. 이 함수는 NULL 포인터도 다룰 수 있어야 한다. 대부분 함수 호출로 이루어진 기본 삽입 루틴은 작성하기 쉽다(그림 4.42).

```
struct AvlNode
{
    Comparable element;
    AvlNode *left;
    AvlNode *right;
    int       height;

    AvlNode( const Comparable & theElement, AvlNode *lt,
                                            AvlNode *rt, int h = 0 )
    : element( theElement ), left( lt ), right( rt ), height( h )
};
```

그림 4.40 AVL 트리의 노드 선언

```
/**
 * Return the height of node t or -1 if NULL.
 */
int height( AvlNode *t ) const
{
    return t == NULL ? -1 : t->height;
}
```

그림 4.41 AVL 노드의 높이를 계산하는 함수

```
/**
 * Internal method to insert into a subtree.
 * x is the item to insert.
 * t is the node that roots the subtree.
 * Set the new root of the subtree.
 */
void insert( const Comparable & x, AvlNode * & t )
{
  if( t == NULL )
    t = new AvlNode( x, NULL, NULL );
  else if( x < t->element )
  {
    insert( x, t->left );
    if( height( t->left ) - height( t->right ) == 2 )
      if( x < t->left->element )
        rotateWithLeftChild( t );
      else
        doubleWithLeftChild( t );
  }
  else if( t->element < x )
  {
    insert( x, t->right );
    if( height( t->right ) - height( t->left ) == 2 )
      if( t->right->element < x )
        rotateWithRightChild( t );
      else
        doubleWithRightChild( t );
  }
  else
    ; // Duplicate; do nothing
  t->height = max( height( t->left ), height( t->right ) ) + 1;
}
```

그림 4.42 AVL 트리에 삽입

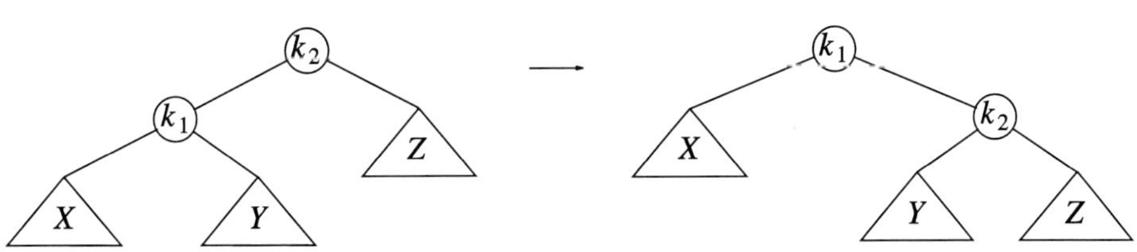

그림 4.43 single rotation

그림 4.43의 트리에 대하여 rotateWithLeftChild는 왼쪽의 트리를 오른쪽의 트리로 변환하고, 새로운 루트에 대한 포인터를 리턴한다. 그림 4.44의 rotateWithLeftChild는 대칭적이다.마지막 함수는 그림 4.45의 double rotation을 수행하는 함수로서 그림 4.46에 코드가 있다.

```
/**
 * Rotate binary tree node with left child.
 * For AVL trees, this is a single rotation for case 1.
 * Update heights, then set new root.
 */
void rotateWithLeftChild( AvlNode * & k2 )
{
   AvlNode *k1 = k2->left;
   k2->left = k1->right;
   k1->right = k2;
   k2->height = max( height( k2->left ), height( k2->right ) ) + 1;
   k1->height = max( height( k1->left ), k2->height ) + 1;
   k2 = k1;
}
```

그림 4.44 single rotation 수행 루틴

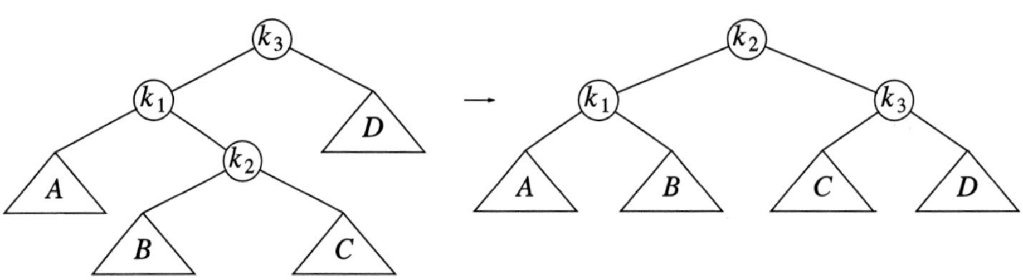

그림 4.45 double rotation

```
/**
 * Double rotate binary tree node: first left child
 * with its right child; then node k3 with new left child.
 * For AVL trees, this is a double rotation for case 2.
 * Update heights, then set new root.
 */
void doubleWithLeftChild( AvlNode * & k3 )
{
   rotateWithRightChild( k3->left );
   rotateWithLeftChild( k3 );
}
```

그림 4.46 double rotation 수행 루틴

AVL 트리의 삭제는 삽입보다 다소 복잡하므로 연습문제로 남겨 놓는다. 삭제가 상대적으로 덜 발생한다면 아마도 lazy deletion이 최적의 방법이 될 것이다.

4.5 스플레이 트리

이제 **스플레이 트리**라고 하는 비교적 간단한 자료 구조에 대해 알아보자. 이것은 공백 트리에서 시작된 M개의 연속된 트리 연산을 최대 $O(M \log N)$ 시간에 보장한다. 이러한 것이 임의의 연산 하나가 $O(N)$ 시간 내에 실행될 가능성을 배제하지는 않지만 최악 경우의 바운드가 $O(\log N)$이 되지도 않으므로 그 기본 효과는 같다. 나쁜 입력 순서는 없다. 일반적으로 M개의 연속된 연산이 최악 경우에 총 $O(Mf(N))$의 실행 시간을 가질 때, amortized 실행 시간은 $O(f(N))$이다. 따라서 스플레이 트리는 각 연산에 대하여 $O(\log N)$의 amortized 비용을 갖는다. 연산이 많아지면 이것은 조금 더 길릴 수도 덜 걸릴 수도 있다.

스플레이 트리는 이진 탐색 트리에서 각 연산의 최악 경우 시간이 $O(N)$이라는 것이 나쁘지 않다는 사실에 근거하지만 이는 자주 발생되는 상황은 아니다. 임의의 한 접근이 $O(N)$이 걸리지만, 이는 매우 빠른 것일 수 있다. 이진 탐색 트리에서 자주는 아니지만 가능한 문제점은 전체 접근 순서가 나쁘게 발생할 수 있다는 것이다. 이 경우 누적된 실행 시간은 상당히 커질 수 있다. 최악 경우 시간 $O(N)$의 탐색 트리 자료 구조는 M개의 연속된 연산에 대하여 최대 $O(M \log N)$을 보장하지만, 나쁜 순서가 없기 때문에 충분히 만족할 만하다.

임의의 연산이 최악 경우 시간 바운드 $O(N)$을 갖고 $O(\log N)$의 amortized 시간 바운드를 원한다면, 한 노드가 접근될 때마다 이것은 옮겨져야 한다. 그렇지 않으면, 깊은 노드를 발견할 때 이에 대한 접근을 수행하여야 한다. 노드가 위치를 변경하지 않고 각 접근 비용이 $O(N)$이면, M개의 연속된 접근의 비용은 $O(M \cdot N)$이다.

스플레이 트리의 기본 아이디어는 노드가 접근된 후에 AVL 트리의 연속된 rotation에 의하여 그 노드를 루트로 만든다. 노드가 깊이 있다면, 경로 상의 많은 노드도 깊이 있게 되고, 트리를 재구조화함으로써 이 노드들에 대한 추후 접근 비용을 줄일 수 있다. 노드가 매우 깊이 있다면, 재구조화가 어느 정도 트리를 균형 있게 하는 부가 효과도 얻을 수 있다. 이론상으로 좋은 시간 바운드를 갖는 것 뿐 아니라 이 방법은 실제적인 유용성을 갖는다. 많은 응용에서 한 노드가 접근되면, 가까운 미래에 다시 접근될 확률이 높다. 여러 연구들이 실제로 이런 일들이 생각보다 자주 발생한다는 것을 보여 주고 있다. 스플레이 트리는 높이와 균형 정보를 관리하는 것을 요구하지도 않아서 공간을 절약하고 코드를 어느 정도 단순화할 수 있다.

4.5.1 간단한 아이디어(작동하지 않음)

위에서 설명한 재구조화를 수행하는 한 방법은 아래에서부터 위로 single rotation을 실행하는 것이다. 이것은 접근 경로 상의 모든 노드가 그 부모와 rotation하는 것을 의미한다. 예를 들어, 다음 트리에서 k_1에 대한 접근(검색) 후에 어떤 일이 일어날지 고려 해 보자.

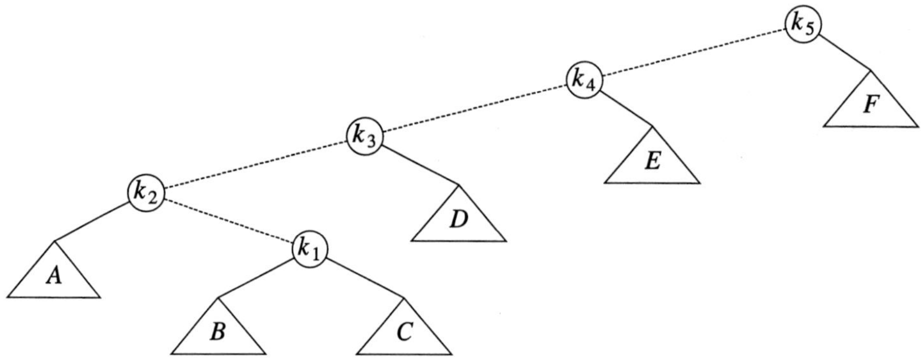

접근 경로는 점선으로 표시되어 있다. 먼저 k_1과 그 부모 사이에서 single rotation을 수행하여 다음의 트리를 구할 수 있다.

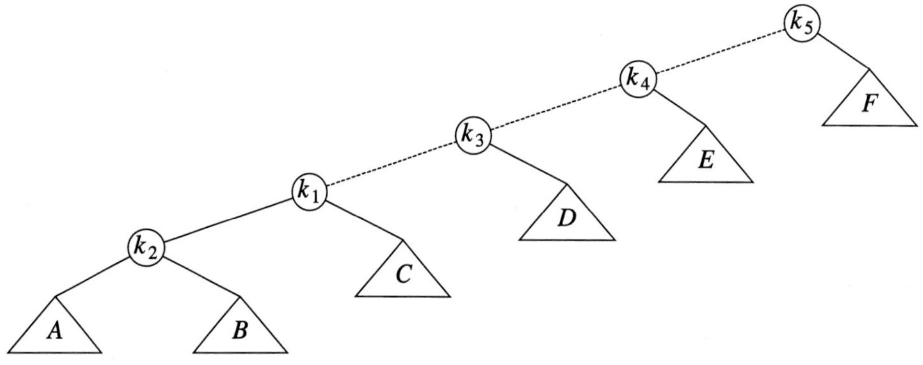

다음으로 k_1과 k_3 사이의 rotation으로 다음 트리를 구한다.

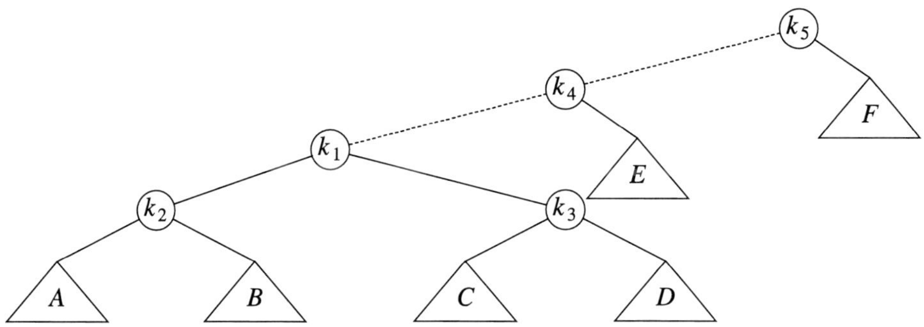

루트에 이르기 전에 2번의 rotation이 더 수행된다.

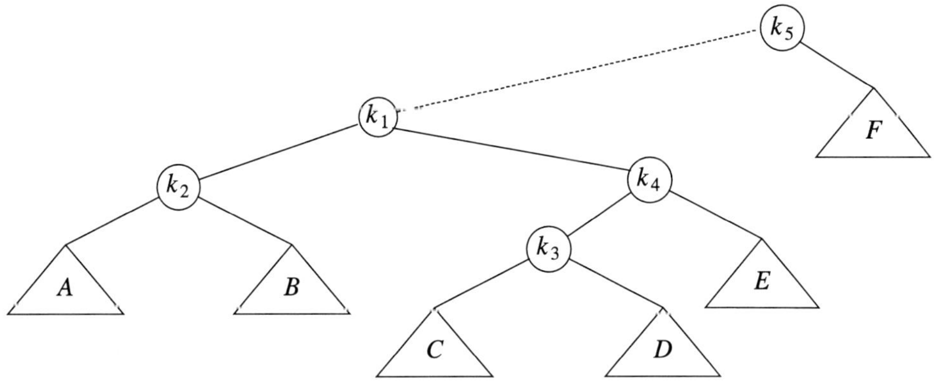

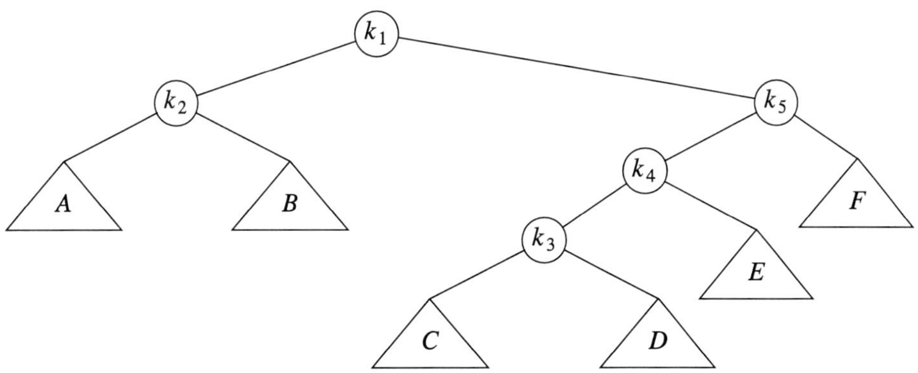

이러한 rotation들은 k_1을 루트로 올려 주어서 k_1에 대한 다음 접근은 쉬워진다. 그러나 이것은 불행히도 다른 노드(k_3)를 k_1의 이전의 위치와 거의 비슷하게 깊게 만들어 버린다. 한 노드에 대한 접근이 또 다른 노드를 깊게 만드는 일이 계속된다. 이 방법이 k_1에 대한 추후 접근을 쉽게 하지만, 원래 접근 경로 상의 다른 노드들의 상황을 좋게 만들지는 못한다. 이 방법을 사용한 M개의 연속된 연산은 $\Omega(M \cdot N)$ 시간이 필요하게 되어 그다지 좋은 아이디어가 아니다. 이를 증명하는 간단한 예는 초기 공백 트리에 1, 2, 3,

..., N의 키를 삽입하는 트리를 고려할 수 있다. 이 트리는 왼쪽 자식만으로 구성된다. 이 트리는 총 $O(N)$의 시간에 구축할 수 있어서 그다지 나쁘지 않다. 키 1의 노드에 대한 접근에는 $N-1$ 시간 단위가 소요되고, rotation이 완료된 후에 키 2에 대한 접근은 $N-2$ 시간 단위가 소요된다. 모든 키에 대한 순서적인 접근에 소요되는 총 시간은 $\sum_{i=1}^{N-1} i = \Omega(N^2)$이다. 이러한 접근 후에 트리는 원래 상태로 되돌아가고, 이러한 순서가 반복된다.

4.5.2 스플레잉

스플레잉 방법은 선택적인 rotation을 수행하는 것 외에는 기존의 rotation 아이디어와 유사하다. 접근 경로 상의 아래에서부터 위로 rotation한다. X를 접근 경로 상에 있는 rotation 시켜야 하는 루트가 아닌 노드라고 하자. X의 부모가 트리의 루트이면, 단순히 X를 루트와 rotation한다. 이것은 접근 경로 상의 마지막 rotation이다. 그렇지 않으면, X는 부모(P)와 grandparent(G) 를 갖고, 2가지 유형과 이의 대칭 유형을 고려해야 한다. 첫 번째 유형은 zig-zag 유형이다(그림 4.47). X는 오른쪽 자식이고, P는 왼쪽 자식이다(또는 그 반대 경우). 이 유형에서는 AVL의 double rotation과 똑같은 double rotation을 수행한다. 그렇지 않은 경우는 zig-zig 유형이다. X와 P 모두 왼쪽 자식이다(또는 대칭적으로 모두 오른쪽 자식). 이 경우 그림 4.48의 왼쪽 트리를 오른쪽 트리로 변환한다.

예를 들어, 이전 예제의 트리를 고려해 보자.

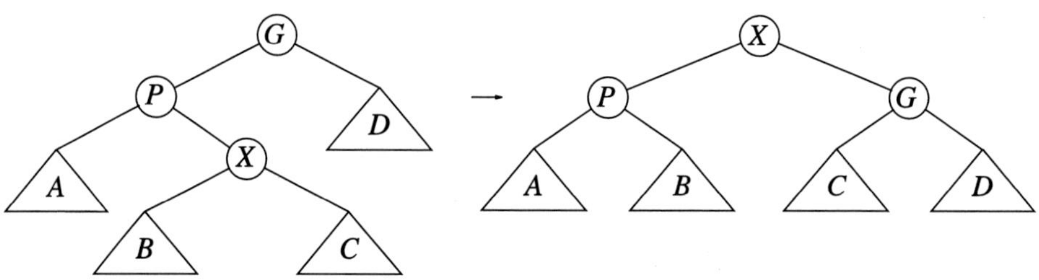

그림 4.47 Zig-zag

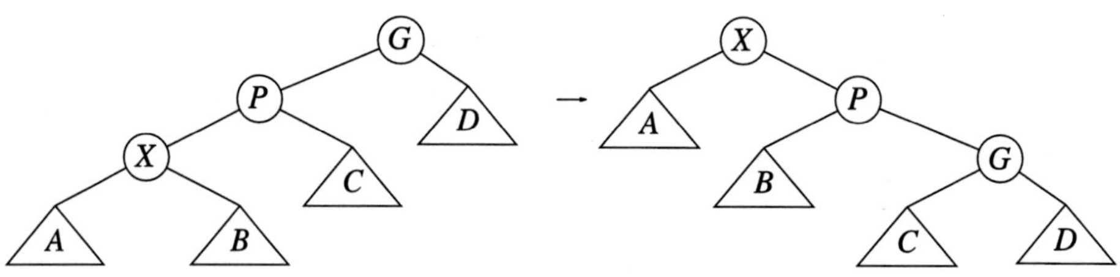

그림 4.48 Zig-zig

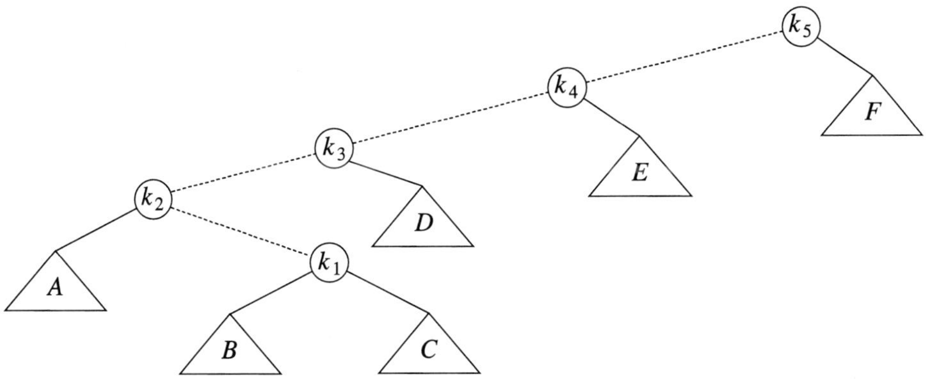

첫 번째 스플레이 단계는 k_1으로서 명백히 zig-zag이므로 k_1, k_2, k_3를 이용하여 표준 AVL double rotation을 수행하여 다음 트리 결과를 구한다.

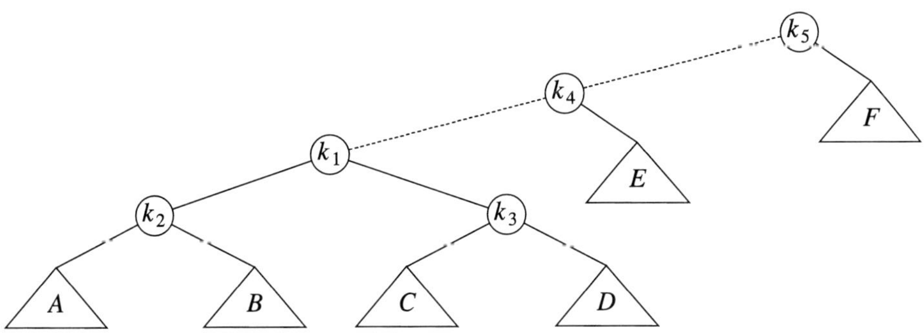

k_1에서의 다음 스플레이 단계는 zig-zig이고, k_1, k_4, k_5에 대한 zig-zig rotation으로 다음과 같은 최종 트리를 구한다.

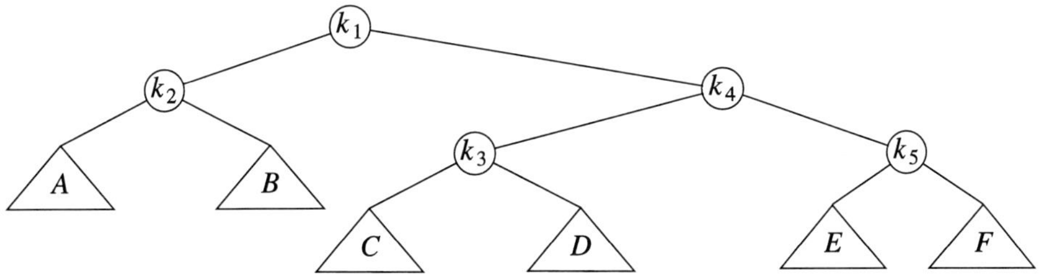

작은 수의 예제들로부터는 알 수 없지만, 스플레잉은 접근된 노드를 루트로 옮기는 것 외에도 접근 경로 상의 모든 노드들의 깊이를 대략 반감하는 효과도 있다(깊이가 낮은 노드는 최대 2레벨 낮아진다).

스플레잉이 단순한 rotation과 다른 점을 보기 위하여 초기 공백 트리에 1, 2, 3, ..., N을 삽입하는 효과를 다시 고려해 보자. 이전에 이것은 총 $O(N)$이 소요되고, 단순한 rotation과 같은 트리를 만들어낸다. 그림 4.49는 아이템 1의 노드에서의 스플레잉 결과를

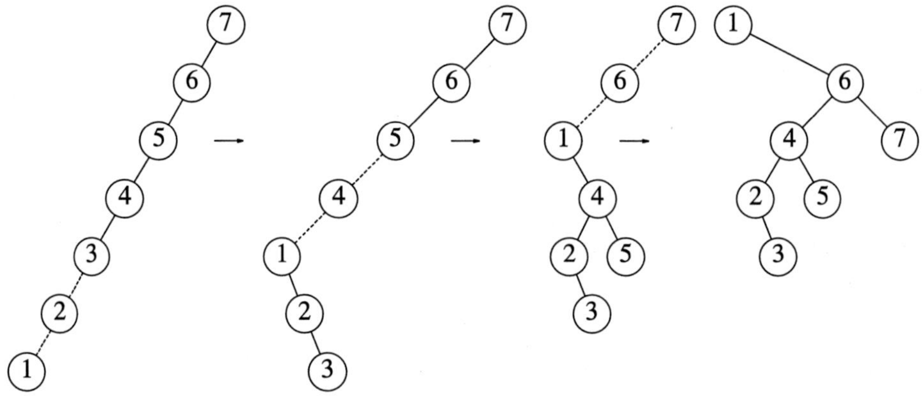

그림 4.49 노드 1에서의 스플레잉 결과

보여 준다. $N-1$ 단위가 소요되는 아이템 1 노드에 대한 접근 이후의 차이점은 아이템 2 노드에 대한 접근이 $N-2$ 단위가 아닌 $N/2$ 단위만 소요된다. 이전처럼 깊어지는 노드는 없다.

아이템 2에 대한 접근은 노드들을 루트의 $N/4$ 이내로 가져오고, 깊이가 대략 $\log N$이 될 때까지 이러한 반복이 계속된다. 그림 4.50부터 그림 4.58은 초기에 왼쪽 자식만을 갖는 32-노드 트리에서 아이템 1부터 9까지의 접근 결과를 보여 준다. 단순한 rotation방법

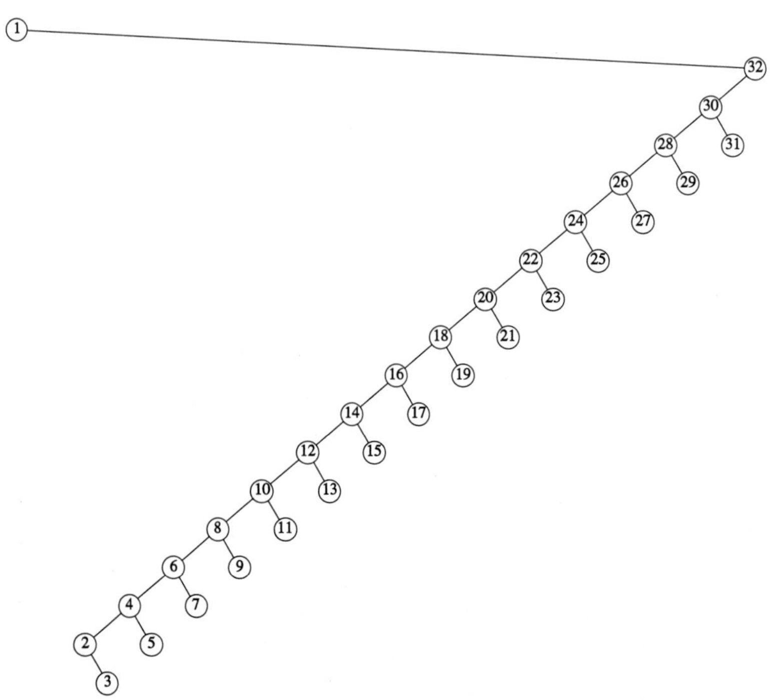

그림 4.50 왼쪽 자식만 갖는 트리에서 노드 1에서의 스플레잉 결과

에서 보여지는 나쁜 현상을 스플레이 트리에서는 볼 수 없다(실제로 이는 매우 좋은 경우로 증명되었다. 이 예의 보다 복잡한 증명은 N개의 접근에 총 $O(N)$의 시간이 소요된다는 것을 보여준다).

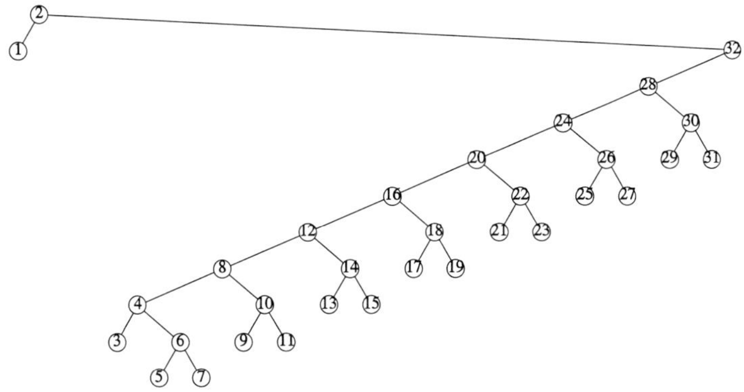

그림 4.51 이전 트리의 노드 2에서의 스플레잉 결과

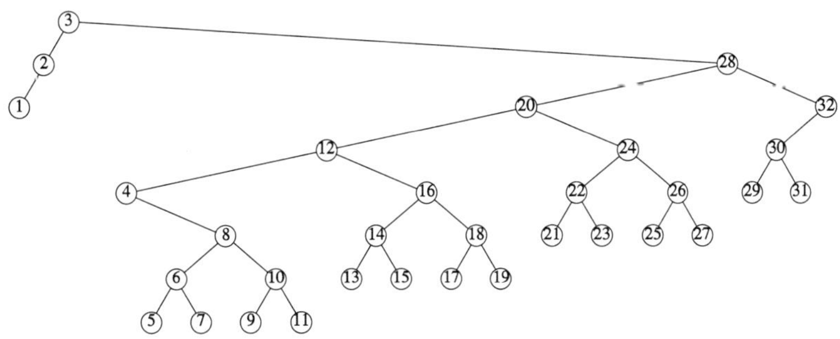

그림 4.52 이전 트리의 노드 3에서의 스플레잉 결과

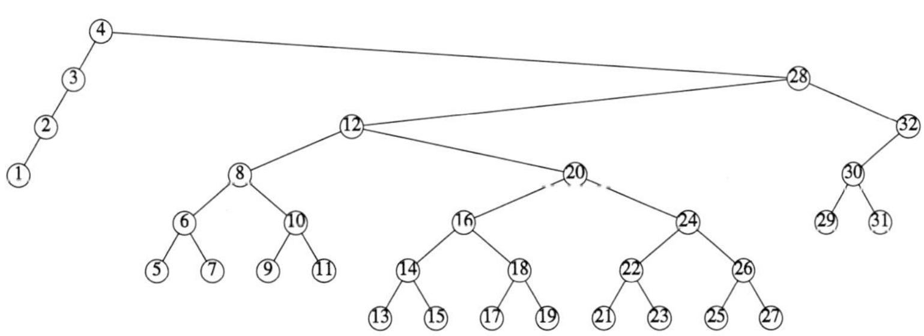

그림 4.53 이전 트리의 노드 4에서의 스플레잉 결과

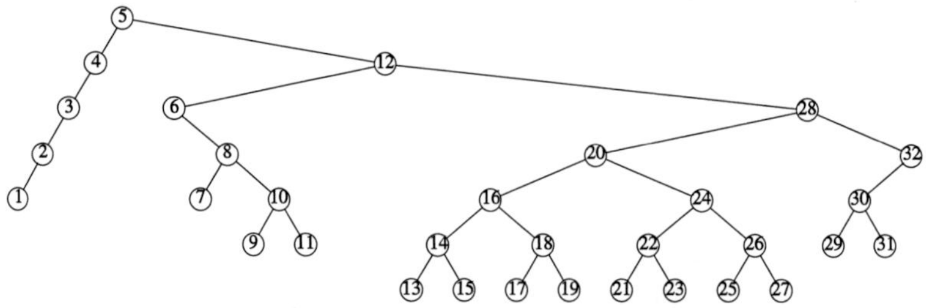

그림 4.54 이전 트리의 노드 5에서의 스플레잉 결과

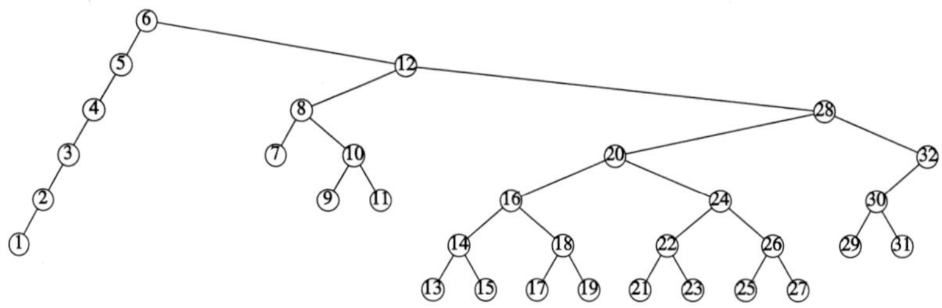

그림 4.55 이전 트리의 노드 6에서의 스플레잉 결과

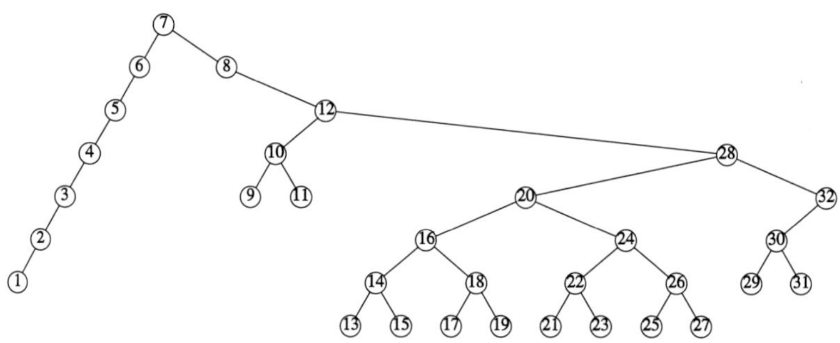

그림 4.56 이전 트리의 노드 7에서의 스플레잉 결과

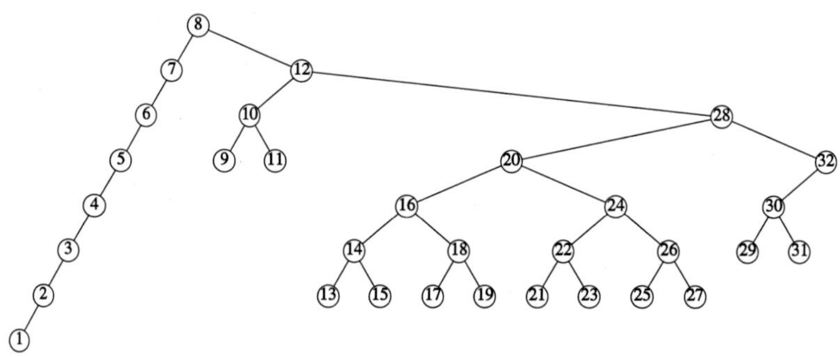

그림 4.57 이전 트리의 노드 8에서의 스플레잉 결과

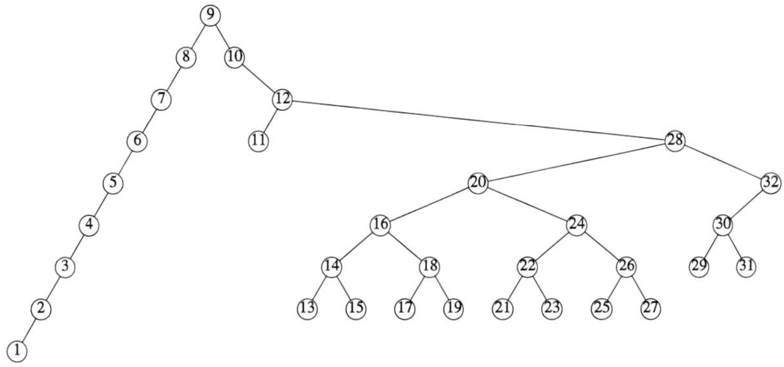

그림 4.58 이전 트리의 노드 9에서의 스플레잉 결과

이 그림들은 스프레이 트리의 근본적이고 중요한 특성을 돋보이게 한다. 접근 경로가 길 때, 평균보다 긴 탐색 시간이 소요되고, rotation이 추후 연산에 좋게 되는 경향이 있다. 접근이 쉬울 때, rotation은 좋지 않고 나빠질 수 있다. 극단적인 경우는 삽입에 의하여 초기 트리가 형성되는 것이다. 모든 삽입이 상수-시간 연산이기 때문에 나쁜 초기 트리가 된다. 나쁜 트리를 갖고 있지만, 향후 총 실행 시간을 상쇄할 수 있는 일정을 가질 수 있다. 실제로 많은 접근들이 거의 균형적인 트리를 생성하여 시간적인 비용이 절약될 수 있다. 11장에서 정리할 주요 정리는 각 연산마다 $O(\log N)$을 초과하지 않는다는 것이다. 나쁜 연산들이 발생할 수 있지만, 시간을 거의 정확하게 지킬 수 있다.

삭제하고자 하는 노드에 접근함으로써 삭제를 수행할 수 있다. 이는 노드를 루트에 위치하게 한다. 노드가 삭제되면 두 개의 서브 트리 T_L과 T_R을 얻는다. T_L의 최대 요소를 찾아서 이 요소를 T_L의 루트로 rotation하면, T_L은 루트는 있지만 오른쪽 자식이 없게 된다. T_R을 오른쪽 자식으로 만들면 삭제가 완료된다.

트리의 구조가 계속 변화하는 것을 고려하여야 하기 때문에 스플레이 트리의 분석은 어렵다. 반면에 고려해야 할 유형이 적고 관리할 균형 정보가 없기 때문에 스플레이 트리를 프로그램하기는 AVL 트리보다 간단하다. 경험적으로 볼 때 실질적인 빠른 코드 작성이 가능하다. 마지막으로 실질적인 성능이 더 나은 스플레이 트리의 변형들이 있다. 12장에서 이 중의 한 버전에 대한 전체 코드를 소개한다.

4.6 트리 순회(Revisited)

이진 탐색 트리의 순서 정보 때문에 모든 아이템을 정렬된 순서로 만드는 것은 쉬운 일이다. 그림 4.59의 재귀 함수가 이 일을 수행한다.

```
/**
 * Print the tree contents in sorted order.
 */
void printTree( ostream & out = cout ) const
{
    if( isEmpty( ) )
        out << "Empty tree" << endl;
    else
        printTree( root, out );
}

/**
 * Internal method to print a subtree rooted at t in sorted order.
 */
void printTree( BinaryNode *t, ostream & out ) const
{
    if( t != NULL )
    {
        printTree( t->left, out );
        out << t->element << endl;
        printTree( t->right, out );
    }
}
```

그림 4.59 이진 탐색 트리를 순서대로 출력하는 루틴

이 함수가 제대로 동작한다고 확신하라. 이전에 본 바와 같이 이 루틴이 트리에 적용되는 것은 **중위 순회(inorder traversal)**이다. 중위 순회의 일반적인 방법은 왼쪽 서브 트리를 먼저 처리하고, 현재 노드를 처리한 후에 오른쪽 서브 트리를 마지막으로 처리한다. 단순성을 떠나 이 알고리즘의 흥미로운 부분은 총 실행 시간이 $O(N)$이라는 것이다. 이는 트리의 모든 노드에서 수행되는 일이 일정한 작업이기 때문이다. 각 노드는 한 번씩 방문되고, 각 노드에서 수행되는 일은 NULL인지 테스트하고 2개의 함수 호출과 하나의 출력 문장이다. 각 노드에서 일정한 작업이 있고, 노드의 개수가 N이기 때문에 실행 시간은 $O(N)$이다.

노드를 처리하기 전에 양쪽의 서브 트리를 먼저 처리할 필요가 종종 있다. 예를 들어, 노드의 높이를 계산하기 위해서는 먼저 서브 트리의 높이를 알 필요가 있다. 그림 4.60의 코드는 이것을 계산한다. 특별한 경우를 확인하는 것(재귀의 경우는 특히 중요함)은 항상 바람직한 것이기 때문에 이 루틴에서는 리프의 높이를 0으로 정의한다. 이러한 순서의 순회를 **후위 순회(postorder traversal)** 라고 한다. 각 노드에서의 작업이 일정하기 때문에 총 실행 시간은 $O(N)$이다.

```
/**
 * Internal method to compute the height of a subtree rooted at t.
 */
int height( BinaryNode *t )
{
   if( t == NULL )
      return -1;
   else
      return 1 + max( height( t->left ), height( t->right ) );
}
```

그림 4.60 후위 순회를 이용하여 트리의 높이를 계산하는 루틴

세 번째의 순회 방식은 **전위 순회(preorder traversal)**이다. 노드가 자식들보다 먼저 처리된다. 예를 들어, 각 노드에 깊이를 추가하고자 할 때 유용하다.

이 모든 루틴들의 공통 아이디어는 NULL의 경우를 먼저 다룬 후에 나머지를 처리한다는 것이다. 외부 변수가 없음을 주목하라. 이 루틴들은 서브 트리의 루트 노드에 대한 포인터만을 전달하고 외부 변수를 선언하거나 전달하지 않는다. 자주 사용되지는 않지만 네 번째 순회 방법으로 **level-order 순회**가 있다. level-order 순회에서는 깊이 d의 모든 노드가 깊이 $d+1$의 노드보다 먼저 처리된다. level-order 순회는 재귀적으로 수행되지 않는다는 점에서 다른 순회 방식들과 다르다. 재귀를 위한 스택 대신에 큐가 사용된다.

4.7 B-트리

지금까지는 전체 자료 구조를 컴퓨터의 메인 메모리에 저장한다고 가정하였다. 그러나 데이터의 양이 메인 메모리보다 커서 디스크 상에 자료 구조를 저장하여야 한다고 가정해 보자. 이러한 상황에서는 Big-Oh 표현식의 의미가 없어진다.

Big-Oh 분석에서는 모든 연산이 같다는 가정을 한다는 문제가 있다. 그러나 디스크 입출력이 연관되면 이는 틀려진다. 예를 들어, 500-MIPS의 기계는 1초에 5억 개의 명령을 실행한다고 한다. 이는 주로 전기적인 속성에 연관되어 상당히 빠른 속도라고 할 수 있다. 이에 반하여 디스크는 기계적이어서 디스크의 회전과 디스크 헤드의 이동에 소요되는 시간이 속도에 연관된다. 대부분의 디스크가 7,200 RPM의 속도로 회전한다. 1분에 7,200번 회전하므로 1회전에 1/120초, 즉 8.3ms가 소요된다. 탐색을 위하여 평균적으로 디스크를 1/2회전 시키면 되지만, 디스크 헤드를 이동하는 시간을 고려하면 접근 시간은 8.3ms이다(이것은 매우 관대한 예측이다. 일반적인 접근 시간은 9~11ms이다). 결과적으로 1초에 대략 120번의 디스크 접근이 가능하다. 프로세서의 속도에 비교하기 전까지는

좋은 것처럼 보인다. 5억 개의 연산이 120번의 디스크 접근과 같다고 할 수 있지만, 다른 측면으로 보면 한 번의 디스크 접근이 4백만 개의 연산과 같다는 것이다. 물론 지금 계산하는 것은 대략적인 것이지만, 상대적인 속도는 명확한 편이어서 디스크 접근에 대한 비용이 비싸다는 것을 알 수 있다. 더욱이 프로세서의 속도는 디스크 속도에 비하여 매우 빨리 증가하고 있다(디스크의 크기는 상대적으로 빨리 증가하고 있지만). 따라서 디스크 접근을 줄이는 계산을 하여야 한다. 거의 대부분의 경우에 실행 시간의 대부분을 차지하는 것은 디스크 접근 횟수이다. 따라서 디스크 접근 횟수를 줄이면, 실행 시간도 줄어들 것이다.

디스크 상에서의 탐색 트리에 대하여 알아보자. 플로리다주 시민들의 운전 기록에 접근하는 것을 가정하자. 10,000,000개의 아이템이 있고, 각 키는 32바이트(이름)이며, 레코드는 256바이트이다. 이 데이터를 위한 메인 메모리가 부족하고 시스템에는 20명의 사용자가 있다(자원의 1/20만 사용 가능함)고 가정한다. 따라서 1초에 25,000,000 개의 연산 또는 6번의 디스크 접근만을 수행할 수 있다.

불균형 이진 탐색 트리는 큰 문제가 된다. 최악의 경우에 선형적인 깊이로 인하여 10,000,000번의 디스크 접근이 필요하게 된다. 평균적으로 탐색이 성공하려면 1.38 · log N번의 디스크 접근이 필요하고, log 10000000≈24이므로 평균 탐색은 32회의 디스크 접근, 즉 5초가 소요된다. 임의적으로 구성된 트리에 대해서도 어떤 노드들은 3배 정도 깊게 되고, 100회의 디스크 접근, 즉 16초가 필요하다. AVL 트리는 조금 더 낫다. 최악 경우인 1.44 · log N은 거의 발생하지 않고, 보통 log N과 거의 유사하게 된다. AVL 트리는 평균 25회의 디스크 접근, 즉 4초가 필요하다.

디스크 접근 횟수를 3~4회와 같이 매우 작은 수로 줄이고자 한다. 이를 위한 복잡한 코드를 작성하고자 한다. 전형적인 AVL 트리가 최적 높이와 근접하기 때문에 이진 탐색 트리가 동작하지 않을 것이라는 것은 명백할 것이다. 이진 탐색 트리를 이용해서는 log N 이하가 될 수 없다. 해결책은 직관적으로 단순하다. 트리의 가지가 많아지면 높이가 낮아진다. 31개의 노드를 갖는 완전 이진 트리는 5 레벨을 갖지만, 그림 4.61의 5-차 트리는 단지 3 레벨만을 갖는다. **M-차 탐색 트리**는 M개의 가지를 허용한다. 가지가 많아질수록 깊이가 줄어든다. 완전 이진 트리의 높이는 대략 $\log_2 N$이지만, 완전 M-차 트리의 높이는 대략 $\log_M N$이다.

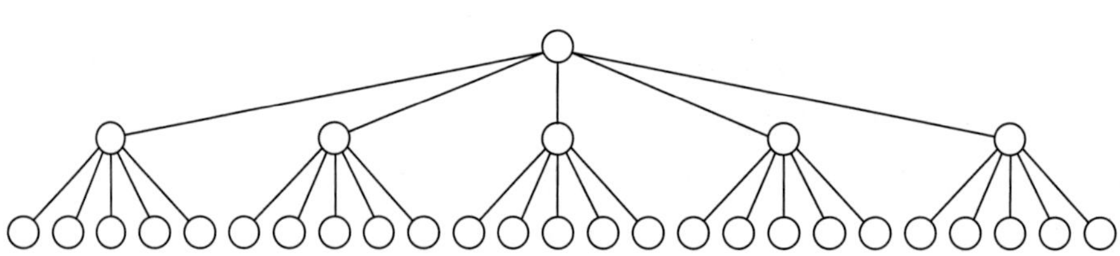

그림 4.61 3레벨을 갖는 31개 노드의 5-차 트리

이진 탐색 트리와 같은 방식으로 M-차 탐색 트리를 생성할 수 있다. 이진 탐색 트리에서는 두 개의 가지를 결정할 하나의 키만 필요했다. M-차 탐색 트리에서는 가지를 결정하기 위한 $M-1$개의 키가 필요하다. 최악의 경우에도 이 방법이 효율적이기 위해서는 어떤 방법으로든 M-차 탐색 트리가 균형적이라는 것을 보장하여야 한다. 그렇지 않으면 이진 탐색 트리와 마찬가지로 링크드 리스트처럼 되어 버린다. 실제로 상당히 까다로운 균형 조건이 필요하다.

이를 구현하는 방법 중의 하나가 **B-트리**이다. 기본적인 B-트리[3)]를 설명한다. 많은 변형과 향상 내용이 있고, 여러 가지 경우가 있기 때문에 구현이 상당히 복잡하다. 그러나 원칙적으로 B-트리가 적은 디스크 접근을 보장한다는 것을 이해하기는 쉽다.

M-차의 B-트리는 다음 특성들을 만족하는 M-차 트리이다[4)].

1. 데이터 아이템은 리프에 저장된다.
2. 리프가 아닌 노드들은 탐색을 위하여 최대 $M-1$개의 키를 저장한다. 키 i는 서브 트리 $i+1$의 가장 작은 키를 나타낸다.
3. 루트는 리프이거나 2개에서 M개까지의 자식을 갖는다.
4. 리프가 아닌 모든 노드들은(루트는 제외) $\lceil M/2 \rceil$ 에서 M개까지의 자식을 갖는다.
5. 모든 리프는 같은 깊이에 있고, $\lceil L/2 \rceil$ 에서 L개까지의 자식을 갖는다.

그림 4.62는 5차 B-트리의 예를 보여 준다. 리프가 아닌 모든 노드들은 3~5개의 자식(즉, 2~4개의 키)을 갖는다. 루트는 2개의 자식만을 가질 수도 있다. 여기에서 $L=5$이다. 이 예에서 L과 M은 같지만, 꼭 그럴 필요는 없다. L이 5이기 때문에 각 리프는 3~5개의 데이터 아이템을 갖는다. 노드가 절반 정도 채워지게 함으로써 B-트리가 단순한 이진 트리로 퇴화되지는 않는다. B-트리에 대한 약간은 변형된 정의들이 있지만, 이 정의가 가장 많이 사용되는 것 중의 하나이다.

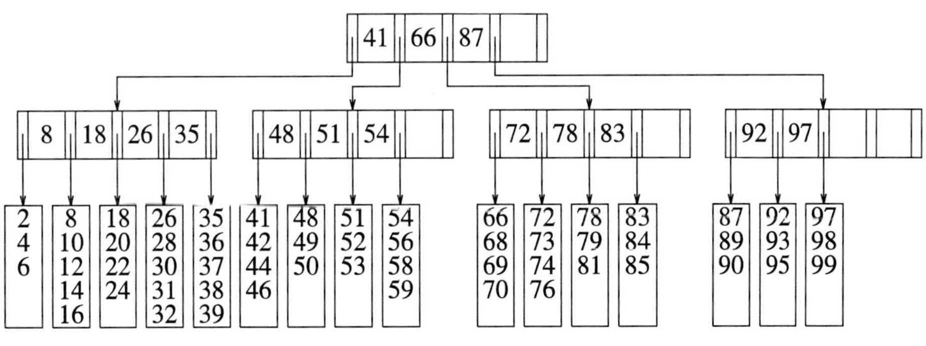

그림 4.62 5차 B-트리

3) 일반적으로 알려진 것은 B^{+}트리이다.

4) 규칙 3과 규칙 5는 처음 L번의 삽입에서는 적용되지 않는다.

각 노드가 디스크 블록을 나타내므로 저장하고자 하는 아이템의 크기에 따라서 M과 L을 선택한다. 예를 들어, 한 블록이 8,192바이트라고 가정하자. 플로리다주의 예제에서 각 키는 32바이트를 사용한다. M-차 B-트리에서는 $M-1$개의 키에 대하여 총 $32M-32$ 바이트가 필요하고 추가로 M개의 가지가 필요하다. 각 가지는 또 다른 디스크 블록의 번호이므로 4바이트라고 가정하면, 총 $4M$ 바이트가 된다. 리프가 아닌 노드의 총 메모리 요구량은 $36M-32$바이트이다. 8,192보다 크지 않은 가장 큰 M의 값은 228이므로 M=228이다. 각 데이터 레코드가 256바이트이므로 한 블록에 32개의 레코드를 저장할 수 있어서 L=32로 선택한다. 각 리프는 16~32개의 데이터 레코드를 갖고, 루트를 제외한 각 내부 노드는 최소 114개의 가지를 갖는다. 10,000,000개의 레코드에 대해서 최대 625,000개의 리프가 있다. 결과적으로 최악의 경우에 리프의 레벨은 4이다. 보다 정확히 하면, 최악 경우의 접근 회수는 대략 $\log_{M/2}N \pm 1$이다.(예를 들어, 루트와 첫 번째 레벨은 메인 메모리에 캐시될 수 있어서 결과적으로 디스크 접근은 레벨 3과 그 이하에서만 필요할 수 있다.)

남은 문제는 B-트리에 아이템을 추가하고 제거하는 방법이다. 이와 관련된 아이디어를 설명하는데, 많은 부분이 이미 전에 나온 것들이다.

먼저 삽입에 대하여 알아보자. 그림 4.62의 B-트리에 57을 삽입한다. 트리를 탐색해 내려가면 트리 내에 없다는 것을 알게 되고 리프의 다섯 번째 자식으로 추가할 수 있다. 이를 위하여 리프 내의 모든 데이터를 인식하여야만 한다는 것에 주의하라. 그러나 이에 소요되는 비용은 디스크 접근에 비하면 대수롭지 않은 것이다. 이 경우는 물론 디스크 쓰기가 포함되어 있다.

물론 리프가 완전히 채워져 있지 않기 때문에 이 작업은 비교적 쉽다. 55를 삽입해 보자. 그림 4.63은 이 문제를 보여 준다. 55가 들어가야 하는 리프가 이미 채워져 있다. 해결책은 간단하다. $L+1$개의 아이템이 있기 때문에 2개의 리프로 분할한다. 이 때 각 리프에 필요한 최소 데이터 레코드의 개수를 보장하여야 한다. 각각 3개의 아이템을 갖는 2개의 리프가 만들어진다. 이 리프들을 쓰기 위해 2회의 디스크 접근이 필요하고, 부모를

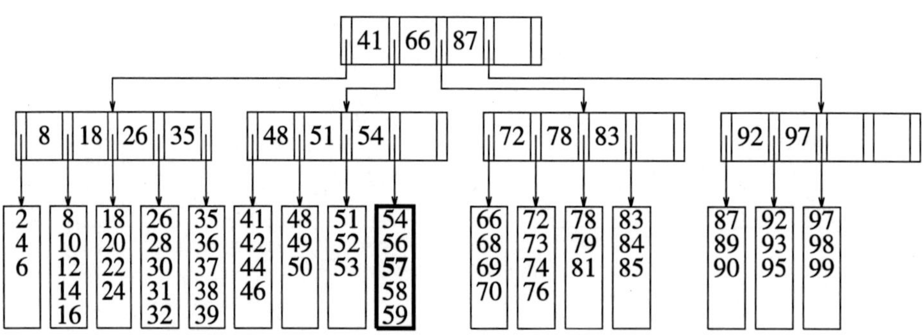

그림 4.63 그림 4.62의 트리에 57을 삽입한 후의 B-트리

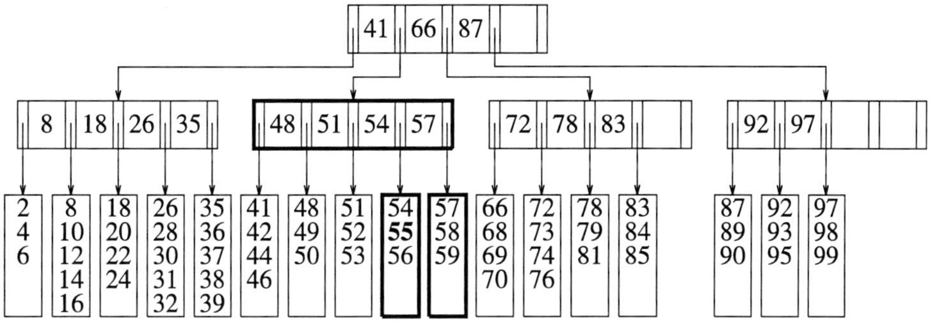

그림 4.64 그림 4.63의 트리에 55를 삽입하여 2개의 리프로 분할

수정하기 위한 세 번째 디스크 접근이 요구된다. 부모 노드에서 2개의 키와 가지가 변경되었지만, 쉽게 계산될 수 있다. 그림 4.64는 결과 B-트리를 보여 준다. 노드를 분할하는 것은 최소 2번의 추가적인 디스크 쓰기가 필요하므로 시간이 걸리지만, 이는 비교적 드문 경우이다. 예를 들어, L이 32라고 하면, 노드가 분할될 때 각각 16개와 17개의 아이템을 갖는 2개의 리프가 생성된다. 17개의 아이템을 갖는 리프에 대해 분할 없이 15번의 추가적인 삽입을 수행할 수 있다. 즉, 모든 분할은 대략 $L/2$의 분할을 없애 준다.

이전 예에서의 분할은 그 부모가 자식들로 가득 채워져 있지 않기 때문에 가능하다. 그러나 이 경우에는 어떤 일이 발생할까? 예를 들어, 그림 4.64의 B-트리에 40을 삽입해 보자. 키 35에서 39까지와 40을 포함한 리프를 2개의 리프로 분할하여야 한다. 이렇게 하면 부모는 6개의 자식을 갖게 된다. 해결책은 부모를 분할하는 것이다. 그림 4.65는 그 결과를 보여 준다. 부모가 분할될 때, 키의 값과 더불어 부모의 부모에 대한 수정이 필요하여 2회의 추가적인 디스크 쓰기가 발생한다(이 삽입은 5회의 디스크 쓰기가 필요). 경우의 수가 많아서 프로그램 코드는 단순하지 않지만, 키 값은 정형화된 방법을 따라 변경된다.

이 경우처럼 리프가 아닌 노드가 분할될 때, 부모는 자식을 하나 얻는다. 부모가 이미 자식의 수의 한계에 있으면 어떻게 하나? 분할이 필요하지 않는 부모를 만나거나 루트에 도달할 때까지 트리의 위쪽으로 분할을 계속해 간다. 루트를 분할하면 2개의 루트가 된다.

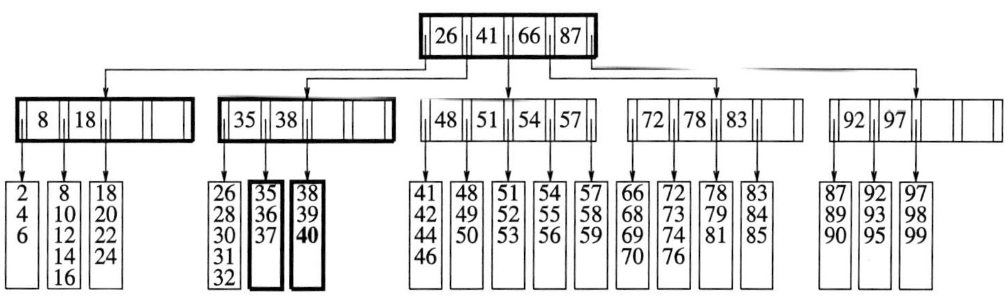

그림 4.65 그림 4.64의 B-트리에 40을 삽입하여 2개의 리프로 분할되고 부모 노드도 분할

명백히 이것은 허용되지 않기 때문에 분할된 2개의 루트를 자식으로 갖는 새로운 루트를 생성할 수 있다. 이것이 루트가 최소 2개의 자식만을 가질 수 있도록 허용되는 이유이다. 이 경우에서만 B-트리의 높이가 증가한다. 물론 루트까지 분할되는 경우 거의 드문 경우이다. 4 레벨을 갖는 트리는 연속된 전체 삽입(삭제는 발생하지 않았다는 가정 하에)을 통하여 루트가 3번 분할한 것을 의미한다. 사실 리프가 아닌 노드의 분할도 자주 있지는 않다.

자식이 넘쳐나는 경우를 다루는 다른 방법들이 있다. 한 방법은 이웃 노드에 여유 공간이 있으면 자식을 보내는 것이다. 예를 들어, 그림 4.65의 B-트리에 29를 삽입하고자 할 때 32를 다음 리프로 보내어 여유 공간을 만들 수 있다. 이 방법에서는 키가 변하기 때문에 부모의 수정이 필요하게 된다. 그러나 결국 노드를 채워나가면서 공간을 절약할 수 있게 된다.

제거할 필요가 있는 아이템을 찾아서 제거함으로써 삭제를 수행할 수 있다. 이 때 최소 개수의 데이터 아이템을 포함하고 있는 리프의 경우에 삭제 후 최소 이하가 되는 문제가 있다. 이웃 노드가 최소 개수가 아니면, 아이템을 가져와서 이 상황을 해결할 수 있다. 이웃 노드도 최소 개수이면 이웃 노드를 합병하여 꽉 찬 리프로 만들 수 있다. 이것은 부모가 자식 하나를 잃게 되는 것을 의미한다. 이것이 부모가 최소 이하로 되게 만들면 같은 방식을 계속 적용한다. 이 처리가 루트까지 연결될 수 있다. 루트는 하나의 자식만을 가질 수 없다(이것이 허용된다 하더라도 우스운 일이다). 루트가 하나의 자식만을 갖게 되면, 루트를 제거하고 그 자식이 트리의 새로운 루트가 되게 한다. 이것이 B-트리의 높이가 감소되는 유일한 경우이다. 예를 들어, 그림 4.65의 B-트리에서 99를 제거해 보자. 리프가 2개의 아이템만을 갖게 되고, 이웃 노드도 이미 최소 개수인 3이기 때문에 합병을 통하여 5개의 아이템을 갖는 리프를 만든다. 이 결과는 부모가 2개의 자식만을 갖도록 만들게 된다. 그러나 이 경우에는 4개의 자식을 갖고 있는 이웃 노드로부터 자식 하나를 가져올 수 있다. 결과적으로 두 노드 모두 3개의 자식을 갖게 된다. 그림 4.66은 이 결과를 보여 준다.

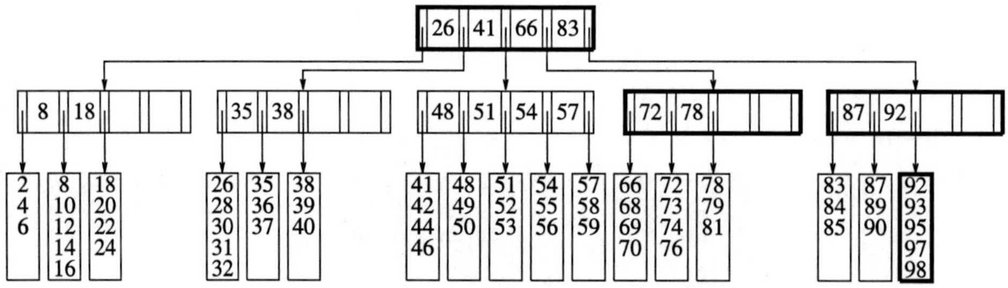

그림 4.66 그림 4.65의 B-트리에서 99를 삭제한 후의 B-트리

4.8 표준 라이브러리의 Sets와 Maps

3장에서 논의한 STL 컨테이너인 vector와 list는 탐색에 적합하지 않다. 결과적으로 STL은 2개의 추가적인 컨테이너 set과 map을 제공하여 삽입, 삭제, 탐색과 같은 기본 연산을 위한 대수 비용을 보장한다.

4.8.1 Sets

set은 중복을 허용하지 않고 순서화된 컨테이너이다. vector와 list에서 아이템에 접근하는데 사용되는 방식이 set에서도 적용된다. 특히 set에는 set의 순회를 허용하는 iterator와 const_iterator가 포함된다. begin, end, size, empty같은 메소드들은 vector와 list에서와 같은 이름으로 set에도 포함된다. 그림 3.6의 print 함수 템플릿에 set을 전달해도 제대로 동작한다.

set에서만 요구되는 연산은 삽입, 삭제 기능과 기본적인 탐색을 (효율적으로) 수행하는 것이다.

삽입 루틴은 insert라는 이름을 갖는 것이 적당하다. 그러나 set이 중복을 허용하지 않기 때문에 insert가 실패할 수 있다. 결과적으로 Boolean 변수를 리턴 타입으로 사용하여 그 결과를 알 수 있도록 한다. 그러나 insert는 bool 보다는 더 복잡한 리턴 타입을 갖는다. 이것은 insert가 리턴될 때 x가 어디에 있는지를 나타내는 iterator를 리턴할 수도 있기 때문이다. iterator는 새롭게 삽입된 아이템이나 insert가 실패하게 된 기존의 아이템을 나타낸다. 아이템의 위치를 아는 것은 탐색이 없이 아이템을 제거하거나 아이템을 포함하고 있는 노드에 직접적인 접근이 가능하기 때문에 유용하게 사용된다.

STL은 struct와는 약간 다른 pair라는 클래스 템플릿을 정의한다. 이는 pair에 있는 두 아이템에 접근하기 위한 first와 second 멤버를 갖는다. 다음과 같은 두 가지의 insert 루틴이 있다.

```
pair<iterator,bool> insert( const Object & x );
pair<iterator,bool> insert( iterator hint, const Object & x );
```

매개변수를 하나 갖는 insert는 위에 기술한 바와 같이 동작한다. 매개변수가 두 개인 insert는 x의 위치를 나타내는 hint를 허용한다. hint가 정확하다면, 삽입은 단지 $O(1)$ 시간으로 빠르게 실행된다. hint가 정확하지 않다면, 삽입은 매개변수를 하나 갖는 insert를 이용한 기본 삽입 알고리즘으로 수행된다. 예를 들어, 다음 코드는 매개 변수를 하나 갖는 insert보다 매개변수를 두 개 갖는 insert를 이용하는 것이 훨씬 빠르다.

```
set<int> s;
for( int i = 0; i < 1000000; i++)
    s.insert( s.end( ), i );
```

다음과 같이 erase에 대한 몇 가지 버전이 있다.

```
int erase( const Object & x );
iterator erase( iterator itr );
iterator erase( iterator start, iterator end );
```

첫 번째의 매개변수가 하나인 erase는 x를 제거하고 실제로 제거된 아이템의 개수인 0 또는 1을 리턴한다. 두 번째의 매개변수가 하나인 erase는 vector와 list에서와 같은 방식으로 동작한다. iterator에 주어진 위치의 객체를 제거하고, erase를 호출하기 전에 itr의 바로 뒤에 있는 요소를 나타내는 iterator를 리턴한 후에 itr을 무효화한다. 두 개의 매개변수를 갖는 erase도 vector와 list에서와 같은 방식으로 동작한다. start의 아이템부터 시작하여 end 전까지의 모든 아이템들을 모두 제거한다.

탐색을 위하여 contains 루틴이 boolean 변수를 리턴하는 것에 반하여, set은 아이템의 위치(탐색이 실패할 경우에는 endmarker)를 나타내는 iterator를 리턴하는 find 루틴을 제공한다. 이것은 실행 시간의 비용 없이 상당히 많은 정보를 제공한다. find는 다음과 같다.

```
iterator find( const Object & x ) const;
```

기본적으로 순서화는 Object에 대한 operator<를 실행함으로써 구현되는 less<Object> 함수 객체를 이용한다. 또 다른 순서화는 함수 객체 타입을 갖는 set 템플릿을 초기화함으로써 기술할 수 있다. 예를 들어, string 객체를 저장하는 set을 생성할 수 있다. 그림 1.22의 CaseInsensitiveCompare 함수 객체를 이용하여 대소문자를 구분하지 않는다면 다음의 코드에서 set s의 크기는 1이다.

```
set<string,CaseInsensitiveCompare> s;
s.insert( "Hello" ); s.insert( "HeLLo" );
cout << "The size is: " << s.size( ) << endl;
```

4.8.2 Maps

키와 그 값으로 구성된 순서화된 엔트리의 컬렉션을 저장하기 위하여 map이 사용된다. 키는 유일해야 하지만, 여러 개의 키가 같은 값에 매핑될 수는 있으므로 값들은 유일하지 않아도 된다. map 내의 키는 논리적으로 정렬된 순서로 유지되어야 한다.

map은 pair로 초기화 된 set과 유사하게 동작하고, 비교 함수는 오직 키에 대해서만 적용된다[5]. begin, end, size, empty를 지원하지만, 기본적인 iterator는 키-값의 쌍이다. 즉, iterator itr에 대하여 *itr은 pair<KeyType,ValueType> 타입이다. map은

5) set에서와 같이, 최적의 템플릿 매개변수는 less<KeyType>과는 다른 비교 함수에 사용될 수 있다.

insert, find, erase도 지원한다. insert에는 pair<KeyType,ValueType> 객체를 제공하여야 한다. find는 키 만을 요구하지만, 리턴되는 iterator는 pair를 참조한다. 문법적인 어려움으로 인하여 이러한 연산들만을 사용하는 것은 종종 효과적이지 못하다.

다행히도 map은 문법적으로 쉬운 중요한 추가적인 연산을 갖고 있다. 다음과 같이 map을 위한 array-indexing 연산자가 overload된다.

```
ValueType & operator[ ] ( const KeyType & key );
```

operator[ ]의 의미는 다음과 같다. 만약 key가 map 내에 있으면, 그 해당하는 값에 대한 참조가 리턴된다. 만약 key가 map 내에 없으면, 기본값으로 map에 삽입되고 삽입된 기본값에 대한 참조가 리턴된다. 기본값은 매개변수가 없는 생성자를 적용하여 구하거나 기본 타입의 0을 이용한다.

이 의미는 operator[ ]의 accessor 버전을 허용하지 않아서 상수인 map에서는 operator[ ]를 사용할 수 없게 된다. 예를 들어, map에 상수 참조가 전달되면 그 루틴 내에서 operator[ ]는 사용할 수 없다.

그림 4.67의 코드는 map에 있는 아이템에 접근하는 두 가지 방법을 설명한다. 먼저 3행의 왼편에서 operator[ ]의 실행으로 "Pat"과 0의 double 값이 map에 삽입되고, double에 대한 참조가 리턴된다. 그리고 할당문에 의하여 map 내의 double 값이 75000으로 변경된다. 4행은 75000을 출력한다. 5행은 "Jan"과 salary 0.0을 map에 삽입하고 출력한다. 이것은 응용에 따라서는 적절하지 않을 수도 있다. 만약 map 내에 있는 아이템과 없는 아이템을 구분하는 것이 중요하거나 map에 삽입하지 않는 것이 중요하다면, 7행부터 12행까지의 방법이 이용될 수 있다. find에 대한 호출이 있다. 키가 발견되지 않으면, iterator는 endmarker이고 테스트될 수 있다. 키가 발견되면 iterator가 참조하는 쌍의 두 번째 아이템에 접근할 수 있다. 이 아이템이 키와 연관된 값이다. itr이 iterator이면 const_iterator 대신에 itr->second로 할당할 수 있다.

```
1   map<string,double> salaries;
2
3   salaries[ "Pat" ] = 75000.00;
4   cout << salaries[ "Pat" ] << endl;
5   cout << salaries[ "Jan" ] << endl;
6
7   map<string,double>::const_iterator itr;
8   itr = salaries.find( "Chris" );
9   if( itr == salaries.end( ) )
10      cout << "Not an employee of this company!" << endl;
11  else
12      cout << itr->second << endl;
```

그림 4.67 map의 값에 대한 접근

4.8.3 set과 map의 구현

C++는 set과 map이 대수적인 최악의 경우 시간 내에 insert, erase, find의 기본 연산을 지원하는 것을 요구한다. 결과적으로 기본적인 구현은 균형 이진 탐색 트리이다. 일반적으로 AVL 트리 대신에 12.2절에서 논의할 top-down red-black 트리가 자주 사용된다.

set과 map을 구현하는데 있어서 중요한 것은 iterator 클래스를 지원하도록 하는 것이다. 물론 내부적으로 iterator는 반복 중의 "현재" 노드에 대한 포인터를 유지하고 있다. 어려운 점은 다음 노드로 효과적으로 나아가는 것이다. 다음과 같은 몇 가지 가능한 해결책들이 있다.

1. iterator가 생성될 때, 각 iterator가 set 아이템을 포함하는 배열 데이터를 저장하도록 한다. 이것은 erase와 insert 같이 set을 변경한 후에 iterator를 리턴하는 어떤 루틴도 효과적으로 구현할 수 없어서 동작하지 않는다.
2. iterator가 현재 노드까지의 경로 상의 노드를 저장하는 스택을 유지하도록 한다. 이 정보로 반복의 다음 노드를 추론할 수 있다. 다음 노드는 최소 아이템을 포함하고 있는 현재 노드의 오른쪽 서브 트리이거나 현재 노드를 왼쪽 서브 트리로 갖는 가장 가까운 조상이다. 이것은 iterator를 크게 만들어서 iterator 코드를 쓰기 어렵게 한다.
3. 탐색 트리의 각 노드가 자식 정보 외에 부모 정보도 저장하도록 한다. iterator는 그다지 크지 않지만 각 노드마다 추가적인 메모리가 필요하게 되어 코드는 여전히 쓰기 어렵다.
4. 각 노드가 자기보다 다음으로 작은 노드와 다음으로 큰 노드를 가리키는 추가적인 링크를 유지하도록 한다. 이것은 공간을 사용하지만 반복이 쉽게 이루어지고 링크를 관리하기도 쉽다.
5. 왼쪽 또는 오른쪽 링크로 NULL을 갖는 노드에 대해서만 추가적인 링크를 유지하도록 한다. 각 루틴들은 추가적인 boolean 변수를 이용하여 왼쪽 링크가 이진 탐색 트리의 왼쪽 링크인지 다음으로 작은 노드를 가리키는 링크인지를 구분한다. 오른쪽 링크도 마찬가지다(연습문제 4.49). 이 아이디어를 **threaded 트리**라 하고 많은 STL 구현에서 사용된다.

4.8.4 여러 개의 map을 이용한 예

많은 단어들은 다른 단어들과 유사하다. 예를 들어, 단어 wine의 첫 문자를 변경하면 dine, fine, line, mine, nine, pine, vine이 된다. 세 번째 문자를 바꾸면 wide, wife, wipe, wire가 되고, 네 번째 문자를 바꾸면 wind, wing, wink, wins가 된다. wine의 한 글자만 변경하여 15개의 서로 다른 단어를 구할 수 있다. 실제로 20여개 이상의 단어가 있을 수 있다. 한 글자만 대체함으로써 최소 15개의 다른 단어로 변경되는 모든 단어를 찾는 프로그램을 작성하고자 한다. 다양한 길이의 약 89,000개의 서로 다른 단어로 구성된 사전을 가정하자. 대부분의 단어는 6~11 문자로 되어 있다. 6문자 단어는 8,205개, 7문자 단어는 11,989개, 8문자 단어는 13,672개, 9문자 단어는 13,014개, 10문자 단어는 11,297개, 11문자 단어는 8,617개이다(실제로 변경 가능한 단어들은 3~5문자 단어들이고, 긴 단어는 확인하기에 시간이 많이 소요된다).

가장 직관적인 방법은 map을 이용하는 것이다. 키는 단어이고, 값은 키로부터 한 문자를 대체할 수 있는 단어들을 포함한 vector이다. 그림 4.68의 루틴은 결국 생성된 map이 요구되는 답을 인쇄하는 것을 보여 준다. 이 코드는 map에서 단계를 진행하기 위해 const_iterator를 사용하고 단어와 단어의 벡터로 구성된 쌍의 엔트리를 본다. 8행과 9행의 상수 참조는 복잡한 수식을 대체하여 불필요한 복사를 방지한다.

89,000개의 단어로 구성된 배열로부터 map을 구성하는 방법이 중요하다. 그림 4.69의 루틴은 대체된 한 문자를 제외한 문자들이 같은지를 테스트하는 함수이다. 이 루틴을 map을 구성하는 간단한 알고리즘을 제공하는 데 사용할 수 있다. 이 알고리즘은 단어의 모든 쌍에 대한 brute-force 테스트이다. 그림 4.70은 이 알고리즘을 보여 준다.

한 문자만 다른 단어 쌍을 찾으면 12행과 13행에서 map을 수정할 수 있다. 12행에서 adj[str]은 한 문자만 다르고 str과 동일한 단어들의 vector를 나타낸다. 이전에 str을

```
1  void printHighChangeables( const map<string,vector<string> > & adjWords,
2                             int minWords = 15 )
3  {
4     map<string,vector<string> >::const_iterator itr;
5
6     for( itr = adjWords.begin( ); itr != adjWords.end( ); ++itr )
7     {
8        const pair<string,vector<string> > & entry = *itr;
9        const vector<string>               & words = entry.second;
10
11       if( words.size( ) >= minWords )
12       {
13          cout << entry.first << " (" << words.size( ) << "):";
14          for( int i = 0; i < words.size( ); i++ )
15             cout << " " << words[ i ];
16          cout << endl;
17       }
18
19    }
20 }
```

그림 4.68 단어가 키이고 한 문자가 다른 단어들의 vector를 값으로 갖는 map에서 한 문자를 대체하여 구할 수 있는 minWords개 문자 또는 그 이상의 단어 출력

보았다면 그것은 map 내에 있고, push_back을 호출하여 단지 새로운 단어만 map의 vector에 추가하면 된다. str을 본 적이 없다면, operator[ ]를 사용하여 map 내에 크기 0의 vector를 생성하고 vector를 리턴하므로 push_back이 vector의 크기를 1로 수정한다. 대체로 좋은 방법은 map 내의 값을 컬렉션으로 유지하는 것이다.

```
// Returns true if word1 and word2 are the same length
// and differ in only one character.
bool oneCharOff( const string & word1, const string & word2 )
{
    if( word1.length( ) != word2.length( ) )
        return false;

    int diffs = 0;

    for( int i = 0; i < word1.length( ); i++ )
        if( word1[ i ] != word2[ i ] )
            if( ++diffs > 1 )
                return false;

    return diffs == 1;
}
```

그림 4.69 두 단어가 한 문자만 다른지 확인하는 루틴

```
// Computes a map in which the keys are words and values are vectors of words
// that differ in only one character from the corresponding key.
// Uses a quadratic algorithm.
map<string,vector<string> > computeAdjacentWords( const vector<string> & words )
{
    map<string,vector<string> > adjWords;

    for( int i = 0; i < words.size( ); i++ )
        for( int j = i + 1; j < words.size( ); j++ )
            if( oneCharOff( words[ i ], words[ j ] ) )
            {
                adjWords[ words[ i ] ].push_back( words[ j ] );
                adjWords[ words[ j ] ].push_back( words[ i ] );
            }

    return adjWords;
}
```

그림 4.70 단어가 키이고 한 문자가 다른 단어들의 vector를 값으로 갖는 map을 생성하는 함수. 89,000개 단어 사전에 대해 6.5분에 실행

이 알고리즘의 문제는 느리다는 것이다. 우리의 컴퓨터로 6.5분이 걸렸다. 더 좋은 방법은 서로 다른 길이의 단어는 비교하지 않으면 된다. 단어를 길이별로 구분하여 각 그룹별로 이 알고리즘을 적용한다.

이렇게 하기 위하여 두 번째 map을 사용할 수 있다. 이 map에서 키는 단어의 길이를 나타내는 정수이고, 값은 그 길이의 모든 단어 컬렉션이다. 각 컬렉션을 저장하기 위하여 vector를 사용할 수 있다. 그림 4.71은 이 코드를 보여 준다. 8행에서 두 번째 map을 선언하고 11행과 12행에서 map에 저장하며, 각 단어 그룹을 반복하기 위한 추가적인 루프가 사용된다. 첫 번째 알고리즘과 비교하여 두 번째 알고리즘은 약간 복잡해지지만, 6배나 빠른 77초 만에 실행할 수 있다.

```
1  // Computes a map in which the keys are words and values are vectors of words
2  // that differ in only one character from the corresponding key.
3  // Uses a quadratic algorithm, but speeds things up a little by
4  // maintaining an additional map that groups words by their length.
5  map<string,vector<string> > computeAdjacentWords( const vector<string> & words )
6  {
7     map<string,vector<string> > adjWords;
8     map<int,vector<string> > wordsByLength;
9
10       // Group the words by their length
11    for( int i = 0; i < words.size( ); i++ )
12       wordsByLength[ words[ i ].length( ) ].push_back( words[ i ] );
13
14       // Work on each group separately
15    map<int,vector<string> >::const_iterator itr;
16    for( itr = wordsByLength.begin( ); itr != wordsByLength.end( ); ++itr )
17    {
18       const vector<string> & groupsWords = itr->second;
19
20       for( int i = 0; i < groupsWords.size( ); i++ )
21          for( int j = i + 1; j < groupsWords.size( ); j++ )
22             if( oneCharOff( groupsWords[ i ], groupsWords[ j ] ) )
23             {
24                   adjWords[ groupsWords[ i ] ].push_back( groupsWords[ j ] );
25                   adjWords[ groupsWords[ j ] ].push_back( groupsWords[ i ] );
26             }
27    }
28
29    return adjWords;
30 }
```

그림 4.71 단어가 키이고 한 문자가 다른 단어들의 vector를 값으로 갖는 map을 생성하는 함수. 단어를 길이별로 구분. 89,000개 단어 사전에 대해 77초에 실행

세 번째 알고리즘은 보다 복잡하고 추가적인 map들을 사용한다. 이전과 같이 단어를 길이에 따라 구분하고 각 그룹별로 처리한다. 이 알고리즘이 동작하는지 보기 위하여 길이 4의 단어를 보자. 먼저 첫 번째 문자만 다른 wine과 nine 같은 단어 쌍을 찾고자 한다. 이를 위한 한 방법은 다음과 같다. 길이 4의 각 단어에 대하여 첫 번째 문자를 제거하고 3문자 단어 표본을 남겨 놓는다. 키가 표본이고, 값은 이 표본을 갖는 모든 단어의 vector인 map을 생성한다. 예를 들어, 4문자 단어 그룹에서 첫 번째 문자를 고려할 때 "ine" 표본에 대응되는 것은 "dine", "fine", "wine", "nine", "mine", "vine", "fine", "line"이다. 표본 "oot"에 대응되는 것은 "boot", "foot", "hoot", "loot", "soot", "zoot"이다. 이 map의 값인 각각의 vector는 단어들의 조직을 형성하여 한 문자만 대체함으로써 어떤 단어가 다른 단어로 변경될 수 있다. 이렇게 마지막 map이 생성되고, 이 map을 순회하는 것과 생성 중인 원래의 map에 엔트리를 추가하는 것이 쉬워진다. 다음으로 새로운 map으로 4문자 단어 그룹의 두 번째, 세 번째, 네 번째 문자에 대하여 처리한다.

일반적인 개요는 다음과 같다.

```
for each group g, containing words of length len
    for each position p (ranging from 0 to len-1)
    {
        Make an empty map<string,vector<string> > repsToWords
        for each word w
        {
            Obtain w's representative by removing position p
            Update repsToWords
        }
        Use cliques in repsToWords to update adjWords map
    }
```

그림 4.72는 이 알고리즘을 구현한 것이다. 실행 시간이 5초로 향상되었다. 추가적인 map의 사용이 알고리즘을 빠르게 하지만, 문법이 비교적 명확하여 map의 키들이 정렬된 순서로 유지된다는 사실을 코드에서 사용하지 않는다는 것이 흥미로운 점이다.

이처럼 map 연산을 지원하는 자료 구조가 정렬된 순서화를 보장하지는 않지만 더 나은 성능을 보여줄 수 있다. 5장에서 이러한 가능성에 대하여 알아본다. 어떤 C++ 라이브러리는 hash_map이라고 하는 유형의 클래스를 제공하지만, 이는 표준 C++는 아니다.

```
// Computes a map in which the keys are words and values are vectors of words
// that differ in only one character from the corresponding key.
// Uses an efficient algorithm that is O(N log N) with a map.
map<string,vector<string> > computeAdjacentWords( const vector<string> & words )
```

그림 4.72 단어가 키이고 한 문자가 다른 단어들의 vector를 값으로 갖는 map을 생성하는 함수. 89,000개 단어 사전에 대해 5초에 실행

```
{
    map<string,vector<string> > adjWords;
    map<int,vector<string> > wordsByLength;

    // Group the words by their length
    for( int i = 0; i < words.size( ); i++ )
        wordsByLength[ words[ i ].length( ) ].push_back( words[ i ] );
    // Work on each group separately
    map<int,vector<string> >::const_iterator itr;
    for( itr = wordsByLength.begin( ); itr != wordsByLength.end( ); ++itr )
    {
        const vector<string> & groupsWords = itr->second;
        int groupNum = itr->first;

        // Work on each position in each group
        for( int i = 0; i < groupNum; i++ )
        {
            // Remove a character in given position, computing representative.
            // Words with same representatives are adjacent; so populate a map
            map<string,vector<string> > repToWord;

            for( int j = 0; j < groupsWords.size( ); j++ )
            {
                string rep = groupsWords[ j ];
                rep.erase( i, 1 );
                repToWord[ rep ].push_back( groupsWords[ j ] );
            }

            // and then look for map values with more than one string
            map<string,vector<string> >::const_iterator itr2;
            for( itr2 = repToWord.begin( ); itr2 != repToWord.end( ); ++itr2 )
            {
                const vector<string> & clique = itr2->second;
                if( clique.size( ) >= 2 )
                    for( int p = 0; p < clique.size( ); p++ )
                        for( int q = p + 1; q < clique.size( ); q++ )
                        {
                            adjWords[ clique[ p ] ].push_back( clique[ q ] );
                            adjWords[ clique[ q ] ].push_back( clique[ p ] );
                    }
            }
        }
    }
    return adjWords;
}
```

그림 4.72 (계속)

4장 요약

운영체제, 컴파일러 설계, 탐색에서의 트리의 사용을 보았다. 수식 트리는 컴파일러 설계에서 중심 자료 구조인 **파스 트리**(parse tree)라고 하는 일반화된 구조의 한 예이다. 파스 트리는 이진 트리는 아니지만 수식 트리의 비교적 간단한 확장이다(이것을 구축하는 알고리즘이 그렇게 간단하지는 않지만).

탐색 트리는 알고리즘 설계에서 매우 중요하다. 이것은 거의 모든 유용한 연산들을 지원하고 대수적인 평균 비용이 매우 적다. 재귀를 사용하지 않은 탐색 트리의 구현이 다소 빠르기도 하지만, 재귀 버전이 더 산뜻하고 명쾌하며 이해하고 수정하기 쉽다. 탐색 트리의 문제는 그 성능이 임의적인 입력에 의존한다는 것이다. 그렇지 않다면 실행 시간이 매우 증가하여 탐색 트리가 비싼 링크드 리스트가 되어버린다.

이 문제를 다루는 몇 가지 방법을 보았다. AVL 트리는 모든 노드의 왼쪽과 오른쪽 서브 트리의 높이 차이가 최대 1이 되게 한다. 이것은 트리가 너무 깊게 되는 것을 방지한다. 삽입과는 달리 트리를 변경하지 않는 연산들은 표준 이진 탐색 트리 코드를 사용할 수 있다. 트리를 변경하는 연산은 트리를 복구하여야 한다. 이것은 다소 복잡하고 특히 삭제의 경우에 더 그렇다. 삽입 후에 $O(\log N)$ 시간 내에 트리를 복구할 수 있다는 것을 보았다.

스플레이 트리에 대해서도 보았다. 스플레이 트리의 노드는 임의적으로 깊어질 수 있지만, 트리에 대한 각각의 접근 후에 이상한 방법으로 조정된다. 기본 효과는 M개의 연속된 연산에 $O(M\log N)$의 시간이 소요된다는 것으로 이는 균형 트리에서의 경우와 같게 된다.

B-트리는 디스크에 적합한 균형 M-차 트리이다. 특별한 경우로서 균형 탐색 트리를 구현하는 또 다른 방법인 2-3 트리(M=3)가 있다.

실제로 모든 균형 트리 구조는 단순한 이진 탐색 트리에 비하여 탐색은 다소 빠르지만, 삽입과 삭제의 경우에는 더 나빠진다. 그러나 일반적으로 이것은 최악 경우의 입력을 방지하는 측면에서는 수용할 만하다. 12장에서 몇 가지 추가적인 탐색 트리 자료 구조를 논의하고 보다 상세한 구현을 제공한다.

마지막으로 탐색 트리에 요소를 추가하고 중위 순회를 수행하여 정렬된 순서의 요소들을 구한다. 이것은 정렬을 위한 $O(N\log N)$ 알고리즘으로서 임의의 정교한 탐색 트리가 사용된다면 최악 경우 바운드가 된다. 7장에서 더 좋은 방법을 보겠지만, 아무 것도 하한 시간 바운드를 갖지는 못한다.

4장 연습문제

4.1 그림 4.73의 트리에 대해서 다음 물음에 답하시오.

a. 루트 노드는 어떤 것인가?
b. 리프 노드는 어떤 것들인가?

4.2 그림 4.73의 트리의 각 노드에 대하여 다음 물음에 답하시오.

a. 부모 노드를 쓰시오.
b. 자식들을 나열하시오.
c. 형제들을 나열하시오.
d. 깊이를 계산하시오.
e. 높이를 계산하시오.

4.3 그림 4.73의 트리의 깊이는 얼마인가?

4.4 N개의 노드를 갖는 이진 트리가 사식들을 나타내는 $N+1$개의 널 링크를 갖는다는 것을 보이시오.

4.5 높이 h의 이진 트리가 최대 $2^{h+1}-1$개의 노드를 갖는다는 것을 보이시오.

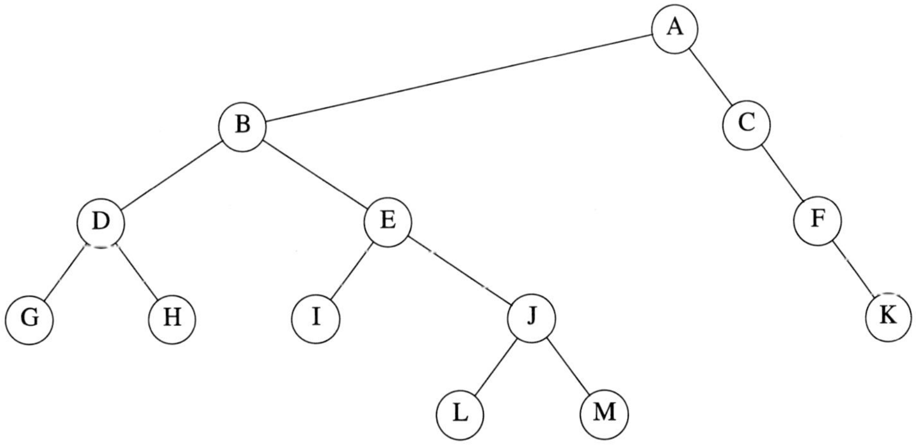

그림 4.73 연습문제 4.1부터 4.3까지를 위한 트리

4.6 꽉 찬 노드(full node)는 두 개의 자식을 갖는 노드이다. 꽉 찬 노드의 개수에 1을 더한 값은 공백이 아닌 이진 트리의 리프의 개수와 같다는 것을 증명하시오.

4.7 깊이 d_1, d_2, ..., d_M에 각각 l_1, l_2, ..., l_M개의 리프를 갖는 이진 트리를 가정하자. $\sum_{i=1}^{M} 2^{-d_i} \leq 1$ 증명하고, 등호가 성립하는 경우를 보이시오.

4.8 그림 4.74의 트리에 대응하는 전위, 중위, 후위 표현식을 쓰시오.

4.9 a. 초기 공백 이진 탐색 트리에 3, 1, 4, 6, 9, 2, 5, 7을 차례대로 삽입한 결과를 보이시오.
b. 루트를 삭제한 결과를 보이시오.

4.10 이진 탐색 트리에서 꽉찬 노드의 평균 개수를 $f(N)$이라 하자.

a. $f(0)$과 $f(1)$의 값을 구하시오.

b. $N > 1$인 경우에 다음 식이 성립함으로 보이시오.

$$f(N) = \frac{N-2}{N} + \frac{1}{N}\sum_{i=0}^{N-1}(f(i) + f(N-i-1))$$

c. $f(N) = (N-2)/3$이 (b)의 수식의 결과임을 보이시오. (a)의 초기 조건을 이용한 귀납법을 적용하시오.

d. 연습문제 4.6의 결과를 이용하여 이진 탐색 트리의 평균 리프 개수를 구하시오.

4.11 이진 탐색 트리를 이용한 associated iterator로 set 클래스를 구현하시오. 각 노드에 부모 노드로의 링크를 추가하시오.

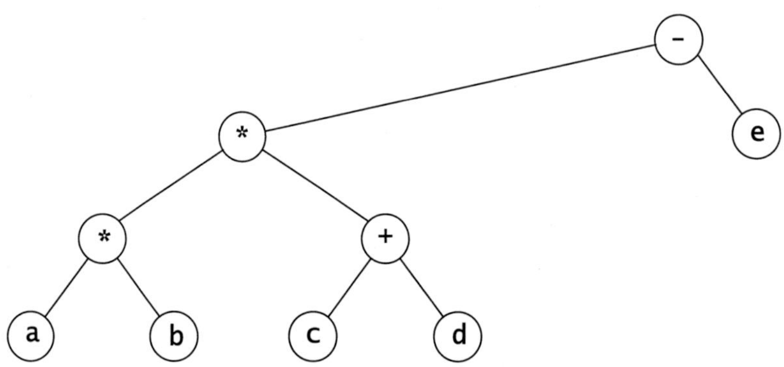

그림 4.74 연습문제 4.8을 위한 트리

4.12 set<Pair<KeyType, ValueType>> 유형의 데이터 멤버를 저장하여 map 클래스를 구현하시오.

4.13 이진 탐색 트리를 이용한 associated iterator로 set 클래스를 구현하시오. 각 노드에 다음 작은 노드와 다음 큰 노드로의 링크를 추가하시오. 코드를 단순하게 하기 위하여 이진 탐색 트리의 부분이 아닌 헤더와 테일 노드를 추가하시오. 이러한 링크드리스트가 코드를 단순하게 해 줄 것이다.

4.14 임의적인 insert/remove 쌍에 의해 야기될 수 있는 문제를 증명하기 위한 실험을 수행하고자 한다. 완전하지는 않지만, 거의 임의적인 전략은 다음과 같다. 1부터 $M = \alpha N$ 범위의 값 중에서 임의적으로 선택된 N개의 요소를 삽입하여 N개의 노드를 갖는 트리를 구축한다. 그리고 N^2의 삽입/삭제 쌍을 수행한다. a부터 b까지의 값 중에서 임의의 정수를 균등하게 반환하는 루틴 randomInteger(a, b)가 있다고 가정한다.

a. 1부터 M까지의 값 중에서 어떻게 트리 상에 존재하지 않는 임의의 정수를 생성하는지 설명하시오(즉 임의적인 삽입 연산의 수행). N과 α를 이용하여 이 연산의 실행 시간을 나타내시오.
b. 1부터 M까지의 값 중에서 어떻게 트리 상에 존재하는 임의의 정수를 생성하는지 설명하시오(즉 임의적인 삭제 연산의 수행). 이 연산의 실행 시간은 얼마인가?
c. α의 적당한 값을 얼마이며, 그 이유는?

4.15 두 개의 자식을 갖는 노드를 제거하기 위한 다음 방법들을 실험적으로 평가하는 프로그램을 작성하시오.

a. T_L의 가장 큰 노드 X로 대치하고, 재귀적으로 X를 제거한다.
b. T_L의 가장 큰 노드와 T_R의 가장 작은 노드로 교대로 대치하고, 해당 노드를 재귀적으로 제거한다.
c. T_L의 가장 큰 노드 또는 T_R의 가장 작은 노드로 대치하고, 해당 노드를 재귀적으로 제거한다. 단 선택은 임의적이다.

4.16 lazy deletion을 구현한 이진 탐색 트리 클래스를 다시 보자. 이것이 전체 루틴에 미치는 영향을 살펴보자. 특히 재귀적으로 수행되어야 하는 findMin과 findMax를 주목하라.

**4.17 임의의 이진 탐색 트리의 깊이(가장 깊은 노드의 깊이)가 평균 $O(\log N)$임을 증명하시오.

4.18 *a. 높이가 h인 AVL 트리의 최소 노드 수에 대한 정확한 표현식을 쓰시오.
b. 높이가 12인 AVL 트리의 최소 노드 수는 얼마인가?

4.19 초기 공백 AVL 트리에 2, 1, 4, 5, 9, 3, 6, 7을 차례대로 삽입한 결과를 보이시오.

*4.20 초기 공백 AVL 트리에 키 값 1, 2, ..., 2^k-1을 차례대로 삽입한다. 결과 트리가 완전 균형임을 증명하시오.

4.21 AVL의 single, double rotation을 구현하는 나머지 루틴을 작성하시오.

4.22 AVL 트리의 높이 정보가 정확하게 유지되고, 균형 특성이 지켜진다는 것을 증명하는 선형-시간 알고리즘을 설계하시오.

4.23 AVL 트리에 삽입하는 비재귀 함수를 작성하시오.

*4.24 AVL 트리의 삭제(nonlazy)를 어떻게 구현할 것인가?

4.25 a. N개 노드의 AVL 트리에서 각 노드가 높이 정보를 저장하려면 각 노드당 몇 비트가 필요한가?
b. 8비트의 높이 카운터로 오버플로우되는 최소의 AVL트리는 무엇인가?

4.26 두 번의 single rotation이 갖는 비효율성이 없는 double rotation을 수행하는 함수를 작성하시오.

4.27 그림 4.75에 있는 스플레이 트리의 키 값 3, 9, 1, 5를 차례대로 접근한 결과를 보이시오.

4.28 연습문제 4.27의 결과 스플레이 트리에서 키 값 6인 요소를 삭제한 결과를 보이시오.

4.29 a. 스플레이 트리의 모든 노드가 순서대로 접근된다면, 결과 트리는 왼쪽 자식들의 연결로만 구성된다는 것을 보이시오.
**b. 스플레이 트리의 모든 노드가 순서대로 접근된다면, 초기 트리와 관계없이 총 접근 시간이 $O(N)$임을 보이시오.

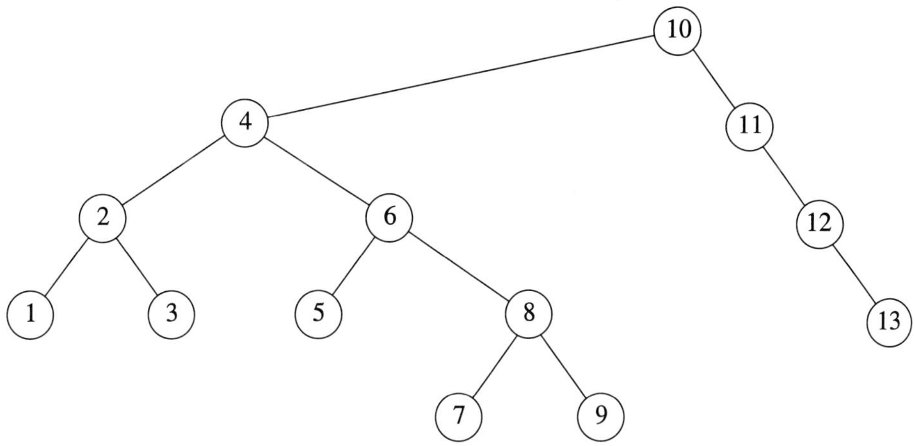

그림 4.75 연습문제 4.27을 위한 트리

4.30 스플레이 트리에 대하여 임의 연산들을 수행하는 프로그램을 작성하시오. 순서에 따라 수행되는 총 회전 수는 얼마인가? AVL 트리와 균형되지 않은 이진 탐색 트리와 실행 시간을 비교하시오.

4.31 이진 트리 T의 루드에 대한 포인터만 갖는 함수를 작성하고, 다음을 계산하시오

a. T의 모든 노드 수

b. T의 모든 리프 수

c. T의 꽉 찬 노드 수

작성한 루틴의 실행 시간은?

4.32 이진 트리가 각 노드에서 탐색 트리의 순서 특성을 만족하는지 테스트하기 위한 재귀적 선형-시간 알고리즘을 설계하시오.

4.33 트리 T의 루트 노드에 대한 포인터를 갖고, T로부터 모든 리프를 제거한 결과 트리의 루트 노드에 대한 포인터를 리턴하는 재귀 함수를 작성하시오.

4.34 1부터 N까지의 서로 다른 키 값을 갖는 N개 노드의 임의 이진 탐색 트리를 생성하는 함수를 작성하시오. 이 루틴의 실행 시간은 얼마인가?

4.35 최소 노드를 갖는 높이 h인 AVL 트리를 생성하는 함수를 작성하시오. 이 함수의 실행 시간은 얼마인가?

4.36 1부터 $2^{h+1}-1$까지의 키를 갖는 높이 h의 완전 균형 이진 탐색 트리를 생성하는 함수를 작성하시오. 이 함수의 실행 시간은 얼마인가?

4.37 이진 탐색 트리 T, $k_1 \le k_2$의 순서를 갖는 두 개의 키 k_1과 k_2를 입력으로 받아서 $k_1 \le Key(X) \le k_2$를 만족하는 트리의 모든 요소 X를 출력하는 함수를 작성하시오. 키들이 정렬되어 있다는 것 외에 다른 것은 가정하지 말라. 출력되는 키의 개수가 K인 경우에 이 프로그램의 평균 실행 시간은 $O(K+\log N)$이 될 것이다. 이 알고리즘의 실행 시간 바운드를 구하시오.

4.38 본 장의 보다 큰 이진 트리는 프로그램에 의하여 자동적으로 생성되었다. 이것은 각 트리 노드에 (x, y) 좌표를 할당하고, 각 좌표에 원을 그리고, 각 노드를 그 부모와 연결시킴으로써 이루어진다. 메모리에 저장된 이진 탐색 트리의 각 노드가 좌표를 저장하기 위한 두 개의 추가적인 필드를 갖는다고 가정하자.

a. 중위 순회 번호를 할당하여 x 좌표를 계산할 수 있다. 트리의 각 노드에 이것을 수행하는 루틴을 작성하시오.
b. 노드의 깊이에 음수를 취하여 y 좌표를 계산할 수 있다. 트리의 각 노드에 이것을 수행하는 루틴을 작성하시오.
c. 허수 단위를 사용하면, 이 그림의 규모는 어떻게 되나? 이 단위를 어떻게 조정하면 트리의 높이가 대략 트리의 넓이의 2/3 정도가 되나?
d. 이 시스템을 이용하면 모든 선이 교차하지 않는다는 것을 증명하시오. 즉, 임의의 노드 X에 대하여 X의 왼쪽 서브 트리의 모든 교소는 X의 왼쪽에 나타나고, X의 오른쪽 서브 트리의 모든 요소는 X의 오른쪽에 나타난다.

4.39 트리를 다음과 같은 그래프 구성 명령으로 변환하는 범용 트리 작성 프로그램을 작성하시오.

a. Circle(X, Y)
b. DrawLine(i, j)

첫 번째 명령은 (X, Y)에 원을 그리고, 두 번째 명령은 i번째 원과 j번째 원을 연결한다(원은 그려진 순서대로 번호를 갖는다). 이 루틴의 실행 시간은 얼마인가?

4.40 이진 트리의 노드들을 레벨 순서대로 출력하는 루틴을 작성하시오. 루트를 먼저 출력하고, 다음으로 깊이 1에 있는 노드를 출력하며, 다음으로 깊이 2의 노드 순으로 출력하는 것이다. 이것은 선형 시간 내에 수행되어야 할 것이다. 시간 바운드를 증명하라.

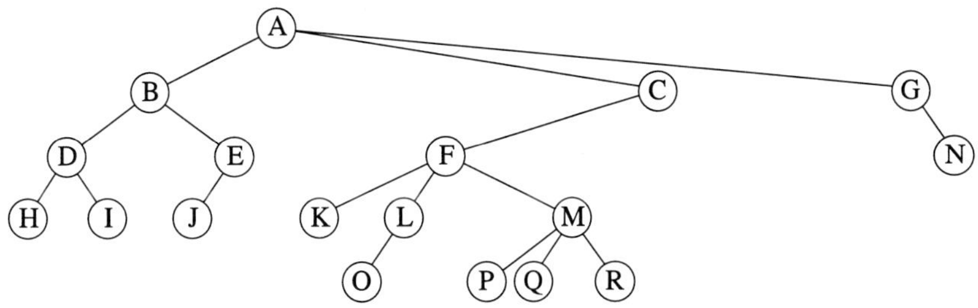

그림 4.76 연습문제 4.43을 위한 트리

4.41 *a. B-트리에 삽입을 수행하는 루틴을 작성하시오.

*b. B-트리에서 삭제를 수행하는 루틴을 작성하시오. 항목이 삭제될 때 내부 노드의 정보를 수정할 필요가 있는가?

*c. 이미 M개의 항목을 갖고 있는 노드에 삽입하고자 하는 경우에 노드 분할 전에 M개보다 적은 자식을 갖는 형제 노드를 찾도록 삽입 루틴을 수정하시오.

4.42 M차의 B^*-트리는 각 내부 노드가 최소 $2M/3$부터 M개의 자식을 갖도록 하는 B-트리이다. B^*-트리에 삽입을 수행하는 방법을 설명하시오.

4.43 그림 4.76의 트리를 어떻게 자식/형제 링크로 나타내는지 보이시오.

4.44 자식/형제 링크로 저장된 트리를 순회하는 루틴을 작성하시오.

4.45 둘 다 공백이거나 비슷한 왼쪽과 오른쪽 서브 트리를 갖는 두 개의 이진 트리는 유사하다. 두 이진 트리가 유사한지는 결정하는 함수를 작성하시오. 이 함수의 실행 시간은 얼마인가?

4.46 트리 T_1에 있는 노드들(또는 일부 노드)의 왼쪽 자식과 오른쪽 자식을 맞바꾸어 트리 T_2를 형성할 수 있다면, 두 개의 트리 T_1과 T_2는 동일 구조(isomorphic)이다. 예를 들어, 그림 4.77의 두 트리는 A, B, G에서만 자식이 바뀌었지만 동일 구조이다.

a. 두 트리가 동일 구조라는 것을 결정하는 polynomial 시간 알고리즘을 작성하시오.

*b. 이 프로그램(선형 해법이 있다면)의 실행 시간은 얼마인가?

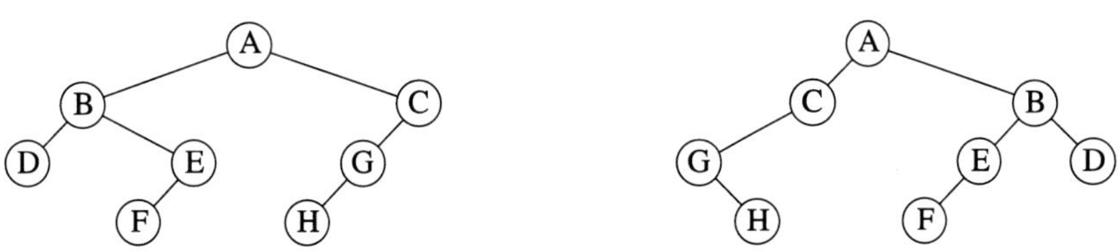

그림 4.77 두 개의 동일 구조 트리

4.47 *a. AVL single rotation을 이용하여 이진 탐색 트리 T_1이 같은 항목을 갖는 또 다른 탐색 트리 T_2로 변형될 수 있다는 것을 보이시오.

*b. 평균 $O(N\log N)$ rotation으로 이 변형을 수행하는 알고리즘을 작성하시오.

**c. 최악 경우에 $O(N)$ rotation만에 이 변형이 완료되는 것을 보이시오.

4.48 findKth라는 연산을 추가하고자 한다. findKth(k) 연산은 트리에서 k 번째의 작은 항목을 리턴한다. 모든 항목들은 서로 다르다고 가정한다. 다른 연산들의 시간 바운드에 영향을 미치지 않고, 평균 $O(\log N)$ 시간에 이 연산이 수행되는 위하여 이진 탐색 트리가 어떻게 수정되어야 하는지 설명하시오.

4.49 N개의 노드를 갖는 이진 탐색 트리는 $N+1$개의 널 포인터를 갖기 때문에, 이진 탐색 트리의 포인터 정보를 위하여 할당된 공간의 절반이 낭비된다. 노드의 왼쪽 자식이 널이면 중위 순회의 선행자(predecessor)를 왼쪽 자식 링크로 하고, 오른쪽 자식이 널이면 중위 순회의 후행자(successor)를 오른쪽 자식 링크로 한다고 하자. 이것을 threaded 트리라고 하고, 추가적인 링크를 thread라고 한다.

a. 실제 자식을 위한 포인터와 thread를 어떻게 구분하는가?

b. 이 트리에 삽입과 삭제를 수행하는 루틴을 작성하시오.

c. threaded 트리의 장점은 무엇인가?

4.50 C++ 소스 코드 파일을 읽어서 모든 식별자(변수)를 알파벳 순서로 출력하는 프로그램을 작성하시오. 각 식별자가 나타난 행 번호와 같이 출력되어야 한다.

4.51 책의 인덱스를 생성하라. 입력 파일은 인덱스 항목의 집합으로 구성된다. 각 행은 문자열 IX: 로 시작하여 중괄호로 둘러싸인 인덱스 항목 이름과 중괄호로 둘러싸인 페이지 번호로 구성된다. 인덱스 항목 이름 중에 있는 ! 는 부 항목(sub-level)을 의미한다. |(는 범위의 시작을 나타내고, |) 는 범위의 끝을 나타낸다. 이 범위는 가끔 같은 페이지가 될 수 있다. 이 경우에 출력은 단지 하나의 페이지 번호만이다. 그렇지 않으면, 범위를 줄이거나 확대하면 안된다. 예로서 그림 4.78은 입력의 예이고, 그림 4.79는 해당하는 출력을 보여 준다.

```
IX: {Series|( }              {2}
IX: {Series!geometric|( }    {4}
IX: {Euler 's constant}      {4}
IX: {Series!geometric|)}     {4}
IX: {Series!arithmetic|( }   {4}
IX: {Series!arithmetic|)}    {5}
IX: {Series!harmonic|( }     {5}
IX: {Euler 's constant}      {5}
IX: {Series!harmonic|)}      {5}
IX: {Series|)}               {5}
```

그림 4.78 연습문제 4.51을 위한 입력 예

```
Euler's constant: 4, 5
Series: 2-5
    arithmetic: 4-5
    geometric: 4
    harmonic: 5
```

그림 4.79 연습문제 4.51을 위한 출력 예

4장 참고문헌

이진 탐색 트리에 대한 추가적인 정보와 트리에 대한 수학적인 특성들은 [22]와 [23]에 있는 Knuth의 저서에서 찾아볼 수 있다.

몇몇 논문에서 균형의 결여는 이진 탐색 트리의 치우친 삭제 알고리즘에 의한 것이라는 것을 다루고 있다. Hibbard의 논문 [19]는 독창적인 삭제 알고리즘을 제안하고 하나의 삭제가 트리의 임의성을 유지하도록 하고 있다. [20]과 [5]에서는 각각 세 개의 노드만을 갖는 트리와 네 개의 노드만을 갖는 트리에 대하여 완전히 분석하고 있다. Eppinger의 논문 [14]는 임의성이 아닌 것에 대한 경험적인 증거를 보여 주고 있고, Culberson과 Munro의 논문 [10], [11]은 분석적인 증거를 보여 준다(삽입과 삭제가 섞여있는 일반적인 경우에 대한 완전한 증명은 아님).

AVL 트리는 [1]에서 Adelson-Velskii와 Landis에 의하여 제안되었다. [21]에는 AVL 트리의 시뮬레이션 결과와 다양한 k의 값에 대하여 높이 불균형이 허용되는 k의 최대값에 대한 내용이 제시되었다. AVL 트리의 삭제 알고리즘은 [23]에서 찾아볼 수 있다. AVL 트리의 평균 탐색 비용에 대한 분석은 불완전하지는 하지만 [24]에 포함되어 있다.

[3]과 [8]은 4.5.1절에 있는 것과 같은 자기 조정(self-adjusting) 트리에 대하여 다루고 있다. 스플레이 트리는 [28]에 기술되어 있다.

B-트리는 [6]에서 처음 나타났다. 원래 논문에서 기술된 구현에서는 데이터가 리프뿐만이 아니라 내부 노드에도 저장될 수 있었다. 이 자료구조를 B+-트리라고도 한다. B-트리의 몇 가지 유형에 대한 조사가 [9]에 제시되어 있다. 다양한 구조의 경험적인 결과가 [17]에 보고 되어 있다. 2-3 트리와 B-트리에 대한 분석은 [4], [13], [32]에서 찾아볼 수 있다.

연습문제 4.17은 믿을 수 없을 만큼 어렵다. [15]에서 해답을 찾을 수 있다. 연습문제 4.29는 [32]에 있다. 연습문제 4.42에 기술된 B*-트리는 [12]에서 찾아볼 수 있다. 연습문제 4.46은 [2]에 있다. $2N-6$ rotation을 이용한 연습문제 4.47은 [29]에 있다. thread를 사용한 연습문제 4.49는 [27]에서 처음으로 제안되었다. 다차원 데이터를 다루는 k-d 트리는 [7]에서 처음 제안되었고, 12장에서 다루어진다.

다른 유명한 균형 탐색 트리인 red-black 트리는 [18]에, weight-balanced 트리는 [26]에 있다. 또 다른 균형 트리 구조들을 12장에서 찾을 수 있고, [16], [25], [30]의 책에서도 볼 수 있다.

1. G. M. Adelson-Velskii and E. M. Landis, "An Algorithm for the Organization of Information," *Soviet. Mat. Doklady*, 3 (1962), 1259-1263.
2. A. V. Aho, J. E. Hopcroft, and J. D. Ullman, *The Design and Analysis of Computer Algorithms*, Addison-Wesley, Reading, Mass., 1974.

3. B. Allen and J. I. Munro, "Self Organizing Search Trees," *Journal of the ACM*, 25 (1978), 526-535.
4. R. A. Baeza-Yates, "Expected Behaviour of B+-trees under Random Insertions," *Acta Informatica*, 26 (1989), 439-471.
5. R. A. Baeza-Yates, "A Trivial Algorithm Whose Analysis Isn't: A Continuation," *BIT*, 29(1989), 88-113.
6. R. Bayer and E. M. McCreight, "Organization and Maintenance of Large Ordered Indices," *Acta Informatica*, 1 (1972), 173-189.
7. J. L. Bentley, "Multidimensional Binary Search Trees Used for Associative Searching," *Communications of the ACM*, 18 (1975), 509-517.
8. J. R. Bitner, "Heuristics that Dynamically Organize Data Structures," *SIAM Journal on Computing*, 8 (1979), 82-110.
9. D. Comer, "The Ubiquitous B tree," *Computing Surveys*, 11 (1979), 121-137.
10. J. Culberson and J. I. Munro, "Explaining the Behavior of Binary Search Trees under Prolonged Updates: A Model and Simulations," *Computer Journal*, 32 (1989), 68-75.
11. J. Culberson and J. I. Munro, "Analysis of the Standard Deletion Algorithms in Exact Fit Domain Binary Search Trees," *Algorithmica*, 5 (1990) 295-311.
12. K. Culik, T. Ottman, and D. Wood, "Dense Multiway Trees," *ACM Transactions on Database Systems*, 6 (1981), 486-512.
13. B. Eisenbath, N. Ziviana, G. H. Gonnet, K. Melhorn, and D. Wood, "The Theory of Fringe Analysis and Its Application to 2-3 Trees and B-trees," *Information and Control*, 55 (1982), 125-174.
14. J. L. Eppinger, "An Empirical Study of Insertion and Deletion in Binary Search Trees," *Communications of the ACM*, 26 (1983), 663-669.
15. P. Flajolet and A. Odlyzko, "The Average Height of Binary Trees and Other Simple Trees," *Journal of Computer and System Sciences*, 25 (1982), 171-213.
16. G. H. Gonnet and R. Baeza-Yates, *Handbook of Algorithms and Data Structures*, 2d ed., Addison-Wesley, Reading, Mass., 1991.
17. E. Gudes and S. Tsur, "Experiments with B-tree Reorganization," *Proceedings of ACM SIGMOD Symposium on Management of Data* (1980), 200-206.
18. L. J. Guibas and R. Sedgewick, "A Dichromatic Framework for Balanced Trees," *Proceedings of the Nineteenth Annual IEEE Symposium on Foundations of Computer Science* (1978), 8-21.

19. T. H. Hibbard, "Some Combinatorial Properties of Certain Trees with Applications to Searching and Sorting," *Journal of the ACM*, 9 (1962), 13-28.
20. A. T. Jonassen and D. E. Knuth, "A Trivial Algorithm Whose Analysis Isn't," *Journal of Computer and System Sciences*, 16 (1978), 301-322.
21. P. L. Karlton, S. H. Fuller, R. E. Scroggs, and E. B. Kaehler, "Performance of Height Balanced Trees," *Communications of the ACM*, 19 (1976), 23-28.
22. D. E. Knuth, *The Art of Computer Programming: Vol. 1: Fundamental Algorithms*, 3d ed., Addison-Wesley, Reading, Mass., 1997.
23. D. E. Knuth, *The Art of Computer Programming: Vol. 3: Sorting and Searching*, 2d ed., Addison-Wesley, Reading, Mass., 1998.
24. K. Melhorn, "A Partial Analysis of Height-Balanced Trees under Random Insertions and Deletions," *SIAM Journal of Computing*, 11 (1982), 748-760.
25. K. Melhorn, *Data Structures and Algorithms 1: Sorting and Searching*, Springer-Verlag, Berlin, 1984.
26. J. Nievergelt and E. M. Reingold, "Binary Search Trees of Bounded Balance," *SIAM Journal on Computing*, 2 (1973), 33-43.
27. A. J. Perlis and C. Thornton, "Symbol Manipulation in Threaded Lists," *Communications of the ACM*, 3 (1960), 195-204.
28. D. D. Sleator and R. E. Tarjan, "Self-adjusting Binary Search Trees," *Journal of the ACM*, 32 (1985), 652-686.
29. D. D. Sleator, R. E. Tarjan, and W. P. Thurston, "Rotation Distance, Triangulations, and Hyperbolic Geometry," *Journal of the AMS* (1988), 647-682.
30. H. F. Smith, *Data Structures-Form and Function*, Harcourt Brace Jovanovich, Orlando, Fla., 1987.
31. R. E. Tarjan, "Sequential Access in Splay Trees Takes Linear Time," *Combinatorica*, 5 (1985), 367-378.
32. A. C. Yao, "On Random 2-3 Trees," *Acta Informatica*, 9 (1978), 159-170.

5 해싱(Hashing)

Data structures and Algorithm Analysis in C++

4장에서는 다양한 작업을 일련의 요소로서 수행하는 탐색트리 추상데이터타입(ADT)에 대하여 설명하였다. 이 장에서는 우리는 이진 탐색 트리 연산 중 일부분만을 지원하는 해쉬 테이블에 대하여 설명한다.

해쉬 테이블을 구현하는 것을 간단히 **해싱(hashing)**이라고도 한다. 해싱은 삽입, 삭제, 탐색 연산을 데이터의 크기에 상관없이 평균 상수시간(constant time)에 수행할 수 있는 기술이다. 해싱은 데이터들의 순서 정보를 요구하는 트리 연산들은 효율적으로 지원하지 못한다. 따라서 findMin, findMax, 그리고 모든 데이터를 선형시간에 정렬하여 출력하는 연산들은 지원하지 않는다.

이 장의 중심 자료 구조는 **해쉬 테이블**이며 다음과 같은 내용을 다룬다.

- 해쉬테이블을 구현하기 위한 몇 가지 메소드를 살펴본다.
- 이들 메소드들을 분석하여 비교한다.
- 해싱의 여러 가지 응용을 살펴본다.
- 이진 탐색 트리와 해쉬 테이블을 비교한다.

5.1 일반적인 개념

이상적인 해쉬 테이블 자료 구조는 어떤 고정된 크기의 배열이다. 4장에서 고찰한 바와 같이 일반적으로 탐색은 **키값**이라는 데이터의 일부분에 대해서 수행된다. 예를 들면, 데이터 요소는 키값으로 사용될 수 있는 문자열과 추가적인 데이터 요소들로 구성된다. 해쉬 테이블의 크기를 TableSize라 하며, 이것은 전역 변수와 같이 전반적으로 사용되는 값이 아니라 해쉬 데이터 구조의 한 부분이다. 보통 테이블은 0부터 TableSize-1까지 값을 가지며 왜 그런지 잠깐 보게 될 것이다.

각 키값은 해쉬 테이블의 0부터 TableSize-1값 사이의 정수값에 매핑되고 해당 셀에 저장된다. 키값의 매핑은 해쉬 함수에 의해서 수행되며 이상적으로 **해쉬 함수**는 간단해야 하며 서로 다른 두 키값이 다른 셀에 위치할 수 있도록 매핑하여야 한다. 하지만

0	
1	
2	
3	john 25000
4	phil 31250
5	
6	dave 27500
7	mary 28200
8	
9	

그림 5.1 이상적인 해쉬테이블

이러한 매핑은 유한한 개수의 셀이 있고 가상적으로 많은 키들이 존재할 수 있으므로 매우 어렵다. 그래서 셀들에 키값들을 균형있게 배분할 수 있는 해쉬 함수가 필요하다. 그림 5.1은 일반적인 상황을 보이고 있다. 이 예에서 john은 3으로 해쉬되었고 phil은 4, dave는 6, 그리고 mary는 7로 해쉬되었다.

이것은 해싱의 기본 개념이다. 이제 남은 것은 해쉬 함수를 선택하는 것, 두 개의 키값이 동일한 해쉬값으로 매핑되는 **충돌(collision)**이 발생했을 때의 대처, 그리고 테이블 크기를 결정하는 것 등이 남아 있다.

5.2 해쉬 함수

만약 입력되는 키가 정수값이고 키가 바람직하지 않는 특성을 가지지 않는다면 TableSize로 나눈 나머지 값을 리턴하는 일반적으로 합리적인 방법이다. 이런 경우 해쉬 함수는 주의 깊게 선택되어야 한다. 예를 들어 테이블 크기가 10이고 키값이 모두 0으로 끝날 경우 표준 해쉬 함수는 좋은 선택이 아니다. 나중에 설명할 이유와 이와 같은 상황을 회피하기 위해서 테이블 크기가 소수값이 되도록 하는 것이 좋다. 입력 키값들이 임의 정수값일 때 이 함수는 계산이 매우 간단할 뿐만 아니라 키값들을 균형있게 배분한다.

보통 키는 일반적으로 문자열이며 이럴 경우 주의 깊게 해쉬 함수가 결정되어야 한다.

한가지 방법은 문자열에 속한 문자들의 아스키값들을 모두 더하는 것이다. 그림 5.2는 이런 전략으로 구현된 루틴을 보이고 있다.

```
int hash( const string & key, int tableSize )
{
    int hashVal = 0;

    for( int i = 0; i < key.length( ); i++ )
        hashVal += key[ i ];

    return hashVal % tableSize;
}
```

그림 5.2 간단한 해쉬 함수

```
int hash( const string & key, int tableSize )
{
    return ( key[ 0 ] + 27 * key[ 1 ] + 729 * key[ 2 ] ) % tableSize;
}
```

그림 5.3 다른 가능한 해쉬 함수

그림 5.2의 해쉬 함수는 간단하게 구현할 수 있고 계산도 빠르다. 그러나 테이블 크기가 크면 해쉬 함수는 키값을 제대로 분배하기 힘들다. 예를 들어, TablieSize(10,007은 소수임)가 10,007이고 모든 키값이 8자 이내 정도의 문자열 길이라고 가정하자. 아스키 문자는 최대 127이므로 해쉬 함수는 0에서부터 127 * 8에 해당하는 1,016 값을 고려하여야 하며 이럴 경우 제대로 키 값이 배분되기 어렵다.

그림 5.3은 다른 해쉬 함수를 보이고 있다. 이 해쉬 함수는 키 값이 최소한 3개 이상의 문자열이라고 가정한다. 27은 알파벳 문자와 빈칸을 더한 수를 나타내고 729는 27^2을 뜻한다. 이 함수는 단지 처음 3개의 문자열만을 검사한다. 그러나 이것이 임의적이고 테이블의 크기가 이전처럼 10,007이라면 합리적인 수준에서 분배될 수 있다. 불행하게도 영어는 임의적이지 않다. 비록 3개의 문자로 만들 수 있는 가능한 문자열이 26^3=17,567개라고 해도 온라인 사전을 검사해 보면 실제 2,851개의 문자열만이 존재한다. 비록 이들 조합이 충돌하는 경우가 없다하더라도 테이블의 28%만이 해쉬되므로 해쉬 테이블이 크다면 이 함수도 적당하지 않음을 쉽게 알 수 있다.

그림 5.4는 세 번째 경우의 해쉬 함수를 보여 준다. 이 해쉬 함수는 키값의 모든 문자열을 포함하고 키값을 잘 분배할 것으로 기대된다(이 계산은 $\sum_{i=0}^{KeySize-1} Key[KeySize-i-1] \cdot 37^i$으로 적당한 범위의 결과를 가져온다). 이 코드는 Horner의 규칙을 이용하여 37의 다항 함수를 계산한다. 예를 들면 $h_k = k_0 + 37k_1 + 37^2k_2$ 계산은 $h_k = ((k_2) * 37 + k_1) * 37 + k_0$로 계산될 수 있다. Horner의 규칙은 n차원의 다항식 계산으로 확장될 수 있다.

해쉬 함수는 오버플로우가 허용되는 점을 장점으로 사용한다. 이것은 음수 값을 만들 수도 있으며, 그러므로 마지막에 추가적인 테스트를 한다.

```
/**
* A hash routine for string objects.
*/
int hash( const string & key, int tableSize )
{
int hashVal = 0;

for( int i = 0; i < key.length( ); i++ )
hashVal = 37 * hashVal + key[ i ];

hashVal %= tableSize;
if( hashVal < 0 )
hashVal += tableSize;

return hashVal;
}
```

그림 5.4 좋은 해쉬 함수

해쉬 함수는 그림 5.4에서 기술하듯이 테이블의 분배 측면에서 가장 좋아야 할 필요는 없으나 간단하고 빠르다는 장점을 가지고 있다. 만약 키가 너무 길다면 해쉬 함수 계산이 오래 걸릴 것이다. 일반적으로는 모든 문자열이 이용되는 것은 아니다. 문자열의 길이와 속성에 따라 영향력 있는 키를 선택한다. 예를 들어 키값이 거리의 주소라고 하자. 해쉬 함수는 거리 주소, 우편번호로부터 몇 개의 문자열을 사용하여 계산할 수 있다. 어떤 프로그래머는 해쉬 시간의 단축이 키 값이 약간은 덜 배분되는 것을 보상할 수 있을 것이라 생각하며 홀수 위치의 문자들만을 사용하여 해쉬 함수를 구현할 수도 있을 것이다.

이제 남아 있는 주요 과제는 충돌을 해결하는 문제이다. 만약 어떤 키 값이 해쉬된 위치에 이미 다른 키 값이 차지하고 있는 경우, 충돌이 발생했다고 하고 충돌을 해결할 수 있는 방법이 필요하다. 충돌을 해결하기 위한 여러 가지 방법이 있다. 여기서는 체인법과 개방 주소법이라는 가장 간단한 두 가지 방법만 소개한다.

5.3 체인법

첫째 방법으로 일반적으로 알려진 **체인법(separate chaining)**은 모든 해쉬에서 같은 값을 갖는 모든 항목들의 리스트를 유지시키는 방법으로 리스트 표준 라이브러리를 이용하여 구현할 수 있는 방법이다. 만약 공간이 작다면 이 방법을 사용하지 않는 것이 좋다(그 이유는 리스트가 양방향 리스트이고 공간을 많이 낭비하기 때문이다). 이 절에서 우리는 키 값이 정수라고 하고 해쉬 함수가 $hash(x) = x \bmod 10$ 라고 가정한다(설명을 간단하게 하기 위하여 테이블의 크기는 소수 값이 아니지만 사용되었다). 그림 5.5를 보면 가정을 잘 이해할 수 있을 것이라 생각된다.

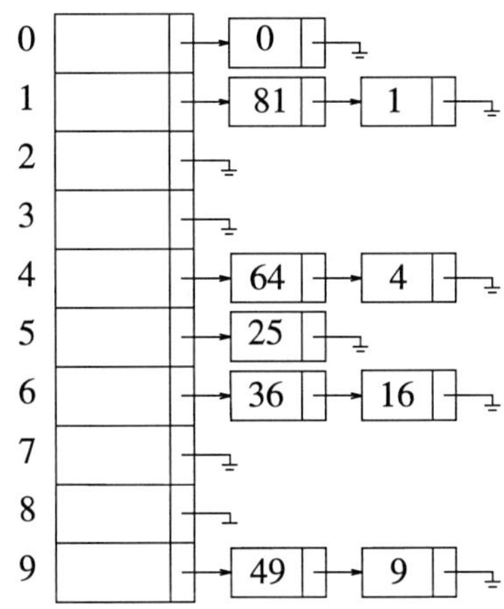

그림 5.5 체인법의 해쉬 테이블

```
template <typename HashedObj>
class HashTable
{
  public:
    explicit HashTable( int size = 101 );

    bool contains( const HashedObj & x ) const;

    void makeEmpty( );
    void insert( const HashedObj & x );
    void remove( const HashedObj & x );

  private:
    vector<list<HashedObj> > theLists;     // The array of Lists
    int currentSize;

    void rehash( );
    int myhash( const HashedObj & x ) const;
};

int hash( const string & key );
int hash( int key );
```

그림 5.6 체인법의 해쉬 테이블을 위한 타입 선언

탐색을 수행할 때 어떤 리스트를 탐색할 것인지 결정하기 위하여 해쉬 함수를 사용한다. 그 다음 선택된 리스트를 탐색하게 된다. 데이터를 삽입하기 위해서는 그 데이터가 이미 그 자리에 차지하고 있는지를 알아보기 위하여 해당 리스트를 조사한다(만약 중복이 예상 된다면 기존의 데이터는 유지하고 데이터 멤버가 일치하는 이벤트에 증가시킨다). 만약 새로운 데이터라면 리스트의 가장 처음에 삽입시키는데 그 이유는 편리하기 때문이기도 하고 가장 최근에 삽입된 데이터에 대한 탐색 요구도 자주 발생하는 것이 일반적이기 때문이다.

체인법을 구현하기 위한 클래스 인터페이스는 그림 5.6과 같다. 해쉬 테이블은 생성자에서 할당된 연결 리스트의 배열을 저장한다.

이 클래스 인터페이스는 thelists의 선언에서 두 개의 >사이에 빈칸이 있어야 함을 보이고 있는데, 그 이유는 >>는 C++의 토큰이고 >보다 길기 때문에 >>는 토큰으로 인식된다.

단지 이진 탐색 트리가 Comparable인 객체에 대해서만 동작하듯이, 이 장에서 다루고 있는 해쉬 테이블은 해쉬 함수와 동등 연산자(operator== 또는 operator!=, 또는 이들 모두)를 제공하는 객체에 대해서만 동작한다. 해쉬 함수들이 HashTable 클래스에서 전역적이고, 비-클래스 함수로 제공되므로 이것은 int와 string을 자동으로 포함한다.

객체와 테이블 크기를 파라미터로 취하는 해쉬 함수 대신에 해쉬 함수가 단지 객체만을 파라미터로 취하고 결과값을 int로 주도록 할 수 있다. 그 해쉬 테이블 클래스는 결과를 적당한 배열 인덱스로 만드는 myHash라는 private 멤버 함수를 가진다. myHash 함수는 그림 5.7과 같다.

그림 5.8은 이름 멤버를 키값으로 사용하며 해쉬 테이블에 저장될 수 있는 Employee 클래스를 나타낸 것이다. Employee 클래스는 동등 연산자와 해쉬 함수를 제공함으로써 HashedObj 요구를 구현한다.

그림 5.9는 makeEmpty, contains, remove을 구현한 코드를 보여 준다.

```
int myhash( const HashedObj & x ) const
{
   int hashVal = hash( x );

   hashVal %= theLists.size( );
   if( hashVal < 0 )
      hashVal += theLists.size( );

   return hashVal;
}
```

그림 5.7 해쉬 테이블을 위한 myHash 멤버 함수

```
// Example of an Employee class
class Employee
{
  public:
    const string & getName( ) const
      { return name; }

    bool operator==( const Employee & rhs ) const
      { return getName( ) == rhs.getName( ); }
    bool operator!=( const Employee & rhs ) const
      { return !( *this == rhs; }

      // Additional public members not shown

  private:
    string name;
    double salary;
    int seniority;

      // Additional private members not shown
};

int hash( const Employee & item )
{
    return hash( item.getName( ) );
}
```

그림 5.8 HashedObj로 사용될 수 있는 클래스 예

다음은 삽입 루틴을 설명한다. 만약 삽입할 아이템이 이미 존재한다면 아무것도 할 필요 없으며 그렇지 않은 경우 그것을 리스트에 놓는다(그림 5.10 참조). 그 항목은 리스트의 어느 위치에 놓을 수 있으며 그것은 push_back을 이용하는 것이 가장 편리하리라고 생각된다. whichList는 참조 변수이다; 참조 변수에 대해서는 1.5.4절을 보길 바란다.

연결 리스트를 이외에 다른 방법들도 충돌을 해결하기 위하여 사용될 수 있다. 이진 탐색 트리 또는 다른 해쉬 테이블도 사용이 가능하다. 그러나 해쉬 테이블이 크고 해쉬 함수의 성능이 좋다면 다른 복잡한 것을 사용하는 것보다 리스트를 사용하는 것이 간편하고 편한 방법이다.

해쉬 테이블 크기에 대한 해쉬 테이블 내의 요소들의 비율을 적재(load factor)율, λ라고 정의한다. 위의 예에서는 $\lambda=1.0$이다. 리스트의 평균 길이는 λ이다. 해쉬 함수에서 탐색 시간은 해쉬 함수를 계산하는 시간과 리스트를 선회하는 데 소요되는 시간의 합으로 상수 값이다.

```
void makeEmpty( )
{
    for( int i = 0; i < theLists.size( ); i++ )
        theLists[ i ].clear( );
}

bool contains( const HashedObj & x ) const
{
    const list<HashedObj> & whichList = theLists[ myhash( x ) ];
    return find( whichList.begin( ), whichList.end( ), x ) != whichList.end( );
}

bool remove( const HashedObj & x )
{
    list<HashedObj> & whichList = theLists[ myhash( x ) ];
    list<HashedObj>::iterator itr = find( whichList.begin( ), whichList.end( ), x );

    if( itr == whichList.end( ) )
        return false;

    whichList.erase( itr );
    --currentSize;
    return true;
}
```

그림 5.9 체인법의 해쉬 테이블을 위한 makeEmpty contains 그리고 remove 루틴

```
bool insert( const HashedObj & x )
{
    list<HashedObj> & whichList = theLists[ myhash( x ) ];
    if( find( whichList.begin( ), whichList.end( ), x ) != whichList.end( ) )
        return false;
    whichList.push_back( x );

        // Rehash; see Section 5.5
    if( ++currentSize > theLists.size( ) )
        rehash( );

    return true;
}
```

그림 5.10 체인법의 해쉬 테이블을 위한 insert 루틴

성공적이지 않은 탐색의 경우, 평균적으로 λ개의 노드를 방문하게 된다. 성공적인 탐색의 경우 $1 + (\lambda/2)$개의 노드를 방문할 필요가 있다. 탐색되어지는 리스트는 매칭이 되

는 노드 하나와 0개 이상의 다른 노드들을 포함하고 있다. N개의 항목과 M개의 리스트로 구성된 테이블에서 예상되는 다른 노드들의 수는 $(N-1)/M=\lambda-1/M$이며 M이 충분히 클 경우 이것은 실질적으로 λ에 해당한다. 평균적으로 다른 노드들의 반이 탐색되어지고 매칭되는 노드와 조합되면 평균 탐색 비용이 $1+\lambda/2$ 노드수가 된다. 이것으로 해쉬에서 탐색 시간에 중요한 것은 테이블의 크기가 아니라 적재율인 λ가 중요하다는 것을 알 수 있다. 일반적으로 체인법에서는 테이블의 크기를 항목의 수 만큼 되게 하여 $\lambda\approx1$이 되도록 한다. 그림 5.10의 코드에서는 λ가 1을 초과하는 경우 10번째 줄의 rehash 함수를 이용하여 테이블의 크기를 확장한다. rehash는 5.5절에서 논의한다. 앞에서 언급된 것처럼 좋은 분포가 보장되도록 소수값 크기의 테이블 크기를 유지하는 것도 좋은 방법이 될 수 있다.

5.4 연결리스트를 사용하지 않는 해쉬테이블

체인법의 단점은 연결 리스트를 사용한다는 것이다. 체인법은 새로운 방을 할당하기 위한 시간을 소요하기 때문에 알고리즘의 속도가 느리다. 그리고 2차적인 자료 구조의 구현을 필요로 한다는 부담이 따른다. 연결 리스트를 사용하는 충돌 해결 방법 대신 사용될 수 있는 다른 방법은 빈 방이 찾아질 대안이 될 수 있는 방을 찾는 것이다. 좀 더 형식적으로 표현하면 $h_i(x)=(hash(x)+f(i))$ mod $TableSize$와 $f(0)=0$에 의해서 계산되는 $h_0(x)$, $h_1(x)$, $h_2(x)$,… 방들이 연속적으로 시도되는 것이다. 함수 f는 충돌 해결 전략 함수라고 한다. 이런 방법에서는 테이블 내에 모든 데이터가 들어가므로 체인법에서 보다 훨씬 큰 테이블 크기가 필요하다. 일반적으로 λ=0.5보다 적다. 지금 설명한 이런 방법에 사용되는 테이블을 **탐사 해쉬 테이블**이라고 한다. 중요한 세 가지 탐사(probing) 방법을 설명하면 다음과 같다.

5.4.1 선형탐사(Linear Probing)

선형 탐사에서 f는 i의 선형함수로 $f(i)=i$가 일반적이다. 이것은 셀을 순차적으로 비어있는 셀을 검색하는 만큼의 일이다. 그림 5.11은 앞에서 사용한 동일한 해쉬 함수와 $f(i)=i$인 충돌 해결 전략으로 해쉬 테이블에 키 {89, 18, 49, 58, 69}를 삽입하는 결과를 보이고 있다.

1번째 충돌은 49가 삽입될 때 일어난다. 충돌이 일어나 키는 바로 다음 비어있는 방이 0번 방에 들어간다. 키 58은 18, 89, 그리고 49와 충돌하고 그 다음 비어있는 방인 3만큼 떨어진 위치에 저장된다. 키 69의 충돌도 유사한 방법으로 처리된다. 테이블의 크기가 충분히 클수록 비어있는 방을 항상 찾을 수 있으나 빈 방을 찾기 위해 오랜 시간을 필요로 한다.

	Empty Table	After 89	After 18	After 49	After 58	After 69
0				49	49	49
1					58	58
2						69
3						
4						
5						
6						
7						
8			18	18	18	18
9		89	89	89	89	89

그림 5.11 삽입 후 선형 탐사를 한 해쉬 테이블

더욱 심각한 것은 테이블이 상대적으로 비어 있다하더라도 키가 채워져 있는 방들이 군집(cluster)을 이루면 빈방을 찾기 위한 시간이 더욱 오래 걸리고, 그 키 값이 추가된 후에 해당 군집이 더 커져서 군집 현상을 더욱 부추기는 악순환이 반복될 수 있다.

여기서 계산을 하지는 않지만 선형 탐사 방법의 경우 삽입과 성공적이지 못한 탐색에서는 $\frac{1}{2}(1+1/(1-\lambda)^2)$ 수만큼의 탐사가 필요하며 성공적인 탐색의 경우 $\frac{1}{2}(1+1/(1-\lambda))$ 번의 탐사가 필요하다. 삽입과 비성공적인 탐색에서 동일한 횟수의 탐사를 요구하는 것을 코드를 보면 간단하게 이해할 수 있다. 비성공적인 탐색보다 성공적인 탐색에 시간이 적게 소요됨을 쉽게 알 수 있다.

군집화가 문제가 안된다면, 해당 공식들은 쉽게 유도될 수 있다. 테이블의 크기가 매우 크고 각각의 탐사가 이전 탐사와는 독립적이라고 가정하자. 이런 가정은 임의 충돌 해결 전략에 의해서 만족되고 λ가 거의 1에 가깝지 않을 경우 합리적이다. 첫째, 비성공적 탐색에서 예상되는 탐사 횟수를 유도해 보자. 이것은 빈 방이 나올 때까지 탐사하는 횟수와 동일하다. 빈방의 비율이 $1-\lambda$이므로 예상되는 탐사 횟수는 $1/(1-\lambda)$이다. 성공적인 탐색의 경우, 탐사 횟수는 특정 요소가 삽입될 때 필요로 하는 탐사 회수와 동일하다. 데이터 요소 하나가 삽입은 비성공적인 탐사의 결과로서 수행된다. 그래서 성공적인 탐색의 평균 비용을 계산하기 위하여 비성공적인 비용을 이용할 수 있다.

주의할 사항은 λ값이 0에서 현재의 값으로 변한다는 것이다. 그래서 초기의 삽입 연산들이 더 저렴하고 평균값을 낮추게 된다. 예를 들어, 그림 5.11에서 λ=0.5이지만 18에 접근하기 위한 비용은 18이 삽입될 때 결정된다. 그 때에 λ는 0.2이다. 18이 상대적으로 비어있는 테이블에 삽입되므로 그것에 접근하는 것이 69와 같이 최근에 삽입된 요소 값을 접근하는 것보다 좀 더 용이하다. 삽입 시간의 평균값을 적분함으로써 평균값을 산정할 수 있다.

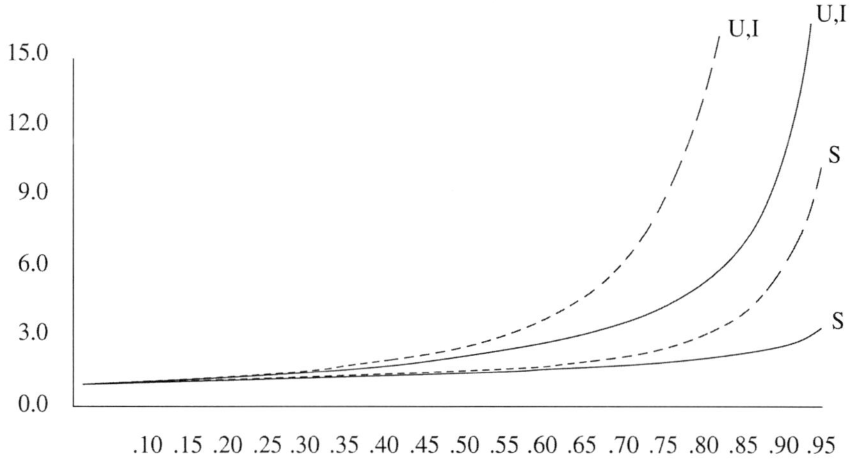

그림 5.12 선형 탐사와 임의 전략에서의 적재율에 따른 탐사 횟수 그래프(S는 성공적인 탐색, U는 비성공적인 탐색, 그리고 I는 삽입)

$$I(\lambda) = \frac{1}{\lambda}\int_{0}^{\lambda}\frac{1}{1-x}dx = \frac{1}{\lambda}ln\frac{1}{1-\lambda}$$

이 수식들은 선형 탐사법을 위해 대응되는 수식들보다 명확히 좋다. 군집화는 이론적인 문제뿐만 아니라 실제 구현 시 발생하는 문제이다.

그림 5.12는 선형 탐사의 성능(실선 곡선)과 임의 충돌 해결 전략을 사용했을 때의 성능을 비교한 것이다. 성공적인 탐색은 S, 비성공적인 탐색은 U, 그리고 삽은 I로 표시되었다.

위의 수식은 만약 λ=0.75이라면 삽입을 위해서 8.5번의 탐사가 예상됨을 나타낸다. 만약 λ=0.9라면 50번의 탐사가 예상되며 이것은 비합리적이다. 이것은 만약 군집화가 문제가 아니라면 각각의 적재율에 따른 4번 탐사와 10번 탐사를 비교한 것이다. 이것을 통해서 만약 해쉬 테이블이 반이상 차있을 경우 선형 탐사는 나쁜 방법임을 알 수 있다. 그런데 만약 λ=0.5라면 삽입 연산을 위해서 평균 2.5회의 탐사만이 필요하고 성공적인 탐색 시 평균 1.5회의 탐사가 요구된다.

5.4.2 이차 탐사(Quadratic Probing)

이차 탐사(quadratic probing)는 선형 탐사법의 주요 군집화 문제(primary clustering problem)을 제거하기 위한 충돌 해결 방법이다. 이차 탐사법는 충돌 함수가 이차 함수인 방법이다. 널리 사용되는 함수는 $f(i) = i^2$이다. 그림 5.13은 선형 탐사에서 사용된 동일한 입력으로 이 충돌 함수를 이용한 해쉬 결과를 나타낸 것이다.

	Empty Table	After 89	After 18	After 49	After 58	After 69
0				49	49	49
1						
2					58	58
3						69
4						
5						
6						
7						
8			18	18	18	18
9		89	89	89	89	89

그림 5.13 각 삽입후 이차 탐사를 한 해쉬 테이블

49가 89를 가지고 충돌할 때, 그 다음 시도된 위치는 셀 하나 떨어진 위치이며 현재 이 셀은 비어 있으므로 49가 그 위치에 저장된다. 다음에 58이 위치 8에서 충돌하면, 똑같이 한 셀 다음의 셀이 시도되나 이번에는 다른 것과 충돌을 발생시키게 된다. 그 다음 셀을 시도했을 때 비어있는 셀이 찾아지며 그 셀은 $2^2 = 4$만큼 떨어진 위치이다. 그래서 58은 셀 2에 저장된다. 69에 대해서도 동일한 일이 발생한다.

선형 탐사의 경우 해쉬 테이블이 거의 채우는 것은 성능을 저하시키기 때문에 나쁜 것이다. 이차 탐사의 경우 이런 현상은 더욱 심각한 일이다. 테이블이 반 이상 차게 되면 비어있는 방을 찾을 수 있다는 보장을 할 수 없다. 또한 테이블 크기가 소수값이 아니면 테이블이 반이 차기도 전에 비어 있는 방을 찾는 것이 보장이 안될 수도 있다. 이것은 최대로 테이블의 절반이 충돌을 해결하기 위해 대안의 위치로 사용될 수 있기 때문이다.

다음은 테이블의 반이 비어 있고, 테이블의 크기가 소수값이면 새로운 요소를 항상 삽입할 수 있음을 증명한다.

정리 5.1

이차 탐사 방법을 사용할 경우, 테이블의 크기가 소수이고 테이블이 최소한 반이상 비어 있다면 항상 새로운 요소를 삽입할 수 있다.

증명

테이블 크기(TableSize)가 3보다 큰 소수(홀수)라고 하자. 첫 번째 $\lceil TableSize/2 \rceil$ 대체 위치들(초기 위치 $h_0(x)$를 포함하여)이 구분됨을 보인다. $0 \le i, j \le \lfloor TableSize/2 \rfloor$ 라 할 때, 이들 두 위치는 $h(x) + i^2 (\bmod\ TableSize)$과 $h(x) + j^2 (\bmod\ TableSize)$이다. 이들 위치가 동일하지만 $i \ne j$라고 가정하자. 그 다음

$$h(x) + i^2 = h(x) + j^2 \qquad (\text{mod } TableSize)$$
$$i^2 = j^2 \qquad (\text{mod } TableSize)$$
$$i^2 - j^2 = 0 \qquad (\text{mod } TableSize)$$
$$(i-j)(i+j) = 0 \qquad (\text{mod } TableSize)$$

$TableSize$가 소수이기 때문에, $(i-j)$나 $(i+j)$가 0(mod $TableSize$)과 같다. i와 j가 다르기 때문에 첫 번째 옵션은 가능하지 않다. $0 \le 1,\ j \le \lfloor TableSize/2 \rfloor$ 이기 때문에 두 번째 옵션도 불가능하다. 그래서 ⌈TableSize/2⌉ 대체 위치들은 서로 구분된다. 만약 최대 ⌊TableSize/2⌋ 위치들이 할당된 경우 비어 있는 곳이 항상 발견될 수 있다.

만약 테이블이 반 이상 채워져 있다면, 비록 이런 일은 거의 일어나지는 않지만 삽입 연산이 실패할 수 있다. 그러므로 이것을 기억하는 것이 중요하다. 그리고 테이블의 크기가 소수값이야 한다는 것도 매우 중요하다[1]. 만약 테이블 크기가 소수가 아니면 대체 위치들이 심하게 감소될 수 있다. 한 예로, 만약 테이블 크기가 16이었다면, 그 다음에 유일한 대체 위치들은 1, 4, 또는 9 거리 만큼에 있을 것이다.

표준적인 삭제 연산은 탐사 해쉬 테이블에서는 수행될 수 없는데, 그 이유는 셀이 그 셀을 지나쳐가는 충돌을 초래할 수 있기 때문이다. 예를 들어 89를 삭제한다고 하면 나머지 모든 find 연산이 실패할 것이다. 그래서 비록 실제 게으르게 한다는 의미는 아니지만 탐사 해쉬 테이블은 게으른 삭제를 요구한다.

탐사 해쉬 테이블을 구현하기 위해서 요구되는 클래스 요구 명세가 그림 5.14에 있다. 리스트 배열 대신 해쉬 테이블 엔트리 셀 배열이 사용되고 있다. 중첩 클래스인 HashEntry는 info 멤버내의 엔트리의 상태를 저장한다. 이 상태는 ACTIVE, EMPTY, 또는 DELETED 중 하나이다. C++에서 이런 상수들이 초기값을 갖는 static const 멤버로 선언될 수 있다. 그래서 HashTable 클래스에서 아래와 같은 것들을 가질 수 있다.

```
static const int ACTIVE = 0;
static const int EMPTY = 1;
static const int DELETED = 2;
```

불행히도 C++ 표준에서는 강제적이지만 모든 컴파일러가 이것을 지원하는 것은 아니다. 따라서 열거형 타입을 대신 사용하며 이것을 사용하여도 동일한 효과가 있다.

```
enum EntryType { ACTIVE , EMPTY, DELETED };
```

1) 만약 테이블의 크기가 $4k+3$형식의 소수이고 이차 충돌 해결 전략이 $f(i) = \pm i^2$가 사용된다면, 테이블의 전체가 탐사될 수 있다. 비용이 비교적 복잡한 루틴에 해당한다.

```
template <typename HashedObj>
class HashTable
{
  public:
    explicit HashTable( int size = 101 );

    bool contains( const HashedObj & x ) const;

    void makeEmpty( );
    bool insert( const HashedObj & x );
    bool remove( const HashedObj & x );

    enum EntryType { ACTIVE, EMPTY, DELETED };

  private:
    struct HashEntry
    {
      HashedObj element;
      EntryType info;

      HashEntry( const HashedObj & e = HashedObj( ), EntryType i = EMPTY )
        : element( e ), info( i ) { }
    };

    vector<HashEntry> array;
    int currentSize;

    bool isActive( int currentPos ) const;
    int findPos( const HashedObj & x ) const;
    void rehash( );
    int myhash( const HashedObj & x ) const;
};
```

그림 5.14 내포된 HashEntry 클래스를 포함하는 탐사 전략을 사용한 해쉬 테이블을 위한 클래스 인터페이스

EntryType은 더 이상 정수형이 아니고 ACTIVE, EMPTY, 그리고 DELETED들을 위한 값들은 순차적으로 컴파일러에 의해서 할당된다. C++에서는 프로그래머가 정수형 클래스 상수를 선언하기 위하여 이러한 방법이 오랫동안 사용되어 왔다. 예를 들어

```
enum { MAX_VALUE = 10 };
```

테이블(그림 5.15)을 구축하는 것은 모든 셀에 대해서 info 멤버가 EMPTY로 셋팅하는 것으로 구성된다. 그림 5.16에 있는 contains(x)는 private 멤버 함수 isActive와 findPos

를 호출한다. private 멤버 함수인 findPos는 충돌 해결을 수행한다. 이차 해결이 항상 동작하도록 하기 위해서는 테이블의 크기가 요소들의 수보다 최소 2배 이상이 되도록 유의하여야 한다. 그림 5.16의 구현에서 삭제된 것으로 표시된 요소들은 테이블에 있는 것으로 간주된다. 이것은 테이블의 크기가 빨리 채워지게 되는 문제를 발생시킬 수 있는데, 이에 대해서는 다시 설명하도록 할 것이다.

```
explicit HashTable( int size = 101 ) : array( nextPrime( size ) )
{ makeEmpty( ); }

void makeEmpty( )
{
   currentSize = 0;
   for( int i = 0; i < array.size( ); i++ )
      array[ i ].info = EMPTY;
}
```

그림 5.15 이차 탐사 해쉬 테이블의 초기화 루틴

```
bool contains( const HashedObj & x ) const
   { return isActive( findPos( x ) ); }

int findPos( const HashedObj & x ) const
{
   int offset = 1;
   int currentPos = myhash( x );

   while( array[ currentPos ].info != EMPTY &&
           array[ currentPos ].element != x )
   {
      currentPos += offset; // Compute ith probe
      offset += 2;
      if( currentPos >= array.size( ) )
         currentPos -= array.size( );
   }

   return currentPos;
}

bool isActive( int currentPos ) const
   { return array[ currentPos ].info == ACTIVE; }
```

그림 5.16 이차 탐사 해싱을 위한 contains 루틴(그리고 private helpers)

12~15줄은 이차 해결을 빠르게 수행하는 방법을 나타내고 있다. 이차 해결 함수의 정의인 $f(i)=f(i-1)+2i-1$를 보면, 다음 시도되는 셀이 이전 시도된 셀로부터의 거리이고 이 거리는 다음 탐사에서 2만큼 증가한다. 만약 새로운 위치가 배열을 지나치게 되면, $TableSize$만큼 삭감하여 범위 내로 돌아올 수 있다. 이런 방법이 곱셈과 나눗셈이 필요할 것 같은 연산을 피할 수 있기 때문에 좀 더 빠른 방법일 수 있다. 중요한 주의사항 한가지 : 9번과 10번줄에 있는 테스트의 순서가 중요하며 그 순서는 바뀌어서는 안된다!

최종 루틴은 삽입 루틴이다. 체인법에서처럼 x가 이미 존재하면 아무것도 하지 않는다. 이렇게 하는 것이 다른 것을 수행하기 위한 간단한 수정이 된다. 그렇지 않으면 그것을 findPos 루틴에 의해서 제시된 곳에 위치시키도록 한다. 해당 코드가 그림 5.17에 기술되었다. 만약 적재율이 0.5를 넘으면 테이블이 가득차고 테이블의 크기를 늘리도록 한다. 이런 방법은 재해쉬(rehashing)이라고 부르며 5.5절에서 다루어 질 것이다. 그림 5.17은 remove를 보여 주고 있다.

```
bool insert( const HashedObj & x )
{
      // Insert x as active
    int currentPos = findPos( x );
    if( isActive( currentPos ) )
        return false;

    array[ currentPos ] = HashEntry( x, ACTIVE );

      // Rehash; see Section 5.5
    if( ++currentSize > array.size( ) / 2 )
        rehash( );

    return true;
}

bool remove( const HashedObj & x )
{
    int currentPos = findPos( x );
    if( !isActive( currentPos ) )
        return false;

    array[ currentPos ].info = DELETED;
    return true;
}
```

그림 5.17 이차 탐사 해쉬 테이블을 위한 insert, remove 루틴

비록 2차 탐색이 1차 클러스터링을 삭제할 수 있지만 동일한 위치에 해쉬되는 요소들은 동일한 대안의 셀들에 탐사될 수 있다. 이런 현상을 **2차 클러스터링(second clustering)**이라 한다. 2차 클러스터링은 약간은 이론적인 결점에 해당한다. 시뮬레이션 결과에 의하면 그것은 한번 탐색에 대하여 일반적으로 1/2이하의 추가적인 탐사를 요구하는 것으로 나타났다. 다음에 설명되는 기술은 이것을 제거할 수 있는 기술이지만 추가적인 해쉬 함수 계산이라는 비용을 치루어야 한다.

5.4.3 Double Hashing(이중해싱)

우리가 살펴볼 충돌 해결 방법 중 마지막 방법은 **이중 해싱(double hsahing)**이다. 이중 해싱을 위해 많이 사용되는 방법은 $f(i)=i \cdot hash_2(x)$이다. 이 식은 x에 이차 해쉬 함수를 적용하고 $hash_2(x)$, $2hash_2(x)$, …, 등의 거리를 탐사하는 것을 의미한다. 잘못된 $hash_2(x)$ 함수의 선택은 재앙을 초래할 수 있다. 예를 들어, $hash_2(x)=x$ mod 9는 만약 99가 이전 예에서 입력에 삽입이 되어 있다면 아무런 도움이 되지 않는다. 그래서 그 함수는 0을 평가해서는 안된다. 또한 모든 셀들이 탐사될 수 있도록 하는 것도 중요하다(이것은 테이블 크기가 소수값이 아니므로 아래의 예에서는 가능하지 않다). TableSize보다 작은 소수 값 R를 갖는 $hash_2(x)$=R-(x mod R)는 잘 동작한다. 만약 R=7이라면 그림 5.18은 이전 예와 같은 키를 삽입한 결과를 보이는 것이다.

첫 번째 충돌은 49가 삽입될 때 일어난다. $hash_2$(49)=7-0=7이므로 49가 6번 위치에 삽입된다. $hash_2$(58)=7-2=5이므로 58은 위치 3에 삽입된다. 마지막으로, 69는 충돌을 발생시키고 $hash_2$(69) =7-6=1 만큼 떨어진 위치에 삽입된다. 만약 위치 0에 60을 삽입하려고 시도하였다면, 충돌이 발생했을 것이다. $hash_2$(60)=7-4=3이므로 이후 비어 있는 지점이 발견될 때까지 위치들 3, 6, 9, 그리고 그 다음에 위치 2를 시도한다. 몇몇 틀린 경우를 발견하는 것은 일반적으로 가능하지만 여기에서는 그리 많지 않을 것이다.

	Empty Table	After 89	After 18	After 49	After 58	After 69
0						69
1						
2						
3					58	58
4						
5						
6				49	49	49
7						
8			18	18	18	18
9		89	89	89	89	89

그림 5.18 각 삽입후 이중 해쉬에 의한 해쉬 테이블

전에 말하였듯이, 현재 우리가 사용하고 있는 샘플 해시 테이블의 크기는 소수가 아니다. 그 이유는 해시 함수의 계산을 편하게 하기 위함이다. 그러나 이중 해쉬가 사용될 때 테이블의 크기가 왜 소수이어야 하는 것을 살펴보는 것이 매우 중요할 것 같다. 만약 테이블에 23을 삽입하려고 한다면, 58과 충돌이 발생한다. $hash_2$(23)=7-2=5이고 테이블의 크기가 10이므로 근본적으로 한 가지 대안만이 존재하고 그것은 벌써 사용되고 있다. 그래서 만약 테이블의 크기가 소수가 아니라며 대안의 위치들이 초기에 빠르게 소진될 가능성이 존재한다. 그런데 시뮬레이션 결과 만약 이중 해쉬가 올바르게 구현되었다면 평균 탐사 회수가 임의 충돌 해결 전략과 거의 비슷하다는 것을 알 수 있었다. 이러한 특성이 이중 해쉬가 이론적으로 흥미있게 만든다. 2차 탐사가 2차 해쉬 함수 사용을 요구하지 않고 그래서 실용적으로 더 간단하고 빠를 수 있다. 이것은 특별히 해쉬 함수 계산 비용이 비싼 문자열과 같은 키를 데이터에 대해서 더욱 뚜렷하다.

5.5 재해싱

만약 테이블이 가득차 있다면, 연산을 위한 실행 시간이 너무 길어지고 이차 해결을 사용하는 개방 주소 해싱에 대해서 삽입이 실패할 수도 있다. 이것은 너무도 많은 삽입과 삭제가 혼재되는 경우 발생할 수 있다. 그에 대한 해결 방안은 새로운 해쉬 함수를 가지고 2배 정도 큰 다른 테이블을 만들고 본래의 해쉬 테이블 전체를 스캔하면서 각 요소에 대해서 새로운 해쉬 값을 계산한 다음 그것을 새로운 테이블에 삽입하는 것이다.

한 예로, 13, 15, 24 그리고 6이 크기가 7인 선형 탐사 해쉬 테이블에 삽입된다고 가정하자. 해시 함수, $h(x)$는 x mod 7라고 하자. 결과로서 생긴 해시 테이블은 그림 5.19와 같다.

0	6
1	15
2	
3	24
4	
5	
6	13

그림 5.19 13,15,6,24 입력 값으로 선형 탐사한 해쉬 테이블

만약 23이 테이블에 삽입된다면, 그림 5.20과 같은 결과로 테이블이 70퍼센트 이상이 채워지게 되고, 새로운 테이블이 생성된다. 이 테이블의 크기는 17이 되고 그 이유는 이전 테이블 크기의 2배 이상되는 첫 번째 소수값이기 때문이다. 그래서 새로운 해쉬 함수는 $h(x) = x$ mod 17가 된다. 다음은 이전 테이블을 하나씩 스캔하면서 6, 15, 23, 24, 13이 새로운 테이블에 삽입된다. 그 결과로 만들어진 테이블이 그림 5.21에 나타나 있다.

0	6
1	15
2	23
3	24
4	
5	
6	13

그림 5.20 23 삽입 후 선형 탐사한 해쉬 테이블

0	
1	
2	
3	
4	
5	
6	6
7	23
8	24
9	
10	
11	
12	
13	13
14	
15	15
16	

그림 5.21 재해싱 후 해쉬 테이블

```
/**
 * Rehashing for quadratic probing hash table.
 */
void rehash( )
{
    vector<HashEntry> oldArray = array;

        // Create new double-sized, empty table
    array.resize( nextPrime( 2 * oldArray.size( ) ) );
    for( int j = 0; j < array.size( ); j++ )
        array[ j ].info = EMPTY;

        // Copy table over
    currentSize = 0;
    for( int i = 0; i < oldArray.size( ); i++ )
        if( oldArray[ i ].info == ACTIVE )
            insert( oldArray[ i ].element );
}

/**
 * Rehashing for separate chaining hash table.
 */
void rehash( )
{
    vector<list<HashedObj> > oldLists = theLists;

        // Create new double-sized, empty table
    theLists.resize( nextPrime( 2 * theLists.size( ) ) );
    for( int j = 0; j < theLists.size( ); j++ )
        theLists[ j ].clear( );

        // Copy table over
    currentSize = 0;
    for( int i = 0; i < oldLists.size( ); i++ )
    {
        list<HashedObj>::iterator itr = oldLists[ i ].begin( );
        while( itr != oldLists[ i ].end( ) )
            insert( *itr++ );
    }
}
```

그림 5.22 체인 해쉬 테이블과 탐사 해쉬 테이블에 대한 재해싱

이러한 일련의 연산을 **재해싱**이라고 한다. 재해싱은 명백히 매우 비싼 연산이다; 재해쉬될 요소의 수가 N이고 테이블의 크기가 대략 $2N$이므로 실행 시간이 $O(N)$이다. 하

지만 실제 재해쉬가 매우 드물게 발생하기 때문에 전적으로 그렇게 나쁜 것만은 아니다. 특별히 마지막 재해쉬 이전에 $N/2$ 삽입들은 있었음에 틀림없으므로 그것은 본질적으로 각 삽입에 상수 비용만큼이 더하여 진다[2]. 만약 이 데이터 구조가 프로그램의 부분이라면 그 영향은 그리 크지 않다. 반면 해싱이 대화형 시스템의 일부로 수행된다면 재해쉬를 발생시키는 불행한 사용자는 속도가 매우 느림을 경험할 수 있다.

재해싱은 2차 탐색을 갖는 몇 가지 방법으로 구현될 수 있다. 한가지 대안은 테이블이 반 정도 찰때 재해쉬하는 것이다. 다른 극단적인 방법은 삽입이 실패할 때만 재해쉬하는 것이다. 세 번째 방법인 중간길 전략(middle-of-the-road strategy)은 테이블이 특정 적재율에 도달할 때 재해쉬하는 것이다. 성능은 적재율이 증가할 때 감소하므로 현명한 임계값을 갖는 세 번째 구현 전략이 가장 좋은 방법일 수 있다.

체인 해시 테이블을 위한 재해싱도 유사하다. 그림 5.22는 재해싱이 구현하기 간단함을 나타내고 있고, 체인 재해싱 기법을 위한 구현 방법도 기술하고 있다.

5.6 표준 라이브러리에서의 해쉬 테이블

표준 라이브러리는 set과 map의 해시 테이블 구현들을 담고 있지 않다. 하지만 많은 컴파일러가 set와 map 클래스와 같은 hash_set와 hash_map 맴버 함수들을 제공한다.

hash_set 또는 hash_map을 사용하기 위하여, 컴파일러 의존적인 include 지시문과 이름공간(name space)를 제공해야 한다. 그 다음 hash_set 또는 hash_map를 만들기 위하여 적합한 유형의 매개 변수를 제공해야 한다. hash_map의 경우, 이러한 유형의 매개 변수는 키의 유형, 값의 종류, 해쉬 함수 (정수를 반환하는), 그리고 균등 연산자를 포함해야 한다. 불행히도 키(key)와 값 유형을 제외한 유형 매개 변수가 표시되는 방법은 다시 컴파일러에 의존적이다.

불가피하게, C++의 주요 수정 버전은 hash_set와 hash_map 구현 중 하나를 선택할 것이다.

5.7 확장가능 해싱

이 장의 마지막 주제는 데이터의 양이 너무 많아 메인 메모리에 맞지 않은 경우를 해결하는 방법에 대해서 설명한다. 4장에서 보았듯이, 주요 고려 사항은 데이터 검색에 요구되는 디스크 접근 횟수에 대한 것이다.

2) 이것이 새로운 테이블이 이전 테이블보다 2배 이상 커야하는 이유이다.

이전처럼 N개의 저장할 레코드를 가지고 있다고 가정하자; 그리고 N의 값은 시간에 따라 변한다. 더욱이 최대 M개의 레코드만이 하나의 디스크 블럭에 저장할 수 있다. M =4를 사용하도록 하자.

만약 탐사 해싱 또는 체인 해싱 기법이 사용된다면, 충돌로 인하여 적절히 배분된 해쉬 테이블이라 하더라도 검색시 몇 개의 블럭들이 탐색되어야 하는 문제가 발생한다. 더군다나 테이블이 가득 찰 때, 매우 값비싼 비용이 소모되는 재해싱 단계가 수행되어야 하며, 그러한 재해싱은 $O(N)$만큼의 디스크 접근을 요구하게 된다.

이에 대한 현명한 대안으로 사용될 수 있는 것이 **확장가능 해싱**이다. 확장가능 해싱은 두 번의 디스크 접근을 통하여 검색이 수행된다. 삽입도 적은 개수의 디스크 접근으로 수행된다.

우리들은 4장에서 B-트리가 $O(\log_{M/2}N)$만큼의 깊이를 가지는 것을 생각해 보자. M이 증가할 때, B-tree의 깊이는 감소한다. 이론적으로 M값을 크게 잡아 B-tree의 깊이가 1이 되도록 할 수 있다. 그러면 루트 노드가 메인 메모리에 저장될 수 있으므로 첫 번째 이후의 모든 검색은 한 번의 디스크 접근으로 이루어진다. 이런 전략에서의 문제는 분지요소(branching fator)값이 너무 커서 데이터가 있는 단말 노드(leaf node)가 어떤 것인지 결정하는 데 매우 많은 시간이 소요되게 된다. 만약 이런 시간을 줄일 수 있다면 실질적으로 사용할 수 있는 방법이 될 것이며 이러한 것이 바로 확장가능 해싱에서 사용하는 방법이다.

잠깐 우리의 데이터가 6비트 정수들로 이루어 졌다고 생각해 보자. 그림 5.23은 이 데이터를 위한 확장가능 해싱을 보여 준다. 루트 노드는 데이터의 처음 2비트로 구성된 4개의 포인터를 포함하고 있다. 각 노드는 M=4의 값을 갖는다. 각 단말 노드의 처음 2비트는 동일하다; 이것은 괄호에 의해서 나타나 있다. 좀 더 형식적으로 설명하면 D는 루트에서 사용될 비트 수를 나타내며 이것은 종종 **디렉토리**라고 불린다. 디렉토리의 요소들의 개수는 2^D이다. d_L은 단말 노드 L의 모든 요소에서 공통으로 갖게 되는 선두 비트 수이다. d_L은 특정 단말 노드에 따라 다를 수 있으며 $d_L \leq D$이다.

100100 키를 삽입하기를 원한다고 하자. 이것은 3번째 노드로 갈 것이지만, 3번째 노드가 이미 가득차 있기 때문에 여유 공간이 없다. 따라서 이 단말 노드를 두 개씩으로 분할하고 분할된 단말 노드들은 선두의 세 개의 비트로 결정된다. 그림 5.24는 이러한 변화를 나타낸 것이다.

분할에 포함되지 않는 모든 단말 노드는 두 개의 인접한 디렉토리 엔트리에 의해서 포인팅됨을 유의하자. 그래서 모든 디렉토리가 다시 쓰여져도 다른 어떤 단말 노드들은 실제로 접근되지 않게 된다.

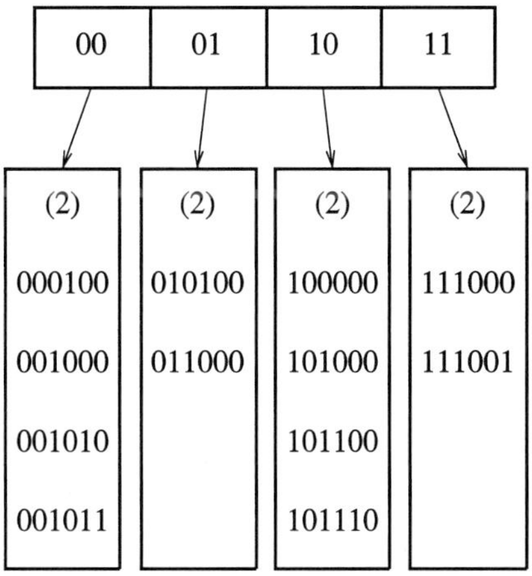

그림 5.23 확장가능 해싱: 초기 데이터

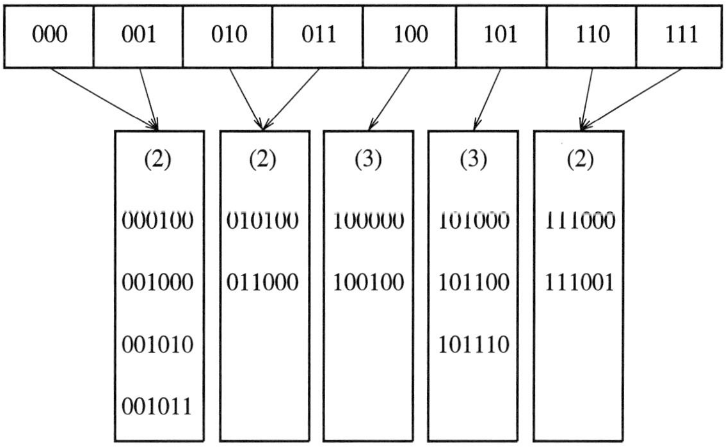

그림 5.24 확장가능 해싱: 100100이 삽입되고 디렉토리 분리 후 모습

만약 키 000000이 삽입된다면, 그 다음에 첫 번째 노드가 분할되는데, $d_L = 3$인 두 개의 단말 노드가 생성된다. $D = 3$이므로 디렉토리에서의 변화는 000 그리고 001의 포인터의 수정이다. 그림 5.25를 참조하길 바란다.

이 매우 단순한 방법은 큰 데이터베이스에 삽입 그리고 검색 연산을 위한 빠른 접근 시간이 가능하게 한다. 몇 가지 고려하지 않은 사항에 대해서 설명한다.

첫째로, 단말 노드 내 항목들이 $D+1$개 이상의 선두 비트들에서 동일하다면, 몇 개의 디렉토리 분할이 이루어지는 것을 요구할 수 있다. 예를 들면, 본 예제에서 $D = 2$이고, 111010, 111011, 마지막으로 111100 이 삽입되면, 디렉토리의 크기는 5개의 키 사이에 구별되기 위하여 4로 증가되어야 한다. 이것은 간단히 처리될 수 있지만 반드시 기억되어야 한다. 둘째로, 중복되는 키들이 있을 가능성이 있다. 만약 M개 이상의 중복된 키가 있으면 이 알고리즘은 제대로 동작하지 않는다. 이런 경우 다른 조정이 필요하게 된다.

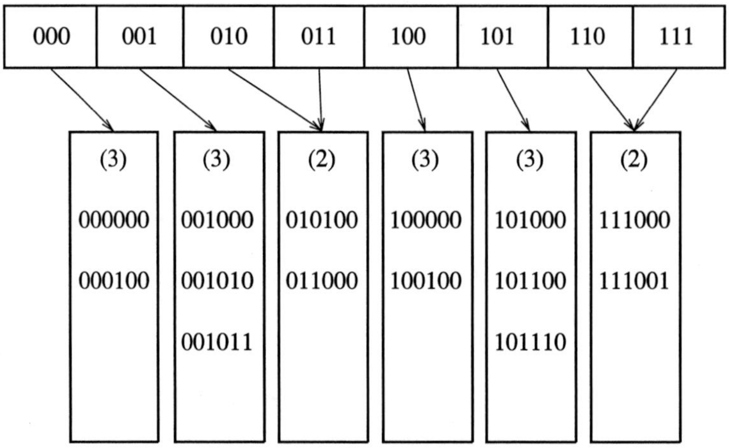

그림 5.25 확장 해싱 : 000000과 단말 분리 후

이런 가능성들은 비트가 매우 임의적으로 되어야 하는 중요성을 제시한다. 이것은 키 값을 합리적으로 매우 긴 정수로 해싱함으로써 성취될 수 있다.

우리는 확장가능 해싱의 성능의 특성을 이야기하는 것으로 마무리하고자 하는데, 이것은 매우 어려운 분석 후에 도출된다. 이 결과들은 비트 패턴이 매우 균일하게 분산되어 있다는 합리적인 가정에 근거하고 있다.

단말 노드의 기대 수는 $(N/M)\log_2 e$ 이다. 이처럼 평균 단말 노드는 $\ln 2 = 0.69$로 가득 찬다. 이것은 B 트리와 동일하다. 이것은 두 자료 구조에서 $(M+1)$번째 요소가 추가될 때 새로운 노드가 생성되므로 놀라운 사실은 아니다.

더 놀라운 결과는 디렉토리 크기의 기대 값은 $O(N^{1+1/M}/M)$인(바꾸어 말하면, 2^D) 것이다. 만약 M이 매우 작으면, 디렉토리는 과도하게 클 수도 있다. 이런 경우에, 우리들은 노드가 실제 레코드들 대신에 레코드에 대한 포인터들을 포함하도록 할 수 있으며 이로 인하여 M의 값은 증가한다. 이것은 더 작은 디렉토리를 유지하기 위해서 매 검색 연산 시 두 번째 디스크의 접근을 추가하게 된다. 만약에 디렉토리 크기가 메인 메모리보다 더 크다면, 두 번째 디스크의 접근은 언제나 요구될 것이다.

5장 요약

해쉬 테이블은 상수 시간에 insert와 contains 연산을 구현하기 위하여 사용될 수 있다. 해쉬 테이블을 사용할 때 적재율과 같은 세부 사항들에 대해서 주의를 기울이는 것이 특별히 중요한데, 그렇지 않으면 시간적 경계가 유효하지 않을 수 있다. 또한 키값이 짧은 문자열이나 정수가 아닌 경우에 해쉬 함수를 신중하게 선택하는 것도 매우 중요하다.

체인법의 경우, 적재율이 매우 크지 않다면 성능이 심각하게 저하되지는 않지만, 적재율이 거의 1에 가까워야 한다. 탐사 해싱에서는 완전히 어쩔 수 없는 상황이 아닌 이상 적재율이 0.5 이상을 넘지 않아야 한다. 선형 탐사의 경우 적재율이 1에 가까울수록 성능이 급격히 저하된다. 재해싱은 테이블이 크거나 줄어드는 것을 허용하기 위하여 사용될 수 있으며, 그래서 적절한 적재율을 유지할 수 있다. 만약 공간의 여유가 없고 큰 해쉬 테이블을 선언할 수 없을 때 이것은 매우 중요하다.

이진 탐색 트리도 insert와 contains 연산을 구현하기 위하여 사용될 수 있다. 평균 시간이 $O(\log N)$이지만 이진 탐색 트리도 순서를 요구하는 루틴을 지원하고 그래서 더욱 강력하다. 해쉬 테이블을 사용하면 최소 값을 갖는 요소를 찾는 연산이 가능하지 않다. 정확한 문자열이 알려지지 않으면 문자열을 효율적으로 탐색하는 것이 어렵다. 이진 탐색 트리는 정해진 범위의 모든 요소를 빠르게 찾을 수 있지만 해쉬에서는 이런 기능이 지원되지 않는다. 더욱이 $O(\log N)$가 $O(1)$에 비해서 그렇게 오래 걸리는 것이 아니며, 이것은 탐색 트리에서는 곱하기나 나누기가 요구되지 않기 때문에 특히 더하다.

반면, 정렬된 입력이 이진 트리가 형편없이 동작하게 하지만 일반적으로 해싱의 최악의 경우는 구현상의 오류에서 기인한다. 균형 탐사색 트리는 구현하는 데 많은 비용이 든다. 그래서 어떤 순서적 정보가 요구되지 않고 입력이 정렬되었다는 어떤 의심도 없는 경우에 해싱이 자료 구조로 적합하다고 할 수 있다.

해싱이 사용될 수 있는 응용은 매우 많다. 컴파일러는 원시 코드에서 선언된 변수들을 유지하기 위하여 해쉬 테이블을 사용하는데, 그 자료 구조를 **심볼 테이블(symbol table)**이라 한다. 해쉬 테이블은 이 문제를 위한 이상적인 해결책이다. 그 이유는 식별자들이 일반적으로 짧아 해쉬 함수가 빨리 계산될 수 있으며 식별자를 알파벳화 하는 것이 종종 불필요하기 때문이다.

해쉬 테이블은 노드의 이름이 숫자 대신 실제 이름으로 구성되는 그래프 이론 문제에도 유용하다. 여기서는 입력이 읽어지게 되면 정점(vertex)이 외관의 순서대로 1부터 앞으로 할당된다. 입력 값은 알파벳화된 대규모 그룹의 요소를 가질 수 있다. 예를 들면, 정점들이 컴퓨터가 될 수 있다. 그러면 만약 특별한 설치가 그 컴퓨터들을 $ibm1$, $ibm2$, $ibm3$, …과 같이 나열하면 탐색 트리가 사용될 때 대단한 효율성이 있을 수 있다.

해쉬 테이블을 일반적으로 사용하는 세 번째 응용으로는 게임을 하는 프로그램이다. 그 프로그램은 다른 게임 경로를 찾아야하므로 위치를 기반으로 한 해쉬 함수로 자신이 본 위치 경로를 유지한다(그리고 그 위치에 따라 움직임을 저장한다). 만약 같은 위치가 다시 나타나면 보통 간단한 움직임의 치환으로 값비싼 재계산을 피할 수 있다. 모든 게임 프로그램에서의 이런 특성은 **치환 테이블(transposition table)**이라 알려져 있다.

해싱의 또 다른 응용은 온라인 철자 검사기이다. 만약 철자 검사기에서 오류의 수정보다 오류의 탐지가 더 중요하다면, 사전 전체가 미리 해쉬되고 단어들이 상수 시간에 검사될 수 있다. 단어들을 알파벳 순서화 할 필요가 없으므로 여기에 해쉬 테이블이 적합하다. 문서내에서 철자 오류가 나타난 순서대로 철자 오류를 출력하는 것은 물론 가능하다.

우리는 1장의 단어 퍼즐 문제로 돌아감으로써 5장을 마무리하고자 한다. 1장의 두 번째 알고리즘이 사용되고 최대 단어 크기가 작은 상수 값이라고 하면 W개의 단어를 포함하는 사전을 읽어서 그것들을 해쉬 테이블에 넣는 시간은 $O(W)$이다. 이 시간은 주로 디스크 입출력에 의해서 좌우되며 해쉬 루틴에 의해서는 아니다. 나머지 알고리즘은 각 순서화된 (열, 행, 방향, 문자수)의 리스트에서 단어의 존재를 검사하는 것이다. 각 탐색이 $O(1)$이고 단어당 오직 8개의 방향밖에 없으므로 이 단계의 실행 시간은 $O(R \cdot C)$이다. 총 실행 시간은 $O(R \cdot C + W)$이고 이것은 초기 $O(R \cdot C \cdot W)$와 비교하여 확실히 개선된 것이다. 우리는 좀 더 최적화를 할 수도 있으며 이러한 최적화는 일반적으로 실행 시간을 감소시키게 된다. 이러한 최적화는 연습문제에 기술되어 있다.

5장 연습문제

5.1 입력 값 {4371, 1323, 6173, 4199, 4344, 9679, 1989}와 해쉬 함수 $h(x) = x(\mathrm{mod}()10)$가 주어졌을 때 다음의 결과를 보이시오:

a. 체인 해쉬 테이블
b. 선형 탐사를 사용하는 해쉬 테이블
c. 이차 탐사를 사용하는 해쉬 테이블
d. 이차 해쉬 함수$h_2(x) = 7 - (x \bmod 7)$를 사용하는 해쉬 테이블

5.2 연습 문제 5.1에서 해쉬 테이블의 재해싱 결과를 보이시오.

5.3 선형 탐사, 이차 탐사, 그리고 이중 해싱에서 임의의 긴 삽입 연산들에서 요구되는 충돌의 회수를 계산하는 프로그램을 쓰시오.

5.4 체인 해쉬 테이블에서의 많은 삭제는 테이블이 비어 있게 만들 수 있으며, 이것은 공간의 낭비를 초래한다. 이런 경우, 원래 크기의 반으로 테이블을 재해쉬할 수 있다. 테이블 크기의 2배 이상의 요소가 있을 때 더 큰 테이블에 재해쉬한다고 가정하자. 작은 테이블에 재해쉬하기 이전에 테이블이 얼마나 비어야 하는가?

5.5 이차 탐사를 위한 isEmpty 루틴이 작성되어 있지 않다. currentSize==0 표현을 반환함으로써 그런 루틴을 작성할 수 있는가?

5.6 이차 탐사 해쉬 테이블에서 새로운 요소를 findPos에 의해서 지정된 위치가 아니라 탐색 경로상의 첫 번째 비활성 셀에 삽입한다고 가정하자(그래서 잠재적으로는 공간을 절약하면서 삭제 표시된 셀을 재선언하는 것이 가능하다).

a. 이런 관찰을 사용하는 삽입 알고리즘을 다시 작성하시오. findPos를 유지하고, 추가적인 변수, 처음 만나는 비활성화 셀의 위치 등을 유지하면서 작성하시오.
b. 처음 알고리즘보다 개선된 알고리즘이 더 빠른 정황을 설명하시오. 그 알고리즘이 더 느릴 수 있는가?

5.7 그림 5.4의 해쉬 함수는 for 문에서 key.length()을 반복해서 호출한다. 루프를 수행하기 전에 이것을 한번 계산하는 것이 가치가 있는가?

5.8 여러 가지 충돌 해결 전략들의 장단점에 대하여 설명하시오.

5.9 이차 클러스터링의 효과를 완화시키기 위하여 충돌해결 함수로 $f(i) = i \cdot r(hash(x))$을 사용한다고 가정하자. 여기서 $hash(x)$는 32bit 해쉬 값이고, $r(y) = |48271y \pmod{(2^{31}-1)}| \bmod Tablesize$ 이다(10.4.1 절에서 오버플로우 없이 이 계산을 수행하는 방법을 기술하였으나 이 경우에는 오버플로우가 발생할 것 같지 않다). 왜 이 전략이 이차 클러스터링을 피할 수 있는지 설명하고 이 전략을 이중 해싱 및 이차 해싱과 비교하시오.

5.10 재해쉬는 해쉬 테이블내의 모든 요소에 대하여 해쉬 함수를 다시 계산하는 것을 요구한다. 해쉬 함수를 계산하는 것이 매우 고비용이기 때문에 객체가 그들 자신의 해쉬 멤버 함수를 제공하고 각 객체 자신을 위한 해쉬 함수값이 계산되는 처음에 추가적인 데이터 요소에 그 결과를 저장한다고 가정하자. 그림 5.8의 Emplolee 클래스에 그러한 기법이 어떻게 적용될 수 있을 지 보이시오. 그리고 어떤 환경에서 각 Employee안에 기억된 해쉬 값이 유효하게 남게되는 지 설명하시오.

5.11 크기가 각각 M, N인 희소 다항식 P_1, P_2의 곱셈을 위한 다음의 전략을 구현하는 프로그램을 작성하시오. 각 다항식은 계수와 지수로 구성된 객체의 리스트로 표현된다. P_1의 각 항과 P_2의 각 항을 MN번 곱한다. 한 가지 방법은 이런 사항들을 정렬하여 같은 항끼리 묶는 것이다. 그러나 비용이 많이들고 특히 작은 메모리 공간을 요구하는 MN개의 레코드들을 정렬하는 것이 필요하다. 대안으로 항들을 계산될 때 병합하고 그 후에 결과를 정렬하는 것이다.

a. 대안의 전략을 구현하는 프로그램을 작성하시오.
b. 결과 다항식이 약 $O(M+N)$항을 가지고 있다면, 두 방법의 실행 시간은 어떻게 되는가?

5.12 메모리를 쓰면서 해쉬 테이블의 초기화를 피하는 프로시져를 서술하시오.

5.13 매우 긴 입력 문자열 $A_1 A_2 \cdots A_N$에서 문자열 $P_1 P_2 P_3 \cdots P_k$이 처음 발생한 위치를 찾는다고 하자. 패턴 문자열을 해쉬하여 해쉬값 H_P를 얻어 이 값을 $A_1 A_2 \cdots A_k$, $A_2 A_3 \cdots A_{k+1}$, $A_3 A_4 \cdots A_{k+2}$ 그리고 $A_{N-k+1} A_{N-k+2} \cdots A_N$ 로 부터의 해쉬 값을 비교함으로써, 이 문제를 해결할 수 있다. 만약 해쉬 값이 매치될 때 그 매치가 문자열의 매치인지를 결정하기 위하여 문자대 문자의 비교를 수행한다. 만약 문자열이 진짜 매칭될 경우 A에서의 위치를 반환한다. 그리고 매칭이 되지 않을 때는 그 연산을 계속한다.

a. $A_i A_{i+1} \cdots A_{i+k-1}$의 해쉬 값이 알려져 있다면 $A_{i+1} A_{i+2} \cdots A_{i+k}$의 해쉬값이 상수 시간안에 계산될 수 있음을 보여라.
b. 실행 시간이 $O(k+N)$과 잘못 매칭되는 것 때문에 소비하는 시간의 합임을 보여라.
c. 잘못 매칭되는 것의 예상 수가 무시할 만함을 보여라.
d. 이 알고리즘을 구현하는 프로그램을 작성하시오.
e. 최악의 경우 $O(k+N)$ 시간안에 실행되는 알고리즘을 기술하시오.
f. 평균 $O(N/k)$안에 실행되는 알고리즘을 기술하시오.

5.14 옛날 스타일의 BASIC 프로그램은 오름차순으로 번호가 매겨진 문장들로 구성된다. 제어는 *goto* 또는 *gosub* 그리고 문장번호의 사용에 의해서 전달된다. BASIC 프로그램을 읽어서 번호 F에서 시작하고 각 문장이 이전 문장 번호보다 D만큼 크도록 다시 번호를 매기는 프로그램을 쓰시오. 문장 번호의 상한이 N이라 가정할 수 있다. 그러나 입력내의 문장 번호는 32비트 정수 크기 정도가 될 수 있다. 작성되는 프로그램은 선형 시간안에 수행되어야 한다.

5.15 a. 5장의 끝에 기술된 알고리즘을 이용하여 단어 퍼즐 프로그램을 구현하시오.
b. 각 단어 W 뿐만 아니라 모든 단어 W 이 접두사를 저장함으로써 실행 속도를 높일 수 있다(만약 단어 W의 접두사가 사전의 다른 단어라면 그 접두사는 실제 단어로서 저장된다). 비록 이렇게 하면 해쉬 테이블의 크기가 급격히 증가할 것 같지만, 많은 단어들이 동일한 접두사를 가지고 있으므로 꼭 그렇지는 않다. 읽기가 어느 한 방향에서 실시될 때 탐색되는 단어가 접두사로 해쉬 테이블에 있지 않다면 그 방향의 읽기는 조기 종료될 수 있다. 이 아이디어를 이용하여 단어 퍼즐 풀기의 개선된 프로그램을 쓰시오.
c. 만약 해쉬 테이블 ADT의 청정성을 희생한다면 (b)의 프로그램의 속도를 향상시킬 수 있다. 예를 들어 "excel"에 대한 해쉬 함수를 계산했다면 "excels"를 처음부터 계산할 필요가 없다. 이처럼 이전 계산의 장점을 사용할 수 있도록 여러분의 해쉬 함수를 조정하시오.
d. 2장에서 이진 탐색을 이용하는 것이 제안하였다. 여러분의 이진 탐색 알고리즘에 접두사를 사용하는 아이디어를 적용해 보시오. 그 적용은 간단하게 될 수 있을 것이다. 두 알고리즘 중 어떤 것이 더 빠른 알고리즘인가?

5.16 어떤 특정 가정하에 이차 클러스터링을 갖는 해쉬 테이블에 삽입을 위한 예상 비용은 $1/(1-\lambda) - \lambda - \ln(1-\lambda)$에 의하여 주어진다. 불행히도 이 공식은 이차 탐사에 대해서는 정확하지 않다. 그런데 정확하다고 가정하고 다음을 결정하시오:

a. 성공적이지 않은 탐색의 예상 비용
b. 성공적인 탐색의 예상 비용

5.17 insert와 lookup 연산을 지원하는 Map를 구현하시오. 그 구현에서 해쉬 테이블에는 (key, definition)의 쌍이 저장되도록 한다. 키를 탐사함으로써 definition을 탐색(lookup)할 것이다. 그림 5.26은 Map의 명세를 보이고 있다(약간의 구체적인 것은 제거하였음).

5.18 해쉬 테이블을 이용하여 문자 검사기를 구현하시오. 사전은 다음 두가지 소스에서 만들어진다고 가정하시오: 기존의 큰 사전과 개인적 사전을 포함하는 파일. 잘못된 철자가 있는 모든 단어와 그 단어가 있는 라인 번호를 출력하시오. 또한 각 잘못된 철자를 가지고 있는 단어에 대해서 다음의 어떤 규칙을 적용하여 얻을 수 있는 사전내의 단어들을 출력하시오:

a. 문자 하나를 더하기
b. 문자 하나를 제거하기
c. 인접한 문자들을 교환하기

```
template <typename HashedObj, typename Object>
class Pair
{
      HashedObj key;
      Object def;
      // Appropriate Constructors, etc.
};

template <typename HashedObj, typename Object>
class Dictionary
{
   public:
      Dictionary( );

      void insert( const HashedObj & key, const Object & definition );
      const Object & lookup( const HashedObj & key ) const;
      bool isEmpty( ) const;
      void makeEmpty( );

   private:
      HashTable<Pair<HashedObj,Object> > items;
};
```

그림 5.26 연습문제 5.17을 위한 사전 구조

5.19 키값 10111101, 00000010, 10011011, 10111110, 01111111, 01010001, 10010110, 00001011, 11001111, 10011110, 11011011, 00101011, 01100001, 11110000, 01101111을 M=4인 확장가능 해싱 자료 구조의 비어 있는 곳에 삽입한 결과를 보이시오.

5.20 확장가능 해쉬을 구현하기 위한 프로그램을 쓰시오. 만약 테이블이 작아서 메인 메모리에 맞는다면, 체인 기법 및 개방 주소 해싱과 비교한 성능은 어떠한가?

5장 참고문헌

해싱의 간단함에도 불구하고 분석이 매우 어렵고 아직 해결되지 못한 의문들이 존재한다. 대체적으로 최악의 경우가 발생하지 않도록 시도되는 흥미로운 이론적 이슈들이 많이 있다.

해싱에 대한 초기 논문은 [16]이다. 선형 탐사를 하는 해싱의 분석을 포함하여 그 주제에 관한 많은 정보는 [11]에서 찾을 수 있다. [14]는 그 주제에 대한 훌륭한 조사 결과 이다. [15]에서는 해싱함수를 선택할 때의 참고사항과 단점을 기술하고 있다. 이번 장에서 기술된 모든 방법에 대한 자세한 분석과 시뮬레이션은 [8]에서 찾을 수 있다.

이중 해싱에 대한 분석은 [9]와 [13]에서 찾을 수 있다. 다른 충돌 해결 기법은 연합 해싱이며 [17]에 설명되어 있다. Yao는 [19]에서 클러스터링이 없는 균일한 해싱이 성공적인 탐색의 비용 관점에서 최적화 된 것이다.

만약 입력 키 값을 사전에 알 수 있으면 충돌이 발생하지 않는 완전 해쉬 함수가 존재한다[2], [7]. 최악의 경우가 특정 입력에 의존하지 않고 알고리즘에 의해서 선택된 임의 숫자에 의존하는 복잡한 해싱 기법들이 [3]과 [4]에 소개되어 있다. 확장 해싱은 [5]에 있으며 [6]과 [8]에서는 이에 대한 분석을 찾을 수 있다. 연습문제 5.13(a-d)는 [10]에서 발췌한 것이다. (e)와 (f)는 각각 [12]와 [1]에서 나온 것이다.

1. R. S. Boyer and J. S. Moore, “A Fast String Searching Algorithm.”, *Communications of the ACM*, 20 (1977), 762-772.
2. J. L. Carter and M. N. Wegman, “Universal Classes of Hash Functions,” *Journal of Computer and System Sciences*, 18 (1979), 143-154.
3. M. Dietzfelbinger, A. R. Karlin, K. Melhorn, F. Meyer auf der Heide, H. Rohnert, and R. E. Tarjan, “Dynamic Perfect Hashing: Upper and Lower Bounds,” *SIAM Journal on Computing*, 23 (1994), 738-761.
4. R. J. Enbody and H. C. Du, “Dynamic Hshing Schemes.” *Computing Surveys*, 20 (1988), 85-113.
5. R. Fagin, J. Nievergelt, N. Pippenger, and H. R. Strong, “Extendible Hashing-A Fast Access Method for Dynamic Files,” *ACM Transactions on Database Systems*, 4 (1979), 315-344.
6. P. Flajolet, “On the Performance Evaluation of Extendible Hashing and Trie Searching,” *Acta Informatica*, 20 (1983), 345-369.
7. M. L. Fredman, J. Komlos, and E. Szemeredi, “Storing a Sparse Table with $O(1)$ Worst Case Access Time,” *Journal of the ACM*, 31 (1984) 538-544.

8. G. H. Gonnet and R. Baeza-Yates, *Handbook of Algorithms and Data Structures*, 2nd ed., Addison-Wesley, Reading, Mass., 1991.
9. L. J. Guibas and E. Szemeredi, "The Analysis of Double Hashing," *Journal of Computer and System Sciences*, 16 (1978), 226-274.
10. R. M. Karp and M. O. Rabin, "Efficient Randomized Parttern-Matching Algorithms," *Aiken Computer Laboratory Report* TR-31-81, Harvard University, Cambridge, Mass., 1981.
11. D. E. Knuth, *The Art of Computer Programming, Vol 3: Sorting and Searching*, 2d ed., Addison-Wesley, Reading, Mass., 1998.
12. D. E. Knuth, J. H. Morris, and V. R. Pratt, "Fast Pattern Matching in Strings," *SIAM Journal on Computing*, 6 (1977), 323-350.
13. G. Lueker and M. Molodowitch, "More Analysis of Double Hashing," *Proceedings of the Twentieth ACM Symposium on Theory of Computing* (1988), 354-359.
14. W. D. Maurer and T. G. Lewis, "Hash Table Methods," *Computing Surveys*, 7 (1975), 5-20.
15. B. J. McKenzie, R. Harries, and T. Bell, "Selecting a Hashing Algorithm", *Software-Practice and Experience*, 20 (1990), 209-224.
16. W. W. Peterson, "Addressing for Random Access Storage," *IBM Journal of Resarch and Development*, 1 (1957), 130-146.
17. J. S. Vitter, "Implementations for Coalesced Hashing," *Communications of the ACM*, 25 (1982), 911-926.
18. A. C. Yao, "A Noe on the Analysis of Extendible Hashing," *Information Processing Letters*, 11 (1980), 84-86.
19. A. C. Yao, "Uniform Hashing Is Optimal," *Journal of the ACM*, 32 (1985) 687-693.

6 우선순위 큐(Priority Queues)

Data structures and Algorithm Analysis in C++

프린터로 보내진 작업은 일반적으로 큐에 위치하지만, 이것이 항상 최적은 아니다. 예를 들어, 어떤 작업은 특히 중요하여 프린터가 사용 가능하게 될 때, 즉시 실행될 수 있도록 허용하는 것이 필요할 수 있다. 반대로 프린터가 사용 가능할 때, 몇 개의 1페이지 작업들과 하나의 100페이지 작업이 있는 경우에 가장 긴 작업을 마지막 순서가 아니더라도 제일 나중에 처리하는 것이 논리적일 것이다.

이와 유사하게 다중 사용자 환경에서 운영 체제의 스케줄러는 실행할 프로세스를 결정하여야 한다. 일반적으로 프로세스는 일정 시간 동안만 실행된다. 이 알고리즘은 큐를 사용한다. 처음에 작업들은 큐의 끝에 위치한다. 스케줄러는 계속적으로 큐의 첫 번째 작업을 가져와서 작업이 끝나거나 시간 제한이 될 때까지 실행하고, 작업이 종료되지 않았으면 다시 큐의 끝에 위치시킨다. 이 방법은 보통 매우 짧은 작업에는 적절하지 않다. 왜냐하면 짧은 작업의 실행에 기다리는 것이 추가되어 긴 작업 시간이 소요되는 것처럼 보이기 때문이다. 일반적으로 짧은 작업은 가능한 한 빨리 종료하는 것이 중요하므로 이러한 작업들은 이미 실행 중인 다른 작업들보다 우선순위를 가져야 한다. 또한 짧지는 않지만 중요한 작업도 우선순위를 가져야 한다.

이러한 특정한 응용은 **우선순위 큐**라고 하는 특별한 유형의 큐를 필요로 한다. 본 장에서는 다음의 내용을 다룬다.

- 우선순위 큐 ADT의 효과적인 구현
- 우선순위 큐의 활용
- 고급 우선순위 큐의 구현

우리가 살펴볼 데이터 구조는 컴퓨터 과학에서 가장 훌륭한 것 중 하나이다

6.1 모델

우선순위 큐는 최소한 다음 두 연산을 허용하는 자료 구조이다. 하나는 insert로서 그 기능이 명확하다. 다른 하나는 deleteMin으로 우선순위 큐의 최소 요소를 찾아 리턴하고

그림 6.1 우선순위 큐의 기본 모델

제거한다[1]. insert 연산은 큐의 enqueue 연산에 대응되고, deleteMin은 큐의 dequeue 연산의 우선순위 큐 버전이다.

대부분의 자료 구조와 같이 다른 연산들이 추가될 수 있지만, 이는 확장된 개념이며 그림 6.1의 기본 모델의 부분은 아니다.

우선순위 큐의 응용은 운영 체제 외에도 많이 있다. 7장에서 외부 정렬에서 우선순위 큐가 어떻게 활용되는지 알아 볼 것이다. 또한 우선순위 큐는 반복적으로 최소 값을 찾는 **그리디 알고리즘(greedy algorithm)**의 구현에서도 중요하다. 그리디 알고리즘은 9장과 10장에 있는 보다 상세한 예에서 살펴볼 것이다. 이 장에서는 이산 사건 시뮬레이션에서의 우선순위 큐의 활용에 대해 알아본다.

6.2 간단한 구현

우선순위 큐를 구현하기 위한 확실한 방법이 몇 가지 있다. 간단한 링크드 리스트를 사용할 수 있다. 전방에서의 삽입은 $O(1)$에 수행되고, 최소 값을 삭제하기 위하여 리스트를 순회하는 것은 $O(N)$ 시간이 필요하다. 리스트가 항상 정렬되도록 할 수도 있는데 이 경우 삽입이 $O(N)$이 되고, deleteMin은 $O(1)$이 된다. 삽입보다 deleteMin이 더 많이 발생하지 않는다는 사실에 근거하여 첫 번째 방법이 더 좋은 아이디어이다.

우선순위 큐를 구현하는 또 다른 방법은 이진 탐색 트리를 사용하는 것이다. 여기에서 두 연산은 모두 $O(\log N)$의 평균 실행 시간을 갖는다. 삽입은 임의적이고 삭제는 그렇지 않음에도 불구하고 이 사실은 맞다. 삭제되는 유일한 요소는 최소 값이라는 것을 상기하자. 왼쪽 서브 트리의 노드를 반복적으로 제거하는 것은 오른쪽 서브 트리가 무겁게 되어 트리의 균형이 손상된다. 그러나 오른쪽 서브 트리는 임의적이다. 최악의 경우에 deleteMin이 왼쪽 서브 트리를 고갈시킬 때, 오른쪽 서브 트리에는 있어야 할 요소의 수보다 최대 2배 많은 요소가 있을 수 있다. 이것은 평균 깊이를 작은 상수만큼만 증가시킨다. 균형 트리를 사용함으로써 최악 경우의 바운드가 될 수 있다. 이것은 나쁜 삽입 순서를 방지한다.

1) C++ 코드는 두 버전의 deleteMin을 제공한다. 하나는 최소 값을 제거하는 것이고, 다른 하나는 최소 값을 제거하고 제거된 값을 참조에 의해 전달되는 객체 내에 저장하는 것이다.

탐색 트리를 사용하면 불필요한 연산들이 많아지게 되므로 우선순위 큐를 구현하는데 굳이 탐색 트리를 쓸 필요는 없다. 여기에서 사용할 기본 자료 구조는 링크가 필요하지 않고 두 연산 모두 $O(\log N)$의 최악 경우 시간을 지원한다. 이 장에서는 실제로 삽입에는 상수의 평균 시간이 소요되고, 삭제가 끼어있지 않다면 선형 시간 내에 N개의 아이템을 갖는 우선순위 큐를 구축하는 구현을 할 것이다. 다음으로 효과적인 합병을 지원하는 우선순위 큐를 구현하는 방법을 논의한다. 이 추가적인 연산은 약간 복잡하며 링크 구조의 사용이 필요하게 된다.

6.3 이진 힙

여기에서 구현하고자 하는 것은 **이진 힙**(binary heap)이다. 이것은 우선순위 큐를 구현하는 일반적인 것으로서 수식어 없이 단순히 힙이라고 하는 것은 자료 구조로서의 이진 힙 구현을 의미한다. 이 절에서는 이진 힙을 그냥 힙이라고 할 것이다. 이진 탐색 트리와 같이 구조적 특성과 힙-순서 특성이라는 두 가지 특성을 갖는다. AVL 트리처럼 힙에 대한 어떤 연산이 이 특성을 위반할 수 있어서 모든 힙 특성이 준수되기 전까지 힙 연산이 종료되면 안된다. 이러한 사항은 구현하기에도 간단하다.

6.3.1 구조적 특성

힙은 맨 마지막 레벨을 제외하고는 완전히 채워진 이진 트리이다. 마지막 레벨은 왼쪽에서부터 오른쪽으로 채워진다. 이러한 트리를 **완전 이진 트리**(complete binary tree)라고 한다. 그림 6.2는 그 예를 보여 준다.

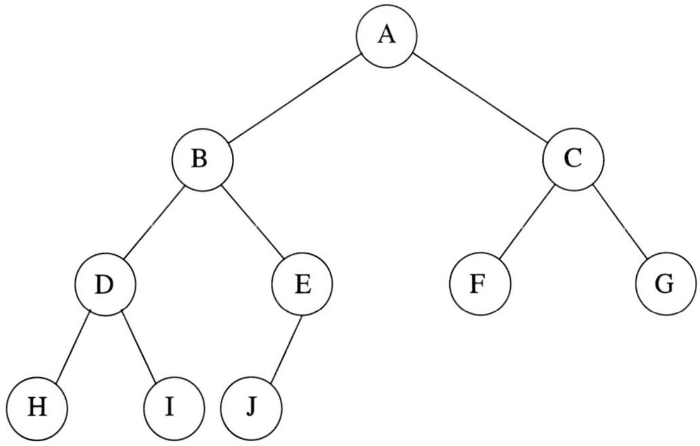

그림 6.2 완전 이진 트리

	A	B	C	D	E	F	G	H	I	J			
0	1	2	3	4	5	6	7	8	9	10	11	12	13

그림 6.3 완전 이진 트리의 배열 구현

높이가 h인 완전 이진 트리는 2^h와 $2^{h+1}-1$개의 노드를 갖는다. 이것은 완전 이진 트리의 높이가 $\lfloor \log N \rfloor$ 이고, $O(\log N)$이 된다는 것을 의미한다.

여기에서 중요한 것은 완전 이진 트리는 너무 규칙적이어서 링크가 필요 없는 배열로 나타낼 수 있다는 것이다. 그림 6.3의 배열은 그림 6.2의 힙에 대응되는 것이다.

배열의 i번째의 요소의 왼쪽 자식은 $2i$번째 있고, 오른쪽 자식은 왼쪽 자식의 다음 셀인 $(2i+1)$번째에 있으며, 부모는 $\lfloor i/2 \rfloor$ 번째에 있다. 따라서 링크가 필요하지도 않고 트리를 순회하는 연산이 매우 간단하여 대부분의 컴퓨터에서 빠르게 실행될 수 있다. 이 구현의 유일한 문제는 힙의 최대 크기를 미리 예측하여야 한다는 것이지만, 이것도 큰 문제가 되지는 않는다(필요하면 크기를 조정할 수 있다). 그림 6.3에서 힙 크기 제한은 13개의 요소이다.

힙 자료 구조는 배열(Comparable 객체)과 현재 힙의 크기를 나타내는 정수로 구성된다. 그림 6.4는 우선순위 큐 인터페이스를 보여 준다.

```
template <typename Comparable>
class BinaryHeap
{
  public:
    explicit BinaryHeap( int capacity = 100 );
    explicit BinaryHeap( const vector<Comparable> & items );

    bool isEmpty( ) const;
    const Comparable & findMin( ) const;

    void insert( const Comparable & x );
    void deleteMin( );
    void deleteMin( Comparable & minItem );
    void makeEmpty( );

  private:
    int                    currentSize;    // Number of elements in heap
    vector<Comparable> array;          // The heap array

    void buildHeap( );
    void percolateDown( int hole );
};
```

그림 6.4 우선순위 큐 클래스 인터페이스

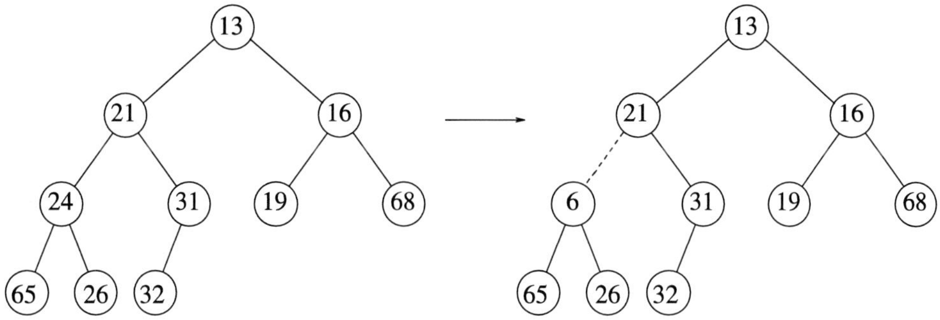

그림 6.5 두 개의 완전 트리(왼쪽 트리만 힙)

이 장 전체에서 힙을 트리 모양으로 그리지만, 실제 그 구현은 단순 배열을 사용할 것이다.

6.3.2 힙-순서 특성

연산들이 빠르게 수행될 수 있도록 해 주는 특성이 **힙-순서 특성**이다. 최소 값을 빨리 찾도록 하기 위해서는 가장 작은 요소를 루트에 놓아야 할 것이다. 임의의 서브 트리도 힙이라고 한다면, 임의의 노드는 그 후손들보다 작은 값이어야 한다.

이 논리를 적용하여 힙 순서 특성을 만든다. 힙에서 루트(부모가 없으므로)를 제외한 모든 노드 X에 대하여 X의 부모 키는 X의 키보다 작아야(또는 같거나) 한다[2]. 그림 6.5에서 왼쪽 트리는 힙이지만, 오른쪽 트리는 아니다(점선이 힙-순서를 위반한 것을 보여 준다).

힙-순서 특성에 따라 최소 요소는 항상 루트에서 찾을 수 있다. 따라서 추가적인 연산 findMin은 상수 시간을 갖는다.

6.3.3 기본 힙 연산

두 가지 연산은 개념적으로나 실제적으로 쉽다. 모든 연산은 힙-순서 특성을 유지하는 것을 보장하여야 한다.

insert

힙에 요소 X를 삽입하기 위하여 다음 가능한 위치에 공간을 생성한다. 그렇지 않으면 트리는 완전하지 않게 된다. X가 힙-순서를 위반하지 않고 그 공간에 위치할 수 있으면 단순히 그렇게 하면 된다. 그렇지 않으면, 그 공간의 부모 노드 위치에 있는 요소를 그 공간으로 옮겨 온다. 이 과정은 루트까지 올라갈 수 있으며, X가 제 위치를 찾을 때까지

2) 유사하게, 힙-순서 특성을 변경하여 최대 값을 효과적으로 찾아서 제거할 수 있는 (최대)힙을 선언할 수 있다. 따라서 우선순위 큐는 상황에 따라 최소 값 또는 최대 값을 찾는데 사용될 수 있다.

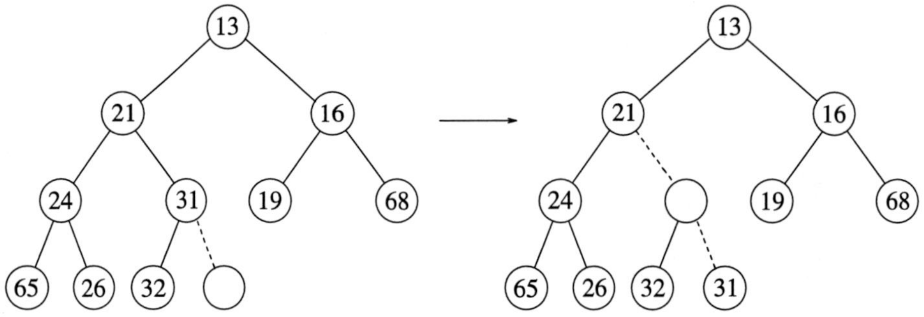

그림 6.6 14의 삽입. 공간을 만들고 위로 올라감

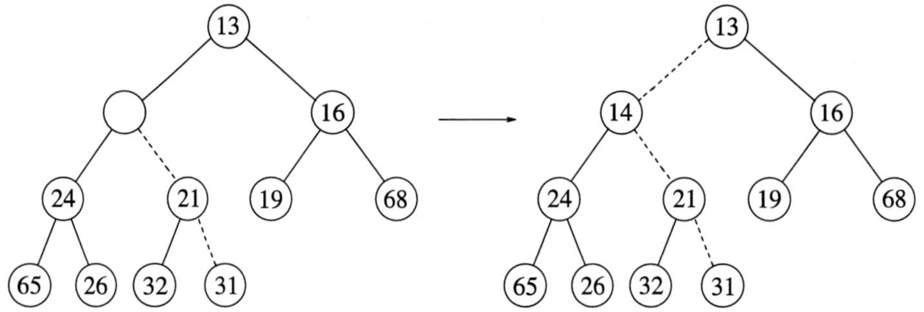

그림 6.7 14를 삽입하기 위한 나머지 2단계

이 과정을 계속한다. 그림 6.6은 14를 삽입하기 위하여 다음 가능한 힙 위치에 공간을 만드는 것을 보여 준다. 14를 그 위치에 삽입하면 힙-순서 특성이 위반되므로 31이 그 위치로 내려온다. 이 방법은 그림 6.7에서와 같이 14가 정확한 위치를 찾을 때까지 계속된다.

이 일반적인 방법을 percolate up이라고 한다. 새로운 요소가 정확한 위치를 찾을 때까지 percolate up된다. 삽입은 그림 6.8의 코드로 쉽게 구현된다.

insert 루틴에서 percolation은 정확한 순서가 될 때까지 swap을 반복하여 수행하는 것으로 구현할 수 있다. 그러나 swap에는 3개의 할당문이 필요하다. 어떤 요소가 d 레벨 올라간다면 swap에 의하여 수행되는 할당문의 개수는 $3d$이다. 우리의 방법은 d+1개의 할당문을 사용한다.

삽입되는 요소가 새로운 최소 값이면, top에 넣어질 것이다. 어떤 시점에 hole이 1이 되고, 루프를 벗어나야 할 것이다. 명시적인 테스트를 수행하거나 삽입되는 아이템의 복사본을 0번째 위치에 놓음으로써 루프를 종료할 수 있다. 여기에서는 명시적인 테스트를 사용한다.

삽입되는 요소가 새로운 최소 값이어서 루트까지 올라가게 된다면, 삽입을 수행하는 시간은 $O(\log N)$이 될 것이다. 평균적으로 percolation이 빨리 끝나게 된다. 삽입을 수행하기 위하여 평균적으로 2.607회의 비교가 필요하여 insert에서 요소가 올라가는 평균 레벨은 1.607이다.

```
/**
 * Insert item x, allowing duplicates.
 */
void insert( const Comparable & x )
{
   if( currentSize == array.size( ) - 1 )
      array.resize( array.size( ) * 2 );

      // Percolate up
   int hole = ++currentSize;
   for( ; hole > 1 && x < array[ hole / 2 ]; hole /= 2 )
      array[ hole ] = array[ hole / 2 ];
   array[ hole ] = x;
}
```

그림 6.8 이진 힙의 삽입 절차

deleteMin

deleteMin도 insert와 유사하게 처리된다. 최소값을 찾는 것은 쉽지만 그것을 제거하는 것은 어렵다. 최소 값이 제거될 때, 루트에 공간이 생성된다. 힙의 크기가 1 작게 되어 힙의 맨 마지막 요소 X가 힙의 어딘가로 옮겨져야만 한다. X가 현재 비어 있는 공간에 위치할 수 있으면 아무 문제가 없이 처리된다. 그러나 보통 그렇지 않아서 빈 공간의 자식들 중에서 작은 것을 이동하여야 되고, 빈 공간이 한 레벨 내려가게 된다. X가 빈 공간에 위치하게 될 때까지 이 과정을 반복한다. 이 과정은 X를 최소 값 자식을 갖는 루트로부터 경로 상의 정확한 위치에 놓는다.

그림 6.9에서 왼쪽 그림은 deleteMin이 수행되기 전의 힙을 보여 준다. 13이 제거된 후 31의 위치를 정하여야 한다. 값 31은 힙 순서를 위반하기 때문에 빈 공간에 위치할 수 없다. 따라서 더 작은 자식(14)을 빈 공간에 위치시키고, 빈 공간이 한 레벨 내려온다(그림 6.10). 다시 반복하면 31이 19보다 크기 때문에 19를 빈 공간에 위치시키고 한 레벨

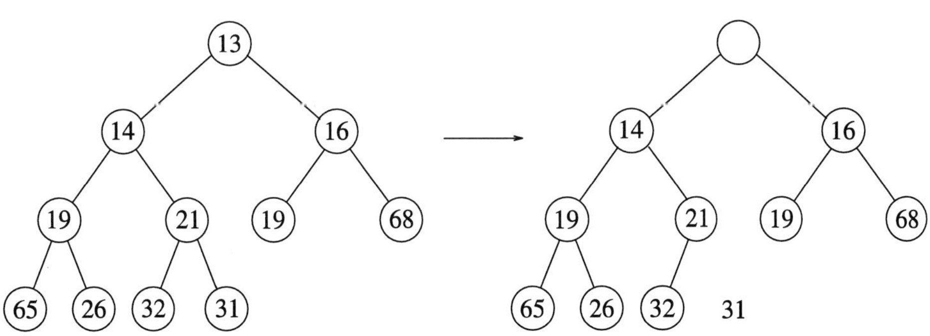

그림 6.9 루트에 빈 공간 생성

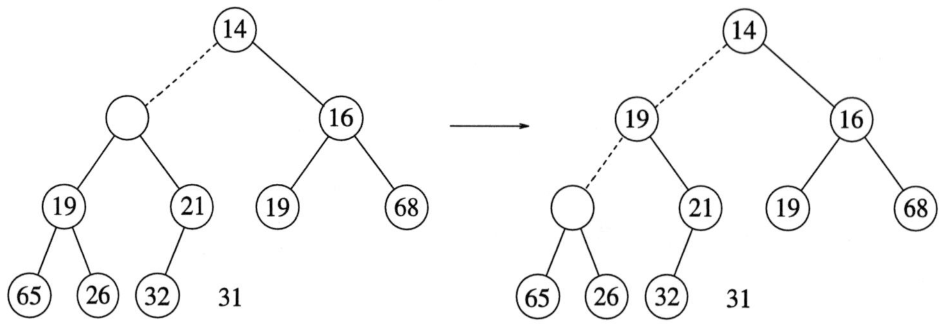

그림 6.10 deleteMin의 다음 2단계

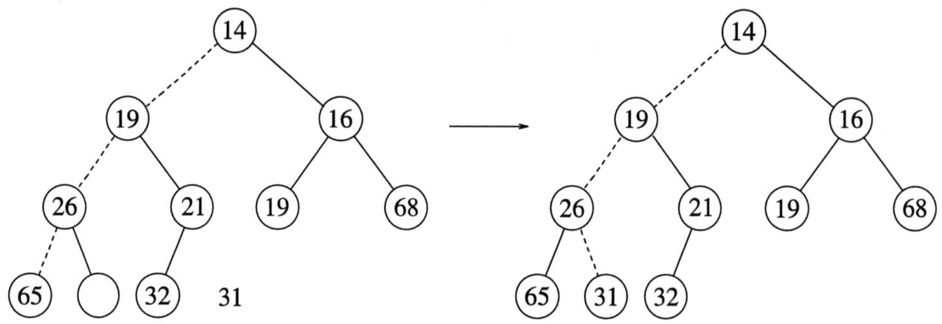

그림 6.11 deleteMin의 마지막 2단계

더 깊은 곳에 빈 공간을 만든다. 31이 여전히 크기 때문에 26을 빈 공간에 위치시키고 맨 아래 레벨에 새로운 빈 공간을 만든다. 마지막으로 빈 공간에 31을 위치시킨다(그림 6.11). 이 일반적인 방법을 **percolate down**이라고 한다. 이 루틴에서도 swap의 사용을 피하기 위하여 insert에서와 같은 기법을 사용한다.

힙에 짝수 개의 요소가 있어서 하나의 자식만을 갖는 노드를 만날 때 주로 오류가 발생한다. 항상 두 개의 자식이 있다는 가정을 하지 않으려면 이 경우를 테스트하여야 한다. 그림 6.12의 코드는 40행에서 이 테스트를 수행한다. 다른 방법으로 알고리즘이 항상 모든 노드들이 두 개의 자식을 갖는다고 생각하도록 한다.

힙의 크기가 짝수인 경우에 각 percolate down을 시작할 때, 힙이 끝나는 곳에 힙의 어떤 값보다도 더 큰 sentinel 값을 둔다. 이렇게 하려면 매우 조심해야 하고, 이 기법을 사용하였다는 명확한 주석을 달아 놓아야 한다. 이것이 오른쪽 자식의 존재를 확인하는 테스트의 필요성을 없애 주기는 하지만, 모든 리프가 sentinel을 요구하기 때문에 맨 마지막 레벨에서의 테스트를 없애지는 못한다.

최악 경우에 이 연산의 실행 시간은 $O(\log N)$이다. 평균적으로 루트에 있던 요소가 거의 바닥까지 percolate되기 때문에 평균 실행 시간은 $O(\log N)$이다.

```
/**
 * Remove the minimum item.
 * Throws UnderflowException if empty.
 */
void deleteMin( )
{
   if( isEmpty( ) )
      throw UnderflowException( );

   array[ 1 ] = array[ currentSize-- ];
   percolateDown( 1 );
}

/**
 * Remove the minimum item and place it in minItem.
 * Throws UnderflowException if empty.
 */
void deleteMin( Comparable & minItem )
{
   if( isEmpty( ) )
      throw UnderflowException( );

   minItem = array[ 1 ];
   array[ 1 ] = array[ currentSize-- ];
   percolateDown( 1 );
}

/**
 * Internal method to percolate down in the heap.
 * hole is the index at which the percolate begins.
 */
void percolateDown( int hole )
{
   int child;
   Comparable tmp = array[ hole ];

   for( ; hole * 2 <= currentSize; hole = child )
   {
      child = hole * 2;
      if( child != currentSize && array[ child + 1 ] < array[ child ] )
         child++;
      if( array[ child ] < tmp )
         array[ hole ] = array[ child ];
      else
         break;
   }
   array[ hole ] = tmp;
}
```

그림 6.12 이진 힙에서 deleteMin을 수행하는 메소드

6.3.4 다른 힙 연산들

최소 값을 찾는 것은 상수 시간 내에 실행될 수 있지만, 최소 값을 찾도록 설계된 힙이 최대 값을 찾는 것에는 별 도움이 되지 못한다. 실제로 힙은 매우 적은 순서 정보를 가지고 있어서, 특정한 값의 요소를 찾기 위해서는 전체 힙을 순차 탐색하여야 한다. 이를 알아보기 위하여 그림 6.13의 보다 큰 힙 구조(요소는 보이지 않음)를 고려해 보자. 최대값 요소에 대해서 알 수 있는 유일한 정보는 이것이 리프 중의 하나에 있다는 것이다. 요소의 절반이 리프에 있지만, 이것은 실제적으로 필요 없는 정보이다. 이러한 이유로 인하여 요소의 위치를 아는 것이 중요하다면, 해시 테이블과 같은 다른 자료 구조가 힙에 추가되어 사용되어야 한다(기본 모델에서 힙의 내부를 찾는 것이 허용되지 않았다는 것을 기억하라).

어떤 다른 방법으로 모든 요소의 위치를 안다고 가정하면, 몇 가지 다른 연산들의 비용이 적어진다. 다음 연산 중의 앞의 세 가지는 대수적인 최악 경우 시간 내에 실행된다.

decreaseKey

decreaseKey(p, Δ) 연산은 p 위치의 아이템의 값을 Δ만큼 감소시킨다. 이것이 힙 순서를 위반할 수 있으므로 percolate up으로 수정하여야 한다. 이 연산은 시스템 관리자에게 유용할 수 있다. 프로그램 실행의 우선순위를 최고로 높게 할 수 있다.

increaseKey

increaseKey(p, Δ) 연산은 p 위치의 아이템의 값을 Δ만큼 증가시킨다. percolate down 이 수행될 수 있다. 많은 스케줄러들이 CPU 시간을 너무 많이 소비하는 프로세스의 우선순위를 자동으로 낮출 수 있다.

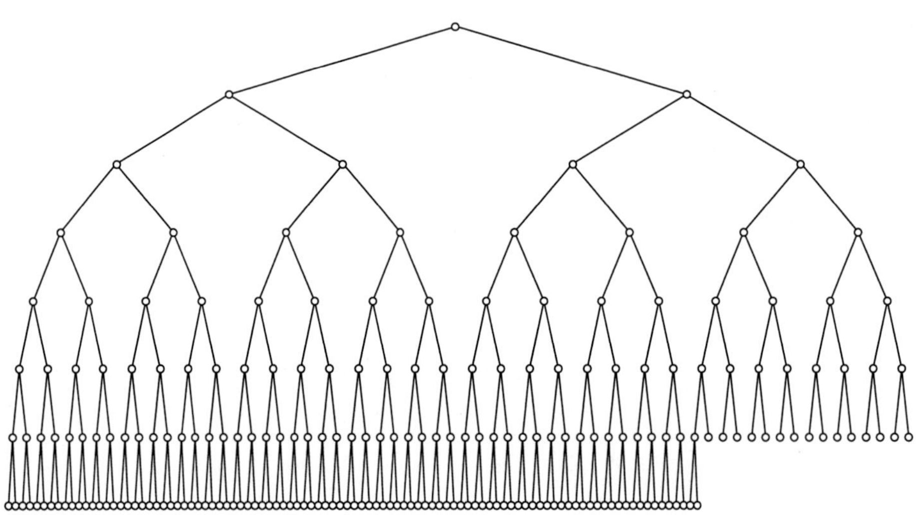

그림 6.13 매우 큰 완전 이진 트리

remove

remove(p) 연산은 힙에서 위치 p에 있는 노드를 제거한다. 이것은 먼저 decrease(p, ∞)를 수행한 후에 deleteMin( )을 수행하여 처리된다. 사용자가 프로세스를 종료할 때 (정상적인 종료가 아니고), 우선순위 큐에서 제거되어야 한다.

buildHeap

이진 힙은 아이템의 초기 컬렉션으로부터 구축되기도 한다. N개의 아이템을 입력으로 받아서 힙에 위치시킨다. 이것은 연속된 N개의 insert로 수행될 수 있다. 각각의 insert는 평균 $O(1)$, 최악 경우 $O(\log N)$ 시간을 소요하므로 이 알고리즘의 총 실행 시간은 평균 $O(N)$, 최악 경우 $O(N \log N)$이 될 수 있다. 이것은 특별한 연산으로서 중간에 다른 연산이 끼어들지 않아서 선형 평균 시간 내에 수행될 수 있다는 것을 알 수 있다.

일반적인 알고리즘은 구조적 특성을 만족하도록 N개의 아이템을 임의의 순서로 트리에 위치시킨다. 다음으로 percolate(i)가 노드 i로부터 percolate down하는 것이라면, 그림 6.14의 buildHeap 루틴이 힙-순서 트리를 만들기 위한 생성자로 사용될 수 있다.

그림 6.15의 첫 번째 트리는 순서화되지 않은 트리이다. 그림 6.15부터 그림 6.18까지에 있는 나머지 7개의 트리는 각각 7번의 percolateDown의 결과를 보여 준다. 각 점선은 두 번의 비교에 대응된다. 더 작은 자식을 찾기 위한 비교와, 작은 자식과 노드 자신을 비교하는 것이다. 전체 알고리즘에 있는 10개의 점선은 20번의 비교에 해당한다.

buildHeap의 실행 시간을 바운드하기 위하여 점선의 개수를 바운드하여야 한다. 이것은 힙의 모든 노드의 높이의 합을 계산하면 구할 수 있다. 이 합은 $O(N)$이다.

```
explicit BinaryHeap( const vector<Comparable> & items )
  : array( items.size( ) + 10 ), currentSize( items.size( ) )
  {
    for( int i = 0; i < items.size( ); i++ )
      array[ i + 1 ] = items[ i ];
    buildHeap( );
}

/**
 * Establish heap order property from an arbitrary
 * arrangement of items. Runs in linear time.
 */
void buildHeap( )
{
  for( int i = currentSize / 2; i > 0; i-- )
    percolateDown( i );
}
```

그림 6.14 buildHeap과 생성자

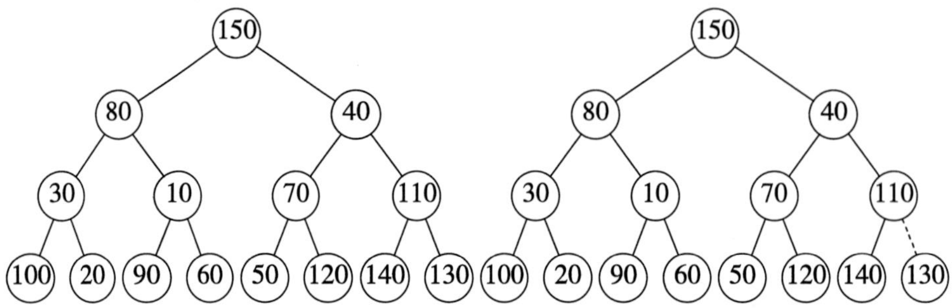

그림 6.15 왼쪽: 초기 힙, 오른쪽: percolateDown(7) 수행 후

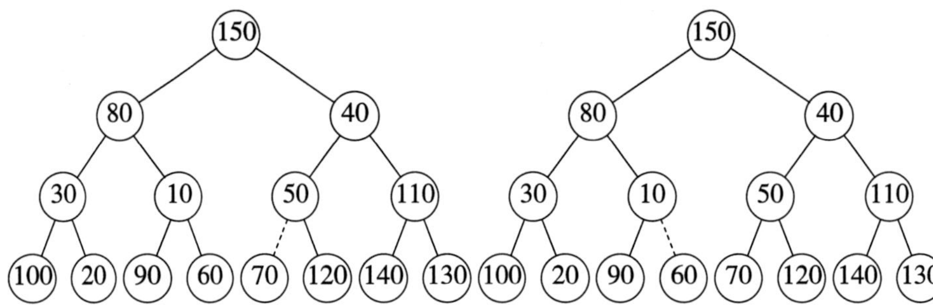

그림 6.16 왼쪽: percolateDown(6) 수행 후, 오른쪽: percolateDown(5) 수행 후

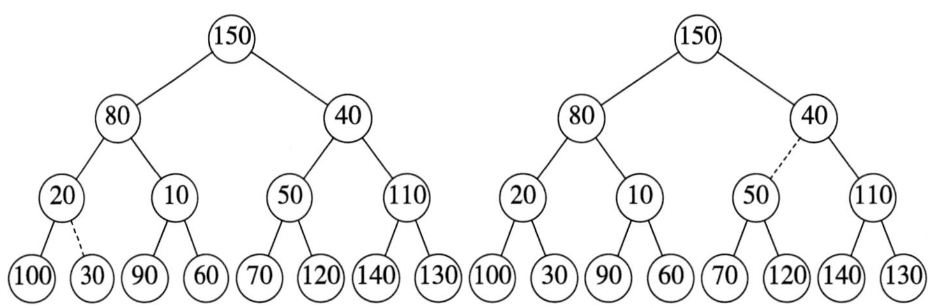

그림 6.17 왼쪽: percolateDown(4) 수행 후, 오른쪽: percolateDown(3) 수행 후

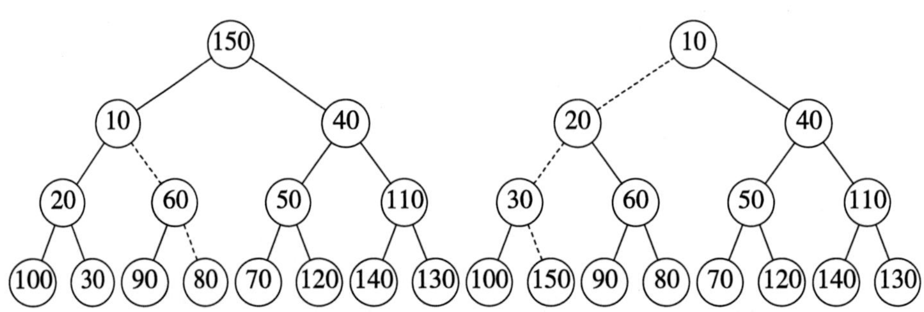

그림 6.18 왼쪽: percolateDown(2) 수행 후, 오른쪽: percolateDown(1) 수행 후

정리 6.1

$2^{h+1}-1$개의 노드를 갖는 높이 h의 완전이진 트리에서 노드 높이의 합은 $2^{h+1}-1-(h+1)$이다.

증명

이 트리가 높이 h에 1개의 노드가 있고, 높이 $h-1$에는 2개의 노드, 높이 $h-2$에는 22개의 노드가 있어서 높이 $h-i$에는 $2i$개의 노드가 있다는 것을 이해하는 것은 쉬운 일이다.

$$S=\sum_{i=0}^{h}2^i(h-i)$$
$$=h+2(h-1)+4(h-2)+8(h-3)+16(h-4)+\cdots+2^{h-1}(1) \quad (6.1)$$

이 수식의 양변에 2를 곱하여 다음 수식을 구한다.

$$2S=2h+4(h-1)+8(h-2)+16(h-3)+\cdots+2^h(1) \quad (6.2)$$

이 두 수식을 빼서 수식 (6.3)을 구한다. $2h-2(h-1)=2$, $4(h-1)-4(h-2)=4$와 같은 방식으로 많은 항들이 없어지는 것을 알 수 있다. 수식 (6.2)의 마지막 항인 $2h$는 수식 (6.1)에는 없으므로 수식 (6.3)에서 볼 수 있다. 수식 (6.1)의 첫 번째 항인 h는 수식 (6.2)에 없으므로 수식 (6.3)에서 $-h$로 나타난다.

$$S=-h+2+4+8+\cdots+2^{h-1}+2^h=(2^{h-1}-1)-(h+1) \quad (6.3)$$

수식 (6.3)이 이 정리를 증명한다.

완전 트리가 완전한 이진 트리는 아니지만, 우리가 구한 결과가 완전 트리 내의 노드의 높이 합에 대한 상한 바운드가 된다. 완전 트리가 2^h와 2^{h+1}개의 노드를 갖기 때문에, 이 정리는 노드 개수 N에 대하여 그 합이 $O(N)$이라는 것을 의미한다.

여기에서 구한 결과가 buildHeap이 선형적이라는 것을 보이기에 충분하지만 높이 합의 바운드가 견고하지는 않다. $N=2^h$개의 노드를 갖는 완전 트리에 대하여 우리가 구한 바운드는 약 $2N$이다. 귀납적으로 추론한 높이의 합은 $N-b(N)$이다. $b(N)$은 N의 이진 표현에 있는 1의 개수이다.

6.4 우선순위 큐의 응용

우선순위 큐가 운영 체제 설계에 이용된다는 것을 이미 언급하였다. 9장에서는 몇 가지 그래프 알고리즘을 효율적으로 구현하는데 우선순위 큐가 어떻게 사용되는지 보일 것이다. 또한 여기에서는 두 가지 문제의 해결책을 구하는데 우선순위 큐의 사용 방법을 보일 것이다.

6.4.1 선택 문제

첫 번째 문제는 1장에서 나온 **선택 문제**이다. 완전히 정렬된 N개의 요소를 갖는 리스트와 정수 k가 입력으로 주어진다. 선택 문제는 k번째로 큰 요소를 찾는 것이다.

1장에서 두 가지 알고리즘이 주어졌지만, 모두 효과적이지 않았다. 첫 번째 알고리즘은 요소를 배열로 읽어들여 정렬하고 적절한 요소를 리턴한다. 이것을 알고리즘 1A라고 하자. 간단한 정렬 알고리즘을 가정할 때, 실행 시간은 $O(N^2)$이다. 다른 알고리즘 1B는 k개의 요소를 배열로 읽어 들여 정렬한다. 이 중의 최소 값이 k번째 위치에 있게 된다. 나머지 요소에 대해서는 하나씩 처리한다. 요소를 배열의 k번째 요소와 비교한다. 만약 크다면 k번째 요소를 제거하고, 남은 $k-1$개의 요소 중의 정확한 위치에 새로운 요소를 위치시킨다. 알고리즘이 끝났을 때 k번째 위치의 요소가 답이 된다. 실행 시간은 $O(N \cdot k)$이다. 만약 $k = \lceil N/2 \rceil$이면, 두 알고리즘 모두 $O(N^2)$이다. 임의의 k에 대하여 $(N-k+1)$번째로 작은 요소를 구하는 대칭적 문제를 해결할 수 있으므로, 이 알고리즘의 가장 어려운 경우는 $k = \lceil N/2 \rceil$ 일 때이다. 이 k값이 중앙 값(median)이기 때문에 흥미로운 경우가 발생한다.

$k = \lceil N/2 \rceil$ 인 경우에 $O(N \log N)$ 내에 실행되는 두 알고리즘을 소개한다.

알고리즘 6A

간단히 하기 위하여 k번째로 작은 요소를 찾는다고 하자. 알고리즘은 간단하다. N개의 요소를 배열로 읽어 들인다. 이 배열에 대하여 buildHeap을 적용한다. 마지막으로 deleteMin 연산을 k번 실행한다. 힙에서 마지막으로 추출된 요소가 답이다. 힙-순서 특성을 변경함으로써 원래 문제인 k번째로 큰 요소를 찾는 문제를 해결할 수 있다.

알고리즘의 정확성은 명백하다. buildHeap을 사용한다면 최악 경우의 시간은 $O(N)$이고, 각 deleteMin은 $O(\log N)$이다. k번의 deleteMin이 있기 때문에 총 실행 시간은 $O(N + k \log N)$이다. $k = O(N/\log N)$이라면, 실행 시간의 대부분은 buildHeap 연산이 차지하여 $O(N)$이 된다. k값이 크다면, 실행 시간은 $O(k \log N)$이다. $k = \lceil N/2 \rceil$ 이라면, 실행 시간은 $\Theta(N \log N)$이다.

$k = N$인 경우에 이 프로그램을 실행하면서 힙을 떠나는 요소의 값을 기록하면 입력 파일을 $O(N \log N)$ 시간에 정렬하는 것이 된다. 7장에서 이 아이디어를 이용한 힙 정렬(heapsort)이라고 하는 빠른 정렬 알고리즘을 볼 것이다.

알고리즘 6B

두 번째 알고리즘에서는 k번째 큰 요소를 찾는 원래의 문제로 돌아가자. 알고리즘 1B

의 아이디어를 이용한다. 어떤 시점에 k번째 큰 요소를 갖는 집합 S를 얻을 것이다. 처음 k개의 요소를 읽은 후에, 새로 읽은 요소를 S_k라고 하는 k번째 큰 요소와 비교한다. S_k가 S의 가장 작은 요소이다. 새로운 요소가 크다면, 이 요소가 S의 S_k를 대체한다. S는 이제 새로운 가장 작은 요소를 갖게 된다. 물론 이 요소가 새로 추가된 요소일 수도 있고 그렇지 않을 수도 있다. 입력이 끝나면, S에서 가장 작은 요소를 찾을 수 있고 이것이 답으로 리턴된다.

이것은 본질적으로 1장에서 설명한 것과 같은 알고리즘이다. 그러나 여기에서는 S를 구현하기 위하여 힙을 이용한다. buildHeap을 호출함으로써 처음 k개의 요소가 $O(k)$ 시간에 힙에 저장된다. 남은 각 요소들을 처리하는 시간은 $O(1)$이고, S에 들어갈지를 테스트하고 필요하면 S_k를 제거하고 새로운 요소를 삽입하는 데 $O(\log k)$ 시간이 추가된다. 따라서 총 시간은 $O(k+(N-k)\log k)=O(N\log k)$이다. 이 알고리즘도 중간값을 찾는 데 $\Theta(N\log N)$ 바운드를 갖는다.

7장에서 이 문제를 평균 $O(N)$ 시간에 해결하는 방법을 알아본다. 10장에서는 실질적이지는 않지만 최악 경우에 $O(N)$으로 이 문제를 해결하는 알고리즘을 알아본다.

6.4.2 이벤트 시뮬레이션

3.7.3절에서 중요한 큐잉 문제를 설명하였다. 은행 같은 시스템에서 고객이 도착하여 k명의 창구 직원 중 한 명이 가능할 때까지 줄을 서서 기다리는 것이다. 고객의 도착과 서비스 시간(창구 직원으로부터 서비스를 받은 시간)은 각각 확률 분포 함수를 따른다. 고객의 평균 대기 시간과 대기 줄의 길이 같은 통계에 관심을 갖고 다음을 생각해보자.

어떤 확률 분포와 상수 k에 대하여 이 결과는 정확하게 계산될 수 있다. 그러나 k의 값이 커지면 분석이 어려워져서 은행의 운영을 컴퓨터로 시뮬레이션 할 필요가 있다. 이를 이용하여 은행에서는 원활한 서비스를 위하여 필요한 창구 직원의 수를 결정할 수 있다.

시뮬레이션은 이벤트를 처리하는 것으로 구성된다. 여기에서 두 개의 이벤트는 (a) 고객의 도착과 (b) 고객의 떠남이다. 고객이 떠나면 창구 직원이 다음 고객을 받을 수 있다.

확률 함수를 이용하여 도착 시간과 각 고객의 서비스 시간의 순서화된 쌍으로 구성된 입력 스트림을 생성할 수 있다. 이 쌍은 도착 시간에 따라 정렬되어 있다. 하루 중의 정확한 시간을 사용할 필요는 없다. 대신에 틱(tick)이라고 하는 시간 단위를 사용할 수 있다.

이 시뮬레이션을 수행하는 한 방법은 시뮬레이션 시계가 틱 0에서 시작하도록 한다. 이 시계는 한 번에 한 틱씩 지나가고 이벤트가 있는지를 확인한다. 이벤트가 있으면 이벤트를 처리하고 통계를 계산한다. 입력 스트림에 고객이 남아 있지 않고 모든 창구 직원이 가능하다면 시뮬레이션을 종료한다.

이 시뮬레이션 방법의 문제는 그 실행 시간이 고객이나 이벤트(한 고객당 두 개의 이벤트가 있음)의 수에 관련되지 않고, 실제로 입력의 일부분이 아닌 틱에 의하여 결정된다는 것이다. 왜 이것이 중요한지 보려면, 시계 단위를 복수개의 틱으로 바꾸고 1,000개의 입력에 대하여 곱해 보라. 결과적으로 시뮬레이션은 1,000배 이상 길어질 것이다.

이 문제를 피하기 위한 요점은 시계를 각 단계마다 다음 이벤트 시간으로 지나가게 하는 것이다. 이것은 개념적으로 쉽다. 임의의 시점에 발생할 수 있는 이벤트는 (a) 입력 파일의 다음 고객이 도착하거나 (b) 창구에 있는 고객 중의 한 명이 떠나는 것이다. 항상 이벤트가 발생할 수 있기 때문에, 가장 가까운 미래에 발생할 수 있는 이벤트를 찾아서 처리하는 것이 필요하다.

이벤트가 떠나는 것이면 떠나는 고객의 통계를 모으고, 대기 줄(큐)에 또 다른 고객이 기다리고 있는 지를 확인하는 처리를 한다. 대기 고객이 있으면, 그 고객을 추가하고 프로세스는 그 고객이 떠날 시간을 계산하고 발생할 이벤트의 집합에 그 떠남을 추가한다.

이벤트가 도착하는 것이면 가능한 창구 직원을 확인한다. 가능한 직원이 없다면 그 도착을 대기 줄(큐)에 넣고, 그렇지 않으면 고객에게 직원을 할당하고 고객의 떠날 시간을 계산하며 발생할 이벤트의 집합에 그 떠남을 추가한다.

고객의 대기 줄은 큐로 구현할 수 있다. 가장 가까운 미래에 발생할 수 있는 이벤트를 찾는 것이 필요하므로 발생을 기다리고 있는 떠남의 집합을 우선순위 큐로 구성하는 것이 적절하다. 다음 이벤트는 다음 도착이거나 다음 떠남이고, 모두 쉽게 처리된다.

시간을 소모하는 것이기는 하지만 이 시뮬레이션 루틴을 작성하는 것은 직관적이다. C명의 고객과 k명의 창구 직원이 있다고 하면, 시뮬레이션의 실행 시간은 $O(C\log(k+1))$이다. 힙의 크기 H가 $k+1$이라고 하면, 각 이벤트를 계산하고 처리하는 것은 $O(\log H)$이기 때문이다[3].

6.5 d-힙

이진 힙은 너무 간단하여 우선순위 큐가 필요한 경우에 거의 항상 사용된다. 간단한 일반화는 d-힙이다. 이것은 모든 노드가 d개의 자식을 갖는다는 것 외에는 이진 힙과 같다(이진 힙은 2-힙이다).

그림 6.19는 3-힙을 보여 준다. d-힙은 이진 힙보다 훨씬 낮아서 insert의 실행 시간이 $O(\log_d N)$으로 향상된다. 그러나 d가 커지면, deleteMin 연산의 비용이 훨씬 비싸진다. 트리는 낮아지지만 최소 d개의 자식이 발견되고, 표준 알고리즘을 이용하면 $d-1$회의 비교가 일어나기 때문이다. 이것은 이 연산의 시간을 $O(d\ \log_d N)$으로 증가시킨다. 물론 d가 상수이면 두 연산 모두 $O(\log N)$의 실행 시간을 갖는다. 여전히 배열이 사

3) $k=1$인 경우의 혼란을 피하기 위하여 $O(C\log k)$ 대신에 $O(C\log(k+1))$을 이용한다.

용되지만,

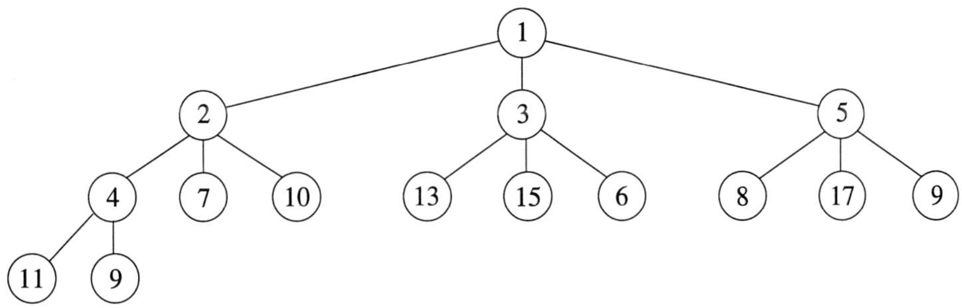

그림 6.19 d-힙

자식과 부모를 찾기 위한 곱셈과 나눗셈은 4로 한다. d가 2의 제곱식이 아니면 비트 시프트로 나눗셈을 할 수 없기 때문에 실행 시간이 엄청나게 증가한다. 삽입의 횟수가 deleteMin의 수보다 훨씬 많기 때문에 많은 알고리즘에서 d-힙이 이론적으로 중요하다(따라서 이론상으로 속도 향상이 가능하다). 우선순위 큐가 너무 커서 메인 메모리에 맞지 않을 때도 중요하게 된다. 이 경우에 d-힙은 B-트리와 같은 방식으로 훨씬 많은 이점을 가질 수 있다. 마지막으로 실제적으로 4-힙이 이진 힙보다 훨씬 성능이 좋다고 판명되었다.

find를 수행할 수 없다는 점 외에 힙 구현에서 가장 눈에 띄는 단점은 두 개의 힙을 하나로 합병하는 것이 어렵다는 것이다. 이 추가적인 연산을 merge라고 한다. 힙을 구현하는 몇 가지 방법에서 merge의 실행 시간은 $O(\log N)$이다. merge 연산을 효과적으로 지원하는 다양한 복잡성을 갖는 세 가지 자료 구조를 논의할 것이다. 복잡한 분석은 11장으로 미룬다.

6.6 Leftist 힙

이진 힙에서와 같이 배열만을 이용하여 합병을 효과적으로 지원(merge를 $O(N)$ 시간에 처리)하는 자료 구조를 설계하는 것은 어려워 보인다. 그 이유는 합병은 배열 하나를 다른 배열로 복사해야 되기 때문이다. 이는 같은 크기의 힙에 대하여 $\Theta(N)$ 시간이 소요된다. 이러한 이유로 인하여 효과적인 합병을 지원하는 모든 고급 자료 구조는 링크 자료 구조를 사용하여야 한다. 실제로 이것이 다른 모든 연산들을 느리게 할 수 있다.

이진 힙과 같이 **leftist 힙**도 구조적 특성과 순서 특성을 갖는다. 사실 거의 모든 힙처럼 leftist 힙도 이미 알고 있는 것과 같은 힙-순서 특성을 갖는다. 또한 leftist 힙도 이진 트리이다. Leftist 힙과 이진 트리의 유일한 차이점은 leftist 힙이 완전 균형이 아니지만 실제로 균형적이 되려고 한다는 것이다.

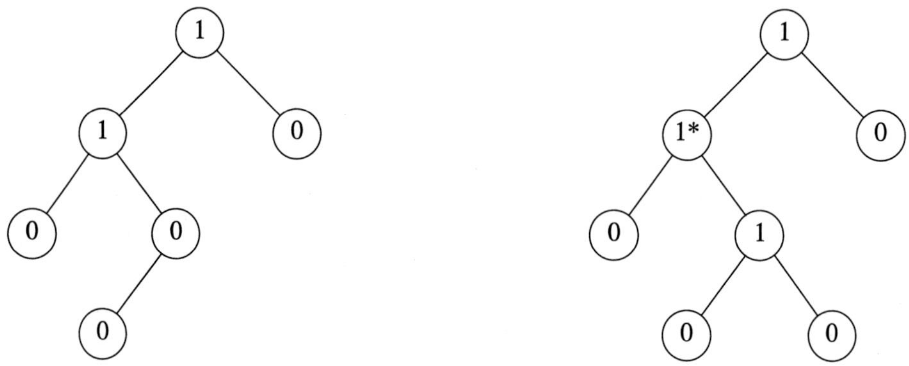

그림 6.20 두 트리의 널 경로 길이. 왼쪽 트리만 leftist

6.6.1 Leftist 힙의 특성

임의의 노드 X에 대한 **널 경로 길이**(null path length) $npl(X)$를 X로부터 두 개의 자식을 갖지 않는 노드까지의 가장 짧은 경로의 길이로 정의한다. 따라서 자식이 없거나 하나 있는 노드의 npl은 0이고, $npl(NULL) = -1$이다. 그림 6.20의 트리에서 널 경로 길이를 트리의 노드 내에 표시하였다.

임의 노드의 널 경로 길이는 그 자식의 널 경로 길이 중에서 최소 값보다 1이 크다. 이것은 NULL의 널 경로 길이는 -1이기 때문에 두 개보다 작은 자식을 갖는 노드에 적용된다.

Leftist 힙의 특성은 힙의 모든 노드 X에 대하여 왼쪽 자식의 널 경로 길이가 최소한 오른쪽 자식만큼은 크다는 것이다. 그림 6.20의 왼쪽 트리만이 이 특성을 만족한다. 트리가 왼쪽으로 깊어지는 편이성을 가지게 되므로 실제로 이 특성은 트리를 불균형하게 만든다. 사실 긴 경로를 갖는 왼쪽 노드로 구성된 트리가 가능하다(실제로 합병에 시용하기 좋음). 그래서 이름이 leftist 힙이다.

Leftist 힙이 깊은 왼쪽 경로를 갖는 경향이 있으므로 오른쪽 경로는 짧아진다. 사실 leftist 힙의 오른쪽 경로는 힙의 어느 부분보다 짧다. 그렇지 않으면, 어떤 노드 X를 통과하는 경로가 있을 수 있고 왼쪽 자식을 갖게 된다. 그러면 X는 leftist 특성을 위반하게 된다.

정리 6.2

오른쪽 경로 상에 r개의 노드를 갖는 leftist 트리는 최소한 $2^r - 1$개의 노드를 갖는다.

증명

귀납적 방법을 이용하여 증명하고자 한다. $r = 1$이면, 최소한 하나의 트리 노드가 있다. 1, 2, …, r에 대하여 이 정리가 맞다고 가정하자. 오른쪽 경로 상에 $r+1$개의 노드가 있는 leftist 트리를 고려해 보자. 루트는 오른쪽 경로 상에 r개의 노드가 있는 오른쪽 서브 트리와 오른쪽 경로 상에 최소 r개의 노드가 있는 왼쪽 서브 트리를 갖는다

(그렇지 않으면 leftist가 아니다). 이 서브 트리들에 귀납적 가정을 적용하면 각 서브 트리에 각각 최소 $2^r - 1$개의 노드가 있다. 여기에 루트를 더하면 트리의 노드 개수는 $2^{r+1} - 1$이 되어 정리가 증명된다.

이 정리에 따라 N개의 노드를 갖는 leftist 트리는 최대 $\log(N+1)$개의 노드를 포함하는 오른쪽 경로를 갖는다. Leftist 힙 연산을 위한 일반적인 아이디어는 모든 작업을 짧은 것이 보장되는 오른쪽 경로 상에서 수행하는 것이다. 오른쪽 경로 상에서 insert와 merge를 수행하는 것이 leftist 힙 특성을 위반할 수도 있다. 이 특성을 복구하는 것은 매우 쉽다고 알려져 있다.

6.6.2 Leftist 힙 연산

Leftist 힙에 대한 기본적인 연산은 합병이다. 삽입을 노드가 하나인 힙을 보다 큰 힙과 merge하는 것이라고 보면 삽입은 단지 합병의 한 특별한 경우에 불과하다. 먼저 간단한 재귀적 해결책을 보이고, 다음으로 재귀를 사용하지 않고 수행하는 것을 보인다. 입력은 그림 6.21에 있는 두 개의 leftist 힙인 H_1과 H_2이다. 먼저 이 힙들이 정말로 leftist인지 확인해야 한다. 최소 값 요소가 루트에 있다. 각 노드는 데이터와 왼쪽 및 오른쪽 포인터를 위한 공간 외에 널 경로 길이를 나타내는 항목을 갖는다.

두 힙 중의 하나가 공백이면 다른 힙을 리턴할 수 있다. 그렇지 않으면 두 힙을 합병하기 위해 각각의 루트를 비교한다. 먼저 큰 루트 힙을 작은 루트 힙의 오른쪽 서브 힙과 재귀적으로 합병한다. 즉, H_2를 루트가 8인 H_1의 서브 힙과 합병하면 그림 6.22의 힙을 구할 수 있다.

이 트리는 재귀적으로 형성되기 때문에 이 알고리즘은 아직 끝나지 않았고, 이 시점에서 어떻게 이 힙을 구했는지 보여 줄 수 없다. 그러나 재귀적 과정을 통하여 구해진 것이기 때문에 결과 트리가 leftist 힙이라고 가정할 수 있다. 이것은 귀납법에 의한 증명에서의 귀납적 가정과 유사하다. 기본적인 경우를 다룰 수 있기 때문에 합병이 끝날 때까지

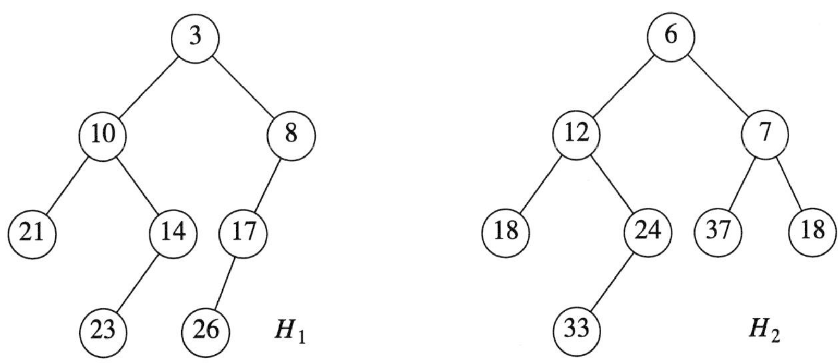

그림 6.21 두 개의 leftist 힙 H_1과 H_2

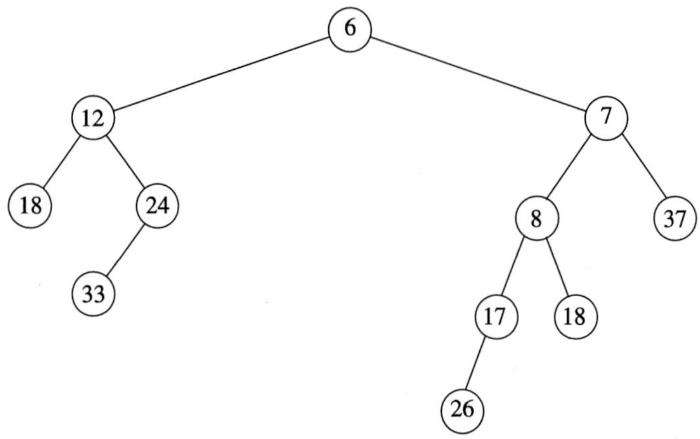

그림 6.22 H_2와 H_1의 오른쪽 서브 힙의 합병 결과

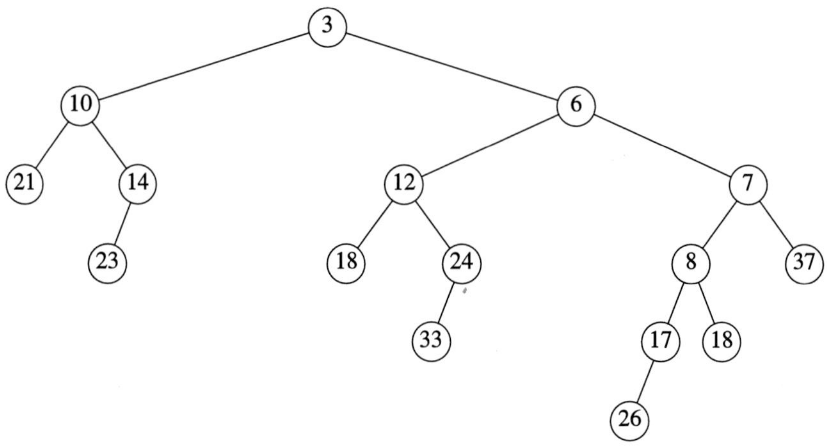

그림 6.23 H_1의 오른쪽 자식으로 그림 6.22의 leftist 힙을 추가한 결과

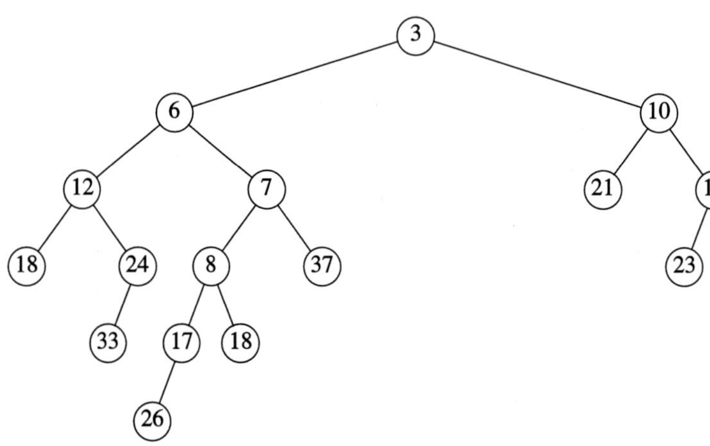

그림 6.24 H_1의 루트의 자식을 바꾼 결과

```
template <typename Comparable>
class LeftistHeap
{
  public:
    LeftistHeap( );
    LeftistHeap( const LeftistHeap & rhs );
    ~LeftistHeap( );

    bool isEmpty( ) const;
    const Comparable & findMin( ) const;

    void insert( const Comparable & x );
    void deleteMin( );
    void deleteMin( Comparable & minItem );
    void makeEmpty( );
    void merge( LeftistHeap & rhs );

    const LeftistHeap & operator=( const LeftistHeap & rhs );

  private:
    struct LeftistNode
    {
      Comparable element;
      LeftistNode *left;
      LeftistNode *right;
      int         npl;

      LeftistNode( const Comparable & theElement, LeftistNode *lt = NULL,
                          LeftistNode *rt = NULL, int np = 0 )
        : element( theElement ), left( lt ), right( rt ), npl( np ) { }
    };

    LeftistNode *root;

    LeftistNode * merge( LeftistNode *h1, LeftistNode *h2 );
    LeftistNode * merge1( LeftistNode *h1, LeftistNode *h2 );

    void swapChildren( LeftistNode *t );
    void reclaimMemory( LeftistNode *t );
    LeftistNode * clone( LeftistNode *t ) const;
};
```

그림 6.25 Leftist 힙 유형 선언

```
/**
 * Merge rhs into the priority queue.
 * rhs becomes empty. rhs must be different from this.
 */
void merge( LeftistHeap & rhs )
{
  if( this == &rhs ) // Avoid aliasing problems
    return;

  root = merge( root, rhs.root );
  rhs.root = NULL;
}

/**
 * Internal method to merge two roots.
 * Deals with deviant cases and calls recursive merge1.
 */
LeftistNode * merge( LeftistNode *h1, LeftistNode *h2 )
{
  if( h1 == NULL )
    return h2;
  if( h2 == NULL )
    return h1;
  if( h1->element < h2->element )
    return merge1( h1, h2 );
  else
    return merge1( h2, h1 );
}
```

그림 6.26 Leftist 힙을 합병하는 드라이버 루틴

재귀적 과정을 계속할 수 있다는 것을 가정할 수 있다. 이것이 1장에서 논의한 재귀의 제3 규칙이다. 이제 이 새로운 힙을 H_1의 루트의 오른쪽 자식으로 만든다(그림 6.23).

결과적으로 힙이 힙-순서 특성을 만족하지만, 루트의 오른쪽 서브 트리의 널 경로 길이는 2인 반면에 왼쪽 서브 트리의 널 경로 길이는 1이기 때문에 이 결과 힙은 leftist가 아니다. 따라서 루트에서 leftist 힙 특성이 위반되었다. 그러나 트리의 나머지는 leftist라는 것을 확인하는 것은 쉽다. 재귀적 과정에 따라 루트의 오른쪽 서브 트리는 leftist이다. 루트의 왼쪽 서브 트리는 변경되지 않았으므로 여전히 leftist이다. 따라서 루트만 고치면 된다. 루트의 왼쪽과 오른쪽 자식을 바꾸기만 하면 전체 트리가 leftist가 되고(그림 6.24), 합병을 완료하기 위하여 널 경로 길이를 수정한다. 새로운 널 경로 길이는 새로운 오른쪽 자식의 널 경로 길이에 1을 더한 것이다. 널 경로 길이가 수정되지 않으면 모든 널 경로 길이가 0이 되고, 힙은 leftist가 아니고 임의적이 된다. 이 경우에도 알고리즘은 동작하지만, 시간 바운드는 더 이상 맞지 않게 될 것이다.

```
/**
 * Internal method to merge two roots.
 * Assumes trees are not empty, and h1's root contains smallest item.
 */
LeftistNode * merge1( LeftistNode *h1, LeftistNode *h2 )
{
  if( h1->left == NULL ) // Single node
    h1->left = h2;       // Other fields in h1 already accurate
  else
  {
    h1->right = merge( h1->right, h2 );
    if( h1->left->npl < h1->right->npl )
      swapChildren( h1 );
    h1->npl = h1->right->npl + 1;
  }
  return h1;
}
```

그림 6.27 Leftist 힙을 합병하는 실제 루틴

알고리즘은 코드로 직접 변환될 수 있다. 노드 클래스(그림 6.25)는 npl 데이터 멤버가 추가된 것 외에는 이진 트리와 같다. Lcftist 힙은 루트에 대한 포인터를 데이터 멤버로 저장한다. 4장에서 요소가 공백 이진 트리에 삽입될 때, 루트가 참조하는 노드가 변경될 필요가 있다는 것을 보았다. 합병을 수행하는 private 재귀 메소드를 구현하기 위하여 일반적인 기법을 사용한다. 그림 6.25는 클래스의 윤곽을 보여 준다.

그림 6.26에 있는 두 개의 merge 루틴은 특별한 경우를 제거하고 H_1이 더 작은 루트를 갖게 한다. 실제적인 합병은 그림 6.27의 merge1에서 수행된다. public merge 메소드는 rhs를 주도적인 힙으로 합병시킨다. rhs는 공백이 된다. public 메소드의 alias 테스트는 h.merge(h)를 허용하지 않는다.

재귀 호출 동안에 방문하는 각 노드에서 상수 작업이 수행되기 때문에 합병을 수행하는 시간은 오른쪽 경로 길이의 합에 비례한다. 따라서 두 개의 leftist 힙을 합병하는 시간 바운드는 $O(\log N)$이다. 기본적으로 두 pass를 수행함으로써 재귀를 사용하지 않고도 이 연산을 수행할 수 있다. 첫 번째 pass에서 두 힙의 오른쪽 경로를 합병하여 새로운 트리를 생성한다. 왼쪽 자식들을 그대로 유지하면서 H_1과 H_2의 오른쪽 경로를 순서대로 정렬한다. 새로운 오른쪽 경로는 3, 6, 7, 8, 18이고, 그 결과 트리는 그림 6.28과 같다. 두 번째 pass는 힙을 만들고 leftist 힙 특성을 위반한 노드에서 자식들을 바꾼다. 그림 6.28에서 노드 7과 노드 3에서 swap을 수행하여 이전과 같은 결과를 구한다. 재귀를 사용하지 않는 버전이 간단해 보이지만 코딩하기는 더 어렵다. 이 두 가지 절차가 같은 일을 한다는 것을 보이는 것은 독자들에게 남겨 놓는다.

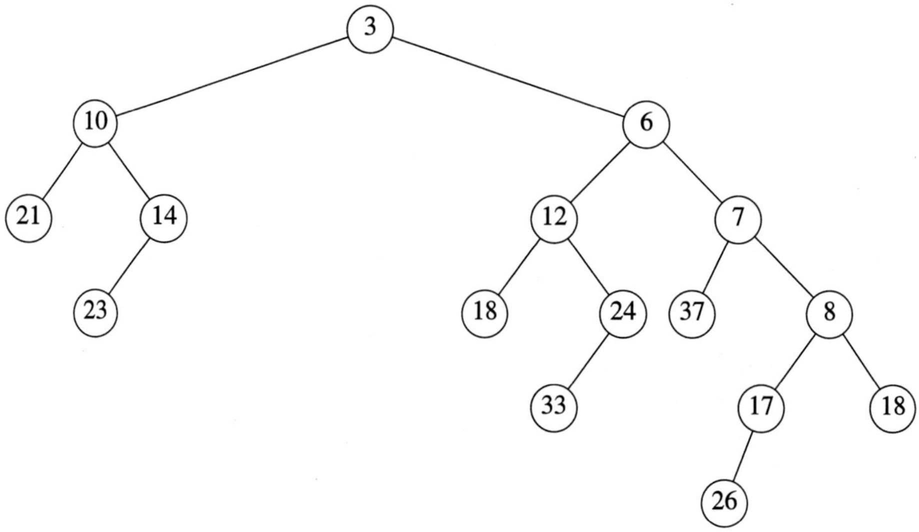

그림 6.28 H_1과 H_2의 오른쪽 경로의 합병 결과

위에서 언급한 바와 같이, 삽입은 아이템을 노드가 하나인 힙으로 삽입하고 merge를 수행하여 처리한다. deleteMin을 수행하기 위해서는 루트를 제거하여 두 개의 힙을 만들고 이들을 합병한다. 따라서 deleteMin을 수행하는 시간은 $O(\log N)$이다. 이 두 루틴의 코드는 그림 6.29와 그림 6.30과 같다.

마지막으로 이진 힙을 구축함으로써 $O(N)$ 시간에 leftist 힙을 구축할 수 있다. 이진 힙이 명백하게 leftist이지만, 이 힙이 최악의 leftist 힙일 수 있기 때문에 최고의 해결책이 아닐 수 있다. 또한 레벨의 역순으로 트리를 순회하는 것은 링크를 이용하는 것만큼 쉽지 않다. 왼쪽과 오른쪽 서브 트리를 재귀적으로 구축하고 루트를 percolate down 함으로써 buildHeap의 효과를 얻을 수 있다. 연습문제에 다른 해결책이 있다.

```
/**
 * Inserts x; duplicates allowed.
 */
void insert( const Comparable & x )
{
    root = merge( new LeftistNode( x ), root );
}
```

그림 6.29 Leftist 힙의 삽입 루틴

```
/**
 * Remove the minimum item.
 * Throws UnderflowException if empty.
 */
void deleteMin( )
{
  if( isEmpty( ) )
    throw UnderflowException( );

  LeftistNode *oldRoot = root;
  root = merge( root->left, root->right );
  delete oldRoot;
}

/**
 * Remove the minimum item and place it in minItem.
 * Throws UnderflowException if empty.
 */
void deleteMin( Comparable & minItem )
{
  minItem = findMin( );
  deleteMin( );
}
```

그림 6.30 Leftist 힙의 deleteMin 루틴

6.7 Skew 힙

Skew 힙은 leftist 힙의 자동 조정형(self-adjusting) 버전으로서 구현이 매우 쉽다. Skew 힙과 leftist 힙의 관계는 스플레이 트리와 AVL 트리의 관계와 유사하다. Skew 힙은 힙 순서를 갖는 이진 트리이지만, 구조적인 제약조건은 없다. Leftist 힙과는 달리 노드의 널 경로 길이 같은 정보를 유지하지 않는다. Skew 힙의 오른쪽 경로는 언제든지 임의적으로 길어질 수 있어서 모든 연산의 최악 경우 시간은 $O(N)$이다. 그러나 스플레이 트리와 같이 M개의 연속된 연산에 대하여 최악 경우의 총 실행 시간은 $O(M \log N)$이 될 수 있다(11장). 따라서 skew 힙의 각 연산은 $O(\log N)$의 상환(amortized) 비용을 갖는다.

Leftist 힙과 같이 skew 힙의 기본 연산은 합병이다. merge 연산은 재귀적이고 한 가지 예외를 제외하고는 이전과 같은 연산들을 수행한다. 차이점은 leftist 힙에서는 왼쪽과 오른쪽 자식이 leftist 힙 구조적 특성을 만족하는 지 확인하여 필요하면 바꾸는 것이고, skew 힙에서는 swap이 무조건 항상 일어난다. 한 가지 예외는 오른쪽 경로 상의 모든 노드

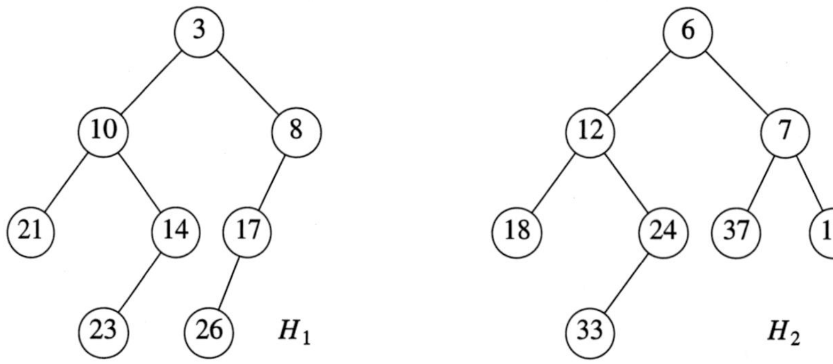

그림 6.31 두 개의 skew 힙 H_1과 H_2

중의 최대 값은 바꿀 자식을 갖지 않는다는 것이다. 이 한 가지 예외는 자연스러운 재귀 구현에서 발생하는 것으로서 실제로 전혀 특별한 경우는 아니다. 더욱이 바운드를 증명하지 않아도 이 노드는 오른쪽 자식을 갖지 않으므로 swap을 수행할 필요가 없다. 다시 한 번 그림 6.31의 두 힙을 입력으로 가정해 보자.

H_2와 8을 루트로 갖는 H_1의 서브 힙을 재귀적으로 합병하면 그림 6.32의 힙을 얻는다.

재귀 규칙 3(1.3절)에 의하여 재귀가 실행되므로 구해진 결과를 의심할 필요는 없다. 이 힙은 leftist이지만 항상 그렇지만은 않다. 이 힙을 H_1의 새로운 왼쪽 자식으로 만들고 H_1의 원래 왼쪽 자식은 새로운 오른쪽 자식이 된다(그림 6.33).

전체 트리는 leftist이지만, 항상 그렇지는 않다는 것을 보이기는 쉽다. 이 새로운 힙에 15를 삽입하면 leftist 특성을 위반하게 된다.

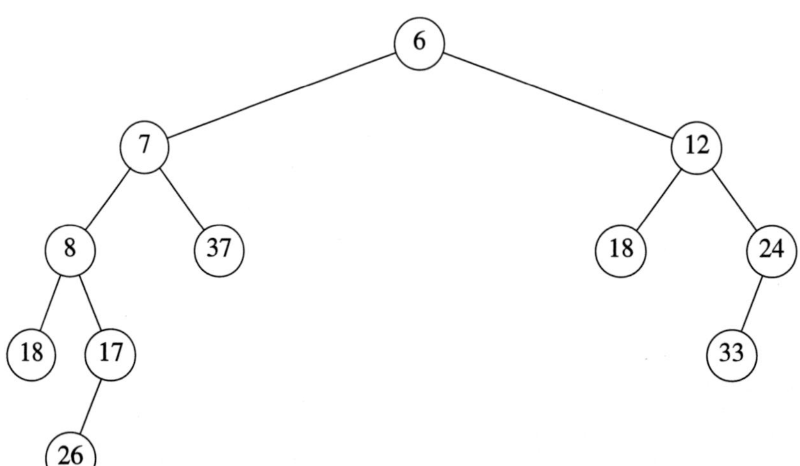

그림 6.32 H_2와 H_1의 오른쪽 서브 힙의 합병 결과

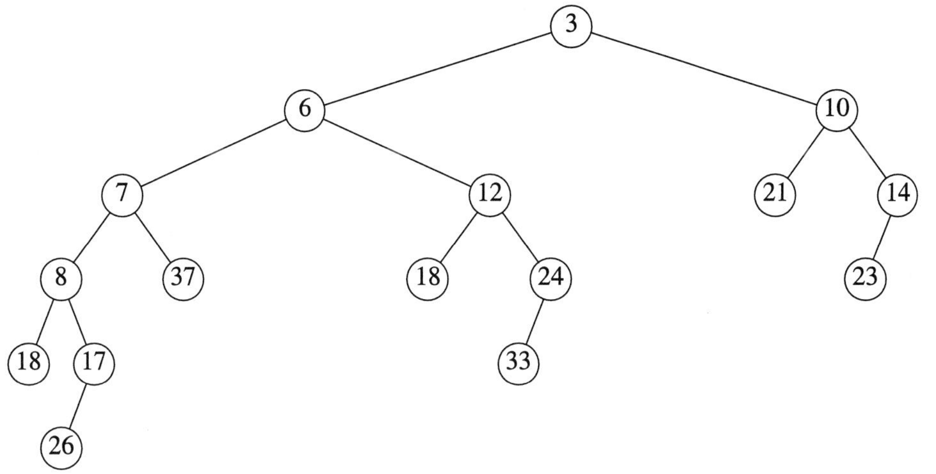

그림 6.33 Skew 힙 H_1과 H_2의 합병 결과

Leftist 힙과 같이 모든 연산을 재귀를 사용하지 않고 수행할 수 있다. 오른쪽 경로를 합병하고, 마지막의 예외를 제외하고는 오른쪽 경로 상의 모든 노드의 왼쪽과 오른쪽 자식을 바꾼다. 몇 가지 예를 살펴보면, 오른쪽 경로 상의 마지막 노드를 제외한 모든 노드는 바꿀 자식들을 갖고 있다는 것이 명확해지고, 이의 기본 효과는 이것이 새로운 왼쪽 경로가 된다는 것이다. 이것이 시각적으로 두 개의 skew 힙을 쉽게 합병할 수 있도록 한다[4].

Skew 힙의 구현은 연습문제로 남겨 놓는다. 오른쪽 경로가 길어질 수 있으므로 재귀 구현은 성능 측면에서는 괜찮지만 스택 공간이 부족하여 실패할 수 있다. Skew 힙은 경로 길이를 유지하기 위한 추가적인 공간이 필요 없고 자식을 바꾸기 위한 테스트가 필요 없다는 이점을 갖는다. Leftist 힙과 skew 힙의 오른쪽 경로 길이에 대한 평균을 정확하게 구하는 것은 아직 풀리지 않은 문제이다(물론 후자가 훨씬 더 어렵다). 이러한 비교는 균형 정보에 대한 약간의 손실과 테스트의 절감에 대한 결정을 쉽게 해 준다.

6.8 이항 큐

Leftist 힙과 Skew 힙이 모두 합병을 지원하고 insert와 deleteMin의 각 연산은 $O(\log N)$의 효율적인 시간을 갖지만, 이진 힙의 insert 연산은 상수의 평균 시간이 걸린다는 것을 알고 있으므로 향상시킬 수 있다. 이항 큐는 세 연산 모두 최악 경우 $O(\log N)$의 시간을 지원하지만, insert는 평균적으로 상수 시간을 갖는다.

4) 이것은 재귀 구현과 정확하게 같지는 않다(같은 시간 바운드를 갖지만). 힙의 오른쪽 경로가 모두 사용되어 오른쪽 경로의 합병이 종료될 때, 오른쪽 경로 상의 노드의 자식들만 바꾼다면 재귀 버전과 같은 결과를 얻는다.

6.8.1 이항 큐 구조

이항 큐는 지금까지의 모든 우선순위 큐의 구현과는 다르다. 이항 큐는 힙-순서 트리라기보다는 힙-순서 트리의 *컬렉션*이라고 할 수 있다. 이것을 forest라고 한다. 각 힙-순서 트리는 **이항 트리** 형태이어야 한다. 모든 높이에 최대 하나의 이항 트리가 있다. 높이 0인 이항 트리는 노드가 하나인 트리이다. 높이 k인 이항 트리 B_k는 이항 트리 B_{k-1}을 또 다른 이항 트리 B_{k-1}의 루트에 붙여서 만들어진다. 그림 6.34는 이항 트리 B_0, B_1, B_2, B_3, B_4를 보여 준다.

이 그림에서 이항 트리 B_k는 B_0, B_1, $\cdots$, B_{k-1}을 자식으로 갖는 루트로 구성되었다는 것을 알 수 있다. 높이 k의 이항 트리는 정확히 2^k개의 노드를 갖고, 깊이 d에 있는 노드의 개수는 이항 계수 $\binom{k}{d}$이다. 이항 트리가 힙 순서를 갖게 하고 임의의 높이에 최대 한 개의 이항 트리가 허용된다면, 이항 트리의 컬렉션으로 임의의 크기를 갖는 우선순위 큐를 나타낼 수 있다. 예를 들어, 크기 13의 우선순위 큐는 B_3, B_2, B_0의 forest로 나타낼 수 있다. 이것을 1101로 나타낼 수 있는데, 이것은 13의 이진수 표현이기도 하고 B_3, B_2, B_0은 있지만 B_1은 없다는 것을 나타내기도 한다.

한 예로서 그림 6.35는 6개의 요소를 갖는 우선순위 큐를 보여 준다.

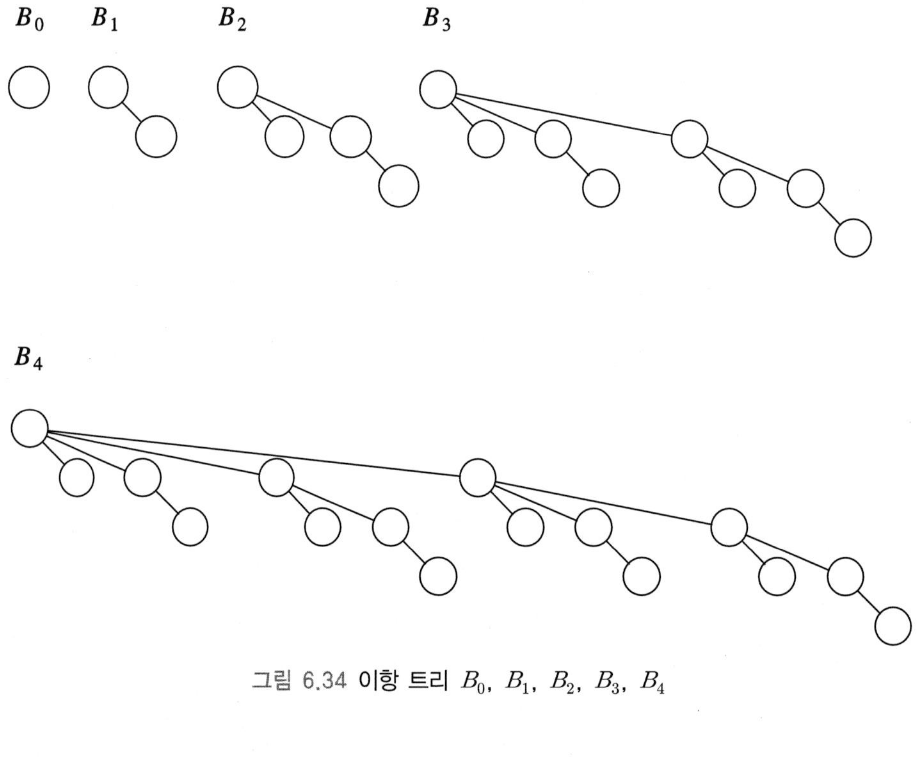

그림 6.34 이항 트리 B_0, B_1, B_2, B_3, B_4

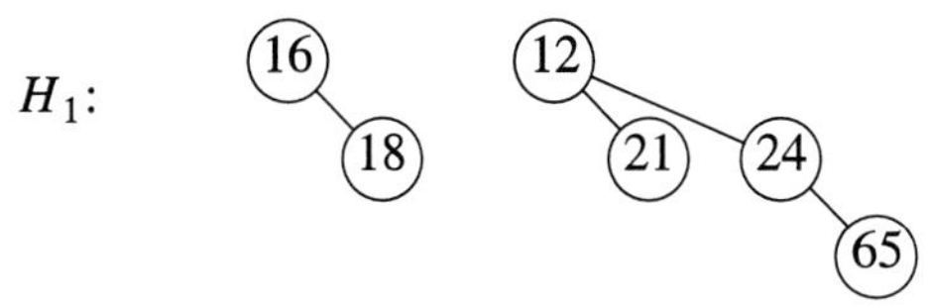

그림 6.35 6개 요소를 갖는 이항 큐 H_1

6.8.2 이항 큐 연산

최소 값 요소는 모든 트리의 루트를 검색하여 찾을 수 있다. 최대 $\log N$ 개의 서로 다른 트리가 있으므로 최소 값은 $O(\log N)$ 시간에 찾을 수 있다. 또한 다른 연산 동안에 최소 값이 변경되는 것을 기억하고 있다면 최소 값에 대한 정보를 유지할 수 있고 이 연산을 $O(1)$ 시간에 수행할 수 있다.

예제로 설명할 두 개의 이항 큐를 합병하는 것은 개념적으로 쉬운 연산이다. 그림 6.36과 같이 각각 6개와 7개의 요소를 갖는 두 개의 이항 큐 H_1과 H_2를 고려해 보자.

기본적으로 두 개의 큐를 서로 더함으로써 합병이 수행된다. H_3를 새로운 이항 큐라고 하자. H_1은 높이 0의 이항 트리가 없지만 H_2는 있으므로 H_2의 높이 0인 이항 트리를 H_3의 일부로 그냥 사용할 수 있다. 다음으로 높이 1의 이항 트리를 더한다. H_1과 H_2 모두 높이 1인 이항 트리를 갖고 있으므로 큰 루트를 갖는 트리를 작은 루트 트리의 서브 트리로 만들어서 합병을 하면 그림 6.37의 높이 2인 이항 트리가 생성된다. 따라서 H_3은 높이 1인 이항 트리를 갖지 않는다. 이제 높이 2인 세 개의 이항 트리가 있게 된다. 이것은

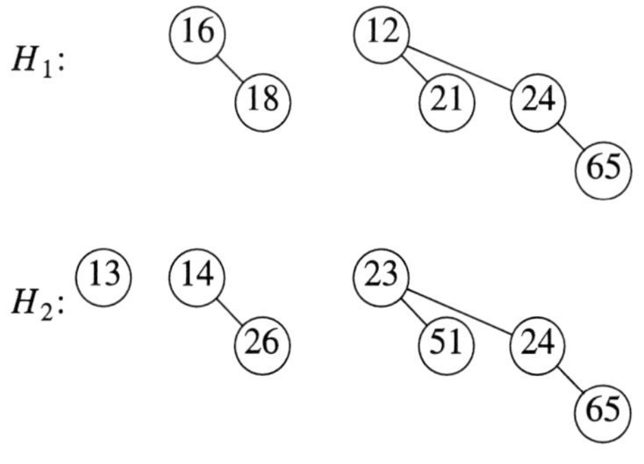

그림 6.36 두 개의 이항 큐 H_1과 H_2

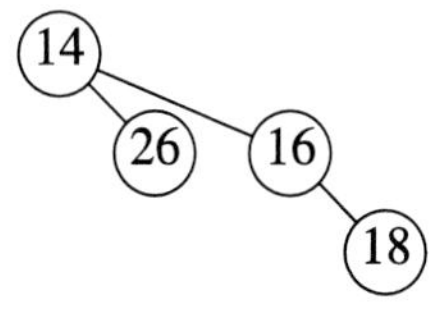

그림 6.37 H_1과 H_2의 두 개의 B_1 트리의 합병

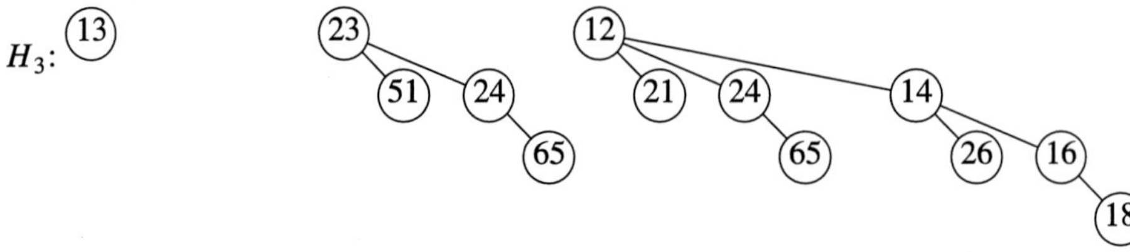

그림 6.38 H_1과 H_2의 합병 결과인 이항 큐 H_3

H_1과 H_2에 있는 원래 트리와 이전 단계에서 만들어진 트리까지 모두 세 개이다. H_3에 있는 높이 2인 이항 트리를 유지하면서 다른 두 개를 합병하여 높이 3의 이항 트리를 생성한다. H_1과 H_2에는 높이 3인 트리가 없기 때문에 이 트리는 H_3의 일부가 되고 작업이 종료된다. 그림 6.38은 결과 이항 큐를 보여 준다.

두 개의 이항 트리를 합병하는 것은 대부분의 구현에서 상수 시간이므로 최악 경우에 이항 트리 $O(\log N)$과 합병 $O(\log N)$이 소요된다. 이 연산이 효과적이려면, 높이에 따라 정렬하면 되는데 이것은 쉬운 일이다.

insert는 노드 하나인 트리를 생성하여 합병하면 되므로 합병의 특별한 경우일 뿐이다. 이 연산의 최악 경우 시간 역시 $O(\log N)$이다. 보다 정확히 하면 요소가 추가될 우선순위 큐가 존재하지 않는 최소의 이항 트리가 B_i라는 특성을 갖는다면, 실행 시간은 $i+1$에 비례한다. 예를 들어, 그림 6.38의 H_3은 높이 1인 이항 트리가 없으므로 삽입은 두 단계에 종료된다. 이항 큐 내에 각 트리의 존재 확률은 1/2이므로 삽입을 두 단계만에 종료할 수 있어서 평균 시간은 상수이다. 더욱이 초기 공백 이항 큐에 N번의 insert를 수행하는 것은 최악 경우 시간 $O(N)$을 갖는다는 분석이 있다. 사실 $N-1$번의 비교만으로 이 연산을 수행할 수 있다. 이것은 연습문제로 남겨 놓는다.

한가지 예로 그림 6.39부터 그림 6.45까지는 1부터 7을 차례대로 삽입하여 만들어지는 이항 큐를 보여 준다. 4를 삽입하는 것이 가장 나쁜 경우를 보여 준다. 4를 B_0에 합병하여 높이 1의 새로운 트리를 만든다. 그리고 이 트리를 B_1과 합병하여 새로운 우선순위 큐인 높이 2의 트리를 얻는다. 이것은 세 단계가 필요하다(두 번의 트리 합병과 종료 경우). 7이 삽입된 후의 새로운 삽입은 세 번의 트리 합병이 필요한 또 다른 나쁜 경우이다.

그림 6.39 1이 삽입된 후

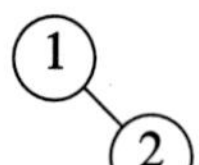

그림 6.40 2가 삽입된 후

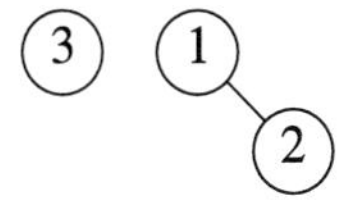

그림 6.41 3이 삽입된 후

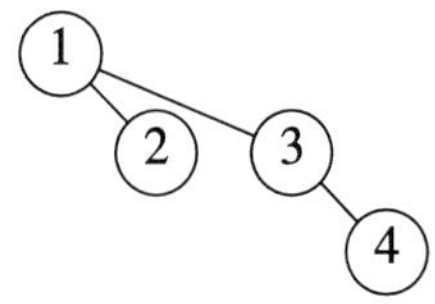

그림 6.42 4가 삽입된 후

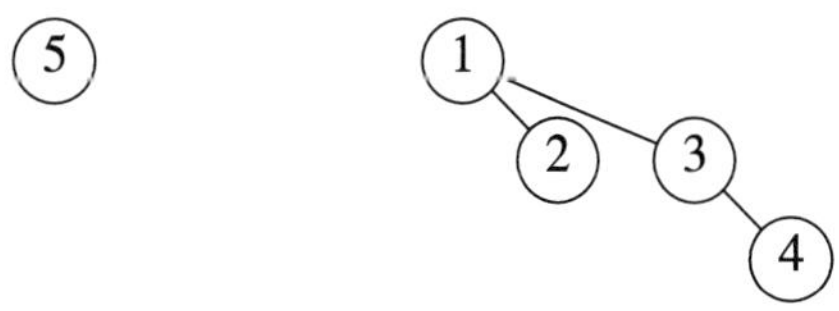

그림 6.43 5가 삽입된 후

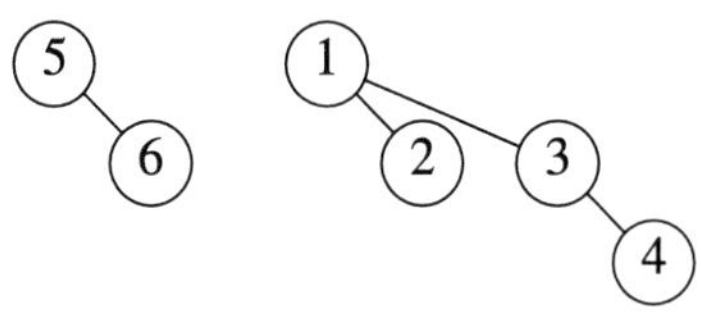

그림 6.44 6이 삽입된 후

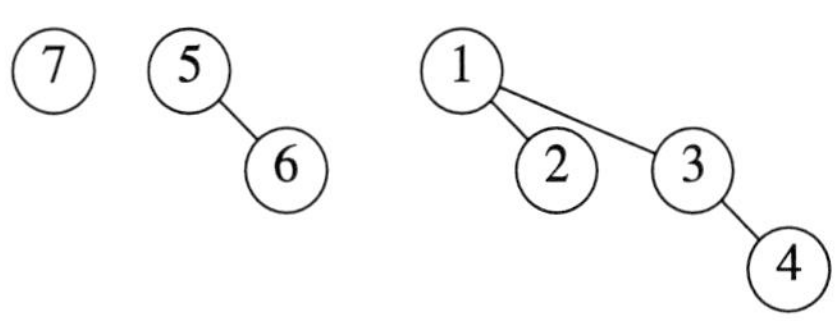

그림 6.45 7이 삽입된 후

deleteMin은 먼저 최소 값 루트를 갖는 이항 트리를 찾아서 수행된다. 이 트리를 B_k라고 하고, 원래 우선순위 큐를 H라고 하자. H의 트리 forest로부터 이항 트리 B_k를 제거하여 새로운 이항 큐 H'를 만든다. 다음으로 B_k의 루트를 제거하여 이항 트리 B_0, B_1, ⋯, B_{k-1}을 생성하여 우선순위 큐 H''를 만든다. H'과 H''를 합병하여 이 연산을 종료한다.

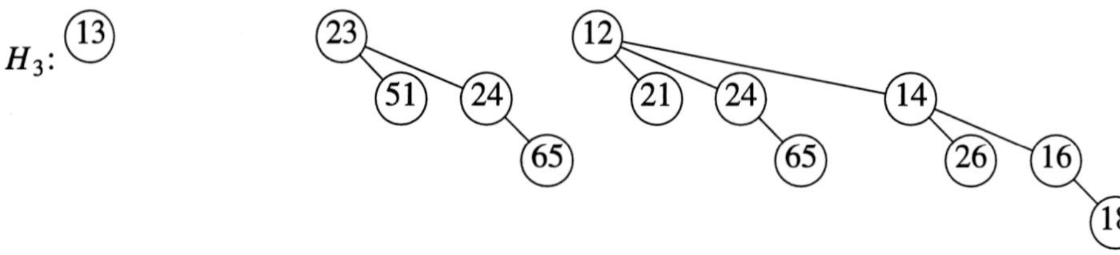

그림 6.46 이항 큐 H_3

그림 6.47 B_3를 제외한 H_3의 모든 이항 트리를 포함하고 있는 이항 큐 H'

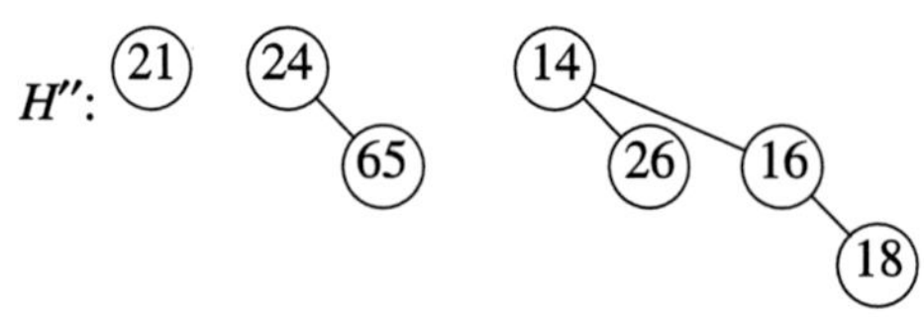

그림 6.48 B_3에서 12를 제거한 이항 큐 H''

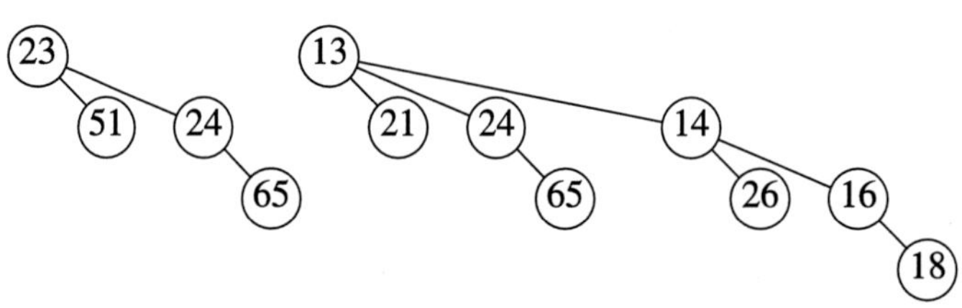

그림 6.49 H_3에 deleteMin을 적용한 결과

한 예로서 그림 4.46의 H_3에서 deleteMin을 수행해 보자. 최소 값 루트가 12이므로 그림 6.47과 그림 6.48과 같은 두 개의 우선순위 큐 H'과 H''를 구한다. 그림 6.49는 H'과 H''를 합병한 최종 결과 이항 큐를 보여 준다.

deleteMin 연산은 먼저 원래의 이항 큐를 두 개로 나눈다. 최소 요소를 포함한 트리를 찾아서 큐 H'과 H''를 생성하는 것은 $O(\log N)$ 시간이 소요된다. 두 개의 큐를 합병하는 것은 $O(\log N)$ 시간이 걸려서 전체 deleteMin 연산은 $O(\log N)$ 시간이 소요된다.

6.8.3 이항 큐의 구현

deleteMin 연산은 루트의 모든 서브 트리를 빨리 찾아야 하므로 일반 트리의 표준 표현 방법이 필요하다. 각 노드의 자식들은 링크드 리스트에 유지되고, 각 노드는 첫 번째 자식에 대한 포인터를 갖는다. 이 연산에서 자식들은 서브 트리의 크기에 따라 정렬되어야 한다. 또한 두 개의 트리를 합병하는 것이 쉬워야 한다. 두 개의 트리가 합병될 때, 한 트리가 다른 트리의 자식으로 더해진다. 이 새로운 트리는 제일 큰 서브 트리가 될 수 있으므로 서브 트리를 작은 크기로 유지하는 것이 필요하다. 이제 두 개의 이항 트리를 합병하여 두 개의 이항 큐를 합병하면 된다. 이항 큐는 이항 트리의 배열이 된다.

정리하면 이항 트리의 각 노드는 데이터, 첫 번째 자식, 오른쪽 형제들을 포함한다. 이항 트리의 자식은 작아지는 순서로 배열된다.

그림 6.51은 그림 6.50의 이항 큐의 표현법을 보여 준다. 그림 6.52는 이항 트리의 노드를 위한 타입 선언과 이항 큐 클래스 인터페이스이다.

두 개의 이항 큐를 합병하기 위하여 같은 크기를 갖는 두 개의 이항 트리를 합병하는 루틴이 필요하다. 그림 6.53은 두 개의 이항 트리가 합병될 때 어떻게 링크가 변경되는지 보여 준다. 이를 수행하는 간단한 코드는 그림 6.54와 같다.

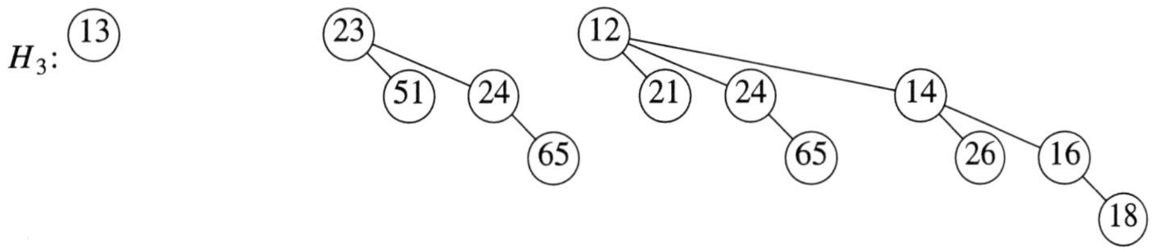

그림 6.50 Forest로 그려진 이항 큐 H_3

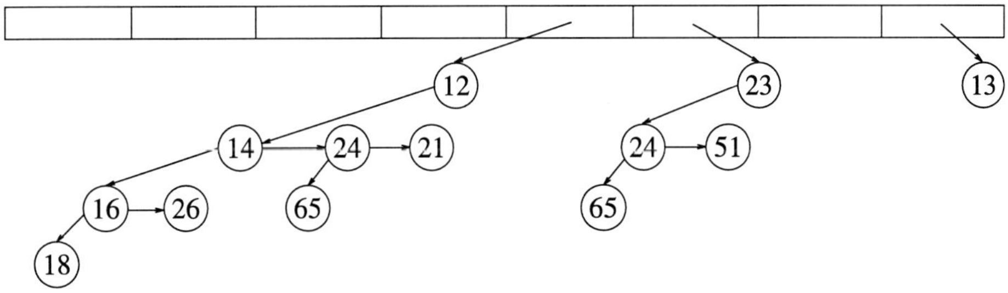

그림 6.51 이항 큐 H_3의 표현

```
template <typename Comparable>
class BinomialQueue
{
  public:
    BinomialQueue( );
    BinomialQueue( const Comparable & item );
    BinomialQueue( const BinomialQueue & rhs );
    ~BinomialQueue( );

    bool isEmpty( ) const;
    const Comparable & findMin( ) const;

    void insert( const Comparable & x );
    void deleteMin( );
    void deleteMin( Comparable & minItem );

    void makeEmpty( );
    void merge( BinomialQueue & rhs );

    const BinomialQueue & operator= ( const BinomialQueue & rhs );

  private:
    struct BinomialNode
    {
      Comparable   element;
      BinomialNode *leftChild;
      BinomialNode *nextSibling;

      BinomialNode( const Comparable & theElement,
                    BinomialNode *lt, BinomialNode *rt )
        : element( theElement ), leftChild( lt ), nextSibling( rt ) { }
    };

    enum { DEFAULT_TREES = 1 };

    int currentSize;                       // Number of items in priority queue
    vector<BinomialNode *> theTrees;      // An array of tree roots

    int findMinIndex( ) const;
    int capacity( ) const;
    BinomialNode * combineTrees( BinomialNode *t1, BinomialNode *t2 );
    void makeEmpty( BinomialNode * & t );
    BinomialNode * clone( BinomialNode *t ) const;
};
```

그림 6.52 이항 큐 클래스 인터페이스와 노드 선언

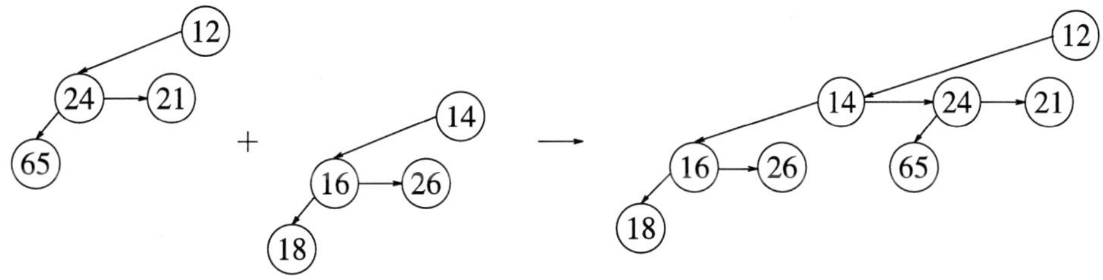

그림 6.53 두 개의 이항 트리의 합병

```
/**
 * Return the result of merging equal-sized t1 and t2.
 */
BinomialNode * combineTrees( BinomialNode *t1, BinomialNode *t2 )
{
   if( t2->element < t1->element )
      return combineTrees( t2, t1 );
   t2->nextSibling = t1->leftChild;
   t1->leftChild = t2;
   return t1;
}
```

그림 6.54 두 개의 같은 크기 이항 트리를 합병하는 루틴

merge 루틴의 간단한 구현을 보자. 현재의 객체는 H_1을 나타내고, rhs는 H_2를 나타낸다. 이 루틴은 H_1과 H_2를 연결한 결과를 H_1에 두고 H_2를 공백으로 만든다. 임의의 시점에 i층의 트리를 다룬다. $t1$과 $t2$는 각각 H_1과 H_2의 트리이고, carry는 이전 단계로부터 가져온 트리(NULL일 수도 있음)이다. 8가지의 가능한 경우 각각에 따라 i층의 트리와 $i+1$층의 carry 트리를 위한 결과 트리가 만들어진다. 이 과정은 결과 이항 큐의 0층에서부터 마지막 층까지 계속된다. 그림 6.55는 이에 대한 코드를 보여 준다. 이 코드를 개선하는 것은 연습문제 6.35에 있다.

대상이 되는 요소의 위치를 알고 있다면, 이항 큐를 확장하여 이진 힙에서 허용되는 decreaseKey와 remove 같은 비표준 연산을 지원할 수도 있다. 각 노드에 부모 링크를 저장하는 데이터 멤버를 추가한다면 decreaseKey는 $O(\log N)$ 시간에 수행할 수 있는 percolateUp이다. 임의적인 remove는 decreaseKey와 deleteMin의 결합으로 $O(\log N)$ 시간에 수행할 수 있다.

```
/**
 * Merge rhs into the priority queue.
 * rhs becomes empty. rhs must be different from this.
 */
void merge( BinomialQueue & rhs )
{
  if( this == &rhs ) // Avoid aliasing problems
    return;

  currentSize += rhs.currentSize;

  if( currentSize > capacity( ) )
  {
    int oldNumTrees = theTrees.size( );
    int newNumTrees = max( theTrees.size( ), rhs.theTrees.size( ) ) + 1;
    theTrees.resize( newNumTrees );
    for( int i = oldNumTrees; i < newNumTrees; i++ )
      theTrees[ i ] = NULL;
  }

  BinomialNode *carry = NULL;
  for( int i = 0, j = 1; j <= currentSize; i++, j *= 2 )
  {
    BinomialNode *t1 = theTrees[ i ];
    BinomialNode *t2 = i < rhs.theTrees.size( ) ? rhs.theTrees[ i ]
                                                 : NULL;
    int whichCase = t1 == NULL ? 0 : 1;
    whichCase += t2 == NULL ? 0 : 2;
    whichCase += carry == NULL ? 0 : 4;

    switch( whichCase )
    {
      case 0: /* No trees */
      case 1: /* Only this */
        break;
      case 2: /* Only rhs */
        theTrees[ i ] = t2;
        rhs.theTrees[ i ] = NULL;
        break;
      case 4: /* Only carry */
        theTrees[ i ] = carry;
        carry = NULL;
        break;
```

그림 6.55 두 개의 우선순위 큐를 합병하는 루틴

```
        case 3: /* this and rhs */
          carry = combineTrees( t1, t2 );
          theTrees[ i ] = rhs.theTrees[ i ] = NULL;
          break;
        case 5: /* this and carry */
          carry = combineTrees( t1, carry );
          theTrees[ i ] = NULL;
          break;
        case 6: /* rhs and carry */
          carry = combineTrees( t2, carry );
          rhs.theTrees[ i ] = NULL;
          break;
        case 7: /* All three */
          theTrees[ i ] = carry;
          carry = combineTrees( t1, t2 );
          rhs.theTrees[ i ] = NULL;
          break;
      }
    }

    for( int k = 0; k < rhs.theTrees.size( ); k++ )
      rhs.theTrees[ k ] = NULL;
    rhs.currentSize = 0;
}
```

그림 6.55 (계속)

그림 6.56은 이항 큐를 위한 deleteMin 루틴이다.

```
/**
 * Remove the minimum item and place it in minItem.
 * Throws UnderflowException if empty.
 */
void deleteMin( Comparable & minItem )
{
    if( isEmpty( ) )
      throw UnderflowException( );

    int minIndex = findMinIndex( );
    minItem = theTrees[ minIndex ]->element;

```

그림 6.56 이항 큐를 위한 deleteMin

```
    BinomialNode *oldRoot = theTrees[ minIndex ];
    BinomialNode *deletedTree = oldRoot->leftChild;
    delete oldRoot;

    // Construct H''
    BinomialQueue deletedQueue;
    deletedQueue.theTrees.resize( minIndex + 1 );
    deletedQueue.currentSize = ( 1 << minIndex ) - 1;
    for( int j = minIndex - 1; j >= 0; j-- )
    {
        deletedQueue.theTrees[ j ] = deletedTree;
        deletedTree = deletedTree->nextSibling;
        deletedQueue.theTrees[ j ]->nextSibling = NULL;
    }

    // Construct H'
    theTrees[ minIndex ] = NULL;
    currentSize -= deletedQueue.currentSize + 1;

    merge( deletedQueue );
}

/**
 * Find index of tree containing the smallest item in the priority queue.
 * The priority queue must not be empty.
 * Return the index of tree containing the smallest item.
 */
int findMinIndex( ) const
{
    int i;
    int minIndex;

    for( i = 0; theTrees[ i ] == NULL; i++ )
        ;

    for( minIndex = i; i < theTrees.size( ); i++ )
        if( theTrees[ i ] != NULL &&
            theTrees[ i ]->element < theTrees[ minIndex ]->element )
            minIndex = i;

    return minIndex;
}
```

그림 6.56 (계속)

6.9 표준 라이브러리에서 우선순위 큐

STL에서 이진 힙은 표준 헤더 파일 queue에 있는 priority_queue 라는 이름의 클래스 템플릿에 의하여 구현된다. STL은 최소-힙이 아닌 최대-힙을 구현하고 있어서 최소 아이템이 아닌 최대 아이템에 접근할 수 있다. 주요 멤버 함수는 다음과 같다.

```
void push( const Object & x );
const Object & top( ) const;
void pop( );
bool empty( );
void clear( );
```

push는 우선순위 큐에 x를 추가하고, top은 우선순위 큐의 최대 값 요소를 리턴하고, pop은 우선순위 큐에서 최대 값 요소를 제거한다. 중복이 허용되기 때문에 최대 값 요소가 여러 개 있다면 그 중의 하나만 제거된다.

우선순위 큐 템플릿은 아이템 타입, 컨테이너 타입(아이템 저장을 위해 주로 vector가 사용됨), 비교기(comparator)로 초기화된다. 마지막 두 개의 매개변수는 기본값을 가질 수 있고, 기본적으로 최대-힙이 된다. 비교기에 greater 함수 객체를 이용하여 최소-힙을 만들 수 있다.

그림 6.57은 기본 최대-힙과 최소-힙에서 priority_queue 클래스 템플릿이 어떻게 사용되는지 보여 주는 테스트 프로그램이다.

6장 요약

이 장에서는 우선순위 큐 ADT의 여러 가지 구현과 사용 예를 알아보았다. 표준 이진 힙의 구현은 단순하고 빠르다. 이것은 링크가 필요 없고 단지 일정량의 추가 공간만 필요로 하며 우선순위 큐 연산을 효율적으로 지원한다.

추가적으로 merge 연산을 고려하고 세 가지로 구현하였는데, 각각 그 자체가 독특하다. Leftist 힙은 재귀의 효과를 보여 주는 좋은 예이다. Skew 힙은 균형 제한이 없는 독특한 자료 구조를 나타낸다. 이에 대한 분석은 11장에서 보이는데 그 자체로 흥미롭다. 이항 큐는 좋은 시간 바운드를 달성할 수 있는 간단한 아이디어를 보여 준다.

운영 체제 스케줄링에서부터 시뮬레이션 같은 우선순위 큐의 다양한 사용 예도 보았다. 7장, 9장, 10장에서 이들의 사용 예를 다시 볼 것이다.

```
#include <iostream>
#include <vector>
#include <queue>
#include <functional>
#include <string>
using namespace std;

// Empty the priority queue and print its contents.
template <typename PriorityQueue>
void dumpContents( const string & msg, PriorityQueue & pq )
{
   cout << msg << ":" << endl;
   while( !pq.empty( ) )
   {
   cout << pq.top( ) << endl;
   pq.pop( );
   }
}

// Do some inserts and removes (done in dumpContents).
   int main( )
{
   priority_queue<int>                               maxPQ;
   priority_queue<int,vector<int>,greater<int> > minPQ;

   minPQ.push( 4 ); minPQ.push( 3 ); minPQ.push( 5 );
   maxPQ.push( 4 ); maxPQ.push( 3 ); maxPQ.push( 5 );

   dumpContents( "minPQ", minPQ ); // 3 4 5
   dumpContents( "maxPQ", maxPQ ); // 5 4 3

   return 0;
}
```

그림 6.57 STL priority_queue의 사용 예를 보여 주는 루틴

6장 연습문제

6.1 insert와 findMin 모두 상수 시간으로 구현할 수 있는가?

6.2 a. 초기 공백 이진 힙에 10, 12, 1, 14, 6, 5, 8, 15, 3, 9, 7, 4, 11, 13, 2를 차례대로 삽입한 결과를 보이시오.
b. 선형 시간 알고리즘으로 같은 입력에 이용하여 이진 힙을 구축한 결과를 보이시오.

6.3 연습문제 6.2의 힙에서 deleteMin을 세 번 수행한 결과를 보이시오.

6.4 N개 요소의 완전 이진 트리는 1부터 N까지의 배열 위치를 사용한다. 완전하지 않은 이진 트리를 배열로 표현한다고 가정하자. 다음 각 경우의 배열 크기를 구하시오.

a. 두 개의 추가적인 레벨이 있는 이진 트리(즉, 약간 불균형인 경우)
b. 가장 깊은 노드의 깊이가 $2\log N$인 이진 트리
c. 가장 깊은 노드의 깊이가 $4.1\log N$인 이진 트리
d. 최악 경우의 이진 트리

6.5 삽입되는 항목의 복사본을 위치 0에 놓도록 BinaryHeap insert 루틴을 재작성하시오.

6.6 그림 6.13의 큰 힙에는 얼마나 많은 노드가 있는가?

6.7 a. 이진 힙에서 buildHeap은 요소 사이에서 최대 $2N-2$회의 비교를 한다는 것을 증명하시오.
b. 8개의 요소를 갖는 힙은 힙 요소 사이의 8번의 비교로 구축될 수 있다는 것은 보이시오.
**c. $\frac{13}{8}N+O(\log N)$회의 요소 비교로 이진 힙을 구축하는 알고리즘을 작성하시오.

6.8 힙의 최대 항목에 대하여 다음을 보이시오.

a. 리프 중의 하나에 있다.
b. 정확하게 $\lceil N/2 \rceil$ 개의 리프가 있다.
c. 최대 항목을 찾기 위해 모든 리프가 검사되어야 한다.

**6.9 크기가 큰 완전 힙($N = 2^k - 1$로 가정)에서 k번째로 작은 요소의 깊이를 찾기 위한 바운드는 $\log k$이다.

6.10 *a. 이진 힙에서 임의의 값 X보다 작은 모든 노드를 찾는 알고리즘을 작성하시오. 이 알고리즘은 $O(K)$에 실행되어야 한다. K는 출력되는 노드의 개수이다.

b. 이 알고리즘이 이 장에서 논의된 다른 힙 구조를 어느 정도 확장하는가?

*c. 이진 힙에서 최대 대략 $3N/4$회의 비교로 임의의 항목 X를 찾는 알고리즘을 작성하시오.

**6.11 N개 요소의 이진 힙에 M개의 노드를 $O(M + \log N \log\log N)$ 시간 내에 삽입하는 알고리즘을 작성하고 시간 바운드를 증명하시오.

6.12 N개의 요소에 대하여 다음을 수행하는 프로그램을 작성하시오.

a. 요소를 하나씩 힙에 삽입

b. 선형 시간 내에 힙을 구축

정렬된 입력과 역순의 입력, 임의의 입력에 대하여 두 알고리즘의 실행 시간을 비교하시오.

6.13 각 deleteMin 연산은 최악 경우에 $2\log N$회의 비교를 한다.

*a. deleteMin 연산이 요소들 사이에서 단지 $\log N + \log\log N + O(1)$회의 비교를 하는 구조를 제안하시오. 이것이 적은 데이터의 이동을 의미하지는 않는다.

**b. (a)의 구조를 확장하여 $\log N + \log\log\log N + O(1)$회의 비교만 수행되도록 하시오.

**c. 어떻게 이 아이디어를 생각할 수 있는가?

d. 비교 횟수를 줄이는 것이 알고리즘 복잡성의 증가를 상쇄시켜 주는가?

6.14 d-힙이 배열에 저장되어 있다면, i번째에 위치한 항목의 부모와 자식의 위치는 어디인가?

6.15 초기에 N개의 요소를 갖는 d-힙에서 M번의 percolateUp과 N번의 deleteMin 연산을 수행하여야 한다고 가정하자.

a. 모든 연산의 총 실행 시간을 M, N, d로 표현하시오.

b. $d = 2$이면, 모든 힙 연산의 실행 시간은 얼마인가?

c. $d = \Theta(N)$이면, 총 실행 시간은 얼마인가?

*d. 총 실행 시간을 최소화하기 위한 d는 얼마인가?

6.16 이진 힙이 링크를 이용하여 표현된다고 가정하자. i번째 위치한 노드를 찾는 간단한 알고리즘을 작성하시오.

6.17 이진 힙이 링크를 이용하여 표현된다고 가정하자. 이진 힙 lhs와 rhs를 합병하는 문제를 고려해 보자. 두 힙이 각각 $2^{\ell}-1$개와 $2^{r}-1$개의 노드를 포함하는 완전 이진 트리라고 가정하자.

a. $l=r$인 경우에 두 힙을 합병하는 $O(\log N)$ 알고리즘을 작성하시오.
b. $|l-r|=1$인 경우에 두 힙을 합병하는 $O(\log N)$ 알고리즘을 작성하시오.
*c. l과 r에 관계없이 두 힙을 합병하는 $O(\log^2 N)$ 알고리즘을 작성하시오.

6.18 *min-max 힙*은 deleteMin과 deleteMax 연산을 각각 $O(\log N)$에 수행하도록 하는 자료 구조이다. 이 구조는 이진 힙과 같지만, 짝수 깊이에서 임의의 노드 X에 저장된 요소는 부모보다 작지만 grandparent보다는 크지 않고, 홀수 깊이에서 임의의 노드 X에 저장된 요소는 부모보다 크지만 grandparent보다는 작지 않다는 힙 순서 특성을 갖는다. 그림 6.58을 보라.

a. 최소 요소와 최대 요소를 어떻게 찾는가?
*b. min-max 힙에 새로운 노드를 추가하는 알고리즘을 작성하시오.
*c. deleteMin과 deleteMax 를 수행하는 알고리즘을 작성하시오.
*d. min-max 힙을 선형 시간 내에 구축할 수 있는가?
**e. deleteMin, deleteMax, merge를 지원한가고 가정하고, 모든 연산을 $O(\log N)$ 시간 내에 지원하는 자료 구조를 제안하시오.

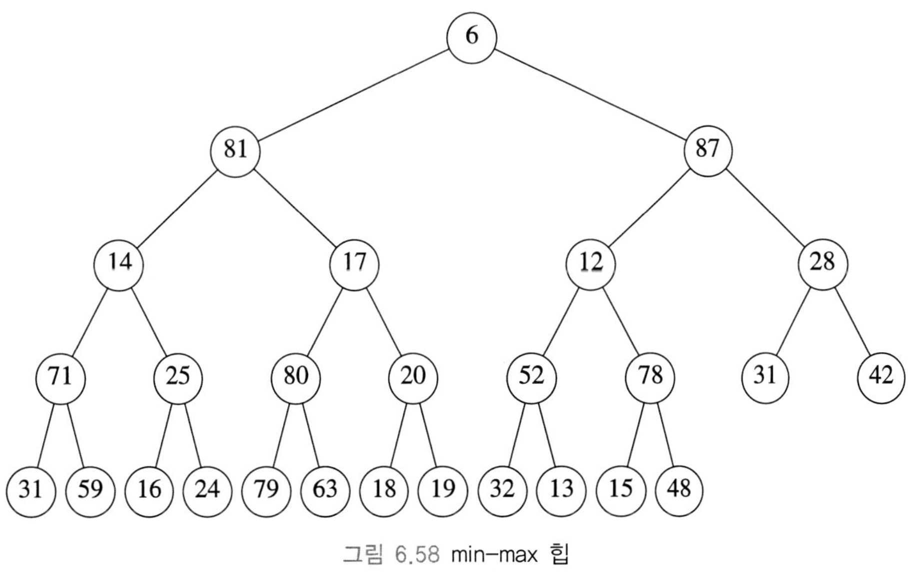

그림 6.58 min-max 힙

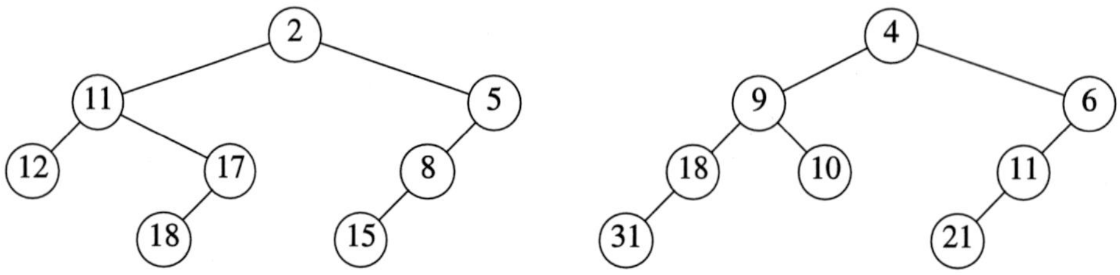

그림 6.59 연습문제 6.19와 6.26을 위란 입력

6.19 그림 6.59에 있는 두 개의 leftist 힙을 합병하시오.

6.20 초기 공백 leftist 힙에 1부터 15까지의 키를 차례대로 삽입한 결과를 보이시오.

6.21 초기 공백 leftist 힙에 1부터 2^k-1까지의 키를 차례대로 삽입하면 완전 균형 트리가 된다는 사실을 증명하거나 반증하시오.

6.22 최고의 leftist 힙을 생성하는 입력 예를 제시하시오.

6.23 a. leftist 힙이 decreaseKey를 효과적으로 지원하는가?
b. 이렇게 하기 위해서 어떤 변화가 필요한가?

6.24 leftist 힙에서 위치를 알고 있는 노드를 삭제하는 한 방법은 lazy 방법을 사용하는 것이다. 노드를 삭제하기 위하여 단지 삭제되었다는 표시만 한다. findMin이나 deleteMin이 수행될 때, 루트가 삭제되었다고 표시되어 있으면 문제가 발생할 수 있다. 이는 그 노드가 실제로 삭제되어야 하고, 실제 최소 값을 찾아야 할 필요가 있어서 다른 표시된 노드들을 삭제하는 것이 포함될 수 있다. 이 방법에서 remove의 비용은 1단위이지만, deleteMin과 findMin의 비용은 삭제 표시된 노드의 개수에 비례한다. deleteMin 또는 findMin 연산 수행 후의 삭제 표시된 노드의 개수가 연산 전보다 k개 적다고 가정하자.

*a. deleteMin이 $O(k \log N)$ 시간 내에 수행되는지 보이시오.
**b. deleteMin이 $O(k \log(2N/k))$ 시간에 수행되는 것을 보이기 위한 분석을 하는 구현을 제안하시오.

6.25 각 요소를 노드가 하나인 leftist 힙이라고 가정하면 buildHeap은 leftist 힙을 선형 시간으로 구축할 수 있다. 모든 힙을 큐에 넣고 다음의 과정을 수행한다: 큐에 하나의 힙만이 남을 때까지 두 개의 힙을 꺼내어 합병하고 그 결과를 다시 큐에 넣는다.

a. 최악 경우에 이 알고리즘이 $O(N)$임을 보이시오.
b. 왜 이 알고리즘이 본문에 기술된 알고리즘보다 선호되는가?

6.26 그림 6.59에 있는 두 개의 skew 힙을 합병하시오.

6.27 skew 힙에 1부터 15까지의 키를 차례대로 삽입하는 결과를 보이시오.

6.28 초기 공백 skew 힙에 1부터 2^k-1까지의 키를 차례대로 삽입하면 완전 균형 트리가 된다는 사실을 증명하거나 반증하시오.

6.29 표준 이진 힙 알고리즘을 사용하여 N개의 요소를 갖는 skew 힙을 구축할 수 있다. 연습문제 6.25에 기술된 같은 합병 방법을 $O(N)$ 실행 시간으로 skew 힙에 적용할 수 있는가?

6.30 이항 트리 B_k가 루트의 자식으로 이항 트리 B_0, B_1, $\cdots$, B_{k-1}을 갖는다는 것을 증명하시오.

6.31 높이가 k인 이항 트리는 깊이 d에 $\binom{k}{d}$개의 노드를 갖는다는 것을 증명하시오.

6.32 그림 6.60에 있는 두 개의 이항 큐를 합병하시오.

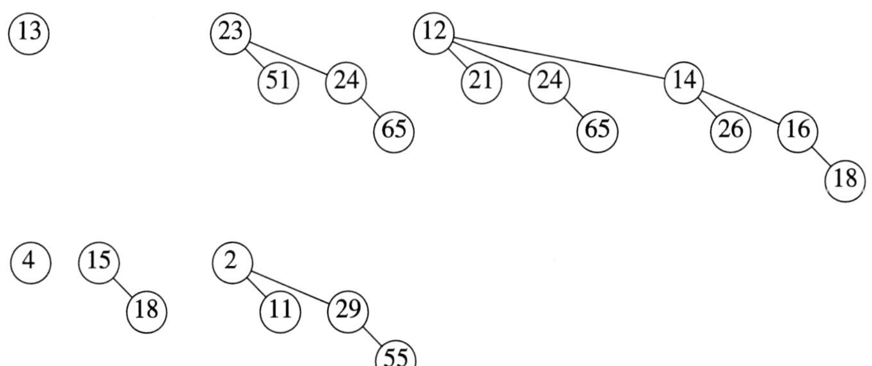

그림 6.60 연습문제 6.32를 위한 입력

6.33 a. 초기 공백 이항 큐에 N번의 insert를 수행하는 것이 최악 경우에 $O(N)$이 됨을 보이시오.

b. 요소 사이에 최대 $N-1$회의 비교를 수행하여 N개 요소를 갖는 이항 큐를 구축하는 알고리즘을 작성하시오.

*c. N개 요소를 갖는 이항 큐에 M개의 노드를 삽입하는 최악 경우 시간이 $O(M+\log N)$인 알고리즘을 작성하고, 시간 바운드를 증명하시오.

6.34 이항 큐를 이용하여 insert를 수행하는 효율적인 루틴을 작성하시오. merge를 호출하여 사용하지 마시오.

6.35 이항 큐에 대하여 다음 물음에 답하시오.

a. H_2에 트리가 남아 있지 않고, carry 트리가 널인 경우에 합병을 종료하도록 merge 루틴을 수정하시오.

b. 항상 작은 트리가 큰 트리에 합병되도록 merge 루틴을 수정하시오.

****6.36** 같은 높이에 최대 두 개의 트리만 있도록 이항 큐를 확장한 것을 가정하자. 다른 연산은 $O(\log N)$을 유지하면서 최악 경우의 삽입이 $O(1)$이 되도록 할 수 있는가?

6.37 각각 w_1, w_2, w_3, ..., w_N의 무게를 갖는 항목 i_1, i_2, i_3, ..., i_N과 각각 총 무게 C를 담을 수 있는 여러 개의 상자들이 있다고 가정하자. 각 상자가 용량을 초과하지 않고 최소의 상자로 모든 항목을 포장하는 것이 목적이다. 만약 C=5이고, 각 항목의 무게가 2, 2, 3, 3 이면, 상자 2개로 이 문제를 해결할 수 있다.
일반적으로 이 문제는 매우 어려워서 효과적인 해결책이 없다고 알려져 있다. 다음 각 가정에 따라 효과적으로 구현하는 프로그램을 작성하시오.

*a. 첫 번째 상자에 맞는 무게를 놓는다.

b. 상자에 최대 허용되는 무게를 놓는다.

*c. 최대로 채워진 상자가 넘치지 않을만큼 무게를 놓는다.

**d. 이 방법들이 항목들을 무게 순으로 정렬한 것보다 나은가?

6.38 힙 연산에 decreaseAllKeys(Δ) 연산을 추가한다고 가정하자. 이 연산의 결과는 힙에 있는 모든 키의 값이 Δ만큼 감소되는 것이다. 다른 연산들의 실행 시간은 그대로 유지되고, decreaseAllKeys 는 $O(1)$이 되는 것을 설명하시오.

6.39 두 개의 선택 알고리즘 중에서 어떤 것이 더 좋은 시간 바운드를 갖는가?

6.40 leftist 힙을 위한 표준 연산 operator=와 makeEmpty는 너무 많은 재귀 호출 때문에 실패할 수 있다. 이것은 이진 탐색 트리에서도 발생할 수 있지만, leftist 힙이 더 깊기 때문에 더 문제가 된다. 따라서 leftist 힙에서의 깊은 재귀를 피하기 위하여 operator=와 makeEmpty는 다시 구현되어야 할 필요가 있다. 다음과 같이 수행하시오.

a. 재귀 루틴의 순서를 바꾸어서 재귀 호출 t->right 다음에 t->left 를 재귀 호출한다.
b. 마지막 문장이 왼쪽 서브 트리에서의 재귀 호출이 되도록 루틴을 재작성하시오.
c. tail recursion을 제거하시오.
d. 이 함수는 아직도 재귀적이다. 남아 있는 재귀의 깊이에 대한 정확한 바운드를 제시하시오.
*e. skew 힙을 위한 operator=와 makeEmpty를 재작성하는 방법을 설명하시오.

6장 참고문헌

이진 힙은 [28]에서 처음으로 기술되었다. 이것의 구축을 위한 선형 시간 알고리즘은 [14]에 있다.

d-힙은 [19]에서 처음으로 기술되었다. [22]에서의 최근 결과는 어떤 상황에서 4-힙이 이진 힙보다 낫다는 것을 보여 준다. leftist 힙은 Crane이 [11]에서 발명하였고, Knuth가 [21]에서 설명하였다. skew 힙은 Sleator와 Tarjan이 [24]에서 개발하였다. 이항 큐는 Vuillemin이 [27]에서 발명하였다. Brown은 [4]에서 이것이 잘 구현된다면 실제적으로 잘 수행되는 것은 분석하고 경험적으로 보여 주었다.

연습문제 6.7(b-c)는 [17]에 있다. 연습문제 6.10(c)는 [6]에 있다. 평균 $1.52N$ 회의 비교로 이진 힙을 구축하는 방법이 [23]에 기술되어 있다. 연습문제 6.24에 있는 leftist 힙의 lazy deletion은 [10]에 있다. 연습문제 6.36의 해결책은 [8]에 있다.

연습문제 6.18에 있는 min-max 힙은 [1]에서 처음으로 기술되었다. [18]과 [25]는 연산들의 보다 효과적인 구현을 보여 준다. double-ended 우선순위 큐의 또 다른 표현들은 deap 과 diamond deque 이다. 자세한 내용은 [5], [7], [9]에 있다. 연습문제 6.18(e)의 해결책은 [12]와 [20]에 있다.

이론적으로 흥미로운 우선순위 큐는 [16]에 있는 피보나치 힙으로서 11장에서 설명한다. 피보나치 힙에서 삭제 연산은 $O(\log N)$에 수행되지만, 다른 모든 연산은 $O(1)$에 수행된다. [13]의 relaxed 힙은 merge를 제외하고는 최악 경우에 같은 바운드를 갖는다. [3]에 있는 루틴은 모든 연산에 대하여 최적의 최악 경우 바운드를 갖는다. 또 다른 흥미로운 구현은 [15]에 있는 pairing 힙으로서 12장에서 설명한다. 마지막으로 [2]와 [26]은 작은 정수들로 이루어진 데이터를 다루는 우선순위 큐에 대하여 설명하고 있다.

1. M. D. Atkinson, J. R. Sack, N. Santoro, and T. Strothotte, "Min-Max Heaps and Generalized Priority Queues," *Communications of the ACM*, 29 (1986), 996-1000.
2. J. D. Bright, "Range Restricted Mergeable Priority Queues," *Information Processing Letters*, 47 (1993), 159-164.
3. G. S. Brodal, "Worst-Case Efficient Priority Queues," *Proceedings of the Seventh Annual ACM-SIAM Symposium on Discrete Algorithms* (1996), 52-58.
4. M. R. Brown, "Implementation and Analysis of Binomial Queue Algorithms," *SIAM Journal on Computing*, 7 (1978), 298-319.
5. S. Carlsson, "The Deap-A Double-Ended Heap to Implement Double-Ended Priority Queues," *Information Processing Letters*, 26 (1987), 33-36.
6. S. Carlsson and J. Chen, "The Complexity of Heaps," *Proceedings of the Third Symposium on Discrete Algorithms* (1992), 393-402.

7. S. Carlsson, J. Chen, and T. Strothotte, "A Note on the Construction of the Data Structure 'Deap'," *Information Processing Letters*, 31 (1989), 315-317.
8. S. Carlsson, J. I. Munro, and P. V. Poblete, "An Implicit Binomial Queue with Constant Insertion Time," *Proceedings of First Scandinavian Workshop on Algorithm Theory* (1988), 1-13.
9. S.C. Chang and M.W. Due, "Diamond Deque: A Simple Data Structure for Priority Deques," *Information Processing Letters*, 46 (1993), 231-237.
10. D. Cheriton and R. E. Tarjan, "Finding Minimum Spanning Trees," *SIAM Journal on Computing*, 5 (1976), 724-742.
11. C. A. Crane, "Linear Lists and Priority Queues as Balanced Binary Trees," *Technical Report STAN-CS-72-259*, Computer Science Department, Stanford University, Stanford, Calif., 1972.
12. Y. Ding and M. A. Weiss, "The Relaxed Min-Max Heap: A Mergeable Double-Ended Priority Queue," *Acta Informatica*, 30 (1993), 215-231.
13. J. R. Driscoll, H. N. Gabow, R. Shrairman, and R. E. Tarjan, "Relaxed Heaps: An Alternative to Fibonacci Heaps with Applications to Parallel Computation," *Communications of the ACM*, 31 (1988), 1343-1354.
14. R. W. Floyd, "Algorithm 245: Treesort 3," *Communications of the ACM*, 7 (1964), 701.
15. M. L. Fredman, R. Sedgewick, D. D. Sleator, and R. E. Tarjan, "The Pairing Heap: A New Form of Self-adjusting Heap," *Algorithmica*, 1 (1986), 111-129.
16. M. L. Fredman and R. E. Tarjan, "Fibonacci Heaps and Their Uses in Improved Network Optimization Algorithms," *Journal of the ACM*, 34 (1987), 596-615.
17. G. H. Gonnet and J. I. Munro, "Heaps on Heaps," *SIAM Journal on Computing*, 15 (1986), 964-971.
18. A. Hasham and J. R. Sack, "Bounds for Min-max Heaps," *BIT*, 27 (1987), 315-323.
19. D. B. Johnson, "Priority Queues with Update and Finding Minimum Spanning Trees," *Information Processing Letters*, 4 (1975), 53-57.
20. C. M. Khoong and H.W. Leong, "Double-Ended Binomial Queues," *Proceedings of the Fourth Annual International Symposium on Algorithms and Computation* (1993), 128-137.
21. D. E. Knuth, *The Art of Computer Programming*, Vol. 3: *Sorting and Searching*, 2d ed., Addison-Wesley, Reading, Mass., 1998.

22. A. LaMarca and R. E. Ladner, "The Influence of Caches on the Performance of Sorting," *Proceedings of the Eighth Annual ACM-SIAM Symposium on Discrete Algorithms* (1997), 370-379.
23. C. J. H. McDiarmid and B. A. Reed, "Building Heaps Fast," *Journal of Algorithms*, 10 (1989), 352-365.
24. D. D. Sleator and R. E. Tarjan, "Self-adjusting Heaps," *SIAM Journal on Computing*, 15 (1986), 52-69.
25. T. Strothotte, P. Eriksson, and S. Vallner, "A Note on Constructing Min-max Heaps," *BIT*, 29 (1989), 251-256.
26. P. van Emde Boas, R. Kaas, and E. Zijlstra, "Design and Implementation of an Efficient Priority Queue," *Mathematical Systems Theory*, 10 (1977), 99-127.
27. J. Vuillemin, "A Data Structure for Manipulating Priority Queues," *Communications of the ACM*, 21 (1978), 309-314.
28. J. W. J. Williams, "Algorithm 232: Heapsort," *Communications of the ACM*, 7 (1964), 347-348.

7 정렬(Sorting)

7장에서는 요소들의 배열을 정렬하는 문제에 대해 논의하기로 한다. 비록 사용할 코드가 좀 더 일반적인 객체를 허용할지라도, 문제를 단순화하기 위하여 이 책에서는 배열이 단지 정수만을 포함하는 예제를 가정할 것이다. 이 장에서는 요소들의 수가 적기 때문에, 전체 정렬은 메인 메모리 내에서 이루어질 수 있다고 가정한다. 그리고 정렬한 요소의 수는 상대적으로 적다(100만 미만). 메인 메모리내에서 수행될 수 없어서 디스크나 테이프에서 수행되어야만 하는 정렬도 또한 매우 중요하다. 외부 정렬로 알려진 이런 유형의 정렬은 이 장의 마지막 부분에서 논의한다.

내부 정렬에 대한 간단한 요약은 다음과 같다.

- 삽입 정렬(insertion sort)과 같이 $O(N^2)$내에서 정렬이 가능한 몇 가지 쉬운 알고리즘이 있다.
- 코딩하기 쉽고 $O(N^2)$내에서 실행되며 실질적으로 효율적인 쉘(shell) 정렬 같은 알고리즘이 있다.
- $O(N \log N)$내에서 정렬이 가능한 약간 복잡한 알고리즘도 있다.
- 일반적인 정렬 알고리즘은 $\Omega(N \log N)$의 비교를 요구한다.

이 장의 나머지 부분은 다양한 알고리즘을 설명하고 분석한다. 이러한 알고리즘들은 알고리즘 설계뿐만 아니라 코드 최적화를 위한 흥미있고 중요한 아이디어를 가지고 있다. 정렬은 분석이 간단히 이루어질 수 있는 예제이기도 하다. 적절한 곳을 미리 알게 된다면 가능한 많은 분석을 수행할 것이다.

7.1 개요

이 책에서 설명할 알고리즘은 서로 교환가능하다. 각각의 알고리즘은 요소를 포함한 배열을 가지고 있다. 이 책에서는 모든 배열의 위치는 정렬할 데이터를 포함하고 있다고 가정한다. N은 정렬 루틴에 넘겨질 요소들의 개수이다.

입력에 일관된 순서를 부여하기 위해서 "<"와 ">"연산자가 있다고 가정한다. 할당

(assignment) 연산자외에도 이러한 연산자들은 입력데이터에서 허용된 유일한 연산들이다. 이러한 조건하에서의 정렬은 **비교 기반 정렬(comparison-based sorting)** 이라고 한다.

이 인터페이스는 STL 정렬 알고리즘과 같지는 않다. STL에서 정렬은 함수 sort를 사용함으로써 이루어진다. 함수 sort에서 매개변수는 시작과 끝나는 지점, 그리고 선택적 연산자를 나타낸다.

```
void sort( Iterator begin, Iterator end);
void sort( Iterator begin, Iterator end, Comparator cmp);
```

iterator는 임의의 접근(random access)을 지원해야 한다. 함수 sort 알고리즘은 같은 아이템들이 원래의 순서를 유지한다는 것을 보장하지 않는다(이것이 중요하다면, 함수 sort 대신에 stable_sort를 사용해야 한다).

예제로,

```
sort( v.begin( ), v.end( ) );
sort( v.begin( ), v.end( ), greater<int>( ) );
sort( v.begin( ), v.begin( ) + ( v.end( ) - v.begin( ) ) / 2 );
```

첫 번째 호출은 전체(v)를 오름차순(nondecreasing order)으로 정렬한다. 두 번째 호출은 내림차순(nonincreasing order)으로 정렬한다. 세 번째 호출은 전체 중 앞부분 반을 오름차순으로 정렬한다.

사용된 정렬 알고리즘은 7.7절에서 설명할 퀵정렬(quicksort)이다. 7.2절에서는 가장 간단한 정렬 알고리즘을 구현하는데, 하나는 가장 직접적인 코드를 만들어 내는 비교 대상 아이템들의 배열을 넘기는 방법이고 다른 하나는 더 많은 코드를 요구하는 STL에 의해 지원되는 인퍼페이스를 사용하는 것이다.

7.2 삽입정렬(insertion sort)

7.2.1 알고리즘

삽입정렬은 가장 간단한 정렬 알고리즘 중 하나이다. 삽입정렬은 $N-1$의 이동으로 이루어진다. p=1부터 $N-1$까지의 이동을 통해서, 삽입정렬은 위치 0에서 p까지의 요소들이 정렬된 순서로 있다는 것을 보장한다. 삽입정렬은 위치 0에서 $p-1$까지의 요소들이 이미 정렬된 순서로 존재한다는 사실을 이용한다. 그림 7.1은 삽입정렬의 매 이동 후 샘플 배열을 보여 준다.

Original	34	8	64	51	32	21	Positions Moved
After $p=1$	8	34	64	51	32	21	1
After $p=2$	8	34	64	51	32	21	0
After $p=3$	8	34	51	64	32	21	1
After $p=4$	8	32	34	51	64	21	3
After $p=5$	8	21	32	34	51	64	4

그림 7.1 각 패스에 따른 삽입 정렬

```
1  /**
2  * 간단한 삽입 정렬
3  */
4  template <typename Comparable>
5  void insertionSort( vector<Comparable> & a )
6  {
7     int j;
8
9     for( int p = 1; p < a.size( ); p++ )
10    {
11       Comparable tmp = a[ p ];
12       for( j = p; j > 0 && tmp < a[ j - 1 ]; j-- )
13          a[ j ] = a[ j - 1 ];
14       a[ j ] = tmp;
15    }
16 }
```

그림 7.2 삽입정렬 루틴

그림 7.1은 일반적인 방법을 보여 준다. p번째 이동에서, 처음 $p+1$개의 요소들 중 정확한 위치를 찾을 때까지 남아 있던 p 위치에 있는 요소를 이동시킨다. 그림 7.2의 코드는 이 방법으로 구현하였다. 11번째 줄부터 14번째 줄까지는 교환없이 데이터 이동이 이루어짐을 보여 준다. p 위치의 요소는 tmp에 저장되고, 다른 더 큰 요소들은(p 위치보다 앞서 있는 요소들) 오른쪽으로 한 칸 씩 이동한다. 그리고 나서 tmp는 정확한 위치에 놓여진다. 이와 같은 기술은 이진 힙(binary heap)의 구현에서 사용된 같은 기술이다.

7.2.2 삽입정렬의 STL 구현

STL에서는 정렬 루틴이 하나의 매개변수로서 비교대상 아이템의 배열을 갖는 대신에, 정렬 루틴은 데이터 범위의 시작과 끝나는 지점을 나타내는 한 쌍의 반복자(iterator)를 받는다. 두 매개변수 정렬 루틴은 한 쌍의 반복자를 사용하고 아이템들이 정렬될 수 있다는 것을 가정한다. 반면에 세 매개변수 정렬 루틴은 세 번째 매개변수로서 함수 객체를 가진다.

```
template <typename Iterator>
void insertionSort( const Iterator & begin, const Iterator & end )
{
   if( begin != end )
      insertionSortHelp( begin, end, *begin );
}


template <typename Iterator, typename Object>
void insertionSortHelp( const Iterator & begin, const Iterator & end,
                        const Object & obj )
{
   insertionSort( begin, end, less<Object>( ) );
}
```

그림 7.3 파라미터가 두 개인 루틴이 object를 수립하는 helper 루틴을 통하여 파라미터가 세 개인 정렬을 호출

STL을 사용하기 위하여 그림 7.2의 알고리즘을 변환하는 것은 몇 가지 문제를 나타낸다. 그 문제점들은 다음과 같다.

1. 우리는 두 매개변수 정렬과 세 매개변수 정렬을 작성해야 한다. 두 매개변수 정렬은 세 번째 매개변수로서 less<Object>( )를 가지고 세 매개변수 정렬을 호출하는 것도 가능할 것이다.
2. 배열 접근은 반복자 접근으로 전환되어야 한다.
3. 원래 코드의 11번째 줄은 새로운 코드내에서 Object 타입을 가지는 tmp를 생성하는 것을 요구한다.

첫 번째 문제점은 두 매개변수 정렬의 template 타입 매개변수들이 둘 다 Iterator이기 때문에 다루기 어렵다는 것이다. 하지만 Object는 일반적인 매개변수 타입 중 하나는 아니다. 그림 7.3에서 보이는 것과 같이 두 번째 template 타입 매개변수로서 Object를 가지는 도움(helper) 루틴을 사용함으로써 그 문제를 처리할 수 있다.

이 수단은 두 매개변수 정렬에서 *begin이 Object 타입을 갖고, 도움(helper) 루틴은 Object 타입의 일반적인 두 번째 매개변수를 갖을 수 있다는 것이다. 두 매개변수 정렬이 쓰여지고 세 매개변수 정렬을 쓸 수 있다. 그러나 tmp를 Object 타입으로 선언할 필요가 있고 세 매개변수 정렬은 일반적인 타입인 Iterator와 Comparator를 가진다. 그래서 우리는 정확히 같은 수단을 사용해야 하고, 추가적으로 일반적인 타입을 부가할 목적으로 네 번째 매개변수로서 Object 타입의 아이템을 가지고 네 매개변수 정렬 루틴을 제공해야 한다. 이는 그림 7.4의 배열 인덱싱을 반복자의 사용으로 대체한 코드와 연산자 <에 대한 호출을 lessThan 함수 객체로 대체한 코드에서 보여 준다.

```
template <typename Iterator, typename Comparator>
void insertionSort( const Iterator & begin, const Iterator & end,
Comparator lessThan )
{
   if( begin != end )
      insertionSort( begin, end, lessThan, *begin );
}

template <typename Iterator, typename Comparator, typename Object>
void insertionSort( const Iterator & begin, const Iterator & end,
                    Comparator lessThan, const Object & obj )
{
   Iterator j;

   for( Iterator p = begin+1; p != end; ++p )
   {
      Object tmp = *p;
      for( j = p; j != begin && lessThan( tmp, *( j-1 ) ); --j )
         *j = *(j-1);
      *j = tmp;
   }
}
```

그림 7.4 세 매개변수 정렬은 일반적인 타입인 Object를 설정하는 네 매개변수 도움 루틴을 호출한다.

실제로 삽입정렬 알고리즘을 구현할 때, 원래 코드내의 모든 문장은 반복자와 함수 객체를 직접 사용한 새로운 코드내의 대응하는 문장으로 대체된다. 논란의 여지는 있지만 원래 코드가 더 간단한데, 정렬 알고리즘을 코딩할 때 STL 인터페이스보다는 더 간단한 인터페이스를 사용하는 이유이다.

7.2.3 삽입 정렬의 분석

N번 반복하는 각 중첩 루프 때문에 삽입정렬은 $O(N^2)$이다. 더욱이 이 제한은 명확한데, 역순으로 입력될 때 이 제한을 달성할 수 있다. 간단한 계산을 통해 보여줄 수 있는데, 그림 7.2에서 내부 루프내 구성요소들의 비교횟수는 p의 각 값에 대해서 많아야 $p+1$이다. 따라서 모든 p에 대한 합은 다음과 같다.

$$\sum_{i=2}^{N} i = 2+3+4+\cdots+N = \Theta(N^2)$$

반면에 만약 입력 값이 미리 정렬되어 있다면, 실행시간은 $O(N)$인데, 왜냐하면 내부 for 루프에서의 테스트가 즉시 실패하기 때문이다. 실제로 입력 값이 대부분 정렬되어 있다면(이 용어는 다음 절에서 논의하겠음) 삽입정렬은 빨리 실행될 것이다. 이와 같이 다양하기 때문에 이 알고리즘의 평균 실행시간을 분석하는 것은 중요하다. 다음 절에서 논의할 다른 정렬 알고리즘과 마찬가지로, 삽입정렬의 평균 실행시간은 $\Theta(N^2)$이라는 것을 보여 준다.

7.3 간단한 정렬 알고리즘에서의 하한(lower bound)

숫자 배열에서의 반전(inversion)은 $i < j$이지만 $a[i] > a[j]$인 속성을 가지는 순서화된 쌍 $(i,\ j)$이다. 마지막 절의 예제에서 입력 리스트 34, 8, 64, 51, 32, 21의 9개 반전, 즉 (34, 8), (34, 32), (64, 51), (64, 32), (64, 21), (51, 32), (51, 21), (32, 21)을 가진다. 이는 삽입정렬을 수행할 때 필요한 교환(swap) 횟수가 된다. 이 상황은 자기 위치에서 벗어난 두 인접 요소들을 교환하는 것이 정확히 한 번의 반전이고 정렬된 배열은 반전이 없기 때문이다. $O(N)$의 다른 작업이 알고리즘내에 포함되고, 삽입정렬의 실행시간은 $O(I+N)$으로, 여기서 I는 배열내 반전의 횟수이다. 따라서 반전의 횟수가 $O(N)$이라면 삽입정렬은 선형시간(linear time)에 실행된다.

우리는 순열로 반전의 평균 횟수를 계산함으로써 삽입정렬의 평균실행시간의 범위를 계산할 수 있다. 보통 평균(average)을 정의하는 것은 어렵다. 우리는 중복된 구성요소들이 없다고 가정할 것이다(중복을 허용한다면 중복의 평균 개수가 무엇인지 명확하지 않다). 이 가정을 사용하여 우리는 입력이 처음 N개의 정수들의 순열이 있고(오직 상대적인 순서가 중요하기 때문에) 모든 입력이 비슷하다고 가정할 수 있다. 이러한 가정하에 다음의 정리를 보여 준다.

정리 7.1

N개의 구성요소로 구성된 배열에서 평균 반전 횟수는 $N(N-1)/4$이다.

증명

임의의 리스트 L에서 역순서로 된 리스트를 L_r이라 하자. 역순서로 된 리스트 예제인 21, 32 ,51, 64, 8, 34에서, 리스트내 두 구성요소들의 쌍 $(x,\ y)$가 $y > x$이라고 생각하자. L과 L_r 중에서 정확히 하나이고 이 순서화된 쌍은 반전을 의미한다. 리스트 L과 L_r에서 이러한 쌍의 전체 개수는 $N(N-1)/2$이다. 그러므로 평균 리스트는 이 양의 절반을 가지거나 $N(N-1)/4$ 반전을 갖는다.

이 정리는 삽입정렬이 평균적으로 2차식으로 표현된다는 것을 의미한다. 이는 인접 구성요소들만을 교환하는 알고리즘에서 매우 강한 하한을 제공한다.

정리 7.2

인접 구성요소들을 교환하며 정렬하는 알고리즘은 평균 $\Omega(N^2)$를 요구한다.

증명

평균 반전 횟수는 초기에는 $N(N-1)/4 = \Omega(N^2)$이다. 매 교환은 오직 하나의 반전을 제거함으로써 $\Omega(N^2)$의 교환이 요구된다.

이것은 하한 증명의 예이다. 이는 인접 교환을 수행하는 삽입정렬뿐만 아니라 여기에서는 설명하지 않는 버블정렬(bubble sort)과 선택정렬(selection sort)같은 다른 단순 알고리즘에서도 적용된다. 사실 인접 교환만을 수행하는 정렬 알고리즘의 전체 class에서도 적용된다. 이 때문에 이 증명은 경험적으로 확증될 수 없다. 이 하한 증명이 비교적 단순할 지라도 일반적으로 하한을 증명하는 것은 상한(upper bounds)을 증명하는 것보다 훨씬 더 복삽하고 어떤 경우에는 마술에 비유한다.

하한은 2차식 또는 $O(N^2)$내에 수행될 정렬 알고리즘을 순서화하기 위해 떨어져 있는 구성요소들을 비교하고 교환해야 한다는 것을 보여 준다. 정렬 알고리즘은 반전을 제거하면서 진행되고 효율적으로 수행하기 위해서는 매 교환마다 하나 이상의 반전을 제거해야 한다

7.4 쉘 정렬(shellsort)

Donald Shell이 제안한 쉘 정렬은 2차식 실행시간의 한계를 깬 첫 번째 알고리즘 중 하나로서, 2차식 실행시간의 한계가 증명된 첫 발견 후 몇 년되지 않을 때이었다. 앞의 절에서 제안되었듯이 멀리 떨어진 구성요소들을 비교함으로써 정렬 작업을 수행한다. 알고리즘은 인접한 구성요소들이 비교되는 마지막 단계까지 수행되면서, 비교 거리는 감소된다. 이런 이유로 인해, 쉘 정렬은 때때로 **감소하는 증분 정렬(diminishing increment sort)**이라고 한다.

쉘 정렬은 증분순서(increment sequence)라 불리는 순서 $h_1, h_2, \cdots, h_t$을 사용한다. 임의의 증분순서는 $h_1 = 1$일 때까지 수행한다. 증분 h_k를 사용하는 단계 이후, 모든 i에 대해 $a[i] \le a[i+h_k]$를 만족한다. h_k만큼 떨어진 모든 구성요소들은 정렬된다. 이 파일은 h_k 정렬(h_k-sorted)이라 한다. 예들 들어, 그림 7.5는 쉘 정렬이 수행된 몇 단계이후의 배열을 보여 준다. 쉘 정렬의 중요한 속성은 h_{k-1} 정렬된 h_k 정렬 파일은 h_k 정렬을 유지한다. 초기 단계에 수행된 작업은 나중 단계에 수행되지 않기 때문에, 이 속성이 유지되지 못한다면 알고리즘은 가치가 없다.

Original	81	94	11	96	12	35	17	95	28	58	41	75	15
After 5-sort	35	17	11	28	12	41	75	15	96	58	81	94	95
After 3-sort	28	12	11	35	15	41	58	17	94	75	81	96	95
After 1-sort	11	12	15	17	28	35	41	58	75	81	94	95	96

그림 7.5 매 단계 후 쉘 정렬

```
/**
* 쉘의 증분을 이용한 쉘 정렬
*/
template <typename Comparable>
void shellsort( vector<Comparable> & a )
{
for( int gap = a.size( ) / 2; gap > 0; gap /= 2 )
for( int i = gap; i < a.size( ); i++ )
{
Comparable tmp = a[ i ];
int j = i;

for( ; j >= gap && tmp < a[ j - gap ]; j -= gap )
a[ j ] = a[ j - gap ];
a[ j ] = tmp;
}
}
```

그림 7.6 Shell의 증분을 사용한 쉘 정렬 루틴(더 좋은 증분이 가능)

h_k 정렬에 대한 일반적인 전략은 h_k, $h_k+1, \cdots, N-1$내 각 위치 i에 i, $i-h_k$, $i-2h_k$ 중에서 정확한 위치에 구성요소를 위치시키는 것이다. 이것이 구현에 영향을 주지 않는다고 해도 h_k-정렬은 h_k개의 독립된 부배열(subarray)에서 삽입정렬을 수행한다는 것을 보여 준다. 이런 관측은 우리가 쉘 정렬의 실행시간을 분석해 볼 때 중요하다.

증분 순서의 일반적인 선택은 Shell에 의해 제안된 순서를 사용하는 것이다. $h_t = \lfloor N/2 \rfloor$ 과 $h_k = \lfloor h_{k+1}/2 \rfloor$. 그림 7.6은 이 순서를 사용한 쉘 정렬을 구현한 함수를 포함한다. 우리는 알고리즘의 실행시간에서 개선을 한 증분 순서가 있다는 것을 보일 것이다; 또한 약간의 변화가 성능에 엄청난 영향을 줄 수 있다(연습 7.10).

그림 7.6의 프로그램은 삽입정렬의 구현과 같은 방식으로 교환(swap)을 사용하지 않는다.

7.4.1 쉘 정렬의 최악의 경우(worst-case) 분석

쉘 정렬이 코딩하기에 단순할 지라도 실행시간 분석은 또 다른 얘기가 된다. 쉘 정렬의 수행 시간은 증분 순서의 선택에 의존하고 그 증명은 오히려 복잡할 수 있다. 쉘 정렬의 평균 시간 분석은 가장 일반적인 증분 순서를 제외하고는 오랜 동안 해결되지 못한 문제이다. 우리는 두 가지 특정 증분 순서에 대해 최악의 경우 제한을 증명할 것이다.

정리 7.3

Shell의 증분을 사용하여 쉘 정렬의 최악의 경우 수행 시간은 $\Theta(N^2)$이다.

증명

증명은 최악의 경우 수행 시간에서 상한뿐만 아니라 실제로 수행하는 데 $\Omega(N^2)$ 시간이 걸리는 입력이 존재한다는 것을 보여야 한다. 우리는 좋지 않은 경우를 설정하여 처음에 하한을 증명한다. 첫 번째로 우리는 N을 2의 제곱으로 한다. 이는 마지막 증분이 1인 것을 제외하고 모든 증분들이 짝수가 되게 한다. 지금 $N/2$의 가장 큰 숫자들은 짝수 위치에, $N/2$의 가장 작은 숫자들은 홀수 위치에 있는 배열을 입력한다(첫 번째 위치는 위치 1이다). 마지막을 제외한 모든 증분들이 짝수이기 때문에 마지막 단계에 이르렀을 때, $N/2$의 가장 큰 숫자들은 짝수 위치에, $N/2$의 가장 작은 숫자들은 홀수 위치에 있다. i 번째로 작은 숫자($i \le N/2$)는 마지막 단계의 시작 직전에는 위치 $2i-1$에 있게 된다. i번째 구성요소를 자신의 정확한 위치로 되돌리는 것은 $i-1$개의 공간을 이동하도록 한다. 그러므로 단지 $N/2$의 가장 작은 구성요소들을 정확한 위치에 오도록 하는 것은 적어도 $\sum_{i=1}^{N/2}(i-1) = \Omega(N^2)$ 만큼의 작업이 요구된다. 예를 들어 그림 7.7은 $N=16$일 때 좋지 않은 입력의 경우를 보여 준다. 2-정렬 후 남아 있는 반전의 수는 $1+2+3+4+5+6+7=28$이다. 그러므로 마지막 단계는 상당한 시간이 걸릴 것이다.

증명을 마무리하기 위하여, $O(N^2)$의 상한을 보일 것이다. 우리가 전에 보았듯이, 증분 h_k를 가진 단계는 N/h_k 구성요소들에 대하여 h_k개의 삽입정렬로 구성된다. 삽입정렬이 이차식이기 때문에 한 단계의 전체 비용은 $O(h_k(N/h_k)^2) = O(N^2/h_k)$이다; 따라서 모든 단계의 합은 $O(\sum_{i=1}^{t} N^2/h_i) = O(N^2 \sum_{i=1}^{t} 1/h_i)$이다. 왜냐하면 증분은 공비가 2인 기하급수를 이루기 때문에 급수에서 가장 큰 경우는 $h_1 = 1$, $\sum_{i=1}^{t} 1/h_i < 2$이다. 그러므로 $O(N^2)$이 된다.

Start	1	9	2	10	3	11	4	12	5	13	6	14	7	15	8	16
After 8-sort	1	9	2	10	3	11	4	12	5	13	6	14	7	15	8	16
After 4-sort	1	9	2	10	3	11	4	12	5	13	6	14	7	15	8	16
After 2-sort	1	9	2	10	3	11	4	12	5	13	6	14	7	15	8	16
After 1-sort	1	2	3	4	5	6	7	8	9	10	11	12	13	14	13	16

그림 7.7 Shell의 증분을 갖는 쉘 정렬에 대한 나쁜 경우

Shell의 증분에 대한 문제는 증분들이 소수일 필요는 없고, 더 작은 증분이 거의 영향을 미치지 않을 수 있다. Hibbard는 실질적으로 더 좋은 결과를 가져 온 약간 다른 증분을 제안했다. 제안된 형태는 1, 3, 7, ..., 2^k-1이다. 이러한 증분이 거의 유사할 지라도 주요 차이점은 연속적인 증분은 공약수가 없다는 것이다. 우리는 증분 순서에 대한 쉘 정렬의 최악의 경우에서의 실행시간을 분석한다. 그 증명이 오히려 더 복잡하다.

정리 7.4

Hibbard의 증분을 사용한 쉘 정렬의 최악의 경우에서의 실행시간 $\Theta(N^{3/2})$이다.

증명

우리는 상한만을 증명하고 하한의 증명은 연습문제로 남긴다. 이 증명은 가법정수론(additive number theory)으로부터 잘 알려진 결과를 요구한다. 이런 결과들에 대한 참조는 이 장의 끝에서 제공한다.

전과 같이 상한에 대해서 매 단계의 실행시간이 한정되고 모든 단계의 합을 구한다. 증분 $h_k > N^{1/2}$에서 우리는 앞의 정리로부터 $O(N^2/h_k)$를 사용한다. 이 같은 한정은 다른 증분에서도 유지되지만, 이는 너무 커서 유용하지는 않다. 우리는 이 증분 순서가 특별하다는 사실을 이용해야 한다. p 위치에 있는 $a[p]$에 대해 h_k-정렬을 수행하려할 때, $a[p]$보다 큰 구성요소들이 p 위치의 왼쪽에 있다는 것을 보일 필요가 있다.

입력 배열을 h_k-정렬할 때, 이미 h_{k+1}-과 h_{k+2}-정렬되어 있다는 것을 알고 있다.

k-정렬에 앞서, p와 $p-i(i \le p)$ 사이에 위치한 구성요소들을 고려해 보자. 만약 i가 h_{k+1} 또는 h_{k+2}의 배수이면 $a[p-i] < a[p]$이다. i가 h_{k+1}과 h_{k+2}의 선형결합(linear combination)으로 표현된다면(음수가 아닌 정수로), $a[p-i] < a[p]$이다. 예들 들어 3-정렬을 할 때 파일은 7-과 15-정렬이 되어 있다. 52는 $52 = 1 * 7 + 3 * 15$과 같이, 7과 15의 15결합으로 표현가능하다. 따라서 $a[100]$은 $a[100] \le a[107] \le a[152]$이기 때문에 $a[152]$보다 클 수는 없다.

$h_{k+2} = 2h_{k+2} + 1$이면 h_{k+1}과 h_{k+2}는 공약수를 갖지 않는다. 이 경우에는 적어도 $(h_{k+1}-1)(h_{k+2}-1) = 8h_k^2 + 4h_k$만큼 큰 모든 정수들은 h_{k+1}과 h_{k+2}의 선형결합으로 표현될 수 있다.

이것은 가장 안쪽 for문의 몸체를 매 $N-h_k$의 위치에서 많아야 $8h_k + 4 = O(h_k)$번을 수행될 수 있다는 것을 말한다. 이는 매 단계마다 $O(Nh_k)$으로 한정한다.

증분의 약 반이 $h_k < \sqrt{N}$을 만족한다는 사실을 사용하고 t가 짝수라는 것을 가정하여 전체 실행시간은

$$O\left(\sum_{k=1}^{t/2} Nh_k + \sum_{k=t/2+1}^{t} N^2/h_k\right) = O\left(\sum_{k=1}^{t/2} h_k + N^2 \sum_{k=t/2+1}^{t} 1/h_k\right)$$

이다. 두 합이 기하급수로 표현되고 $h_{t/2} = \Theta(\sqrt{N})$이기 때문에, 이는 다음과 같이 간단히 표현된다.

$$= O(Nh_{t/2}) + O\left(\frac{N^2}{h_{t/2}}\right) = O(N^{3/2})$$

Hibbard의 증분을 사용한 쉘 정렬의 평균 실행시간은 시뮬레이션 기반으로 $O(N^{5/4})$으로 여겨지나 아무도 이것을 증명한 적은 없다. Pratt는 $\Theta(N^{3/2})$ 한도가 증분 순서의 전 범위에 적용된다는 것을 보여 주었다.

Sedgewick은 최악의 실행시간 $O(N^{4/3})$이 걸리는 몇 가지 증분 순서를 제안하였다. 이러한 증분 순서에서 평균 실행시간은 $O(N^{7/6})$으로 추측된다. 경험적인 연구는 실질적으로 Hibbard의 제안보다 더 좋다는 것을 보여 준다. 이러한 것 중에서 가장 좋은 것은 $9 \cdot 4^i - 9 \cdot 2^i + 1$ 또는 $4^i - 3 \cdot 2^i + 1$의 형태를 가지는 순서 {1, 5, 19, 41, 109, ...}이다. 이러한 값은 배열을 사용함으로써 가장 쉽게 구현된다. 어떤 증분 순서가 쉘 정렬의 실행시간을 개선시킬 수 있는 가능성이 있다고 하더라도, 앞서의 증분순서가 가장 잘 알려져 있다.

정수론과 조합론으로부터 어려운 정리를 요구하는 쉘 정렬에서의 몇 가지 다른 결과가 있는데 주로 이론적 흥미를 끌만한 것이다. 쉘 정렬은 매우 복잡한 분석을 필요로 하는 매우 간단한 알고리즘의 좋은 예이다.

쉘 정렬의 성능은 N이 수만인 경우에도 좋다. 코드의 단순성은 입력이 큰 경우에도 선택될 수 있는 알고리즘이다.

7.5 힙 정렬

6장에서 언급했듯이, 우선순위 큐(priority queue)는 $O(N\log N)$ 시간내에 정렬할 수 있다. 이것에 기반을 둔 알고리즘이 **힙 정렬(heap sorting)**이라고 하고, 우리가 지금까지 보았던 가장 좋은 Big-Oh 실행시간을 가진다.

6장에서 설명했듯이, 기본 전략은 N개의 구성요소들을 이진 힙(binary heap)으로 만드는 것이다. 이 단계는 $O(N)$ 시간이 걸린다. 우리는 N번의 deleteMin 연산을 수행한다. 구성요소들은 정렬된 순서로 처음에는 힙에 가장 작은 값이 남도록 한다. 이러한 구성요소들을 두 번째 배열에 기록하고 그 배열을 다시 복제함으로써 N개의 구성요소들을 정렬한다. 매 deleteMin 연산이 $O(\log N)$ 시간이 걸리기에 전체 실행시간은 $O(N\log N)$이다.

이 알고리즘에서 주요 문제점은 이외의 다른 배열을 사용하는 것이다. 그러므로 메모리 요구량은 2배가 된다. 몇 가지 경우에서 문제일 수 있다. 두 번째 배열을 다시 첫 번째에 복제하는 데 걸리는 추가 시간은 오직 $O(N)$으로, 이는 실행시간에 영향을 미치지는 않을 것이다. 문제는 공간이다.

두 번째 배열의 사용을 피하기 위한 방법은 매 deleteMin 연산 후, 힙을 1씩 줄이는 것이다. 따라서 힙의 마지막 위치에 있는 셀(공간)은 방금 삭제된 구성요소를 저장하는데 사용된다. 예를 들어 6개의 구성요소가 있는 힙을 생각해 보자. 첫 번째 deleteMin 연산은 ai을 생성한다. 현재 힙은 5개의 구성요소만 있고 6번째 위치에 a_1이 위치한다. 다음 deleteMin 연산은 a_2를 생성한다. 힙은 4개의 구성요소만 있고 5번째 위치에 a_2가 위치한다.

이 전략을 사용하여 마지막 deleteMin 연산 후, 배열은 내림차순으로 구성요소들을 저장하게 된다. 만약 우리가 배열을 오름차순으로 정렬하고자 한다면, 부모노드가 자식노드보다 더 큰 값을 갖도록 순서화 속성을 바꿀 수 있다. 이것이 최대 힙(maxheap)이다.

구현에서 우리는 최대 힙을 사용하나 속도를 위하여 실질적인 ADT를 피한다. 평소와 같이 모든 것은 배열에서 이루어진다. 처음 단계에서는 선형시간내에 힙을 생성한다. 우리는 $N-1$번의 deleteMax를 수행하는데, 힙의 마지막 구성요소를 첫 번째 것과 교환하고, 힙의 크기를 줄어든다. 이 알고리즘이 끝날 때, 배열은 정렬된 순서로 구성요소들을 저장하게 된다. 예를 들어 입력 31, 41, 59, 26, 53, 58, 97을 생각해 보자. 그 결과 힙은 그림 7.8에서 보여 준다.

그림 7.9는 첫 번째 deleteMax 후의 결과를 힙으로 보여 주고 있다. 그림에서 힙의 마지막 구성요소는 31이다; 97은 더 이상 힙의 일부가 아닌 위치에 놓여 진다. 5번 더 deleteMax 연산을 수행한 이후, 힙은 오직 하나의 구성요소만 가지게 되나 힙 배열에 남은 그 구성요소들은 순서대로 정렬될 것이다.

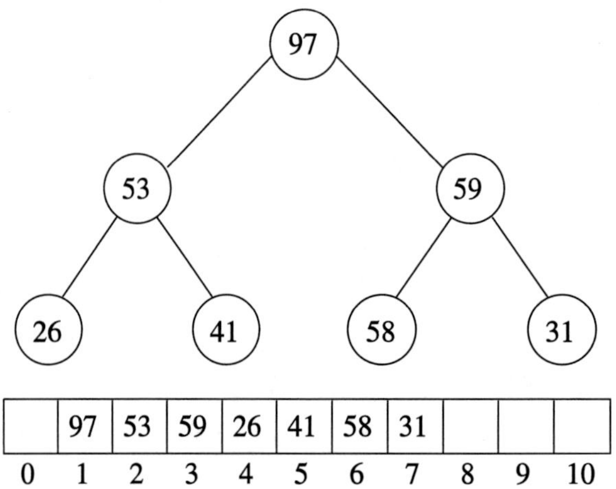

그림 7.8 buildHeap 단계를 거친 최대 힙

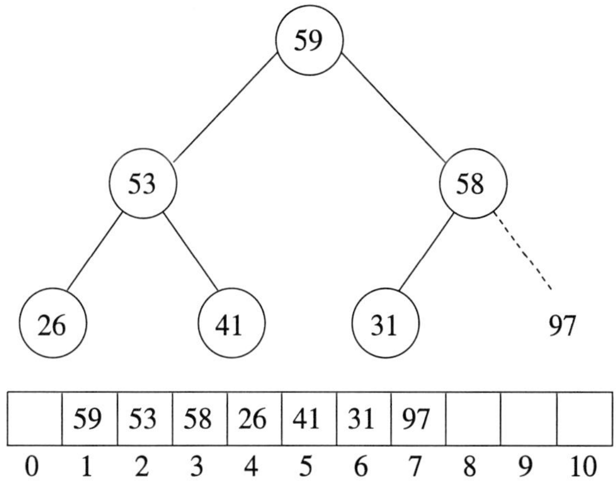

그림 7.9 첫 번째 deleteMax 후의 힙

힙 정렬을 수행하기 위한 코드는 그림 7.10에서 보여 준다. 데이터가 배열 인덱스 1부터 시작하는 이진 힙과 달리, 힙 정렬에서 배열은 1 위치부터 데이터를 포함한다. 따라서 코드는 이진 힙 코드와 약간 다르다. 그 변화는 미미하다.

7.5.1 힙 정렬의 분석

6장에서 보았듯이, 힙을 구성하는 첫 번째 단계는 많아야 $2N$번의 비교를 수행한다. 두 번째 단계에서 i번째 deleteMax는 많아야 $2\lfloor \log i \rfloor$ 번을 수행하고, 전체적으로는 $2N\log N - O(N)$번 ($N \geq 2$)을 수행한다. 결과적으로 최악의 경우 힙 정렬은 $2N\log N - O(N)$번의 비교를 수행한다. 연습 7.13은 최악의 경우를 이루기 위해 모든 deleteMax 연산들에서 가능하다는 것을 보이도록 한다.

실험은 힙 정렬의 성능이 매우 일관적임을 보여 주었다. 평균적으로 최악의 경우보다 더 적은 비교가 이루어진다. 힙 정렬의 평균 실행시간에서 아무도 더 나아진 개선을 보여 주지는 못하고 있다. 문제는 확률변수들을 매우 복잡하게 하면서 연속적인 deleteMax 연산들이 힙의 무작위성(randomness)을 없앤다고 보이는 것이다.

정리 7.5

N개의 서로 다른 항복들의 부작위 순열을 힙 성력하기 위해 사용된 평균 비교 횟수는 $2N\ \log N - O(N\ \log\log N)$이다.

증명

힙 생성 단계에서는 평균적으로 $\Theta(N)$의 비교를 수행함으로써, 두 번째 단계에서의 그 범위를 증명할 필요가 있다. {1, 2, …, N} 순열을 가정한다.

```
/**
 * 표준 힙소트
 */
template <typename Comparable>
void heapsort( vector<Comparable> & a )
{
    for( int i = a.size( ) / 2; i >= 0; i-- )        /* buildHeap */
        percDown( a, i, a.size( ) );
    for( int j = a.size( ) - 1; j > 0; j-- )
    {
        swap( a[ 0 ], a[ j ] );                      /* deleteMax */
        percDown( a, 0, j );
    }
}

/**
 * Internal method for heapsort.
 * i is the index of an item in the heap.
 * Returns the index of the left child.
 */
inline int leftChild( int i )
{
    return 2 * i + 1;
}

/**
 * deleteMax와 buildHeap에 사용된 힙소트의 내제적 반적
 * i is the position from which to percolate down.
 * n is the logical size of the binary heap.
 */
template <typename Comparable>
void percDown( vector<Comparable> & a, int i, int n )
{
    int child;
    Comparable tmp;

    for( tmp = a[ i ]; leftChild( i ) < n; i = child )
    {
        child = leftChild( i );
        if( child != n - 1 && a[ child ] < a[ child + 1 ] )
            child++;
        if( tmp < a[ child ] )
            a[ i ] = a[ child ];
        else
            break;
    }
    a[ i ] = tmp;
}
```

그림 7.10 힙 정렬

i번째 deleteMax가 루트 항목을 d_i 레벨로 끌러 내린다고 생각하자. 이 때, $2d_i$번의 비교를 사용한다. 임의의 입력에 대한 힙 정렬에서 단계 2의 비용을 정의하는 비용 순서 D: d_1, d_2, $\cdots$, d_N이 있다. 그 비용은 $M_D = \sum_{i=1}^{N} d_i$로 주어진다; 사용된 비교횟수는 $2M_D$이다.

N개의 항목들의 힙의 수를 $f(N)$이라고 하자. $f(N) < (N/4e))^N (e$=2.71828)이라는 것을 연습문제 7.53을 통해 알 수 있다. 이러한 힙들 중에서 매우 작은 부분(특히 $(N/16)^N$)은 $M = N(\log N - \log\log N - 4)$보다 더 적은 비용이 든다는 것을 보일 것이다. 이를 보일 때, M_D의 평균값은 $M - o(1)$인 항임을 따르고, 평균 비교횟수는 적어도 $2M$이다. 결과적으로 우리의 기본 목적은 작은 비용 순서를 갖는 매우 작은 힙들이 존재한다는 것을 보이는 것이다.

레벨 d_i는 많아야 2^{d_i}개의 노드를 갖기 때문에 루트 구성요소가 임의의 d_i에 놓일 수 있는 2^{d_i}개의 가능한 위치가 있다. 결과적으로 임의의 순서 D에서 서로 다른 deleteMax 순서의 개수는 많아야

$$S_D = 2^{d_1} 2^{d_1} \cdots 2^{d_N}$$

이다. 간단한 대수적 조작은 주어진 순서 D에서

$$S_D = 2^{M_D}$$

임을 보여 준다.

각 d_i는 1과 $\lfloor \log N \rfloor$ 사이의 값이라고 가정하기 때문에 많아야 $(\log N)^N$개의 가능한 순서들 D가 존재한다. 정확히 비용이 M인 서로 다른 deleteMax 순서의 개수는 이러한 비용 순서 각각에 대해 전체 비용 M의 비용 순서의 개수와 deleteMax 순서의 개수의 곱이다. $(\log N)^N 2^M$의 범위를 따른다.

M보다 작은 비용 순서를 가진 힙의 전체 개수는 많아야 다음과 같다.

$$\sum_{i=1}^{M-1} (\log N)^N 2^i < (\log N)^N 2^M$$

만약에 우리가 $M = N(\log N - \log\log N - 4)$이면, M보다 작은 비용 순서를 가진 힙의 개수는 많아야 $(N/16)^N$이고, 정리는 초기의 설명을 따른다.

좀 더 복잡한 논리를 사용하여, 힙 정렬은 항상 $N\log N - O(N)$번의 비교가 있다는 것과 이 범위를 만족하는 입력이 존재한다는 것을 보여줄 수 있다. 이는 평균적으로 $2N\log N - O(N)$번의 비교(정리 7.5에서 비선형 2번째 항보다)가 있다는 것이다. 이것이 증명될 수 있을지 여부는 알지 못한다.

7.6 합병정렬

이제 **합병정렬**을 소개하고자 한다. 합병정렬은 최악의 경우 실행시간은 $O(N\log N)$이고 비교횟수는 거의 최적이다. 이는 순환 알고리즘의 좋은 예이다.

이 알고리즘에서 기본적인 연산은 두 개의 정렬된 리스트를 합치는 것이다. 리스트들이 정렬되어 있기 때문에, 출력은 3번째 리스트에서 이루어진다면, 입력되어 하나의 과정으로 정렬될 수 있다. 기본적인 합병 알고리즘은 두 개의 입력 배열 A와 B, 출력 배열 C, 그리고 초기에는 각 배열의 시작 위치로 세트된 세 개의 카운터 $Actr$, $Bctr$, $Cctr$을 사용한다. $A[Actr]$와 $B[Bctr]$ 중 더 작은 것이 C의 다음 엔트리로 복사되고 카운터들은 증가된다. 한 리스트가 모두 소진되면 다른 리스트의 나머지는 C에 복사된다. 합병루틴이 어떻게 작업되는지의 예는 다음의 입력에서 이루어진다.

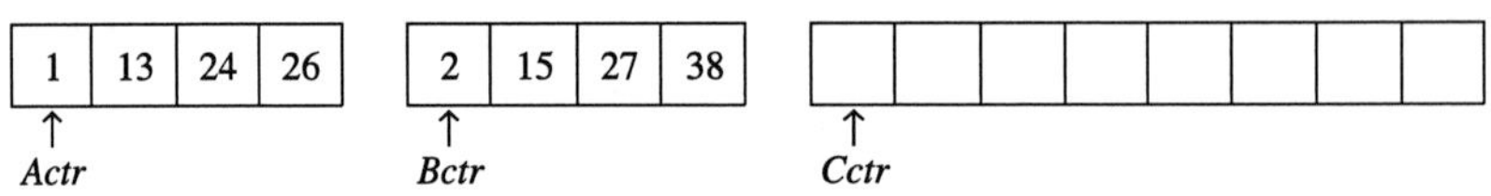

배열 A는 1, 13, 24, 26이고 B는 2, 15, 27, 38이면 알고리즘은 다음과 같이 진행된다; 첫 번째 비교는 1과 2 간에 이루어진다. 1이 C에 추가되고 나서 13과 2가 비교된다.

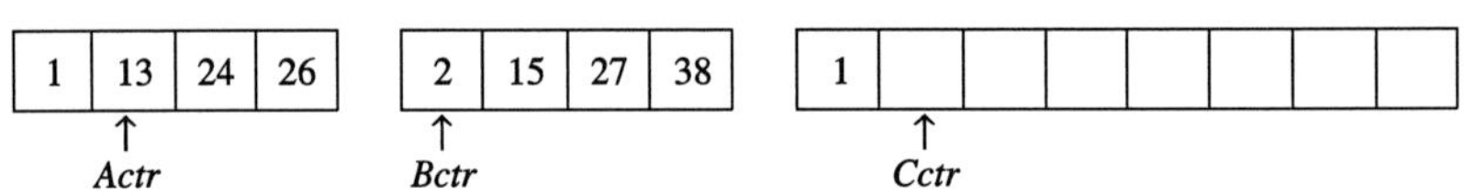

2가 C에 추가되고 나서 13과 15가 비교된다.

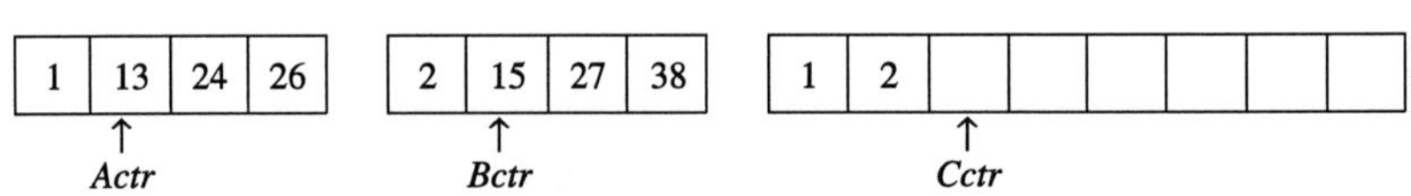

13이 C에 추가되고 나서 24와 15가 비교된다. 이 과정은 26과 27이 비교될 때까지 진행된다.

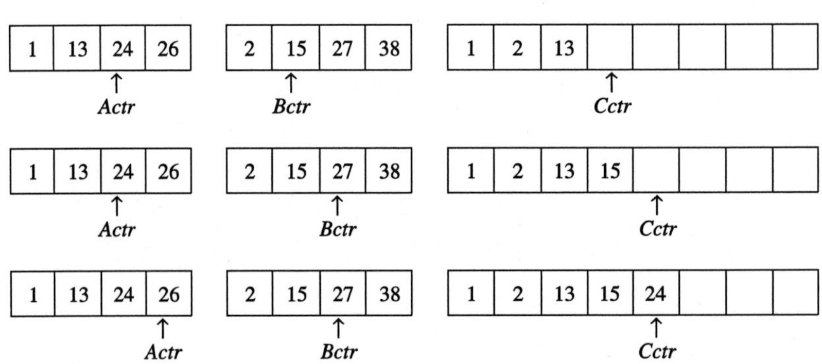

26이 C에 추가되고 배열 A는 소진된다.

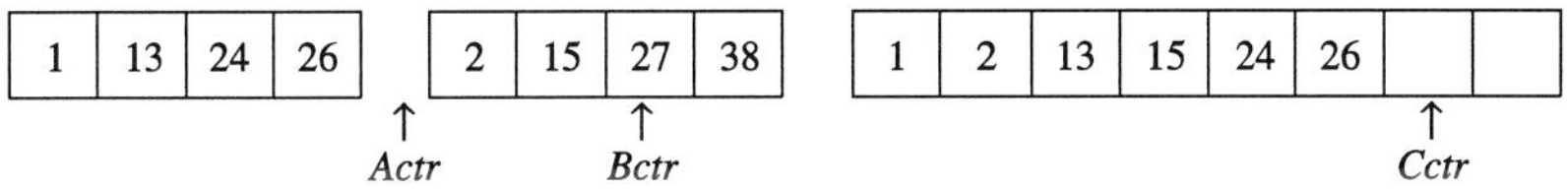

배열 B의 나머지는 C에 복사된다.

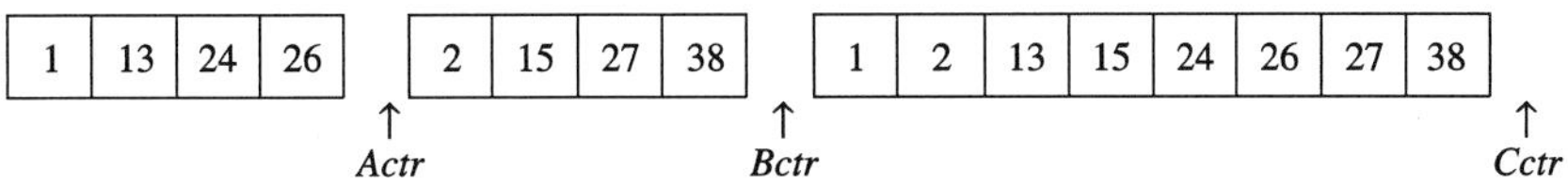

두 개의 정렬된 리스트를 합병하는 걸리는 시간은 명백히 선형이고, 전체 구성요소들의 수 N에서 많아야 $N-1$번의 비교가 이루어진다. 적어도 두 개를 추가하는 마지막 비교

```
/**
 * 합병정렬 알고리즘
 */
template <typename Comparable>
void mergeSort( vector<Comparable> & a )
{
   vector<Comparable> tmpArray( a.size( ) );

   mergeSort( a, tmpArray, 0, a.size( ) - 1 );
}

/**
 * 순환호출을 만드는 내부 방법
 * a는 Comparable 항목 배열
 * tmpArray는 합병된 결과를 지정하는 배열
 * left는 부배열의 최좌측 인덱스
 * right는 부배열의 최우측 인덱스
 */
template <typename Comparable>
void mergeSort( vector<Comparable> & a,
                vector<Comparable> & tmpArray, int left, int right )
{
   if( left < right )
   {
      int center = ( left + right ) / 2;
      mergeSort( a, tmpArray, left, center );
      mergeSort( a, tmpArray, center + 1, right );
      merge( a, tmpArray, left, center + 1, right );
   }
}
```

그림 7.11 합병정렬 루틴

이외에, 모든 비교는 구성요소를 C에 추가한다. 합병정렬 알고리즘은 서술하기에 용이하다. 만약에 $N=1$이면 정렬된 오직 하나의 구성요소가 있고 그 정답은 매우 간단하다. 그렇지 않으면 첫 번째 반과 두 번째 반을 순환적으로 합병정렬한다. 이는 합병알고리즘을 이용하여 합병될 수 있는 두 개의 정렬된 절반이 주어진다. 예를 들어 8개의 구성요소를 가진 배열 24, 13, 26, 1, 2, 27, 38, 15를 정렬하기 위하여 처음 4개와 마지막 4개의 구성요소들을 정렬하여 1, 13, 24, 26, 2, 15, 27, 38를 얻는다. 그리고 나서 두 개의 반을 합병함으로써, 최종 리스트 1, 2, 13, 15, 24, 26, 27, 38을 얻는다. 이 알고리즘은 전형적인 분할과 정복(divide-and-conquer) 기법이다. 문제는 더 작은 문제들로 나뉘어지고

```
/**
 * 부배열의 두 개의 정렬된 것을 합병하는 내부 루틴
 * a는 Comparable 항목의 위치시키는 배열
 * tmpArray는 합병된 결과를 지정하는 배열
 * leftPos는 부배열의 최좌측 인덱스
 * rightPos는 두 번째 반의 시작을 나타내는 인덱스
 * rightEnd는 부배열의 최우측 인덱스
 */
template <typename Comparable>
void merge( vector<Comparable> & a, vector<Comparable> & tmpArray,
            int leftPos, int rightPos, int rightEnd )
{
   int leftEnd = rightPos - 1;
   int tmpPos = leftPos;
   int numElements = rightEnd - leftPos + 1;

   // Main loop
   while( leftPos <= leftEnd && rightPos <= rightEnd )
      if( a[ leftPos ] <= a[ rightPos ] )
         tmpArray[ tmpPos++ ] = a[ leftPos++ ];
      else
         tmpArray[ tmpPos++ ] = a[ rightPos++ ];

   while( leftPos <= leftEnd ) // Copy rest of first half
      tmpArray[ tmpPos++ ] = a[ leftPos++ ];

   while( rightPos <= rightEnd ) // Copy rest of right half
      tmpArray[ tmpPos++ ] = a[ rightPos++ ];

   // Copy tmpArray back
   for( int i = 0; i < numElements; i++, rightEnd-- )
      a[ rightEnd ] = tmpArray[ rightEnd ];
}
```

그림 7.12 merge 루틴

순환적으로 해결된다. 정복단계는 정답들을 이어 맞추는 것이다. 분할과 정복기법은 앞으로 여러 번 다루게 될 순환의 매우 강력한 기능이다.

합병정렬의 구현은 그림 7.11에서 보여 준다. 1-매개변수 mergeSort는 4-매개변수 순환 mergeSort를 위한 드라이버(driver)이다.

합병 루틴은 섬세하다. 임시 배열이 merge의 순환 호출을 위해 선언된다면, 임의의 지점에서 log N의 임시 배열이 활성화될 수 있다. merge가 mergeSort의 마지막 줄에 있기 때문에 임의의 지점에서 한 임시 배열이 활성화될 필요가 있고 임시 배열은 mergeSort 드라이버에서 생성될 수 있다는 것이다. 더욱이 임시 배열의 일부분을 사용할 수 있다. 입력 배열 a로서 같은 부분을 사용할 수 있다. 이것은 이 절의 끝에서 서술된 개선방안을 따른다. 그림 7.12는 merge 루틴을 구현한 것이다.

7.6.1 합병정렬의 분석

합병정렬은 순환 루틴을 분석하기 위해 사용된 기법들 중 고전적인 예이다. 실행시간에 대한 순환 관계를 작성해야만 한다. N은 항상 짝수 개를 가지는 반으로 나누어질 수 있도록 2의 제곱이라고 가정한다. N=1일 때 합병정렬하는 시간은 1을 의미하는 상수이다. 그렇지 않으면, N개를 합병정렬하는 시간은 크기가 N/2인 2개의 순환 합병정렬을 하는 시간과 합병하는 데 걸리는 시간을 더한 것과 같다. 다음 수식은 이를 의미한다.

$$T(1) = 1$$

$$T(N) = 2T(N/2) + N$$

이것은 몇 가지 방법으로 해결될 수 있는 표준 순환 관계이다. 여기에서 두 가지 방법을 설명할 것이다. 첫 번째 방법은 N으로 순환 관계를 나누는 것이다. 이러한 이유는 명백하게 바로 알게 될 것이다. 그 식은 다음과 같다.

$$\frac{T(N)}{N} = \frac{T(N/2)}{N/2} + 1$$

이 수식은 2의 제곱인 N에서 타당하고 다음과 같이 작성할 수 있다.

$$\frac{T(N/2)}{N/2} = \frac{T(N/4)}{N/4} + 1$$

그리고

$$\frac{T(N/4)}{N/4} = \frac{T(N/8)}{N/8} + 1$$

$$\vdots$$

$$\frac{T(2)}{2} = \frac{T(1)}{1} + 1$$

이제 모든 수식을 더한다. 이는 왼쪽에 있는 모든 항을 더하고 오른쪽에 있는 모든 항을 더한 합과 같은 결과로 된다는 것을 의미한다. 항 $T(N/2)(N/2)$은 양쪽에 나타나므로 삭제될 수 있는 부분이다. 사실 모든 항들은 양쪽에 나타나고 삭제될 수 있다. 이는 합을단축 합(telescoping a sum)이라고 부른다. 모든 것이 더해진 후 그 결과는 다음과 같다.

$$\frac{T(N)}{N} = \frac{T(1)}{1} + \log N$$

이 결과는 모든 다른 항들을 삭제하고 $\log N$개 수식의 마지막 항의 모든 1들을 더하기 때문이다. 양변에 N을 곱하여 최종적으로 다음의 결과를 얻는다.

$$T(N) = N \log N + N = O(N \log N)$$

만약 처음에 N으로 나누지 않았다면 그 합은 단축되지 않을 것이다. 이것이 N으로 나눌 필요가 있는 이유이다.

다른 두 번째 방법은 오른쪽으로 그 순환 관계를 대체하는 것이다.

$$T(N) = 2T(N/2) + N$$

$N/2$을 원래 수식으로 대체할 수 있다.

$$2T(N/2) = 2(2(T(N/4)) + N/2) = 4T(N/4) + N$$

그 결과는

$$T(N) = 4T(N/4) + 2N$$

이다. 다시 $N/4$을 원래 수식으로 대체함으로써,

$$4T(N/4) = 4(2T(N/8) + N/4) = 8T(N/8) + N$$

이고, 다시 정리하면

$$T(N) = 8T(N/8) + 3N$$

이고, 이 방법을 계속 적용하면, 다음의 식을 얻는다.

$$T(N) = 2^k T(N/2^k) + k \cdot N$$

최종적으로 $k = \log N$을 사용하여 얻은 식은 다음과 같다.

$$T(N) = NT(1) + N \log N = N \log N + N$$

어느 방법을 사용할 것인지에 대한 선택은 선호의 문제이다. 첫 번째 방법은 더 적은 수학적 오류를 발생시키면서 표준적인 $8^{1/2} \times 11$ 종이에도 적합한 작은 작업을 만들어 내나, 적용하기 위해서는 적절한 경험을 요구한다. 두 번째 방법은 훨씬 단순한 (brute-force) 방법이다.

$N = 2^k$이라고 가정한 것을 생각해 보자. 분석은 N이 2제곱이 아닌 경우를 다루도록 상세화될 수 있다. 그 해답은 거의 비슷할 것이다.

합병정렬의 실행시간이 $O(N \log N)$이라 할지라도, 두 정렬된 리스트를 합병하는 것은 선형의 추가 메모리를 사용하는 문제가 있다. 전체 알고리즘에서 임시배열에 복사하는 것과 관련된 부가적인 작업은 정렬을 느리게 한다. 이 같은 복사는 순환의 교대 레벨에서 a와 tmpArray의 역할을 바꿈으로써 피해질 수 있다. 합병정렬의 변이는 비순환적으로 구현될 수 있다(연습문제 7.16).

다른 $O(N \log N)$의 기법들과 비교하여, 합병정렬의 실행시간은 배열에서 구성요소들을 비교하고 이동하는 상대비용에 의존한다. 이러한 비용들은 언어 의존적이다.

예를 들어 Java와 같은 다른 언어에서 일반적인 객체들을 정렬할 때, 구성요소를 비교하는 비용은 많이 드나, 구성요소들을 이동하는 비용은 적게 든다. 합병정렬은 모든 일반적인 정렬 알고리즘들 중 가장 적은 비교횟수를 사용함으로써, Java로 쓰여진 정렬을 위한 좋은 후보가 된다. 사실 이것은 정렬을 위해 표준 Java 라이브러리가 사용된 알고리즘이다.

반면에 C++에서 객체들이 크다면 객체를 복사하는 것은 비용이 많이 들 수 있는 반면에, 객체를 비교하는 것은 함수 템플릿의 확장으로 최적화를 수행할 수 있는 컴파일러의 능력 때문에 상대적으로 비용이 적게 든다. 이 시나리오에서 더 적은 데이터 이동을 사용할 수 있다면 알고리즘이 조금 더 많은 비교를 사용하도록 하는 것이 합리적일 수 있다. 이 절에서 의논할 퀵정렬은 이 같은 상충적 관계(tradeoff)를 이루고 C++ 라이브러리에서 공통적으로 사용된 정렬 루틴이다.

7.7 퀵정렬

이 이름이 C++에서 언급하였듯이 실질적으로 실행이 가장 빠르다고 알려져 있다. 이의 평균 수행 시간은 $O(N \log N)$이다. 이 알고리즘은 최적화된 내부 루프 때문에 매우 빠르다. 최악의 경우에는 $O(N^2)$의 성능을 가지나, 조금만 신경쓰면 지수적으로 만들어질 수 있다. 퀵정렬을 힙정렬과 결합함으로써, 힙정렬에서 최악의 경우에 대한 실행시간 $O(N \log N)$과 함께, 대부분의 입력에서 퀵정렬의 빠른 수행 시간을 가져올 수 있다. 연습문제 7.27은 이 방법을 설명한다.

퀵정렬 알고리즘은 이론적으로 최적화할 수 있으나 정확히 구현하기가 거의 불가능한 알고리즘으로 알려져 왔지만, 이해하고 정확히 증명하기에는 단순하다. 합병정렬같이 퀵정렬은 분할과 정복 기반의 순환 알고리즘이다. 배열 S를 정렬하기 위한 기본 알고리즘은 다음 4단계로 구성된다.

1. S내 구성요소들의 개수가 0또는 1이면 되돌린다.
2. S내 임의의 v를 선택하라. 이것을 **피봇(pivot)**이라고 한다.
3. $S-\{v\}$(S내 나머지 구성요소들)를 두 개의 다른 그룹으로 **나눈다(partition)**.
   $S_1 = \{x \in S - \{v\} \mid x \le v\}$와 $S_2 = \{x \in S - \{v\} \mid x \ge v\}$
4. {quicksort(S_2)를 따르는 v를 따르는 quicksort(S_1)}을 되돌린다.

분할(partition) 단계는 피봇과 같은 구성요소들을 다루는 방법이 모호하기 때문에 이는 설계 단계에서 결정된다. 좋은 구현은 가능한 한 효율적으로 이 문제를 다룬다. 직감적으로 이진 탐색 트리가 균형있게 구성되듯이, 구성요소들의 반은 S_1으로 나머지 반은 S_2로 된다.

그림 7.13은 숫자들에 대한 퀵정렬 과정을 보여 준다. 65가 피봇으로 선택된다. 나머지 구성요소들은 2개의 작은 그룹으로 나뉘어진다. 순환적으로 작은 숫자들의 집합을 정렬하면 0, 13, 26, 31, 43, 57(순환의 규칙 3에 의해)이 된다. 더 큰 숫자들의 집합도 정렬된다. 따라서 전체 집합이 정렬된 형태가 얻어진다.

알고리즘이 작업하는 것은 명확하나, 이것이 합병정렬보다 왜 빠른지는 명확하지 않다. 합병정렬처럼 이것은 순환적으로 2개로 나누어진 문제을 해결하고 선형의 부가적인 작업을 요구하나(단계 3), 합병정렬과 달리 나누어진 문제들은 같은 크기를 갖는다는 것은 보장되지 않는다. 퀵정렬이 더 빠른 이유는 분할 단계가 실질적이고 효율적으로 제자리에서(in place) 수행될 수 있다는 것이다. 이와 같은 효율성은 같은 크기의 순환적 호출의 부족함을 보충해 준다.

지금까지 서술한 알고리즘은 몇 가지 면에서 부족하다. 단계 2와 3을 구현하는 많은 방법들이 있다; 여기서 서술한 방법은 포괄적 분석과 경험적 연구의 결과이고 퀵정렬을 구현하기 위한 효율적인 방법을 보여 준다. 이 방법에서 약간이라도 벗어나는 것은 좋지 않은 결과의 원인이 된다.

7.7.1 피봇의 선택

지금까지 서술한 알고리즘은 어느 구성요소가 피봇으로 선택되던지 상관이 없었지만, 명백히 어떤 선택이 다른 것보다 좋을 수 있다.

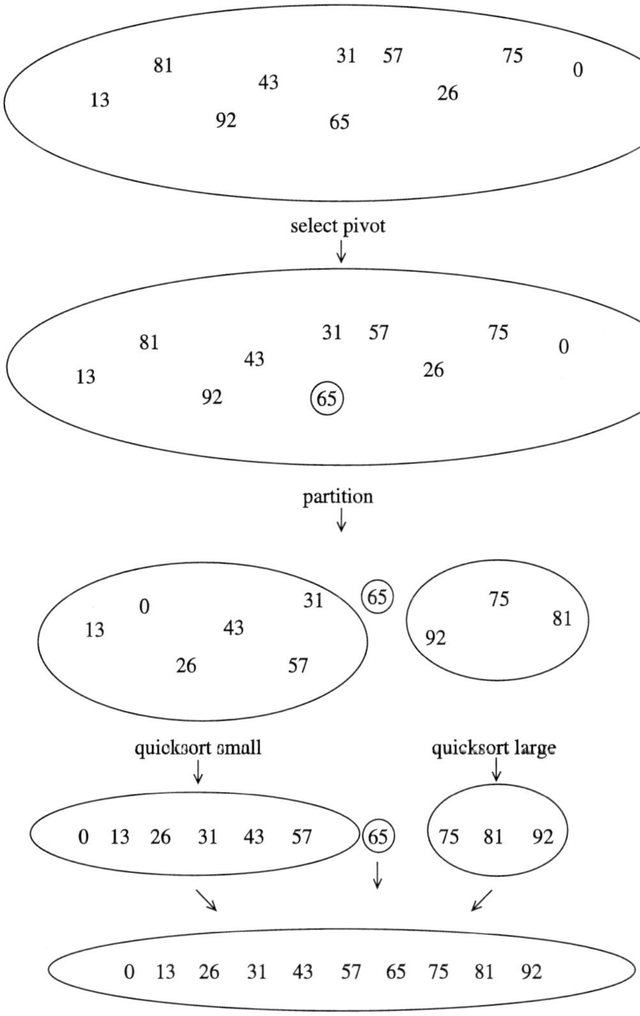

그림 7.13 예제로 설명하는 퀵정렬의 단계

잘못된 방법

단순한 선택은 첫 번째 구성요소를 피봇으로 사용하는 것이다. 이 방법은 입력이 무작위이면 괜찮으나, 만약에 입력이 미리 정렬되어 있거나 역순이라면 모든 구성요소들이 S_1 또는 S_2로 치우치기 때문에 피봇은 좋지 않은 분할을 하게 된다. 더욱이 전체 순환 호출에서 이 같은 상황이 계속 발생하게 된다. 만약에 첫 번째 구성요소를 피봇으로 사용되고 입력이 미리 정렬되어 있다면, 퀵정렬은 2차식 시간(quadratic time)이 걸린다. 입력이 미리 정렬되어 있는 경우가 빈번하고 첫 번째 구성요소를 피봇으로 사용하는 것은 매우 좋지 않은 생각으로 피해야 한다. 다른 방법은 처음 두 구성요소들 중 더 큰 것을 피봇으로 선택하는 것이 있으나, 이 방법도 첫 번째 구성요소를 선택하게 되면 앞서의 방법과 같은 좋지 않은 속성을 가지게 된다. 이러한 피봇 전략 어느 것도 사용하지 않는 것이 좋다.

안전한 방법

안전한 과정은 피봇을 무작위로 선택하는 것이다. 이 전략은 난수생성기가 결점을 갖지 않는다면 무작위로 선택된 피봇이 좋지 않은 분할을 생성할 것 같지는 않기 때문에, 일반적으로 안전한 방법이 될 수 있다. 한편, 난수생성은 비용이 비싼 편이고 알고리즘의 나머지 부분에 대한 평균 수행 시간을 줄이지는 않는다.

세 수중 중간 값(median-of-three) 분할

N개의 숫자들 중 중간 값은 $\lceil N/2 \rceil$ 번째의 큰 숫자이다. 피봇의 가장 좋은 선택은 배열의 중간 값이다. 불행히도 이것은 계산하기 어렵고 퀵정렬도 느리게 한다. 좋은 방법은 무작위로 세 개의 숫자를 선택하고 이들 중 중간 값을 피봇으로 정한다. 무작위성은 좋은 것으로 판명되지 않아서 공통적인 과정은 왼쪽, 오른쪽, 그리고 중앙에 있는 구성요소 중에서 중간 값을 피봇으로 사용하는 것이다. 예를 들어, 입력 8, 1, 4, 9, 6, 3, 5, 2, 7, 0에서 왼쪽 구성요소는 8, 오른쪽 구성요소는 0, 그리고 가운데 구성요소(위치는 $\lfloor (left+right)/2 \rfloor$)는 6이다. 그러므로 피봇 v=6이다. 세 수 중 중간 값 분할을 사용하는 것은 입력이 정렬된 경우의 좋지 않은 경우도 제거해 주고 비교횟수를 14%까지 줄여 준다.

7.7.2 분할 전략

실질적으로 사용된 몇 가지 분할 전략이 있으나, 여기서 서술하는 전략은 좋은 결과를 내는 것으로 알려져 있다. 이 전략은 잘못되거나 비효율적이기 쉬우나, 알려진 방법을 사용하는 것이 안전하다. 첫 번째 단계는 마지막 구성요소와 대체함으로써 피봇을 얻는 것이다. i는 첫 번째 구성요소에서 시작하고 j는 마지막 바로 이전의 구성요소에서 시작한다. 입력이 전과 같다면 다음 그림은 현재의 상태를 보여 준다.

```
8   1   4   9   0   3   5   2   7   6
↑                               ↑
i                               j
```

지금 모든 구성요소들은 모두 다르다고 가정한다. 중복된 수가 나오는 경우는 나중에 고려한다. 제한적인 경우로서, 모든 구성요소들이 모두 똑같다면 제안하는 알고리즘은 적절하게 동작한다.

분할단계에서 이루어지는 동작은 배열의 왼쪽 부분으로 작은 구성요소들을 옮기고 오른쪽부분으로 큰 구성요소들을 옮긴다. “작은(small)”과 “큰(large)”는 피봇에 상대적인 크기이다.

i가 j의 왼쪽에 있는 동안, i는 피봇보다 작은 구성요소들을 건너뛰면서 오른쪽으로 이동한다. j는 피봇보다 큰 구성요소들을 건너뛰면서 왼쪽으로 이동한다. i와 j가 멈출 때, i는 큰 구성요소를 가리키고 있고 j는 작은 구성요소를 가리키고 있게 된다. i가 j의 왼쪽에 있다면 그런 구성요소들은 서로 교환된다. 이런 효과는 큰 구성요소를 오른쪽으로, 작은 구성요소를 왼쪽으로 이동하게 한다. 앞의 예제에서 i는 이동하지 않고 j는 한 위치를 이동한다. 그 상태는 다음과 같다.

```
8   1   4   9   0   3   5   2   7   6
↑                           ↑
i                           j
```

i와 j가 가리키는 구성요소들은 교환되고 i와 j가 서로 교차할 때까지 이 과정을 반복한다.

After First Swap

```
2   1   4   9   0   3   5   8   7   6
↑                           ↑
i                           j
```

Before Second Swap

```
2   1   4   9   0   3   5   8   7   6
            ↑           ↑
            i           j
```

After Second Swap

```
2   1   4   5   0   3   9   8   7   6
            ↑           ↑
            i           j
```

Before Third Swap

```
2   1   4   5   0   3   9   8   7   6
                    ↑   ↑
                    j   i
```

이 단계에서 i와 j가 서로 교차함으로써, 어떤 교환도 일어나지 않는다. 분할의 마지막 부분은 피봇을 i가 가리키는 구성요소와 교환한다.

After Swap with Pivot

2	1	4	5	0	3	6	8	7	9
						↑			↑
						i			pivot

마지막 단계에서 피봇이 i와 교환될 때, $p <$ i 위치의 모든 구성요소들은 피봇보다 작게 된다. 이는 p 위치는 시작할 때 작은 구성요소를 포함하고 있었거나 p 위치의 큰 구성요소는 교체(swap)가 발생할 때 교환되었기 때문이다. 이와 유사한 이론은 $p <$ i 위치의 모든 구성요소들은 피봇보다 크다는 것이다.

고려해야 할 한 가지 중요한 사항은 피봇과 같은 구성요소는 어떻게 다뤄야 할 것인가이다. 그 질문은 피봇과 같은 구성요소를 만나면 i가 멈춰야 되는지, j가 멈춰야 되는지이다. 직감적으로 i와 j는 같은 동작을 해야 하는데, 그렇지 않으면 분할 단계는 편향되게 된다. 예를 들어, i는 멈추고 j는 멈추지 않는다면 피봇과 같은 모든 구성요소는 S_2로 속하게 된다.

좋은 아이디어를 얻기 위하여 배열내 모든 구성요소들이 같은 경우를 고려해 보자. i와 j가 같이 멈추면 같은 구성요소들끼리 많은 교체가 일어날 것이다. 이 과정이 불필요하게 보일지라도 긍정적인 효과는 i와 j가 중간에서 교차함으로써, 피봇이 교체될 때, 분할은 거의 비슷한 수의 배열들로 나뉘어진다는 것이다. 합병정렬 분석은 전체 실행시간이 $O(N \log N)$임을 보여 준다.

만약 i와 j 둘 다 멈추지 않고 코드는 배열의 마지막 부분을 지나치는 것을 막아준다면 교체가 수행되지 않을 것이다. 이것이 좋아보일지라도 정확한 구현은 피봇이 i가 가리키는 마지막 부분, 즉 마지막 바로 이전 위치와 교체하는 것이다. 이는 매우 불균형적인 배열을 만들어 낼 것이다. 모든 구성요소들이 똑같다면 실행시간은 $O(N^2)$이다. 이 효과는 미리 정렬된 입력에 대해 첫 번째 구성요소를 피봇으로 사용하는 경우와 같다. 이는 아무것도 하지 않는데 2차식 시간(quadratic time)이 걸리는 것이다.

그러므로 불필요한 교체를 하고 불균형적인 배열을 다루기보다는 균등한 배열을 생성하는 것이 좋다는 것을 알게 되었다. 따라서 그들이 피봇과 같은 구성요소를 만난다면 i와 j는 모두 멈춰야 할 것이다. 이는 이런 입력에 대해 2차식 시간이 걸리지 않는 4가지 가능성들 중 하나임을 보인다.

얼핏 보면 똑같은 구성요소의 배열에 대해 걱정하는 것이 우습게 보일 수도 있다. 결국 누가 50,000개의 똑같은 구성요소들을 정렬하길 바라겠는가? 그렇지만 퀵정렬은 순환적이라는 것을 생각하자. 50,000개는 같은 1,000,000개의 구성요소들을 생각해 보자. 퀵정렬은 오직 50,000개의 구성요소들에 대해 순환 호출을 할 것이다. 이 때 50,000개의 같은 구성요소들이 효율적으로 정렬될 수 있다는 것을 확신하는 것이 중요하다.

7.7.3 작은 배열

매우 작은 배열($N \leq 20$)에 대해 퀵정렬은 삽입정렬만큼의 성능을 가지지 못한다. 더욱이 퀵정렬은 순환구조이기 때문에 이러한 경우들이 자주 발생한다. 공통적인 해결방법은 작은 배열에서는 퀵정렬을 순환적으로 사용하지 않고 삽입정렬과 같은 작은배열에 효율적인 정렬 알고리즘을 사용하는 것이다. 이 전략을 사용하는 것은 실질적으로 실행시간의 15%정도를 단축한다. 5와 20사이에서 유사한 결과를 보이지만, N=10인 경우가 좋다. 이는 하나 또는 두 개가 있을 때 세 수중 중간 값을 취하는 것과 같이, 매우 좋지 않은 경우들이 일어나지 않게 해 준다.

7.7.4 퀵정렬 루틴

퀵정렬을 위한 드라이버는 그림 7.14에서 보여 준다.

루틴의 일반적인 형식은 정렬될 배열과 배열의 범위(left와 right)를 전달하는 것이다. 다룰 첫 번째 루틴은 피봇 선택이다. 이를 위한 가장 쉬운 방법은 제 자리에서 a[left], a[right], a[center]를 정렬하는 것이다. 이 방법은 결국 분할단계에서 놓이게 되지만, 세 수중 가장 작은 값이 a[left]에 놓이게 되는 다른 장점을 가진다. 가장 큰 값은 피봇보다 크기 때문에 a[right]에 놓인다. 그러므로 a[right−1]에 피봇을 위치시키고, i와 j는 분할단계에서 left+1과 right−2로 초기화할 수 있다. 그러나 또 다른 장점은 a[left]가 피봇보다 작기 때문에 j에 대한 센티널(sentinel) 역할을 한다는 것이다. 그러므로 j가 끝을 지나쳐서 수행할 것이라는 걱정은 하지 않아도 된다. i는 피봇과 같은 구성요소에서 멈추기 때문에 피봇을 a[right−1]에 저장하는 것은 i에 대한 센티널(sentinel) 역할을 한다는 것이다. 그림 7.15의 코드는 세 수 중 중간 값 분할을 사용하고 있다. a[left], a[center], 그리고 a[right]를 정렬하지 않고 피봇을 구하는 것은 효율적이지 못한 것으로 보일 수 있으나, 좋지 않은 결과를 산출한다(연습 7.46 참조).

```
/**
 * 퀵 정렬 알고리즘
 */
template <typename Comparable>
void quicksort( vector<Comparable> & a )
{
    quicksort( a, 0, a.size( ) - 1 );
}
```

그림 7.14 퀵정렬의 드라이버

```
/**
 * left, center, right의 중감값 반환
 * 이것을 수행하고 피봇을 숨김
 */
template <typename Comparable>
const Comparable & median3( vector<Comparable> & a, int left, int right )
{
   int center = ( left + right ) / 2;
   if( a[ center ] < a[ left ] )
      swap( a[ left ], a[ center ] );
   if( a[ right ] < a[ left ] )
      swap( a[ left ], a[ right ] );
   if( a[ right ] < a[ center ] )
      swap( a[ center ], a[ right ] );

      // Place pivot at position right - 1
   swap( a[ center ], a[ right - 1 ] );
   return a[ right - 1 ];
}
```

그림 7.15 세 수 중 중간 값 분할을 수행하는 코드

퀵정렬의 주요 루틴은 그림 7.16에서 보여 준다. 이 루틴은 분할과 순환 호출을 포함하고 있다. 이 구현에서 알아야 할 몇 가지 사항이 있다. 16번째 줄은 i와 j를 정확한 값을 1만큼 지난 값으로 초가화한다. 이 초기화는 세 수 중 중간 값 분할이 다른 효과를 야기할 수 있다는 것이다. 이 프로그램은 단순 피봇 전략의 변경없이 사용할 경우에 적절히 수행되지 않는데, 왜냐하면 i와 j가 잘못된 위치에서 시작되고 j에 대한 센티널이 없기 때문이다.

22번째 줄에서 교환은 때때로 속도 목적으로 쓰여진다. 알고리즘의 빠른 수행을 위하여 컴파일러가 이 코드를 즉시 컴파일하도록 할 필요가 있다. 많은 컴파일러들은 swap이 inline을 사용하여 선언된다면 자동적으로 이를 처리하나 그렇지 않은 경우에는 그 차이는 뚜렷할 수 있다.

마지막으로 19번째와 20번째 줄은 퀵정렬이 왜 그렇게 빠른가를 보여 준다. 알고리즘의 안쪽 루프는 증가/감소(1씩), 검사, 분기로 구성된다. 합병정렬에서와 같이 조작은 없다. 이 코드는 조작이 까다롭다. 16번째 줄부터 25번째 줄을 그림 7.17의 문장들로 대체한다고 하자. 이 경우는 a[i] = a[j] = pivot이면 무한루프에 빠지기 때문에 적절히 작업하지 못한다.

```
/**
 * 재귀 호흡을 만드는 내부 퀵정렬 메소드
 * 3개의 문항과 중간값과 컷오프 10을 사용
 * a는 Comparable 항목 배열
 * left는 부배열의 최좌측 인덱스
 * right는 부배열의 최우측 인덱스
 */
template <typename Comparable>
void quicksort( vector<Comparable> & a, int left, int right )
{
  if( left + 10 <= right )
  {
    Comparable pivot = median3( a, left, right );

      // Begin partitioning
    int i = left, j = right - 1;
    for( ; ; )
    {
      while( a[ ++i ] < pivot ) { }
      while( pivot < a[ --j ] ) { }
      if( i < j )
        swap( a[ i ], a[ j ] );
      else
        break;
    }

    swap( a[ i ], a[ right - 1 ] ); // Restore pivot

    quicksort( a, left, i - 1 ); // Sort small elements
    quicksort( a, i + 1, right ); // Sort large elements
  }
  else // Do an insertion sort on the subarray
    insertionSort( a, left, right );
}
```

그림 7.16 퀵정렬의 주요 루틴

```
int i = left + 1, j = right - 2;
for( ; ; )
{
   while( a[ i ] < pivot ) i++;
   while( pivot < a[ j ] ) j--;
   if( i < j )
      swap( a[ i ], a[ j ] );
   else
      break;
}
```

그림 7.17 퀵정렬에 일부 변화를 준 경우

7.7.5 퀵정렬의 분석

합병정렬과 같이 퀵정렬은 순환적이고, 분석은 순환 공식을 풀어서 해결할 것을 요구한다. 퀵정렬의 분석을 위하여 무작위 피봇(세 수 중 중간 값 분할이 아닌)과 작은 배열에 대해서는 제한이 없다는 것을 가정한다. 합병정렬에서와 같이 $T(0) = T(1) = 1$이다. 퀵정렬의 실행시간은 두 순환호출의 실행시간과 분할하는 데 걸린 선형시간을 합한 것과 같다(피봇 선택은 일정시간이 걸린다). 기본적인 퀵정렬 관계식은 다음과 같다.

$$T(N) = T(i) + T(N-i-1) + cN \tag{7.1}$$

여기에서 $i = |S_1|$으로 S_1내 구성요소들의 개수이다. 이에 대해 3가지 경우를 살펴보자.

최악의 경우(worst-case) 분석

피봇은 항상 가장 작은 구성요소이다. 이 때 $i = 0$이고 만약 $T(0) = 1$을 무시하면 반복식은 다음과 같다.

$$T(N) = T(N-1) + cN, \quad N > 1 \tag{7.2}$$

수식 (7.2)를 반복하여 쓰면 다음과 같다.

$$T(N-1) = T(N-2) + c(N-1) \tag{7.3}$$

$$T(N-2) = T(N-3) + c(N-2) \tag{7.4}$$

$$\vdots$$

$$T(2) = T(1) + c(2) \tag{7.5}$$

이와 같은 모든 수식을 더하여 나온 식은 다음과 같다.

$$T(N) = T(1) + c\sum_{i=2}^{N} i = O(N^2) \tag{7.6}$$

가장 좋은 경우(best-case) 분석

가장 좋은 경우, 피봇은 중간에 있다. 수학식을 단순화시키기 위하여 두 개의 부배열(subarray)들은 원래 크기의 정확히 반이라고 가정하고, 이 부분이 약간 과대평가되었다 하더라도 Big-Oh에 관심을 갖고 있기 때문에 받아들일 수 있다.

$$T(N) = 2T(N/2) + cN \tag{7.7}$$

수식 (7.7)의 양변을 N으로 나누면 다음과 같다.

$$\frac{T(N)}{N} = \frac{T(N/2)}{N/2} + c \tag{7.8}$$

이 수식을 사용하여 전개하면 다음과 같다.

$$\frac{T(N/2)}{N/2} = \frac{T(N/4)}{N/4} + c \tag{7.9}$$

$$\frac{T(N/4)}{N/4} = \frac{T(N/8)}{N/8} + c \tag{7.10}$$

$$\vdots$$

$$\frac{T(2)}{2} = \frac{T(1)}{1} + c \tag{7.11}$$

(7.8)부터 (7.11)까지의 모든 수식을 더하고, $\log N$개가 있으므로 그 수식은 다음과 같다.

$$\frac{T(N)}{N} = \frac{T(1)}{1} + c\ \log N \tag{7.12}$$

$$T(N) = cN\ \log N + N = O(N\ \log N) \tag{7.13}$$

합병정렬과 같은 분석을 수행하므로 같은 결과를 얻을 수 있다.

평균적인 경우(average-case) 분석

평균적인 경우의 분석이 가장 어렵다. 평균적인 경우에 대하여 S_1에 대한 크기가 거의 같다고 가정하기 때문에 확률 $1/N$을 갖는다. 이 가정은 피봇과 분할 전략에 있어서 타당하나, 다른 것에 있어서는 타당하지 않다. 부배열들의 무작위성을 갖지 않는 분할 전략은 이런 분석을 사용하지 않는다. 이러한 전략들은 실질적으로 프로그램의 수행 시간이 오래 걸리게 한다.

이 가정을 가지고 $T(i)$의 평균값, 그리하여 $T(N-i-1)$은 $(1/N)\sum_{j=0}^{N-1} T(j)$이다. 따라서 수식 (7.1)은 다음의 식이 된다.

$$T(N) = \frac{2}{N}\left[\sum_{j=0}^{N-1} T(j)\right] + cN \tag{7.14}$$

수식 (7.14)에 N을 곱하면 다음과 같다.

$$NT(N) = 2\left[\sum_{j=0}^{N-1} T(j)\right] + cN^2 \tag{7.15}$$

문제를 단순화하기 위하여 누적기호를 제거할 필요가 있다. 다시 쓰면 다음과 같다.

$$(N-1)\,T(N-1) = 2\left[\sum_{j=0}^{N-2} T(j)\right] + c(N-1)^2 \tag{7.16}$$

수식 (7.15)에서 (7.16)을 빼면 다음과 같다.

$$NT(N) - (N-1)\,T(N-1) = 2\,T(N-1) + 2cN - c \tag{7.17}$$

다시 정리하고 오른편의 $-c$를 제거하여 다시 쓰면 다음과 같다.

$$NT(N) = (N+1)\,T(N-1) + 2cN \tag{7.18}$$

$T(N-1)$ 측면에서 $T(N)$에 대한 공식을 구할 수 있다. (7.18)은 잘못된 형식이다. 수식 (7.18)을 $N(N+1)$으로 나누면 다음과 같다.

$$\frac{T(N)}{N+1} = \frac{T(N-1)}{N} + \frac{2c}{N+1} \tag{7.19}$$

이 수식을 사용하여 전개하면 다음과 같다.

$$\frac{T(N-1)}{N} = \frac{T(N-2)}{N-1} + \frac{2c}{N} \tag{7.20}$$

$$\frac{T(N-2)}{N-1} = \frac{T(N-3)}{N-2} + \frac{2c}{N-1} \tag{7.21}$$

$$\vdots$$

$$\frac{T(2)}{3} = \frac{T(1)}{2} + \frac{2c}{3} \tag{7.22}$$

수식 (7.19)부터 (7.22)까지의 모든 수식을 더하여 구하면 다음과 같다.

$$\frac{T(N)}{N+1} = \frac{T(1)}{2} + 2c\sum_{i=3}^{N+1} \frac{1}{i} \tag{7.23}$$

그 합은 대략 $\log_e(N+1) + \gamma - \frac{3}{2}$이다. 여기서 $\gamma \approx 0.577$은 Euler의 상수라 한다.

$$\frac{T(N)}{N+1} = O(\log N) \tag{7.24}$$

그리고

$$T(N) = O(N \log N) \tag{7.25}$$

이 분석은 복합하게 보이지만, 실제로는 그렇지 않다. 그 단계들은 자연스러우며 순환관계를 찾을 수 있다. 앞서 서술한 최적화된 표현은 분석되었고 이 결과는 복잡한 순환과 어려운 수학식이 연관되어 매우 어렵게 보인다. 같은 구성요소들의 효과가 분석되었고 이는 표현된 코드가 올바르다는 것을 증명해 준다.

7.7.6 선택을 위한 선형 기대 시간(linear-expected-time) 알고리즘

퀵정렬은 1장과 6장에서 설명한 선택문제(slection problem)를 해결하기 위하여 수정될 수 있다. 우선순위 큐를 사용하여 k번째로 큰 구성요소를 $O(N+k \log N)$에 찾을 수 있다. 중간 값을 찾는 특별한 경우에는 $O(N \log N)$ 알고리즘을 가진다.

배열을 $O(N \log N)$ 시간내에 정렬을 할 수 있기 때문에 선택에 있어서 더 좋은 시간 제한을 얻을 수도 있다. 집합 S에서 k번째로 작은 구성요소를 찾는 알고리즘은 퀵정렬과 거의 동일하다. 사실 처음 세 단계는 같다. 이 알고리즘을 quickselect라고 부른다. $|S_i|$는 S_i내 구성요소들의 개수라고 하자. quickselect의 단계들은 다음과 같다.

1. $|S|=1$이면 $k=1$이고 S내 구성요소를 되돌려 준다. 작은 배열에 대한 제한이 사용되고 $|S| \leq$CUTOFF 이면 S를 정렬하고 k번째로 작은 구성요소를 되돌려 준다.
2. $v \in S$인 피봇 구성요소를 선택하라.
3. 퀵정렬에서와 같이, $S-\{v\}$를 S_1과 S_2로 분할하라.
4. $k \leq |S_1|$이면 k번째로 작은 구성요소는 S_1에 있다. 이 경우 quickselect(S_1, k)를 되돌려 준다. $k=1+|S_1|$이면 피봇은 k번째로 작은 구성요소이고 이것을 되돌려 준다. 그렇지 않다면, k번째로 작은 구성요소는 S_2에 있고 이것은 S_2에서 $(k-|S_1|-1)$번째로 작은 구성요소이다. 순환호출을 하고 quickselect(S_2, $k-|S_1|-1$)을 되돌려 준다.

퀵정렬과 대조적으로 quickselect는 오직 한 번의 순환호출을 한다. quickselect의 최악의 경우는 퀵정렬의 경우와 같고 $O(N^2)$이다. 직관적으로 이는 퀵정렬의 최악의 경우가 S_1과 S_2 중 하나가 비어있을 때이기 때문이다; 따라서 quickselect는 순환호출을 줄이지 못한다. 그렇지만 평균실행시간은 $O(N)$이다. 그 분석은 퀵정렬의 경우와 유사하고 연습문제로 남긴다.

quickselect의 구현은 추상적인 기술보다 더 단순하다. 그 코드는 그림 7.18에서 보여준다. 알고리즘이 끝났을 때 k번째로 작은 구성요소는 $k-1$번째 위치에 있다(배열은 인덱스 0에서 시작하기 때문이다). 이는 원래의 순서를 없앤다; 그렇게 되지 않으려면, 복사본을 만든다.

```
/**
* 재귀 호출을 하는 내부 선택 정렬 루틴
* 3개의 문항과 중간값과 컷오프 10을 사용
* 배열 [k-1]에 k번째 가장작은 값을 둠
* a는 Comparable 항목 배열
* left는 부배열의 최좌측 인덱스
* right는 부배열의 최우측 인덱스
* k는 전체 배열에서 기대되는 순위 1이 최소
*/
template <typename Comparable>
void quickSelect( vector<Comparable> & a, int left, int right, int k )
{
if( left + 10 <= right )
{
Comparable pivot = median3( a, left, right );

// Begin partitioning
int i = left, j = right - 1;
for( ; ; )
{
while( a[ ++i ] < pivot ) { }
while( pivot < a[ --j ] ) { }
if( i < j )
swap( a[ i ], a[ j ] );
else
   break;
}

swap( a[ i ], a[ right - 1 ] ); // Restore pivot

// Recurse; only this part changes
if( k <= i )
quickSelect( a, left, i - 1, k );
else if( k > i + 1 )
quickSelect( a, i + 1, right, k );
}
else // Do an insertion sort on the subarray
insertionSort( a, left, right );
}
```

그림 7.18 quickselect 루틴

세 수 중 중간 값 피봇 전략을 사용하는 것은 최악의 경우가 발생되는 상황을 만든다. 피봇을 주의하여 선택함으로써, 2차식의 최악의 경우를 피할 수 있고 $O(N)$ 알고리즘을 보장한다. 이와 관련된 오버헤드가 고려됨으로써 그 결과적인 알고리즘은 이론적 흥미를 가지게 된다. 10장에서 선택을 위한 선형시간의 최악의 경우 알고리즘을 조사할 것이다. 그리고 더 빠른 선택 알고리즘을 만드는 피봇을 선택하는 흥미있는 기법을 알게 될 것이다.

7.8 간접 정렬(indirect sorting)

퀵정렬은 퀵정렬이고 쉘정렬은 쉘정렬이다. 그렇지만 이러한 알고리즘에 기반하여 직접적으로 함수 템플릿을 구현하는 것은 정렬될 Comparable 객체들이 크다면 비효율적일 수 있다. 그 문제는 Comparables을 재배열할 때 Comparable 객체들을 반복적으로 복사하는 오버헤드가 발생한다는 것이다(연산자= 함수를 호출함으로써). 이는 Comparable 객체들이 크고 복사하기 어렵다면 비용이 많이 들 수 있다.

원칙적으로 문제에 대한 해결책은 간단하다. Comparable에 대한 포인터의 배열을 생성하고 그 포인터들을 재배열한다. 구성요소들의 위치를 알 때, 중간의 복사본에 대한 오버헤드 없이 그들을 위치시킬 수 있다. 이와 같이 수행하는 것은 **in-situ 순열**이라 알려진 알고리즘을 요구한다. C++로 수행하는 것은 새로운 문법을 요구한다.

알고리즘의 첫 번째 단계는 포인터들의 배열을 생성한다. a를 정렬할 배열이라고 하고 p를 포인터들의 배열이라고 하자. 초기에 p[i]는 a[i]에 저장된 객체를 가리킨다. 다음에 순서를 결정하기 위해 가리켜질 객체값을 사용하여 p[i]를 정렬한다. 배열 a내의 객체들은 전혀 움직이지 않으나 배열 p내의 포인터들은 재배열된다. 그림 7.19는 정렬과정 후 어떻게 포인터들의 배열이 보이는지를 보여 준다.

배열 a를 다시 정렬해야 한다. 이것을 하기 위한 가장 단순한 방법은 copy라 불리는 Comparable의 두 번째 배열을 선언하는 것이다. 정확히 정렬된 순서를 copy에 쓰고 나서 copy에서 a로 다시 쓸 수 있다. 이 비용은 추가적인 배열을 요구하고 전체 $2N$개의 Comparable 복사본을 요구한다.

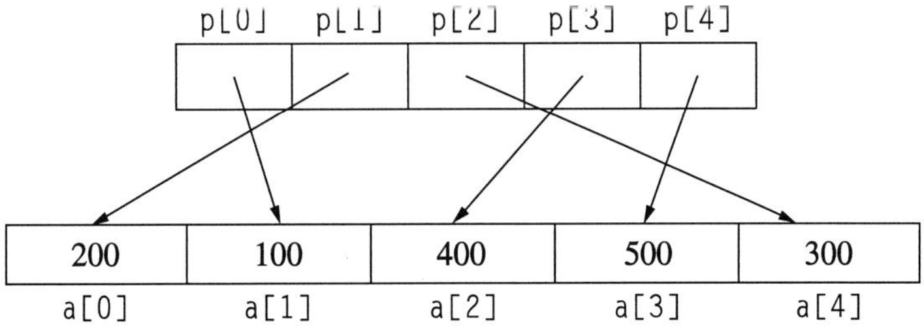

그림 7.19 포인터를 이용한 정렬

알고리즘은 중요한 문제를 가진다. 복사본을 사용함으로써 공간 요구가 2배로 커진다. N은 크고(그렇지 않으면 삽입정렬을 사용) Comparable 객체의 크기도 크다(그렇지 않으면 포인터 구현을 사용할 이유가 없다). 그리하여 시스템의 메모리 제한을 받을 정도까지 운용할 것으로 생각한다. 포인터들의 추가적인 벡터를 사용한다고 할지라도 Comparable 객체의 추가적인 벡터가 가용할 것이라고 기대할 수는 없다. 그러므로 추가적인 배열에 재정렬할 필요없이 배열 a를 제 자리에서 재배열할 필요가 있다.

복사본을 사용할 경우 2번째 문제는 전체적으로 $2N$개의 Comparable 복사본이 사용된다는 것이다. 이 부분이 원래의 알고리즘보다 개선이 있다할지라도 어떻게 알고리즘을 좀 더 개선할 수 있을지를 보일 것이다. 특히 $3N/2$개의 Comparable 복사본보다 더 많이 사용하지 않을 것이고 대부분의 모든 입력에서 N보다 약간 더 많이 사용할 것이다. 공간을 절약할 수 있을 뿐만 아니라 시간도 절약할 것이다. 코드화하기 전에 무엇이 이루어져야 하는가에 대해 생각해야 한다.

무엇을 해야 하는가를 알기 위하여 i=2로 시작해 보자. p[2]는 a[4]를 가리키기 때문에 a[2]에서 a[4]로 이동해야 할 필요가 있다는 것을 안다. 처음에 a[2]를 저장해야 하는데, 그렇지 않으면 이것을 정확히 위치시킬 수 없을 것이다. tmp=a[2]이 되고 a[2]=a[4]가 된다. a[4]가 a[2]로 이동했을 때 비어 있는 a[4]로 어떤 것을 이동할 수 있다. p[4]를 조사함으로써, 정확한 문장은 a[4]=a[3]라는 것을 안다. 다음으로, 어떤 것을 a[3]로 이동할 필요가 있다. p[3]가 a[2]를 가리키기 때문에 a[2]를 이동하길 원한다는 것을 안다. 그러나 a[2]는 재배열을 시작할 때 겹쳐 썼다; 원래 값이 tmp에 있기 때문에 a[3]=tmp로 끝난다. 이 과정은 i가 2일 때 시작하고 배열 p를 따름으로써, 다음과 같은 순환 순서 2, 4, 3, 2를 형성한다.

```
tmp = a[2];
a[2] = a[4];
a[4] = a[3];
a[3] = tmp;
```

네 개의 Comparable 복사본과 하나의 추가적인 Comparable를 사용하여 세 개의 구성요소들을 정렬하였다. 실제로 이 방법을 전에 본 적이 있다. 삽입정렬의 가장 안쪽 루프는 현재의 구성요소 a[i]를 tmp 객체에 저장한다. 많은 구성요소들을 오른쪽으로 하나씩 이동하기 위하여 a[j]=a[j-1]를 할당한다. 마지막으로 원래의 구성요소를 위치시키기 위해 a[j]=tmp를 할당한다. 하나씩 처리하는 대신 재배열이 이루어지도록 유도하기 위해 p를 사용하는 것 이외에는 같은 작업을 하게 된다. 같은 이동 알고리즘이 이진 힙 insert에서 사용된다.

일반적으로 재배열된 순환들을 가지게 된다. 그림 7.21에서 두 개의 순환이 있다. 하나는 두 개의 구성요소들과 관련되고 다른 하나는 세 개의 구성요소들과 관련된다. 길이 L인

```
template <typename Comparable>
class Pointer
{
  public:
    Pointer( Comparable *rhs = NULL ) : pointee( rhs ) { }

    bool operator<( const Pointer & rhs ) const
      { return *pointee < *rhs.pointee; }

    operator Comparable * ( ) const
      { return pointee; }
  private:
    Comparable *pointee;
};
```

그림 7.20 Comparable에 포인터를 저장하는 클래스

```
template <typename Comparable>
void largeObjectSort( vector<Comparable> & a )
{
  vector<Pointer<Comparable> > p( a.size( ) );
  int i, j, nextj;

  for( i = 0; i < a.size( ); i++ )
    p[ i ] = &a[ i ];

  quicksort( p );

    // Shuffle items in place
  for( i = 0; i < a.size( ); i++ )
    if( p[ i ] != &a[ i ] )
    {
      Comparable tmp = a[ i ];
      for( j = i; p[ j ] != &a[ i ]; j = nextj )
      {
        nextj = p[ j ] - &a[ 0 ];
        a[ j ] = *p[ j ];
        p[ j ] = &a[ j ];
      }
      a[ j ] = tmp;
      p[ j ] = &a[ j ];
    }
}
```

그림 7.21 큰 객체를 정렬하기 위한 알고리즘

순환을 재배열하는 것은 L+1개의 Comparable 복사본을 사용한다. 길이가 1인 순환은 이미 제 위치에 있는 구성요소들을 표현하고, 복사본들을 사용하지 않는다. 이것은 이전의 알고리즘을 개선하는데, 이는 이미 정렬된 배열이 Comparable 복사본을 요구하지 않기 때문이다.

N개의 구성요소들을 가진 배열에서 C_L이 길이 L의 순환의 개수라고 하자. Comparable 복사본의 전체 개수는 다음과 같다.

$$M = N - C_1 + (C_2 + C_3 + \cdots + C_N) \tag{7.26}$$

가장 좋은 경우는 Comparable 복사본이 없을 때이다. 왜냐하면 길이 1인 N개의 순환들이 있기 때문이다(즉, 모든 구성요소는 제자리에 위치한다). 가장 좋지 않은 경우는 길이 2인 N/2개의 순환들을 갖는 경우로써, 식 (7.26)은 M=3N/2개의 Comparable 복사본들이 수행된다는 것을 보여 준다. 이는 입력 값이 2, 1, 4, 3, 6, 5일 경우 발생할 수 있다. M의 기대 값은 무엇인가? 연습문제에서는 $N-2+H_N$이라는 것을 보여 준다.

이 같은 정렬 알고리즘을 구현하기 위하여 처음에 p에 저장된 객체 타입에 대한 클래스 템플릿 Pointer를 제공한다. 이는 그림 7.20에서 보여 준다. 그림 7.21에서는 largeObjectSort 라는 함수 템플릿을 보여 준다. 그 코드는 포인터 조작과 관련된 C++의 고급 기능을 사용한다.

7.8.1 vector〈Comparable*〉의 무작업

기본적인 생각은 포인터의 배열, p를 vector〈Comparable*〉로 선언하고 포인터들을 재정렬하기 위하여 quicksort(p)를 호출한다. 그러나 작업은 하지 않는다. 문제는 quicksort의 템플릿 매개변수가 Comparable*이라는 것과 두 개의 Comparable* 타입을 비교할 수 있는 연산자 <를 필요로 한다는 것이다. 그러한 연산자는 포인터 타입에서 존재하나(1.5.1.절 참조), 이 연산자의 결과는 Comparable*에 저장된 값들과 아무 관련이 없다. 더욱이 이 행위는 무시될 수 없다.

7.8.2 지능적 포인터 클래스

문제의 해결책은 새로운 클래스 템플릿 Pointer를 정의하는 것이다[1]. Pointer는 데이터 구성원으로서 Comparable에 대한 포인터를 저장할 것이다. Pointer 타입에 대한 비교 연산자를 제공할 수 있다. 이는 그림 7.21의 클래스 Employee에서 하는 것과 유사하다.

데이터 구성원, pointee는 13번째 줄 private 영역에서 선언된다. Pointer 클래스에 대한 생성자(constructor)는 Pointee에 대한 초기값(또는 NULL)을 요구한다; 이는 5번째

1) 다른 옵션은 정렬 루틴이 하나를 허용한다면 함수 객체를 사용하는 것이다. 이 함수 객체 접근방법은 표준 라이브러리 정렬을 위한 것이다.

줄에서 보여 준다.

포인터의 행위를 캡슐화하는 클래스들은 지능적 포인터 클래스(smart pointer classes)라고 불린다. 이 클래스는 일반 포인터보다 더 지능적인데, 이는 초기값이 부여되지 않는다면 자동으로 자신에게 NULL 값으로 초기화하기 때문이다.

7.8.3 연산자<의 다중정의(overloading)

연산자<을 구현하는 것은 개념적으로 간단하다. 가리켜지는 Comparable 객체들에 연산자 <을 적용한다. 이것이 순환 논리는 아니라는 것을 주목해라. 클래스 Pointer에 있는 7번째 줄의 연산자<은 두 개의 pointer 타입들과 비교한다; 8번째 줄의 호출은 두 개의 Comparable 타입들과 비교할 것이다.

7.8.4 *를 가진 포인터의 역참조

8번째 줄의 *는 무엇인가? *는 C++에서 포인터 역참조 연산자이다. ptr이 한 객체에 대한 포인터라면 *ptr은 가리켜지는 객체에 대한 동의어이다. 즉, ptr이 한 객체 obj에 대한 포인터라면 *ptr은 obj와 같다. *ptr의 값은 obj의 값이고, *ptr에 대한 변경은 obj에서의 변경이 이루어지게 한다.

이 연산자와 주소(address-of) 연산자 &는 다른 것보다 C++에서 더 많은 문제를 야기한다. 그러나 그들이 사용될 필요는 거의 없다. 여기에서는 피할 수 없다.

7.8.5 타입 변환 연산자의 다중정의(overloading)

10번째 줄은 특이한 C++ 문법을 보여 준다. 이것은 타입 변환 연산자이다. 특히 이 방법은 Pointer〈Comparable〉로부터 Comparable*로의 타입 변환을 정의한다. 구현은 간단하다; 11번째 줄에서 pointee를 되돌려 준다. 이는 포인터에서 얻도록 한다. getPointee와 같은 명명된 멤버 함수를 사용할 수 있다할 지라도 이러한 타입 변환은 largeObjectSort 알고리즘을 단순화시킨다.

7.8.6 내재된 타입 변환(implicit type conversions)은 어디에나 존재

C++은 강하게 형식화된 언어이다. 코드에서 다음의 타입들을 갖는다:

```
a[ i ]    Comparable
&a[ i ]   Comparable
p[ i ]    Pointer<Comparable>
```

그러므로 &a[i]와 p[i]는 타입 호환적이지 않다. 다음 4가지 경우를 포함하여, 코드에서 호환적이지 않은 많은 예들이 있다(다른 3가지는 22와 28번째 줄과 같다).

```
22        p[ i ] = &a[ i ];
28        if( p[ i ] != &a[ i ] )
33            nextj = p[ j ] - &a[ 0 ];
34            a[ j ] = *p[ j ];
```

그래서 강한 타입은 어떻게 되는가? 10번째 줄에서 타입 변환 연산자를 제공함으로써 무력화시키고, Pointer 생성자에서 explicit를 사용함으로써 무력화시킨다. 자세한 것을 살펴보자.

22번째 줄은 Pointer 생성자가 explicit 하지 않기 때문에 작업을 수행한다. p[i]는 Pointer〈Comparable〉이기 때문에 오른편은 하나이어야 한다. 그렇지 않다할 지라도 임시적인 것이 Pointer〈Comparable〉 생성자를 사용하여 생성될 수 있고 이런 내재적이고 비밀스런 생성은 explicit가 생략되었기 때문에 허용된다.

28번째 줄은 Pointer〈Comparable〉와 Comparable*를 비교하기 위하여 연산자!= 을 사용한다. 이 연산자는 존재하지 않는다. 그러나 내재된 변환(10번째 줄의 타입 변환 연산자를 사용)은 임시적인 Comparable*를 생성하기 위하여 사용될 수 있다. 결과적으로 operator!= 는 성공적이다.

33번째 줄은 C++ 속임수의 다른 부분이다. 우리는 나중에 이에 관해 얘기할 것이다. 10번째 줄의 타입 변환 연산자는 p[j]로부터 임시적인 Comparable*를 생성한다. 34번째 줄은 Pointer〈Comparable〉에 역참조 연산자를 적용하려고 한다. 그렇지만 이 연산자는 그 타입에 대해 정의되지 않는다(다중정의될 수 있으나 그렇게 하지 않았다). 10번째 줄의 타입 변환 연산자는 p[j]로부터 임시적인 Comparable*를 생성함으로써 해결한다.

7.8.7 양방향 내재된 변환에 의한 모호성 야기

이러한 타입 변환은 작업 수행시 좋을 수 있으나 예기치 않은 문제가 발생할 수 있다. 예를 들어 7번째와 8번째 줄에서 정의된 연산자< 이외에 추가적으로 연산자!=를 제공한다고 생각하자(이는 큰 확장은 아니다; 고급 탐색 트리들 중 일부는 연산자< 이외에 연산자=도 사용한다).

28번째 줄은 지금 더 이상 컴파일하지 않는다! 그 이유는 모호성을 생성하기 때문이다. p[i]를 Comparable*로 변환하고 근원적인 포인터 변수들로 정의된 !=를 사용하거나, 생성자를 사용하여 &a[i]를 Pointer<Comparable>로 바꾸고 나서 Pointer<Comparable>로 정의된 !=를 사용할 수 있다.

이 같은 문제에서 벗어날 많은 방법들이 있으나, 이 때문에 중요한 부분에서 양방향 내재된 변환을 정의하지 못한다고 얘기하는 것으로 충분하다. 항상 explicit를 사용하거나 타입 변환 연산자를 사용하지 않는다면 이 문제를 갖지 않을 것이다.

7.8.8 적절한 포인터 차(pointer subtraction)

마지막으로 애매한 점은 33번째 줄에 있다. p1, p2가 같은 배열 내 두 개의 구성요소들을 가리키고 있다면 p1-p2는 int로 그들간의 떨어진 거리를 나타낸다. p[j]-&a[0]은 p[j]가 가리키는 객체의 인덱스이다.

7.9 정렬에서 일반적인 하한

정렬에서 $O(N \log N)$인 알고리즘이 있다할 지라도 이것이 우리가 할 수 있는 것만큼 좋다는 것은 명백하지 않다. 이 절에서는 합병정렬과 힙정렬은 일정한 요소에서 최적이기 위하여, 비교를 사용하는 정렬 알고리즘이 최악의 경우 $\Omega(N \log N)$만큼의 비교를 요구하는 것을 증명한다. 증명은 비교를 사용하는 정렬 알고리즘에서 $\Omega(N \log N)$ 만큼의 비교가 요구된다는 것을 보이기 위하여 확장될 수 있는데, 퀵정렬은 일정한 요소에서 평균적으로 최적이라는 것을 의미한다.

우리는 다음의 결과를 증명할 것이다. 비교만을 사용하는 어떤 정렬 알고리즘은 최악의 경우 $\lceil \log(N!) \rceil$ 만큼의 비교와 평균적인 경우 $\log(N!)$ 만큼의 비교를 요구한다. 어떤 정렬 알고리즘은 이 경우에 작업을 해야 하기 때문에 모든 N개의 구성요소들이 모두 다르다는 것을 가정할 것이다.

7.9.1 결정 트리

결정 트리(decision trees)는 하한을 증명하기 위하여 사용된 추상 개념이다. 여기서 결정 트리는 이진 트리이다. 각 노드는 구성요소들간 비교를 수행한 순서들의 집합을 표현한다. 비교 결과는 트리 에지이다.

그림 7.22에서의 결정 트리는 3개의 구성요소들 a, b, c를 정렬하는 알고리즘을 보여준다. 알고리즘의 초기 상태는 루트에 있다(여기서는 상태와 노드를 호환하여 사용한다). 비교가 이루어지지 않은 상태이므로 모든 순서는 적법하다. 이 같은 알고리즘이 수행한 첫 번째 비교는 a와 b를 비교한다. 두 번째 결과는 두 가지 가능한 상태를 만든다. $a < b$이면 세 가지 가능성이 있다. 알고리즘이 노드 2에 도달하면 a와 c를 비교한다. 다른 알고리즘은 다른 것을 할 수 있다; 다른 알고리즘은 다른 결정 트리를 가진다. $a > c$이면 알고리즘은 5번째 상태가 된다. 일관된 하나의 순서가 있기에 알고리즘은 끝날 수 있고 정렬이 끝났다는 것을 알려 준다. $a < c$이면 이 알고리즘은 수행할 수 없는데, 왜냐하면 두 개의 가능한 순서가 존재하고 어느 것이 정확한지 보장할 수 없기 때문이다. 이 경우에 알고리즘은 하나 더 많은 비교를 요구할 것이다.

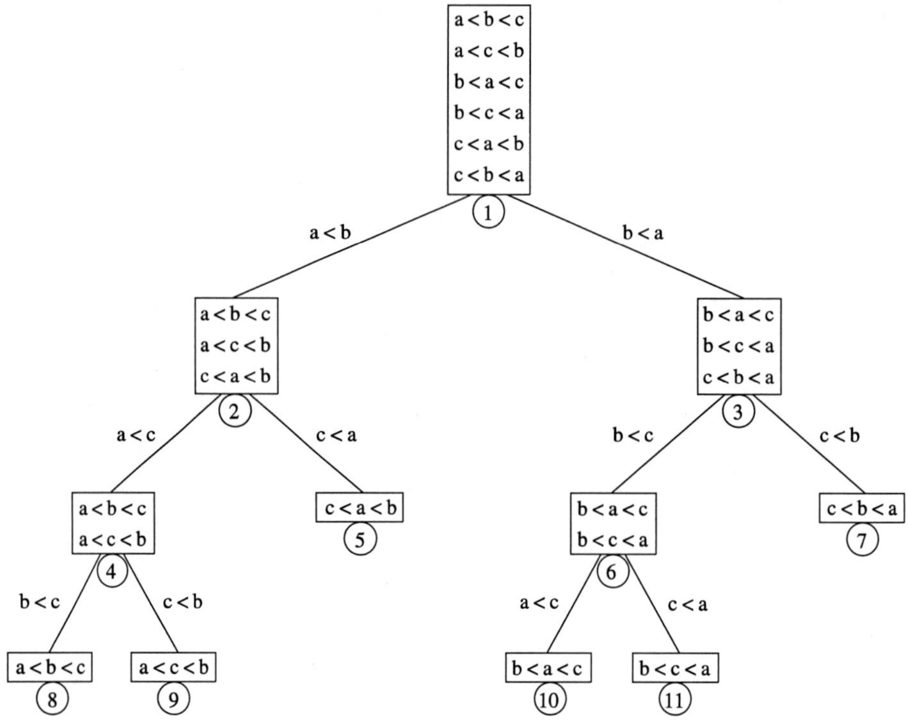

그림 7.22 3개의 구성요소들의 정렬을 위한 결정 트리

비교를 사용하여 정렬하는 모든 알고리즘은 결정 트리로 표현될 수 있다. 물론, 입력의 수가 적은 경우에 이 트리를 그리는 것이 적절하다. 정렬 알고리즘에 의해 수행된 비교 횟수는 가장 깊은 리프(leaf) 노드의 깊이와 같다. 이 경우 이 알고리즘은 최악의 경우에 3번의 비교를 수행한다. 사용된 평균 비교 횟수는 리프의 평균 깊이와 같다. 결정 트리가 크기 때문에 임의의 긴 경로가 있다는 것을 따른다. 하한을 증명하기 위하여 필요한 것은 기본적인 트리의 속성들이다.

보조정리 7.1

T는 깊이가 d인 이진트리라 하자. T는 많아야 2^d개의 리프 노드를 가지고 있다.

증명

증명은 귀납법으로 이루어진다. $d=0$이면 많아야 하나의 리프가 있고 기본은 참이다. 그렇지 않으면 리프가 될 수 없는 루트, 많아야 깊이가 $d-1$인 좌트리와 우트리가 존재한다. 귀납적 가정에 의해 그들 각각은 많아야 2^{d-1}개의 리프를 가지며 전체적으로 많아야 2^d개의 리프를 가진다. 이는 이 보조정리를 증명한다.

보조정리 7.2

L개의 리프를 가진 이진 트리는 적어도 깊이가 $\lceil \log L \rceil$ 이다.

증명

앞의 보조정리로부터 증명된다.

정리 7.6

구성요소들간 비교를 수행하는 정렬 알고리즘은 최악의 경우에는 적어도 $\lceil \log(N!) \rceil$ 개의 비교를 요구한다.

증명

N개의 구성요소들을 정렬하기 위한 결정 트리는 $N!$개의 리프를 가져야 한다. 이 정리는 전의 보조정리를 따른다.

정리 7.7

구성요소들간 비교를 수행하는 정렬 알고리즘은 $\Omega(N \log N)$ 개의 비교를 요구한다.

증명

앞의 정리로부터 $\log(N!)$개의 비교가 요구된다.

$$
\begin{aligned}
\log(N!) &= \log(N(N-1)(N-2)\cdots(2)(1)) \\
&= \log N + \log(N-1) + \log(N-2) + \cdots + \log 2 + \log 1 \\
&\geq \log N + \log(N-1) + \log(N-2) + \cdots + \log(N/2) \\
&\geq \frac{N}{2}\log\frac{N}{2} \\
&\geq \frac{N}{2}\log N - \frac{N}{2} \\
&= \Omega(N \log N)
\end{aligned}
$$

최악의 경우의 결과를 증명하기 위해 사용될 때, 하한 매개변수의 타입은 이전에 알려진 **정보이론기반(information-theoretic)** 하한으로 알려져 있다. 일반적인 정리는 P개의 서로 다른 경우가 있고 질의가 예/아니오의 형태라면, $\lceil \log P \rceil$ 개의질의가 그 문제를 해결하기 위한 알고리즘의 일부 경우에서 요구된다. 비교 기반 정렬 알고리즘의 평균적인 경우의 수행 시간에서 유사한 결과를 증명하는 것이 가능하다. 그 결과는 연습문제로 남긴 보조정리에 내포되어 있다. L개의 리프를 가진 이진 트리는 적어도 $\log L$의 평균 깊이를 갖는다.

7.10 버켓 정렬(bucket sort)

이전 절에서 비교만을 사용하는 일반적인 정렬 알고리즘은 최악의 경우에 $\Omega(N \log N)$ 시간을 요구한다는 것을 증명했다고 할지라도 특별한 경우에는 선형시간에 정렬하는 것이 가능하다는 것을 생각하자.

간단한 예는 버켓 정렬이다. 작업을 할 버켓 정렬에서 부가적인 정보가 있어야 한다. 입력 값 A_1, A_2, $\cdots$, A_n은 M보다 작은 양수로 구성된다. 이 경우에 알고리즘은 간단하다. 크기가 M이고 모두 0으로 초기화된 배열 count를 선언하라. count는 초기에 모두 비어있는 M개의 셀이나 버켓을 가진다. A_i를 불러올 때 count[A_i]는 1씩 증가한다. 모든 입력 값이 읽어진 후, 정렬된 리스트를 출력하면서 count 배열을 스캔한다. 이 알고리즘은 $O(M+N)$만큼 걸린다; 이 증명은 연습 문제로 남긴다. M이 $O(N)$이면 전체는 $O(N)$이다.

이 알고리즘이 하한을 위배하는 것처럼 보이지만 간단한 비교보다 더 강력한 연산을 사용하기 때문에 위배되지 않는다는 것을 증명한다. 버켓을 증가시키면서 알고리즘은 단위시간에 M-원 비교를 수행한다. 이는 확장가능한 해싱(5.7절)에서 사용된 방법과 유사하다. 이는 하한이 증명된 모델에서는 명확하지 않다.

그렇지만, 이 알고리즘은 하한을 증명하는 데 사용된 모델의 타당성에 의문을 가진다. 이 모델은 강력한 모델인데, 왜냐하면 일반적인 정렬 알고리즘은 입력 타입에 대해 가정하는 것이 아니라 오직 순서 정보에 기반하여 결정할 수 있기 때문이다. 부가적인 정보가 가용하다면, 더 효율적인 알고리즘을 찾길 기대해야 하나 그렇지 않으면 부가적인 정보가 필요가 없어진다.

버켓 정렬 이용될 알고리즘으로 매우 평범해 보이지만, 주로 입력 값이 작은 정수인 경우에 사용된다. 그러므로 퀵 정렬과 같은 방법을 사용하는 것은 매우 지나치다.

7.11 외부 정렬(external sorting)

지금까지 설명한 모든 알고리즘들은 입력이 메인 메모리에 적합한 경우이었다. 그렇지만 입력이 매우 커서 메모리에 적합하지 못한 경우도 있다. 이 절은 매우 큰 입력을 다루도록 설계된 **외부 정렬 알고리즘**에 대해 논의할 것이다.

7.11.1 새로운 알고리즘이 필요한 이유

대부분의 내부 정렬 알고리즘들은 메모리에 직접 접근이 가능하다는 장점을 가지고 있다. 쉘 정렬은 한 단위 시간내에 구성요소들 a[i]와 a[i−h_k]를 비교한다. 힙 정렬은 한 단위 시간내에 구성요소들 a[i]와 a[i*2+1]를 비교한다. 세 수 중 중간 값 분할을 사용하는 퀵 정렬은 단위 시간내에 a[left], a[center], a[right]를 비교한다. 테이프로부터 입력값이 읽혀지면, 테이프에 있는 값들이 순차적으로 처리되기 때문에 이러한 연산에 대한 효율이 떨어진다. 데이터가 디스크에 있다할 지라도 디스크 주위를 돌거나 디스크 헤드를 움직이는 데 걸리는 지연 때문에 실질적인 효율성의 손실이 발생한다.

외부의 접근이 얼마나 느린지를 알기 위하여 크지만 메인 메모리에 적재될 정도의 임의 파일을 생성하자. 그 파일을 읽고 효율적인 알고리즘을 사용하여 정렬하자. 정렬하는데 $O(N\log N)$ 만큼이 걸리고 입력 값을 읽는데 $O(N)$ 만큼이 걸린다할 지라도, 입력 값을 읽는 데 걸리는 시간은 그 값들을 정렬하는 데 걸리는 시간과 비교하는 것이 중요하다.

7.11.2 외부 정렬을 위한 모델

다양한 대용량 기억장치들은 외부 정렬이 내부 정렬보다 장치에 더 의존적이게 한다. 우리가 고려하는 알고리즘은 가장 제한적인 저장 매체인 테이프에서 작업을 한다. 테이프에 있는 구성요소에 대한 접근은 정확한 위치까지 테이프를 감으면서 접근이 이루어지기 때문에 테이프는 순차적인 순서로 효율적으로 접근될 수 있다.

적어도 세 개의 테이프 드라이버가 정렬을 위해 필요하다고 가정한다. 효율적인 정렬을 수행하기 위하여 두 개의 테이프 드라이버가 필요하고 세 번째 드라이버는 문제를 단순화 시킨다. 오직 하나의 테이프 드라이버가 있다면 문제가 있다. 어떤 알고리즘은 $\Omega(N^2)$ 만큼의 테이프 접근을 요구할 것이다.

7.11.3 간단한 알고리즘

기본적인 외부 정렬 알고리즘은 합병정렬을 기반으로 한 합병 알고리즘을 사용한다. 2개는 입력 테이프, 2개는 출력 테이프로 사용하는 4개의 테이프 T_{a1}, T_{a2}, T_{b1}, T_{b2}가 있다고 가정하자. 테이프 a와 b는 입력 테이프 또는 출력 테이프라 하자. 데이터는 초기에 T_{a1}에 있다고 하자. 내부 메모리는 한 번에 M개의 레코드를 저장할 수 있다고 하자. 첫 번째 단계는 입력 테이프로부터 한 번에 M개의 레코드를 읽고 내부적으로 정렬한 후, 정렬된 레코드를 T_{b1}과 T_{b2}에 교대로 쓴다. 여기서 정렬된 레코드들의 집합을 런(run)이라고 한다. 이를 수행한 후 테이프를 다시 감는다. 쉘 정렬에서 보인 간은 입력 값을 가진다고 가정하자.

T_{a1}	81	94	11	96	12	35	17	99	28	58	41	75	15
T_{a2}													
T_{b1}													
T_{b2}													

M=3이면 런이 만들어진 후, 테이프는 다음과 같은 데이터를 갖게 될 것이다.

T_{a1}							
T_{a2}							
T_{b1}	11	81	94	17	28	99	15
T_{b2}	12	35	96	41	58	75	

지금 T_{b1}, T_{b2}는 런들의 그룹을 가지고 있다. 각 테이프로부터 첫 번째 런을 가져와 그들을 합병하는데, 그 런의 길이는 두 배가 되고 T_{a1}에 그 결과를 기록한다. 두 정렬된 리스트를 합병하는 것은 간단하다: 합병은 테이프 T_{b1}과 T_{b2}를 감아 나가면서 수행되기 때문에 메모리는 거의 필요하지 않다. T_{b1} 또는 T_{b2}가 빌 때까지 T_{a1}과 T_{a2}를 교대로 이 과정을 계속해 나간다. 이 시점에서 두 개가 모두 비거나 하나의 런만 남게 된다. 후자의 경우, 이 런을 적절한 테이프에 복사한다. 모든 4개의 테이프를 되감고 a개의 테이프를 입력으로 b개의 테이프를 출력으로 사용하면서 같은 과정을 반복한다. 이는 $4M$개의 런들을 만들 것이다. 길이 N인 하나의 런이 만들어질 때까지 그 과정을 계속한다.

이 알고리즘은 $\lceil \log(N/M) \rceil$ 번의 패스와 초기의 런 생성 과정을 요구한다. 예를 들어, 각 128bytes의 1천만개 레코드를 가지고 있고 내부 메모리는 4Mbytes라고 할 때, 첫 번째 패스는 320개의 런들을 생성한다. 정렬을 끝내기 위하여 9번의 추가적인 패스가 요구된다. 이 예는 다음의 그림과 같이 $\lceil \log(13/3) \rceil$ =3번의 추가적인 패스가 요구된다.

T_{a1}	11	12	35	81	94	96	15
T_{a2}	17	28	41	58	75	99	
T_{b1}							
T_{b2}							

T_{a1}												
T_{a2}												
T_{b1}	11	12	17	28	35	41	58	75	81	94	96	99
T_{b2}	15											

T_{a1}	11	12	15	17	28	35	41	58	75	81	94	96	99
T_{a2}													
T_{b1}													
T_{b2}													

7.11.4 다중 합병(multiway merge)

추가적인 테이프를 가지고 있다면 입력 값을 정렬하기 위해 요구되는 패스의 수는 줄어들 것으로 기대된다. 기본 합병(이원 합병)을 k원 합병으로 확장함으로써 가능하다.

두 런을 합병하는 것은 각 입력 테이프를 각 런의 처음까지 감으면서 이루어진다. 이때 더 작은 구성요소가 찾아지고 출력 테이프에 놓이고 입력 테이프가 앞으로 감긴다. k개의 입력 테이프들이 있다면 이 전략은 같은 방식으로 작업을 하게 되는데, 단지 차이점은 k개의 구성요소들 중 가장 작은 것을 찾는 것이 조금 더 복잡하다는 것이다. 우선순위 큐를 사용하여 가장 작은 구성요소를 찾을 수도 있다. 출력 테이프에 기록할 다음 구성요소를 얻기 위하여 deleteMin 연산을 수행한다. 입력 테이프가 앞으로 감기고 입력 테이프의 런이 아직 끝나지 않았다면 우선순위 큐에 새로운 구성요소를 삽입한다. 전과 같은 예를 사용하여 입력 값을 3개의 테이프에 분배한다.

T_{a1}						
T_{a2}						
T_{a3}						
T_{b1}	11	81	94	41	58	75
T_{b2}	12	35	96	15		
T_{b3}	17	28	99			

우리는 정렬을 끝내기 위하여 3원 합병의 추가적인 2번의 패스를 필요로 한다.

T_{a1}	11	12	17	28	35	81	94	96	99
T_{a2}	15	41	58	75					
T_{a3}									
T_{b1}									
T_{b2}									
T_{b3}									

T_{a1}													
T_{a2}													
T_{a3}													
T_{b1}	11	12	15	17	28	35	41	58	75	81	94	96	99
T_{b2}													
T_{b3}													

초기의 런 생성 단계 이후에, k원 합병을 사용하여 요구된 패스의 수는 $\lceil \log_k(N/M) \rceil$ 번으로서, 각 패스에서 k배가 큰 런을 얻기 때문이다. 예를 들어 $\lceil \log_3(13/3) \rceil$ =2이기 때문에 그 공식은 검증된다. 10개의 테이프가 있다면 k=5이고 이전 절의 예에서 $\lceil \log_5 320 \rceil$ =4번의 패스를 요구한다.

7.11.5 다단계 합병(polyphase merge)

지난 절에서 개발한 k원 합병 전략은 $2k$개의 테이프를 사용한다. 일부 응용에서는 비용이 많이 들 수 있다. 이 방법은 k+1개의 테이프를 가지고도 처리할 수 있다. 예로 오직 3개의 테이프를 가지고 이원 합병이 어떻게 수행되는지를 보일 것이다.

세 개의 테이프 T_1, T_2, T_3과 34개의 런을 만든 T_1에 하나의 입력 파일이 있다고 가정하자. 한 가지 방법은 테이프 T_2, T_3 각각에 17개의 런들을 놓는 것이다. 이 결과를 T_1에서 합병할 수 있다. 문제는 모든 런들이 하나의 테이프에 놓여지기 때문에 또 다른 합병을 위하여 이러한 런들의 일부를 T_2에 놓아야 한다. 이를 위한 논리적인 방법은 8개의 런들을T_1에서 T_2로 복사하고 합병한다. 이는 수행할 모든 패스에 반정도의 패스가 추가되는 효과를 갖는다.

또 다른 방법은 원래의 34개의 런들을 나누는 것이다. T_2에 21개의 런과 T_3에 13개의 런을 놓는다고 생각하자. T_3이 비기 전까지 T_1에 13개의 런을 합병한다. 이 때 T_1과 T_3을 되감고, 13개의 런을 가진 T_1과 8개의 런을 가진 T_2를 T_3에 합병한다. T_2가 비게 될 때까지 8개의 런을 합병할 수 있는데, T_1에는 5개의 런과 T_3에는 8개의 런이 남게 된다. 그리고 나서 T_1과 T_3을 합병할 수 있다. 다음의 테이블은 각 패스 후 가 테이프에 남은 런들의 개수를 보여 준다.

	Run Const.	After T_3+T_2	After T_1+T_2	After T_1+T_3	After T_2+T_3	After T_1+T_2	After T_1+T_3	After T_2+T_3
T_1	0	13	5	0	3	1	0	1
T_2	21	8	0	5	2	0	1	0
T_3	03	0	8	3	0	2	1	0

런의 분배는 많은 차이가 있다. 예를 들어 T_1에는 12의 런이 있고 T_2에는 22개의 런이있으면 첫 번째 합병 이후 T_3에 12개의 런과 T_2에 10개의 런이 생긴다. 다른 합병 후에는 T_1에 10개의 런과 T_3에 2개의 런이 있다. 여기서 T_3이 다 소진될 때까지 합병이 이루어지기 때문에 그 진행은 느리게 이루어진다. 이 때 T_1에 8개의 런과 T_2에 2개의 런이 만들어진다. 다시 두 테이프의 런들을 합병하여 T_1에 6개의 런과 T_3에 2개의 런이 생긴다. 3번의 패스가 이루어진 후, T_2는 2개의 런이 만들어지고 나머지 테이프들은 비게 된다. 우리는 하나의 런을 다른 테이프에 복사한 후 합병 과정을 마칠 수 있다.

첫 번째 분배가 최적이라는 것을 증명한다. 런의 수가 피보나치 수 F_N으로 이루어진다면 그들을 분배하는 가장 좋은 방법은 두 개의 피보나치 수 F_{N-1}과 F_{N-2}로 나누는 것이다. 그렇지 않다면 런의 수를 피보나치 수로 만들기 위하여 가짜(dummy) 런들을 테이프에 채울 필요가 있다. 테이프에 초기의 런들을 어떻게 분배할 것인가는 연습문제로 남긴다.

이를 k-원 합병으로 확장할 수 있으며, 분배를 위해 k번째 피보나치 수가 필요한데 이는 $F^{(k)}(N) = F^{(k)}(N-1) + F^{(k)}(N-2) + \cdots + F^{(k)}(N-k)$로 정의되며, 초기 조건은 $F^{(k)}(N) = 0,\ 0 \le N \le k-2, F^{(k)}(k-1) = 1$이다.

7.11.6 대체 선택(replacement selection)

고려해야 할 마지막 요소는 런의 생성이다. 지금까지 사용한 전략은 가장 단순하다. 가능한 많은 레코드를 읽고 정렬하고 그 결과를 테이프에 쓴다. 이는 첫 번째 레코드가 출력 테이프에 쓰여진 후 사용된 메모리가 다른 레코드를 위해 가용하게 됨으로써, 가장 좋은 방법처럼 보인다. 입력 테이프에 있는 다음 레코드가 출력한 레코드보다 더 크다면 런내에 포함될 수 있다.

이를 통해 런을 생성하는 알고리즘을 만들 수 있다. 이 기법은 일반적으로 **대체 선택(replacement selection)**이라 한다. 초기에 M개의 레코드들이 읽혀지고 우선순위 큐에 놓여진다. deleteMin을 수행해서 출력 테이프에 가장 작은 레코드를 쓴다. 입력 테이프로부터 다음 레코드를 읽는다. 이것이 테이프에 쓴 레코드보다 크다면 이것을 우선순위 큐에 놓는다. 그렇지 않으면 현재의 런에 포함될 수 없다. 우선순위 큐는 한 구성요소씩 작아지기 때문에, 런이 생성될 때까지 우선순위 큐의 남는 영역에 새 구성요소를 저장하고 다음 런을 위해 그 구성요소를 사용한다. 남는 영역에 구성요소를 저장하는 것은 힙정렬에서 하던 것과 유사하다. 우선순위 큐의 크기가 0이 되어 런이 끝나는 시점까지 계속 수행한다. 남은 영역에 있는 모든 구성요소들을 사용하여 새로운 우선순위 큐를 만들면서 새로운 런을 시작한다. 그림 7.23은 M=3인 작은 규모의 예에 대한 런 생성을 보여 준다. 남은 영역으로 이동된 구성요소들은 별표(asterisk)로 표시된다.

예를 들어 정렬로 얻어진 5개의 런들과 비교하여 대체 선택은 오직 3개의 런들을 생성한다. 이로 인해 3원 합병은 두 번의 패스 대신 한 번의 패스로 끝난다. 입력이 무작위로 분배된다면 대체 선택은 평균적으로 $2M$의 런들을 만든다고 볼 수 있다. 큰 예에서 320개의 런 대신에 160개의 런을 기대하면서 5원 합병은 4번의 패스를 요구한다. 이 경우에 한 번의 런을 줄이지 못했는데 운이 좋고 125개 이하의 런들을 가졌다면 가능했을 수도 있다. 외부 정렬이 오래 걸리기 때문에 줄어든 모든 패스는 실행시간에 큰 차이를 만들 수 있다.

	3 Elements in Heap Array			Output	Next Element Read
	h[1]	h[2]	h[3]		
Run 1	11	94	81	11	96
	81	94	96	81	12*
	94	96	12*	94	35*
	96	35*	12*	96	17*
	17*	35*	12*	End of Run	Rebuild Heap
Run 2	12	35	17	12	
	17	35	99	17	99
	28	99	35	28	28
	35	99	58	35	58
	41	99	58	41	41
	58	99	15*	58	15*
	99		15*	99	End of Tape
			15*	End of Run	
Run 3	15			15	

그림 7.23 런 생성의 예

우리가 보았듯이 대체 선택이 표준 알고리즘과 다름없이 수행하는 것이 가능하다. 하지만 대체 선택이 약간 긴 런들을 만들어내는 경우에, 입력은 시작할 때 거의 정렬되어 있다. 이런 종류의 입력은 외부 정렬에서 흔한 편이고 대체 선택을 매우 유용하게 한다.

7장 요약

대부분의 일반적인 내부 정렬 응용에서 C++를 사용하여, 삽입정렬, 쉘정렬, 또는 퀵정렬은 선택의 방법일 것이고 어느 것을 사용할 것인지의 결정은 대부분 입력 크기에 의존할 것이다. 그림 7.24는 다양한 입력 크기에 대한 각 알고리즘에서 얻어진 실행시간을 보여 준다.

데이터는 N개의 정수 중 무작위로 선택되었고 주어진 시간은 정렬하는 데 필요한 실질적인 시간만을 포함한다. 그림 7.2에서 주어진 코드는 삽입정렬에서 사용되었다. 쉘정렬은 Sedgewick의 증분으로 실행하기 위해 수정된 7.4절의 코드를 사용하였다. 100에서 2천5백만 개 크기에 걸쳐 수백만 개의 정렬을 기반으로 이런 증분을 사용한 쉘정렬의 예측된 실행시간은 $O(N^{7/6})$으로 추측된다. 힙정렬 루틴은 7.5절과 같다. 퀵정렬은 두가지 종류가 소개된다. 첫 번째는 단순한 피봇 전략을 사용하고 제한을 하지 않는다. 운좋게 입력은 무작위이다. 두 번째는 세 수 중 중간 값 분할과 10의 제한을 사용한다. 더욱이

N	Insertion Sort $O(N^2)$	Shellsort $O(N^{7/6})(?)$	Heapsort $O(N \log N)$	Quicksort $O(N \log N)$	Quicksort (opt.) $O(N \log N)$
10	0.000001	0.000002	0.000003	0.000002	0.000002
100	0.000106	0.000039	0.000052	0.000025	0.000023
1000	0.011240	0.000678	0.000750	0.000365	0.000316
10000	1.047	0.009782	0.010215	0.004612	0.004129
100000	110.492	0.13438	0.139542	0.058481	0.052790
1000000	NA	1.6777	1.7967	0.6842	0.6154

그림 7.24 정렬 알고리즘의 비교

최적화가 가능했다. 함수를 사용하는 대신에 즉시 처리하도록 세 수 중 중간 값 루틴을 코딩했고 퀵정렬을 비순환적으로 작성했다. 구현하는 데 있어서 다루기 힘든 코드에 몇 가지 다른 최적화 방법이 있고 어셈블리 언어를 사용할 수 있다. 모든 루틴을 효율적으로 구현하려는 시도를 했으나, 그 성능은 기계마다 약간 달랐다.

퀵정렬의 가장 최적화된 코드는 작은 입력 크기에도 쉘정렬보다 더 빠르다. 퀵정렬의 개선된 코드는 아직도 최악의 경우에 $O(N^2)$을 유지하나, 이 최악의 경우가 나타나는 때는 매우 미미해서 결정 요소가 되지 않는다. 많은 양의 데이터를 정렬할 필요가 있다면 퀵정렬이 좋다. 쉬운 방법을 취하고 첫 번째 구성요소를 피봇으로 사용하자. 입력은 무작위일 것이라고 가정하는 것이 좋은 것만은 아니다. 이에 대해 걱정하길 원하지 않는다면 쉘정렬을 사용하자. 쉘정렬은 약간의 성능 손실이 있으나 단순함이 요구된다면 허용할 수 있다. 최악의 경우는 $O(N^{4/3})$이다; 최악의 경우가 발생하는 상황은 매우 적다.

내부 루프를 가진 $O(N \log N)$ 알고리즘일지라도 힙정렬은 쉘정렬보다 느리다. 알고리즘의 대략적인 조사는 데이터를 이동시키기 위하여 힙정렬이 2번의 비교를 한다는 것을 보여 준다. Floyd에 의해 제안된 개선 사항은 오직 한 번의 비교로 이동이 가능하나 이러한 개선을 구현하는 것은 코드를 약간 더 길게 만든다. 추가적인 코딩이 속도 증가를 가져오는 지를 결정하는 것은 연습문제로 남긴다(연습문제 7.51).

삽입정렬은 적거나 거의 정렬된 입력의 경우에는 유용하다. C++에서의 성능이 퀵정렬만큼 좋지 않고 코딩하기에 단순하지 않기 때문에 합병정렬을 비교 대상에 넣지 않았다. 그렇지만 우리는 합병이 외부 정렬의 주요 연산이라는 것을 알고 있다.

7장 연습문제

7.1 삽입정렬을 사용하여 입력 값 3, 1, 4, 1, 5, 9, 2, 6, 5를 정렬하시오.

7.2 모든 구성요소들이 같다면 삽입정렬의 실행시간은 어떻게 되는가?

7.3 순서가 맞지 않는 구성요소들 a[i]와 a[i+k]를 교환하다고 하자. 적게는 1번, 많게는 2k−1번의 반전(inversion)이 제거된다는 것을 증명하시오.

7.4 증분 {1, 3, 7}을 사용하여 입력 값 9, 8, 7, 6, 5, 4, 3, 2, 1에 대한 쉘정렬을 수행한 결과를 보이시오.

7.5 a. 2-증분 {1, 2}를 사용하여 쉘정렬의 실행시간을 구하시오.
b. N에 대해 쉘정렬이 $O(N^{5/3})$ 시간이 걸리는 3-증분 순서가 존재한다는 것을 보이시오.
c. N에 대해 쉘정렬이 $O(N^{3/2})$ 시간이 걸리는 6-증분 순서가 존재한다는 것을 보이시오.

7.6 a. 정수 c에 대해 1, c, c^2, ⋯ , c^i의 증분을 사용하여 쉘정렬의 실행시간이 $\Omega(N^2)$이라는 것을 증명하시오.
b. 이러한 증분에 대해서 평균 수행 시간은 $\Theta(N^{3/2})$이라는 것을 증명하시오.

7.7 k-정렬 파일이 h-정렬이라면 이는 k-정렬을 유지한다는 것을 증명하시오.

7.8 Hibbard에 의해 제안된 증분 순서를 사용하여 쉘정렬의 실행시간이 최악의 경우에 $\Omega(N^{3/2})$이라는 것을 증명하시오. 힌트: 모든 구성요소들이 0 또는 1일 때 쉘정렬이 수행하는 것을 생각함으로써 그 제한을 증명할 수 있다. i가 h_t, h_{t-1}, ..., $h_{\lfloor t/2 \rfloor +1}$의 선형 조합으로 표현가능하다면 a[i]=1로, 그렇지 않으면 0으로 한다.

7.9 다음의 경우에 대한 쉘정렬의 실행시간을 결정하시오.
a. 정렬된 입력
b. 역순 입력

7.10 그림 7.6의 쉘정렬 코드에 다음과 같이 수정할 때, 최악의 경우에 대한 실행시간에 영향을 미치는지 논하시오.

a. 2번째 줄 앞에, 짝수이면 gap으로부터 1을 빼는 연산을 추가
b. 2번째 줄 앞에, 짝수이면 gap에 1을 더하는 연산을 추가

7.11 힙정렬이 입력 값 142, 543, 123, 65, 453, 879, 572, 434, 111, 242, 811, 102에 대해 어떻게 수행하는지 보이시오.

7.12 미리 정렬된 입력 값에 대해 힙정렬의 실행시간은 어떻게 되는가?

7.13 힙정렬에서 모든 percolateDown을 잎노드로 가게 하는 입력 값이 있는지를 보이시오.

7.14 추가적으로 사용하는 매개변수들 low에서 high 사이의 값들을 정렬하는 힙정렬을 다시 작성하시오.

7.15 합병정렬을 사용하여 3, 1, 4, 1, 5, 9, 2, 6을 정렬하시오.

7.16 순환을 사용하지 않고 합병정렬을 어떻게 구현하는가?

7.17. 다음 상황에 대해 합병정렬의 실행시간을 결정하시오.

a. 정렬된 입력
b. 역순 입력
c. 무작위 입력

7.18 합병정렬의 분석에서 상수는 무시되었다. 합병정렬의 최악의 경우에서 사용된 비교 횟수는 $N\lceil \log N \rceil - 2^{\lceil \log N \rceil} + 1$라는 것을 증명하시오.

7.19 세 수 중 중간 값 분할과 3의 제한을 가지는 퀵정렬을 사용하여 3, 1, 4, 1, 5, 9, 2, 6, 5, 3, 5를 정렬하시오.

7.20 이 장에서 구현된 퀵정렬을 사용하여 다음 상황에 대한 퀵정렬의 실행시간을 결정하시오.

a. 정렬된 입력
b. 역순 입력
c. 무작위 입력

7.21 다음과 같이 피봇이 선택될 경우 연습문제 7.20을 반복 사용하시오.

a. 첫 번째 구성요소
b. 두 개의 구성요소 중 더 큰 것
c. 무작위 구성요소
d. 모든 구성요소들의 평균

7.22 a. 퀵정렬 구현에서 모든 키값이 같을 때 실행시간은 어떻게 되는가?
b. 피봇과 같은 키를 가진 구성요소가 있을 때, i와 j가 멈추지 않는 분할 전략을 변경한다고 생각하자. 퀵정렬이 작업을 수행한다는 것을 보장하기 위하여 코드가 어떻게 수정되어야 하는가? 그리고 모든 키 값이 같을 때 실행시간은 어떻게 되는가?
c. 피봇과 같은 키를 가진 구성요소에서 i는 멈추나, 같은 상황에서 j가 멈추지 않는 분할 전략을 변경한다고 생각하자. 퀵정렬이 작업을 수행한다는 것을 보장하기 위하여 코드가 어떻게 수정되어야 하는가? 그리고 모든 키 값이 같을 때 실행시간은 어떻게 되는가?

7.23 배열의 중간 위치에 있는 구성요소를 피봇으로 선택한다고 생각하자. 이 방법은 퀵정렬이 2차식의 시간을 요구할 것 같지 않은가?

7.24 세 수 중 중간 값 분할과 3의 제한을 사용하는 퀵정렬에서 가능한 좋지 않은 20개 구성요소들의 순열을 만드시오.

7.25 이 장에서 퀵정렬은 2번의 순환 호출을 사용한다. 다음과 같이 호출 중 하나를 제거하시오.

a. 두 번째 순환 호출이 퀵정렬에서 마지막 줄에 오도록 코드를 다시 작성하시오. if/else를 바꾸고 insertionSort에 대한 호출 후 되돌아 오도록 하시오.
b. while 문을 작성하고 left를 변경함으로써 끝부분(tail-recursion) 순환을 제거하시오.

7.26 (a) 다음부터는 연습문제 7.25로 부터 계속한다.

a. 더 작은 배열이 첫 번째 호출에서 수행되고 더 큰 배열은 두 번째 호출에서 처리되도록 테스트하시오.

b. while 문을 작성하고 필요에 따라 left 또는 right를 변경함으로써 끝부분 순환을 제거하시오.

c. 순환 호출의 횟수가 최악의 경우에는 대수로 표현된다는 것을 증명하시오.

7.27 순환 퀵정렬이 초기에 2 $\log N$인 드라이버로부터 int 매개변수 depth를 받는다고 하자.

a. 순환의 레벨이 depth에 도달하면 현재의 서브배열에서 heapsort를 호출하도록 순환 퀵정렬을 수정하시오(힌트: 순환호출을 할 때, depth 만큼 줄이시오; 이것이 0이 될 때, 힙정렬로 바꾸시오).

b. 이 알고리즘의 최악의 경우에 대한 실행시간이 $O(N \log N)$이라는 것을 보이시오.

c. heapsort가 얼마나 자주 호출되었는지 결정하기 위한 실습을 수행해 보시오.

d. 연습문제 7.25에서 끝부분 순환 제거와 관련된 기법을 구현해 보시오.

e. 연습문제 7.26의 기법이 더 이상 필요로 되지 않는 이유를 설명하시오.

7.28 퀵정렬을 구현할 때, 배열이 많은 중복을 가지게 되면 더 작은 순환 호출을 수행하기 위하여, 3부분 분할(피봇보다 작은 구성요소들, 같은 구성요소들, 큰 구성요소들)을 수행하는 것이 좋을 수 있다. 3부분 비교를 가정하자.

a. 오직 N-1의 3부분 비교를 사용하여 Nro의 구성요소들로 구성된 서브배열의 3부분 분할을 수행하는 알고리즘을 작성하시오. 피봇과 같은 d개의 요소들이 있다고 하면 2부분 분할 알고리즘이외에 d개의 추가적인 Comparable 교환을 사용할 수 있다. (힌트: i와 j가 각각을 향해 이동할 때, 아래와 같이 구성요소들의 5개 그룹을 유지하시오):

```
EQUAL   SMALL   UNKNOWN   LARGE   EQUAL
                i                 j
```

b. 위의 알고리즘을 사용하여 d개의 서로 다른 값들을 갖는 N개의 구성요소들로 구성된 배열을 정렬할 때, $O(dN)$ 시간이 걸린다는 것을 보이시오.

7.29 선택 알고리즘을 구현하기 위한 프로그램을 작성하시오.

7.30 다음의 순환을 해결하시오: $T(N) = (1/N)[\sum_{i=0}^{N-1} T(i)] + cN,\ T(0) = 0.$

7.31 정렬 알고리즘은 같은 값을 가진 구성요소들이 입력이 이루어진 순서와 같게 남는다면 안정적(stable)이라고 한다. 이 장에서 어느 정렬 알고리즘이 안정적인가? 그 이유는 무엇인가?

7.32 N개의 구성요소들의 정렬된 리스트에 이어서 $f(N)$개의 무작위로 순서화된 구성요소들이 주어진다고 하자. 다음의 경우에 전체 리스트를 어떻게 정렬할 것인가?

a. $f(N) = O(1)$?
b. $f(N) = O(\log N)$?
c. $f(N) = O(\sqrt{N})$?
*d. $f(N)$이 $O(N)$시간에 전체 리스트가 정렬될 수 있기 위해서는 얼마나 클 수 있나?

7.33 N개의 구성요소들의 정렬된 리스트에서 X를 찾는 알고리즘이 $\Omega(\log N)$의 비교를 요구한다는 것을 보이시오.

7.34 Stirling의 식 $N! \approx (N/e)^N \sqrt{2\pi N}$ 을 이용하여 $\log(N!)$에 대한 간단한 평가를 하시오.

7.35 *a. N개의 구성요소들의 두 정렬된 배열을 합병하기 위해 얼마나 많은 방법들이 있는가?
*b. N개의 구성요소들의 두 정렬된 배열을 합병하기 위해 요구된 비교횟수에서 자명하지 않은 하한(nontrivial lower bound)을 구하시오.

7.36 6개의 숫자를 정렬하기 위해 다음의 알고리즘을 고려하자:

- 알고리즘 A를 사용하여 처음 3개의 숫자를 정렬하자.
- 알고리즘 B를 사용하여 그 다음 3개의 숫자를 정렬하자.
- 알고리즘 C를 사용하여 2개의 정렬된 그룹을 합병하자.

이 알고리즘이 알고리즘들 A, B, C의 선택과 상관없이 차선(suboptimal)이라는 것을 보이시오.

*7.37 분자와 분모가 1과 N사이의 정수인 N개의 분수들을 정렬하기 위한 선형 시간 알고리즘을 구하시오.

7.38 배열 A와 B가 정렬되어 있고 각각 N개의 구성요소들을 가지고 있다고 하자. $A \cup B$의 중간 값을 찾기 위한 $O(\log N)$알고리즘을 작성하시오.

7.39 2개의 서로 다른 값들 true와 false를 포함하는 N개의 구성요소들의 배열이 있다고 하자. 모든 false를 가진 구성요소들이 true를 가진 구성요소들 앞에 위치하도록 리스트를 재배열하기 위한 $O(N)$알고리즘을 작성하시오. 오직 일정한 추가 공간만을 사용할 수 있다.

7.40 3개의 서로 다른 값들 true, false, 그리고 maybe를 포함하는 N개의 구성요소들의 배열이 있다고 하자. 모든 false를 가진 구성요소들이 maybe를 가진 구성요소들 앞에 위치하고, 차례로 true를 가진 구성요소들 앞에 위치하도록 리스트를 재배열하기 위한 $O(N)$알고리즘을 작성하시오. 오직 일정한 추가 공간만을 사용할 수 있다.

7.41 a. 4개의 구성요소들을 정렬하기 위한 비교 기반 알고리즘은 5번의 비교가 필요하다는 것을 보이시오.

b. 4번의 비교로 4개의 구성요소들을 정렬하는 알고리즘을 작성하시오.

7.42 a. 7번의 비교는 비교 기반 알고리즘을 사용하여 5개의 구성요소들을 정렬하기 위하여 필요하다는 것을 보이시오.

*b. 7번의 비교로 5개의 구성요소들을 정렬하는 알고리즘을 작성하시오.

7.43 쉘정렬의 효율적인 버전을 작성하고 다음의 증분이 사용될 때 성능을 비교하시오.

a. Shell의 원래 순서

b. Hibbard의 증분

c. Knuth의 증분: $h_i = \frac{1}{2}(3^i + 1)$

d. Gonnet의 증분: $h_i = \lfloor \frac{N}{2.2} \rfloor$ 과 $h_k = \lfloor \frac{h_{k+1}}{2.2} \rfloor$ (h_2=2이면 h_1=1)

e. Sedgewick의 증분

7.44 퀵정렬의 최적화된 버전을 작성하고 다음의 조합과 실험해 보시오:

a. 피봇: 첫 번째 구성요소, 중간의 구성요소, 무작위로 고른 구성요소, 세 수중 중간 값, 5개의 수중 중간 값

b. 0부터 20까지의 제한 값

7.45 2개의 알파벳순으로 정렬된 파일을 읽고 그들을 합병하여 3번째 파일에 작성하는 루틴을 쓰시오.

7.46 다음과 같이 세 수 중 중간 값 루틴을 구현한다고 하자. a[left], a[center], a[right]의 중간 값을 찾고 a[right]와 교환한다. left에서 i를 시작하고 right-1에서 j를 시작하는 정상적인 분할 과정 진행하자(left+1과 right-2를 대신해서).

a. 입력은 2, 3, 4, ..., $N-1$, N, 1이라고 하자. 이 입력에서 이런 형태의 퀵정렬의 실행시간은 무엇인가?

b. 입력이 역순으로 주어진다고 하자. 이 입력에서 이런 형태의 퀵정렬의 실행시간은 무엇인가?

7.47 비교 기반 정렬 알고리즘이 평균적으로 $\Omega(N \log N)$의 비교를 요구한다는 것을 보이시오.

7.48 N개의 숫자가 주어진다고 하자. 합이 K와 같은 두 수가 있는지를 결정한다고 하자. 예를 들어 입력이 8, 4, 1, 6이고 K가 10이면 대답은 예(4와 6)이다. 한 수는 2번 사용될 수 있다. 다음을 수행하시오.

a. 이 문제를 해결하기 위한 $O(N^2)$ 알고리즘을 작성하시오.

b. 이 문제를 해결하기 위한 $O(N \log N)$ 알고리즘을 작성하시오(힌트: 처음에 그 요소들을 정렬하시오. 정렬 후 그 문제를 선형시간에 해결가능하다).

c. 두 해결책을 구현하고 알고리즘들의 실행시간을 비교하시오.

7.49 연습문제 7.48을 4개의 수에 대해 반복하시오. $O(N^2 \log N)$ 알고리즘을 설계해 보시오(힌트: 두 구성요소들의 모든 가능한 합을 계산하시오. 이러한 합을 정렬하시오. 그리고 나서 연습문제 7.48과 같이 진행하시오).

7.50 연습문제 7.48을 3개의 수에 대해 반복하시오. $O(N^2)$ 알고리즘을 설계해 보시오.

7.51 percolateDown에 대한 다음의 전략을 고려해 보자. 노드 X에 빈 공간을 만든다. 정상적인 루틴은 X의 자식 노드들과 비교하고 지정하려한 위치의 구성요소보다 더 크면((max)heap의 경우) 그 자식노드를 위로 올리고 그 빈 공간을 아래로 밀어낸다; 새로운 구성요소가 그 빈 공간에 위치될 때 멈춘다. 또 다른 전략은 새로운 셀이 삽입될 수 있는지 여부를 검사하지 않고 구성요소들을 위로 이동시키고 그 빈 공간을 가능한 멀리 아래로 이동시킨다. 이것은 새로운 셀을 리프 노드에 위치시키고 힙 순서를 위배하게 될 것이다; 힙 순서를 정하기 위해 새로운 셀을 정상적인 방법으로 위로 이동시킨다. 이 생각을 포함하는 루틴을 작성하고 힙정렬의 표준 구현 방법과 실행시간을 비교하시오.

7.52 오직 두 개의 테이프를 사용하여 큰 파일을 정렬하는 알고리즘을 제안하시오.

7.53 a. 힙의 수에 대한 $N!/2^{2N}$의 하한은 buildHeap이 많아야 $2N$개의 비교를 사용한다는 사실에 의해 암시됨을 보이시오.
b. 이 제한을 확장하기 위하여 Stirling의 식을 사용하시오.

7.54 그림 7.20에서 Pointer 클래스에 대한 0-매개변수 구성자를 필요로 하는가?

7.55 Null 포인터를 검사하기 위하여 연산자*라 불리는 멤버 함수를 중복함으로써 스마트 포인터 클래스 Pointer를 더욱 효율적으로 만든다. Null 포인터를 역참조하게 된다면 에러 메시지를 출력하고 그렇지 않다면 *pointee를 돌려준다.

7.56 7.8절에서 서술한 본래의 순열 분석은 각 길이가 L인 순환의 평균 개수를 보일 것을 요구한다. 보통 N은 정렬된 구성요소들의 갯수이다. p는 임의의 위치라 하자.

a. p가 길이 1인 순환에 있을 확률은 $1/N$이라는 것을 보이시오.
b. p가 길이 2인 순환에 있을 확률은 $1/N$이라는 것을 보이시오.
c. p가 길이 L인 순환에 있을 확률은 $1/N$이라는 것을 보이시오.
d. (c)를 기반으로 길이 L인 순환의 기댓값이 $1/L$임을 추론하시오(힌트: 각 구성요소는 길이 L인 순환의 개수에 $1/N$을 할당하나 간단한 부가가 순환을 과대하게 한다).
e. Comparable 복사본의 개수가 $N-2+H_N$라는 것을 보이시오.

7장 참고문헌

Knuth의 책[12]은 정렬에 대한 전반적인 참고문헌이다. Gonnet와 Baeza-Yates[5]는 많은 문헌 이외에도 최근의 결과를 가지고 있다.

쉘정렬을 세부적으로 다루는 원래의 논문은 [24]이다. Hibbard[6]의 논문은 증분 2k-1의 사용을 제안하였고 교환을 없애므로써 코드를 단순화했다. 정리 7.4는 [15]로부터 구한다. 이 책에서 제안한 것보다 더 복잡한 방법을 사용하는 Pratt의 하한은 [17]에 있다. 개선된 증분 순서와 상한은 [10], [23], 그리고 [26]에서 찾아 볼 수 있다; 하한을 맞춰보는 것은 [27]에서 소개되었다. 최악의 실행시간 $O(N\log N)$을 발생시키는 증분 순서는 없다[16]. 쉘정렬의 평균 실행시간은 아직 해결되지 않고 있다. Yao [29]는 3-증분의 경우에 대한 복잡한 분석을 수행하였다. 그 결과는 아직 더 많은 증분으로 확장되지 않았으나 약간 개선되었다[11]. 다양한 증분 순서에 대한 실험은 [25]에서 보여 준다.

힙정렬은 Williams에 의해 개발되었다[28]; Floyd [2]는 힙 생성을 위한 선형시간 알고리즘을 제공하였다. 정리 7.5는 [18]로부터 구한다.

합병정렬의 정확한 평균 분석은 [4]에서 서술되었다. 추가적인 공간없이 선형시간에 합병을 수행하는 알고리즘은 [9]에서 서술된다.

퀵정렬은 Hoare부터 제안되었다 [7]. 이 논문은 기본적인 알고리즘을 분석하고 있고 대부분의 개선사항을 서술하고 있고 선택 알고리즘을 포함하고 있다. 세부적인 분석과 경험적인 연구는 Sedgewick의 논문 주제에서 찾아볼 수 있다 [22]. 대부분의 중요한 결과들은 3개의 논문 [19], [20], [21]에서 볼 수 있다. [1]은 개선사항을 가진 자세한 C 언어 구현을 제공하고, UNIX qsort 라이브러리 루틴의 많은 구현이 2차식 성능까지 보인다는 것을 지적한다. 연습문제 7.27는 [14]로부터 구한다.

결정 트리와 정렬의 최적화는 Ford와 Johnson의 연구에서 논의된다[3]. 이 논문은 비교횟수 측면에서 하한에 근접한 알고리즘을 제공한다. 이 알고리즘은 Manacher에 의해 차선의 방법인 것으로 알려졌다 [13].

외부정렬은 [12]에서 자세하게 다룬다. 연습문제 7.31에서 서술한 안정된 정렬은 Horvath에 의해 제안되었다 [8].

1. J. L. Bentley and M. D. McElroy, “Engineering a Sort Function,” *Software-Practice and Experience*, 23 (1993), 1249-1265.
2. R. W. Floyd, “Algorithm 245: Treesort 3,” *Communications of the ACM*, 7 (1964), 701.
3. L. R. Ford and S. M. Johnson, “A Tournament Problem,” *American Mathematics Monthly*, 66 (1959), 387-389.

4. M. Golin and R. Sedgewick, "Exact Analysis of Mergesort," *Fourth SIAM Conference on Discrete Mathematics*, 1988.
5. G. H. Gonnet and R. Baeza-Yates, *Handbook of Algorithms and Data Structures*, 2nd ed., Addison-Wesley, Reading, Mass., 1991.
6. T. H. Hibbard, "An Empirical Study of Minimal Storage Sorting," *Communications of the ACM*, 6 (1963), 206-213.
7. C. A. R. Hoare, "Quicksort," *Computer Journal*, 5 (1962), 10-15.
8. E. C. Horvath, "Stable Sorting in Asymptotically Optimal Time and Extra Space," *Journal of the ACM*, 25 (1978), 177-199.
9. B. Huang and M. Langston, "Practical In-place Merging," *Communications of the ACM*, 31 (1988), 348-352.
10. J. Incerpi and R. Sedgewick, "Improved Upper Bounds on Shellsort," *Journal of Computer and System Sciences*, 31 (1985), 210-224.
11. S. Janson and D. E. Knuth, "Shellsort with Three Increments," *Random Structures and Algorithms*, 10 (1997), 125-142.
12. D. E. Knuth, *The Art of Computer Programming. Volume 3: Sorting and Searching*, 2d ed., Addison-Wesley, Reading, Mass., 1998.
13. G. K. Manacher, "The Ford-Johnson Sorting Algorithm Is Not Optimal," *Journal of the ACM*, 26 (1979), 441-456.
14. D. R. Musser, "Introspective Sorting and Selection Algorithms," *Software-Practice and Experience*, 27 (1997), 983-993.
15. A. A. Papernov and G. V. Stasevich, "A Method of Information Sorting in Computer Memories," *Problems of Information Transmission*, 1 (1965), 63-75.
16. C. G. Plaxton, B. Poonen, and T. Suel, "Improved Lower Bounds for Shellsort," Proceedings of the Thirty-third Annual Symposium on the Foundations of Computer Science (1992), 226-235.
17. V. R. Pratt, *Shellsort and Sorting Networks*, Garland Publishing, New York, 1979. (Originally presented as the author's Ph.D. thesis, Stanford University, 1971.)
18. R. Schaffer and R. Sedgewick, "The Analysis of Heapsort," *Journal of Algorithms*, 14 (1993), 76-100.
19. R. Sedgewick, "Quicksort with Equal Keys," *SIAM Journal on Computing*, 6 (1977), 240-267.
20. R. Sedgewick, "The Analysis of Quicksort Programs," Acta Informatica, 7 (1977), 327-355.

21. R. Sedgewick, "Implementing Quicksort Programs," *Communications of the ACM*, 21 (1978), 847–857.
22. R. Sedgewick, Quicksort, Garland Publishing, New York, 1978. (Originally presented as the author's Ph.D. thesis, Stanford University, 1975.)
23. R. Sedgewick, "A New Upper Bound for Shellsort," *Journal of Algorithms*, 7 (1986), 159–173.
24. D. L. Shell, "A High-Speed Sorting Procedure," *Communications of the ACM*, 2 (1959), 30–32.
25. M. A. Weiss, "Empirical Results on the Running Time of Shellsort," *Computer Journal*, 34 (1991), 88–91.
26. M. A. Weiss and R. Sedgewick, "More on Shellsort Increment Sequences," *Information Processing Letters*, 34 (1990), 267–270.
27. M. A.Weiss and R. Sedgewick, "Tight Lower Bounds for Shellsort," *Journal of Algorithms*, 11 (1990), 242-251.
28. J. W. J. Williams, "Algorithm 232: Heapsort," *Communications of the ACM*, 7 (1964), 347–348.
29. A. C. Yao, "An Analysis of (h, k, 1) Shellsort," *Journal of Algorithms*, 1 (1980), 14–50.

8 서로소 집합 클래스

Data structures and Algorithm Analysis in C++

이 장에서는 동치 문제(equivalence problem)를 다루기 위한 효율적인 자료 구조를 설명할 것이다. 이 자료구조는 쉽게 구현이 가능하다. 각 루틴은 몇 줄의 코드만으로도 구현될 수 있으며 간단한 배열(array)이 사용될 수도 있다. 또한, 각 연산마다 상수적 평균 시간으로 실행될 수 있을 만큼 속도 면에서도 매우 빠르다. 이 자료구조는 이론적 관점에서도 매우 흥미로운 데 왜냐하면 분석이 매우 어렵기 때문이다. 그리고 최악의 경우의 함수적 형태는 우리가 지금까지 보아왔던 것과는 다르다. 이러한 서로소 집합 자료 구조에 대해서 우리는 다음과 같은 내용들을 다룰 것이다.

- 최소의 코딩 노력만으로 서로소 집합 자료구조를 구현하는 방법
- 2개의 간단한 관찰(observation)들만을 사용한 속도 향상
- 빠른 구현에 대한 실행 시간 분석
- 간단한 응용

8.1 동치 관계(Equivalence Relations)

관계 R을 a, $b \in S$인 모든 원소들의 순서쌍(a, b)들의 집합 S로 정의한다면, $a\ R\ b$는 참(true) 혹은 거짓(false)이다. 만약 $a\ R\ b$가 참이면, a는 b와 관계가 있다고 말할 수 있다.

다음의 3가지 조건들을 만족하는 관계 R을 **동치 관계**라고 한다.

1. (반사 = reflexive) $a \in S$인 모든 a에 대해서 $a\ R\ a$이다.
2. (대칭 = symmetric) $a\ R\ b$이면 $b\ R\ a$이다.
3. (전이 = transitive) $a\ R\ b$이고 $b\ R\ c$이면 a R c이다.

여러 가지 예들을 생각해 볼 수 있다.

부등호 ≤은 동치 관계가 아니다. 왜냐하면 $a \le a$이 참이므로 반사 관계이고, $a \le b$이고 $b \le c$이면 $a \le c$이므로 전이 관계이지만, $a \le b$이면 $b \le a$이 반드시 성립하는 것은 아니므로 대칭 관계가 성립하지 않기 때문이다.

모든 연결이 전선으로 연결된 **전기적 연결**(Electrical connectivity)은 동치 관계이다. 각 구성 요소들이 자기 자신과는 연결되어 있다고 말할 수 있으므로 반사 관계는 성립한다. a가 b와 전선으로 연결되었다면 b도 a와 연결되므로 대칭 관계가 성립한다. 마지막으로 만약 a가 b와 연결되고 b가 c와 연결되면 a가 c와 연결된 것이다. 그래서 전선으로 연결되어 있는 전기의 연결은 동치관계이다.

한 국가에 있는 두 도시들은 서로 관계를 가진다. 이것이 동치 관계임은 쉽게 알 수 있다. 도시 a에서 b까지 이동 경로가 있다면 a는 b와 관계를 가진다. 모든 길이 양방향으로 이동이 가능하다면 동치 관계임을 알 수 있다.

8.2 동적 동치 문제(Dynamic Equivalence Problem)

동치관계 ~이 주어진다면 임의의 a, b에 대하여 a~b가 성립하는 지를 보여 주는 것은 당연할 것이다. 만약 어떤 관계가 Boolean 값을 가지는 2차원 배열로 표현된다면 상수 시간만으로 동치 관계가 성립함을 보일 수 있다. 문제는 관계가 일반적으로 겉으로는 드러나지 않는 즉, 다소 함축적으로 정의된다는 것이다.

예를 들어, 5개의 원소로 이루어진 집합 $\{a_1, a_2, a_3, a_4, a_5\}$에서 동치 관계가 정의된다고 가정해 보자. 그 원소들로 이루어진 모든 순서쌍들은 25개이고 각 순서쌍에는 관계가 있을 수도 있고 없을 수도 있다. 그러나 $a_1 \sim a_2$, $a_3 \sim a_4$, $a_5 \sim a_1$, $a_4 \sim a_2$의 관계가 있는지에 대한 정보만으로 모든 순서쌍들에서 관계가 있다는 것을 알 수 있다. 이것은 쉽게 알 수 있다.

$a \in S$인 원소의 **동치 클래스**(equivalence class)는 a와 관계를 가지는 모든 원소들을 포함하는 집합 S의 부분집합이다. 동치 클래스들은 S의 부분집합으로 만들 수 있음을 명심하자. S의 모든 원소들은 확실히 하나의 동치 클래스에 포함된다. a~b가 관계를 가지는 것을 알기 위해서는 a와 b가 동일한 동치 클래스에 포함되는지를 확인하면 된다. 이것으로 우리는 동치 문제를 해결하기 위한 전략을 세울 수 있다.

우선, 하나의 원소만 가지는 N개의 집합들을 입력으로 받는다. 이것은 반사관계를 제외한 모든 관계들이 거짓(false)이 된다. 각각의 집합들이 다른 원소를 가지기 때문에 $S_i \cap S_j = \emptyset$이 된다. 이것은 집합들이 **서로소**(disjoint)가 되도록 만드는 것이다.

두 개의 연산을 사용할 수 있다. 그것은 주어진 원소를 포함하는 클래스(즉 동치 클래스)의 이름을 되돌려 주는 find 연산과 관계를 추가하는 연산이다. 관계 a~b를 추가하기 위해서는 a와 b가 관계가 있는지를 확인해야 한다. 이것은 동일한 동치 클래스에 포함되는지를 확인하고 a와 b에 대해서 find 연산을 수행하면 된다. 관계가 없다면 union 연산[1])을 수행한다. 이 연산은 a와 b를 각각 포함한 두 개의 동치 클래스들을 합하여 새로운 동치 클래스를 만드는 것이다. 집합의 관점에서 ∪의 결과는 기존의 집합을 제거하고, 새로운 $S_k = S_i \cup S_j$ 집합을 생성하고, 모든 집합들이 서로소 관계를 유지하게 하는 것이다. 이러한 과정들 때문에 서로소 집합의 union/find **알고리즘**으로 많이 알려져 있다.

이 알고리즘은 실행 과정에서 집합들이 union 연산을 통해서 바뀔 수 있기 때문에 동적(dynamic)이 된다. 알고리즘 중 find 연산은 다음 과정이 수행되기 전에 결과를 넘겨주어야 하므로 **온라인(on-line)**으로 수행하는 것과 같다. **오프라인(off-line)** 알고리즘으로 사용하는 방법도 있다. 이 방법은 union과 find 연산들의 전체 연산 과정들을 알 수 있어야 한다. 각 find 연산에 의한 결과는 모든 union 연산들이 끝날 때까지 일관되어야 하고 알고리즘은 모든 질문들을 확인한 후에 모든 결과들을 알 수 있다. 이것은 작문 시험(일반적으로 오프라인 - 종료 시간까지만 질문에 답을 할 수 있다)과 구술 시험(온라인 - 다음 질문으로 진행하기 전에 현재 질문에 대답을 해야만 하기 때문)의 차이와 유사하다.

원소들과 관련된 값들을 비교하는 어떠한 연산들도 수행하지 않고 그것들의 위치 정보만 얻는다는 것을 주목하자. 이 때문에 모든 원소가 0에서 N-1까지 일련 번호가 매겨져 있고 그 번호는 몇 개의 해싱 구조(hashing schema)로 쉽게 계산될 수 있다. 그래서 초기에는 i=0에서 N-1[2])까지인 $S_i=\{i\}$를 입력으로 받았다.

우리의 두 번째 관찰은 find 연산에 의해서 되돌려 준 집합의 이름이다. 그것은 실제 매우 임의적이다. 모든 실제 문제들에서 find(a) == find(b)이 참인 것과 a, b가 같은 집합에 있는 것은 필요충분조건이다.

이러한 연산들은 많은 그래프 이론 문제들과 동치(혹은 type) 선언들을 처리하는 컴파일러들에서는 매우 중요하다. 우리는 나중에 이 문제를 해결할 것이다.

이 문제를 해결하기 위해서는 두 개의 전략들이 있다. 한가지는 find 명령어가 상수적 최악 시간 안에 가능하게 하는 전략이고 다른 하나는 union 명령어가 상수적 최악 시간 안에 가능하게 하는 전략이다. 이 말은 두 명령어 모두 상수적 최악 시간에 가능하지 않다는 것을 의미한다.

이제 첫 번째 전략에 대해서 간단하게 살펴보자. find 연산을 빠르게 하기 위해서 배열에 각각의 원소가 포함된 동치 클래스의 이름들의 목록을 유지한다. find는 단순한 $O(1)$ 검색(lookup)을 한다. union(a, b)을 수행한다고 가정하자. a는 클래스 i와 동치이고 b는 클래스 j와 동치라고 가정하자. 그런 다음 배열을 순차적으로 검색하면서 모든 i번째 값을 j번째 값으로 바꾼다. 운이 좋지 않으면 이러한 작업은 $\Theta(N)$ 시간이 걸린다. 게다가 N-1번의 union 연산들은(모든 것이 하나의 집합에 포함되기 때문에 최대

1) union은 많이 사용되지만 C++의 예약어이다. union/find 알고리즘을 설명하기 위해서는 union을 사용할 것이지만, 코드를 작성할 때 멤버함수는 unionSets라고 이름을 붙일 것이다.
2) 이것은 배열의 첨자가 0부터 시작하는 것을 반영한다.

한) $\Theta(N^2)$ 시간이 걸린다. 만약 $\Omega(N^2)$의 find 연산이 있다면 전체 실행 시간은 알고리즘의 전 과정에 있는 각각의 union과 find 연산에서 $O(1)$이 되기 때문에 성능이 좋다. find 연산의 수가 적다면 이 한계는 적용되지 않는다.

Linked List에 동일한 동치 클래스에 포함된 모든 원소를 유지하는 것은 또 다른 대안이다. 이것은 전체 배열을 검색하지 않기 때문에 갱신되었을 때 시간을 절약할 수 있다. 이것은 그 자체가 알고리즘 실행 단계에서 동치 클래스의 갱신을 $\Theta(N^2)$로 수행해야 하기 때문에 점근적으로 수행 시간을 줄여주지 않는다.

작은 동치 클래스의 이름을 더 큰 것으로 바꾸는 union 연산들을 수행할 때 각각의 동치 클래스의 크기를 계속 유지한다면 $N-1$회의 결합하는 데 소요되는 전체 시간은 $O(N\log N)$이 된다. 그 이유는 매번 클래스가 변하기 때문에 각각의 원소는 그것의 동치 클래스가 대부분 $\log N$번 바뀔 수 있기 때문에 새로운 동치 클래스는 이전 것에 비해서 최소 2배만큼 크게 된다. 이러한 전략을 사용하여 M번의 find 연산들과 $N-1$번의 union연산들은 많아야 $O(M+N\log N)$ 시간이 걸린다.

이 장의 나머지 부분에서는 union 연산은 쉽게, 하지만 find 연산을 어렵게 만드는 union/find 문제를 해결할 것이다. 여기서는 일련의, 많아야 M번 실행하는 find 연산들과 $N-1$번까지 실행되는 union 연산들의 총 실행시간이 $O(M+N)$보다 더 적게 걸릴 것이다.

8.3 기본 자료 구조(Basic Data Structure)

문제는 find 연산이 특정 이름을 되돌려 주는 것이 아니라, 두 원소에 대한 find 연산은 두 원소가 같은 집합에 있다면 같은 결과를 되돌려 주는 것이라는 것을 명심하자. 한 가지 방법은 각각의 원소를 표현하기 위해서 트리를 사용하는 것이다. 왜냐하면 트리의 각각의 원소는 똑같은 루트(root)를 가질 수 있고 게다가 루트는 집합의 이름으로 사용할 수 있기 때문이다. 우리는 집합을 트리로 표현할 것이다(트리들의 묶음을 forest라고 부르는 것을 상기하자). 처음에는 각 집합들은 하나의 원소만을 포함한다. 우리가 사용할 트리들은 부모와의 연결 정보만이 필요하기 때문에 이진 트리를 사용할 필요는 없다. 루트 노드는 집합의 이름이 된다. 부모의 이름만 필요하기 때문에 트리들이 배열로 저장될 수 있다. 배열에서 s[i]값은 집합의 원소 i의 부모를 의미한다. 만약 i가 루트이면 s[i]=−1이다. 그림 8.1의 forest에서 s[i] = −1($0 \le i < 8$)이다. 이진 힙(binary heap)에서 사용된 배열을 이해하기 위해서 트리들을 명시적으로 그릴 것이다. 그림 8.1은 이에 대한 그림의 표현이다. 우리는 편의상 루트의 부모에 대한 연결을 수직으로 그릴 것이다.

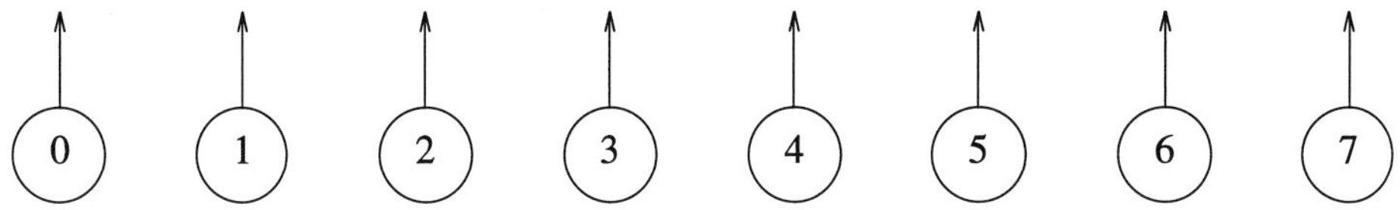

그림 8.1 처음에는 각각 다른 집합에 속하는 8개의 원소

두 집합의 union 연산을 수행하기 위해서 우리는 트리들의 루트 노드들을 연결함으로써 두 트리들을 결합할 수 있다. 그것은 상수적 시간이 걸리는 연산임이 명백하다. 그림 8.2, 8.3과 8.4는 union(4,5), union(6,7), union(4,6)이 실행된 후의 forest를 보여 준다. 우리는 union(x,y)를 x로 표현하는 관례를 따르기로 한다. 그리고 그림 8.5는 마지막 forest를 표현한 것이다.

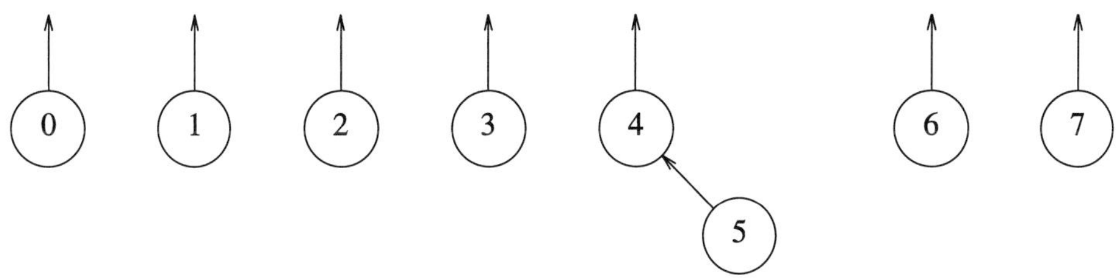

그림 8.2 union(4,5) 실행 후

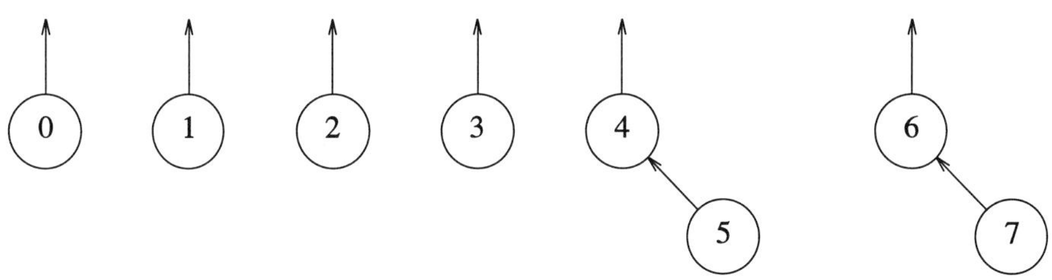

그림 8.3 union(6,7) 실행 후

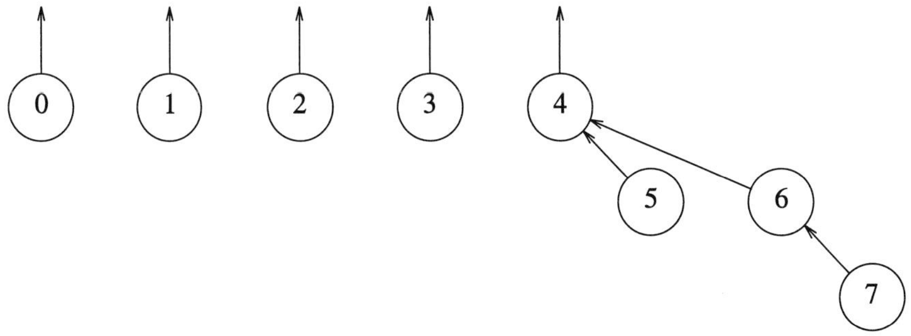

그림 8.4 union(4,6) 실행 후

–1	–1	–1	–1	–1	4	4	6
0	1	2	3	4	5	6	7

그림 8.5 이전의 트리에 대한 배열 표현

원소 x에 대한 find(x)는 x를 포함한 트리의 루트를 돌려줌으로써 실행된다. 이 연산의 실행 시간은 우리가 x로 표시한 노드를 상수적 시간에 찾을 수 있다고 가정했을 때 노드의 깊이에 비례한다. 위의 전략을 사용하여 N-1 깊이의 트리를 만드는 것이 가능하다. 그래서 find 연산의 최악의 실행시간은 $O(N)$이다. 일반적으로 수행 시간은 M개의 순차적인 명령어들에 대해 계산하는 것이다. 이 경우에 M회 연속적인 연산들은 최악의 경우 $O(MN)$ 시간이 걸릴 것이다.

그림 8.6에서 8.9까지는 이미 오류 확인을 거친 것으로 가정하고 기본 알고리즘을 구현한 코드이다. 우리의 루틴에서 union 연산들은 트리들의 루트에서 실행된다. 때때로 그 연산은 루트를 판단하기 위해서 두 번의 find 연산을 수행한다. 앞서 보여 준 자료 구조들에서 find 연산은 조상(accessor)이고 상수 멤버 함수이다. 8.5절에서 더 효율적인 변형된

```
class DisjSets
{
  public:
    explicit DisjSets( int numElements );

    int find( int x ) const;
    int find( int x );
    void unionSets( int root1, int root2 );

  private:
    vector<int> s;
};
```

그림 8.6 서로 소 집합 클래스 인터페이스

```
/**
 * Construct the disjoint sets object.
 * numElements is the initial number of disjoint sets.
 */
DisjSets::DisjSets( int numElements ) : s( numElements )
{
  for( int i = 0; i < s.size( ); i++ )
    s[ i ] = -1;
}
```

그림 8.7 서로 소 집합 초기화 루틴

```
/**
 * Union two disjoint sets.
 * For simplicity, we assume root1 and root2 are distinct
 * and represent set names.
 * root1 is the root of set 1.
 * root2 is the root of set 2.
 */
void DisjSets::unionSets( int root1, int root2 )
{
   s[ root2 ] = root1;
}
```

그림 8.8 union(최선의 코드는 아님)

```
/**
 * Perform a find.
 * Error checks omitted again for simplicity.
 * Return the set containing x.
 */
int DisjSets::find( int x ) const
{
   if( s[ x ] < 0 )
      return x;
   else
      return find( s[ x ] );
}
```

그림 8.9 간단한 서로 소 find 알고리즘

버전을 설명한다. 두 버전들은 동시에 지원될 수 있다. 변형된 버전은 통제 객체를 수정할 수 있으면 호출이 된다.

평균-경우 분석을 하는 것은 매우 어렵다. 각각의 최소시간은 어떻게 평균(average)(union 연산 각각에 대해서)을 정의하느냐에 따라 결과가 달라질 수 있다. 예를 들어 그림 8.4의 forest에서 5개의 트리들이 있기 때문에, 다음 union 연산(똑 같은 확률로 임의의 다른 트리들이 union될 수 있기 때문에)들의 결과들이 5 · 4=20이라고 말할 수 있다. 물론 이 모델을 구현할 때, 다음 union 연산이 큰 트리와 병합될 수 있는지는 2/5의 가능성이 있다. 다른 모델은 아마도 다른 트리에 포함된 두 원소들 사이의 모든 union들이 같을 수 있고, 그래서 큰 트리는 작은 트리보다 다음 union과 포함되기 쉬울 것이다. 위의 예에서 다음 union에서 큰 트리가 8/11 의 가능성을 갖는데, 대칭(symmetric)은 무시하여 {0,1,2,3}에서 두 원소들을 쌍을 이루는 것은 6가지 방법이 있고, {0,1,2,3}의 원소들이 {4,5,6,7}의 원소들과 선택하는 것은 16가지 방법이 있기 때문이다. 많은 모델들이 있지만, 일반적으로 뛰어나다고 인정되는 것은 없다. 평균 실행 시간은 모델에 따르다. $\Theta(M)$, $\Theta(M\log N)$, $\Theta(MN)$의 한계는 뒤로 갈수록 더욱 현실적인 시간이지만, 이러한 3가지 모델에서 3가지 실행시간이 존재함을 보았었다.

일련의 연산들에 대한 이차적(quadratic) 실행 시간은 일반적으로 인정되지 않는다. 다행히, 이러한 실행시간이 발생하지 않음을 보장하는 여러 가지 방법들이 있다.

8.4 똑똑한 결합 알고리즘(Smart Union Algorithms)

위에서 볼 수 있는 union 연산들은 임의로 두 번째 트리를 첫 번째 트리의 서브 트리로 병합하여 실행된다. 작은 트리를 큰 트리의 서브 트리로 만들면 간단하게 성능향상을 이룰 수 있다. 이것을 우리는 **크기에 의한 union(union-by-size)**이라고 한다. 앞선 예에서 3개의 union들은 모두 묶여 있고 크기에 의해서 만들어 졌음을 알 수 있다. 만약 다음 연산이 union(3,4)라면 그림 8.10의 forest가 만들어진다. 크기 휴리스틱(heuristic)이 사용되지 않는다면 더 깊은 트리가 형성된다(그림 8.11).

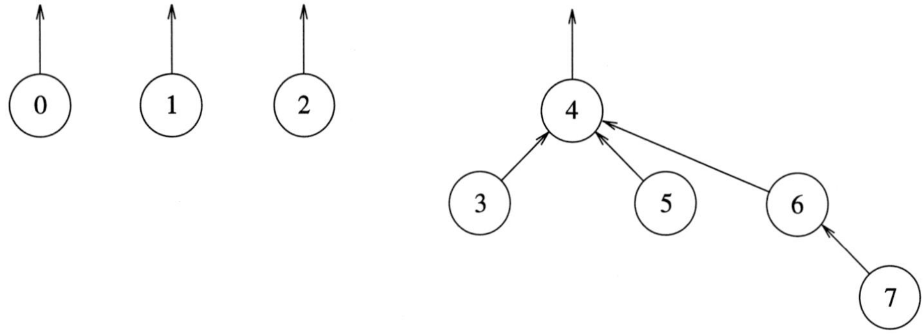

그림 8.10 union-by-size의 결과

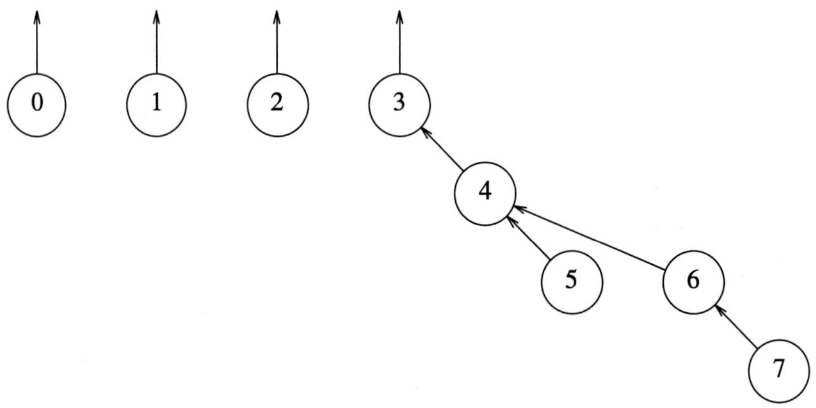

그림 8.11 임의의 union의 결과

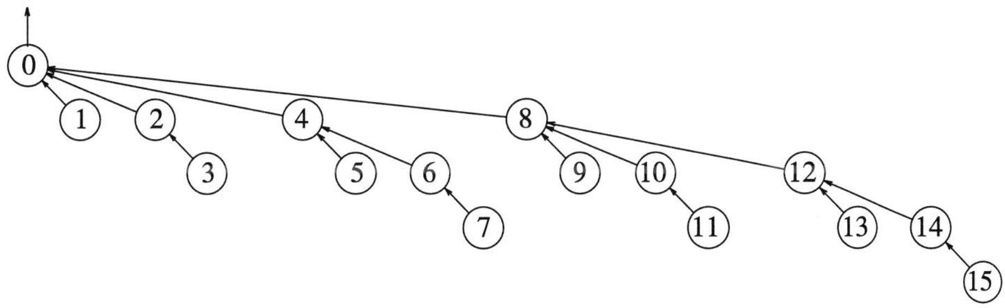

그림 8.12 N=16일 때의 최악의 경우 트리

우리는 크기에 의한 union들에서 임의의 노드 깊이는 $\log N$보다 절대로 클 수 없음을 증명할 수 있다. 이것을 알아보기 위해서 노드의 초기 깊이를 0으로 놓는다. 그것의 깊이가 union의 결과로 증가될 때 이전 보다 최소 2배만큼 더 큰 트리가 만들어진다. 따라서 이것의 깊이는 많아야 $\log N$배 증가될 수 있다(우리는 8.2절의 말미에 설명되는 quick-find 알고리즘에서 이 매개변수를 사용한다). 이것은 find 연산에 대한 수행 시간이 $O(\log N)$임을 내포하고 있으며 M번의 연산들에서 $O(M \log N)$ 실행시간을 가진다. 그림 8.12에서 트리는 16번의 union 이후에 최악의 가능한 트리를 보여 주는데 이것은 모든 union들이 동일한 크기의 트리에서 일어나는 경우에 얻어지게 된다(최악의 경우 트리들은 6장에서 설명한 이진(binary) 트리들이다).

이 전략을 구현하기 위해서 각 트리의 크기를 확인할 필요가 있다. 우리는 실제적인 배열을 사용하기 때문에, 각 루트의 엔트리가 트리의 크기를 음수로 표현하는 배열을 가질 수 있다. 초기에 트리의 배열 표현은 모두 -1이다. union이 수행되었을 때, 크기를 확인한다. 새로운 크기는 이전 것의 합이다. 더구나, union-by-size는 전혀 구현이 어렵지 않으며 부가적인 메모리 공간이 필요하지 않다. 또한 평균적으로 실행시간이 빠르다. 가상적으로 만들어진 모든 합리적인 모델들에서 union-by-size가 사용된다면 평균적으로 M번의 연산들에서 $O(M)$ 시간이 필요한 것을 알 수 있다. 이것은 무작위로 union들이 실행되었을 때 일반적으로 매우 작은(일반적으로 하나의 원소로 이루어진) 집합들이 알고리즘을 통해서 큰 집합들과 병합된다.

모든 트리들이 대부분 $O(\log N)$ 시간이 걸리는 깊이를 가질 수 있도록 구현할 수 있는 다른 방법은 높이에 의한 union(union-by-height)이다. 우리는 각각의 트리에서 크기 대신에 높이(height)를 가지고 높이가 낮은 트리를 더 깊은 트리의 서브트리로 만드는 것으로 union을 수행할 수 있다. 이 방법은 트리의 높이는 깊이가 같은 트리들의 결합(height는 하나 증가함)일 때만 증가하기 때문에 쉬운 알고리즘이다. 더구나 union-by-height 방법은 union-by-size 방법을 약간만 수정함으로써 가능하다. 높이가 0인 것은 음의 값을 갖지 않기 때문에 우리는 실제적으로 1을 빼준다. 초기에 모든 값들은 -1이 된다.

다음의 그림들은 트리와 union-by-size와 union-by-height의 암시적인 표현을 보여준다. 그림 8.13의 코드는 union-by-height의 구현이다.

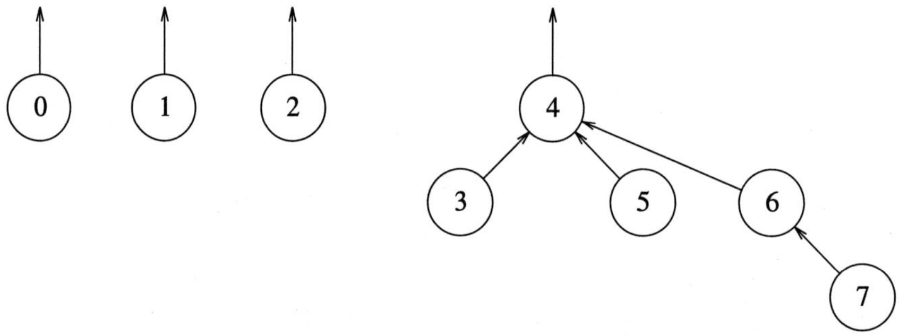

–1	–1	–1	4	–5	4	4	6
0	1	2	3	4	5	6	7

–1	–1	–1	4	–3	4	4	6
0	1	2	3	4	5	6	7

```
/**
 * Union two disjoint sets.
 * For simplicity, we assume root1 and root2 are distinct
 * and represent set names.
 * root1 is the root of set 1.
 * root2 is the root of set 2.
 */
void DisjSets::unionSets( int root1, int root2 )
{
    if( s[ root2 ] < s[ root1 ] )       // root2 is deeper
        s[ root1 ] = root2;             // Make root2 new root
    else
    {
        if( s[ root1 ] == s[ root2 ] )
            s[ root1 ]--;               // Update height if same
        s[ root2 ] = root1;             // Make root1 new root
    }
}
```

그림 8.13 union-by-height (rank) 코드

8.5 경로 압축(Path Compression)

지금까지 설명한 union/find 알고리즘은 대부분의 경우에 적용 가능하다. 그것은 매우 단순하고 M개의 명령어들(모든 모델에서)에서 평균적으로 선형적 시간이 걸린다. 그러나, 실행 시간이 $O(M\log N)$인 최악의 경우는 매우 쉽게 그리고 자연스럽게 발생할 수 있다. 예를 들어 큐에 모든 집합을 집어넣고 반복적으로 처음 두 집합들을 큐에서 꺼내고(dequeue) union을 큐에 다시 집어넣는(enqueue)다면, 최악의 경우가 발생한다. 만약 union들보다 더 많은 find들이 있을 때, 실행 시간이 quick-find 알고리즘의 시간보다 더 느려진다. 더욱이, union 알고리즘이 더 이상 개선되지 못한다는 것이 확실하다. 이것은 union들을 실행하는 어떠한 방법들도 임의로 관계를 없애기 때문에 동일한 최악의 경우의 트리들을 생성할 것이라는 관측에 기반 한다. 그러므로 전체 자료 구조의 재구성(reworking)이 없이 알고리즘의 속도를 향상 시키는 유일한 방법은 find 연산을 좀 더 똑똑(clever)하게 바꾸는 것이다.

똑똑한(clever) 연산은 **경로 압축**(path compression)을 말한다. 경로 압축은 find 연산 과정에서 수행되고 union 연산들을 수행하는 데 사용되는 전략과는 무관하다. 연산이 find(x)라고 가정하자. 그때 경로 압축의 효과는 x에서 루트까지의 경로에 있는 모는 노드들의 부모가 루트가 되도록 변경하는 것이다. 그림 8.14는 그림 8.12의 일반적인 최악의 트리에서 find(14)를 수행한 후에 경로 압축의 효과를 보여 준다.

경로 압축의 효과는 별도의 두 연결을 변경하는 것으로 노드12와 노드13은 루트에 한 단계 위치가 더 가까워지는 것이고 노드14와 노드15는 두 단계 위치가 더 가깝게 되는 것이다. 따라서 이러한 노드들로의 빠른 접근은 경로 압축을 하기 위한 별도의 작업으로 이루어져야(우리가 원하면) 할 것이다.

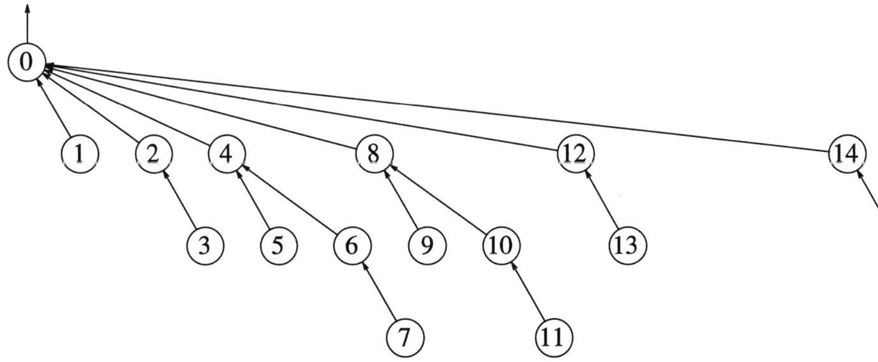

그림 8.14 경로 압축의 예

```
/**
 * Perform a find with path compression.
 * Error checks omitted again for simplicity.
 * Return the set containing x.
 */
int DisjSets::find( int x )
{
  if( s[ x ] < 0 )
    return x;
  else
    return s[ x ] = find( s[ x ] );
}
```

그림 8.15 경로 압축을 가지는 서로 소 find 코드

그림 8.15의 코드는 경로 압축이 기본 **find** 알고리즘에서 약간 수정되었음을 보여 준다. **find** 루틴의 유일한 변경(더 이상 상수 멤버 함수가 아닌 사실과 함께)은 s[x]를 find에 의해서 되돌려진 값과 같게 만드는 것이다. 게다가 집합의 루트를 재귀적으로 찾은 후에 x의 부모 연결이 그것을 참조하게 하는 것이다. 이것은 루트까지의 경로에 있는 모든 노드에서 재귀적인 과정을 거쳐서 경로 압축을 구현한다.

union들이 임의로 실행될 때, 경로 압축은 많은 깊은 노드들이 경로 압축에 의해서 루트 가까이로 가져오기 때문에 좋은 아이디어이다. 이것은 경로 압축이 수행될 때 M번의 연산 과정에서 대부분 $O(M \log N)$ 시간이 필요하다는 것을 증명한다. 이러한 상황에서 평균적인 경우의 과정을 판단하는 문제는 아직까지 해결되지 않은 문제이다.

경로 압축은 union-by-size와 완벽히 호환되고 두 루틴들은 동시에 구현될 수 있다. union-by-size 자체가 실행되는 것이 선형 시간 동안 M번의 연산 과정들이 실행되는 것이 예상되기 때문에 경로 압축과 관련된 부가적인 작업은 평균적으로 가치가 있음이 확실 하지 않다. 게다가 이러한 문제는 아직 해결되지 않았다. 그러나 나중에 보게 될 것이지만 경로 압축과 smart union 규칙의 조합은 모든 경우에서 매우 효율적인 알고리즘을 보장해 준다.

경로 압축은 트리들의 높이를 변화시키기 때문에 union-by-height와 전체적으로 호환되지 않는다. 그것들을 효율적이게 하기 위해서 어떻게 재계산하는 지는 전혀 명확하지 않다. 그 답은 '하지 못한다'이다. 각각의 트리의 높이들이 저장되고 난 후 높이들이 계산되지만(때때로 **rank**로 알려져 있다), **union-by-rank**(앞으로 설명하게 될 것)가 이론상 union-by-size보다 효율적인 것으로 확인 되었다. union-by-size에서 경로 압축은 평균적으로 가치가 있는 지는 명확하지 않다. 다음 절에서 두 가지의 union 휴리스틱을 보게 될 것인데 경로 압축은 최악의 실행 시간을 현저하게 줄여 준다.

8.6 최악의 경우의 Union-by-Rank와 경로 압축

두 개의 휴리스틱(heuristic)들이 사용될 때, 알고리즘은 최악의 경우에서 거의 대부분 선형적 실행 시간을 가진다. 특히, 최악의 경우에 필요로 하는 시간은 $\alpha(M, N)$이 액커맨(Ackermann) 함수의 역함수(functional inverse)일 때 $\Theta(M\alpha(M, N))$($M \geq N$일 때)의 시간을 필요로 하는데 다음과 같이 정의된다.[3)]

$$
\begin{aligned}
&j \geq 1\text{일 때, } A(1, j) = 2^j \\
&i \geq 2\text{일 때, } A(i, 1) = A(i-1, 2) \\
&i, j \geq 2\text{일 때, } A(i, j) = A(i-1, A(i, j-1))
\end{aligned}
$$

이것으로부터 다음과 같이 정의할 수 있다.

$$\alpha(M, N) = \min\{i \geq 1 | A(i, \lfloor M/N \rfloor) > \log N\}$$

실용적인 목적이 아니라 $\alpha(M, N) \leq 4$(이 분석에서는 실제로 중요하다)인, 어떤 값을 계산하기를 원할 수 있다. 단일변수는 액커맨 함수의 역함수이고 때때로 $\log^* N$이라 쓸 수 있는데 이것은 $N \leq 1$일 때까지 적용되어야 하는 N의 log의 횟수이다. 따라서, log log log log 65536=1이기 때문에 log*65536=4이고 $\log^* 2^{65536}=5$이다. 그러나 2^{65536}이 20,000자리수임을 명심해라. $\alpha(M, N)$는 $\log^* N$보다 실제로 더 느리게 증가한다. 그러나 $\alpha(M, N)$은 상수가 아니다. 그리고 실행 시간은 선형적이지 않다.

이 절의 나머지 부분에서 약간 빈약한 결과를 증명하게 될 것이다. 우리는 $M = \Omega(N)$번의 union/find 연산들의 어떠한 과정들은 총 $O(M \log^* N)$ 실행 시간이 걸리는 것을 보일 것이다. 만약 union-by-rank가 union-by-size로 대체된다면 같은 한계치를 가지게 될 것이다. 이 분석은 아마도 이 책에서 가장 복잡하고 구현하기는 쉬운 알고리즘이지만 실행시 최악의 경우의 분석이 가장 복잡한 것 중의 하나이다.

8.6.1 Union/Find 알고리즘의 분석

이번 절에서 일련의 $M = \Omega(N)$의 union/find 연산 작업들의 실행 시간을 매우 엄격한 한계치를 세울 것이다. union과 find들은 어떤 순서로 발생할 것이지만 union들은 rank에 의해서 실행되고 find들은 경로 압축에 의해서 실행된다.

rank r의 노드들의 수에 관해서 몇몇의 보조정리들을 세우는 것으로 시작하자. union-by-rank 규칙이기 때문에 직관적으로 큰 rank보다 작은 rank의 노드들이 더 많이 있다. 특히, rank에서 하나의 노드는 대부분 $\log N$일 수 있다. 우리가 하고자 하는 것은

3) 액커맨 함수는 종종 $j > 1$에 대하여 $A(1, j) = j+1$로 정의된다. 책에서의 형태는 이것보다 더 빠르게 증가한다. 따라서 역함수는 더 느리게 증가한다.

특정 rank r의 노드들의 수에서 가능한 정확한 한계치들을 만드는 것이다. union들이 수행되었을 때만 변하는 rank들(그리고 두 트리들이 같은 rank를 가질 때에만)이기 때문에 우리는 경로 압축을 무시하는 것으로 이 한계치를 증명할 수 있다.

보조정리 8.1

union 작업들을 실행했을 때, rank r의 노드는 최소한 2^r개의 후손(descendant)들(그 자신을 포함해서)을 가져야 한다.

증명

귀납법을 사용한다. 처음 $r=0$이면 명백히 참이다. 가장 적은 수의 후손들을 가지는 rank r의 트리를 T라고 하고 X를 T의 루트라 하자. 관련된 마지막 union X는 T_1과 T_2 사이에 있고 T_1의 루트는 X라고 가정하자. T_1이 rank r을 가지면, T_1이 T의 가장 작은 수의 후손들을 가지는 트리라고 가정했을 때와 반대로 T보다 더 적은 수의 후손들을 가지는 높이 r의 트리다. 그래서 $T_1 \le r-1$의 rank이다. T_2의 rank $\le$ T_1의 rank. T는 rank r을 가지고 rank는 T_2일 때에만 증가할 수 있다. 따라서 T_2의 rank = r-1이다. 그래서 T_1의 rank = $r-1$이다. 귀납법에 의해서 각각의 트리는 총 2^r개가 주어졌을 때 최소 2^{r-1}개의 후손들을 가지므로 보조정리는 성립한다.

보조정리 8.1은 경로 압축이 수행되지 않았다면, rank r인 어떠한 노드도 최소 2^r개의 후손들을 가져야만 한다는 것을 말해 준다. 경로 압축은 물론 노드로부터 후손들을 제거하기 때문에 이것을 변경시킬 수 있다. 그러나 경로 압축으로 union들을 수행했을 때 높이를 측정하는 rank들을 사용할 수 있다. 이러한 rank들은 경로 압축이 없는 것처럼 행동한다. 게다가 rank r의 노드들의 수를 한계치로 정할 때, 경로 압축은 무시될 수 있다.

게다가, 다음 보조정리는 경로 압축의 실행 유무와 상관없이 유효하다.

보조정리 8.2

rank r인 노드들의 수는 많아야 $N/2^r$이다.

증명

경로 압축 없이 rank r의 각각의 노드는 최소 2^r개의 노드들의 서브트리의 루트이다. 서브트리의 어떠한 노드도 rank r을 가질 수 없다. rank r의 노드들의 모든 서브트리들은 서로소이다. 그러므로 $N/2^r$의 서로소인 서브트리들이 있기 때문에 rank r인 $N/2^r$ 노드들이 있다.

다음 보조정리는 다소 분명하지만 분석에서 결정적인 역할을 한다.

보조정리 8.3

union/find 알고리즘에서 단말(leaf) 노드에서 루트 노드까지의 경로에 있는 노드들의 rank들은 단조증가 한다.

증명

보조 정리는 (예제에서 보듯이) 경로 압축이 없다면 분명하다. 만약 경로 압축 후에 어떤 노드 v가 w의 후손이라면 명확히 v는 union들이 고려되었을 때 w의 후손들이 되어야 한다. 그러나 v의 rank는 w의 rank보다 더 작다.

이전 결과들을 요약해 보자. 보조정리 8.2는 얼마나 많은 노드들이 rank r에 할당 될 수 있는지를 말해 준다. 경로 압축 없이 union들에 의해서만 rank들이 할당되기 때문에 보조정리 8.2는 union/find 알고리즘의 어떠한 단계(경로 압축의 중간 과정에서 조차)에서도 유효하다. 그림 8.16은 rank 0과 rank 1인 많은 노드들이 있지만 r이 더 큰 값을 갖기 때문에 rank r인 노드들이 더 적다는 것을 보여 준다.

보조정리 8.2는 어떤 rank r에 대해서 $N/2^r$ 노드들이 있을 수 있다는 면에서 엄격하다. 동시에 모든 rank r에서 제한을 두는 것이 불가능하기 때문에 느슨한 면도 있다. 보조정리 8.2가 rank r인 노드들의 수를 설명하는 반면 보조정리 8.3은 그것의 분포를 말해 준다. 노드들의 rank는 단말 노드에서 루트까지의 경로를 따라 증가한다는 것을 예상할 수 있다.

이제 핵심 이론을 증명할 것이다. 기본적인 생각은 다음과 같다. 어떤 노드 v에서 find의 시간 소비는 v에서 루트까지의 경로에 있는 노드들의 수에 비례한다. 각각의 find에 대해서 v에서 루트까지 가는 경로의 모든 노드에 한 단위 비용을 저금한다고 하자. 요금들을 계산하는 것을 돕기 위해서 경로에 있는 각각의 노드에 동전을 부과한다고 가정하자. 이것은 프로그램의 일부는 아니지만 설명을 위한 예시이다. 알고리즘이 종료되면 부과된 동전들을 모은다. 이것이 전체 비용이다.

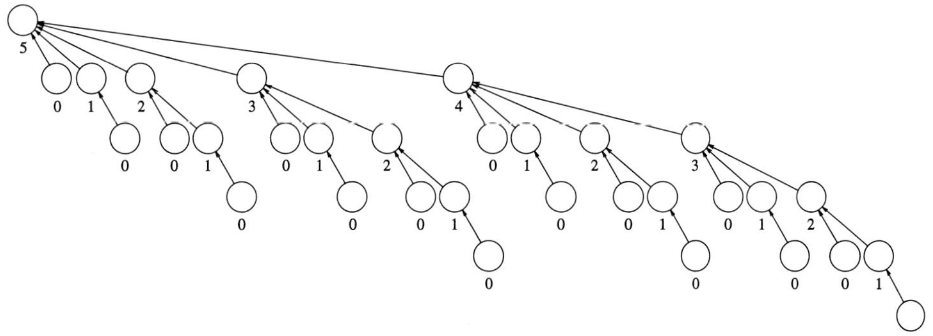

그림 8.16 큰 서로 소인 집합 트리(노드 아래의 수는 rank)

설명을 확장해서 미국과 캐나다 동전 둘 다를 저금할 수 있다고 하자. 알고리즘을 실행하는 동안 각각의 find 동안은 일부의 미국 동전들을 예금할 수 있고, 각각의 노드에는 약간의 캐나다 동전만을 저금할 수 있다고 하자. 2개의 총합을 더하는 것으로 저금되어 있는 전체 동전 수를 알 수 있을 것이다.

더욱더 상세히 설명 스키마를 그려보자. rank들로 노드들을 나눌 수 있을 것이다. 그때 rank들을 rank 그룹들로 나눌 수 있다. 각각의 find에서 일반적인 저금통에 미국 동전들을 저금할 것이고 캐나다 동전들은 특정 노드에 넣을 것이다.

저금된 캐나다 동전들의 총합을 계산하기 위해서 노드마다 저금액을 계산하게 될 것이다. Rank가 r인 각각의 노드의 저금 액을 모두 더하는 것으로 rank r에 따른 전체 저금액을 구할 수 있을 것이다. 그때 그룹 g에서 각각의 rank r인 모든 저금액을 합할 수 있을 것이고 그것으로 rank 그룹 g 각각의 전체 저금액을 구할 수 있을 것이다. 마지막으로 forest에 저금되어 있는 캐나다 동전들의 전체 합을 구하기 위해서 각각의 rank 그룹의 모든 저금 액을 합한다. 이것에 저금통에 미국 동전의 수를 모두 더하면 원하는 답을 얻을 수 있다.

우리는 rank를 그룹으로 분할 할 것이다. rank r은 그룹 $G(r)$로 들어갈 것이고, G는 나중에 계산될 것이다. 어떤 rank 그룹에서 가장 큰 rank는 $F = G^{-1}$가 G의 **역함수**인 $F(g)$이다. $g > 0$인 어떤 rank 그룹에서 rank들의 수는 또한 $F(g) - F(g-1)$이다. 명백히 $G(N)$은 가장 큰 rank 그룹에서 가장 느슨한 상한이다. 예를 들어, 그림 8.17에서 rank들을 분할했다고 가정하자. 이 경우에 $G(r) = \lceil \sqrt{r} \rceil$ 이다. 그룹 g에서 가장 큰 rank는 $F(g) = g^2$이고 rank가 $F(g-1)+1$에서 $F(g)$까지를 포함하는 $g > 0$인 그룹에서 관찰할 수 있다. 이 공식은 rank 그룹 0에 대해서 적용할 수 없어서 편의상 우리는 rank가 0인 원소들만을 포함한 rank 그룹 0에서 확인해 볼 수 있을 것이다. 그룹들은 연속적인 rank들로 만들어지는 것을 알고 있어야 한다.

이전에 언급한 것처럼 각각의 루트가 얼마나 큰 서브트리들을 가지는 지를 알아내는 동안 각각의 union 작업은 상수적 시간이 걸린다. 게다가, union들은 이 증명이 옳은 한 본질적으로 비용이 들지 않는다.

Group	Rank
0	0
1	1
2	2,3,4
3	5 through 9
4	10 through 16
i	$(i-1)^2+1$ through i^2

그림 8.17 rank를 그룹으로 가능한 분할

각각의 find(i)는 i로 표현되는 노드에서부터 루트까지의 경로에 있는 노드들의 수에 비례하여 시간이 걸린다. 우리는 경로에 있는 각각의 노드에 대해서 하나의 동전을 저금할 것이다. 만약 이것이 우리가 할 수 있는 모든 것이라면 경로 압축의 이점을 사용할 수 없기 때문에 한계치를 예측할 수 없다. 게다가 우리의 분석에는 경로 압축의 이점이 필요하다. 우리는 기발한 회계 방식을 사용할 것이다.

i로 표현되는 노드에서 루트까지의 경로에 있는 각각의 노드 v에 대해서 두 계좌 중에 하나에 동전 하나를 저금한다.

1. 만약 v가 루트이거나 v의 부모가 루트이거나 v의 부모가 v와 다른 rank 그룹에 있다면 이 규칙으로 하나의 동전을 저장한다. 이것은 미국 동전을 저금통에 저금한다.
2. 그렇지 않으면 캐나다 동전을 노드에 저금한다.

보조정리 8.4

find(v)에 대해서 저금통이나 노드에 들어있는 저금된 동전들의 총합은 v에서 루트의 경로에 있는 노드들의 수와 정확히 일치한다.

증명

명백함.

게다가 우리가 필요로 하는 것은 규칙 1에 의해서 저금된 미국 동전들과 규칙 2에 따라 저금된 모든 캐나다 동전들의 총합이다.

우리는 대부분 M번의 find 연산을 한다. find 연산을 하는 동안 저금통에 저금할 수 있는 동전 수를 계산하는 것이 필요하다.

보조정리 8.5

전체 알고리즘에서 규칙 1에 의한 미국 동전의 총 저금액은 많아야 $M(G(N)+2)$이다.

증명

이것은 쉽다. 어떤 find에 대해서 루트와 루트의 후손으로 인해 2개의 미국동전들이 저금된다. 보조정리 8.3에 의해서 경로를 따라 올라가는 노드들은 rank가 단조 증가한다. 그리고 많아야 $G(N)$ rank 그룹들이 있고 경로에서 단지 $G(N)$의 노드들만이 규칙 1을 적용하여 어떤 특정 find에 의해서 저금한다. 어떤 find를 하는 동안 많아야 $G(N)+2$인 미국 동전들이 저금통에 놓여질 수 있을 것이다. 따라서 많아야 $M(G(N)+2)$인 미국 동전들이 일련의 M번의 find 연산들에 대해 규칙 1에 따라 저금될 수 있다.

규칙 2를 따르는 모든 캐나다 저금액에 대한 정확한 측정을 위해서 우리는 find 작업 대신에 노드를 통해 저금액을 더할 것이다. 만약 동전이 규칙 2를 따라 노드 v에 저금된다면, v는 경로 압축에 의해서 이동될 것이고 이전 부모보다 높은 rank의 새로운 부모를 얻을 것이다(경로 압축이 사용되었다라는 사실을 사용하고 있다). 게다가, $g > 0$인 rank 그룹에서 노드 v는 rank 그룹 g를 벗어날 때까지 많아야 rank 그룹[4)]의 크기인 $F(g) - F(g-1)$번 이동할 수 있다. 이후에 v에 부과되는 모든 요금들을 규칙 1을 따르게 될 것이다.

보조정리 8.6

$g > 0$인 rank 그룹에서 $V(g)$인 노드들의 수는 많아야 $N/2^{F(g-1)}$이다.

증명

보조 정리 8.2에 의해서 rank r에는 많아야 $N/2^r$ 노드들이 있다. 그룹 g에서 rank들의 합을 구할 수 있고 다음을 얻을 수 있다.

$$
\begin{aligned}
V(g) &\le \sum_{r=F(g-1)+1}^{F(g)} \frac{N}{2^r} \\
&\le \sum_{r=F(g-1)+1}^{\infty} \frac{N}{2^r} \\
&\le N \sum_{r=F(g-1)+1}^{\infty} \frac{1}{2^r} \\
&\le \frac{N}{2^{F(g-1)+1}} \sum_{s=0}^{\infty} \frac{1}{2^s} \\
&\le \frac{2N}{2^{F(g-1)+1}} \\
&\le \frac{N}{2^{F(g-1)}}
\end{aligned}
$$

보조정리 8.7

rank 그룹 g에서 모든 노드들에 저금된 캐나다 동전들의 최대 수는 많아야 $NF(g)/2^{F(g-1)}$이다.

증명

rank 그룹의 각각의 노드는 그것의 부모가 rank 그룹에 있는 동안에 많아야 $F(g) - F(g-1) \le F(g)$만큼 캐나다 동전을 받을 수 있다. 보조정리 8.6에서 얼마나 많은 노드들이 있는지를 알았다. 결과는 그들의 단순 곱으로 얻어진다.

4) 이것은 1씩 감소할 수 있다. 확실하게, 한계치는 주의를 더 기울여도 향상되지 않는다.

Group	Rank
0	0
1	1
2	2
3	3,4
4	5 through 16
5	17 through 2^{16}
6	65537 through 2^{65536}
7	매우 큰 ranks

그림 8.18 rank를 증명에서 사용된 그룹으로 분할한 경우

보조정리 8.8

규칙 2를 따르는 전체 저금액은 많아야 $N\sum_{g=1}^{G(N)} F(g)/2^{F(g-1)}$ 캐나다 동전들의 합이다.

증명

rank 그룹 0은 rank 0의 원소만을 포함하기 때문에 그것은 규칙 2의 요금에 공헌할 수 없다(그것은 같은 rank 그룹에 부모를 가질 수 없다). 한계치는 다른 rank 그룹들의 합으로 얻어진다.

따라서 우리는 규칙 1과 규칙 2를 따르는 예금을 가지고 있다. 그 총합은 다음과 같다.

$$M(G(N)+2)+N\sum_{g=1}^{G(N)} F(g)/2^{F(g-1)} \tag{8.1}$$

우리는 아직 특정 $G(N)$이나 그것의 역함수인 $F(N)$을 명세하지 않았다. 분명히 우리가 가상적으로 원하는 것을 선택하는 것에 자유롭지만 그것은 위의 한계치를 최소화하기 위해서 $G(N)$을 선택할 만하다. 그러나 만약 $G(N)$이 매우 작다면 $F(N)$은 클 것이고 한계치를 침범할 것이다. 분명한 좋은 선택은 $F(0)=0$과 $F(i)=2^{F(i-1)}$에 의해서 재귀적으로 정의된 함수에서 $F(i)$를 선택하는 것이다. 이것을 통해 $G(N)=1+\lfloor \log^* N \rfloor$을 얻을 수 있다. 그림 8.18은 어떻게 이것이 rank들을 분할하는 지를 보여 준다. 앞선 보조정리에서 보았던 그룹 0은 rank 0만을 포함한다는 사실을 주목하라. F는 기본 단계 $(F(0)=1)$의 정의와 다른 단일변수 액커맨 함수와 매우 유사하다.

정리 8.1

M번의 union들과 find들의 실행 시간은 $O(M\log^* N)$이다.

증명

F, G 정의들을 식 (8.1)에 대입한다. 미국 동전들의 총합은 $O(MG(N)) = O(M \log^* N)$이다. 캐나다 동전의 총합은 $N\sum_{g=1}^{G(N)} F(g)/2^{F(g-1)} = N\sum_{g=1}^{G(N)} 1 = NG(N) = O(N\log^* N)$이다. $M = \Omega(N)$이기 때문에 증명된다.
분석이 보여 주는 것은 경로 압축으로 빈번히 이동할 수 있는 노드들은 거의 없기 때문에 전체 실행 시간은 상대적으로 작다는 것이다.

8.7 응용

union/find 자료 구조를 사용해서 그림 8.19의 미로를 생성하는 문제를 해결할 수 있다. 그림 8.19에서 시작 지점은 왼쪽 상단 모서리이다. 그리고 끝 지점은 오른쪽 하단 모서리이다. 이웃하는 셀들이 벽으로 분리되어 있는, 왼쪽 상단 셀에서 오른쪽 하단 셀로 연결되어 있는 50×88 셀 사각형으로 미로를 볼 수 있다.

미로를 생성하는 단순한 알고리즘은 (입구와 출구를 제외하고) 어떠한 벽에서부터 시작할 수 있다. 벽을 무작위로 선택하고 벽으로 분리된 셀들이 서로 연결되지 않았다면 벽을 개방(knock it down)한다. 이러한 과정을 시작과 끝 셀이 연결될 때까지 반복한다면 미로를 생성하는 문제를 풀 수 있을 것이다. 그것은 실제로 모든 셀이 다른 모든 셀(이것은 미로에서 더 많은 오류를 초래함)에 연결할 수 있을 때까지 계속해서 벽을 개방하는 것이 실제로 더 좋다.

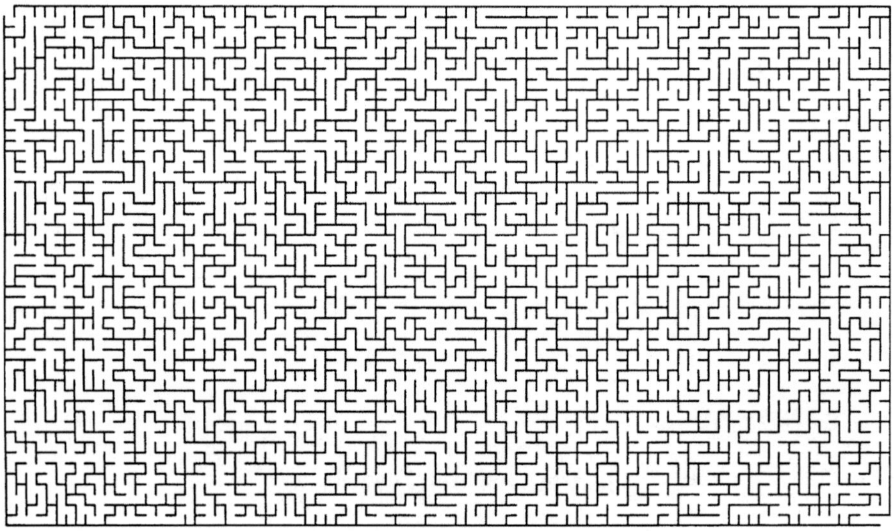

그림 8.19 50×88 미로

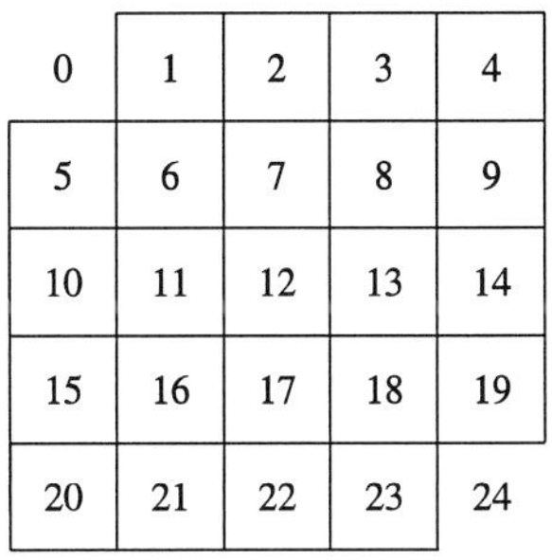

{0} {1} {2} {3} {4} {5} {6} {7} {8} {9} {10} {11} {12} {13} {14} {15} {16} {17} {18} {19} {20} {21} {22} {23} {24}

그림 8.20 초기 상태 : 모든 벽은 폐쇄되어 있고, 자신의 집합에 있는 모든 셀

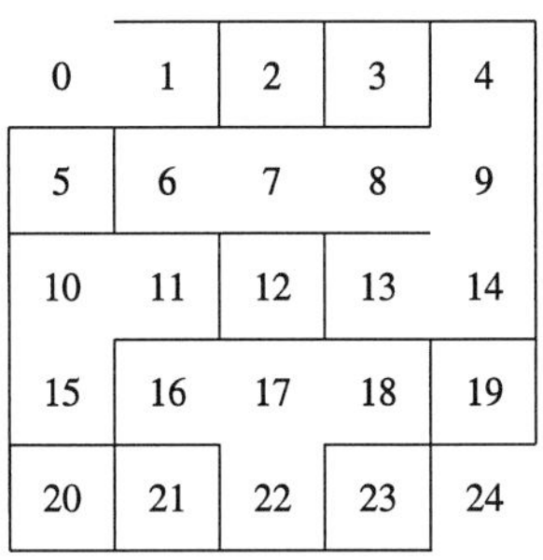

{0, 1} {2} {3} {4, 6, 7, 8, 9, 13, 14} {5} {10, 11, 15} {12} {16, 17, 18, 22} {19} {20} {21} {23} {24}

그림 8.21 알고리즘의 특정 단계 : 여러 벽은 개방되었고, 몇몇 집합은 병합되었음. 특정 시점에서 8과 13 사이의 벽이 무작위로 선택되었을 때, 8과 13이 이미 연결되었기 때문에 벽은 개방되지 않음

5 × 5 미로로 알고리즘을 설명해 보자. 그림 8.20은 초기 설정을 보여 준다. union/find 자료 구조를 사용하여 서로 연결되어 있는 셀들의 집합들을 표현한다. 초기의 벽들은 모두 막혀있고, 각각의 셀은 자신의 동치 클래스에 포함되어 있다.

그림 8.21은 소수의 벽들이 개방된 이후의 알고리즘을 보여 준다. 8, 13 셀들이 연결되어 있는 벽들이 무작위로 표적이 된다고 생각해 보자. 8, 13은 이미 연결되어 있기 때문에(그것들은 같은 집합이다) 우리는 벽을 개방할 필요가 없다. 18, 13셀들이 무작위로 다음 표적이 된다고 가정하자. 2개의 find 연산들을 수행해서 그들은 다른 집합으로 볼 수 있다. 그래서 18, 13은 연결되어 있지 않다. 그러므로 우리는 그림 8.22에서 볼 수 있듯이 그것들을 분리하고 있는 벽을 개방해야 한다. 18, 13을 포함한 집합들은 union 연산을 통해서 연결된다는 것을 주목하자. 이것은 18과 연결된 모든 셀이 13과 연결된 모든 셀에 연결되기 때문이다. 알고리즘의 마지막은 그림 8.23에서 보여 주듯이 모든 것이 연결되고 미로를 생성하는 문제를 해결하게 되었다.

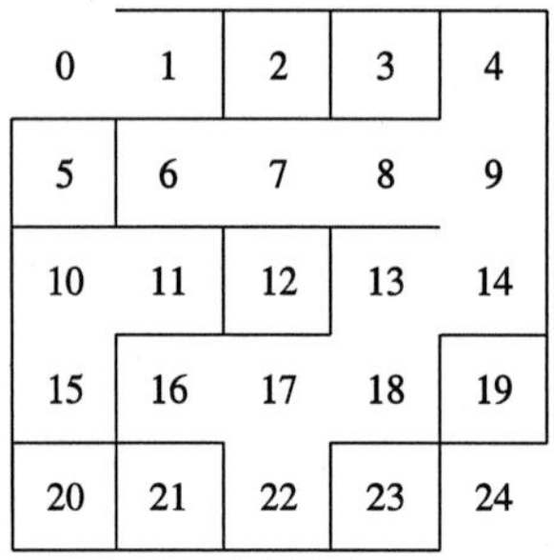

{0, 1} {2} {3} {4, 6, 7, 8, 9, 13, 14, 16, 17, 18, 22} {5} {10, 11, 15} {12} {19} {20} {21} {23} {24}

그림 8.22 그림 8.21에서 18과 13사이의 벽이 무작위로 선택되었을 때, 18과 13이 아직 연결되지 않았기 때문에 이 벽은 개방되고 집합은 병합됨.

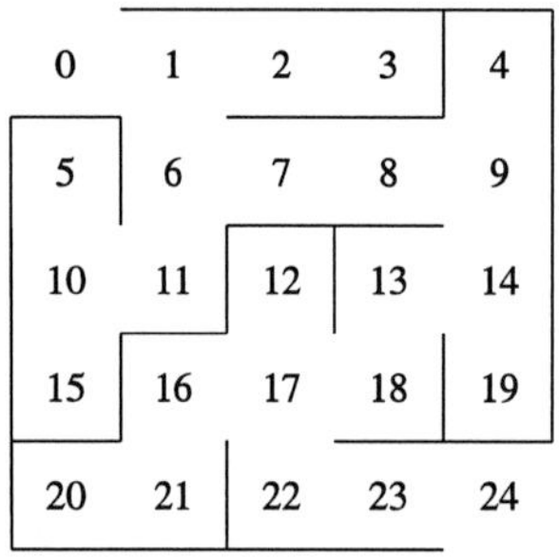

{0, 1, 2, 3, 4, 5, 6, 7, 8, 9, 10, 11, 12, 13, 14, 15, 16, 17, 18, 19, 20, 21, 22, 23, 24}

그림 8.23 24개의 벽이 개방되고 모든 원소들은 같은 집합에 있게 되는 최종 상태

알고리즘의 실행 시간은 union/find 비용에 영향을 받는다. union/find의 모집단의 크기는 셀들의 수와 같다. find 연산들의 수는 개방된 벽의 수가 셀의 수보다 작기 때문에 셀의 수에 비례한다. 그러나 주의 깊게 봐야 할 것은 처음에는 셀보다 벽의 수가 2배라는 것이다. 게다가 만약 N이 셀들의 수라면 무작위로 선택된 벽마다 2개의 find가 있기 때문에 이것은 알고리즘을 통해서 $2N$과 $4N$ find 연산들 사이에서 측정될 것이다. 그러므로 알고리즘의 실행 시간은 $O(N \log^* N)$으로 측정될 수 있고 이 알고리즘은 빠르게 미로를 생성할 것이다.

8장 요약

우리는 서로소 집합들을 유지하기 위해서 매우 간단한 자료 구조를 보았다. union 연산이 실행되면 집합이 그것의 이름을 유지하는 것은 중요하지 않다. 여기서 명심해야 할

교훈은 특정 단계가 완전히 정해지지 않았다면 그것의 대안을 고려하는 것이 매우 중요할 수 있다는 것이다. union 단계는 쉽게 바뀔 수 있다. 이것을 이용하면 우리는 더욱더 효율적인 알고리즘을 얻어낼 수 있을 것이다.

경로 압축은 트리 넓히기, skew 힙(heap) 등에서 보았듯이, 자기-적응(self-adjustment)의 초기 형태중의 하나이다. 특히, 이론적인 관점에서 경로 압축의 사용은 단순하지 않은 최악의 경우에 대한 분석을 해야 하는 단순한 알고리즘의 첫 번째 예제들 중의 하나이기 때문에 매우 흥미롭다.

8장 연습문제

8.1 union이 각각 다음과 같은 때 다음의 일련의 작업들의 결과를 보이시오: union(1,2), union(3,4), union(3,5), union(1,7), union(3,6), union(8,9), union(1,8), union(3,10), union(3,11), union(3,12), union(3,13), union(14,15), union(16,0), union(14,16), union(1,3), union(1,14)

a. 임의로 수행함.

b. 높이로 수행함.

c. 크기로 수행함.

8.2 이전 문제의 각각의 트리들에서 가장 깊은 노드에서 경로 압축으로 find를 수행하시오.

8.3 경로 압축의 효과들과 다양한 union 전략들을 평가하는 프로그램을 만드시오. 여러분의 프로그램이 모두 6개의 가능한 전략들을 사용한 동치 연산의 작업들을 처리해야 한다.

8.4 만약 union이 높이로 수행된다면 어떤 트리의 깊이는 $O(\log N)$임을 보이시오.

8.5 a. 만약 $M = N^2$이면 M개의 union/find 연산들의 실행시간이 $O(M)$임을 보이시오.

b. 만약 $M = N \log N$이면 M개의 union/find 연산들의 실행시간이 $O(M)$임을 보이시오.

*c. $M = \Theta(N \log\log N)$임을 가정한다. M개의 union/find 연산들의 실행시간은 무엇인가?

*d. $M = \Theta(N \log^* N)$임을 가정한다. M개의 union/find 연산들의 실행시간은 무엇인가?

8.6 8.7절에서 알고리즘에 의해서 생성된 미로의 시작에서 끝 지점까지 유일한 경로임을 증명하시오.

8.7 시작부터 끝까지 경로를 포함하지 않는 미로를 생성하는 알고리즘을 설계하고 유일한 경로를 생성하는 미리 정의된 벽들을 제거하는 속성을 포함하시오.

*8.8 이미 수행하지 않았던 마지막 union 연산을 취소하는 deunion을 부가적인 연산자로 추가하기를 원한다고 가정하자.

a. 만약 경로 압축 없이 union-by-height와 find 연산을 했다면 deunion은 쉽고 M개의 union, find, deunion 연산들의 작업이 $O(M \log N)$ 시간 걸리는 것을 보이시오.

b. 왜 경로 압축이 deunion을 어렵게 만드는가?

**c. M개의 연산들의 작업이 $O(M\log N/\log\log N)$시간이 걸리기 때문에 모든 세 가지 연산들을 어떻게 구현해야 하는지 보이시오.

*8.9 현재 집합으로부터 x를 제거하고 그것의 위치를 잡아 주는 부가적인 remove(x) 연산을 추가하기를 원한다고 가정하자. union/find 알고리즘이 $O(M\alpha(M, N))$의 작업 실행시간을 가지는 M union, find, remove 연산자들을 어떻게 수정하는지 보이시오.

**8.10 N-노드 트리와 N쌍의 노드 리스트를 입력으로 받고 v와 w의 가장 근접한 공통의 조상을 각 순서쌍(v, w)에 대해 결정하는 알고리즘을 구하시오. 여러분의 알고리즘을 $O(N\log^* N)$안에 실행해야 한다.

*8.11 모든 union들이 find보다 앞서 수행된다면 union들이 무작위로 수행된다고 하더라도 경로 압축을 포함한 서로소 집합 알고리즘이 선형시간을 요구한다는 것을 보이시오.

**8.12 union들이 임의로 실행되고 경로 압축이 find에서 수행된다면 최악의 경우에서 수행시간이 $\Theta(M\log N)$임을 증명하시오.

8.13 만약 union들이 크기에 의해서 수행되고 경로 압축이 수행된다면 최악의 경우에서 실행시간이 $O(M\log^* N)$임을 증명하시오.

8.14 i에서 루트 링크까지의 경로에 있는 모든 다른 노드들을 조부모로 만들면서 find(i)에서 부분적인 경로 압축을 구현한다고 가정하자. 이것은 경로 양분(path halving)으로 알려져 있다.

a. 이것을 하기 위한 프로시저를 작성하시오.

b. 경로 양분이 find에서 수행되고 union-by-height 혹은 union-by-size가 사용된다면 최악의 경우에서 실행시간은 $O(M\log^* N)$임을 증명하시오.

8.15 임의의 크기로 미로들을 생성하는 프로그램을 작성하시오. 만약 윈도우용 패키지(windowing package) 시스템을 사용한다면 그림 8.19와 유사한 미로를 생성하시오. 그렇지 않으면 미로(예를 들어, 출력의 각 선이 사각형을 표현하고 어떠한 벽들이 존재하는지에 대한 정보를 가지고 있다)를 텍스트형 표현으로 설명하고 여러분의 프로그램으로 표현을 생성하시오.

8장 참고문헌

union/find 문제의 다양한 해결책은 [6], [9], [11]에서 찾을 수 있다. Hopcroft와 Ullman은 8.6절의 $O(M \log^* N)$ 한계치를 보여 주었다. Tarjan [15]는 $O(M\alpha(M, N))$ 한계치를 얻을 수 있다. $M < N$에 대한 더 정확한 한계치는 [2], [18]에 나타난다. 경로 압축과 union들의 다양한 다른 단계들은 같은 한계치를 얻을 수 있으며 자세한 것은 [18]을 참조하자.

특정 제한을 두고 M개의 union/find 연산들을 수행하기 위해 $\Omega(M\alpha(M, N))$시간이 요구된다는 것을 보여 주는 하한값은 Tarjan [16]에서 얻을 수 있다. 제한적인 조건들 없이 이상적인 경계들은 [7], [14]에서 볼 수 있다.

union/find 자료 구조의 프로그램은 [1], [10]에서 볼 수 있다. union/find 문제의 어떤 특별한 경우들은 $O(M)$ 시간에 해결할 수 있다[8]. 이것은 $\alpha(M, N)$ 요소에 의해서 [1]과 graph dominance, reducibility(9장 참조)와 같은 여러 알고리즘의 실행시간을 줄여 준다. 다른 것들인 [10]과 이 장에서 그래프 연결성 문제들은 영향받지 않는다. 논문은 10개의 예들의 목록을 보여 준다. Tarjan은 여러 그래프 문제들 [17]에 대한 효율적인 알고리즘을 얻기 위해서 경로 압축을 사용했었다.

union/find 문제에 대한 평균적인 경우에서의 결과들이 [5], [12], [21], [3]에서 나타난다. 어떤 단일 연산(전체 순서와 반대로)의 실행시간을 한정하는 결과는 [4], [13]에서 나타난다.

연습문제 8.8은 [20]에서 풀 수 있다. 더 많은 연산들을 지원하는 일반적인 union/find 구조는 [19]에서 볼 수 있다.

1. A. V. Aho, J. E. Hopcroft, and J. D. Ullman, "On Finding Lowest Common Ancestors in Trees," *SIAM Journal on Computing*, 5 (1976), 115-132.
2. L. Banachowski, "A Complement to Tarjan's Result about the Lower Bound on the Complexity of the Set Union Problem," *Information Processing Letters*, 11 (1980), 59-65.
3. B. Bollobás and I. Simon, "Probabilistic Analysis of Disjoint Set Union Algorithms," *SIAM Journal on Computing*, 22 (1993), 1053-1086.
4. N. Blum, "On the Single-Operation Worst-Case Time Complexity of the Disjoint Set Union Problem," *SIAM Journal on Computing*, 15 (1986), 1021-1024.
5. J. Doyle and R. L. Rivest, "Linear Expected Time of a Simple Union Find Algorithm," *Information Processing Letters*, 5 (1976), 146-148.
6. M. J. Fischer, "Efficiency of Equivalence Algorithms," in *Complexity of Computer Computation* (eds. R. E. Miller and J. W. Thatcher), Plenum Press, New York,

1972, 153-168.

7. M. L. Fredman and M. E. Saks, "The Cell Probe Complexity of Dynamic Data Structures," *Proceedings of the Twenty-first Annual Symposium on Theory of Computing* (1989), 345-354.
8. H. N. Gabow and R. E. Tarjan, "A Linear-Time Algorithm for a Special Case of Disjoint Set Union," *Journal of Computer and System Sciences*, 30 (1985), 209-221.
9. B. A. Galler and M. J. Fischer, "An Improved Equivalence Algorithm," *Communications of the ACM*, 7 (1964), 301-303.
10. J. E. Hopcroft and R. M. Karp, "An Algorithm for Testing the Equivalence of Finite Automata," *Technical Report TR-71-114*, Department of Computer Science, Cornell University, Ithaca, N.Y., 1971.
11. J. E. Hopcroft and J. D. Ullman, "Set Merging Algorithms," *SIAM Journal on Computing*, 2 (1973), 294-303.
12. D. E. Knuth and A. Schonhage, "The Expected Linearity of a Simple Equivalence Algorithm," *Theoretical Computer Science*, 6 (1978), 281-315.
13. J. A. LaPoutre, "New Techniques for the Union-Find Problem," *Proceedings of the First Annual ACM-SIAM Symposium on Discrete Algorithms* (1990), 54-63.
14. J. A. LaPoutre, "Lower Bounds for the Union-Find and the Split-Find Problem on Pointer Machines," *Proceedings of the Twenty-Second Annual ACM Symposium on Theory of Computing* (1990), 34-44.
15. R. E. Tarjan, "Efficiency of a Good but Not Linear Set Union Algorithm," *Journal of the ACM*, 22 (1975), 215-225.
16. R. E. Tarjan, "A Class of Algorithms Which Require Nonlinear Time to Maintain Disjoint Sets," *Journal of Computer and System Sciences*, 18 (1979), 110-127.
17. R. E. Tarjan, "Applications of Path Compression on Balanced Trees," *Journal of the ACM*, 26 (1979), 690-715.
18. R. E. Tarjan and J. van Leeuwen, "Worst Case Analysis of Set Union Algorithms," *Journal of the ACM*, 31 (1984), 245-281.
19. M. J. van Kreveld and M. H. Overmars, "Union-Copy Structures and Dynamic Segment Trees," *Journal of the ACM*, 40 (1993), 635-652.
20. J. Westbrook and R. E. Tarjan, "Amortized Analysis of Algorithms for Set Union with Backtracking," *SIAM Journal on Computing*, 18 (1989), 1-11.
21. A. C. Yao, "On the Average Behavior of Set Merging Algorithms," *Proceedings of Eighth Annual ACM Symposium on the Theory of Computation* (1976), 192-195.

9 그래프 알고리즘

Data structures and Algorithm Analysis in C++

이 장에서 우리는 그래프 이론의 여러 공통된 문제들에 대하여 논의한다. 이러한 알고리즘들은 실제 유용할 뿐만 아니라 이것들은 많은 실생활의 응용에서 데이터 구조의 선택에 신중하지 않으면 너무 느리기 때문에 흥미롭다.

- 그래프의 문제들을 변환할 수 있는 몇몇의 실생활 문제들을 보여 준다.
- 몇몇의 공통된 그래프 문제들을 해결하기 위한 알고리즘을 제시한다.
- 데이터 구조들의 적절한 선택이 알고리즘들의 실행 시간을 얼마나 줄일 수 있는지 보여 준다.
- 중요한 기술로 깊이 우선 탐색을 알아본다. 그리고 겉으로 보기에 명백하지 않은 몇 가시 문제들을 신형 시간에 풀기 위해서 어떻게 사용될 수 있는지 보여 준다.

9.1 정의

그래프 $G=(V, E)$는 **정점(vertices)**의 집합 V와 **간선(edges)**의 집합 E로 구성된다. 각 간선은 $v, w \in V$인 경우 한 쌍의 (v, w)이다. 간선은 **아크**라고도 불린다. 만약 한 쌍이 순서화된다면, 그래프는 **방향(directed)**이 있다. 유향그래프는 **다이그래프(digraphs)**라고도 불린다. $(v, w) \in E$이라면 정점 w가 v에 **인접하는(adjacent)** 경우이다. 무향그래프의 간선 (v, w)과 (w, v)에서 w는 v에 인접하고, v는 w에 인접한다. 간혹 간선은 세 번째 구성요소인 **무게(weight)** 또는 **비용(cost)**을 갖는다.

그래프의 **경로(path)**는 $1 \le i < N$에서 $(w_i, w_{i+1}) \in E$을 만족하는 정점 w_1, w_2, w_3, ..., w_N의 순서이다. 그러한 경로의 **길이(length)**는 간선들의 수인 $N-1$과 같다. 임의의 정점으로부터 그 자신까지의 경로를 허용한다; 만약 경로가 어떤 간선도 포함하지 않으면 경로의 길이는 0이다. 이는 다른 특별한 경우를 정의하기 위한 편리한 방법이다. 그래프가 임의의 정점으로부터 그 자신까지의 간선(v, v)를 포함한다면, 경로 v, v는 **루프(loop)**라 불린다. 고려할 그래프는 일반적으로 비루프(loopless)일 것이다. **단순 경로(simple path)**는 처음과 마지막 정점이 같을 수 있는 경우를 제외하고 모든 정점들이

서로 다른 경로이다.

유향그래프의 **사이클(cycle)**은 $w_1 = w_N$과 같이 적어도 길이가 1인 경로이다. 만약 경로가 단순하면 이 사이클은 단순하다. 무향그래프에서 간선들은 서로 다르다는 것이 요구된다. 이 요구사항의 논리는 무향그래프에서 경로 u, v, u가 사이클로 고려되지 않아야 하는데, 왜냐하면, (u, v)와 (v, u)는 같은 간선이기 때문이다. 유향그래프에서 이러한 것들은 서로 다른 간선들이므로, 이는 사이클이 생긴다는 의미이다. 유향그래프에서 사이클이 없다면, **비순환(acyclic)**이다. 유향 비순환 그래프는 때때로 간단히 줄여서 DAG라고 한다.

무향그래프에서 모든 정점에서 모든 다른 정점으로 경로가 존재한다면 **연결되어 있다(connected)**고 한다. 이 속성을 가진 유향그래프는 **강한 연결(strongly connected)**이라고 한다. 만약 유향그래프가 강한 연결이 아니라면, 기본적인 그래프(아크에 방향이 없이)로 연결되므로써, 그 그래프는 **약한 연결(weakly connected)**이라고 말한다. **완전 그래프(complete graph)**는 모든 정점들 사이에 간선이 있는 그래프이다.

그래프에 의하여 설계될 수 있는 현실 상황의 예는 공항 시스템이다. 각 공항은 정점이고, 만약 정점에 의해 표현되는 공항으로부터 무착륙 비행을 한다면 두 개의 정점은 간선으로 연결된다. 간선은 시간, 거리, 또는 비행의 비용을 표현하면서 가중치를 가질 수 있다. 그래프가 방향을 갖는다고 가정하는 것이 합리적인데, 다른 방향으로 비행하는 것이 더 많은 비용(예를 들어 지방세에 의존하는 경우)이 들거나 더 오래 걸릴 지도 모르기 때문이다. 어떤 공항으로부터 다른 어떤 공항까지 비행하는 것이 항상 가능하기 위해서 공항 시스템이 강한 연결이 되도록 만드는 것이 좋을 것이다. 임의의 두 공항 사이에 가장 좋은 비행 경로를 결정하는 것이 좋을 수도 있다. "가장 좋음(best)"은 가장 적은 수의 간선을 가진 경로를 의미하거나, 가중치 크기의 하나 또는 모든 측면에서 고려될 수 있다.

교통 흐름은 그래프에 의해 설계될 수 있다. 각각의 도로 교차점은 정점으로 표현하고, 각각의 도로는 간선이다. 간선의 비용은 제한 속도 또는 용량(차선의 수)을 표현할 수 있다. 최단 경로를 찾거나, 병목현상이 발생되는 위치를 찾기 위해 이 정보를 사용할 수 있다.

이 장의 나머지에서는 그래프의 응용을 소개할 것이다. 많은 그래프들은 매우 커서 우리가 사용하는 알고리즘이 효율적인 것이 중요하다.

9.1.1 그래프의 표현

우리는 유향그래프(무향그래프도 비슷하게 표현된다)를 고려할 것이다.

지금 우리는 1로 시작하는 정점들에 번호를 매길 수 있다고 가정한다. 그림 9.1의 그래프에서 7개의 정점과 12개의 간선들을 보여 준다.

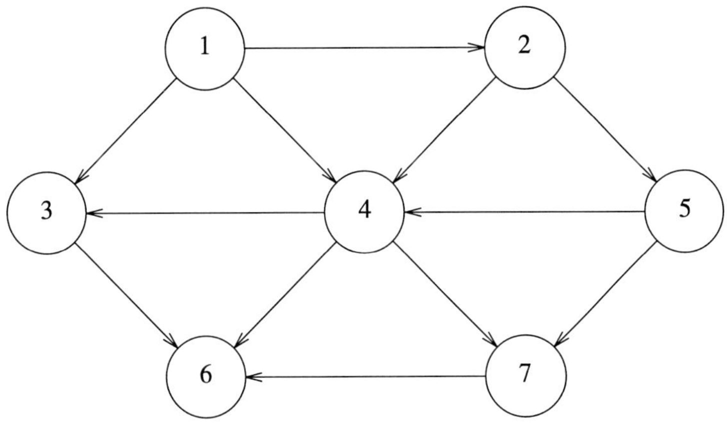

그림 9.1 유향그래프

그래프를 표현하는 하나의 단순한 방법은 2차원 배열을 사용하는 것이다. 이는 **인접 행렬(adjacency matrix)** 표현이라 한다. 각각의 간선 (u, v)에서 $A[u][v]$는 true이고 그렇지 않으면 배열의 입력은 false이다. 만약 간선이 이와 연관된 가중치를 갖는다면, 그 가중치를 $A[u][v]$에 할당하고, 존재하지 않는 간선들을 표현하기 위하여 센티널(sentinel)과 같이 매우 크거나 매우 작은 가중치를 사용한다. 예를 들어, 만약 가장 싼 항공을 찾는다면, 무한대의(∞) 비용으로 존재하지 않는 비행 경로를 표시할 수 있다. 만약 가장 비싼 항공을 찾는다면, 존재하지 않는 간선들을 표현하기 위하여 $-\infty$(또는 0)를 사용할 수 있다.

비록 매우 단순한 장점을 가질지라도, 공간 요구는 그래프가 매우 많은 간선들을 가지고 있지 않으면 $\Theta(|V|^2)$정도가 된다. 만약 그래프들이 **조밀(dense)**하다면 인접 행렬이 적절한 표현방법이다: $|E| = \Theta(|V|^2)$. 우리가 아는 대부분의 응용들에서 이것은 사실이 아니다. 예를 들어, 도로 지도를 표시하는 그래프를 생각해 보자. 거의 모든 거리가 남북 또는 동서로 통하는 맨해튼 같은 배치를 가정해 보자. 그러므로 어떤 교차점은 대략 사거리로 교차되어서, 그래프가 방향을 표시하고 모든 도로가 양방향이면 $|E| \approx 4|V|$이다. 만약 3,000개의 교차점이 있다면, 12,000개의 간선을 가진 3,000개의 정점 그래프로서 9,000,000개 크기의 배열을 요구할 것이다. 대부분의 입력은 0을 포함한다. 이것은 직관적으로 볼 때 좋지 않은데, 왜냐하면 우리는 존재하는 데이터와 존재하지 않는 데이터를 표현하기 위한 데이터 구조를 원하기 때문이다.

그래프가 조밀하지 않다면, 다시 말해서 그래프가 **희소(sparse)**하면, 더 좋은 해결책은 **인접리스트(adjacency list)**로 표현하는 것이다. 각 정점에 대한 모든 인접 정점들의 리스트를 유지한다. 공간 요구는 그래프의 크기에서 선형인 $O(|E|+|V|)$이다[1].

1) 선형 시간 그래프 알고리즘을 말할 때, $O(|E|+|V|)$는 요구되는 수행 시간이다.

1	2, 4, 3
2	4, 5
3	6
4	6, 7, 3
5	4, 7
6	(empty)
7	6

그림 9.2 그래프의 인접리스트 표현

추상적인 표현은 그림 9.2로부터 명백해질 것이다. 만약 간선이 가중치를 갖는다면, 추가적인 정보가 인접 리스트들에 저장될 것이다.

인접 리스트는 그래프를 표현하는 표준적인 방법이다. 무향그래프는 유사하게 나타낼 수 있다. 각 간선(u, v)는 두 개의 리스트에 나타나서 공간 사용량은 본질적으로 두 배가 된다. 그래프 알고리즘에서 공통된 요구는 대체로 주어진 정점 v에 인접한 모든 정점들을 찾는 것이고 이것들은 적절한 인접리스트를 읽어 찾은 정점들의 수에 비례하는 시간 내에 이루어질 수 있다.

인접 리스트를 유지하기 위한 몇 개의 대안이 있다. 첫 번째, 리스트 자신이 vectors 또는 lists로 유지할 수 있다는 것이다. 그렇지만 희소 그래프에서 vectors를 사용할 때, 프로그래머는 기본보다 더 작은 용량으로 각각의 vector를 초기화할 필요가 있을 수도 있다. 그렇지 않으면 많은 공간을 낭비할 수도 있다.

왜냐하면 어떤 정점을 위해 인접 정점들의 리스트를 가능한 빨리 획득하는 것이 중요하기 때문에, 두 개의 기본 옵션은 키들이 정점들이고 값들은 인접 리스트들인 맵을 사용하거나 Vertex 클래스의 데이터 멤버와 같이 각각의 인접 리스트를 유지하는 것이다. 첫 번째 옵션은 단순하나 두 번째 옵션은 더 빠를 수 있는데, 왜냐하면 맵에서 반복적인 검색을 피할 수 있기 때문이다.

두 번째 시나리오에서 정점이 string(이를테면, 공항 이름 또는 교차로의 이름)이라면, 키가 정점 이름이고 값은 Vertex(Vertex에 대한 포인터)인 맵이 사용될 수 있으며, 각 Vertex 객체는 인접 정점들의(에 대한 포인터) 리스트와 가능한 원래의 string 이름을 유지한다.

이 장의 대부분에서 의사코드를 이용하여 그래프 알고리즘을 표현한다. 이는 공간을 아낄 수 있을 뿐 아니라 알고리즘의 표현을 좀 더 명확하게 해 준다. 9.3절의 끝에서는 최단 경로 알고리즘의 사용이 이에 대한 해결책을 얻도록 하는 루틴의 C++ 구현을 제공한다.

9.2 위상 정렬

위상 정렬(topological sort)은 유향 비순환 그래프에서 정점들을 순서화한 것이다. 만약 v_i로부터 v_j까지 경로가 있으면 v_j는 순서화에서 v_i 이후에 나타난다. 그림 9.3의 그래프는 마이애미 주립 대학에서 과목간 선후 관계를 나타내는 구조를 표시한 것이다. 유향 간선(v, w)는 과목 w를 수강하기 전에 과목 v를 수강해야 되는 것을 나타낸다. 과목들의 위상 순서화는 선수과목 수강 요구에 위배하지 않는 과목 수강 순서이다.

사이클을 형성하는 두 개의 정점들 v와 w에서 v가 w에 우선하고, w가 v에 우선하기 때문에, 그래프가 사이클을 가지면 위상 순서화는 가능하지 않다. 더욱이 순서화는 유일할 필요는 없다; 어떤 합리적인 순서화가 적합할 것이다. 그림 9.4의 그래프에서 v_1, v_2, v_5, v_4, v_3, v_7, v_6 그리고 v_1, v_2, v_5, v_4, v_7, v_3, v_6은 위상 순서화가 된다.

위상 순서화를 찾는 단순한 알고리즘은 들어오는 간선이 없는 정점을 찾는 것이다. 정점을 출력한 후 그래프로부터 간선들과 함께 제거한다. 그래프의 나머지에도 같은 전략을 적용한다.

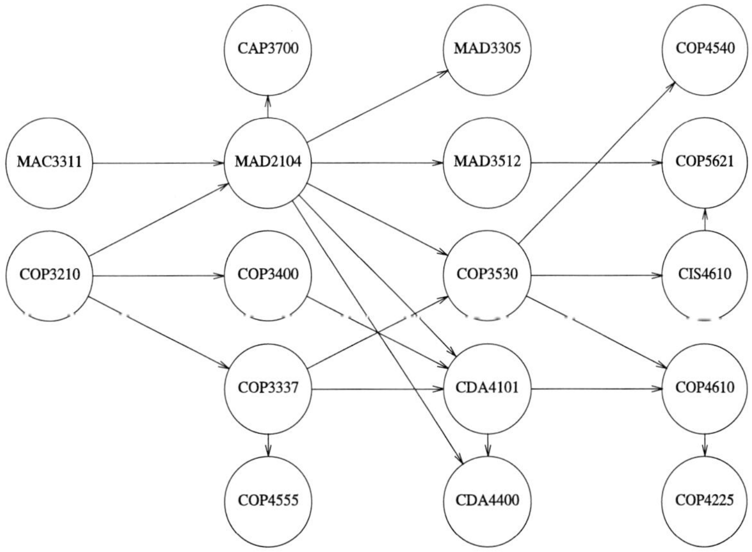

그림 9.3 과목간 선후관계를 나타내는 비순환 그래프

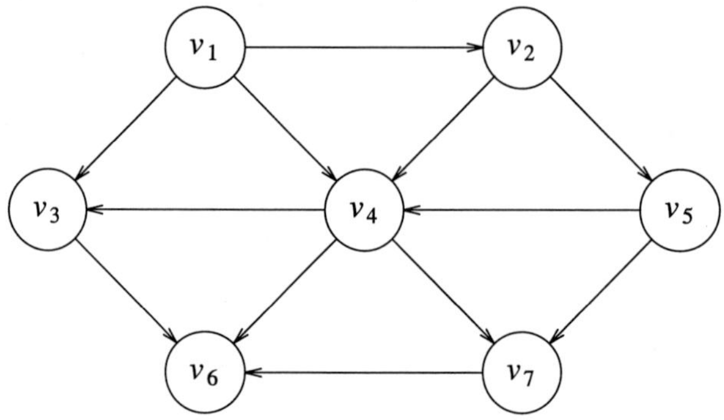

그림 9.4 비순환 그래프

```
void Graph::topsort( )
{
    for( int counter = 0; counter < NUM_VERTICES; counter++ )
    {
        Vertex v = findNewVertexOfIndegreeZero( );
        if( v == NOT_A_VERTEX )
            throw CycleFoundException( );
        v.topNum = counter;
        for each Vertex w adjacent to v
            w.indegree--;
    }
}
```

그림 9.5 단순한 위상 정렬 의사코드

형식화하기 위해 간선$(u,\ v)$의 개수를 정점 v의 **진입 차수(indegree)**라고 정의한다. 그래프에서 모든 정점들의 진입 차수를 계산한다. 각 정점의 진입 차수를 구하여 저장하고, 그래프가 인접 리스트에서 읽혀진다고 가정하면, 위상 순서화를 생성하기 위하여 그림 9.5의 알고리즘을 적용할 수 있다.

함수 findNewVertexOfIndegreeZero는 위상수가 할당되지 않은 진입차수가 0인 정점을 찾으면서 정점들의 배열을 조사한다. 만약 어떠한 정점도 존재하지 않으면 NOT_A_VERTEX를 돌려준다; 이는 그래프가 사이클을 가지고 있는 것을 나타낸다.

findNewVertexOfIndegreeZero는 정점들의 배열에 대해 순차적으로 탐색하기 때문에 각각의 호출은 $O(|V|)$ 시간이 걸린다. 이러한 호출이 $|V|$이기 때문에, 알고리즘의 실행 시간은 $O(|V|^2)$이다.

데이터 구조에 좀 더 주의를 기울인다면 성능 향상을 기대할 수 있을 것이다. 좋지 않은 실행 시간의 원인은 정점들의 배열에 대한 순차적인 탐색 때문이다. 만약 그래프가 희소적(sparse)이면, 매 반복되는 동안 약간의 정점들만이 이들의 진입 차수가 수정된다는 것을 안다. 그렇지만, 진입차수가 0인 정점들의 탐색에서 약간의 변화만 있다하더라도 모든 정점들을 조사한다.

특별한 상자(box)에서 진입차수가 0인 모든(할당되지 않은) 정점들을 유지함으로써 이러한 비효율성을 제거할 수 있다. findNewVertexOfIndegreeZero 함수는 상자내에 임의의 정점을 되돌려 준다. 인접 정점들의 진입차수를 줄일 때, 진입차수가 0이 되면 각 정점을 검사하여 박스내에 둔다.

박스를 구현하기 위하여 스택이나 큐를 사용할 수 있다; 큐를 사용하는 경우, 먼저 모든 정점에 대한 진입차수가 계산된다. 그리고 나서 진입차수가 0인 모든 정점들은 비어

	Indegree Before Dequeue #						
Vertex	1	2	3	4	5	6	7
v_1	0	0	0	0	0	0	0
v_2	1	0	0	0	0	0	0
v_3	2	1	1	1	0	0	0
v_4	3	2	1	0	0	0	0
v_5	1	1	0	0	0	0	0
v_6	3	3	3	3	2	1	0
v_7	2	2	2	1	0	0	0
Enqueue	v_1	v_2	v_5	v_4	v_3, v_7		v_6
Dequeue	v_1	v_2	v_5	v_4	v_3	v_7	v_6

그림 9.6 그림 9.4의 그래프에 대한 위상 정렬 결과

```
void Graph::topsort( )
{
    Queue<Vertex> q;
    int counter = 0;

    q.makeEmpty( );
    for each Vertex v
      if( v.indegree == 0 )
        q.enqueue( v );

    while( !q.isEmpty( ) )
    {
      Vertex v = q.dequeue( );
      v.topNum = ++counter; // Assign next number

      for each Vertex w adjacent to v
        if( --w.indegree == 0 )
          q.enqueue( w );
    }

    if( counter != NUM_VERTICES )
      throw CycleFoundException( );
}
```

그림 9.7 위상 정렬을 위한 의사코드

있는 큐에 놓여진다. 큐가 비어 있지 않는 동안에 정점 v는 제거되고 v에 인접한 모든 정점들은 그들의 진입차수를 감소시킨다. 진입 차수가 0으로 감소하자마자 정점은 큐에 놓여진다. 위상 순서화는 정점들이 큐에서 제거된 순서이다. 그림 9.6은 매 단계 이후의 상태를 보여 준다.

이 알고리즘의 의사코드 구현은 그림 9.7에서 주어진다. 전과 같이, 그래프가 인접 리스트로 이미 읽혀지고, 진입 차수가 계산되어 정점들과 같이 저장되어 있다는 것을 가정한다. 또한 각 정점은 위상 순서가 부여된 topNum을 갖는다고 가정한다.

인접 리스트를 사용하면 이 알고리즘을 수행하는 데 걸리는 시간은 $O(|E|+|V|)$이다. 이는 for 문이 간선마다 많아야 한 번 실행될 때이다. 큐 연산은 정점마다 많아야 한 번 수행되고 초기화 단계는 그래프의 크기에 비례하여 시간이 걸린다.

9.3 최단 경로 알고리즘

이 절에서는 다양한 최단 경로(shortest-path) 문제를 다룬다. 입력은 가중치 그래프이다: 각 간선(v_i, v_j)와 관련하여 간선을 순회하기 위한 비용은 $c_{i,j}$이다. $v_1 v_2 \cdots v_N$ 경로의 비용은 $\sum_{i=1}^{N-1} c_{i,i+1}$이다. 이는 **가중치 경로 길이(weighted path length)**라고 한다. **비가중치 경로 길이(unweighted path length)**는 경로를 구성하는 간선들의 수, 즉 N-1이다.

단일소스 최단 경로(Single-Source Shortest-Path) 문제

가중치 그래프 $G=(V, E)$와 고유한 정점 s가 입력으로 주어질 때, s로부터 G의 모든 다른 정점까지 최단의 가중치 경로를 찾아라.

예를 들어, 그림 9.8의 그래프에서 v_1부터 v_6까지의 최단 가중치 경로는 6의 비용을 가지며 있고 v_1부터 v_4, v_7을 거쳐 v_6까지 이동된다. 이 정점들 사이에 비가중치 최단

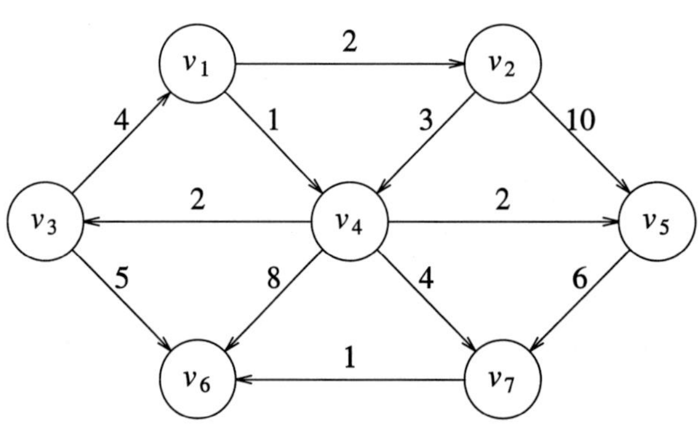

그림 9.8 방향 그래프 G

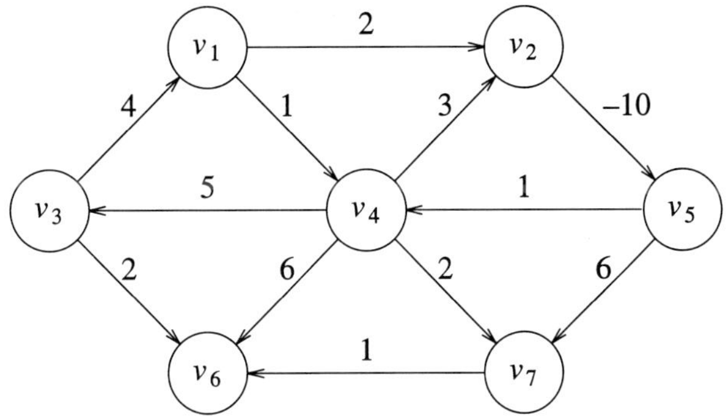

그림 9.9 음의 비용 순환을 가진 그래프

경로는 2이다. 일반적으로 가중치가 부여되었는지 여부가 명시하지 않은 경우, 그래프에서 경로는 가중치가 부여된다. 이 그래프에서 v_6로부터 v_1까지 경로가 없는 것에 유의하자.

이전 예제의 그래프는 음(negative)의 비용을 나타내는 간선들은 없다. 그림 9.9의 그래프는 음의 간선들이 원인이 될 수 있는 문제를 보여 준다. v_5부터 v_4까지의 경로는 비용 1을 가지나, 더 짧은 경로인 v_5, v_4, v_2, v_5, v_4가 존재하며 그 비용은 -5이다. 경로는 아직 최단이 아닌데, 왜냐하면 임의로 긴 루프에 머물 수 있기 때문이다. 이처럼 두 점들간의 최단 경로는 정의되지 않았다. 비슷하게, v_1부터 v_6까지의 최단 경로는 정의되지 않았는데, 이는 같은 루프에 머물 수 있기 때문이다. 이 루프는 **음의 비용 순환(negative-cost cycle)**으로 알려져 있다. 하나라도 그래프에 존재할 때, 최단 경로는 정의되지 않는다. 사이클이 있는 경우 음의 비용 간선은 나쁘지 않으나, 이는 문제를 더욱 어렵게 만들 수 있다. 음의 비용 사이클이 없는 경우 s로부터 s까지 최단 경로는 0이다.

최단 경로 문제를 해결하려는 많은 예제들이 있다. 만약 정점들이 컴퓨터를 표현하고, 간선들은 컴퓨터들 사이의 링크를 표현하고, 비용은 통신 비용(1,000 바이트의 데이터당 전화 요금), 지연 비용(1,000바이트를 전송하기 위해 요구된 시간(seconds)), 또는 이들과 다른 요소들간의 조합을 표현한다면, 한 컴퓨터로부터 다른 컴퓨터로 새로운 전자뉴스를 보내는 가장 싼 방법을 찾기 위하여 최단 경로 알고리즘을 사용할 수 있다.

비행기 또는 다른 대량 운송 항로를 그래프로 모델링할 수 있고, 두 점간의 가장 좋은 항로를 찾기 위하여 최단 경로 알고리즘을 사용할 수 있다. 많은 실제 응용에서, 임의의 정점 s로부터 다른 정점 t까지 최단 경로를 찾길 원할 수도 있다. 현재 s로부터 한 정점까지 경로를 찾는 것이 s로부터 모든 정점들까지 경로를 찾는 것보다 더 빠른 알고리즘은 없다.

이 문제의 4가지 버전을 해결하기 위해 알고리즘을 설명할 것이다. 첫 번째, 비가중치 최단경로 문제를 고려하고, 어떻게 $O(|E|+|V|)$ 시간내에 해결할 것인지 보여 준다. 다음에는, 만약 음의 비용 간선들이 없다면 가중치 최단경로 문제를 어떻게 풀 것인지 보여 줄 것이다. 합리적인 데이터 구조들을 사용하여 구현했을 때, 이 알고리즘에 대한 실

행 시간은 $O(|E|\log|V|)$이다.

만약 그래프가 음의 비용 간선들을 가진다면, 간단한 해결방법이 있으며 $O(|E| \cdot |V|)$의 좋지 않은 시간을 갖게 된다. 마지막으로, 선형 시간으로 비순환 그래프의 특별한 사례에 대한 가중치 문제를 해결할 것이다.

9.3.1 비가중치 최단 경로들

그림 9.10은 비가중치 그래프 G를 보여 준다. 입력 매개변수인 정점 s를 사용하여 s로부터 모든 다른 장점들까지의 최단 경로를 찾으려 한다. 단지 경로에 포함된 간선들 수에만 관심을 가지므로 간선들에는 가중치가 없다. 모든 간선들에게 1의 가중치를 할당하였기에 가중치 최단경로 문제의 특별한 경우이다.

실제 경로 자체보다는 최단 경로 길이에만 관심을 가진다고 생각해 보자. 실제 경로들을 추적하는 것은 단순한 부기(bookkeeping) 문제일 것이다.

s가 v_3라고 하자. 이는 s로부터 v_3까지의 최단경로가 길이 0의 경로라 할 수 있다. 그림 9.11의 그래프에서 알 수 있듯이 이 정보를 표시할 수 있다.

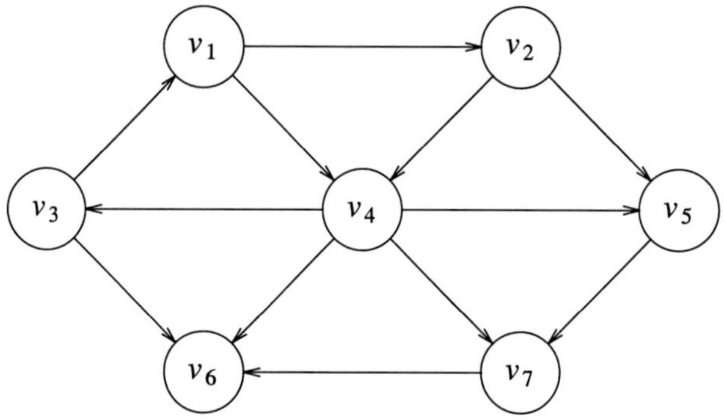

그림 9.10 비가중치 유향그래프 G

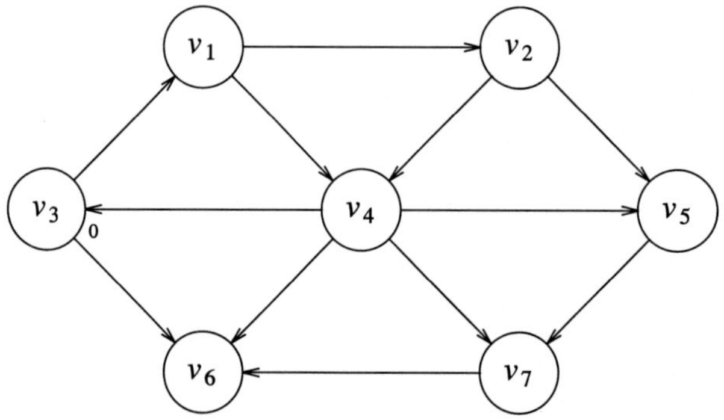

그림 9.11 0인 간선들로 도달할 수 있는 출발 노드를 표시한 후의 그래프

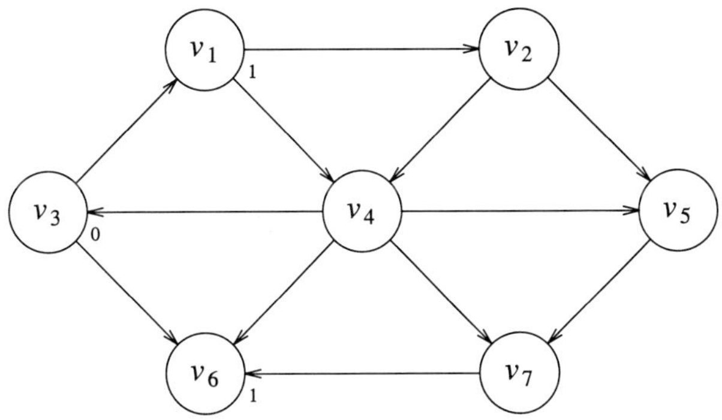

그림 9.12 s로부터 경로 길이가 1인 모든 정점들을 찾은 후의 그래프

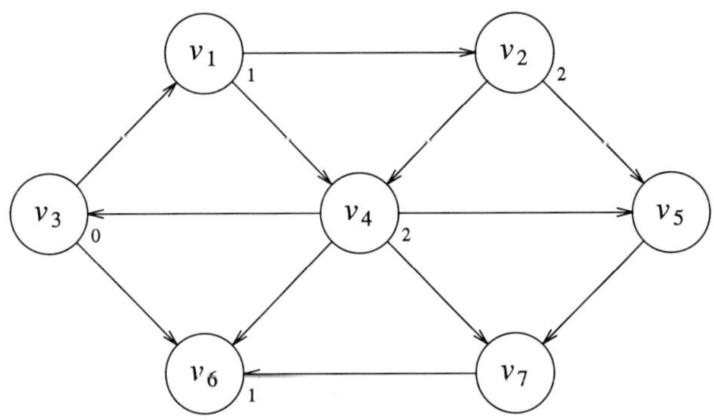

그림 9.13 최단 경로가 2인 모든 정점들을 찾은 후의 그래프

지금 s로부터 거리가 1 만큼 떨어진 모든 정점들을 찾을 수 있다. 이는 s에 인접한 정점들을 검색하면서 찾을 수 있다. 만약 이 과정을 수행한다면, v_1과 v_6가 s로부터 한 간선이라는 것을 안다. 이는 그림 9.12에서 보여 준다.

최단 경로가 알려져 있지 않은 v_1과 v_6(거리 1인 정점들)에 인접한 모든 정점들을 탐색하면서 s로부터 최단 경로가 정확히 2인 정점들을 찾을 수 있다. 이 탐색은 v_2와 v_4에 대한 최단 경로가 2라는 것을 알려 준다. 그림 9.13은 지금까지 이루어진 과정을 보여 준다.

마지막으로 최근에 평가한 v_2와 v_4에 인접한 정점들을 조사함으로써, v_5와 v_7이 3개 간선으로 이루어진 최단 경로를 갖는다는 것을 알 수 있다. 모든 정점들은 계산되어지고, 그림 9.14는 알고리즘의 최종 결과를 보여 준다.

이와 같이 그래프를 탐색하는 전략은 **너비 우선 탐색**(breadth-first search)으로 알려져 있다. 계층들에서 정점들을 차례로 탐색하면서 처리된다: 출발지점에서 가장 가까운 정점들이 처음에 탐색되고, 가장 먼 정점들이 마지막으로 탐색된다. 이는 트리 구조의 레벨 순서 순회(level-order traversal)와 같다.

이 주어진 방법에 따라 코드로 변환한다. 그림 9.15는 알고리즘이 이 과정을 처리하는데 사용한 테이블의 초기 구성을 보여 준다.

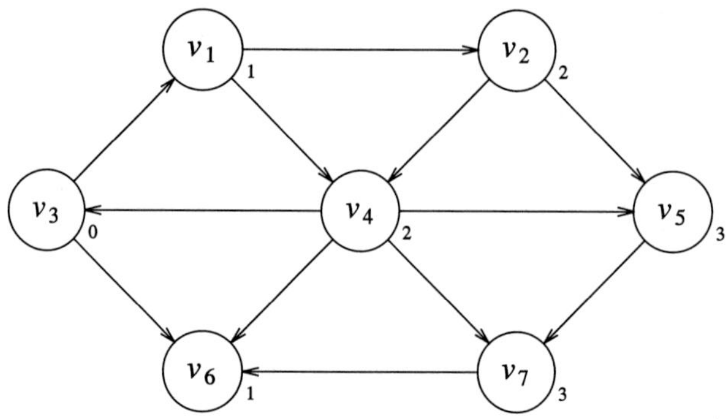

그림 9.14 최종 최단 경로

v	known	d_v	p_v
v_1	F	∞	0
v_2	F	∞	0
v_3	F	0	0
v_4	F	∞	0
v_5	F	∞	0
v_6	F	∞	0
v_7	F	∞	0

그림 9.15 비가중치 최단 경로 계산에서 사용된 테이블의 초기 상태

각 정점에 대해서 3가지 정보를 유지할 것이다. 첫째는 s로부터 거리를 d_v에 둔다. 초기에 모든 정점들은 경로 길이가 0인 s를 제외하고 도달가능하지 않다. p_v는 실제 경로들을 출력하도록 하는 변수이다. 정점이 처리된 후에 known은 true가 된다. 초기에 모든 입력은 출발 정점을 포함하여 known이 아니다. 정점이 known으로 표시될 때, 이 보다 더 낮은 비용의 경로도 없다는 것을 보증하고 그 정점에 대한 처리는 끝난다.

기본 알고리즘은 그림 9.16에서 서술된다. 그림 9.16의 알고리즘은 거리 $d=0$인 정점들을 known으로 선언하고 다음은 $d=1$, 그 다음은 $d=2$ 등에 대해 수행하고, $d_w=\infty$를 갖는 모든 인접 정점들 w를 거리 $d_w=d+1$으로 설정함으로써 다이어그램과 유사하게 수행한다.

p_v 변수를 통해 조사함으로써, 실제 경로가 출력될 수 있다. 가중치의 경우를 논의할 때 이 방법을 알 수 있을 것이다.

알고리즘의 실행 시간은 이중 중첩 for 루프 때문에 $O(|V|^2)$이다. 명백한 비효율성은 모든 정점들이 훨씬 일찍 known이 될지라도 외부 루프가 NUM_VERTICES-1까지 지속되는 것이다. 비록 추가적인 검사가 이를 피할 수 있을지라도, 입력이 출발 정점 v_9를 가진 그림 9.17의 그래프일 때를 일반화시켜 보는 것 같이 이는 최악의 경우의 실행 시간에 영향을 주지 않는다.

```
void Graph::unweighted( Vertex s )
{
    for each Vertex v
    {
        v.dist = INFINITY;
        v.known = false;
    }

    s.dist = 0;

    for( int currDist = 0; currDist < NUM_VERTICES; currDist++ )
        for each Vertex v
            if( !v.known && v.dist == currDist )
            {
                v.known = true;
                for each Vertex w adjacent to v
                    if( w.dist == INFINITY )
                    {
                        w.dist = currDist + 1;
                        w.path = v;
                    }
            }
}
```

그림 9.16 비가중치 최단 경로 알고리즘을 위한 의사코드

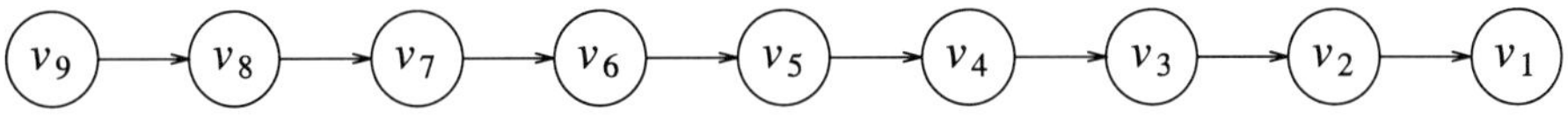

그림 9.17 그림 9.16을 이용한 비가중치 최단 경로 알고리즘에 대한 나쁜 사례

위상 정렬에서 수행되었던 같은 방식으로 비효율적인 것을 제거할 수 있다. 임의의 시점에, $d_v \neq \infty$을 가지는 unknown 정점들의 2가지 형태가 있다. 일부는 d_v =currDist이고, 나머지는 d_v =currDist+1 이다. 이 추가적인 구조 때문에, 적절한 정점을 찾기 위해 전체 테이블을 탐색하는 것은 매우 낭비적이다.

매우 단순하지만 추상적인 해결책은 2개의 박스를 유지하는 것이다. 박스 #1은 d_v = currDist를 가지는 알려지지 않은 정점들을 가지고 있고, 박스 #2는 d_v =currDist+1을 가지고 있다. 특정한 정점 v를 찾기 위한 검사는 박스 #1에서 임의의 정점을 찾는 것으로 대신할 수 있다. w(가장 안쪽 if 블록의 내부)를 갱신한 후, 박스 #2에 w를 부가할 수 있다. 가장 바깥쪽의 for 루프가 종료된 후에, 박스 #1은 비게 되고, 박스 #2는 for 루프의 다음 패스를 위해 박스 #1에 이동될 수 있다.

단지 하나의 큐를 사용하는 경우에 이 아이디어를 더욱 개선할 수 있다. 패스를 시작할 때 큐는 단지 거리가 currDist인 정점들을 포함한다. 거리가 currDist+1인 인접 정점

들을 추가할 때, 큐의 끝부분에서 삽입되기 때문에 거리가 currDist인 정점들이 처리될 때까지 처리되지 않는다는 것을 보증한다. 거리가 currDist인 마지막 정점이 큐에서 제거되어 처리된 후, 큐는 단지 거리가 currDist+1인 정점들을 포함함으로써, 이 과정은 지속적으로 처리된다. 큐에 시작 노드를 놓음으로써 그 과정을 시작할 필요가 있다.

알고리즘은 그림 9.18에서 보여 준다. 의사코드에서, 시작 정점 s가 매개변수로서 전달된다는 것을 가정한다. 또한, 몇몇의 정점들이 시작 노드로부터 도달가능하지 않다면 큐가 조기에 비워질 수 있다. 이 경우, 이런 노드들에 대해 INFINITY의 거리가 주어진다. 마지막으로, known 데이터 멤버는 사용되지 않는다. 일단 정점이 처리되면 다시 큐에 들어 갈 수가 없다. 그래서 재처리할 필요가 없다는 사실이 암시된다. 따라서 known 데이터 멤버는 폐기될 수 있다. 그림 9.19는 알고리즘이 처리되는 동안 그래프의 값들이 어떻게 변해가는 지를 보여 준다(known에서 일어난 변화를 포함한다).

위상 정렬에서 수행되었던 같은 분석 방법을 사용하여 인접 리스트들이 사용되는 동안 실행 시간이 $O(|E|+|V|)$인 것을 알게 된다.

```
void Graph::unweighted( Vertex s )
{
    Queue<Vertex> q;

    for each Vertex v
      v.dist = INFINITY;

    s.dist = 0;
    q.enqueue( s );

    while( !q.isEmpty( ) )
    {
      Vertex v = q.dequeue( );

      for each Vertex w adjacent to v
        if( w.dist == INFINITY )
        {
          w.dist = v.dist + 1;
          w.path = v;
          q.enqueue( w );
        }
    }
}
```

그림 9.18 비가중치 최단 경로 알고리즘을 위한 의사코드

	Initial State			v_3 Dequeued			v_1 Dequeued			v_6 Dequeued		
v	known	d_v	p_v	known	d_v	p_v	known	d_v	p_v	known	d_v	p_v
v_1	F	∞	0	F	1	v_3	T	1	v_3	T	1	v_3
v_2	F	∞	0	F	∞	0	F	2	v_1	F	2	v_1
v_3	F	0	0	T	0	0	T	0	0	T	0	0
v_4	F	∞	0	F	∞	0	F	2	v_1	F	2	v_1
v_5	F	∞	0	F	∞	0	F	∞	0	F	∞	0
v_6	F	∞	0	F	1	v_3	F	1	v_3	T	1	v_3
v_7	F	∞	0	F	∞	0	F	∞	0	F	∞	0
Q:	v_3			v_1, v_6			v_6, v_2, v_4			v_2, v_4		
	v_2 Dequeued			v_4 Dequeued			v_5 Dequeued			v_7 Dequeued		
v	known	d_v	p_v	known	d_v	p_v	known	d_v	p_v	known	d_v	p_v
v_1	T	1	v_3	T	1	v_3	T	1	v_3	T	1	v_3
v_2	T	2	v_1	T	2	v_1	T	2	v_1	T	2	v_1
v_3	T	0	0	T	0	0	T	0	0	T	0	0
v_4	F	2	v_1	T	2	v_1	T	2	v_1	T	2	v_1
v_5	F	3	v_2	F	3	v_2	T	3	v_2	T	3	v_2
v_6	T	1	v_3	T	1	v_3	T	1	v_3	T	1	v_3
v_7	F	∞	0	F	3	v_4	F	3	v_4	T	3	v_4
Q:	v_4, v_5			v_5, v_7			v_7			empty		

그림 9.19 비가중치 최단 경로 알고리즘 동안의 데이터 변화

9.3.2 Dijkstra의 알고리즘

만약 가중치 그래프가 사용된다면, 문제는 더 어렵게 되나, 비가중치 경우와 같은 방법을 사용할 수 있다.

전처럼 같은 정보를 유지한다. 따라서, 각 정점은 known 또는 unknown으로 표시된다. 일시적인 거리 d_v는 전처럼 각 정점에서 유지된다. 이 거리는 중간 값으로 known의 정점들을 사용하여 s로부터 v까지의 최단 경로 길이이다.

단일 소스 최단 경로 문제를 해결하기 위한 일반적인 방법은 Dijkstra 알고리즘으로 알려져 있다. 30년 동안 해결책은 탐욕적(greedy) 알고리즘이 최초의 예제이다. 탐욕적 알고리즘은 매 단계에서 가징 좋은 것을 선택하면서 매 단계의 문제를 해결한다. 예를 들면, 미국 통화의 잔돈을 세기위하여, 대부분 사람들이 25센트 동전을 센 후, 10센트 동전, 5센트 동전, 그리고 1센트 동전을 센다. 이 탐욕적 알고리즘은 최소의 동전들로 잔돈을 만든다. 탐욕적 알고리즘을 통한 주요 문제는 이들이 항상 문제를 해결한다는 것은 아니다. 12 센트 동전의 추가는 15 센트 동전을 돌려주는 동전 교환 알고리즘을 작동하지 못하게 한다. 왜냐하면 이것이 해결하는 해답(하나의 12 센트 동전과 3개의 1센트 동전)은 최적(10센트 동전과 5센트 동전)이 아니다.

Dijkstra 알고리즘은 비가중치 최단 경로 알고리즘처럼 단계별로 처리된다. 매 단계에서, Dijkstra 알고리즘은 모든 unknown 정점들 사이에서 가장 작은 d_v를 가지는 정점 v를 선택하고, s로부터 v까지 최단 경로가 known이라고 선언한다. 각 단계의 나머지는 d_w의 값을 갱신하는 것으로 되어 있다.

비가중치의 경우에서, $d_w = \infty$이면 $d_w = d_v + 1$로 설정한다. 이처럼, 만약 정점 v가 최단 경로를 제공한다면 d_w의 값을 낮추어 준다. 만약 가중치의 경우에 같은 논리를 적용하면, d_w에 대한 새로운 값이 개선되기 때문에 $d_w = d_v + c_{v,w}$로 설정한다. 즉, 이 알고리즘은 w까지의 경로에서 v를 사용하는 것이 좋은 생각인지 여부를 결정해 준다. 최초 비용 d_w는 v를 사용하지 않은 비용이다; 앞서 계산된 비용은 v(그리고 오직 known 정점들)를 사용하는 가장 값싼 경로이다.

그림 9.20의 그래프는 예제이다. 그림 9.21은 출발 노드 s가 v_1인 것을 가정하는 초기 상태를 보여 준다. 선택된 첫 번째 정점은 경로 길이 0인 v_1이다. 이 정점은 known으로 표시한다. v_1은 known이고 몇몇 요소들은 조정될 필요가 있다. v_1에 인접한 정점들은 v_2와 v_4이다. 그림 9.22에서 표시된 것처럼 이러한 정점들은 조정된 요소들을 얻는다.

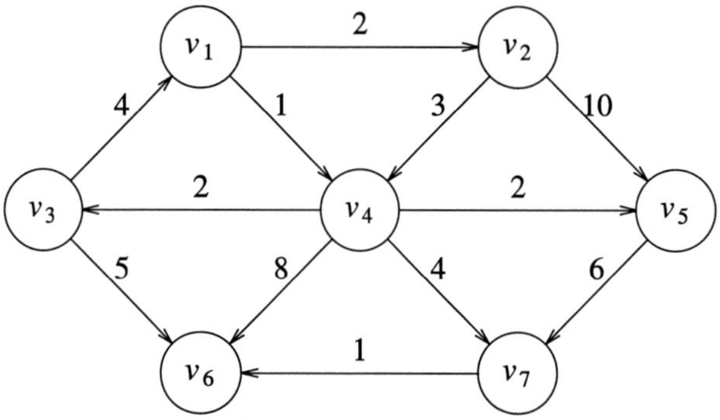

그림 9.20 유향그래프 G

v	known	d_v	p_v
v_1	F	0	0
v_2	F	∞	0
v_3	F	∞	0
v_4	F	∞	0
v_5	F	∞	0
v_6	F	∞	0
v_7	F	∞	0

그림 9.21 Dijkstra 알고리즘에서 사용된 테이블의 초기 구성

v	known	d_v	p_v
v_1	T	0	0
v_2	F	2	v_1
v_3	F	∞	0
v_4	F	1	v_1
v_5	F	∞	0
v_6	F	∞	0
v_7	F	∞	0

그림 9.22 v_1이 known으로 선언된 후

다음으로 v_4가 선택되고 known으로 표시된다. 정점들 v_3, v_5, v_6 그리고 v_7이 인접되어 있고, 그림 9.23에서 보여 주는 것처럼 모두 조정되는 것을 요구한다.

다음으로 v_2가 선택된다. v_4는 인접되나 이미 알려져 있어서 여기에서 어떤 작업도 수행되지 않는다. v_5는 인접하나 조정되지 않는데, 왜냐하면 v_2를 통한 수행의 비용이 2+10=12이고 길이 3인 경로가 이미 알려져 있기 때문이다. 그림 9.24는 모든 정점들이 선택된 후의 상태를 보여 주는 테이블이다.

v	known	d_v	p_v
v_1	T	0	0
v_2	F	2	v_1
v_3	F	3	v_4
v_4	T	1	v_1
v_5	F	3	v_4
v_6	F	9	v_4
v_7	F	5	v_4

그림 9.23 v_4가 known으로 선언된 후

v	known	d_v	p_v
v_1	T	0	0
v_2	T	2	v_1
v_3	F	3	v_4
v_4	T	1	v_1
v_5	F	3	v_4
v_6	F	9	v_4
v_7	F	5	v_4

그림 9.24 v_2가 known으로 선언된 후

그 다음으로 선택된 정점은 비용 3인 v_5이다. v_7은 유일하게 인접한 정점이나 3+6>5이기 때문에 조정되지 않는다. 다음에 v_3이 선택되고, v_6을 위한 거리는 3+5=8로 조정된다. 그 결과 테이블은 그림 9.25에서 보여 준다.

다음은 v_7이 선택된다. v_6은 5+1=6로 갱신된다. 결과 테이블은 그림 9.26이다.

마지막으로 v_6가 선택된다. 마지막 테이블은 그림 9.27에서 보여 준다. 그림 9.28의 그래프들은 어떻게 간선들에 known이 표시되는지 그리고 Dijkstra 알고리즘 동안에 정점들이 어떻게 갱신되는지를 보여 준다.

v	known	d_v	p_v
v_1	T	0	0
v_2	T	2	v_1
v_3	T	3	v_4
v_4	T	1	v_1
v_5	T	3	v_4
v_6	F	8	v_3
v_7	F	5	v_4

그림 9.25 v_5와 v_3가 차례로 known으로 선언된 후

v	known	d_v	p_v
v_1	T	0	0
v_2	T	2	v_1
v_3	T	3	v_4
v_4	T	1	v_1
v_5	T	3	v_4
v_6	F	6	v_7
v_7	T	5	v_4

그림 9.26 v_7이 known으로 선언된 후

v	known	d_v	p_v
v_1	T	0	0
v_2	T	2	v_1
v_3	T	3	v_4
v_4	T	1	v_1
v_5	T	3	v_4
v_6	T	6	v_7
v_7	T	5	v_4

그림 9.27 v_6이 known으로 선언되고 알고리즘이 종료된 후

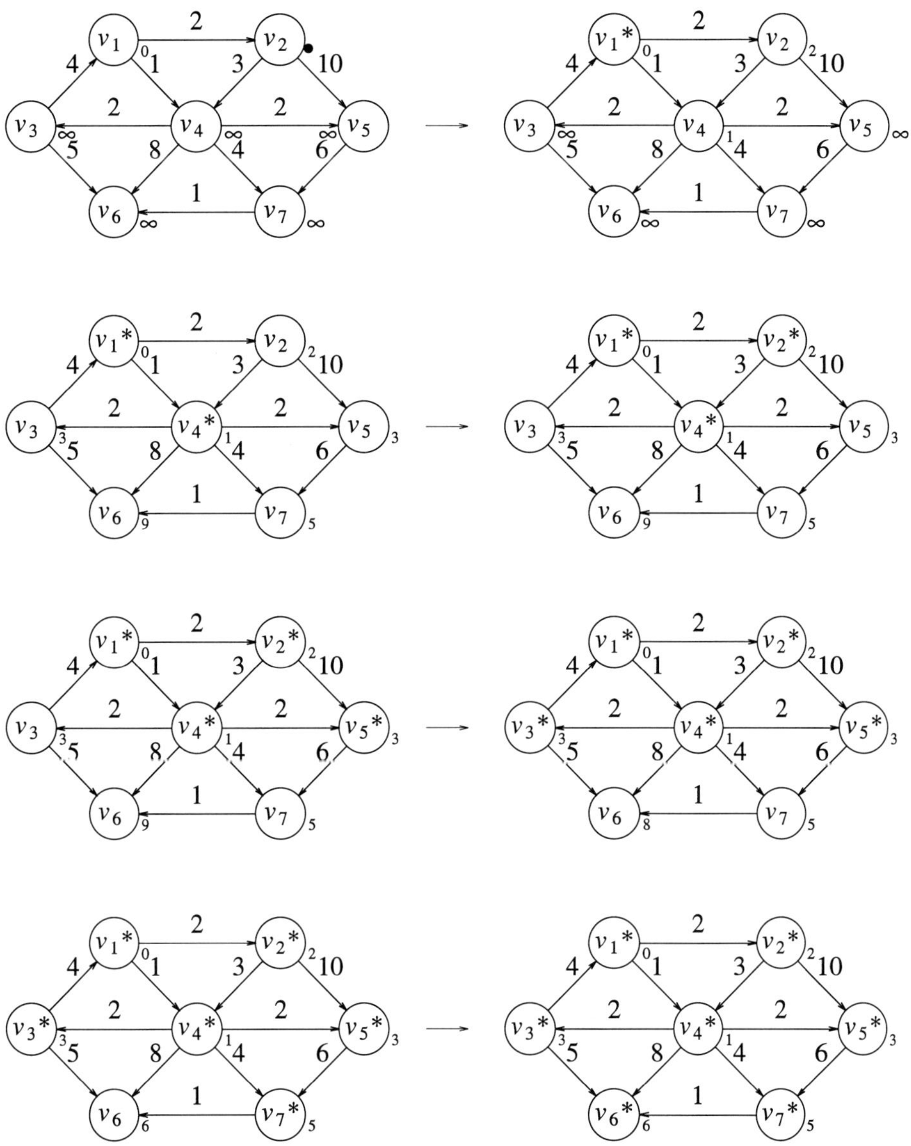

그림 9.28 Dijkstra 알고리즘의 단계들

시작 정점으로부터 임의의 정점 v까지 실제 경로를 출력하기 위하여, p 변수들에 남은 흔적을 따르는 재귀적 루틴으로 작성할 수 있다.

Dijkstra 알고리즘을 구현하기 위한 의사코드를 제시한다. 각 Vertex는 알고리즘에서 사용된 다양한 데이터 멤버들을 저장한다. 이는 그림 9.29에서 보여 준다.

경로는 그림 9.30에서 재귀적 루틴을 사용하여 출력할 수 있다. 루틴은 경로에서 v 이전의 정점까지의 경로를 출력하고 나서 v를 출력한다. 이는 경로가 단순하기 때문에 작업한다.

```
/**
 * 정점구조에 대한 의사코드
 * 실제 C++에서의 경로는 Vertex * 타입에 속하고,
 * 우리가 묘사하고 있는 코드의 대부분은 역참조 * 연산자를 요구하거나
 * 연산자 대신에 -> 연산자를 사용한다.
 * 말할필요 없이 이것은
 * 기온 알고리즘 아이디어를 애매하게 할 것이다.
*/
struct Vertex
{
    List adj;        // Adjacency list
    bool known;
    DistType dist;   // DistType is probably int
    Vertex path;     // Probably Vertex *, as mentioned above
      // Other data and member functions as needed
};
```

그림 9.29 Dijkstra 알고리즘을 위한 Vertex 클래스(의사코드)

```
/**
 * dijkstra를 실행한 후 v에 대한 최단 경로 출력
 * 최단 경로는 존재한다고 가정한다.
 */
void Graph::printPath( Vertex v )
{
    if( v.path != NOT_A_VERTEX )
    {
      printPath( v.path );
      cout << " to ";
    }
    cout << v;
}
```

그림 9.30 최단 경로를 출력하기 위한 루틴

그림 9.31은 탐욕적(greedy) 선택 규칙을 사용하여 테이블을 채우기 위한 for 루프인 주요 알고리즘을 보여 준다.

모순에 의한 증명은 어떤 간선이 음의 비용을 가지고 있지 않는 동안 알고리즘이 항상 수행된다는 것을 보여줄 것이다. 만약 어떤 간선이 음의 비용을 가진다면, 알고리즘은 잘못된 답(연습문제 9.7(a) 참조)을 산출할 수 있다. 실행 시간은 정점들을 어떻게 다루느냐에 달려 있다. 최소 값 d_v를 찾기 위하여 순차적으로 정점들을 탐색하는 알고리즘을 사용한다면, 매 단계는 최소 값을 찾는데 $O(|V|)$ 시간이 걸릴 것이고, $O(|V|^2)$ 시간은 전체 알고리즘에서 최소 값을 찾는 데 걸리는 시간이 된다. d_w를 갱신하는 데 걸리는 시간은 갱신할 때마다 일정하고 간선마다 많아야 한 번의 갱신이 이루어져서 전체적으로 $O(|E|)$

```
void Graph::dijkstra( Vertex s )
{
    for each Vertex v
    {
        v.dist = INFINITY;
        v.known = false;
    }

    s.dist = 0;

    for( ; ; )
    {
        Vertex v = smallest unknown distance vertex;
        if( v == NOT_A_VERTEX )
            break;
        v.known = true;

        for each Vertex w adjacent to v
            if( !w.known )
                if( v.dist + cvw < w.dist )
                {
                    // Update w
                    decrease( w.dist to v.dist + cvw );
                    w.path = v;
                }
    }
}
```

그림 9.31 Dijkstra 알고리즘에 대한 의사코드

시간이 걸릴 것이다. 이처럼 전체 실행 시간은 $O(|E|+|V|^2)=O(|V|^2)$이다. 만약 그래프가 $|E|=\Theta(|V|^2)$으로 조밀하다면, 간선들의 개수에서 실행시간이 선형으로 걸리기 때문에 알고리즘은 단순할 뿐만 아니라 최적이 된다.

만약 그래프가 $|E|=\Theta(|V|)$으로 희소하다면, 알고리즘은 매우 느리다. 이 경우에 거리는 우선순위 큐에서 유지될 필요가 있다. 이를 위해 2가지 방법이 있는데, 이들은 유사하다.

정점 v의 선택은 deleteMin 연산으로, 알려지지 않은 최소 정점이 발견되면, 더 이상 알지 못하는 것이 아니고 향후 고려사항으로부터 제거되어야 한다. w의 거리의 갱신은 2가지 방법으로 구현할 수 있다.

한 가지 방법은 decreaseKey 연산을 통해 갱신한다. 최소 값을 찾는 데 걸리는 시간은 $O(\log|V|)$으로, decreaseKey 연산 만큼인 갱신하는 데 걸리는 시간이다. 이는 희소 그래프들에서의 이전 한계에 대한 개선으로 $O(|E|\log|V|+|V|\log|V|)=O(|E|\log|V|)$의 실행 시간이 걸린다. 우선순위 큐들이 find 연산을 효율적으로 지원하지 않기 때문에, d_i가

우선순위 큐내에서 변할 때마다 d_i 값의 우선순위 큐 내에서의 위치가 유지되고 갱신될 필요가 있다. 우선순위 큐가 이진 힙으로 구현된다면, 다루기 힘들 것이다. 만약 페어링 힙(pairing heap)(12장)이 사용된다면, 그 코드는 그리 나쁘지 않을 것이다.

또 다른 방법은 w의 거리가 변할 때마다 w와 새로운 값 d_w를 우선순위 큐에 매번 삽입하는 것이다. 따라서 우선순위 큐내에는 각 정점이 한 번 이상 삽입될 수도 있다. deleteMin 연산이 우선순위 큐로부터 가장 작은 정점을 제거할 때, 이미 known이 아니라는 것이 확인되도록 검사하여야 하고, 그것이 known이라면, 단순히 무시되고 다른 deleteMin이 수행된다. 비록 이 방법이 소프트웨어 관점에서 우수하고 코딩하기에 쉬울지라도, 우선순위 큐의 크기는 $|E|$ 만큼의 크기를 가질 수 있다. $|E| \leq |V|^2$는 $\log|E| \leq 2\log|V|$를 의미하기 때문에, 점근적 시간 제한들에 영향을 주지 않는다. 따라서 $O(|E| \log|V|)$ 알고리즘을 얻는다. 그러나 공간 요구는 증가하고, 이는 몇몇 응용들에서 중요할 수 있다. 게다가, 이 방법이 단지 $|V|$ 대신에 $|E|$ 만큼의 deleteMin들을 요구하기 때문에, 실제로는 더 느릴 것이다.

컴퓨터 메일 그리고 대중 교통시스템 같은 전형적인 문제에서 그래프들은 대부분의 정점들이 오직 한 쌍의 간선들을 가지고 있기 때문에 일반적으로 매우 희소하다. 그래서 많은 응용에서 문제를 해결하기 위하여 우선순위 큐를 사용하는 것은 매우 중요하다.

만약 다른 데이터 구조가 사용되면 Dijkstra 알고리즘을 이용하여 더 좋은 시간 제한들이 가능하다. 11장에서는 피보나치 힙(fibonacci heap)이라고 불리는 또 다른 우선순위 큐 데이터 구조를 소개할 것이다. 이 구조가 사용될 때, 실행 시간은 $O(|E| + |V| \log|V|)$이다. 피보나치 힙들은 적절한 오버헤드 이외에 좋은 이론적인 시간 제한을 가진다. 그래서 피보나치 힙들을 사용하는 것이 이진 힙을 갖는 Dijkstra 알고리즘보다 실질적으로 더 좋은 지 여부는 명백하지 않다. 이 문제에 대한 의미있는 평균적인 경우의 결과는 없다.

9.3.3 음의 간선 비용을 갖는 그래프

만약 그래프가 음의 간선 비용을 가지고 있으면, Dijkstra 알고리즘은 수행되지 않는다. 문제는 단지 정점 u가 known을 선언할 때, unknown 정점 v로부터 음의 비용인 u까지의 역경로가 존재할 수 있다는 것이 문제이다. 그러한 경우, s로부터 v까지 역으로 u까지의 경로를 택하는 것이 v를 사용하지 않고 s로부터 u까지 가는 것보다 더 좋다. 연습문제 9.7(a)는 명확한 예제를 구성할 것을 요구한다.

좋아 보이는 해결책은 각 간선 비용에 상수 Δ를 추가하여, 음의 간선들을 제거하면서 새로운 그래프에서 최단 경로를 계산하고, 원본에서 그 결과를 사용한다. 많은 간선들을 갖는 경로들이 적은 간선들을 갖는 경로들보다 더 비용이 많이 들기 때문에 이 방법의 단순한 구현은 적절하게 수행되지 않는다.

가중치와 비가중치 알고리즘의 결합은 그 문제를 해결하나 실행 시간에서 비용의 증가가 생긴다. 우리 알고리즘이 생각을 바꿀 필요가 있기 때문에 known 정점들의 개념에 대해 잊어버린다. 큐에 s를 넣으면서 시작한다. 그리고 나서 매 단계에서 정점 v를 큐에서 제거한다. $d_w > d_v + c_{v,w}$인 v에 인접한 모든 정점들 w를 찾아낸다. d_w와 p_w를 갱신하고, 이미 그 곳에 없으면 큐에 w를 넣는다. 한 비트는 큐에서의 존재를 표시하기 위하여 각 정점에 대해 설정된다. 큐가 비워질 때까지 그 과정을 반복한다. 그림 9.32는 이 알고리즘을 구현한다.

비록 알고리즘이 음의 비용 사이클을 가지지 않을 때 수행된다할 지라도, 내부 for 루프내의 코드가 매 간선마다 한 번 실행된다는 것이 더 이상 사실이 아니다. 각 정점은 많아야 $|V|$번 큐에서 제거되어 인접 리스트가 사용된다면(연습문제 9.7 (b)), 실행 시간은 $O(|E| \cdot |V|)$가 된다. 이는 Dijkstra 알고리즘으로부터 매우 증가되어서, 실질적으로 간선 비용이 음이 아니라는 것은 운이 좋은 경우이다. 만약 음의 비용 사이클이 존재한다면, 알고리즘은 무한 루프에 빠질 것이다. 어떠한 정점이 $|V|+1$번 큐로부터 제거된 후 알고리즘을 멈춤으로써, 종료를 보장할 수 있다.

```
void Graph::weightedNegative( Vertex s )
{
    Queue<Vertex> q;

    for each Vertex v
      v.dist = INFINITY;

    s.dist = 0;
    q.enqueue( s );

    while( !q.isEmpty( ) )
    {
      Vertex v = q.dequeue( );

      for each Vertex w adjacent to v
        if( v.dist + cvw < w.dist )
        {
          // Update w
          w.dist = v.dist + cvw;
          w.path = v;
          if( w is not already in q )
            q.enqueue( w );
        }
    }
}
```

그림 9.32 음의 간선 비용을 갖는 가중치 최단 경로 알고리즘을 위한 의사코드

9.3.4 비순환 그래프

만약 그래프가 비순환(acyclic)이라면, 정점들이 known으로 선언된 순서를 바꿈으로써 Dijkstra 알고리즘을 개선시킬 수 있는데, 그렇지 않으면 정점 선택 규칙으로 가능하다. 새로운 규칙은 위상 순서로 정점들을 선택하는 것이다. 위상 정렬이 수행되는 것처럼 선택과 갱신이 이루어지기 때문에, 알고리즘은 단일 패스로 수행될 수 있다.

선택 규칙은 정점 v가 선택될 때, 위상 순서 규칙에 의해 unknown 노드들로부터 나온 진입 간선들이 없음으로 해서 거리 d_v는 더 이상 낮아지지 않기 때문에 적절히 작업한다.

이 선택 규칙과 함께 우선순위 큐를 필요로 하지 않는다. 선택은 일정 시간이 걸리기 때문에 실행 시간은 $O(|E|+|V|)$이다.

비순환 그래프는 활강 스키 문제를 모델링할 수 있다 − 지점 a에서 b로 가기를 원하나, 오직 활강하여 갈 수밖에 없어서 명백히 순환은 없다. 다른 가능한 응용은 화학반응의 모델링이 있을 수 있다. 각 정점은 실험의 특정 상태를 나타낸다. 간선들은 하나의 상태로부터 다른 상태로의 전이를 표현하고, 간선의 가중치는 관련 에너지를 나타낸다. 더 높은 에너지 상태로부터 더 낮은 상태로의 전이만이 허용된다면, 그래프는 비순환이다.

비순환 그래프들의 더욱 중요한 사용은 **임계 경로 분석**(critical path analysis)이다. 그림 9.33의 그래프는 이것의 예제이다. 각 노드는 활동을 끝내는 데 걸리는 시간과 함께 수행되어야 할 활동을 표현한다. 그래프는 활동 노드(activity-node) 그래프로 알려져 있다. 간선들은 우선 관계(precedence relationship)를 표현한다. 간선(v, w)은 활동 v가 활동 w를 시작하기 전에 끝내야만 한다는 것을 의미한다. 물론, 그래프가 비순환이 틀림없다는 것을 의미한다. 상호간에 의존(간접적이든 직접적이든)하지 않는 활동들은 다른 서버들에서 병렬로 수행될 수 있다는 것을 가정한다.

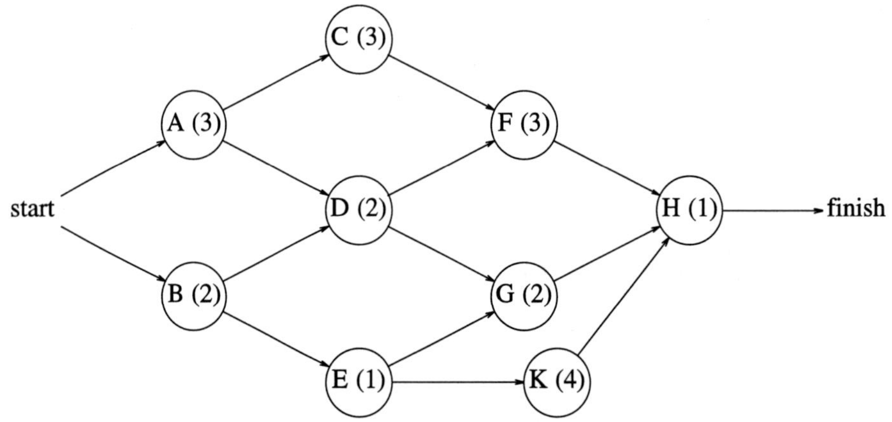

그림 9.33 활동 노드 그래프

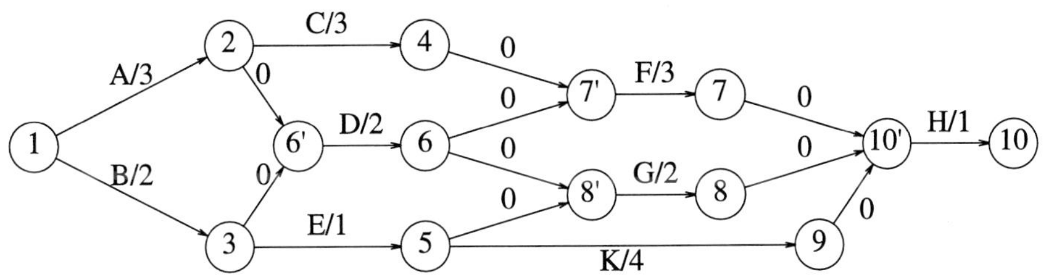

그림 9.34 이벤트 노드 그래프

그래프의 이 유형은 건축 프로젝트를 모델링하는 데 사용될 수 있다. 이 경우에 몇 가지 중요한 문제가 있다. 첫째, 그 프로젝트의 최초 완료 시간은 무엇인가? 그래프로부터 10 시간 단위가 경로 A, C, F, H를 따라 요구된다는 것을 알 수 있다. 다른 중요한 문제는 얼마나 오래까지 최소 완료 시간에 영향을 주지 않고 어느 활동들이 지연될 수 있는가를 결정하는 것이다. 예를 들면, A, C, F 또는 H 중 하나를 지연시키는 것은 10 단위를 지나는 완료 시간을 갖을 것이다. 다른 한편, 활동 B는 덜 중요하고 최종 완료 시간에 영향을 주지 않고 2 시간 단위까지 지연될 수 있다.

이러한 연산을 수행하기 위하여 활동 노드 그래프를 **이벤트 노드 그래프**(event-node graph)로 바꿀 수 있다. 각 이벤트는 한 활동과 이에 의존적인 활동들의 완료에 따른다. 이벤트 노드 그래프에서 노드 v로부터 노날할 수 있는 이벤트는 이벤드 v가 완료된 뒤까지 시작하지 않을 지도 모른다. 이 그래프는 자동적으로 또는 손으로 구성될 수 있다. 더미 간선들과 노드들은 활동이 몇몇의 다른 것들에 의존하는 경우에 삽입될 필요가 있을 수도 있다. 이는 거짓 의존성(또는 의존성들의 거짓 부족)을 소개하는 것을 피하기 위해 필요하다. 그림 9.33의 그래프에 따른 이벤트-노드 그래프는 그림 9.34에서 보여 준다.

프로젝트의 최초 완료 시간을 찾기 위하여, 단지 첫 번째 이벤트로부터 최종 이벤트까지 최장(longest) 경로의 길이를 찾아내는 것을 필요로 한다. 일반적인 그래프에서, 최장 경로 문제는 **양의 비용 순환**(positive-cost cycle)의 가능성 때문에 일반적으로 뜻이 통하지 않는다. 이것은 최단 경로 문제에서 음의 비용 순환과 동등한 것이다. 양의 비용 순환이 나타나면, 가장 긴 단순(simple) 경로를 요구하나 어떤 만족스러운 해결책도 이 문제에 대해 알려져 있지 않다. 이벤트 노드 그래프가 비순환이기 때문에, 순환에 대하여 걱정할 필요가 없다. 이런 경우, 그래프에서 모든 노드들에 대해 최초 완료 시간을 계산하기 위해 최단 경로 알고리즘을 적용하는 것이 쉽다. 만약 EC_i가 노드 i에 대한 최초 완료 시간이라면, 적용할 수 있는 규칙들은

$$EC_1 = 0$$
$$EC_w = \max_{(v,w)\in E} (EC_v + c_{v,w})$$

이다.

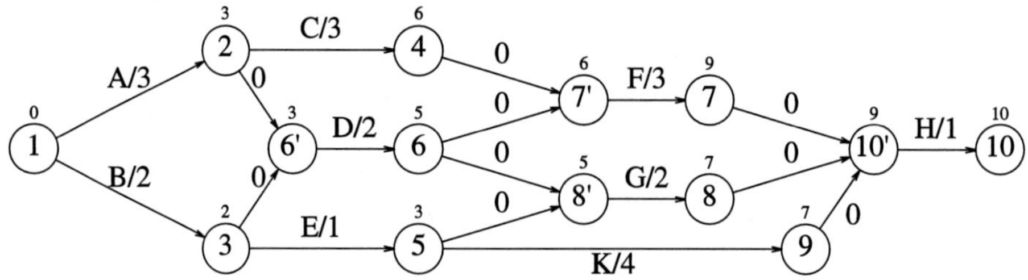

그림 9.35 최초 완료 시간

그림 9.35는 이벤트 노드 그래프에서 각 이벤트에 대한 최초 완료 시간을 나타낸다.

또한 최종 시간 LC_i를 계산할 수 있는데, 각 이벤트는 최종 완료 시간에 영향을 주지 않고 끝낼 수 있다. 이를 위한 공식은

$$LC_n = EC_n$$
$$LC_v = \min_{(v,w) \in E} (LC_w - c_{v,w})$$

이다.

이 값들은 각 정점에 대해 모든 인접한 앞선 정점들의 리스트를 유지함으로써 선형 시간에 계산될 수 있다. 최초 완료 시간은 그들의 위상 순서에 의해 정점들에 대해 계산될 수 있고, 최종 완료 시간은 역 위상 순서에 의해 계산된다. 최종 완료 시간은 그림 9.36에서 보여 준다.

이벤트 노드 그래프에서 각 간선에 대한 **여유 시간(slack time)**은 전체 완료를 지연시키지 않고 활동의 완료가 지연될 수 있는 시간을 의미한다. 그것은 다음과 같다.

$$Slack_{(v,w)} = LC_w - EC_v - c_{v,w}$$

그림 9.37은 이벤트 노드 그래프에서 각 활동에 대한 여유 시간을 나타낸다. 각 노드에서 상단의 숫자는 최초 완료 시간이고 하단의 숫자는 최종 완료 시간이다.

몇몇의 활동들은 0의 여유시간을 갖는다. 이는 스케쥴에 따라 완료해야 하는 임계 활동들이 있다. 0-여유(zero-slack) 간선들로 이루어진 경로가 있다; 그러한 경로는 **임계 경로(critical path)**이다.

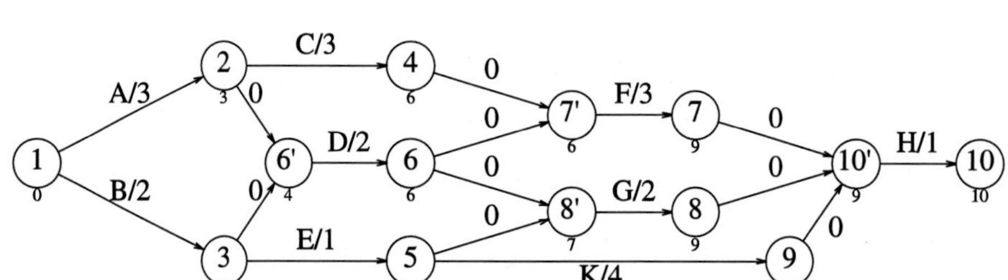

그림 9.36 최종 완료 시간

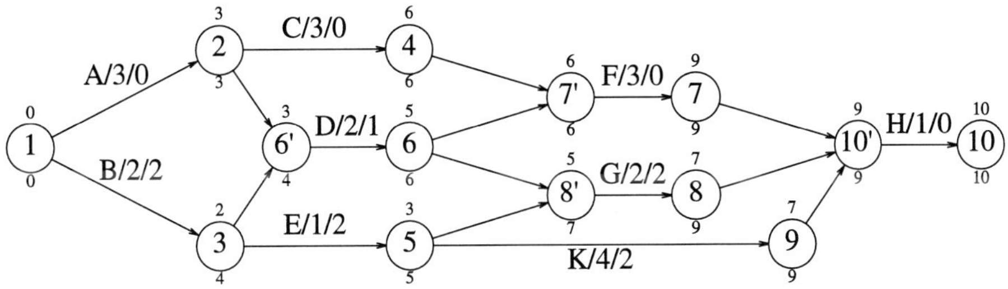

그림 9.37 최초 완료 시간, 최종 완료 시간, 그리고 여유 시간

9.3.5 전쌍(all-pairs) 최단 경로

때때로 그래프에서 정점들의 모든 쌍 사이에 최단 경로들을 찾는 것이 중요하다. 비록 적절한 단일-출발점(single-source) 알고리즘을 $|V|$ 시간에 실행할 수 있다고 하더라도, 즉시 모든 정보를 계산한다면 조밀한 그래프에서 약간 더 빠른 해결책을 기대할 수도 있다.

10장의 가중치 그래프에서 이 문제를 해결할 수 있는 $O(|V|^3)$ 알고리즘을 배울 것이다. 조밀한 그래프에서 단순한(비우선순위 큐) Dijkstra 알고리즘을 $|V|$ 시간에 실행하는 것과 같은 제한이 있다고 하더라도 루프들은 매우 촘촘해서 특정한 전쌍 알고리즘이 실제로 더 빠를 것처럼 보인다. 물론, 회소 그래프에서 우선순위 큐에 기반으로 코딩된 $|V|$ 시간의 Dijkstra 알고리즘을 수행하는 것이 더 빠르다.

9.3.6 최단 경로 예제

이 절에서는 단어 사다리(word ladder)를 계산하기 위한 C++ 루틴을 작성한다. 단어 사다리에서 각 단어는 사다리의 이전 단어에서 한 문자를 바꿈으로써 만들어진다. 예를 들면, 한 문자 치환의 순서에 의해 zero를 five로 바꿀 수 있다: zero hero here hire fire five.

이는 각 단어가 정점이고 한 문자 치환으로 서로가 바뀔 수 있다면 두 정점들 사이에 간선을 갖는 비가중치 최단 문제이다.

4.8절에서, 키가 단어이고 값은 한 문자 변환으로 생긴 단어를 포함하는 vectors인 map을 만드는 C++ 루틴을 작성하였다. 그와 같이, 인접 리스트 형태로 map은 그래프를 나타내는데, 단일-출발점 비가중치 최단-경로 알고리즘을 실행하는 하나의 루틴과 단일-출발점 최단-경로 알고리즘을 수행한 후 단어를 순서대로 출력하는 두 번째 루틴을 작성할 필요가 있다. 이러한 두 루틴은 그림 9.38에서 보여 준다.

첫 번째 루틴은 인접 리스트와 연결되어질 두 단어들을 나타내는 map을 취하고 키는 단어이고 값은 first에서 출발하여 최단 사다리에서 키에 앞선 단어인 map을 돌려 주는 findChain이다. 다시 말해, 앞의 예제에서, 시작 단어가 zero이면, 키 five에 대한 값은 fire이고, 키 fire에 대한 값은 hire이고, 키 hire에 대한 값은 here이다. 분명히 이는 반대

```
// 인접 맵으로부터 최단경로계산을 수행해서
그래프에 있는 각각의 단어에 대한 prev 진입점을 포함한 맵을 반환한다.
map<string,string> findChain( const map<string,vector<string> > & adjacentWords,
                              const string & first )
{
    map<string,string> previousWord;
    queue<string> q;

    q.push( first );
    while( !q.empty( ) )
    {
        string current = q.front( ); q.pop( );

        map<string,vector<string> >::const_iterator itr;
        itr = adjacentWords.find( current );

        const vector<string> & adj = itr->second;
        for( int i = 0; i < adj.size( ); i++ )
            if( previousWord[ adj[ i ] ] == "" )
            {
                previousWord[ adj[ i ] ] = current;
                q.push( adj[ i ] );
            }
    }
    previousWord[ first ] = "";

    return previousWord;
}

// 최단경로 계산을 수행한 후
// first부터 second까지 일련의 단어 변화를 포함하는 벡터를 계산한다.
vector<string> getChainFromPrevMap( const map<string,string> & previous,
                                    const string & second )
{
    vector<string> result;
    map<string,string> & prev = const_cast<map<string,string> &>( previous );

    for( string current = second; current != ""; current = prev[ current ] )
        result.push_back( current );

    reverse( result.begin( ), result.end( ) );

    return result;
}
```

그림 9.38 단어 사다리를 찾기 위한 C++ 코드

역으로 작업할 수 있는 두 번째 루틴 getChainFromPreviousMap을 위해 충분한 정보를 제공한다.

findChain은 그림 9.18의 의사코드를 구현한 것이고 first가 adjacentWords에서 키라고 가정한다(이는 호출에 앞서 검사되거나 조건이 만족되지 않는다면 예외처리를 하는 16번째 줄에 추가 코드를 부가할 수 있다). 기본적인 루프가 first에 대한 입력으로 부정확하게 할당함으로써(first에 인접한 초기의 단어가 처리될 때) 25번째 줄에서 그 입력이 고쳐진다.

getChainFromPrevMap은 map에서 키인 prev 맵과 second를 사용하고 prev를 통해 역으로 작업함으로써 단어 사다리를 구성하기 위한 단어들을 돌려 준다. 이는 역으로 단어를 생성함으로써 STL reverse 알고리즘이 이 문제를 처리하기 위해 사용된다. 36번째 줄의 cast는 operator[ ]가 변하지 않는 map에 적용될 수 없기 때문에 필요하다.

코드는 map을 사용하기 때문에, 실행 시간은 그것이 필요로 하는 것보다 $\log E$ 만큼 더 크다. 이는 hash_map으로 피할 수 있다.

이 문제는 한 문자의 추가 및 삭제를 포함하는 한 문자 치환을 허용하도록 일반화하는 것이 가능하다. 인접 리스트를 계산하는 것은 약간의 더 많은 노력을 요구한다: 4.8절의 마지막 알고리즘에서, 그룹 g에서 단어 w를 위한 표본이 연산될 때마다, 그 표본이 그룹 g-1의 단어인지 여부를 검사한다. 만약 그렇다면, 그 표본은 w에 인접한 것이고(이는 단일 문자 삭제이다), w는 표본에 인접한 것이다(이는 단일 문자 추가이다). 또한 문자의 삭제 또는 추가에 비용을 할당하는 것이 가능하고(단순 치환보다 더 높다), 이는 Dijkstra 알고리즘으로 해결될 수 있는 가중치 최단 경로 문제를 생성한다.

9.4 네트워크 흐름 문제

간선의 용량 $c_{v,w}$를 갖는 방향 그래프 $G=(V, E)$가 주어진다고 가정하자. 용량은 파이프를 통해 흐르는 물의 양 또는 교차로를 지나는 교통량을 표현할 수 있다. 두 개의 정점들이 존재하는데, 하나는 **소스(source)**라 불리는 s이고 다른 하나는 **싱크(sink)**라 불리는 t이다. 어떠한 간선(v, w)을 통하여 많아야 $c_{v,w}$ 만큼이 지나갈 수 있다. s 또는 t가 아닌 임의의 정점 v에서 들어오는 양과 나가는 양은 같다. 최대 흐름 문제는 s로부터 t까지 갈 수 있는 흐름의 최대 양을 결정하는 것이다. 예제로, 그림 9.39에서 왼쪽 그래프의 최대 흐름은 오른쪽 그래프에서 표시되듯이 5이다.

문제에서 요구되듯이 간선은 자신의 용량보다 더 많은 양을 운반하지 않는다. 정점 a는 흘러 들어오는 양이 3단위이고 c와 d에 분산되어진다. 정점 d는 a와 b로부터 흘러 들어오는 양이 3단위이고 이를 합하여 t에 그 결과를 보낸다. 정점은 간선 용량이 위배

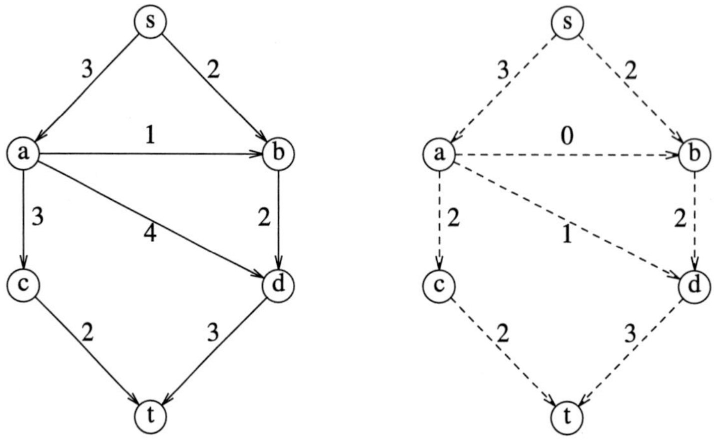

그림 9.39 그래프(왼쪽)와 최대 흐름

되지 않고 흐름 관리가 유지되는 동안 어떤 방식으로든 흐름을 합할 수도 있고 분산시킬 수도 있다.

9.4.1 단순한 최대-흐름 알고리즘

문제를 해결하기 위한 첫 번째 시도는 단계별로 이루어진다. 그래프 G로 시작하고 흐름 그래프 G_f를 구성한다. G_f는 알고리즘의 매 단계에서 이루어진 흐름을 말한다. 처음에 G_f의 모든 간선들은 흐름을 가지고 있지 않고, 알고리즘이 종료될 때 G_f는 최대 흐름을 표시한다. 또한 그래프 G_r이라 불리는 **잔여 그래프(residual graph)**를 구성하는데, G_r은 각 간선에 대해 얼마나 많은 흐름이 부가될 수 있는 지를 표시한다. 각 간선에 대한 용량으로부터 현재 흐름을 뺌으로써 이를 계산할 수 있다. G_r에서 간선은 **잔여 간선(residual edge)**으로 알려진다.

매 단계에서, s로부터 t까지 G_r에서의 경로를 찾는다. 경로는 **증대 경로(augmenting path)**로 알려진다. 이 경로에서 최소 간선은 경로의 모든 간선을 더해질 수 있는 흐름의 양이다. 이는 G_f를 조정하고 G_r을 재계산함으로써 이루어진다. G_r에서 s로부터 t까지 경로를 찾지 못할 때 종료한다. 이 알고리즘은 비결정적이기에 s로부터 t까지 어떠한 경로를 자유롭게 선택할 수 있다; 명백하게 몇몇 선택은 다른 것들보다 더 좋은데, 이 문제는 나중에 논의할 것이다. 예제에서 이 알고리즘을 실행해 본다. 그래프는 각각 G, G_f, G_r이다. 이 알고리즘에는 약간의 단점이 있다는 것을 기억하자. 초기구성은 그림 9.40과 같다.

잔여 그래프에서 s로부터 t까지의 많은 경로들이 있다. s, b, d, t를 선택한다고 가정하자. 이 때 이 경로에서 모든 간선을 통해 2 단위의 흐름을 보낼 수 있다. 일단 우리들이 간선을 채울 때(포화된다), 이는 잔여 그래프로부터 제거될 수 있다는 규칙을 이용한다. 그러면 그림 9.41을 얻는다.

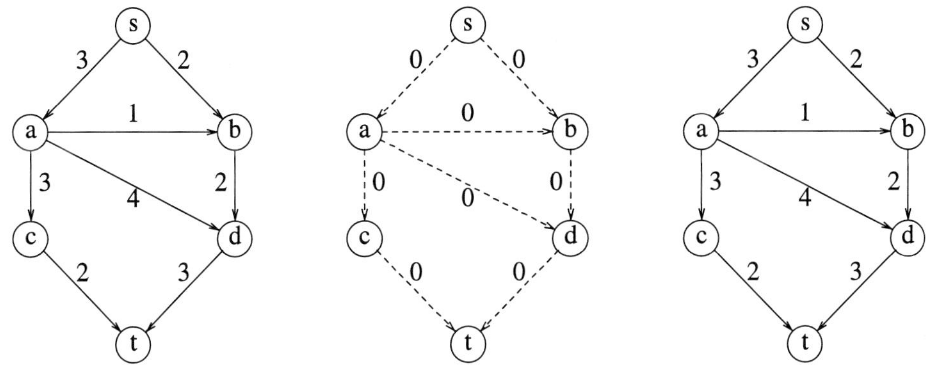

그림 9.40 그래프, 흐름 그래프, 그리고 잔여 그래프의 초기단계

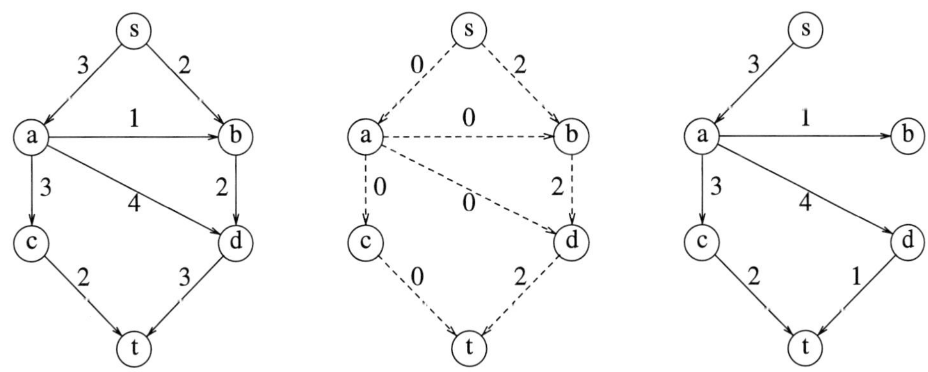

그림 9.41 s, b, d, t를 따라 추가된 2 단위 흐름 후의 G, G_f, G_r

다음 단계에는 2 단위 흐름을 허용한 경로 s, a, c, t를 선택할 수도 있다. 요구된 조정을 거쳐 그림 9.42의 그래프들을 얻는다.

선택하기 위해 남은 유일한 경로는 1 단위 흐름을 허용하는 s, a, d, t이다. 그 결과로 생긴 그래프는 그림 9.43과 같다.

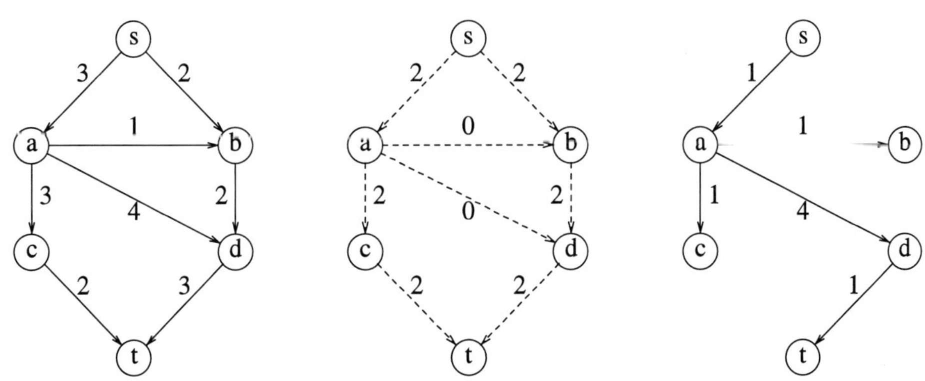

그림 9.42 s, a, c, t를 따라 추가된 2 단위 흐름 후의 G, G_f, G_r

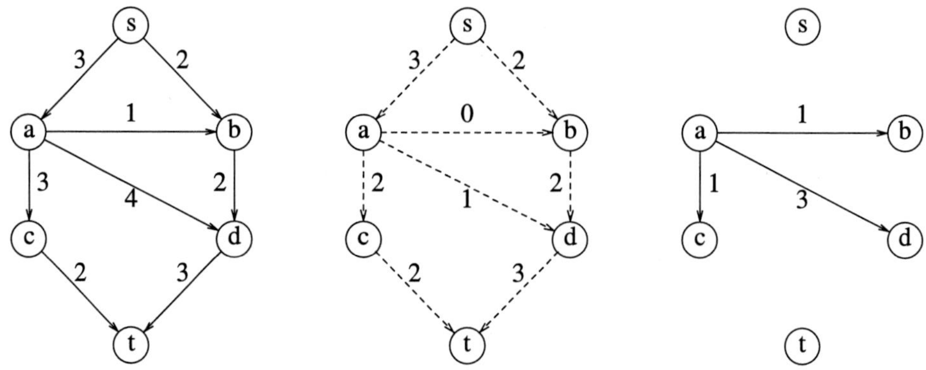

그림 9.43 s, a, d, t를 따라 추가된 1 단위 흐름 후의 G, G_f, G_r – 알고리즘 종료

알고리즘은 여기에서 종료되는데, t는 s로부터 도달가능하지 않기 때문이다. 결과적으로 5 단위 흐름이 최대이다. 문제를 이해하기 위하여, 초기 그래프로부터 경로 s, a, d, t를 선택했다고 가정하자. 이 경로는 3 단위 흐름을 허용하고 좋은 선택인 것으로 보인다. 그러나 이 선택의 결과는 잔여 그래프에서 s로부터 t까지 어떤 경로도 존재하지 않는다는 것이고 알고리즘은 최적해의 발견에 실패했다는 것이다. 이는 탐욕적(greedy) 알고리즘의 예로서, 그림 9.44는 이 알고리즘의 실패 원인을 보여 준다.

이 알고리즘이 수행되도록 하기 위하여, 알고리즘이 방식을 바꾸도록 허용할 필요가 있다. 이를 위하여 흐름 그래프에서 흐름 $f_{v,w}$를 가진 모든 간선 (v, w)에 대해, 용량 $f_{v,w}$의 잔여 그래프의 간선 (w, v)을 추가할 것이다. 사실상, 알고리즘이 반대 방향으로 보내는 결정을 하지 않도록 허용할 것이다. 이는 예제를 통해 보이는 것이 가장 좋다. 최초 그래프로부터 시작하고 증대 경로 s, a, d, t를 선택함으로써 그림 9.45의 그래프를 얻는다.

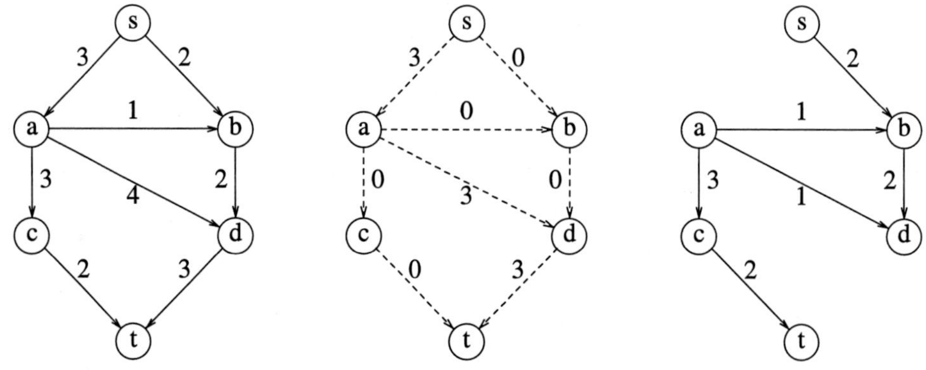

그림 9.44 초기 행동이 s, a, d, t를 따라 3 단위 흐름을 추가할 때의 그래프들 G, G_f, G_r – 차선의 해결책으로 알고리즘은 종료한다.

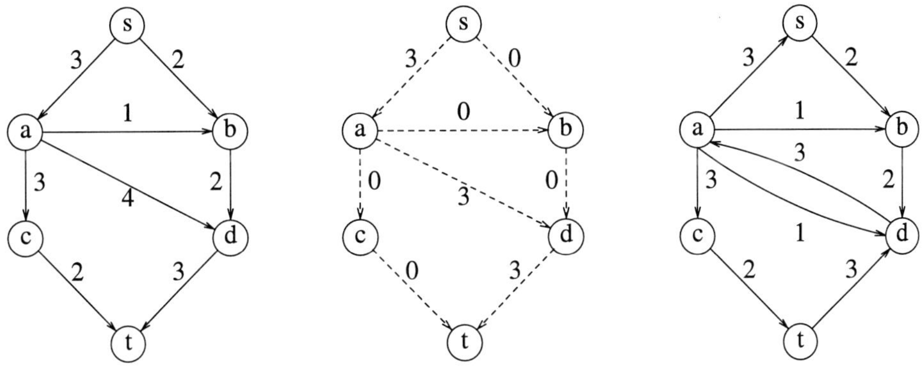

그림 9.45 정확한 알고리즘을 사용하여 s, a, d, t를 따라 3 단위 흐름 추가 후의 그래프들

잔여 그래프에서 a와 d 사이의 양방향으로 간선이 존재한다. 1 단위 이상의 흐름이 a에서 d로 보내지거나, 3 단위들까지 가능하다 - 흐름을 취소할 수 있다. 알고리즘은 흐름 2의 증대 경로 s, b, d, a, c, t를 찾는다. d부터 a까지 2 단위 흐름을 보냄으로써, 알고리즘은 간선(a, d)로부터 2 단위 흐름을 제거하고, 실질적으로 방식을 바꾸고 있는 것이다. 그림 9.46은 새로운 그래프들을 나타낸다.

이 그래프에는 증대 경로가 없어서 알고리즘은 종료된다. 놀랍게도, 만약 간선의 용량들이 유리수들이면 이 알고리즘은 항상 최대 흐름으로 종료되는 것을 알 수 있다. 이 증명은 다소 어렵고 본문의 범위를 벗어난다. 비록 예제가 비순환일지라도, 이는 작업하는 알고리즘을 위한 요구사항이 아니다. 단순하게 유지되도록 하기 위하여 비순환 그래프를 사용하였다.

만약 용량들이 모두 정수들이고 최대 흐름이 f이면, 각 증대 경로가 흐름 값을 1씩 증가시키기 때문에 f단계이면 충분하고 증대 경로가 비가중치 최단 경로 알고리즘에 의해 $O(|E|)$ 시간내에 찾아질 수 있기 때문에 전체 실행 시간은 $O(f \cdot |E|)$이다. 이것이 좋지 않은 실행시간이라는 것을 보여 주는 예는 그림 9.47의 그래프에서 보여 준다.

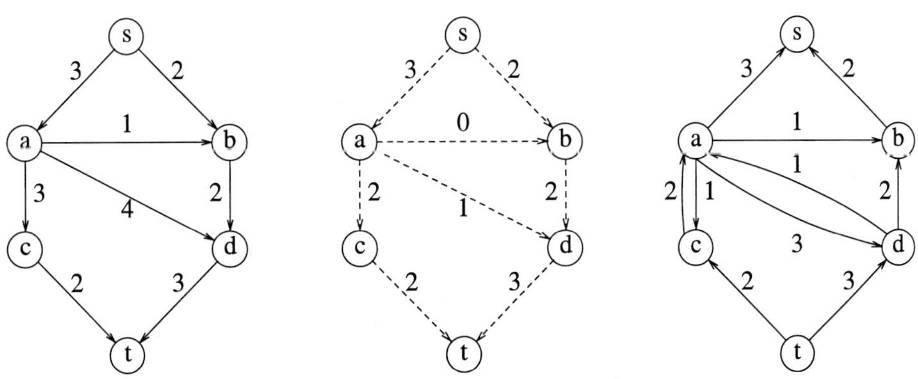

그림 9.46 정확한 알고리즘을 사용하여 s, b, d, a, c, t를 따라 2 단위 흐름 추가 후의 그래프들

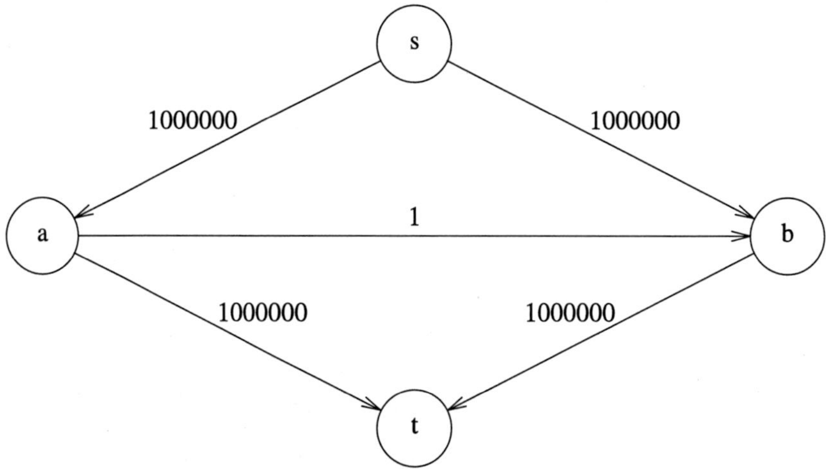

그림 9.47 증가에 대한 좋지 않은 예

최대 흐름은 양쪽으로 1,000,000을 보내므로 2,000,000인 것처럼 보여진다. 임의의 증가는 a와 b에 연결된 간선을 포함하는 경로를 따라 계속 증대될 수 있다. 이것이 반복적으로 발생한다면, 오직 2개가 지나갈 때 2,000,000 증대가 요구될 것이다.

이 문제를 해결하기 위한 단순한 방법은 항상 흐름에서 가장 큰 증가를 허용하는 증대 경로를 선택하는 것이다. 그러한 경로를 발견하는 것은 가중치 최단-경로 문제를 해결하는 것과 유사하고 Dijkstra 알고리즘의 단일-라인 변경은 잘 수행될 것이다. 만약 $cap_{\max}$가 최대 간선 용량이라면, $O(|E|\log cap_{\max})$ 증가가 최대 흐름을 찾기 위하여 충분하다는 것을 보여줄 수 있다. 이런 경우에, $O(|E|\log|V|)$ 시간은 증대 경로의 각 연산에 사용되기 때문에, $O(|E|^2\log|V|\log cap_{\max})$의 전체 제한이 얻어진다. 만약 용량들이 모두 작은 정수라면, 이는 $O(|E|^2\log|V|)$으로 감소한다.

증대 경로를 선택하는 다른 방법은 항상 가장 작은 수의 간선들을 가진 경로를 선택하는 것으로서, 이런 방식으로 경로를 선택함으로써 작은 흐름 제한 간선이 경로에 있을 것 같지 않다는 것이다. 이 규칙을 사용하여 $O(|E|\cdot|V|)$ 만큼의 증대 단계들이 요구된다는 것을 알 수 있다. 매 단계는 $O(|E|)$ 시간이 걸리는데, 비가중치 최단 경로 알고리즘을 사용하여 실행 시간에 $O(|E|^2|V|)$의 제한을 두게 된다.

더 나아가 자료구조의 개선은 이 알고리즘에서 가능한 일이고, 몇 가지 더 복잡한 알고리즘도 존재한다. 개선된 제한은 이 문제에 현재 가장 잘 알려진 제한을 낮췄다. 비록 $O(|E||V|)$의 알고리즘이 보고된 적은 없지만, $O(|E||V|\log(|V|^2/|E|))$와 $O(|E||V|+|V|^{2+\varepsilon})$의 제한을 가진 알고리즘들을 찾았다(참고문헌 참조). 특별한 경우들에 대한 좋은 제한이 있다. 예를 들면, $O(|E||V|^{1/2})$ 시간은 그래프에서 최대 흐름을 찾을 수 있는데, 소스와 싱크를 제외한 모든 정점들은 용량 1의 단일 진입 간선 또는 용량 1의 단일

진출 간선을 가진다는 속성을 유지한다. 이러한 그래프들은 많은 어플리케이션들에서 찾아볼 수 있다.

이 제한들을 만들도록 요구된 분석들은 오히려 복잡하고, 최악의 경우의 결과가 실제로 겪는 실행 시간과 얼마나 관련이 있는지는 명백하지 않다. 관련된 더욱 어려운 문제는 **최소-비용 흐름**(min-cost flow) 문제이다. 각 간선은 용량뿐만 아니라 단위 흐름당 비용을 가지고 있다. 문제는 모든 최대 흐름들 사이에서 최소 비용의 흐름을 찾아내는 것이다. 이러한 문제들은 활발하게 연구되고 있다.

9.5 최소 신장 트리

다음 문제는 무향그래프에서 **최소 신장 트리**(minimum spanning tree)를 찾는 것이다. 그 문제는 유향그래프에서 더 의미를 가지나 더 어렵게 느껴진다. 무향그래프 G의 최소 신장 트리는 가장 적은 총 비용으로 G의 전체 정점들을 연결하는 그래프 간선들로부터 형성된 트리이다. 최소 신장 트리는 오직 G가 연결되었을 때만 존재한다. 비록 강력한 알고리즘이 G가 연결되지 않은 경우에 대해서 나타내었더라도, G가 연결되었다고 가정할 것이고 강력한 알고리즘 문제는 독자에게 연습문제로 남긴다.

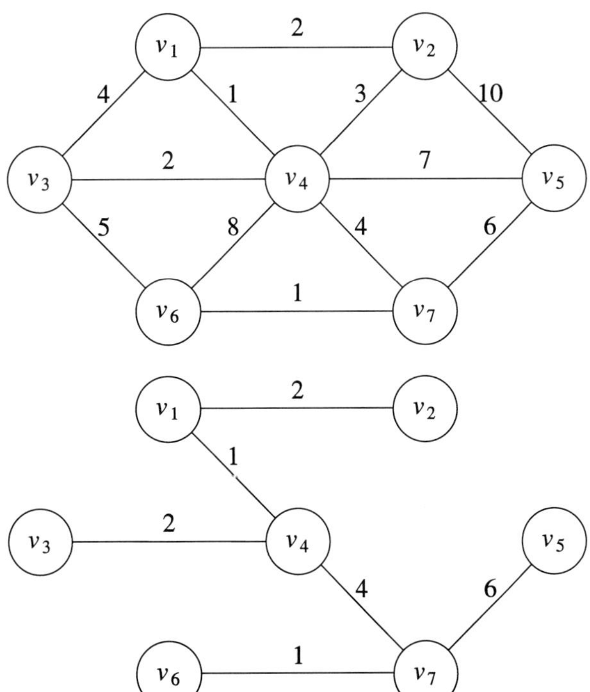

그림 9.48 그래프 G와 최소 신장 트리

그림 9.48의 두 번째 그래프는 첫 번째 그래프의(유일하지만 예외적인 경우이다) 최소 신장 트리이다. 최소 신장 트리에서 간선들의 개수는 $|V|-1$이다. 최소 신장 트리는 비순환이기 때문에 트리(tree)이고, 모든 정점을 다루기 때문에 신장(spanning)이고, 명백한 근거가 존재하기 때문에 최소(minimum)이다. 우리가 최소의 케이블(아무런 전기적인 제약사항이 없다고 가정)을 가지고 집에 배선하려 한다면, 최소 신장 트리 문제가 해결될 필요가 있을 것이다.

어떠한 신장 트리 T에 대해, 만약 T에 없는 간선 e가 추가된다면 순환이 생긴다. 순환에서 어떠한 간선의 제거는 신장 트리의 속성을 복원시킨다. 만일 e가 제거된 간선보다 낮은 비용을 갖는다면 신장 트리의 비용은 줄어든다. 만일 신장 트리가 생성될 때 추가된 간선이 순환 생성을 피할 수 있는 최소 비용 중의 하나라면, 어떠한 교체된 간선도 이미 신장 트리에 포함된 간선만큼의 비용을 가지기 때문에 최종적인 신장 트리의 비용은 개선될 수 없다. 이것은 그리드(greed)가 최소 신장 트리 문제에 적절히 작용한다는 것을 보여 준다. 두 알고리즘은 어떻게 최소 간선이 선택되는지에서 다르다.

9.5.1 Prim의 알고리즘

최소 신장 트리를 계산하는 한 가지 방법은 연속적인 단계에서 트리를 확장시키는 것이다. 각 단계에서, 하나의 노드가 루트로 선택되고 간선이 추가된 후 차례로 연관된 정점이 트리에 추가되어 만들어진다.

알고리즘의 어떠한 시점에서, 트리에 이미 포함된 정점들의 집합을 갖는다는 것을 알 수 있다. 나머지 정점들을 포함되지 않는다. 각 단계에서 알고리즘은 정점 u가 트리에 포함되고 v는 포함되지 않은 모든 간선들 중에서 가장 작은 비용을 가지는 간선$(u,\ v)$를 선택함으로써 트리에 추가할 새로운 정점을 찾는다. 그림 9.49는 어떻게 이 알고리즘이 v_1로부터 시작하여 어떻게 최소 신장 트리를 생성하는 지를 보여 준다. 처음에 v_1은 간선을 갖지 않는 루트처럼 트리에 존재한다. 각 단계에서는 하나의 간선과 한 정점이 트리에 추가된다.

Prim의 알고리즘이 최단 경로를 위한 Dijkstra의 알고리즘과 본질적으로 동일하다는 것을 알 수 있다. 전처럼, 각 정점에 대해 값 d_v와 p_v를 유지하고, 이것이 known 인지 unknown인지를 표시한다. d_v의 표시가 known 정점까지 v를 연결하는 가장 최단 간선의 가중치이고 p_v는 d_v에 변화를 발생시키는 마지막 정점이다. 알고리즘의 나머지 부분은 d_v의 정의가 다르기 때문에, 그러한 것이 갱신 규칙이라는 것을 제외하면 같다. 이 문제에서, 갱신 규칙은 전보다 더 단순하다. 정점 v가 선택된 후에 v에 인접한 각 unknown w에 대해 $d_w = \min(d_{w,}\ c_{w,v})$이다.

테이블의 초기 구성은 그림 9.50과 같다. v_1이 선택되고 v_2, v_3, v_4가 갱신된다. 이 갱신이 적용된 테이블은 그림 9.51에서 나타낸다. 선택된 다음 정점은 v_4이다. 모든 정점은

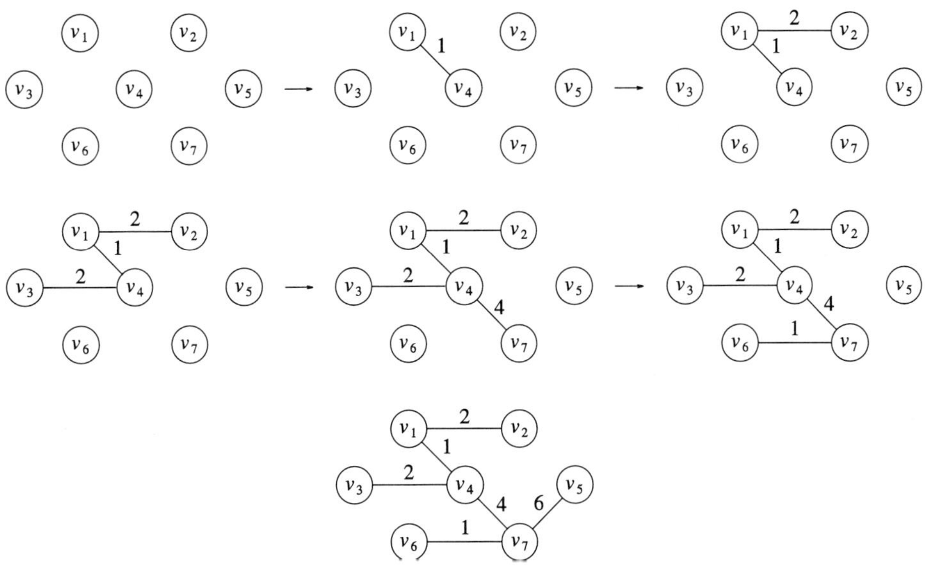

그림 9.49 매 단계 후 Prim의 알고리즘

v	known	d_v	p_v
v_1	F	0	0
v_2	F	∞	0
v_3	F	∞	0
v_4	F	∞	0
v_5	F	∞	0
v_6	F	∞	0
v_7	F	∞	0

그림 9.50 Prim의 알고리즘에서 사용되는 테이블의 초기 구성

v	known	d_v	p_v
v_1	T	0	0
v_2	F	2	v_1
v_3	F	4	v_1
v_4	F	1	v_1
v_5	F	∞	0
v_6	F	∞	0
v_7	F	∞	0

그림 9.51 v_1이 known으로 선언된 후의 테이블

v_4에 인접한다. v_1은 known이기 때문에 조사되지 않는다. v_2는 바뀌지 않는데, 왜냐하면 $d_v = 2$이고 v_4로부터 v_2까지 간선 비용이 3이기 때문이다. 나머지는 모두 갱신된다. 그림 9.52는 최종 결과 테이블을 나타낸다. 선택된 다음 정점은 v_2(임의로 끈을 끊으며)이다. 이것은 어떠한 거리에도 영향을 주지 않는다. 그 다음에 v_3가 선택되고, 이는 v_6의 거리에 영향을 주는데 그 결과는 그림 9.53과 같다. 그림 9.54는 v_7을 선택했을 때의 결과를 나타내며, v_6와 v_5가 인접되도록 한다. v_6와 그 다음에 v_5가 선택되고 알고리즘이 종료된다.

v	known	d_v	p_v
v_1	T	0	0
v_2	F	2	v_1
v_3	F	2	v_4
v_4	T	1	v_1
v_5	F	7	v_4
v_6	F	8	v_4
v_7	F	4	v_4

그림 9.52 v_4가 known으로 선언된 후의 테이블

v	known	d_v	p_v
v_1	T	0	0
v_2	T	2	v_1
v_3	T	2	v_4
v_4	T	1	v_1
v_5	F	7	v_4
v_6	F	5	v_3
v_7	F	4	v_4

그림 9.53 v_2와 v_3가 known으로 선언된 후의 테이블

v	known	d_v	p_v
v_1	T	0	0
v_2	T	2	v_1
v_3	T	2	v_4
v_4	T	1	v_1
v_5	F	6	v_7
v_6	F	1	v_7
v_7	T	4	v_4

그림 9.54 v_7이 known으로 선언된 후의 테이블

v	known	d_v	p_v
v_1	T	0	0
v_2	T	2	v_1
v_3	T	2	v_4
v_4	T	1	v_1
v_5	T	6	v_7
v_6	T	1	v_7
v_7	T	4	v_4

그림 9.55 v_6와 v_5가 선택된 후의 테이블 (Prim의 알고리즘 종료)

마지막 테이블은 그림 9.55에 나타낸다. 신장 트리에서 간선들은 테이블로부터 (v_2, v_1), (v_3, v_4), (v_4, v_1), (v_5, v_7), (v_6, v_7), (v_7, v_4) 와 같이 읽힐 수 있다. 총 비용은 16이다.

이 알고리즘의 구현은 Dijkstra 알고리즘의 구현과 동일하고 Dijkstra 알고리즘의 분석에 대해 얘기한 모든 것이 여기에 적용된다. Prim의 알고리즘이 무향그래프에서 실행되는 것을 알아야 하고, 코딩할 때 두 인접 리스트에 모든 간선을 놓아야 되는 것을 기억해야 한다. 실행시간은 $O(|V|^2)$으로 힙을 사용하지 않으며 밀집 그래프에 최적이고, 이진 힙을 사용하는 경우에는 $O(|E|\log|V|)$이고, 희소 그래프에 적절하다.

9.5.2. Kruskal의 알고리즘

두 번째 탐욕적 전략은 계속적으로 가장 작은 가중치를 가진 순서대로 간선들을 선택하고 순환을 발생시키지 않는다면 간선을 받아들인다. 이전 예제로 그래프에서 알고리즘의 실행은 그림 9.56에서 보여 준다.

Edge	Weight	Action
(v_1, v_4)	1	Accepted
(v_6, v_7)	1	Accepted
(v_1, v_2)	2	Accepted
(v_3, v_4)	2	Accepted
(v_2, v_4)	3	Rejected
(v_1, v_3)	4	Rejected
(v_4, v_7)	4	Accepted
(v_3, v_6)	5	Rejected
(v_5, v_7)	6	Accepted

그림 9.56 G에서 Kruskal의 알고리즘의 행동

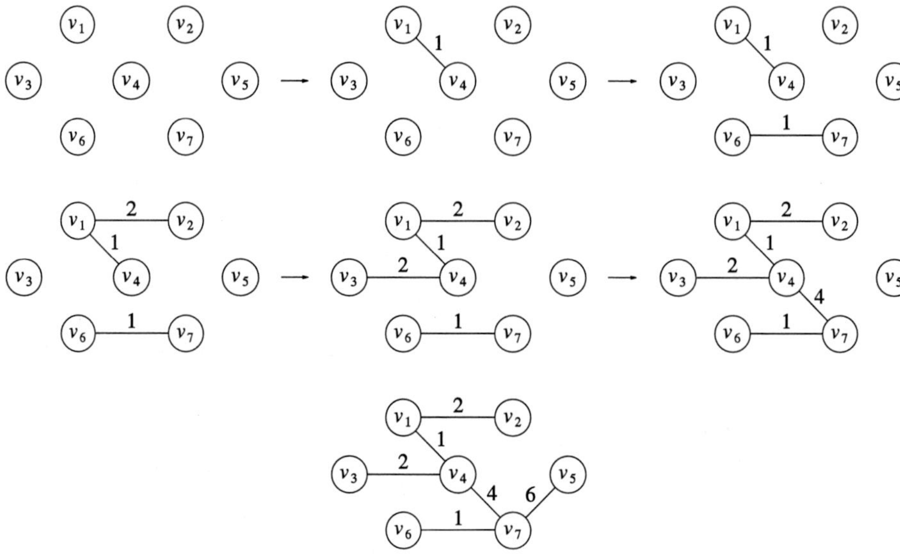

그림 9.57 매 단계 후의 Kruskal의 알고리즘

Kruskal의 알고리즘은 트리들의 모음, 즉 숲(forest)을 유지한다. 초기에는 $|V|$개의 단일-노드 트리들이다. 간선을 더하는 것은 두 개의 트리들을 하나의 트리로 병합하는 것이다. 알고리즘이 끝날 때, 단지 하나의 트리가 남게 되고, 이것이 최소 신장 트리이다. 그림 9.57은 간선들이 숲에 더해지는 순서를 보여 준다.

충분한 간선들이 받아들여질 때 알고리즘은 종료된다. 간선$(u,\ v)$이 받아들여질 지 거절될 지 여부를 결정하는 것은 단순하다. 적합한 데이터 구조는 8장의 union/find 알고리즘이다.

변하지 않는 규칙은 만약 두 정점이 현재의 신장 숲에 연결되면 이들은 같은 집합에 속한다는 것이다. 각 정점은 초기에 자신의 집합에 속한다. 만약 u와 v가 같은 집합에 속한다면 간선은 거부되는데, 왜냐하면 그들이 이미 연결된 이래로 $(u,\ v)$의 추가는 순환을 형성하기 때문이다. 그렇지 않으면 간선은 받아들여지고, union은 u와 v를 포함하는 두 집합에서 수행된다. 이것이 그 집합을 변하지 않도록 유지하는 것을 보이기는 쉬운데, 왜냐하면 간선$(u,\ v)$가 신장 숲에 더해질 때, w가 u에 연결되어 있고 x는 v에 연결되어 있다면, x와 w는 지금 연결되어야 하고 같은 집합에 속하게 되기 때문이다.

간선들은 선택을 쉽게 하기 위해 정렬될 수 있으나, 선형 시간에 힙을 만드는 것이 훨씬 좋은 생각이다. 그 다음 deleteMin들은 순차적으로 검사받을 간선들을 준다. 비록 모든 간선들이 검사받도록 하는 것이 가능할 지라도, 단지 간선들의 일부가 알고리즘이 종료되기 전에 검사받을 필요가 있다. 예를 들면, 여분 정점 v_8과 비용 100의 간선$(v_5,\ v_8)$이 있다면, 모든 간선들은 조사되어야 한다. 그림 9.58에서 함수 Kruskal은 최소 신장 트리를 찾는다.

```
void Graph::kruskal( )
{
    int edgesAccepted = 0;
    DisjSet ds( NUM_VERTICES );
    PriorityQueue<Edge> pq( getEdges( ) );
    Edge e;
    Vertex u, v;

    while( edgesAccepted < NUM_VERTICES - 1 )
    {
        pq.deleteMin( e ); // Edge e = (u, v)
        SetType uset = ds.find( u );
        SetType vset = ds.find( v );
        if( uset != vset )
        {
            // Accept the edge
            edgesAccepted++;
            ds.unionSets( uset, vset );
        }
    }
}
```

그림 9.58 Kruskal의 알고리즘에 대한 의사코드

이 알고리즘의 최악의 실행 시간은 $O(|E|\log|E|)$으로 힙 연산에 종속된다. $|E| = O(|V|^2)$이기 때문에 실행 시간이 실제로 $O(|E|\log|V|)$이다. 알고리즘은 시간 제한이 나타내는 것보다 훨씬 빠르다.

9.6 깊이-우선 탐색의 응용

깊이-우선 탐색(depth-first search)은 전위 순회의 일반화이다. 어떤 정점 v에서 시작하여, v를 처리하고 v에 인접한 모든 정점들을 차례로 순회한다. 이 처리가 트리에서 실행된다면, 모든 트리 정점들은 $|E| = \Theta(|V|)$ 이후, 전체 시간 $O(|E|)$ 이내에 방문된다. 임의의 그래프에서 이 처리를 수행한다면, 순환을 피하도록 주의가 필요하다. 이를 위해, 정점 v를 방문할 때, 이것을 방문했다고 **표시**한 후, 이미 표시되지 않은 모든 인접한 정점들에 대한 깊이-우선 탐색을 반복적으로 수행한다. 무향그래프의 모든 간선(v, w)이 인접 리스트에 두 번 나타난다고 가정하자: 한번은 (v, w)이고, 다른 한번은 (w, v)이다. 그림 9.59의 프로시쥬어는 깊이-우선 탐색을 수행하고, 일반적인 형태에 대한 템플릿이다.

```
void Graph::dfs( Vertex v )
{
    v.visited = true;
    for each Vertex w adjacent to v
      if( !w.visited )
        dfs( w );
}
```

그림 9.59 깊이-우선 탐색을 위한 템플릿(의사코드)

각 정점에 대해, 데이터 멤버 visited는 false로 초기화된다. 방문하지 않았던 노드들에 대해 프로시쥬어를 재귀적으로 호출하여 무한 루프에 빠지지 않는다는 것을 보장해준다. 그래프가 무향그래프이고 연결되어 있지 않거나, 유향그래프이고 강한 연결이 아니면 이 전략은 임의의 노드를 방문하는데 실패할 지도 모른다. 표시되지 않은 노드를 찾아 깊이-우선 순회를 적용하고, 이 과정은 표시되지 않은 노드들이 없을 때까지 계속된다.[2)] 이 전략은 각 간선이 단 한 번 만나는 것을 보장하기 때문에, 인접 리스트들이 사용되는 동안 순회를 수행하는 전체 시간은 $O(|E|+|V|)$이다.

9.6.1 무향그래프

무향그래프는 어떠한 노드로부터 시작한 깊이-우선 탐색이 모든 노드를 방문하는 경우에 연결된다. 이 검사가 적용되기 매우 쉽기 때문에, 다루어질 그래프들이 연결된다고 가정한다. 그렇지 않다면, 모든 연결된 요소들을 찾을 수 있고, 차례로 이러한 것들 각각에 알고리듬을 적용할 수 있다.

깊이-우선 탐색의 예제로, 정점 A에서 출발하는 그림 9.60의 그래프를 생각해 보자. 그리고 나서 A를 방문한 것으로 표시하고 dfs(B)를 재귀적으로 호출한다. dfs(B)는 B를 방문한 것으로 표시하고 dfs(C)를 재귀적으로 호출한다. dfs(C)는 C를 방문한 것으로 표시하고 dfs(D)를 재귀적으로 호출한다. dfs(D)는 A와 B를 보나, 모두 표시가 되어 있으므로 어떤 재귀 호출도 하지 않는다. dfs(D)는 또한 C가 인접하고 있지만 표시된 것을 알고 어떠한 재귀 호출도 하지 않고, dfs(D)는 dfs(C)로 되돌아간다. dfs(C)는 B에 인접한 것을 알고 이를 무시하며, 이전에 보지 못한 정점 E가 인접한 것을 찾아내고, dfs(E)를 호출한다. dfs(E)는 E를 표시하고 A와 C를 무시하며 dfs(C)로 되돌아온다. dfs(C)는 dfs(B)로 되돌아온다. dfs(B)는 양쪽 A와 D를 무시하고 되돌아온다. dfs(A)는 D와 E를 무시하고 되돌아온다(모든 간선을 두 번 방문하는데, 한번은 $(v,\ w)$이고 다른 한번은 $(w,\ v)$이나 이는 인접 리스트마다 한 번이다).

2) 구현하기 위한 효율적인 방법은 v_1에서 깊이-우선 탐색을 시작하는 것이다. 만약 깊이-우선 탐색을 다시 시작할 필요가 있다면 v_{k-1}이 마지막 깊이-우선 탐색이 시작되었던 정점에서 표시되지 않은 정점에 대한 순서 $v_k,\ v_{k+1},\ \ldots$를 조사한다. 이 알고리즘을 통해 새로운 깊이-우선 탐색 트리들이 시작될 수 있는 정점을 찾는 데 걸리는 시간이 단지 $O(|V|)$이라는 것을 보장한다.

이러한 단계들을 **깊이-우선 신장 트리(depth-first spanning tree)**를 가지고 설명한다. 트리의 루트는 A로서, 방문한 첫 번째 정점이다. 그래프에서 각 간선(v, w)는 트리에 나타난다. (v, w)를 처리할 때 w가 표시되지 않은 것을 알거나, (w, v)를 처리할 때 v가 표시되지 않은 것을 안다면, 이것을 트리의 간선으로 표시한다. (v, w)를 처리할 때 w가 이미 표시된 것을 알고, (w, v)를 처리할 때 v가 이미 표시된 것을 안다면, **역 간선(back edge)**이라 부르는 실선을 그리는데, 이 간선은 트리의 일부가 아니라는 것을 의미한다. 그림 9.60의 그래프의 깊이-우선 탐색은 그림 9.61에서 보여 준다.

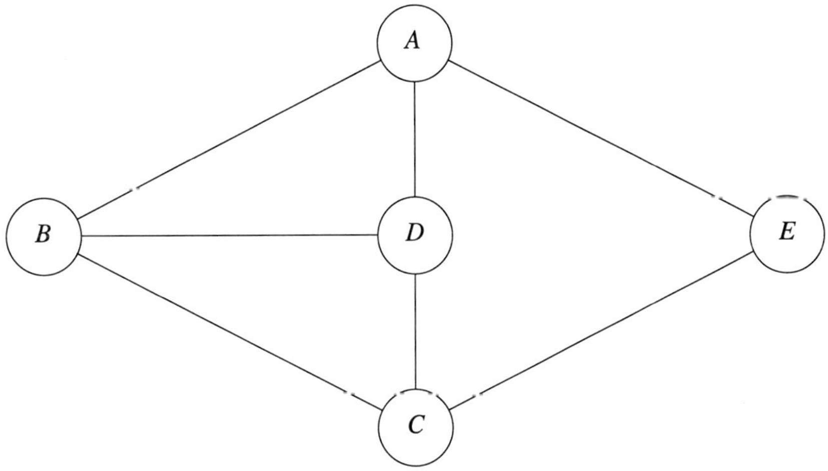

그림 9.60 무향그래프

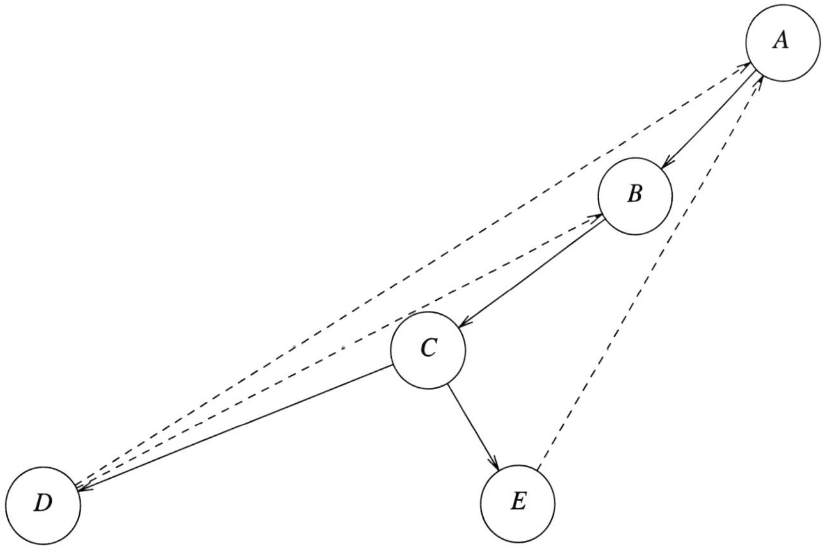

그림 9.61 이전 그래프의 깊이-우선 탐색

트리는 수행했던 순회를 시뮬레이션한다. 트리의 간선들을 이용한 트리의 전위 숫자 체계는 정점들이 표시되었던 순서를 의미한다. 그래프가 연결되어 있지 않으면, 모든 노드들(그리고 간선들)을 처리하는 것은 dfs에 대한 몇 번의 호출을 요구하고, 각각은 트리를 생성한다. 이 전체 집합은 **깊이-우선 신장 숲**(depth-first spanning forest)이다.

9.6.2 이중 연결(biconnectivity)

연결된 무향그래프는 정점의 제거가 그래프의 나머지에 대한 연결을 끊는 정점들이 아니라면 **이중 연결**(biconnected)이다. 위의 예제에서 그래프는 이중 연결이다. 노드들이 컴퓨터이고 간선들이 링크라고 할 때, 어떤 컴퓨터가 다운된다면, 다운된 컴퓨터를 제외하고 네트워크 메일은 영향을 받지 않는다. 마찬가지로, 대량 수송 시스템이 이중 연결된다면, 사용자들은 터미널에 문제가 생기는 경우 대체 경로를 가진다.

그래프가 이중 연결이 아니면, 제거가 그래프를 끊는 정점들은 **접합점**(articulation points)으로 알려져 있다. 이 노드들은 많은 응용에서 중요하다. 그림 9.62의 그래프는 이중 연결이 아니다: C와 D는 접합점들이다. C의 제거는 G를 끊고, D의 제거는 그래프의 나머지로부터 E와 F를 끊는다.

깊이-우선 탐색은 연결 그래프에서 모든 접합점을 찾기 위해 선형-시간 알고리즘을 제공한다. 첫 번째, 어떠한 정점에서 시작하여 깊이-우선 탐색을 수행하고 그들이 방문할 때 노드들에 번호를 매긴다. 각 정점 v에 대해 전위 수를 $Num(v)$라 한다. 깊이-우선 탐색 신장 트리에서 모든 정점 v에 대해, $Low(v)$라 하는 가장 낮은 수의 정점들을 계산하는데, 0 이상의 트리 간선들과 하나의 역 간선을 취하면서 v로부터 도달가능하다. 그림 9.63의 깊이-우선 탐색 트리는 첫 번째 전위 수를 보여 주고 나서 위에서 설명된 규칙에 따라 도달할 수 있는 가장 낮은 수의 정점을 보여 준다.

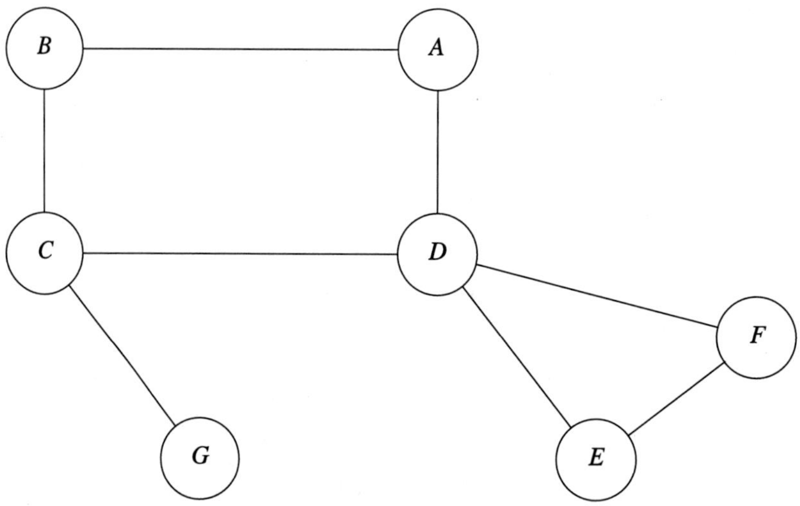

그림 9.62 접합점 C와 D를 가진 그래프

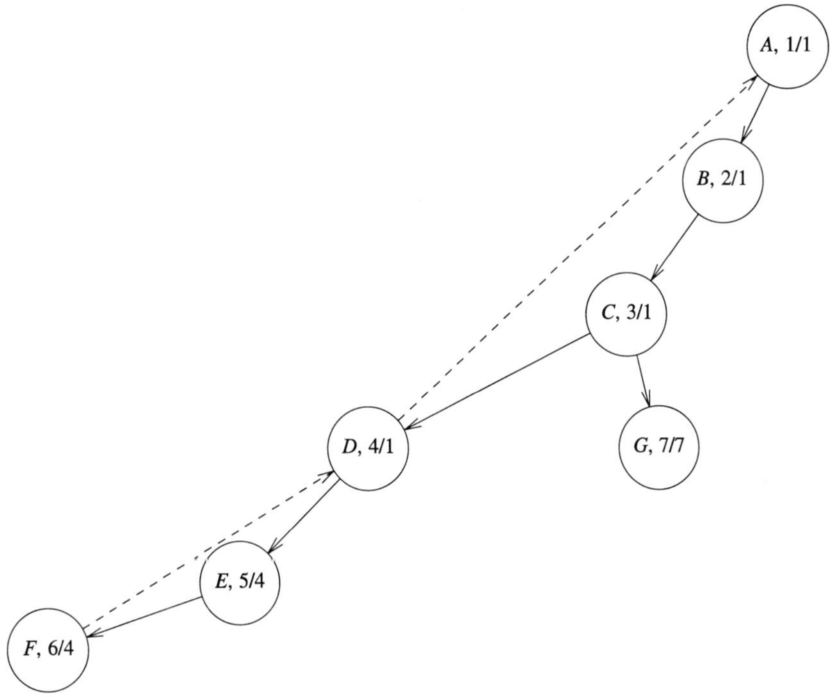

그림 9.63 *Num*과 *Low*를 갖는 이전 그래프에 대한 깊이-우선 탐색

A, B, 그리고 C에 의해 도달할 수 있는 가장 낮은 수는 정점 1(A)인데, D까지의 트리 간선들과 A까지의 역 간선을 취할 수 있기 때문이다. 깊이-우선 신장 트리의 후위 순회를 수행함으로써 Low를 효율적으로 계산할 수 있다. Low의 정의에 의해, $Low(v)$는 다음 중 최소 값이다.

1. $Num(v)$
2. 모든 역 간선들(v, w) 중 가장 낮은 $Num(w)$
3. 모든 트리 간선들(v, w) 중 가장 낮은 $Low(w)$

첫 번째 조건은 간선을 취하지 않는 옵션이다. 두 번째 방법은 트리 간선을 선택하지 않고, 역 간선을 선택하고, 세 번째 방법은 몇몇의 트리 간선을 선택하는 것이고 하나의 역 간선을 선택하는 것도 가능하다. 세 번째 방법은 순환 호출과 함께 간결하게 설명한다. $Low(v)$를 평가하기 전에 v의 모든 자식들에 대한 Low를 평가할 필요가 있기 때문에, 이는 후위 순회이다. 어떤 간선(v, w)에 대해 $Num(v)$와 $Num(w)$을 검사해서 트리 간선인지 역 간선인지 구분할 수 있다. 따라서 $Low(v)$를 계산하는 것은 쉽다: 단지 v의 인접 리스트를 자세히 조사하고, 적당한 규칙을 적용하고, 최소 값을 추적한다. 모든 계산을 수행하는 데 $O(|E|+|V|)$ 시간이 걸린다.

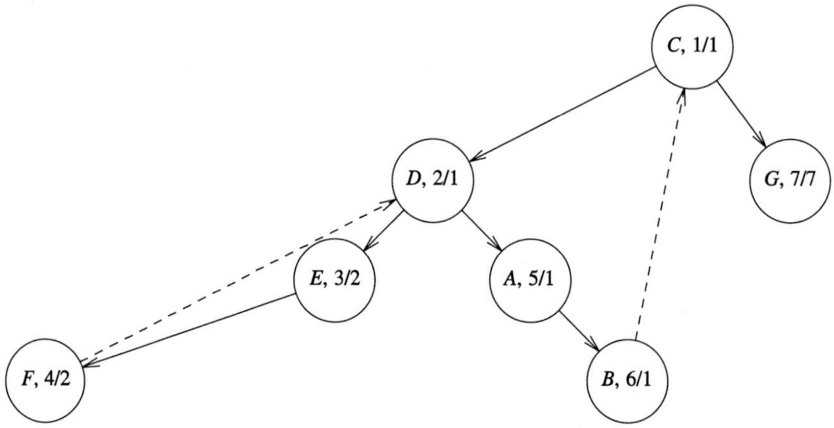

그림 9.64 깊이-우선 탐색이 *C*에서 시작했을 때의 깊이-우선 트리 결과

남은 일은 접합점을 찾기 위하여 이 정보를 사용하는 것이다. 루트 노드는 하나 이상의 자식 노드를 갖는 경우에만 접합점이 되는데, 두 개의 자식노드를 갖는다면 루트를 제거하는 것이 다른 서브트리들내의 노드들의 연결을 끊기 때문이고, 오직 하나의 자식 노드만을 갖는다면 루트를 제거하는 것이 루트만의 연결을 끊기 때문이다. v가 $Low(w) \geq Num(v)$인 어떤 자식 노드 w를 갖는다면 정점 v는 접합점이다. 이 조건은 루트 노드에서 항상 만족한다; 그러므로 특별한 검사가 필요하다.

증명의 *if* 부분은 알고리즘이 결정하는 접합점들 C와 D를 조사할 때 명백하다. 둘 다 4이기 때문에 D는 자식 노드 E를 갖고 $Low(E) \geq Nm(D)$를 만족한다. 그리하여 E가 D위의 어떠한 노드에 가는 것은 D를 통해 가는 것이 유일한 방법이다. 마찬가지로 C는 접합점인데, $Low(G) \geq Nm(C)$이기 때문이다. 이 알고리즘이 정확하다는 것을 증명하기 위해서 주장하는 부분의 *if* 부분이 사실이라는 것을 보여 주어야 한다(즉, 이는 모든 접합점을 찾는다). 여기서 이 부분은 연습문제로 남긴다. 두 번째 예제에서, C에서 깊이-우선 탐색을 출발하는 같은 그래프에서 이 알고리즘을 적용한 결과를 보여 준다(그림 9.64).

이 알고리즘을 구현하기 위하여 의사코드를 보여 준다. Vertex가 visited(false로 초기화된다), num, low, 그리고 parent를 포함한다고 가정한다. 전위 순회 수 num을 할당하기 위하여 1로 초기화된 (Graph) 클래스 변수 counter를 유지한다. 또한 루트에 대한 쉽게 구현되는 검사 부분은 생략한다.

이미 언급했듯이, 이 알고리즘은 Num을 계산하기 위하여 전위 순회를 수행하고 Low를 계산하기 위하여 후위 순회를 계산함으로써 구현될 수 있다. 세 번째 순회는 어느 정점이 접합점 기준을 만족하는지 검사하기 위하여 사용될 수 있다. 그렇지만 세 개의 순회를 수행하는 것은 낭비이다. 첫 번째 과정은 그림 9.65에서 보여 준다.

```
/**
 * num을 할당해서 부모 구하기
 */
void Graph::assignNum( Vertex v )
{
      v.num = counter++;
      v.visited = true;
      for each Vertex w adjacent to v
         if( !w.visited )
         {
            w.parent = v;
            assignNum( w );
         }
}
```

그림 9.65 정점들에 *Num*을 할당하기 위한 루틴(의사코드)

```
/**
 * low를 할당, 또한 접합점 검사
 */
void Graph::assignLow( Vertex v )
{
      v.low = v.num; // Rule 1
      for each Vertex w adjacent to v
      {
         if( w.num > v.num ) // Forward edge
         {
            assignLow( w );
            if( w.low >= v.num )
               cout << v << " is an articulation point" << endl;
            v.low = min( v.low, w.low ); // Rule 3
         }
         else
         if( v.parent != w ) // Back edge
            v.low = min( v.low, w.num ); // Rule 2
      }
}
```

그림 9.66 *Low* 계산과 접합점 검사를 위한 의사코드(루트에 대한 검사는 생략)

후위 순회인 두 번째와 세 번째 과정은 그림 9.66의 코드로 구현된다. 미지막의 *if* 문은 특별한 경우를 다룬다. w가 v에 인접하면 w에 대한 순환 호출이 w에 인접한 v를 찾을 것이다. 이는 이미 고려되었고 무시될 수 있는 역 간선이 아니다. 그렇지 않으면 그 프로시쥬어는 알고리즘에 의해 명시된 다양한 low와 num 입력의 최소 값을 계산한다.

순회는 전위 또는 후위이어야 한다는 규칙은 없다. 순환 호출 전후 모두 가능하다. 그림 9.67의 프로시쥬어는 프로시쥬어 findArt를 작성하기 위하여 두 개의 루틴 assignNum과 assignLow을 결합한다.

```
void Graph::findArt( Vertex v )
{
    v.visited = true;
    v.low = v.num = counter++; // Rule 1
    for each Vertex w adjacent to v
    {
        if( !w.visited ) // Forward edge
        {
            w.parent = v;
            findArt( w );
            if( w.low >= v.num )
                cout << v << " is an articulation point" << endl;
            v.low = min( v.low, w.low ); // Rule 3
        }
        else
        if( v.parent != w ) // Back edge
            v.low = min( v.low, w.num ); // Rule 2
    }
}
```

그림 9.67 깊이-우선 탐색에서 접합점을 위한 검사(루트에 대한 검사는 생략)(의사코드)

9.6.3 오일러 회로(Euler circuits)

그림 9.68에서의 세 개의 그림을 고려하자. 널리 알려진 퍼즐은 펜을 사용하여 정확하게 한 번에 각 선을 그리면서 이러한 그림을 재구성하는 것이다. 펜은 그림을 그리는 동안 종이에서 떨어지지 말아야 한다. 또한 추가적인 문제는 펜이 출발했던 같은 위치에서 끝나야 한다. 이 퍼즐은 놀랍게도 단순한 해결책이 있다. 만약 이를 해결하고 싶다면 읽는 것을 멈추어라.

단지 시작점이 보다 낮은 왼쪽 또는 오른쪽의 가장자리이고 시작점에서 종료하지 않는다면 첫 번째 그림은 그릴 수 있다. 두 번째 그림은 시작점과 종료점이 같게 되어 쉽게 그려지나, 세 번째 그림은 퍼즐의 매개변수에서 그려질 수 없다.

각 교차 지점에 하나의 정점을 할당함으로써 이 문제를 그래프 이론 문제로 변환할 수 있다. 그 다음 간선들은 그림 9.69와 같이 자연스런 방법으로 할당될 수 있다.

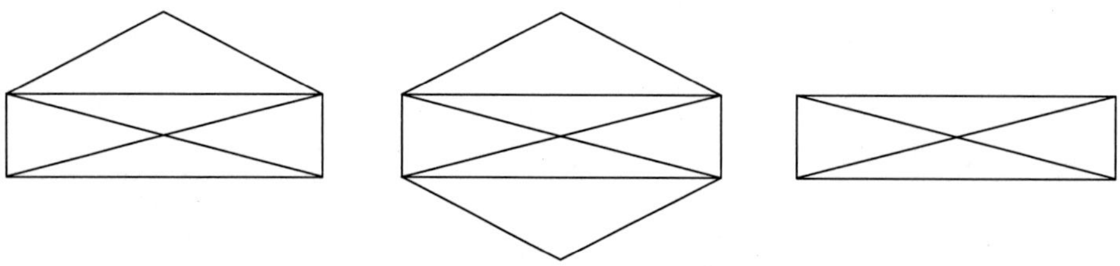

그림 9.68 세 개의 그림

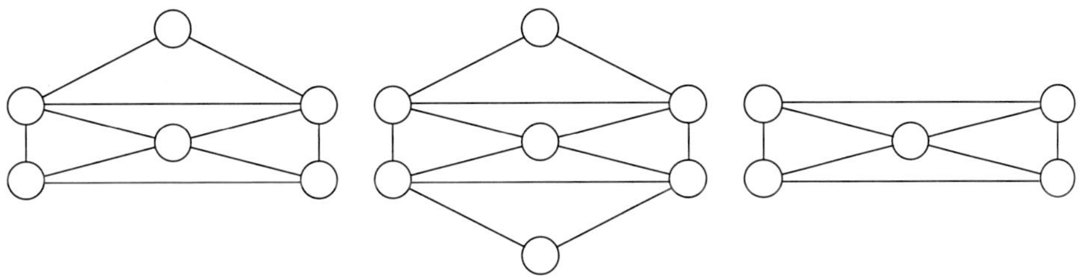

그림 9.69 퍼즐의 그래프로의 변환

이 변화가 수행된 후에 모든 간선을 정확히 한 번만 찾게 되는 그래프에서 경로를 발견해야 한다. “추가적인 문제”를 해결하려 한다면 모든 간선을 정확히 한 번만 방문하는 순환을 찾아야 한다. 이 그래프 문제는 오일러에 의해 1736년에 해결되었고, 그래프 이론의 시작이 되었다. 이 문제는 **오일러 경로**(Euler path) (또는 **오일러 투어**(Euler tour)) 또는 **오일러 회로 문제**(Euler circuit problem)라 한다. 오일러 투어와 오일러 회로 문제는 약간 다르지만 기본적으로 같은 해결 방법을 갖는다. 따라서 이 절에서는 오일러 회로 문제를 고려할 것이다.

첫 번째 논의로서, 시작 정점에서 끝나야 하는 오일러 회로 문제는 그래프가 연결되어 있고, 각 정점이 짝수 차수(간선의 수)를 갖는 경우에만 가능하다는 것이다. 이는 오일러 회로에서 한 정점에 들어오고 떠나기 때문이다. 만약 어떠한 정점 v가 홀수 차수를 가진다면, 결국 v로의 오직 한 간선이 방문되지 않은 지점에 이르게 하고 v에서 머물게 할 것이다. 정확히 2개의 정점들이 홀수 차수를 갖는다면 모든 정점을 방문해야 하나 시작점으로 되돌아 갈 필요가 없는 오일러 투어는 홀수 차수 정점들 중 하나에서 시작하여 다른 한 정점에서 끝난다면 가능하다. 만약 2개 이상의 정점들이 홀수 차수를 갖는다면, 오일러 투어는 가능하지 않다.

이전 단락의 논의는 오일러 회로의 존재를 위한 필요조건을 제공한다. 이 속성을 만족시키는 모든 연결 그래프들이 오일러 회로를 가져야 한다는 것을 말하는 것은 아니며, 어떻게 이것을 찾을 것인지에 대한 안내는 없다. 필요조건은 또한 충분하다는 것을 보여준다. 즉, 모든 정점들의 짝수 차수를 가지는 연결 그래프는 오일러 회로를 가져야 한다. 더욱이 회로는 선형 시간에 찾아질 수 있다.

선형 시간에 필요충분조건을 검사할 수 있기 때문에 오일러 회로가 존재한다는 것을 안다고 가정할 수 있다. 기본적인 알고리즘은 깊이 우선 탐색을 수행한다. 적절히 작업하지 못하는 많은 명백한 해결 방법들이 있다. 이 중 몇 개는 연습문제로 남긴다.

주요 문제는 그래프의 일부를 방문할 수도 있고 너무 빨리 시작점에 돌아 올 수도 있다. 시작 정점에서 나온 모든 간선들이 방문하는 데 모두 이용된다면, 그래프의 일부분은 순회되지 못한다. 이를 결정하기 가장 쉬운 방법은 순회되지 않은 간선을 갖는 경로의 첫 번째 정점을 찾아 또 다른 깊이-우선 탐색을 수행하는 것이다. 이는 원래 것에 이어질 수 있는 또 다른 회로를 만들게 될 것이다. 이 과정은 모든 간선들이 순회될 때까지 계속된다.

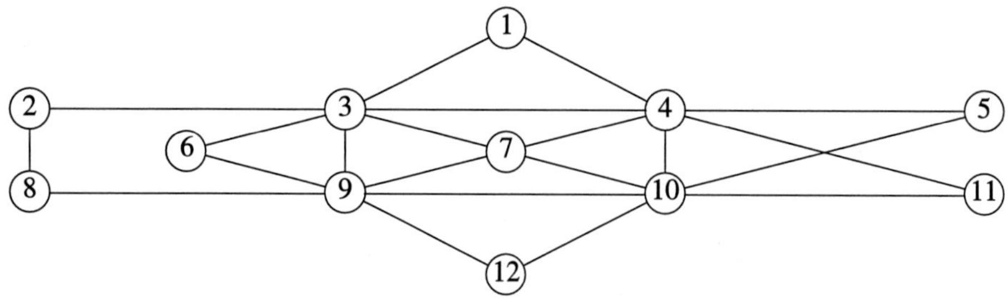

그림 9.70 오일러 회로 문제에 대한 그래프

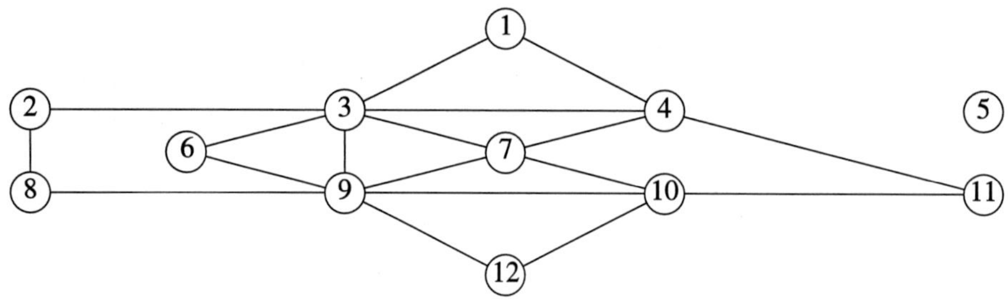

그림 9.71 5, 4, 10, 5 후의 남은 그래프

예를 들면, 그림 9.70의 그래프를 고려해 보자. 이 그래프는 오일러 회로를 가지고 있는 것을 쉽게 알 수 있다. 정점 5에서 시작하고, 회로 5, 4, 10, 5를 순회한다고 생각해 보자. 그 다음에 막히고, 그래프의 대부분은 순회되지 못한다. 이 상황은 그림 9.71과 같다.

아직 순회되지 않은 정점 4로부터 계속된다. 깊이-우선 탐색은 경로 4, 1, 3, 7, 4, 11, 10, 7, 9, 3, 4를 만들 수도 있다. 이 경로에 이전의 경로 5, 4, 10, 5를 잇는다면, 새로운 경로 5, 4, 1, 3, 7, 4, 11, 10, 7, 9, 3, 4, 10, 5를 얻는다.

이후 남은 그래프는 그림 9.72와 같다. 그래프의 모든 정점들이 짝수 차수를 갖어야 순환을 찾을 수 있다는 것을 보장한다. 남아 있는 그래프는 연결되지 않을 수도 있으나, 이는 중요하지 않다. 순회하지 않은 간선들을 가지는 경로에서 다음 정점은 정점 3 이다. 가능한 회로는 3, 2, 8, 9, 6, 3이 될 것이다. 이것이 이어지면 경로 5, 4, 1, 3, 2, 8, 9, 6, 3, 7, 4, 11, 10, 7, 9, 3, 4, 10, 5를 만든다.

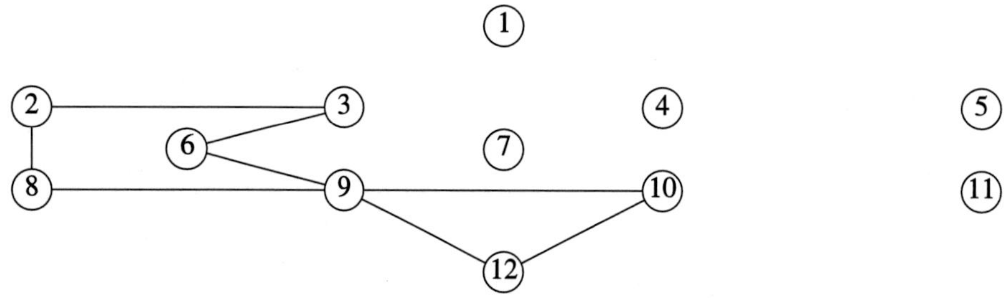

그림 9.72 경로 5, 4, 1, 3, 7, 4, 11, 10, 7, 9, 3, 4, 10, 5 후의 그래프

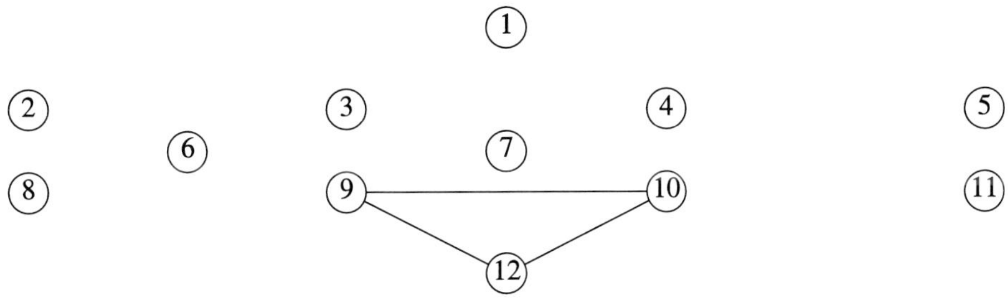

그림 9.73 경로 5, 4, 1, 3, 2, 8, 9, 6, 3, 7, 4, 11, 10, 7, 9, 3, 4, 10, 5 후의 남은 그래프

남은 그래프는 그림 9.73과 같다. 이 경로에서, 순회되지 않은 간선을 갖는 다음 정점은 9 이고, 알고리즘은 회로 9, 12, 10, 9를 찾는다. 이것이 현재의 경로에 추가될 때, 5, 4, 1, 3, 2, 8, 9, 12, 10, 9, 6, 3, 7, 4, 11, 10, 7, 9, 3, 4, 10, 5의 회로를 얻게 된다. 모든 간선들이 순회되기 때문에, 알고리즘은 오일러 회로로 종료된다.

알고리즘을 효율적으로 만들기 위하여 적질한 데이터 구조를 사용해야 한다. 구현을 연습문제로 남겨 두며, 아이디어의 몇 가지를 간략히 설명한다. 단순하게 잇기 위하여 경로는 연결리스트로 유지되어야 한다. 인접 리스트들의 반복적인 탐색을 피하기 위하여 각 인접 리스트에서 탐색된 마지막 간선에 대한 포인터를 유지해야 한다. 경로가 이어진 때, 다음 깊이-우선 탐색을 수행하기 위한 새로운 정점의 탐색은 이어지는 정점에서 시작해야 한다. 정점 탐색 단계에서 수행한 전체 작업량은 전체 알고리즘 수행동안 $O(|E|)$이다. 적절한 데이터 구조와 함께 알고리즘의 실행 시간은 $O(|E|+|V|)$이다.

매우 유사한 문제는 무향그래프에서 모든 정점을 방문하는 단순 순환을 찾는 것이다. 이는 **해밀턴 사이클 문제(Hamiltonian cycle problem)**로 알려져 있다. 비록 오일러 회로 문제와 거의 동일한 것처럼 보이더라도 이에 대한 효율적인 알고리즘은 알려져 있지 않다. 이 문제는 9.7절에서 다시 다룰 것이다.

9.6.4 유향그래프(Directed Graphs)

무향그래프들과 같은 전략을 이용하여 유향그래프들은 깊이-우선 탐색을 이용하여 선형 시간에 순회될 수 있다. 만약 그래프가 강한 연결이 되지 않는다면, 임의의 노드에서 출발한 깊이-우선 탐색이 모든 노드들을 방문하지 않을 수도 있다. 이런 경우 모든 정점들을 방문할 때까지 임의의 표시되지 않은 노드에서 시작한 깊이-우선 탐색을 반복적으로 수행한다. 예로 들어, 그림 9.74의 유향그래프를 생각해 보자.

정점 B에서 임의로 깊이-우선 탐색을 시작한다. 이는 정점들 B, C, A, D, E, F를 방문한다. 방문하지 않은 정점에서 다시 출발한다. 임의로, J와 I를 방문한 H에서 시작한다. 마지막으로, 방문될 필요가 있는 마지막 정점 G에서 시작한다. 깊이-우선 탐색 트리는 그림 9.75와 같다.

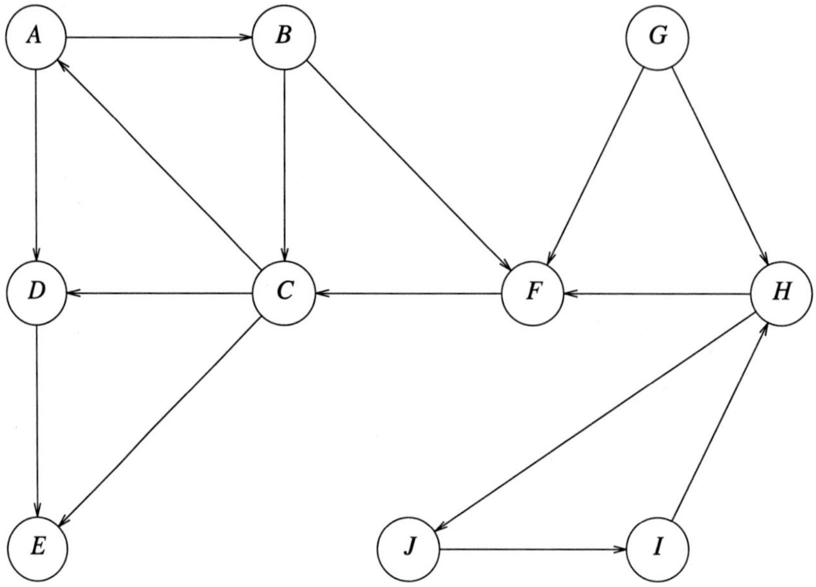

그림 9.74 유향그래프

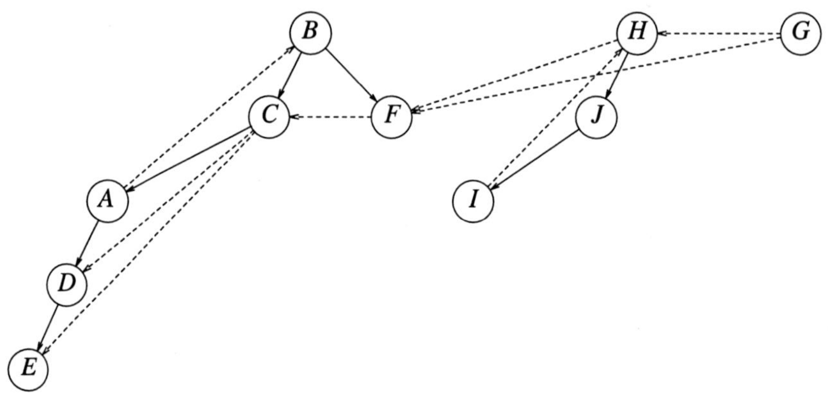

그림 9.75 이전 그래프의 깊이-우선 탐색

깊이-우선 신장 숲에서 실선 화살표들은 w가 이미 표시한 간선들 $(v,\ w)$이다. 무향그래프에서, 이러한 간선들은 역 간선들이나, 새로운 정점들에 도달하지 못하는 세 가지 유형의 간선들이 있다. 첫째, (A, B)와 (I, H) 같은 **역 간선(back edges)**이다. 또한 임의의 트리 노드로부터 자식 노드까지 이르는 (C, D)와 (C, E) 같은 **순방향 간선(forward edges)**이다. 마지막으로, 직접적으로 관련이 없는 두 트리 노드에 연결되는 (F, C)와 (G, F) 같은 **교차 간선(cross edges)**이다. 깊이-우선 탐색 숲은 자식 노드와 왼쪽에서 오른쪽으로 숲에 더해진 새로운 트리들로 그려진다. 이러한 방식으로 그려진 유향그래프의 깊이-우선 탐색에서 교차 간선들은 항상 오른쪽에서 왼쪽으로 그려진다.

깊이-우선 탐색을 이용하는 알고리즘들은 비트리 간선(nontree edges)들의 3가지 유형을 구분할 필요가 있다. 이는 깊이-우선 탐색이 수행될 때 검사하는 것이 용이하며 이 문제는 연습 문제로 남긴다.

깊이-우선 탐색의 한 가지 사용 예는 유향그래프가 비순환인지 여부를 검사하는 것이다. 이 규칙은 유향그래프가 역 간선을 갖지 않는 경우에만 비순환이라는 것이다(상기 그래프는 역 간선을 가지고 있으므로 비순환이 아니다). 독자는 위상 정렬이 그래프가 비순환인지 여부를 결정하기 위하여 사용될 수 있다는 것을 기억할 수도 있다. 위상 정렬을 수행하기 위한 또 다른 방법은 깊이-우선 신장 숲의 후위 순회로 정점들에 위상 수 N, N-1, …, 1을 할당하는 것이다. 그래프가 비순환인 동안, 이 순서는 일관적일 것이다.

9.6.5 강력한 컴포넌트 발견

두 가지 깊이-우선 탐색을 수행하여 유향그래프가 강한 연결인지를 조사할 수 있고 그렇지 않다면 상하게 연결된 정점들의 부분집합을 구할 수 있다. 이는 한 번의 깊이-우선 탐색으로 수행될 수 있으나, 사용된 방법은 이해하기에 매우 단순하다.

첫째, 깊이-우선 탐색은 입력 그래프 G에서 수행된다. G의 정점들은 깊이-우선 신장 숲의 후위 순회에 따라 번호가 부여되고 나서 G의 모든 간선들의 순서가 바뀌면서 G_r을 만든다. 그림 9.76의 그래프는 그림 9.74에서 보여 준 그래프 G에 대한 G_r을 나타낸다. 정점들은 부여된 번호와 함께 나타낸다.

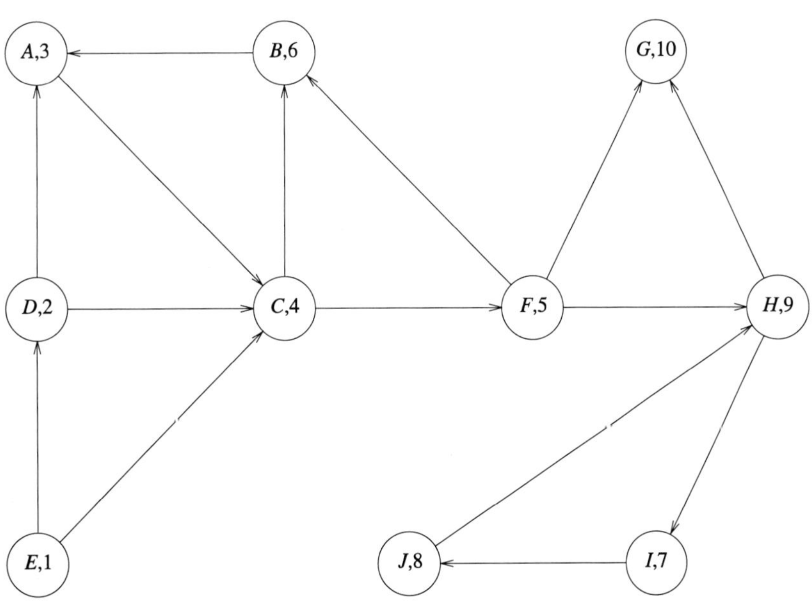

그림 9.76 G의 후위 순회에 의해 번호가 부여된 G_r(그림 9.74로부터)

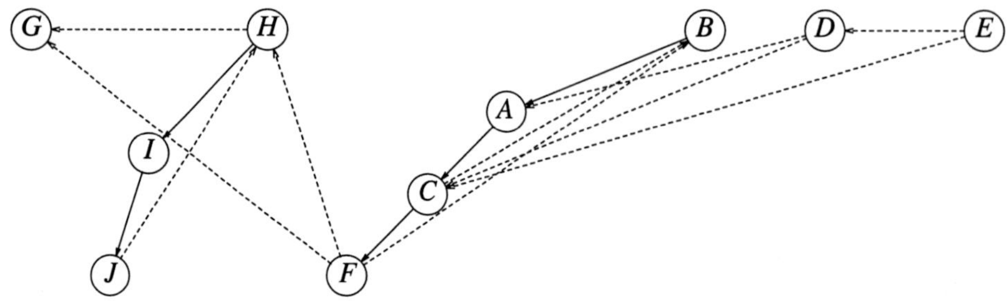

그림 9.77 G_r의 깊이-우선 탐색 - 강력한 컴포넌트: $\{G\}$, $\{H, I, J\}$, $\{B, A, C, F\}$, $\{D\}$, $\{E\}$

알고리즘은 G_r에 대한 깊이-우선 탐색을 수행하면서 완료되는데, 항상 가장 높은 수의 정점에서 새로운 깊이-우선 탐색을 시작한다. 따라서 번호가 10인 정점 G에서 G_r의 깊이-우선 탐색을 시작한다. 이는 아무 의미가 없고 다음 탐색은 H에서 시작된다. 이 호출은 I와 J를 방문한다. 다음 호출은 B에서 시작되고 A, C, 그리고 F를 방문한다. 이후의 다음 호출은 dfs(D)와 마지막으로 dfs(E)이다. 결론적인 깊이-우선 신장 숲은 그림 9.77에서 보여 준다.

깊이-우선 신장 숲에서 각 트리(모든 비트리 간선을 완전히 무시하면 이해하는 것은 쉽다)는 강한 연결 컴포넌트를 형성한다. 예를 들어 강한 연결 컴포넌트는 $\{G\}$, $\{H, I, J\}$, $\{B, A, C, F\}$, $\{D\}$, 그리고 $\{E\}$이다.

이 알고리즘이 수행되는 이유를 알기 위하여, 2개의 간선들 v와 w가 같은 강한 연결 컴포넌트에 속한다면 원래의 그래프 G에 v로부터 w, 그리고 w로부터 v까지의 경로가 존재하고 G_r에서도 마찬가지라는 것을 유의하자. 지금 만약 두 개의 간선들 v와 w가 G_r의 같은 깊이-우선 신장 트리에 없다면, 같은 강한 연결 컴포넌트에 속할 수 없다.

이 알고리즘이 적절히 수행된다는 것을 증명하기 위하여 두 개의 정점들 v와 w가 G_r의 같은 깊이-우선 신장 트리에 속한다면, v로부터 w, 그리고 w로부터 v까지의 경로가 존재해야 한다는 것을 보여야 한다. 똑같이, 만약 x가 v를 포함하는 G_r의 깊이-우선 신장 트리의 루트라면 x로부터 v, 그리고 v로부터 x까지의 경로가 존재한다는 것을 보일 수 있다. w에 동일한 논리를 적용하는 것은 x로부터 w, 그리고 w로부터 x까지의 경로를 제공한다. 이 경로들은 v에서 w와 w로부터 v까지의 경로(x를 통해 가는 것)를 의미한다.

v가 G_r의 깊이-우선 신장 트리에서 x의 자손이기 때문에, G_r에서 x로부터 v까지의 경로, 그리고 G에서 v로부터 x까지의 경로가 있다. 더구나, x가 루트이기 때문에, x는 첫 번째 깊이-우선 탐색으로부터 더 높은 후위 번호를 가지고 있다. 그러므로 첫 번째 깊이-우선 탐색 동안에, x에서 작업이 완료되기 전에 v를 처리하는 모든 작업이 완료된다. v로부터 x까지의 경로가 존재하기 때문에 v가 G에 대한 신장 트리에서 x의 자손이 되는 것이 틀림없다는 것이다. 그렇지 않으면 v는 x 이후에 끝날 것이다. 이는 G에서 x로부터 v까지의 경로를 의미하고 증명을 끝낸다.

9.7 NP-Completeness의 소개

이 장에서는 다양한 그래프 이론 문제에 대한 해결 방법을 알아보았다. 모든 문제는 다항식의 실행 시간을 가지고, 네트워크 흐름 문제를 제외하고 실행 시간은 선형이거나 약간 더 오래 걸린다($O(|E| \log|E|)$). 또한 일부 문제에 대한 약간의 변형은 원래 더 어렵게 보일 수 있다는 것이다.

정확히 한 번만 모든 간선을 순회하는 경로를 찾는 오일러 회로 문제는 선형 시간에 해결될 수 있다는 것을 생각하자. 해밀턴 주기 문제는 모든 정점을 포함하는 단순 순환을 요구한다. 이 문제에 대한 알려진 선형 알고리즘은 없다.

유향그래프에 대한 단일-소스 비가중치 최단-경로 문제는 선형 시간에 해결될 수 있다. 최장 단순 경로 문제에 대한 알려진 선형-시간 알고리즘은 없다.

이 문제 변화에 대한 상황은 실제로 기술된 것보다 더 나쁘다. 이 변형에 대한 선형 알고리즘이 없을 뿐만 아니라, 다항식 시간에 실행되는 것이 보장된 알려진 알고리즘도 없다. 이러한 문제들에 대한 가장 잘 알려진 알고리즘은 어떤 입력에 대해서는 지수 시간이 걸릴 수 있다는 것이다.

이 절에서 문제에 관해 간단히 설명할 것이다. 이 주제는 다소 복잡해서 빠르고 비공식적인 견해를 취할 사용할 것이나. 이 때문에, 이러한 의견은 문제에 따라 다소 정확하지 않을 수 있다.

복잡도에 있어서 대략 비슷한 중요한 문제들이 있다는 것을 알 것이다. 이러한 문제들은 NP-complete 문제라 불리는 군을 구성한다. NP-complete 문제의 정확한 복잡도는 결정되어야만 하고, 이론적인 컴퓨터 과학의 주요한 문제로 남아 있다. 모든 문제는 다항식 시간 해결책을 가지고 있거나, 전혀 그렇지 않기도 한다.

9.7.1 쉬움 vs. 어려움

문제를 분류할 때, 첫 번째 단계는 범위를 조사한다. 많은 문제가 선형 시간에 해결될 수 있다는 것을 이미 보았다. $O(\log N)$의 실행 시간이 걸리는 것들이 있으나, 이러한 것들은 약간의 전처리(이미 읽혀진 입력 또는 이미 만들어진 데이터 구조와 같은)를 요구하거나 연산 예제에서 발생한다는 것을 가정한다. 예를 들면, 두 개의 수 M과 N에 적용될 때 *gcd* 알고리즘은 $O(\log N)$ 시간이 걸린다. 그 수들은 $\log M$과 $\log N$ 비트들로 구성되기 때문에, *gcd* 알고리즘은 입력의 크기에 비례하는 시간이 걸린다. 따라서 실행 시간을 측정할 때, 실행 시간을 입력량의 함수로 연관될 것이다. 일반적으로, 선형 실행 시간보다 더 좋은 실행 시간을 기대할 수는 없다.

다른 한편으로는 정말로 어려운 문제가 있다. 이러한 문제들은 너무 어려워서 불가능하다. 이는 문제 해결이 힘들어 하는 것을 의미하는 것은 아니고, 문제를 해결할 재능을 가지고 있다는 것을 의미한다. 실수들이 $x^2 < 0$에 해결책을 표현하기에 충분하지 않은 것처럼 컴퓨터가 한꺼번에 발생한 모든 문제를 풀 수 없다는 것을 증명할 수 있다. "불가능한" 문제를 **논증 불능의 문제(undecidable problem)**라 한다.

특정한 논증 불능의 문제는 **결정 불능 문제(halting problem)**이다. C++ 컴파일러가 문법 오류뿐만 아니라 무한 루프도 찾아내는 추가적인 특징을 가지는 것이 가능한가? 이는 어려운 문제처럼 보이지만, 매우 영리한 프로그래머들이 충분한 시간을 갖는다면, 이 같은 개선점을 찾을 수 있다는 것을 기대할 수 있다.

이 문제가 결정할 수 없는 직관적인 이유는 그러한 프로그램이 스스로를 검사하기가 어렵다는 것이다. 이런 이유로 인해, 이 문제들은 순환적 논증 불능(recursively undecidable)이라 한다.

무한 루프-검사 프로그램이 작성될 수 있다면, 이것은 스스로를 검사하는 데 사용될 수 있다. *LOOP*라고 불리는 프로그램을 만들 수 있다. *LOOP*은 프로그램 *P*를 입력으로 받고, 스스로 *P*를 실행한다. 스스로를 실행할 때 *P*가 루프를 가진다면, *YES*를 출력한다. 스스로를 실행할 때 *P*가 종료되면, 자동적으로 *NO*를 출력한다. 이 같이 수행하는 대신에, *LOOP*는 무한 루프로 빠지게 될 것이다.

*LOOP*이 스스로를 입력으로 주어질 때 무슨 일이 발생하겠는가? *LOOP*가 정지하던가 아니면 정지하지 않을 것이다. 문제는 구 "이 문장은 거짓이다."와 같은 방법에 양쪽 모두 가능성이 모순에 빠진다.

정의에 의해, 만약 $P(P)$가 종료되면 $LOOP(P)$는 무한 루프에 들어간다. $P=LOOP$일 때, $P(P)$는 종료되는 것을 가정한다. 그 때, *LOOP* 프로그램에 의하면, *LOOP*(P)를 무한 루프로 들어가게 한다. 이처럼, 종료시킬 수 있는 $LOOP(LOOP)$를 가지고 있고, 분명히 불가능한 무한 루프에 들어갈 것이다. 한편으로, $P=LOOP$일 때, $P(P)$는 무한 루프에 들어가는 것을 가정한다. 그 때, $LOOP(P)$를 종료해야 하고, 모순의 같은 설정에 도달하게 된다. 이처럼, 프로그램 *LOOP*가 존재할 수 없는 것을 볼 수 있다.

9.7.2 클래스 NP

논증 불능 문제의 어려움으로부터 나온 몇 가지 단계는 클래스 NP에 속한다. NP는 **비결정적 다항식-시간(nondeterministic polynomial-time)**을 의미한다. 결정적 기계는 각 지점에서 명령을 실행한다. 그 명령에 의존하여 유일한 다음 명령으로 간다. 비결정적 기계는 다음 단계들 중 하나를 선택한다. 어떤 원하는 선택은 자유롭고, 이 단계들 중의 하나가 해결책으로 이어지면 항상 정확한 선택이 될 것이다. 비결정적 기계는 좋게(최적으로) 추측하는 힘을 가진다. 이는 아무도 비결정적 컴퓨터를 만들 수 없었고 표준 컴퓨터(모든 문제는 지금 평범하게 보일 지도 모른다)에 터무니없는 업그레이드로 보이기 때문에, 터무니없는 모델과 같이 보인다. 비결정적 이론은 매우 유용한 이론적인 구조인 것으로 보인다. 더욱이, 비결정적 이론은 생각만큼 강력하지 않다. 예를 들어, 비결정적 이론이 허용된다고 할 지라도 논증 불능 문제는 여전히 비결정적이다.

문제가 NP인지를 검사하는 단순한 방법은 예/아니오 질문같은 문제를 말로 표현하는 것이다. 다항식 시간내에 "yes" 인스턴스가 정확하다는 것을 증명할 수 있다면, 그 문제는 NP에 속한다. 프로그램은 항상 올바른 선택을 하기 때문에 "no" 인스턴스에 대하여 걱정할 필요가 없다. 따라서 해밀턴 순환 문제에서 "yes" 인스턴스는 모든 정점들을 포함하는 그래프에서 단순 회로이다. 이것은 경로가 주어질 때 해밀턴 순환이 있는 지를 검사하는 단순한 문제이기 때문에 NP에 속한다. "길이의 단순 경로는 K보다 큰가?"와 같은 질문은 쉽게 검사될 수 있고 NP에 속한다. 이 속성을 만족하는 임의의 경로는 간단하게 검사될 수 있다.

클래스 NP는 해결책이 명백하게 검사를 제공하기 때문에 다항식-시간 해결책을 가진 모든 문제를 포함한다. 시작부터 하나를 제안하기 보다는 임의의 하나의 해답을 검사하는 것이 훨씬 쉽기 때문에 NP에 다항식-시간 해결책을 가지고 있지 않은 문제들이 있을 것으로 예상된다. 지금까지 그러한 문제는 발견된 적이 없어서, 전문가에 의해 고려되지 않는다고 할 지라도 비결정적 이론이 그러한 중요한 개선이 되지는 않는다는 것이다. 문제는 지수적 하한을 증명하는 것이 매우 어려운 작업이라는 것이다. 정렬이 $\Omega(N \log N)$ 비교들을 요구한다는 것을 보여 주기 위하여 사용된 정보 이론 한계 기술은 적절하지 못할 것으로 판단되는데, 왜냐하면 결정 트리가 충분히 크지 않기 때문이다.

또한 모든 결정 가능 문제들이 NP에 속하지는 않는다는 것을 알아야 한다. 그래프가 해밀턴 순환을 가지고 있는지를 결정하는 문제를 고려해 보자. 그래프가 해밀턴 순환을 가지는 것을 증명하는 것은 상대적으로 단순한 일이다 - 단지 하나를 보여 줄 필요가 있다. 다항식 시간에 그래프가 해밀턴 순환을 갖지 않는다는 것을 어떻게 보여줘야 되는지를 아는 사람은 없다. 모든 순환을 열거해야 하고 차례로 그것들을 검사해야 할 것처럼 보인다. 따라서 해밀턴 순환이 아닌 문제가 NP에 속한다는 것이 알려져 있지는 않다.

9.7.3 NP-Complete 문제

NP에 속한다고 알려진 모든 문제 중에서, 가장 어려운 문제들을 포함하는 것은 **NP-complete 문제**로 알려져 있다. NP-complete 문제는 NP의 문제가 **다항식 표현으로 변환될 수 있는(polynomially reduced)** 속성을 가진다. 문제 P_1은 다음과 같이 P_2로 변환될 수 있다: P_1의 인스턴스가 P_2의 인스턴스로 변환될 수 있는 사상을 제공한다. P_2를 해결하고, 원본에 그 결과를 돌려주어 사상시킨다. 예를 들어, 숫자를 포켓 계산기에 십진수로 입력받는다. 십진수는 이진수로 변환되고, 모든 계산은 이진수로 수행된다. 그 다음 최종 결과는 표현을 위해 십진수로 다시 바뀐다. P_1이 P_2로 다항식 표현으로 변환되도록 하기 위하여, 그 변환과 관련된 모든 작업은 다항식 시간에 수행되어야만 한다.

NP-complete 문제가 가장 어려운 NP 문제라는 이유는 단지 NP-complete라는 문제가 다항식 표현의 오버헤드만을 가지고 NP의 어떤 문제에 대한 서브루틴으로 사용될 수 있다는 것이다. 따라서 NP-complete 문제가 다항식 시간의 해결책을 가지고 있다면, NP의 모든 문제는 다항식 시간의 해결책을 가지고 있어야 한다. 이는 NP-complete 문제를 모든 NP 문제 중 가장 어려운 것으로 만든다.

NP-complete 문제 P_1이 있다고 가정하자. P_2가 NP에 속한다고 가정하자. 다항식 시간의 손실만으로 P_2를 이용하여 P_1을 풀 수 있기 위하여 P_1이 P_2로 다항식 표현으로 변환된다고 가정하자. P_1이 NP-complete이므로, NP의 모든 문제는 P_1으로 다항식 표현으로 변환된다. 다항식의 종결 속성을 적용하여 NP의 모든 문제가 P_2로 다항식 표현으로 변환된다는 것을 안다: P_1으로 그 문제를 변환하고 P_1을 P_2로 변환한다. 따라서 P_2는 NP-complete이다.

예를 들어, 해밀턴 순환 문제가 NP-complete라는 것을 안다고 가정하자. **외판원 문제 (traveling salesman problem)**는 다음과 같다.

외판원 문제(traveling salesman problem)

간선 비용을 갖는 완전한 그래프 $G=(V, E)$와 정수 K가 주어질 때, 모든 정점을 방문하고 전체 비용$\leq K$인 단순 순환이 존재하는가?

이 문제는 모든 $|V|(|V|-1)/2$개의 간선들이 보여지고 그래프는 가중치 값을 갖기 때문에 해밀턴 순환 문제와는 다르다. 이 문제에 대한 많은 중요한 응용들이 있다. 예를 들면, 인쇄 회로 기판은 칩들, 레지스터들, 그리고 다른 전자 구성요소들이 놓일 수 있기 위해 구멍이 뚫어져야 할 필요가 있다. 이는 기계적으로 이루어진다. 구멍을 뚫는 것은 빠른 연산이다. 시간 소모적인 과정은 천공기의 위치를 정하는 것이다. 위치를 정하는 데 걸리는 시간은 구멍과 구멍간을 이동하는 거리에 의존된다. 모든 구멍을 뚫고(그리고 나서 기판의 시작 위치로 돌아간다) 이동하는 데 걸리는 전체 시간을 최소화하기를 원하기 때문에, 여기서 다루려는 것은 외판원 문제이다.

외판원 문제는 NP-complete 이다. 해결책이 다항식 시간에 검사될 수 있다는 것을 알기는 쉽기에 NP에 확실히 존재한다. NP-complete를 보이기 위하여 해밀턴 순환 문제를 이 문제로 변환한다. 이를 위해 새로운 그래프 G'을 구성한다. G'는 G와 같은 정점들을 가지고 있다. G'에서 각 간선(v, w)는 $(v, w)\in G$ 이라면 1의 가중치를 가지고, 그렇지 않으면 2를 갖는다. $K=|V|$을 선택한다. 그림 9.78을 참조하자.

만약 G'가 전체 가중치 $|V|$의 외판원 이동을 가진다면, G가 해밀턴 순환을 갖는다는 것을 검증하는 것은 간단하다.

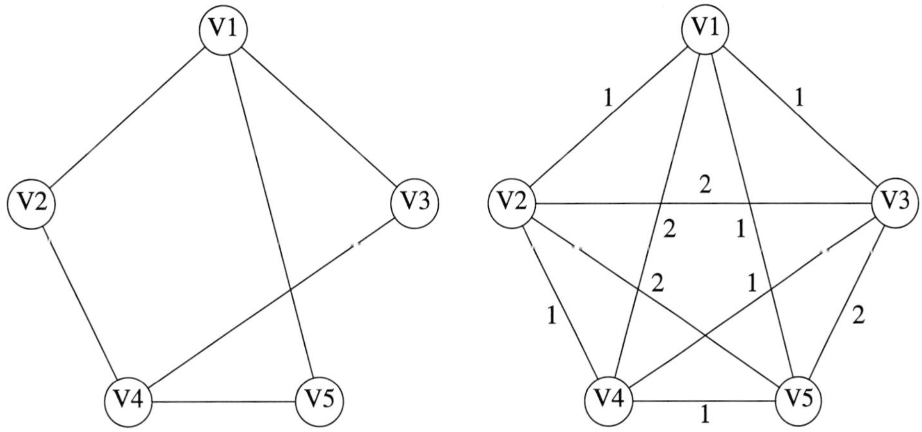

그림 9.78 외판원 문제로 변환된 해밀턴 순환 문제

NP-complete로 알려진 많은 문제들이 있다. 몇몇의 새로운 문제가 NP-complete라는 것을 증명하기 위해, NP에 존재한다는 것을 보여 주어야 하고, 그 다음에 적절한 NP-complete 문제는 이것으로 변환되어야 한다. 외판원 문제로의 변환이 다소 간단할지라도, 대부분의 변환들은 실제로 매우 복잡하고 다루기 힘든 구성을 요구한다. 일반적으로, 몇 가지 서로 다른 NP-complete는 이 변환을 실제로 제공하는 문제 이전에 고려된다. 단지 일반적인 사고에 관심이 있기 때문에, 더 이상의 변환을 보여 주지 않는다. 관심 있는 독자들은 참고문헌들을 참고할 수 있다.

일부 독자는 첫 번째 문제가 실제로 NP-complete가 되는지를 어떻게 증명할 수 있는지에 대해 의아하게 여길지도 모른다. 문제가 NP-complete라는 것을 증명하는 것은 또 다른 NP-complete 문제로부터 이것을 변환하는 것이 요구되기 때문에 이 전략이 적용하지 않는 몇몇의 NP-complete 문제가 있어야 한다. NP-complete라고 증명된 첫 번째 문제는 충족가능성 문제이었다. **충족가능성(satisfiability) 문제**는 부울식을 입력으로 받고, 식이 true의 값을 주는 변수에 대한 할당인지 여부를 묻는다.

충족가능성은 부울식을 평가하고, 결과가 참인지를 검사하는 것이 쉽기 때문에 NP에 존재한다는 것이 확실하다. 1971년에, Cook은 충족가능성이 직접적으로 NP에 있는 모든 문제가 충족가능성으로 변환될 수 있다는 것을 증명함으로써 NP-complete라는 것을 보여 주었다. 이를 위해, NP의 모든 문제에 대하여 이미 알려진 이론을 사용하였다: NP의 모든 문제는 비결정적 컴퓨터에 의해 다항식 시간에서 해결될 수 있다. 컴퓨터에 대한 형식모델은 **튜링 머신(Turing machine)**으로 알려져 있다. Cook은 이 기계의 행동이 매우 복잡하고 긴 그러나 다항식의 부울 공식으로 어떻게 시뮬레이션 될 수 있는지를 보여 주었다. 부울 공식은 튜링 머신에 의해 실행될 수 있는 프로그램이 입력에 대한 응답이 "yes"일 때에만 사실이다.

충족가능성이 NP-complete라는 것을 보여 줄 때, 가장 고전적인 문제들을 포함하는 새로운 NP-complete 문제의 호스트는 NP-complete가 된다고 보여 주었다.

이미 조사했던 충족가능성(satisfiability), 해밀턴 회로(Hamiltonian circuit), 외판원(traveling salesman), 그리고 최장-경로(longest-path) 문제 이외에, 토의하지 않았던 잘 알려진 NP-complete 문제는 빈 패킹(bin packing), 배낭(knapsack), 그래프 컬러링(graph coloring), 그리고 클리크(clique)가 있다. 이 목록은 실제로 매우 넓고 운영체제(스케줄링과 보안), 데이터베이스 시스템, OR(operations research), 논리학, 그리고 특히 그래프 이론에 대한 문제를 포함한다.

9장 요약

이 장에서는 그래프들이 많은 실생활 문제들을 어떻게 모델링하는 데 사용될 수 있는지를 알아보았다. 발생되는 그래프들의 다수는 일반적으로 매우 희소적이어서, 구현하는 데 사용된 자료구조들에 주의를 기울일 필요가 있다.

또한 효율적인 해결책을 가지지 못할 것 같은 문제들도 알아보았다. 10장에서는 이러한 문제를 다루는 몇몇 기법들이 논의될 것이다.

9장 연습문제

9.1 그림 9.79의 그래프에 대한 위상 순서를 찾아라.

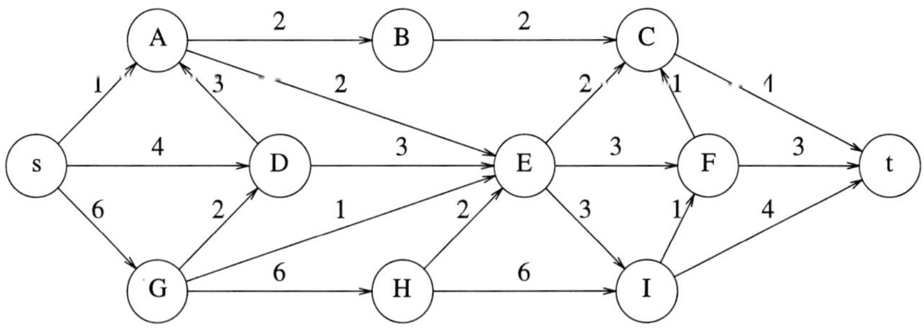

그림 9.79 연습문제 9.1과 9.11에서 사용된 그래프

9.2 만약 스택이 9.1절에서 위상 정렬 알고리즘을 위해 큐 대신에 사용된다면, 다른 순서의 결과는? 한 데이터 구조가 왜 더 좋은 해답을 주는가?

9.3 그래프에서 위상 정렬을 수행하는 프로그램을 작성하라.

9.4 인접 행렬은 표준적인 두 배의 루프를 사용하여 초기화하기 위하여 $O(|V|^2)$을 요구한다. 인접 행렬(간선의 존재 여부에 대한 검사는 $O(1)$이다)에 그래프를 저장하나 2차 실행 시간을 피하는 방법을 제안하라.

9.5 a. 그림 9.80에서 그래프에 대해 A로부터 모든 다른 정점들까지의 최단 경로를 찾아라.
b. 그림 9.80에서 그래프에 대해 B로부터 모든 다른 정점들까지 최단 비가중치 경로를 찾아라.

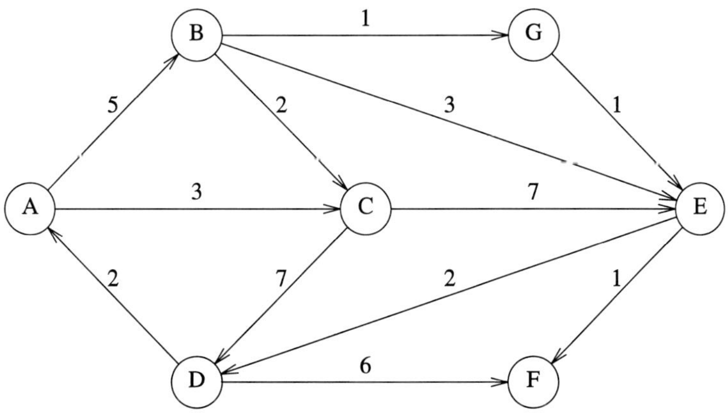

그림 9.80 연습문제 9.5에서 사용된 그래프

9.6 d-heaps(6.5절)으로 구현될 때, Dijkstra 알고리즘의 최악의 실행 시간은 무엇인가?

9.7 a. Dijkstra 알고리즘이 음의 간선이 있으나 음의 비용 순환이 없는 잘못된 해답을 주는 예를 제시하라.

**b. 음의 가중치 간선은 있으나 음의 비용 순환이 없다면 9.3.3절에서 제안된 가중치 최단-경로 알고리즘이 작업을 수행한다는 것을 보이고 이 알고리즘의 실행 시간이 $O(|E| \cdot |V|)$인 것을 보여라.

*9.8 그래프에서 모든 간선 가중치가 1과 $|E|$ 사이의 정수라고 하자. 얼마나 빠른 Dijkstra 알고리즘이 구현될 수 있는가?

9.9 단일-소스 최단-경로 문제를 해결하기 위한 프로그램을 작성하라.

9.10 a. v로부터 w까지 다른 최소 경로들 수의 계산을 위하여 Dijkstra 알고리즘을 어떻게 변경하는지 설명하라.

b. v로부터 w까지 하나 이상의 최소 경로가 있다면, 간선들의 최소수를 가진 경로가 선택되기 위하여 Dijkstra 알고리즘을 어떻게 변경하는지 설명하라.

9.11 그림 9.79의 네트워크에서 최대 흐름을 찾아라.

9.12 $G=(V, E)$가 트리, s는 루트이고 정점 t와 G에서 모든 리프(leaf)들로부터 t까지 무한 용량의 간선들을 추가한다고 하자. s로부터 t까지 최대 흐름을 찾기 위한 선형 시간 알고리즘을 제시하라.

9.13 이분 그래프 $G=(V, E)$는 V가 2개의 부분집합 V_1와 V_2로 분할되고 어떤 간선도 같은 부분집합내에 정점들을 갖지 않는다고 하자.

a. 그래프가 이분인지 결정하기 위한 선형 알고리즘을 제시하라.

b. 이분 매칭 문제에서 어떤 정점도 한 간선보다 많이 포함되지 않는 E의 가장 큰 부분집합 E'를 찾는 것이다. 4개의 간선들(실선의 간선들에 의해 표시)의 매칭은 그림 9.81에서 보여 준다. 5개 간선들의 매칭이 최대이다.

c. 이분 매칭 문제가 다음 문제를 풀기 위해 어떻게 사용될 수 있는지 보여라: 교사들의 집합, 과목들의 집합, 그리고 각 교사가 가르칠 수 있는 과목 리스트가 있다. 만약 어떤 교사가 한 과목 이상을 가르칠 수 없고 오직 한 교사가 주어진 하나의 과목만을 가르칠 수 있다면, 제공될 수 있는 최대 과목 수는 무엇인가?

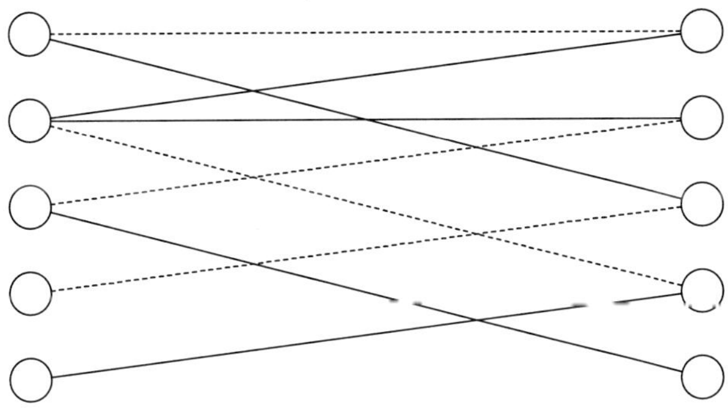

그림 9.81 이분 그래프

d. 네트워크 흐름 문제가 이분 매칭 문제를 풀기 위해 사용될 수 있는 지를 보여라.
e. (b)에서의 해결책에 대한 시간 복잡성은 무엇인가?

9.14 최대 흐름을 허용하는 증대 경로(augmenting path)를 찾기 위한 알고리즘을 제시하라.

9.15 a. Prim과 Kruskal의 알고리즘을 사용하여 그림 9.82의 그래프에 대한 최소 신장 트리를 찾아라.
b. 최소 신장 트리는 유일한가? 왜 그런가?

9.16 음의 간선 가중치가 있다면 Prim 또는 Kruskal의 알고리즘이 적절히 작업을 하는가?

9.17 V 정점들의 그래프가 V^{V-2}개의 최소 신장 트리들을 가질 수 있다는 것을 보여라.

9.18 Kruskal의 알고리즘을 구현하는 프로그램을 작성하라.

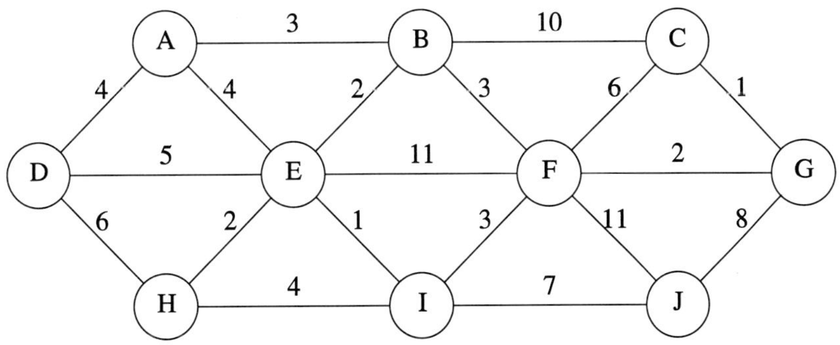

그림 9.82 연습문제 9.15에서 사용된 그래프

9.19 그래프의 모든 간선들이 1과 $|E|$ 사이의 가중치를 가진다면, 얼마나 빨리 최소 신장 트리가 계산될 수 있는가?

9.20 **최대** 신장 트리를 발견하기 위한 알고리즘을 제시하라. 이것은 최소 신장 트리를 찾는 것보다 더 어려운가?

9.21 그림 9.83의 그래프에서 모든 접합 점들을 찾아라. 각 정점에 대한 Num과 Low의 값과 깊이-우선 신장 트리를 보여라.

9.22 접합 점을 찾기 위한 알고리즘이 수행되는 것을 증명하라.

9.23 a. 결과 그래프가 비순환이기 위해 무향그래프로부터 제거될 필요가 있는 간선들의 최소 수를 찾는 알고리즘을 보여라.
*b. 이 문제가 유향그래프에서 NP-complete인 것을 보여라.

9.24 유향그래프의 깊이-우선 신장 숲에서, 모든 교차 간선들이 오른쪽에서 왼쪽으로 이동한다는 것을 증명하라.

9.25 유향그래프의 깊이-우선 신장 숲에서 간선 (v, w)가 트리, 역, 교차 또는 전방향 간선인지를 결정하기 위한 알고리즘을 제시하라.

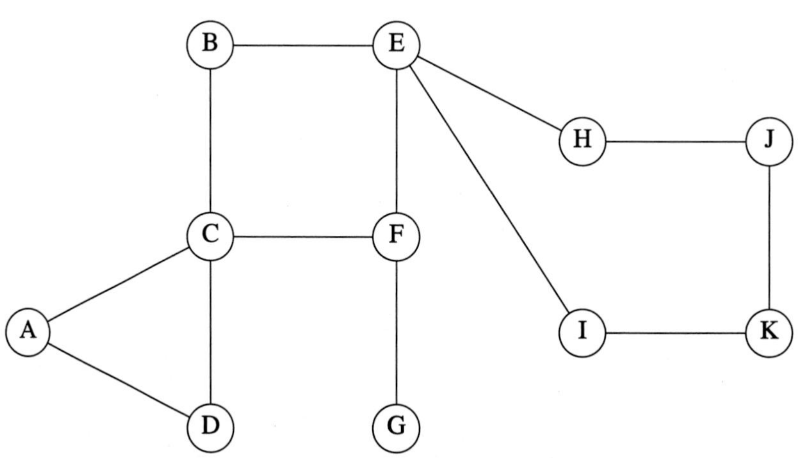

그림 9.83 연습문제 9.21에서 사용된 그래프

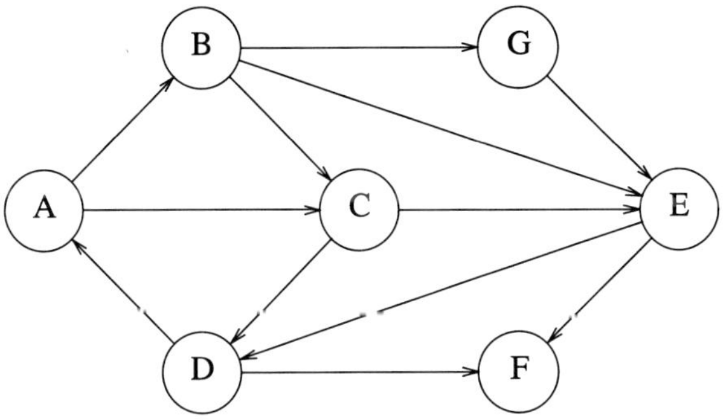

그림 9.84 연습문제 9.26에서 사용된 그래프

9.26 그림 9.84의 그래프에서 강한 연결 컴포넌트를 찾아라.

9.27 유향그래프에서 강한 연결 컴포넌트를 찾는 프로그램을 작성하라.

*9.28 오직 한 번의 깊이-우선 탐색으로 강한 연결 컴포넌트를 찾는 알고리즘을 제시하라. 이중 연결 알고리즘과 유사한 알고리즘을 사용하라.

9.29 그래프 G의 이중 **연결 컴포넌트**들은 간선들로 구성된 그래프가 이중 연결된 집합으로의 간선들의 분할이다. 접합점들 대신에 이중 연결 컴포넌트들을 찾기 위해 그림 9.67의 알고리즘을 수정하라.

9.30 무향그래프의 너비-우선 탐색을 수행하고 너비-우선 신장 트리를 구축하는 것을 가정하자. 트리에서 모든 간선들이 트리 간선 또는 교차 간선인지 보여라.

9.31 무향(연결된)그래프에서 한 방향으로 모든 간선을 정확히 한 번 지나는 경로를 찾는 알고리즘을 제시하라.

9.32 a. 만약 하나가 존재한다면, 그래프에서 오일러 회로를 찾는 프로그램을 작성하라.
b. 만약 하나가 존재한다면, 그래프에서 오일러 투어를 찾는 프로그램을 작성하라.

9.33 유향그래프에서 오일러 회로는 모든 간선이 정확하게 한 번 방문한 순환이다.

*a. 유향그래프가 강한 연결이고 모든 정점이 같은 진입차수와 진출차수를 가지고 있다면, 오일러 회로를 가지는 것을 증명하라.

*b. 하나가 존재하는 유향그래프의 오일러 회로를 찾기 위한 선형-시간 알고리즘을 보여라.

9.34 a. 오일러 회로 문제에 대한 다음의 해결책을 고려하라: 그래프가 이중 연결인 것을 가정하자. 최후 수단으로서 역간선을 취하면서 깊이-우선 탐색을 수행한다. 그래프가 이중 연결이 아니면, 이중 연결 컴포넌트에서 순환적으로 알고리즘을 적용하라. 이 알고리즘은 작업을 수행하는가?

b. 역간선을 취할 때, 그 역간선을 가장 가까운 조상노드로 취한다고 가정하자. 알고리즘은 작업을 수행하는가?

9.35 평면 그래프(planar graph)는 두 간선이 교차하지 않게 평면에 그릴 수 있는 그래프이다.

*a. 그림 9.85의 어떤 그래프도 평면이 아니라는 것을 보여라.

b. 평면 그래프에서 5개 노드보다 많지 않게 연결된 정점이 존재한다는 것을 보여라.

**c. 평면 그래프에서 $|E| \le 3|V| - 6$인 것을 보여라.

9.36 **다중 그래프**(mulitigraph)는 정점간 여러 간선이 허용되는 그래프이다. 이 장에서의 알고리즘들 중 어느 것이 다중 그래프들에 대한 변경없이 작업을 수행하는가? 다른 알고리즘에 대해서도 수행되기 위해 어떤 변경이 필요로 되는가?

***9.37** $G=(V, E)$가 무향그래프라고 하자. 결과 그래프가 강한 연결이 되도록 G의 각 간선이 유향 간선으로 바꾸기 위한 선형 알고리즘을 설계하기 위하여 깊이-우선 탐색을 사용하거나, 이것이 가능하지 않다는 것을 결정하라.

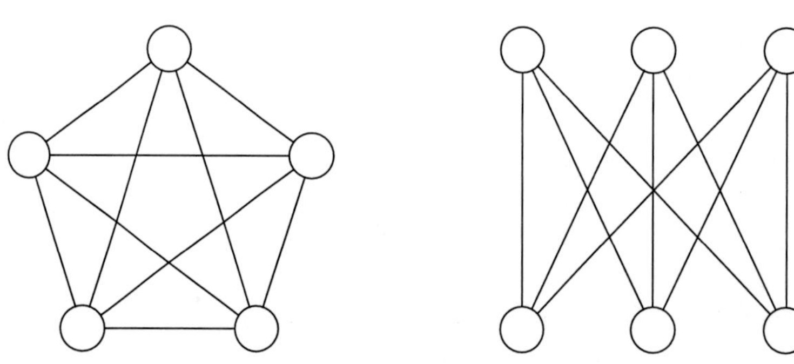

그림 9.85 연습문제 9.35에서 사용된 그래프

9.38 어떤 구성에서 서로의 윗부분에 놓여있는 N개의 막대들이 주어진다. 각 막대는 2개의 끝점에 의해 지정된다. 각 끝점은 x, y, 그리고 z 좌표가 주어진 3개가 한 쌍으로 순서화되어 있다. 어떤 스틱도 수직은 아니다. 윗부분에 어떤 스틱도 없다면 스틱은 집어 올려질 수 있다.

a. 루틴은 2개의 스틱 a와 b를 선택하여 a가 b의 위, 아래, 또는 관계가 없는지를 보여 주는 루틴을 어떻게 작성할 지를 설명하라(이는 그래프 이론과 관계가 없다).

b. 모든 스틱들을 집는 것이 가능한지 여부를 결정하는 알고리즘을 제시하라. 그렇다면, 스틱을 집는 순서를 제공하라.

9.39 각 정점이 k개의 색 중 하나로 칠해지고 어떤 간선도 동일한 색의 정점들을 연결하지 않는다면 그래프는 k-색 가능(k-colorable)이다. 2-색 가능인 그래프를 검사하기 위한 선형시간 알고리즘을 제시하라. 그래프는 인접-리스트 형태로 저장된다고 가정하자; 필요한 부가적인 자료구조를 지정해야 한다.

9.40 임의의 무향그래프에서 적어도 간선들 중 3/4를 구성하는 $\lceil V/2 \rceil$ 개의 정점을 찾는 다항식시간 알고리즘을 제시하라.

9.41 그래프가 비순환이 아니라면 알고리즘이 임의의 순환을 보이기 위한 위상 정렬 알고리즘을 어떻게 변경할 것인지를 보여라. 깊이-우선 탐색을 사용하지 않아도 된다.

9.42 G는 N개의 정점을 가진 유향그래프라고 하자. 정점 s는 $s \neq v$인 V의 모든 v에 대해 간선(v, s)이 존재하고 (s, v)인 형태의 간선이 존재하지 않는다면 싱크(sink)라 부른다. G가 $n \times n$ 인접 행렬로 주어진다고 가정할 때, G가 싱크를 포함하는지 여부를 결정하기 위한 $O(N)$ 알고리즘을 제시하라.

9.43 정점과 부수적인 간선들이 트리로부터 제거될 때, 서브트리들은 남게 된다. N 정점 트리로부터의 제거는 $N/2$ 이상의 정점을 가진 서브트리가 존재하지 않는 정점을 찾는 선형시간 알고리즘을 제시하라.

9.44 비순환 무향그래프(즉, 트리)에서 최장 비가중치 경로를 결정하기 위한 선형시간 알고리즘을 제시하라.

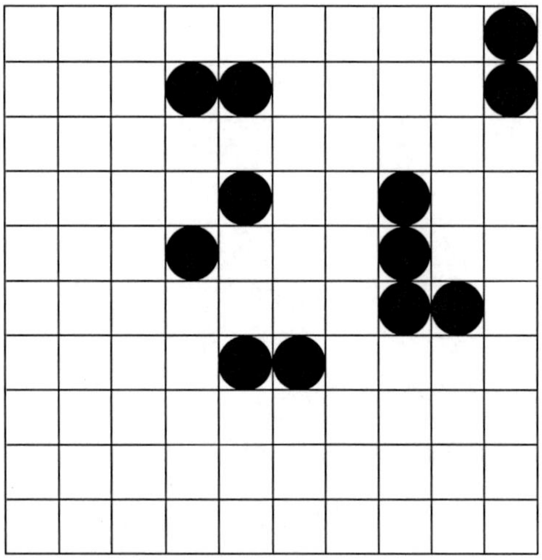

그림 9.86 연습문제 9.45를 위한 그리드

9.45 일부 스퀘어(square)가 검정 돌로 채워진 N-by-N 그리드를 고려하자. 만약 공통 간선을 공유한다면, 2개의 스퀘어는 같은 그룹에 속한다. 그림 9.86에서 4개로 채워진 스퀘어의 한 그룹, 2개로 채워진 3개의 그룹, 그리고 2개의 하나로 채워진 스퀘어가 있다. 그리드는 2차원 배열로 표현된다고 가정하자. 다음과 같은 프로그램으로 작성하라.

a. 그룹에 하나의 스퀘어가 주어질 때, 그룹의 크기를 계산하라.
b. 다른 그룹의 개수를 계산하라.
c. 모든 그룹을 나열하라.

9.46 8.7절에서 미로를 만드는 것을 설명하였다. 미로에서 경로를 찾길 원한다고 생각하자. 미로는 행렬로 표현된다고 가정하자. 행렬내 각 셀은 벽이 있는지(또는 없는지)에 대한 정보를 저장한다.

a. 미로에서 경로를 찾기 위한 충분한 정보를 계산하는 프로그램을 작성하라. SEN... 형태로 경로를 제시하라(남쪽으로 가고 그 다음은 동쪽, 그 다음은 북쪽 등).
b. 만약 윈도우 패키지로 C++ 컴파일러를 사용한다면, 미로를 그리고 버튼을 눌렀을 때 경로를 그리는 프로그램을 작성하라.

9.47 P개 스퀘어에 대한 벌점을 가지고 미로내 벽들이 제거될 수 있다고 가정하자. P는 알고리즘에 한 파마미터로 지정된다(만약 벌점이 0이면, 문제는 평범해진다). 이런 유형의 문제를 풀기 위한 알고리즘을 서술하라. 알고리즘에서 실행 시간은 어떻게 되는가?

9.48 미로가 해답을 갖거나 갖지 못할 수도 있다고 생각하자.

a. 해답을 찾기 위해 제거될 필요가 있는 벽들의 최소수를 결정하는 선형-시간 알고리즘을 서술하라. (힌트 : 디큐(double-ended queue)를 사용한다.)

b. 벽들의 최소수를 제거한 후 최단 경로를 찾는 알고리즘(선형-시간일 필요는 없다)을 서술하라. (a)의 해답은 어느 벽이 제거되어야 가장 좋은 지에 대한 정보는 없다. (힌트: 연습문제 9.47을 사용하라.)

9.49 한 문자 치환은 비용 1이 소요되고 한 문자 추가 또는 삭제가 $p > 0$의 비용을 갖는 단어 사다리 문제를 계산하는 프로그램을 작성하라. 9.3.6절의 마지막에서 언급되었듯이 이는 가중치 최단 경로 문제이다.

다음 문제들 각각(연습문제 9.50-9.53)은 최단 경로 알고리듬을 적용하여 어떻게 해결될 수 있는지 설명하라. 그리고 입력을 표현하는 메커니즘을 설계하고, 그 문제를 해결하기 위한 프로그램을 작성하라.

9.50 입력은 리그 경기 득점들(무승부는 없다.)의 목록이다. 모든 팀이 적어도 한 번 이기고 한 번 진다면, 단순 추이 관계에 의해 어떤 팀이 다른 팀보다 더 잘한다고 증명할 수 있다. 예를 들어, 모두가 3경기를 하는 6개 팀 리그에서, 다음의 결과를 가진다고 생각하자: A는 B와 C를 이긴다; B는 C와 F를 이긴다; C는 D를 이긴다; D는 E를 이긴다; E는 A를 이긴다; F는 D와 E를 이긴다. 그리고 나서 A가 F를 이긴 B를 이기기 때문에 A가 F보다 더 잘한다는 것을 증명할 수 있다. 마찬가지로, F는 E를 이기고 E는 A를 이기기 때문에 F가 A보다 더 잘한다는 것을 증명할 수 있다. 경기 점수와 2팀 X와 Y가 주어진다고 할 때, X가 Y보다 더 잘한다는 증거(만약 존재한다면)을 찾거나, 이런 유형의 어떤 증거도 찾을 수 없다는 것을 보여라.

9.51 입력은 통화와 환율이다. 즉시 이익을 내는 환율의 순서가 존재하는가? 예를 들어 통화가 X, Y 그리고 Z이고 환율이 $1X = 2Ys$, $1Y = 2Zs$ 그리고 $1X = 3Zs$라고 하면 $300Zs$로 $100Xs$를 구매할 것이고, 이는 $200Ys$를 구매할 것이고, 다시 이는 $400Zs$를 구매할 것이다. 따라서 33%의 이익을 얻었다.

9.52 학생은 졸업을 위하여 적당한 수의 과목을 수강하여야 할 필요가 있고, 이 과목들은 반드시 따라야 할 선수과목들을 가지고 있다. 모든 과목들은 매 학기마다 개설되고 학생들은 과목들을 제한없이 수강할 수 있다고 가정한다. 과목과 선수과목 목록이 주어질 때, 최소 학기를 요구하는 스케줄을 계산하라.

9.53 **케빈 베이컨**(Kevin Bacon) 게임의 목적은 공유된 영화 역할을 경유하여 케빈 베이컨에게 영화 배우를 연결하는 것이다. 연결의 최소 수는 배우의 베이컨 수이다. 예를 들면, Tom Hanks는 1의 베이컨 수를 가지고 있다. 그는 케빈 베이컨과 아폴로 13에 있었다. Sally Fields는 2의 베이컨 수를 갖는데, 케빈 베이컨과 Apollo 13에 출연한 Tom Hanks와 Forrest Gump에 출연했기 때문이다. 거의 모든 유명한 배우들은 1 또는 2의 베이컨 수를 가지고 있다. 역할과 함께 배우들의 포괄적인 목록을 가지고 있고[3] 다음에 따라 처리한다고 가정하자.

a. 배우의 베이컨 수를 어떻게 찾는지 설명하라.
b. 가장 높은 베이컨 수를 갖는 배우를 어떻게 찾는지 설명하라.
c. 두 임의의 배우들간 연결의 최소수를 어떻게 찾는지 설명하라.

9.54 Clique 문제는 다음과 같다: 무향그래프 $G=(V, E)$와 정수 K가 주어질 때, G는 적어도 K개의 정점들의 완전 서브그래프를 포함하는가?
Vertex cover 문제는 다음과 같다: 무향그래프 $G=(V, E)$와 정수 K가 주어질 때, G는 $|V'| \le K$이고 G의 모든 간선이 V'의 한 정점을 갖는 부분 집합 $V' \subset V$를 포함하는가? Clique 문제가 vertex cover 문제로 변환될 수 있는지를 보여라.

9.55 해밀턴 순환 문제가 무향그래프에서 NP-complete라고 가정하자.

a. 해밀턴 주기 문제가 유향그래프에서 NP-complete임을 증명하라.
b. 비가중치 단순 최장 경로 문제가 유향그래프에서 NP-complete임을 증명하라.

9.56 **야구 카드 수집가**(baseball card collector) 문제는 다음과 같다. 주어진 패킷들 P_1, P_2, …, P_M에 대해 그 해의 야구 카드들의 부분 집합을 어느 것이 포함하는지, 그리고 정수 K에 대해 K보다 작은 패킷들을 선택함으로써 모든 야구 카드를 모으는 것이 가능한가? 야구 카드 수집가 문제가 NP-complete임을 보여라.

3) 예를 들어 인터넷 영화 데이터베이스 파일을 보라: ftp://ftp.fu-berlin.de/pub/misc/movies/database의 actor.list.gz과 actresses.list.gz

9장 참고문헌

좋은 그래프 이론 교재는 [8], [13], [22] 그리고 [37]을 포함한다. 실행시간에 대해 심도있게 논의하는 심화된 주제는 [39], [41] 그리고 [48]이다.

인접 리스트의 사용은 [24]에서 주장되었다. 위상 정렬 알고리즘은 [34]에서 설명되는 것과 같이 [29]에 있다. Dijkstra 알고리즘은 [9]에서 서술된다. d-힙과 피보나치 힙을 이용하여 개선된 방식은 [28]과 [15]에서 설명된다. 음의 간선 가중치를 갖는 최단-경로 알고리즘은 Bellman[3]에 기인한다. Tarjan[48]은 종료를 보장하기 위한 더 효율적인 방법을 설명한다.

네트워크 흐름에 대한 Ford와 Fulkerson의 중요한 연구는 [14]에서 서술한다. 최단 경로 또는 가장 큰 흐름 증가를 수용하는 경로에서 개선하고자 하는 생각은 [12]에서 서술한다. 문제에 대한 다른 접근 방식은 [10], [32], [21], [6] 그리고 [33]에서 찾을 수 있다. 최소비용흐름 문제에 대한 알고리즘은 [19]에서 찾아볼 수 있다.

초기의 최소 신장 트리 알고리즘은 [4]에서 찾을 수 있다. Prim의 알고리즘은 [42]에 있다. Kruskal의 알고리즘은 [35]에서 나타난다. 두 가지 O(|E| log log |V|) 알고리즘은 [5]와 [49]에서 서술된다. 이론적으로 가장 잘 알려진 알고리즘은 [15], [17] 그리고 [30]에서 나타낸다. 이런 알고리즘의 경험적 연구는 decreaseKey를 가지고 구현된 Prim의 알고리즘은 대부분의 그래프에서 가장 좋다고 제안한다[40].

이중연결에 대한 알고리즘은 [44]에 있다. 첫 번째 선형-시간 강한 컴포넌트 알고리즘(연습문제 9.28)은 같은 논문에서 나타난다. 그 문장에서 표현된 알고리즘은 Kosaraju(출판하지 않은)와 Sharir에 기인한다[43]. 깊이-우선 탐색의 다른 응용은 [25], [26], [45] 그리고 [46]에서 설명한다(8장에서 언급한 것처럼 [45]와 [46]에서의 결과는 개선되었으나 기본적인 알고리즘은 변경되지 않는다).

NP-complete 문제의 이론에 대한 고전적 연구는 [20]에서 나타난다. 부수적인 자료는 [1]에서 찾을 수 있다. 만족성에 대한 NP-completeness는 [7]에서 보여 준다. 다른 독창적인 논문은 21 문제의 NP-completeness를 보여 준 [31]에서 서술한다. 복잡성 이론의 우수한 조사는 [47]에서 설명한다. 외판원 문제에 대한 유사 알고리즘은 거의 최적의 결과를 보여 주는데 [38]에서 찾아볼 수 있다.

연습문제 9.8에 대한 해결책은 [2]에서 찾을 수 있다. 연습문제 9.13의 이분매칭 문제에 대한 해결책은 [23]과 [36]에서 찾을 수 있다. 문제는 간선에 가중치를 부여하고 그래프가 이분이라는 제약을 제거함으로써 일반화될 수 있다. 일반그래프에서 비가중치 매칭 문제에 대한 효율적인 해결책은 매우 복잡하다. 세부 사항은 [11], [16] 그리고 [18]에서 찾을 수 있다.

연습문제 9.35는 실질적으로 나타날 수 있는 평면 그래프를 다룬다. 평면 그래프는 매우 희소적이고, 많은 어려운 문제는 평면 그래프에서 더 쉽다. 예는 평면 그래프에서 선형 시간에 해결 가능한 그래프 동형(isomorphism) 문제이다[27]. 어떤 다항 시간 알고리즘도 일반적인 그래프에서 알려진 바가 없다.

1. A. V. Aho, J. E. Hopcroft, and J. D. Ullman, *The Design and Analysis of Computer Algorithms*, Addison-Wesley, Reading, Mass., 1974.
2. R. K. Ahuja, K. Melhorn, J. B. Orlin, and R. E. Tarjan, "Faster Algorithms for the Shortest Path Problem," *Journal of the ACM*, 37 (1990), 213-223.
3. R. E. Bellman, "On a Routing Problem," *Quarterly of Applied Mathematics*, 16 (1958), 87-90.
4. O. Borůvka, "Ojistém problému minimálním (On a Minimal Problem)," *Práca Moravské Přirodovědecké Společnosti*, 3 (1926), 37-58.
5. D. Cheriton and R. E. Tarjan, "Finding Minimum Spanning Trees," *SIAM Journal on Computing*, 5 (1976), 724-742.
6. J. Cheriyan and T. Hagerup, "A Randomized Maximum-Flow Algorithm," *SIAM Journal on Computing*, 24 (1995), 203-226.
7. S. Cook, "The Complexity of Theorem Proving Procedures," *Proceedings of the Third Annual ACM Symposium on Theory of Computing* (1971), 151-158.
8. N. Deo, *Graph Theory with Applications to Engineering and Computer Science*, Prentice Hall, Englewood Cliffs, N.J., 1974.
9. E. W. Dijkstra, "A Note on Two Problems in Connexion with Graphs," *Numerische Mathematik*, 1 (1959), 269-271.
10. E. A. Dinic, "Algorithm for Solution of a Problem of Maximum Flow in Networks with Power Estimation," *Soviet Mathematics Doklady*, 11 (1970), 1277-1280.
11. J. Edmonds, "Paths, Trees, and Flowers," *Canadian Journal of Mathematics*, 17 (1965), 449-467.
12. J. Edmonds and R. M. Karp, "Theoretical Improvements in Algorithmic Efficiency for Network Flow Problems," *Journal of the ACM*, 19 (1972), 248-264.
13. S. Even, *Graph Algorithms*, Computer Science Press, Potomac, Md., 1979.
14. L. R. Ford, Jr., and D. R. Fulkerson, *Flows in Networks*, Princeton University Press, Princeton, N.J., 1962.
15. M. L. Fredman and R. E. Tarjan, "Fibonacci Heaps and Their Uses in Improved Network Optimization Algorithms," *Journal of the ACM*, 34 (1987), 596-615.
16. H. N. Gabow, "Data Structures for Weighted Matching and Nearest Common Ancestors with Linking," *Proceedings of First Annual ACM-SIAM Symposium on Discrete Algorithms* (1990), 434-443.

17. H. N. Gabow, Z. Galil, T. H. Spencer, and R. E. Tarjan, "Efficient Algorithms for Finding Minimum Spanning Trees on Directed and Undirected Graphs," *Combinatorica*, 6 (1986), 109-122.
18. Z. Galil, "Efficient Algorithms for Finding Maximum Matchings in Graphs," *ACM Computing Surveys*, 18 (1986), 23-38.
19. Z. Galil and E. Tardos, "An $O(n^2(m+n\ logn)\ log\ n)$ Min-Cost Flow Algorithm," *Journal of the ACM*, 35 (1988), 374-386.
20. M. R. Garey and D. S. Johnson, *Computers and Intractability:A Guide to the Theory of NP-Completeness*, Freeman, San Francisco, 1979.
21. A. V. Goldberg and R. E. Tarjan, "A New Approach to the Maximum-Flow Problem," *Journal of the ACM*, 35 (1988), 921-940.
22. F. Harary, *Graph Theory*, Addison-Wesley, Reding, Mass., 1969.
23. J. E. Hopcroft and R. M. Karp, "An $n^{5/2}$ Algorithm for Maximum Matchings in Bipartite Graphs," *SIAM Journal on Computing*, 2 (1973), 225-231.
24. J. E. Hopcroft and R. E. Tarjan, "Algorithm 447:Efficient Algorithms for Graph Manipulation," *Communications of the ACM*, 16 (1973), 372-378.
25. J. E. Hopcroft and R. E. Tarjan, "Dividing a Graph into Triconnected Components," *SIAM Journal on Computing*, 2 (1973), 135-158.
26. J. E. Hopcroft and R. E. Tarjan, "Efficient Planarity Testing," *Journal of the ACM*, 21 (1974), 549-568.
27. J. E. Hopcroft and J. K. Wong, "Linear time Algorithm for Isomorphism of Planar Graphs," *Proceedings of the Sixth Annual ACM Symposium on Theory of Computing* (1974), 172-184.
28. D. B. Johnson, "Efficient Algorithms for Shortest Paths in Sparse Networks," *Journal of the ACM*, 24 (1977), 1-13.
29. A. B. Kahn, "Topological Sorting of Large Networks," *Communications of the ACM*, 5 (1962), 558-562.
30. D. R. Karger, P. N. Klein, and R. E. Tarjan, "A Randomized Linear-Time Algorithm to Find Minimum Spanning Trees," *Journal of the ACM*, 42 (1995), 321-328.
31. R. M. Karp, "Reducibility among Combinatorial Problems," *Complexity of Computer Computations* (eds. R. E. Miller and J. W. Thatcher), Plenum Press, New York, 1972, 85-103.
32. A. V. Karzanov, "Determining the Maximal Flow in a Network by the Method of Preflows," *Soviet Mathematics Doklady*, 15 (1974), 434-437.

33. V. King, S. Rao, and R. E. Tarjan, "A Faster Deterministic Maximum Flow Algorithm," *Journal of Algorithms*, 17 (1994), 447-474.

34. D. E. Knuth, *The Art of Computer Programming, Vol. 1:Fundamental Algorithms*, 3d. ed., Addison-Wesley, Reading, Mass., 1997.

35. J. B. Kruskal, Jr., "On the Shortest Spanning Subtree of a Graph and the Traveling Salesman Problem," *Proceedings of the American Mathematical Society*, 7 (1956), 48-50.

36. H. W. Kuhn, "The Hungarian Method for the Assignment Problem," *Naval Research Logistics Quarterly*, 2 (1955), 83-97.

37. E. L. Lawler, *Combinatorial Optimization: Networks and Matroids*, Holt, Reinhart, and Winston, New York, 1976.

38. S. Lin and B. W. Kernighan, "An Effective Heuristic Algorithm for the Traveling Salesman Problem," *Operations Research*, 21 (1973), 498-516.

39. K. Melhorn, *Data Structures and Algorithms 2: Graph Algorithms and NP-completeness*, Springer-Verlag, Berlin, 1984.

40. B. M. E. Moret and H. D. Shapiro, "An Empirical Analysis of Algorithms for Constructing a Minimum Spanning Tree," *Proceedings of the Second Workshop on Algorithms and Data Structures* (1991), 400-411.

41. C. H. Papadimitriou and K. Steiglitz, *Combinatorial Optimization: Algorithms and Complexity*, Prentice Hall, Englewood Cliffs, N.J., 1982.

42. R. C. Prim, "Shortest Connection Networks and Some Generalizations," *Bell System Technical Journal*, 36 (1957), 1389-1401.

43. M. Sharir, "A Strong-Connectivity Algorithm and Its Application in Data Flow Analysis," *Computers and Mathematics with Applications*, 7 (1981), 67-72.

44. R. E. Tarjan, "Depth First Search and Linear Graph Algorithms," *SIAM Journal on Computing*, 1 (1972), 146-160.

45. R. E. Tarjan, "Testing Flow Graph Reducibility," *Journal of Computer and System Sciences*, 9 (1974), 355-365.

46. R. E. Tarjan, "Finding Dominators in Directed Graphs," *SIAM Journal on Computing*, 3 (1974), 62-89.

47. R. E. Tarjan, "Complexity of Combinatorial Algorithms," *SIAM Review*, 20 (1978), 457-491.

48. R. E. Tarjan, *Data Structures and Network Algorithms*, Society for Industrial and Applied Mathematics, Philadelphia, 1983.

49. A. C. Yao, "An $O(|E| \log \log |V|)$ Algorithm for Finding Minimum Spanning Trees," *Information Processing Letters*, 4 (1975), 21-23.

10 알고리즘 설계 기법

Data structures and Algorithm Analysis in C++

지금까지, 우리는 알고리즘의 효율적인 구현에 대해 관심을 가져왔다. 알고리즘이 주어지면 그 알고리즘에서 사용되는 데이터 구조를 지정할 필요가 없었다. 실행 시간을 최소화 하기 위해서 적당한 데이터 구조를 선택하여 사용하는 것은 프로그래머의 역할이기 때문이다.

이번 장에서, 우리의 관심을 알고리즘 구현에서 알고리즘 설계로 옮겨 보고자 한다. 우리가 지금까지 본 대부분의 알고리즘들은 간단한 것들이었다. 제9장에서 몇몇 알고리즘들은 좀 더 복잡한 것이 있었고 그 중에서 몇몇은 알고리즘의 정확성을 증명하기 위해서 인수를 필요로 하기도 했었다. 이번 장에서는 문제 해결에 사용되는 알고리즘의 일반적인 5가지 유형에 초점을 맞추고자 한다. 많은 문제들은 적어도 이러한 방법 중 하나를 사용하여 해결할 수 있을 것이다. 특히, 각 유형에 대해 우리는 다음과 같은 것을 알아보고자 한다.

- 문제에 접근하는 일반적인 방법
- 몇 가지 예(본 장의 마지막에는 더욱 많은 연습 예제들이 제공된다)
- 필요한 경우에는 시간과 공간 복잡도에 대한 일반적 논의

10.1 탐욕적 알고리즘[1](Greedy Algorithms)

우리가 처음으로 설명할 알고리즘은 **탐욕적 알고리즘**(greedy algorithm) 이다. 우리는 이미 제9장에서 세 개의 탐욕적 알고리즘 : Dijkstra's, Prim's, Kruskal's을 알아보았다. 탐욕적 알고리즘은 단계별로 진행된다. 각 단계에서는, 이후의 결과에 대해서는 고려하지 않고 현재에 가장 좋은 것을 선택한다. 일반적으로 이렇게 하는 것은 **지역 최적해(local optimum)**가 선택되게 된다. 이러한 "지금 가질 수 있을 때 바로 가져가라" 식의 전략이 이런 종류의 알고리즘에 대한 이름이 만들어지는데 유래가 되었다. 알고리즘이 종료되었을 때, 우리는 그 지역(local) 최적해가 **전역 최적해(global optimum)**와 같기

1) 역자의 주: 그리디(greedy) 알고리즘을 탐욕적 알고리즘이라고도 한다

를 희망한다. 만약 그렇게 된다면 그 알고리즘은 맞는 것이 되는 것이고 그렇지 않다면 알고리즘은 부분 최적해를 만든 것이 된다. 만약 절대적으로 최선의 답이 요구되지 않는다면, 정확한 답을 얻기 위해 복잡한 알고리즘들을 사용하는 것 보다는 때로는 단순한 탐욕적 알고리즘들을 사용하면 근사적인 적절한 답을 구할 수도 있다.

탐욕적 알고리즘에 대한 몇 가지의 실생활에 관련된 예들이 있다. 가장 이해하기 쉬운 예는 잔돈 거슬러 주기 문제[2])이다. 미국 화폐의 경우, 가장 작은 개수의 화폐로 잔돈을 거슬러 주기 위해, 우리는 가장 큰 단위의 화폐로 잔돈을 거슬러 준다. 17달러와 61센트를 거슬러 준다면, 우리는 10달러 지폐, 5달러 지폐, 2개의 1달러 지폐, 2개의 25센트, 10센트, 1페니를 준다. 이러한 방법에 의하면, 우리는 거슬러 주는데 가장 적은 개수의 지폐와 동전을 사용할 수 있다고 확신할 수 있다. 이 알고리즘은 모든 국가의 통화 시스템에 적용되지 않는다 하더라도 다행히 미국 통화 시스템에서는 잘 적용된다고 증명할 수 있다. 실제로, 2달러짜리 지폐와 50센트짜리 동전을 사용한다고 해도 이러한 알고리즘은 잘 들어맞는다[3]).

교통 문제는 지역 최적해 선택이 항상 좋을 수 없다는 것을 보여 주는 예이다. 예를 들어, 마이애미의 어떤 러시아워 시간의 시내 중심도로는 지금 내 눈 앞에는 비어 있다 하더라도 피하는 것이 좋을 수가 있다. 왜냐하면 그 도로를 따라 1마일만 내려가도 교통체증이 시작되어 결국 도로에서 꼼짝 못할 수 있기 때문이다. 가끔은 놀랍게도 이런 병목 현상을 피하기 위해 내가 가려고 하는 방향의 반대 방향으로 우회하는 것이 나은 경우도 있다는 것이다.

이번 절의 나머지 부분에서는, 탐욕적 알고리즘의 몇 가지 응용을 살펴볼 것이다. 첫 번째 응용은 간단한 스케줄링 문제이다. 사실상의 모든 스케줄링 문제는 NP-complete 문제(혹은 비슷한 계산 복잡도 문제)이거나 또는 탐욕적 알고리즘으로 풀 수 있는 문제이다. 두 번째 응용은 초기 컴퓨터 과학 연구의 결과라고 할 수 있는 파일 압축 문제이다. 그리고 마지막으로 탐욕적 근사(greedy approximation) 알고리즘의 예를 살펴볼 것이다.

10.1.1 간단한 스케줄링 문제(A Simple Scheduling Problem)

각각의 실행시간이 $t_1,\ t_2,\ \ldots,\ t_N$인 작업(job) $j_1,\ j_2,\ \ldots,\ j_N$이 주어졌을 때 하나의 단일 프로세서만 가지고 있다고 가정하자. 어떻게 작업들을 스케줄링해야 평균 완료시간이 가장 빠르게 할 수 있는가? 이번 절에서는 우리는 프로세서가 **비선점(non-preemptive)** 스케줄링을 가정한다. 비선점 스케줄링은 작업이 시작되면 반드시 완료가 된다.

예를 들어 네 개의 작업과 그 각각의 실행시간이 그림 10.1과 같이 주어졌다고 하자. 가능한 스케줄링 방법 중 하나는 그림 10.2와 같다. j_1은 15(시간)에, j_2는 23에, j_3는 26에,

2) 역자의 주 : 가장 작은 개수의 화폐 또는 동전을 사용하여 잔돈을 거슬러 주는 문제
3) 역자의 주 : 미국에서는 2달러짜리 지폐와 50센트짜리 동전이 거의 사용되지 않지만 실제 존재한다. 본 역자도 사진에서는 봤지만 실제 본적은 없다.

작업	시간
j_1	15
j_2	8
j_3	3
j_4	10

그림 10.1 작업과 시간

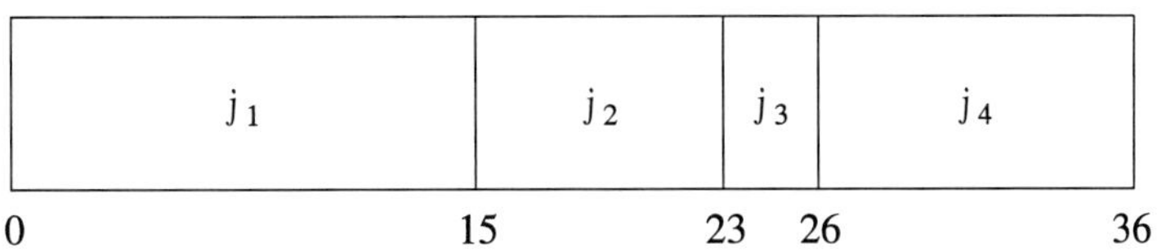

그림 10.2 스케줄 #1

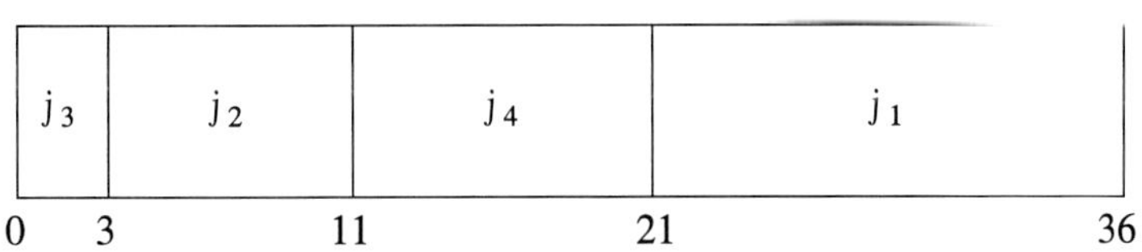

그림 10.3 스케줄 #2

j_4는 36에 끝나기 때문에 평균 완료 시간은 25 [=(15+23+26+36)/4]이다. 더 나은 스케줄링 방법은 그림 10.3과 같이 17.75 [=(3+11+21+36)/4]의 평균 완료 시간을 보인다.

그림 10.3에서의 스케줄링 방법은 실행시간이 짧은 것부터 먼저(shortest job first) 배정하는 것이다. 이러한 방법은 항상 최적의 스케줄링이 가능하다. 스케줄 안에 작업이 j_{i_1}, j_{i_2}, …, j_{i_N}라고 하면, 첫 번째 작업의 완료시간은 t_{i_1}, 두 번째 작업의 완료시간은 $t_{i_1}+t_{i_2}$, 그리고 세 번째 작업의 완료시간은 $t_{i_1}+t_{i_2}+t_{i_3}$이 된다. 이러한 방법으로부터 우리는 이 스케줄의 전체 비용 C는 아래와 같음을 알 수 있다.

$$C=\sum_{k=1}^{N}(N-k+1)t_{i_k} \tag{10.1}$$

$$C=(N+1)\sum_{k=1}^{N}t_{i_k}-\sum_{k=1}^{N}k\cdot t_{i_k} \tag{10.2}$$

식 (10.2)의 처음 합계는 작업 순서와 독립적이므로 두 번째 합계만이 전체 비용에 영향을 준다. 작업순서에서 $t_{i_x}<t_{i_y}$이 되는 $x>y$가 있다고 가정해 보자. 그러면 계산을 해보면 j_{i_x}와 j_{i_y}를 바꿈으로써 두 번째 합계가 증가하고, 따라서 전체 비용이 감소하게 됨을 볼 수 있다. 그러므로 비용이 단조적으로 감소하는[4] 작업들의 스케줄링은 부분최적

4) 역자의 주: 단조적으로 감소한다는 것은 $a<b$이면 $f(a)\geq f(b)$를 의미한다.

화가 될 것이다. 이제 남은 스케줄들은 그 안에서 작업들이 실행시간이 작은 것부터 먼저 배정되는 것들이다.

운영체제의 스케줄러가 일반적으로 실행시간이 더 짧은 작업에게 우선권을 주는 이유도 이러한 이유 때문이다.

다중프로세서의 경우(Multiprocessor Case)

이 문제를 여러 개의 프로세서 경우로 확대해 보자. 우리는 작업 j_1, j_2, …, j_N을 가지고 있고 각각의 실행시간은 t_1, t_2, …, t_N이라고 하고 P개의 프로세서를 가지고 있다. 그리고 가장 짧은 실행 시간의 작업이 먼저 오는 식으로 작업들이 순서대로 배열되어 있다고 가정하자. 예를 들어, $P=3$이고 작업들은 그림 10.4와 같다고 가정하자.

그림 10.5는 평균 완료 시간을 최소화하기 위한 최적의 배열을 보여 준다. 작업 j_1, j_4와 j_7은 프로세서 1에서 실행되고, 프로세서 2는 j_2, j_5와 j_8을 담당하고, 프로세서 3은 나머지 작업들을 담당한다. 총 완료시간은 165이고 평균은 165/9=18.33이다.

작업	시간
j_1	3
j_2	5
j_3	6
j_4	10
j_5	11
j_6	14
j_7	15
j_8	18
j_9	20

그림 10.4 작업(job)과 실행시간

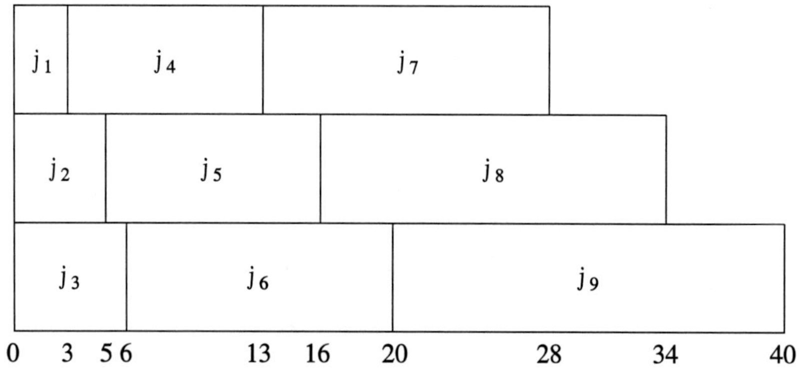

그림 10.5 다중프로세서 경우에 대한 최적 해결

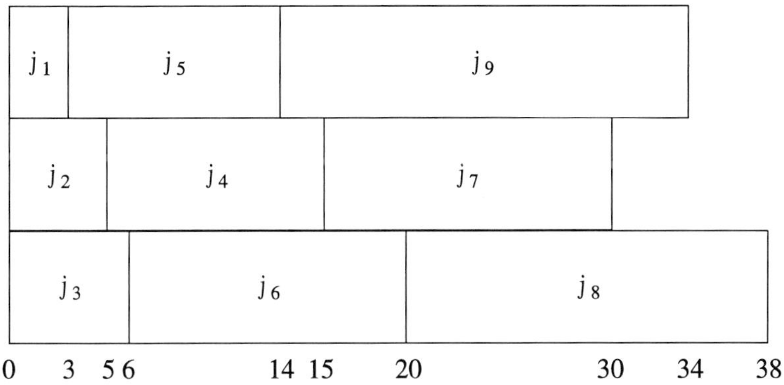

그림 10.6 다중 프로세서 경우에 대한 두 번째 최적해

다중 프로세서 경우의 해결을 위한 알고리즘은 작업들을 순서대로 시작하면서 각 프로세스들에게 돌아가면서 배정하는 것이다. 이것 말고는 다른 더 좋은 순서가 존재하지 않는다는 것을 보이는 것은 어렵지 않지만 P개의 프로세서들이 N개의 작업들을 똑같이 나누어 가진다면 많은 최적 순서들이 있을 수 있다. 이것은 $0 \le i < N/P$인 각 i에 대하여 작업 j_{iP+1}에서부터 $j_{(i+1)P}$까지의 작업들 각각을 다른 프로세서에 배정하면 된다. 우리의 경우에는 그림 10.6에서 두 번째 최적해를 볼 수 있다.

비록 P가 N을 정확하게 똑같이 나누지 못한다 해도, 그리고 총 작업 시간이 다르더라도 여전히 많은 최적해가 존재할 수 있다. 여기에 대한 보다 더 자세한 내용들은 연습문제에서 다루기로 한다.

최종 완료시간의 최소화(Minimizing the Final Completion Time)

우리는 매우 유사한 문제를 고려해 보면서 이번 절을 마무리 하고자 한다. 우리는 오직 마지막 작업이 언제 끝나는 지만 관심이 있다고 가정해 보자. 위의 두 가지 예에서는, 완료시간은 각각 40과 38이었다. 그림 10.7을 보면 최소 마지막 완료시간은 34임을 알 수 있는데 모든 프로세서가 항상 작업중(busy)이기 때문에 이 완료시간은 더 좋아질 수가 없다.

비록 이 스케줄이 최소 평균 완료 시간을 갖지 못한다 해도 전체 진행 완료 시간이 더 빠르기 때문에 가치가 있다. 만약 같은 사용자가 이들 모든 작업을 소유하고 있다면 이 방법이 바람직한 스케줄 방법이 된다. 비록 이러한 문제들은 매우 유사하기는 하지만 이 새로운 문제는 NP-complete인 것으로 판명되어 있다. 즉 이번 절 마지막에 언급하게 될 배낭문제(knapsack) 혹은 상자 채우기(bin-packing) 문제를 다르게 표현한 것이라고 할 수 있다. 그러므로 마지막 완료시간을 최소화하는 것은 평균 완료시간을 최소화 하는 것보다 명백히 훨씬 더 어렵다.

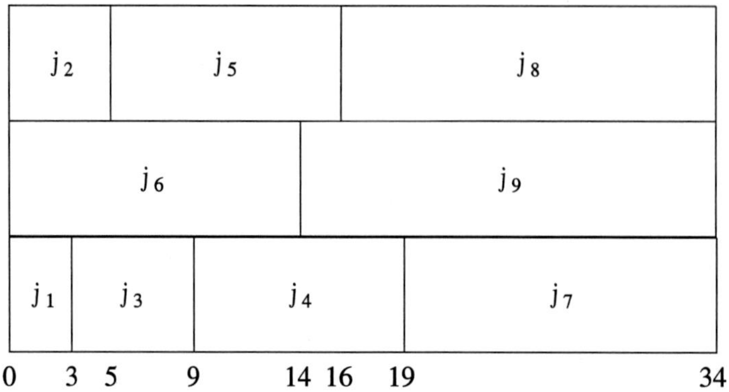

그림 10.7 마지막 완료 시간의 최소화

10.1.2 허프만 코드(Huffman Codes)

이번 절에서는 그리디 알고리즘의 두 번째 응용으로서 **파일 압축**(file compression)에 대하여 살펴보도록 하겠다.

일반적인 ASCII 문자 집합은 약 100개의 "인쇄 가능한" 문자들로 구성되어 있다. 이러한 문자들을 구분해 내려면 $\lceil \log 100 \rceil = 7$ 비트가 필요하다. 7비트로는 128개 문자들을 표현할 수 있기 때문에, 이 ASCII 문자 집합에는 "인쇄되지 않는" 문자들도 추가되어 있다. 8번째 비트는 패리티 검사로서 추가된다. 하지만 중요한 점은 만약 문자 집합의 크기가 C라면 표준 인코딩에 $\lceil \log C \rceil$ 비트가 필요하다는 것이다.

예를 들어 우리가 가지고 있는 한 파일에는 오직 a, e, i, s, t의 문자들과 공백 문자, 줄바꿈(newlines) 문자만 포함되어 있다고 가정해 보자. 더 자세하게 보자면 그 파일에는 a는 10번, e는 15번, i는 12번, s는 3번, t는 4번, 공백은 13번, 줄바꿈 문자는 1번 나온다고 가정해 보자. 그림 10.8의 표에서 보여 주듯이 이 파일에는 58개의 문자들이 있고 각 문자들이 3 비트를 필요로 하기 때문에 이 파일을 표현하기 위해서는 174비트가 필요하다.

Character	Code	Frequency	Total Bits
a	000	10	30
e	001	15	45
i	010	12	36
s	011	3	9
t	100	4	12
space	101	13	39
newline	110	1	3
Total			174

그림 10.8 표준코드 방식을 사용한 경우

현실세계에서의 파일들은 훨씬 더 크다. 매우 큰 파일들의 상당 수는 프로그램들의 산출물이고 대개는 가장 많이 나오는 문자의 수와 가장 적게 나오는 문자의 수 사이에 커다란 차이를 보인다. 예를 들면, 매우 큰 데이터 파일들을 보면 숫자 문자들과 공백, 줄바꿈 문자들은 엄청나게 많이 있지만, 문자 q와 x는 매우 적게 가진다. 느린 전화선을 통해 그 파일을 전송해야 하는 경우에는 그 파일 크기를 줄이는 것에 관심을 가지게 될 것이다. 또한, 사실상 모든 기계에 있는 디스크 공간은 귀중하므로 인코딩하는 더 좋은 방법을 찾아서 그 파일을 저장하는 데 필요한 전체 비트 수를 줄이고 싶어할 것이다.

대답부터 먼저 하자면, 그렇게 비트 수를 줄이는 것은 가능하다는 것이다. 일반적인 큰 파일의 경우에는 간단한 전략만 사용해도 25퍼센트 줄일 수 있으며 많은 큰 데이터 파일들에서도 50-60퍼센트까지 줄일 수 있다. 그 일반적인 전략은 각 문자들마다 코드 길이를 서로 다르게 하는 것인데, 발생 빈도수가 높은 문자에 대해서는 코드 길이를 최대한 짧게 만드는 것이다. 만약 모든 문자들이 같은 빈도로 발생한다면 이 방법은 파일 크기를 줄이는 데 별로 유용하지 못할 것이다.

알파벳을 표현하는 이진코드는 그림 10.9에서처럼 이진 트리로 표현될 수 있다.

그림 10.9의 트리는 **리프 노드(leaf)**에만 데이터를 갖는다. 각 문자의 표현은 루트에서 시작해서 경로를 따라 내려가면서 0은 왼쪽 가지를, 1은 오른쪽 가지를 나타내면서 그 경로를 기록하여 찾을 수 있다. 예를 들면, s는 처음에 왼쪽, 그 다음에 오른쪽, 마지막으로 오른쪽으로 가서 도착하게 된다. 이것을 인코딩 하면 011이 된다. 이 데이터 구조는 또한 trie라고 부르기도 한다. 만약 문자 c_i가 트리에서 깊이 d_i에 있고 빈도수가 f_i라고 한다면, 그 코드의 비용은 $\sum d_i f_i$가 된다.

그림 10.9에서 줄바꿈 문자가 그 부모 노드에게 하나만 있는 유일한 자식노드라는 것을 이용하면 좀 더 낳은 코드를 구할 수 있다. 기호 줄바꿈을 부모 노드로 한 레벨을 올림으로써 우리는 그림 10.10과 같은 새로운 트리를 얻을 수 있다. 이 새로운 트리는 173의 비용을 가지지만 여전히 최적과는 거리가 있다.

그림 10.10의 트리는 **완전 트리(full tree)**이다: 즉 모든 노드는 **리프 노드**이거나 두 개의 자식 노드를 가진다. 최적의 코드는 항상 이 속성을 가진다. 왜냐하면, 만약 그렇지 않다면 우리가 본 것처럼 오직 하나의 자식 노드만을 가진 노드들은 한 레벨 올라갈 수 있기 때문이다.

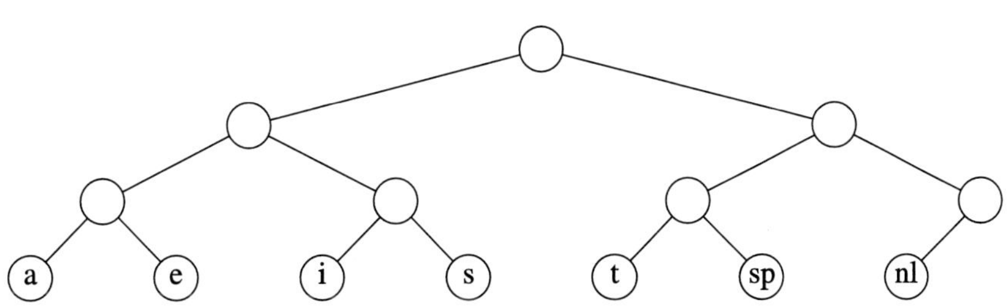

그림 10.9 원래 코드를 트리로 표현

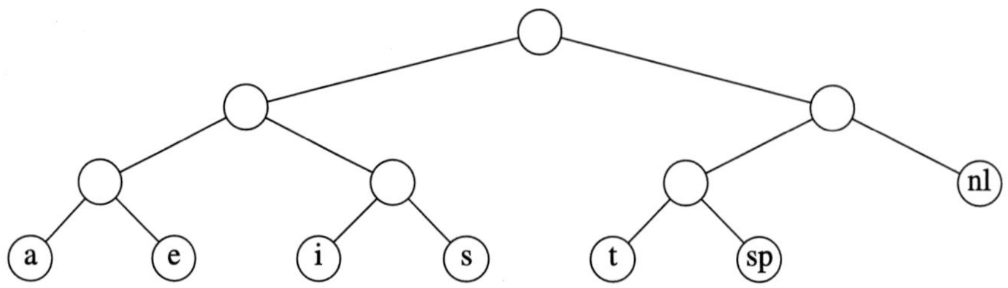

그림 10.10 조금 개선된 트리

만약 모든 문자들이 오직 **리프 노드**에만 있게 되면, 어떠한 비트열(즉, 0과 1의 나열)도 언제나 모호하지 않게 디코드될 수 있다. 예를 들면, 0100111100010110001000111으로 인코딩된 문자열이 있다고 하자. 0은 하나의 문자코드가 아니고, 01도 하나의 문자코드가 아니다. 그러나 010은 i를 표현한다. 따라서 첫 번째 문자는 i다. 그다음 011은 s를 나타내고 그 다음 11은 새로운 줄을 나타낸다. 코드의 나머지 문자는 a, $space$, t, i, e와 줄바꿈(newline)이다. 이와 같이 문자코드가 다른 문자코드의 접두사(prefix)가 되지 않는 한 각 문자 코드들이 다른 길이를 가지더라도 문제가 되지 않는다. 이와 같은 인코딩은 **접두사 코드**(**prefix code**)라고 알려져 있다. 반대로, 만약 문자가 리프 노드가 아닌 노드에 포함되어 있다고 한다면 그 디코딩이 모호하지 않음을 보장할 수 없게 된다.

이러한 사실들을 모두 함께 고려하면, 문제는 모든 문자들은 리프 노드에만 놓여져 있고 최소 전체 비용을 가지는 완전 이진 트리(full binary tree)를 찾는 것이다. 그림 10.11은 우리의 샘플 알파벳에 대한 최적의 트리를 보여 주고 있다. 그림 10.12에서 볼 수 있듯이 이 코드는 단지 146비트만 사용한다.

최적의 코드는 많이 있을 수 있다. 이러한 코드들은 인코딩 트리에서 자식 노드를 서로 바꿈으로써 얻을 수 있다. 이제 해결되지 않은 중요한 질문은, 코딩 트리를 어떻게 구성하느냐는 것이다. 이러한 코딩 트리를 구성하는 알고리즘은 1952년에 허프만에 의해 제시되었다. 따라서 이러한 코딩 시스템을 일반적으로 허프만 코드(Huffman code)라고 부른다.

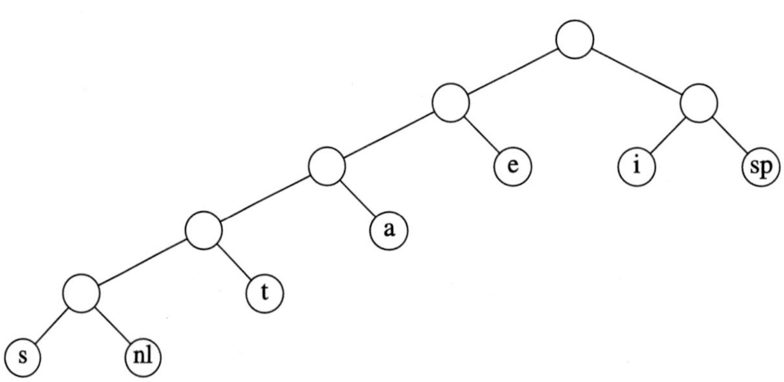

그림 10.11 최적의 접두사 코드

Character	Code	Frequency	Total Bits
a	001	10	30
e	01	15	30
i	10	12	24
s	00000	3	15
t	0001	4	16
$space$	11	13	26
$newline$	00001	1	5
Total			146

그림 10.12 최적의 접두사 코드

허프만 알고리즘(Huffman's Algorithm)

이번 절에서 우리는 문자들의 개수를 C라고 가정하기로 하자. 허프만 알고리즘은 다음과 같이 설명될 수 있다: 우리는 트리들의 숲(forest)을 가진다. 하나의 트리에서의 가중치(weight)는 그 트리 내의 모든 **리프 노드**의 빈도수들의 합과 같다. 가장 작은 가중치를 가진 두 개의 트리 T_1과 T_2를 선택하고, 서브트리 T_1과 T_2를 가지고 새로운 트리를 형성한다. 알고리즘은 처음에 C개의 싱글 트리(즉 하나의 노드만 가지고 있는 트리)로 시작하는데 하나의 각 문자가 각각의 싱글 트리에 해당된다. 알고리즘이 끝날 때 하나의 트리만 남게 되는데 이것이 최적의 허프만 코딩 트리가 된다.

활용 예를 가지고 이 알고리즘이 어떻게 돌아가는지를 자세히 이해해 보도록 하자. 그림 10.13은 초기 숲을 보여 준다. 각 트리의 가중치는 각 트리의 루트 노드 옆에 작은 첨자로 보여진다. 가장 낮은 가중치를 갖는 두 트리를 함께 병합시키면 그림 10.14에서 보이는 것과 같은 숲이 만들어진다. 우리는 그 새로운 루트를 T1이라고 이름을 붙여서 다른 것과 헷갈리지 않도록 한다. 우리는 임의로 s를 왼쪽 자식 노드로 만들었다. 만약에 가중치 값이 같을 때엔 왼쪽 오른쪽을 정하는 어떠한 균형깨기(tiebreaking) 절차가 사용될 수도 있다. 그 새로운 트리의 전체 가중치는 이전 트리들의 가중치의 합이

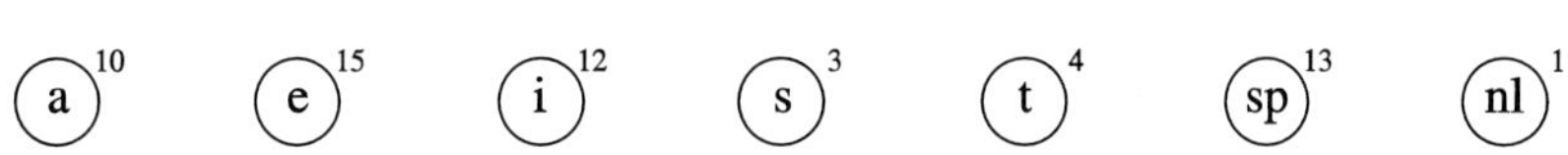

그림 10.13 허프만 알고리즘의 시작 단계

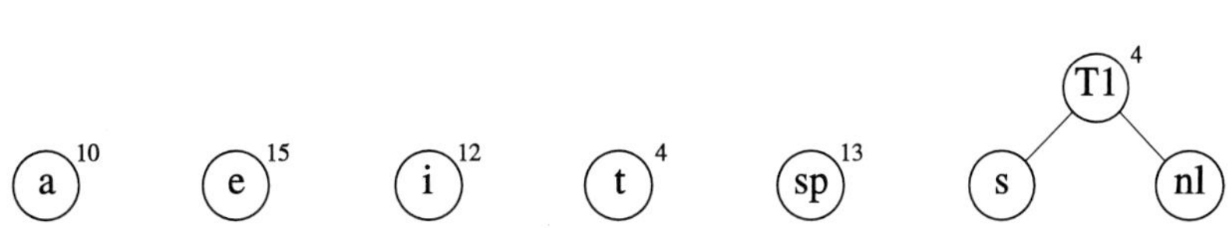

그림 10.14 첫 번째 병합 후의 허프만 알고리즘

그림 10.15 두 번째 병합 후의 허프만 알고리즘

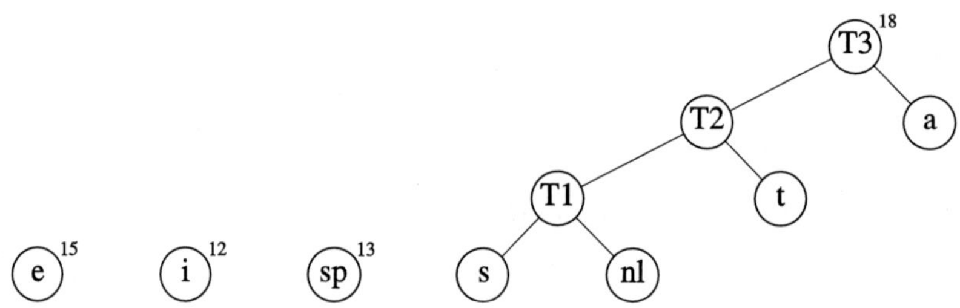

그림 10.16 세 번째 병합 후의 허프만 알고리즘

되며 쉽게 계산될 수 있다. 그 새로운 노드를 만드는 것도 또한 간단한 일인데 왜냐하면 단지 그냥 새로운 노드를 정해서 왼쪽과 오른쪽 포인터를 정하고 그 가중치를 기록하면 된다.

이제 여섯개 트리가 남아 있다. 우리는 다시 가장 적은 가중치를 갖는 두 개의 트리를 선택한다. T1과 t가 선택되고 새로운 루트 트리인 T2에 병합되며 이것의 가중치는 8이 된다. 그림 10.15에서 보는 바와 같이 3번째 단계는 T2와 a가 병합되고, T3가 생성되며 가중치는 10+8=18이 된다. 그림 10.16은 그 결과를 보여 준다.

세 번째 병합 후에는, 가장 적은 가중치를 가지는 두 개의 트리는 i와 공백을 나타내는 싱글 트리이다. 그림 10.17에서 보는 것처럼 이 트리들은 T4라는 새로운 루트 트리에 의해 병합된다. 다섯 번째 단계는 가장 작은 가중치를 갖는 루트 e와 T3가 병합된다. 이 단계의 결과는 그림 10.18에서 보여 준다.

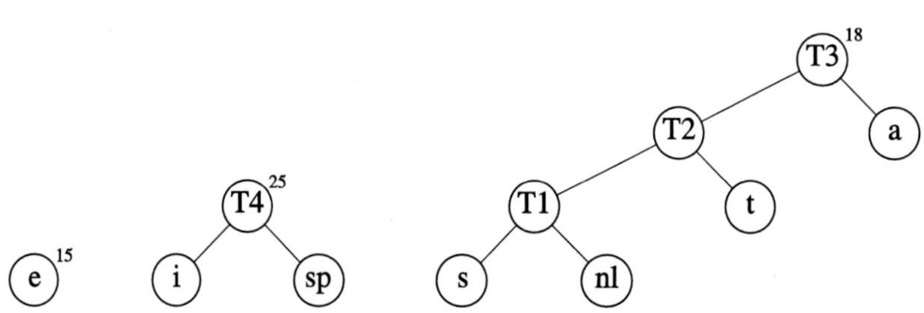

그림 10.17 네 번째 병합 후의 허프만 알고리즘

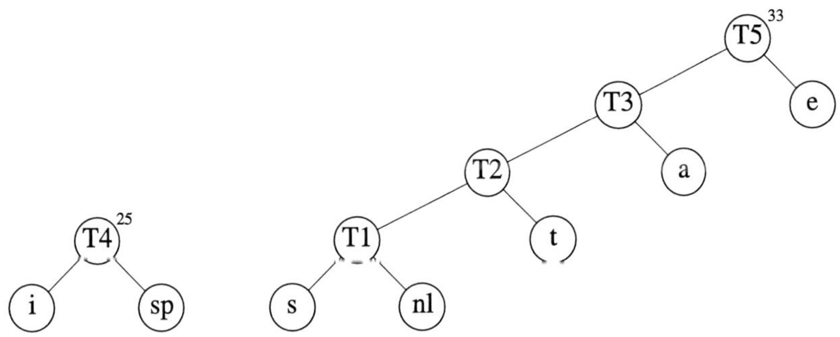

그림 10.18 다섯 번째 병합 후의 허프만 알고리즘

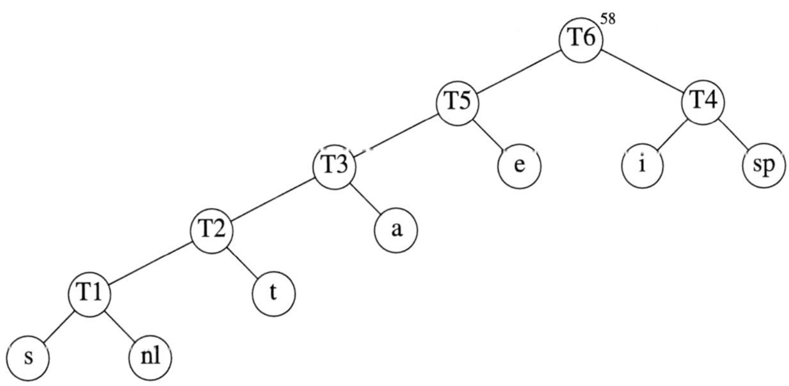

그림 10.19 마지막 병합 후의 허프만 알고리즘

드디어 최적화된 트리는 그림 10.11에서 보는 것처럼, 남은 두 개의 트리가 병합되는 것에 의해 얻어진다. 그림 10.19는 루트 T6를 가지는 최적의 트리를 보여 주고 있다.

우리는 허프만 알고리즘이 최적의 코드를 만든다는 것을 증명하는 것에 대한 대략의 아이디어를 살펴볼 것이다. 자세한 구체적인 것은 연습문제에서 다루도록 하자. 먼저, 트리는 귀류법(by contradiction)에 의하여 완전트리(full tree)여야 한다는 것을 보이는 것은 어렵지 않다. 우리는 이미 비완전 트리가 어떻게 변해나가서 완전트리로 되는지를 보았다.

다음으로는 가장 작은 빈도수를 가지는 문자 α와 β는 그 해당 노드의 깊이가 가장 깊어야 한다는 것을 보여야 한다(비록 다른 노드들도 같은 깊이에 있을 수는 있다). 마찬가지로 귀류법에 의해서 이것을 증명하는 것은 쉽다. 왜냐면 만약 α와 β 중 어느 하나도 가장 깊은 노드가 아니라면 가장 깊은 노드에 있는 어떤 r이 있어야만 하기 때문이다. 만약 α의 빈도수가 r의 빈도보다 작다면 그 트리에서 그들을 교환함으로써 비용(cost)[5]을 향상시킬 수 있다.

5) 역자의 주: 여기서는 그 트리의 가중치를 말한다.

이제 우리는 같은 깊이에 있는 어떠한 두 개의 노드의 문자들은 교환이 되어도 그 트리의 최적화 값에 영향을 주지 않는지를 생각해 보도록 하자. 이것을 보게 되면 최적화된 트리에서는 언제나 가장 작은 빈도의 두 개의 문자들은 형제 노드로 있다는 것을 알 수 있다. 그러므로 첫 번째 단계는 잘못된 것이 아니다.

이 증명은 귀납법에 의해 완성될 수 있다. 트리가 병합되어 가는 과정에서, 우리는 새로 만들어지는 루트들에게 사용할 새로운 문자들을 생각한다. 우리의 예에서, 네 번의 병합 후에 우리는 문자 집합이 e와 메타 문자 T3, T4로 구성된 것을 볼 수 있다. 이것은 아마도 그 증명에서 가장 까다로운 부분일 수 있는데 그 구체적인 것들은 여러분들이 채워보도록 하자.

이것이 탐욕적 알고리즘이라는 이유는 매 단계에서 전역적인 고려 없이 병합을 실행하기 때문이다. 우리는 단순히 가장 작은 두 개의 트리들을 선택하기만 한다.

만약 우리가 가중치에 의해 순위가 매겨진 우선순위 큐에 그 트리들을 유지한다면, 실행시간은 $O(C\log C)$가 된다. 그 이유는 최대 C개의 원소를 가지게 되는 우선순위 큐에서 한 개의 buildHeap, $2C-2$개의 deleteMin, 그리고 $C-2$개의 insert가 있기 때문이다. 리스트를 사용하여 우선순위 큐를 간단하게 구현하여 보면 $O(C^2)$의 알고리즘이 될 것이다. 우선순위 큐의 구현을 어떻게 할 것인가는 C가 얼마나 큰지에 달려 있다. ASCII 문자 집합의 전형적인 경우에 C는 충분히 작아서 이차식(quadratic)의 실행시간 복잡도도 받아 들일만 하다. 이와 같은 응용에서는 거의 모든 실행시간은 디스크 입출력에 필요한 시간(입력파일을 읽고 압축 버전으로 쓰는 데 걸리는 시간)들일 것이다.

두 가지 구체적 고려사항이 있다. 먼저 인코딩 정보는 반드시 압축 파일의 시작부분에 전송되어야 한다. 그렇지 않으면 디코딩을 할 수 없기 때문이다. 이것은 여러 가지 방법으로 할 수 있는데 자세한 것은 연습문제 10.4를 보도록 하자. 파일이 작은 경우에는 이 테이블을 전송하는 비용이 압축에서 얻는 비용절감을 초과하게 될 것이고, 그 결과로 아마 파일이 확장될 것이다. 물론, 이러한 부분은 찾아낼 수 있고 원본은 그대로 유지될 수 있다. 파일이 큰 경우에는 테이블 크기는 별로 중요하지 않게 된다.

두 번째 문제는 이미 설명했듯이 two-pass 알고리즘이다. 첫 번째 pass에서는 빈도(frequency) 데이터를 수집하고 두 번째 pass에서는 인코딩을 한다. 이것은 명백히 큰 파일을 다루는 프로그램에서는 바람직한 것이 아니다. 몇몇 대안은 참고문헌에서 찾아볼 수 있다.

10.1.3 근사적으로 상자 채우기(Approximate Bin Packing)

이번 절에서 우리는 상자 채우기 문제를 풀기 위한 알고리즘들에 대해 살펴보고자 한다. 이들 알고리즘은 빠르게 실행될 수 있지만 반드시 최적의 해를 만들어 내지 않을 수도 있다. 하지만 우리는 우리가 만들어낸 해들이 최적해에 근접해 있다는 것을 보일 것이다.

N개의 아이템들이 있고 그 각각의 크기는 s_1, s_2, …, s_N라고 하자. 모든 크기 s는 $0<s_i\le 1$을 만족한다. 해결하고자 하는 문제는 이들 아이템을 가장 적은 개수의 상자에 넣는 것이다. 여기서 각 상자는 모든 같은 크기의 단위 용량을 가졌다고 하자. 하나의 예를 들면, 그림 10.20에서 크기가 각각 0.2, 0.5, 0.4, 0.7, 0.1, 0.3, 0.8 인 7개의 아이템들을 채우는 최적의 해를 보여 준다.

상자 채우기 문제에는 두 가지 버전(version)이 있다. 첫 번째 버전은 **온라인(on line) 상자 채우기** 문제이다. 이 버전에서는 각각 아이템이 다음 아이템이 들어오기 전에 반드시 자리에 위치해야 한다. 두 번째 버전은 **오프라인(off-line) 상자 채우기** 문제이다. 오프라인 알고리즘에서는 모든 입력 값이 읽혀지기 전까지 아무 일도 할 필요가 없다. 이 두 가지 알고리즘의 차이점은 8.2절에서 이미 설명되었다.

온라인 알고리즘(On-line Algorithms)

가장 첫 번째 고려해야 할 쟁점은 온라인 알고리즘이 실제적으로 항상 최적의 답을 줄 수 있는지에 관한 것이다. 비록 무제한의 계산이 허용된다고 하더라도 온라인 알고리즘은 다음 아이템을 처리하기 전에 이전 아이템을 갖다 놓아야 한다는 것이고 그 결정은 바꿀 수 없다는 점을 기억해야 한다.

온라인 알고리즘이 항상 최적의 해를 가질 수 없다는 것을 보이기 위해 우리는 아주 복잡한 데이터를 가지고 사용해 보기로 하자. 입력 순서 I_1를 고려해 보는데, 그 순서는 무게가 $\frac{1}{2}-\varepsilon$를 가진 M개의 작은 아이템들이 나오고 그 다음에 무게가 $\frac{1}{2}+\varepsilon$, $0<\varepsilon<0.01$를 가진 M개의 큰 아이템들이 나온다. 만약 우리가 각 상자에 하나의 작은 아이템과 하나의 큰 아이템을 담는다면 이들 아이템들은 M개의 상자에 채워진다는 것은 확실하다. 이러한 상자 채우기를 실행할 수 있는 최적의 온라인 알고리즘 A가 있다고 가정해 보자. 알고리즘 A를 순서 I_2에 적용한다고 가정하는데, 이 순서는 무

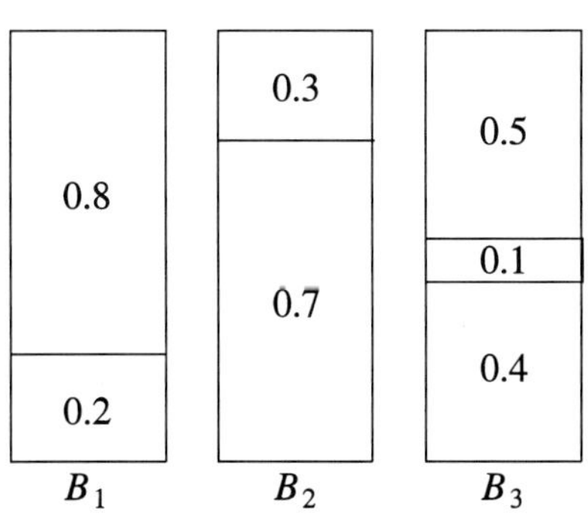

그림 10.20 0.2, 0.5, 0.4, 0.7, 0.1, 0.3, 0.8에 대한 최적의 상자 채우기

게가 $\frac{1}{2}-\varepsilon$를 가진 M개의 작은 아이템만을 가지고 있다. 그러면 I_2는 $\lceil M/2 \rceil$개의 상자에 채울 수 있다. 하지만 A는 각각의 아이템들을 다른 상자에 배치시키고, 따라서 A의 I_2는 I_1의 처음 절반의 모습과 같은 결과를 보여 준다. 그리고 I_1의 처음 절반은 정확하게 I_2에서도 같은 입력을 보인다. 이것은 A가 I_2에서 최적이 되려면 상자를 두 배 사용한다는 것을 의미한다. 우리가 증명하려는 것은 온라인 상자 채우기 문제에서는 최적의 알고리즘이 없다는 것이다.

위에서 논의한 문제에서 온라인 알고리즘은 입력이 언제 끝날지를 모른다. 그래서 알고리즘 전체에서 모든 실행의 보장이 유효해야 한다. 만약 우리가 위에서 말한 전략을 따른다면 우리는 다음의 정리를 증명할 수 있다.

정리 10.1

온라인 상자 채우기에서 최소한 4/3만큼의 최적의 상자 수를 강제적으로 사용하는 입력이 있다.

증명

그렇지 않다고 가정하고, 단순하게 M이 짝수라고 가정하자. 어떤 온라인 알고리즘 A는 실행을 위해 위에서처럼 순서 I_1을 입력한다고 하자. M개의 작은 아이템들과 M개의 큰 아이템들 순서로 구성된 입력을 생각해 보자. 알고리즘 A는 M번째 아이템이 끝나면 완료된다는 것을 생각해야 한다. A가 이미 b개의 상자를 사용했다면 이 알고리즘에서 중요한 점은 $M/2$의 최적의 상자 수를 가지게 된다. 우리는 각 상자에 두 요소를 가질 수 있기 때문이다. 그러므로 우리는 실행 시간의 보증은 4/3보다 좋다는 우리의 가정에 의해 $2b/M < 4/3$는 것을 알게 된다.

이제 모든 아이템들이 상자에 담긴 후 알고리즘 A의 성능을 생각해 보자. b번째 이후에 만들어진 모든 상자는 정확히 하나의 아이템을 갖는데, 모든 작은 아이템들은 처음 b개의 상자들에 놓여지고, 두 개의 큰 아이템들은 한 상자에 넣지 못하기 때문이다. 처음 b개의 상자들은 많아야 두 개의 아이템들을 가질 수 있기 때문에, 남아 있는 상자들은 각각 하나의 아이템을 갖게 되고 우리는 $2M$개의 아이템들을 채우는 것에는 적어도 $2M-b$개의 상자들이 필요하다는 것을 알게 된다. $2M$개의 아이템들은 M개의 상자들을 사용하여 최적으로 채울 수 있기 때문에 이 성능은 $(2M-b)/M < 4/3$ 이라는 것을 보장하게 된다.

첫 번째 부등식은 $b/M < 2/3$을 뜻하고 반대로 두 번째 부등식은 $b/M > 2/3$이라는 것을 뜻한다. 그러므로, 온라인 알고리즘은 최적의 상자의 수인 4/3보다 작은 상자 개수를 사용하여 채우는 것은 불가능하다.

두 배의 최적보다 더 적은 상자의 개수를 사용한다고 보장할 수 있는 세 개의 단순한 알고리즘이 있다. 또한 사실상 더 나은 보장의 약간 복잡한 알고리즘이 있을 수 있다.

Next Fit

아마도 가장 단순한 알고리즘은 **next fit**일 것이다. 어떤 아이템을 처리할 때에 우리는 그것이 바로 이전의 아이템과 같은 상자에 들어 갈 수 있는 지를 체크한다. 만약 들어 갈 수 있다면 그 아이템은 거기에 들어가게 되고, 만약 그렇지 않다면 새로운 상자가 만들어지게 된다. 이 알고리즘은 구현하기에도 굉장히 간단하고 선형적 시간으로 실행된다. 그림 10.21은 그림 10.20에서 사용된 같은 입력 값에 대해 만들어진 상자 채우기를 보여 주고 있다.

Next fit은 프로그램 하기에도 간단할 뿐만 아니라 최악 경우(worst-case) 분석 또한 용이하다.

정리 10.2

아이템들의 리스트 I를 채우는 데 필요한 최적의 상자의 개수를 M이라고 하자. 그러면 next fit은 최대 $2M$개의 상자를 사용한다. Next fit은 $2M$ 2개의 상자를 사용하는 순서가 존재한다.

증명

나란히 있는 상자 B_j와 B_{j+1}을 생각해 보자. 상자 B_j와 B_{j+1} 안에 있는 모든 아이템들의 크기의 합은 1보다 커야만 한다. 그렇지 않다면 이들 아이템들 모두는 상자 B_j에 들어가게 될 것이기 때문이다. 이것을 모든 이웃한 상자들의 쌍에 적용한다면 최대 공간의 절반을 낭비하게 될 것이다. 따라서 next fit은 최적의 상자 개수의 최대 두 배를 사용하게 된다.

이러한 비율을 보여 주기 위해, 2를 고정시키고, N 아이템들은 만약 i가 홀수이면 $s_i = 0.5$의 크기를 가진다고 가정하고 만약 i가 짝수이면 $s_i = 2/N$라고 가정하자. N은 4에 의해 나누어진다고 가정하자. 최적의 상자 채우기는 그림 10.22에서 보여진다. 전체 $(N/4)+1$개 상자에서 $N/4$개의 상자들은 각각 0.5크기의 2개 요소들을 담고 있으며

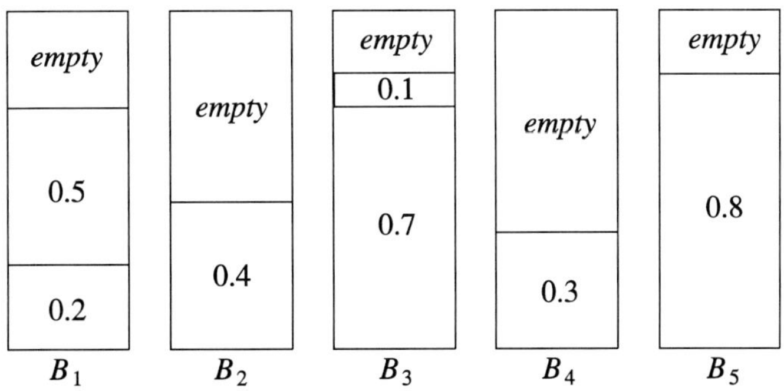

그림 10.21 0.2, 0.5, 0.4, 0.7, 0.1, 0.3, 0.8에 대한 Next fit

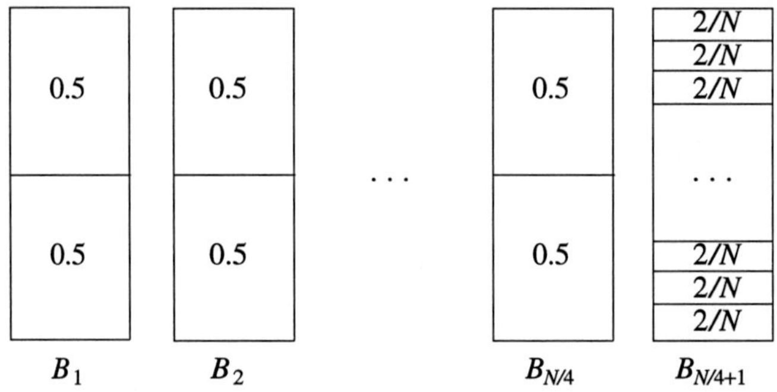

그림 10.22 0.5, 2/N, 0.5, 2/N, 0.5, 2/N, …에 대한 최적의 상자 채우기

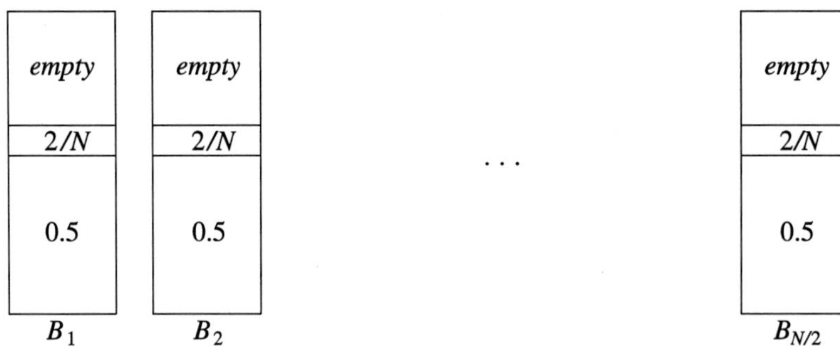

그림 10.23 0.5, 2/N, 0.5, 2/N, 0.5, 2/N, …에 대한 Next fit 방식

한 개의 상자에는 $2/N$ 크기의 $N/2$개의 요소들을 담고 있다. 그림 10.23은 next fit이 $N/2$개의 상자들을 사용한 것을 보여 준다. 그러므로 next fit은 최적보다 거의 2배 많은 상자들을 사용하게 될 수 있다.

First Fit

비록 next fit이 적절한 성능을 보장하지만, 필요하지 않은 경우에도 새로운 상자를 만들기 때문에 실제적으로는 성능이 그리 좋지는 못하다. 예제에서 보면, 크기 0.3의 아이템은 새로운 상자를 만들기보다는 B_1이나 B_2에 넣을 수 있었다.

First fit 전략은 상자들을 순서대로 스캔해서 우리가 넣으려고 하는 아이템을 그것이 들어가기에 충분한 크기를 가진 상자를 만나면 그곳에 넣는다. 그러므로, 새로운 상자는 그 아이템이 들어갈 만한 어떤 공간도 남아 있지 않을 때 만들어진다. 그림 10.24에서 보여 주는 상자 채우기는 표준 입력 값에 대한 first fit을 적용한 결과이다.

First fit을 간단하게 구현하는 방법은 상자들을 차례대로 스캔해 내려가면서 각 아이템들을 처리하는 것이다. 이것은 $O(N^2)$ 만큼의 시간이 걸린다. First fit을 $O(N\log N)$으로 실행되게 구현하는 것도 가능하다. 이 문제는 연습문제에서 다루기로 하자.

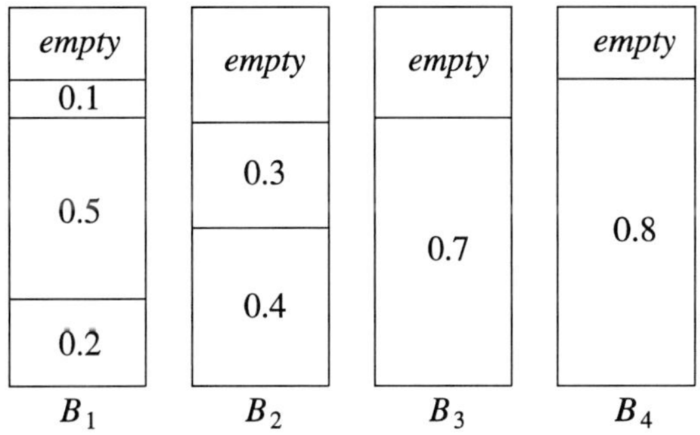

그림 10.24 0.2, 0.5, 0.4, 0.7, 0.1, 0.3, 0.8에 대한 First fit

순간적으로 여러분은 많아야 한 개의 상자가 반보다 더 많이 비어있을 수 있다는 점을 깨닫게 될 것이다. 왜냐하면, 두 번째 상자가 반이 비어있다면, 그것의 내용물은 첫 번째 상자에 적합할 것이기 때문이다. 그러므로, 우리는 즉시 first fit은 최대 두 배의 최적 상자 수 만큼의 솔루션을 보장한나고 결론지을 수 있다.

반면에 next fit의 성능 한계의 증명에서 사용한 나쁜 경우는 first fit에는 적용되지 않는다. 따라서, 더 나은 한계를 증명할 수 있는지 궁금할 수도 있다. 대답은 증명이 복잡하긴 하지만 가능하다는 것이다.

정리 10.3

아이템 리스트 I를 채우는 데 필요한 최적의 상자의 수를 M이라고 하자. 그러면 first fit은 $\lceil \frac{17}{10} M \rceil$개의 상자의 수보다 많은 상자를 사용하지 않는다. First fit가 $\frac{17}{10}(M-1)$개의 상자를 사용하는 순서가 존재한다.

증명

이번 장의 마지막 부분의 참고문헌을 보자.

그림 10.25에서 First fit의 예는 이전 정리에서 나타낸 것처럼 어딘가 부족하다. 차례로 아이템의 크기가 $\frac{1}{7}+\varepsilon$인 $6M$개의 아이템과, 아이템의 크기는 $\frac{1}{3}+\varepsilon$인 $6M$개의 아이템, 그리고 아이템의 크기가 $\frac{1}{2}+\varepsilon$인 $6M$개의 아이템이 차례로 입력된다고 하자. 하나의 단순한 상자 채우기는 하나의 상자에 각 크기의 하나의 아이템을 채우면, $6M$개의 상자들이 필요하다. First fit은 $10M$개의 상자들이 필요하나.

First fit이 실행될 때 아이템의 수가 많을 경우 0과 1로 균등하게 할당한다. 실험의 결과는 first fit은 최적의 상자 수보다 대략 2퍼센트 많은 상자를 사용하는 것을 보여 준다. 대부분의 경우에, 이것은 수용할 만하다.

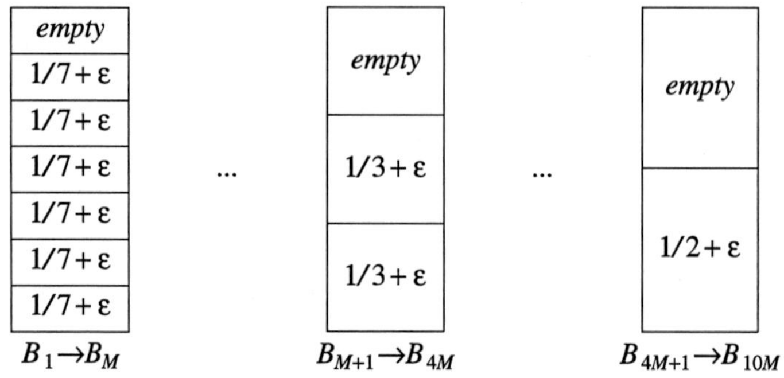

그림 10.25 First fit가 $6M$ 대신 $10M$개의 상자를 사용하는 경우

Best fit

우리가 설명할 세 번째 온라인 전략은 best fit이다. 스캔하면서 만나게 되는 첫 번째 빈자리에 아이템을 넣는 대신에 모든 상자들 중에서 그 아이템이 가장 꽉 차게 들어갈 수 있는 공간에 넣게 한다. 그림 10.26은 이러한 전형적인 상자 채우기를 보여 주고 있다.

크기 0.3의 아이템이 B_2에 들어가는 대신에 가장 잘 맞는 크기를 가진 B_3에 들어가는 것을 볼 수 있다. 우리가 점점 나은 방법으로 상자를 선택하고 있기 때문에 그 성능도 향상될 것이라고 기대하게 될 지도 모른다. 하지만 기본적인 나쁜 경우들은 똑 같기 때문에 그러한 기대는 반드시 옳지는 않다. 이것은 포괄적인 나쁜 경우들이 같기 때문에 문제가 되질 않는다. Best fit은 최적의 방법보다 대략 1.7배보다 더 나빠지진 않는다. 그리고, 이 범위 안에서 가능한 입력이 있다. 그럼에도 불구하고 코드는 단순하며, 특히 만약 $O(N\log N)$ 알고리즘이 필요하다면, 이것은 무작위 입력 방법에서 좋은 실행을 보여준다.

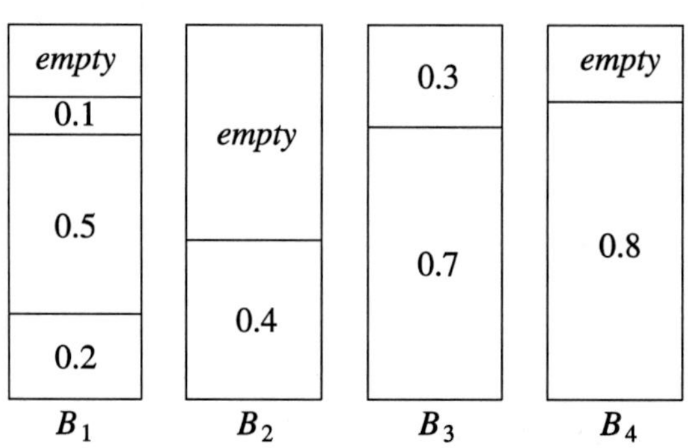

그림 10.26 0.2, 0.5, 0.4, 0.7, 0.1, 0.3, 0.8에 대한 Best fit

오프라인 알고리즘(Off-line Algorithms)

만약 우리가 전체 아이템들을 미리 볼 수가 있다면 좀 더 나은 방법을 찾을 수 있을 것이다. 실제로 전수 탐색에 의하여 최적의 상자 채우기는 결국에는 찾을 수 있기 때문에 이론적으로는 온라인 경우보다 더 향상된 성능을 가질 수 있다.

모든 온라인 알고리즘이 가지고 있는 가장 큰 문제는 큰 아이템들을 채우는 것은 어렵다는 것이다. 특히 큰 아이템이 입력의 후반에 있을 경우에는 더욱 그러하다. 이것을 해결하는 자연스러운 방법은 가장 큰 아이템을 처음으로 위치하도록 아이템을 정렬하는 것이다. 그것을 first fit과 best fit에 적용한다면, 각각 **first fit decreasing**과 **best fit decreasing**을 얻을 수 있다. 그림 10.27을 보면 우리의 경우에 이것이 최적의 해를 내는 것을 볼 수 있다(물론 비록 이것이 일반적인 것은 아니지만).

이번 장에서 우리는 **first fit decreasing**을 다루고자 한다. Best fit decreasing도 거의 같은 결과를 낸다. 아이템 크기는 다르지 않게 하는 것이 가능하기 때문에 몇몇 저자들은 그 알고리즘을 first fit nonincreasing로 부르기를 선호한다. 우리는 원래 이름을 사용하기로 하자. 우리는 입력 크기들이 이미 정렬되었다고 가정하기로 한다.

우리가 만들 수 있는 첫 번째 주목하는 것은 나쁜 경우에 대한 것이다. 그것은 아이템이 정렬된 것에 적용되지 않았던, $6M$개의 상자 대신에 $10M$개의 상자를 사용하는 first fit을 보여 주었던 경우이다. 우리는 만약 최적의 상자 채우기가 M개의 상자를 사용한다면, first fit decreasing 은 반드시 $(4M+1)/3$개보다 많은 상자를 사용하지 않는다는 것을 보이게 될 것이다.

그 결과는 두 가지 관점에 달려 있다. 첫째로, 1/3보다 큰 무게를 가지는 모든 아이템은 처음 M개의 상자에 위치될 것이다. 이것은 나머지 상자에 있는 모든 아이템의 무게는 최대로 1/3의 무게를 가진다는 것을 의미한다. 두 번째 관점은 나머지 상자에 있는 아이템의 수는 최대 $M-1$이 될 수 있다는 것이다. 이 두 결과를 결합하면, 우리는 최대 $\lceil (M-1)/3 \rceil$의 여분의 상자가 필요하다는 것을 알게 된다. 이제 우리는 이런 두 가지 관점을 증명하기로 하자.

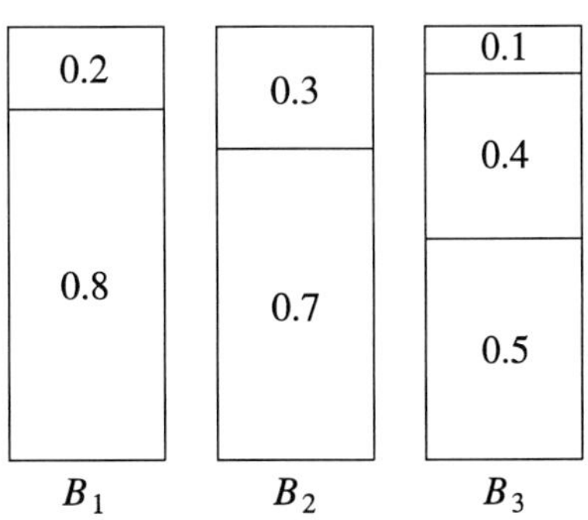

그림 10.27 0.8, 0.7, 0.5, 0.4, 0.3, 0.2, 0.1에 대한 First fit

보조정리 10.1

N 아이템(내림차순으로 정렬된)은 각각 s_1, s_2, …, s_N의 입력 크기를 갖는다. 그리고 최적의 상자 채우기는 M개의 상자라고 가정하자. 그러면 모든 아이템들은 first fit decreasing 방법을 쓰면 최대 1/3의 크기의 여분의 상자 안에 위치하게 된다.

증명

i 번째 아이템의 처음 위치는 $M+1$의 상자에 들어 있다고 가정해 보자. 우리는 $s_i \leq 1/3$이라는 것을 보이는 것이 필요하다. 우리는 $s_i > 1/3$보다 크다는 모순법에 의해 이것을 증명할 것이다.

s_1, s_2, …, $s_{i-1} > 1/3$이고, 각 크기에 의해 순서대로 정렬되어 있다. 이것으로부터 모든 상자 B_1, B_2, …, B_M은 최대 각각 두 개의 아이템을 가지는 것이 된다.

i 번째 아이템이 자리 잡기 전, $(i-1)$ 번째 아이템이 하나의 상자에 위치한 후에 시스템의 상황을 살펴보자. ($s_i > 1/3$이라는 가정하에) 처음 M 상자들은 다음과 같이 정렬되어 있는 것을 보여 주기를 원한다. 먼저 몇 개의 상자들은 정확히 하나의 요소만 가지고, 나머지 상자들은 두 개의 요소들을 가지는 것이다.

두 개의 상자 B_x와 B_y가 있다고 가정해 보자. $1 \leq x \leq y \leq M$이고, B_x는 두 개의 아이템을 가지며 B_y는 한 개의 아이템을 가진다. x_1과 x_2는 B_x안에 있는 두 개의 아이템이고 y_1은 B_y 안에 있는 아이템이라고 하자. $x_1 \geq y_1$이므로, x_1이 앞의 상자에 위치하게 된다. 같은 유추에 의해 $x_2 \geq s_i$이 된다. 그러므로 $x_1 + x_2 \geq y_1 + s_i$가 된다. 이것은 B_y안에 s_i이 들어갈 수 있음을 의미한다. 우리의 가정에 의해 이것은 불가능하다. 따라서 만약 $s_i > 1/3$이면, 우리가 s_i를 집어넣으려고 할 때, 처음 M개의 상자들은 정렬되어 있으므로 처음 j는 하나의 요소를 갖고 다음 $M-j$는 두 개의 요소를 갖게 된다.

앞의 명제를 증명하기 위해 명제의 가정을 부정하는 것으로 우리는 M개의 상자들 안에 모든 아이템은 다른 곳에 채울 수 없다는 것을 보일 것이다.

분명한 것은 어떤 알고리즘에 의해서도 한 상자 안에 두 개의 아이템, s_1, s_2, …, s_j가 있을 수 없다는 것이다. 만약 그것이 가능하다면 first fit도 역시 그렇게 가능하게 된다. 우리는 또한 first fit이 처음 j개의 상자 안에 s_{j+1}, s_{j+2}, …, s_i 크기의 아이템을 가질 수 없다는 것을 알고 있다. 그래서 어떤 것도 맞지 않게 된다. 그러므로, 어떤 상자 채우기에서도, 특히 최적의 상자 채우기에서, j 상자에는 이런 아이템들을 포함하지 않는다. s_{j+1}, s_{j+2}, …, s_i 크기의 아이템들은 반드시 $M-j$개의 상자들의 집합에 채워져야 한다. 그리고 이전의 고려사항으로부터 그와 같은 아이템의 전체 수는 2(M - j)[6]가 된다.

이 증명은 만약 $s_i > 1/3$이면, s_i는 이러한 M개의 상자들 중 하나에 위치할 수 있는

6) First fit는 이러한 요소들을 $M-j$개의 상자들에 넣고 각 상자에는 두 개의 아이템들을 넣는다는 것을 기억하자. 따라서 2($M-j$)개의 아이템들이 있다.

방법이 없게 된다는 것에 의해 완전해진다. 확실하게, j 상자들 중의 하나에는 들어갈 수 없다. 만약 그것이 가능하다면, first fit 또한 가능해진다. 나머지 $M-j$개의 상자들 중 하나에 그것이 위치하는 것은 $M-j$개의 상자들 속에 $2(M-j)+1$ 아이템들을 할당해야 하는 것이 필요하다. 그러므로, 몇몇 상자는 각각이 1/3보다 큰 세개의 아이템을 가지게 되고, 이것은 불가능한 것이 된다.

이것은 모든 크기의 아이템들이 M개의 상자들 안에 위치할 수 있다는 사실을 부인하며, 따라서 모든 원래 가정은 틀린 것이 된다. 그러므로, $s_i < 1/3$이다.

보조정리 10.2

여분의 상자들 안에 위치하는 요소의 수는 최대 $M-1$이다.

증명

적어도 M개의 객체들은 여분의 상자들 안에 있다고 가정하자. 우리는 $\sum_{i=1}^{N} s_i \le M$ 이라는 것은 모든 객체들이 M개의 상자들 안에 들어가기 때문이라는 것을 안다. B_j가 $1 \le j \le M$에 대해 전체 가중치 W_j로 채워진다고 생각하자. 처음 M개의 여분의 객체는 $x_1, x_2, \ldots, x_M$의 크기를 갖는다고 가정하자. 그러면, 처음 M개의 상자들 안에 있는 아이템들과 처음 M개의 여분 아이템들을 더한 것이 모든 아이템의 부분집합이 되므로, 다음 식을 만족한다.

$$\sum_{i=1}^{N} s_i \ge \sum_{j=1}^{M} W_j + \sum_{j=1}^{M} x_j \ge \sum_{j=1}^{M} (W_j + x_j)$$

반면에 x_j에 따르는 아이템이 B_j 안에 위치하기 때문에, $W_j + x_j > 1$을 만족한다.

$$\sum_{i=1}^{N} s_i > \sum_{j=1}^{M} 1 > M$$

그러나 N개의 아이템들이 M개의 상자들 안에 위치할 수 있다면, 이것은 불가능하다. 그러므로, 최대 $M-1$개의 여분의 아이템들이 있을 수 있다.

정리 10.4

아이템 리스트 I를 꾸리는 데 필요한 최적의 상자의 수를 M이라고 하자. 그러면 first fit decreasing은 $(4M+1)/3$개의 상자의 수 보다 많이 사용하지 않는다.

증명

최대 1/3의 사이즈의 여분의 $M-1$개의 아이템들이 있다. 그러므로 최대 $\lceil (M-1)/3 \rceil$ 여분의 상자가 있을 수 있다. 모든 상자의 수는 first fit decreasing 을 사용하면 최대 $\lceil (4M-1)/3 \rceil \le (4M+1)/3$이 된다.

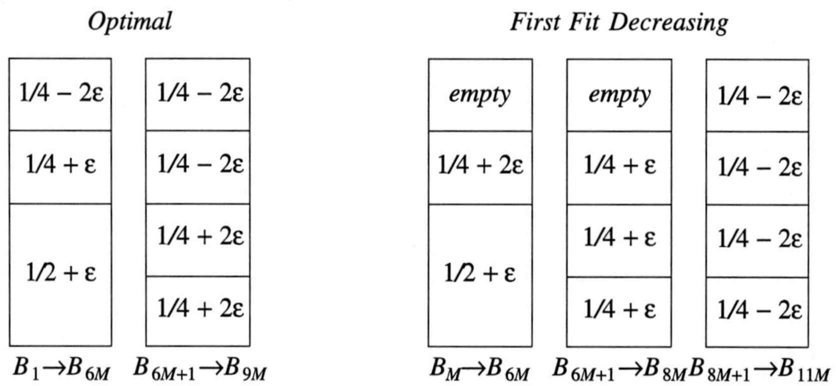

그림 10.28 First fit decreasing이 $11M$개의 상자를 사용하나 오직 $9M$개의 상자만 요구하는 예제

이것은 first fit decreasing 와 next fit decreasing 에 대해 더 엄격한 범위에서(a much tighter bound)의 증명도 가능하다.

정리 10.5

아이템 리스트 I를 꾸리는 데 필요한 최적의 상자의 수가 M이라고 하자. 그러면 first fit decreasing은 $11/9M+4$개의 상자보다 많은 상자를 사용하지 않는다. First fit desreasing이 $11/9M$개의 상자를 사용하는 순서가 존재한다.

증명

상한(upper bound)은 매우 복잡한 분석이 필요하다. 하한(lower bound)은 다음과 같은 구성의 순서에 의해 나타낼 수 있다: $\frac{1}{2}+\varepsilon$ 크기의 $6M$개의 요소들, 그 다음으로 $\frac{1}{4}+2\varepsilon$ 크기의 $6M$개의 요소들, 다음으로 크기 $\frac{1}{4}+\varepsilon$의 $6M$개의 요소들, 다음으로 크기 $\frac{1}{4}-2\varepsilon$의 $12M$개의 요소들. 그림 10.28은 최적의 패킹이 $9M$개의 상자들이 필요하나 first fit decreasing에서는 $11M$개의 상자들이 필요하다는 것을 보여 준다.

실제로는 first fit decreasing 실행은 매우 좋다. 만약 크기가 동일한 간격으로 균등하게 선택된다면 예상되는 여분의 상자의 수는 $\Theta(\sqrt{M})$이다. 상자 채우기는 간단한 탐욕적 휴리스틱(greedy heuristics)이 어떻게 좋은 결과를 보여 주는지에 대한 좋은 예이다.

10.2 분할정복(Divide and Conquer)

알고리즘 설계에 사용되는 또 다른 일반적인 알고리즘은 **분할정복 알고리즘**이다. 분할정복 알고리즘은 두 부분으로 구성된다.

- 분할(Divide): 재귀적으로 더 작은 문제들로 분할하여 해결한다(물론, 기본 단계의 경우는 제외하고 한다)
- 정복(Conquer): 하위 문제들의 해들을 합하여 원래 문제에 대한 해를 만든다.

전통적으로는, 적어도 두 개의 재귀적 호출을 포함하고 있는 루틴(routine)을 분할정복 알고리즘이라고 부른다. 그래서 재귀적 호출이 오직 한 번 있는 루틴은 분할정복 알고리즘이 아니다. 일반적으로 분할정복 알고리즘의 하위 문제들은 겹치지 않고 나뉘어야 한다. 이 책에서 다루어 졌던 재귀적 알고리즘들의 몇몇 예를 살펴보도록 하자.

우리는 이미 여러 개의 분할정복 알고리즘을 학습했었다. 2.4.3절에서, the maximum subsequence sum problem에서 $O(N\log N)$의 해를 보았었다. 4장에서는, 선형적 시간을 가지는 트리 순회(traversal) 전략들을 보였다. 7장에서, 병합 정렬과 퀵 정렬 같은 고전적인 분할정복의 예를 보았는데 각각은 최악의 경우와 평균 경우가 $O(N\log N)$를 가진다.

아마도 분할정복으로 분류되지는 않더라도 재귀적인 알고리즘의 몇몇 예들을 살펴보았다. 이러한 재귀적 알고리즘들은 문제를 하나의 아주 간단한 형태의 경우로 변환(reduce)하는 것이었다. 1.3절에서는, 숫자를 출력하는 간단한 루틴을 보았다. 2장에서는, 재귀를 사용하여 효율적인 누승법(exponentiation)을 실행하였다. 4장에서는, 이진 탐색 트리를 위한 간단한 탐색 루틴을 살펴보았다. 6.6절에서는, leftist 힙들을 병합하는 데 사용하는 단순한 재귀를 보였다. 7.7절에서는, 선형적 평균 시간이 걸리는 선택(selection) 알고리즘을 보았다. 8장에서는 서로 소(disjoint) 집합에서 find 연산이 재귀적으로 쓰여졌다. 9장에서는, Dijkstra 알고리즘에서 최단 경로를 찾는 루틴과 그래프에서 깊이 우선 탐색을 실행하기 위한 다른 프로시저들을 보였다. 이러한 알고리즘의 어떠한 것도 진짜 분할정복 알고리즘이라고 할 수는 없다. 왜냐하면 오직 한 번의 재귀호출이 실행되기 때문이다.

또한 2.4절에서 피보나치 수를 계산하는 매우 나쁜 재귀 루틴을 보았었다. 이것은 분할정복 알고리즘이라고 부를 수는 있기는 하지만 그 문제는 실제로 전혀 분할되지 않기 때문에 매우 비효율적이라고 할 수 있다.

이번 절에서는, 분할정복 패러다임에 대한 더 많은 예들을 살펴보고자 한다. 첫 번째 어플리케이션은 **계산 기하학(computational geometry)**에서의 문제이다. 평면에 N개의 점이 주어지면, 가장 가까운 점을 $O(N\log N)$의 시간 안에 찾을 수 있다는 것을 보일 것이다. 연습문제들은 분할정복으로 풀 수 있는 계산 기하학에서의 다른 문제들도 제시할 것이다. 이번 절의 나머지 부분에서는 매우 흥미있지만 주로 이론적인 결과들을 볼 것이다. 최악의 경우 $O(N)$의 시간 복잡도에 선택(selection) 문제를 해결하는 알고리즘을 제공한다. 또한 2개의 N-bit 숫자들을 $o(N^2)$의 시간 복잡도의 연산을 가지고 곱할 수 있으며 두 개의 $N\times N$ 행렬도 $o(N^3)$의 시간 복잡도의 연산으로 곱할 수 있다는 것을 보일 것이다. 불행하게도 이러한 알고리즘이 최악의 경우 실행 시간에 있어서는 전통적인 알고리즘보다 더 좋은 결과를 보이지만 매우 큰 입력의 경우를 제외하고는 그리 실용적이지는 못하다.

10.2.1 분할정복 알고리즘의 실행 시간

우리가 본 모든 효율적인 분할정복 알고리즘은 문제를 하위의 작은 문제로 나눈다. 그 각각의 하위 문제들은 원래 문제의 부분(fraction)들이며 최종 결과를 내기 위해서는 추가적인 몇몇 작업들을 실행하여야 한다. 예를 들어, 병합 정렬은 두 개의 문제, 각각의 문제는 원래 문제의 절반 크기이고 $O(N)$ 시간만큼의 추가적인 작업을 실행해야 하는 것을 보았다. 이러한 과정은 다음과 같은 실행시간 식을 산출해 낼 수 있다(적당한 초기 조건을 만족한다).

$$T(N) = 2T(N/2) + O(N)$$

7장에서 이 식에 대한 해가 $O(N\log N)$인 것을 보았다. 아래의 정리는 모든 분할정복 알고리즘의 실행시간을 결정짓는 데 사용할 수 있다.

정리 10.6

$a \geq 1$과 $b > 1$일 때, 식 $T(N) = aT(N/b) + \Theta(N^k)$에 대한 해는

$$T(N) = \begin{cases} O(N^{\log_b a}) & \text{if } a > b^k \\ O(N^k \log N) & \text{if } a = b^k \\ O(N^k) & \text{if } a < b^k \end{cases}$$

증명

제7장에서의 병합 정렬 분석에 따르면, N은 b의 누승이라고 가정할 수 있다. 그러므로, $N = b^m$이라고 한다. 그러면 $N/b = b^{m-1}$이고 $N^k = (b^m)^k = b^{mk} = b^{km} = (b^k)^m$이다. $T(1) = 1$이라고 하고 상수항인 $\Theta(N^k)$는 무시하기로 하자. 그러면 우리는 아래와 같은 식을 얻게 된다.

$$T(b^m) = aT(b^{m-1}) + (b^k)^m$$

만약 우리가 a^m으로 나눈다면 아래와 같은 식을 얻게 된다.

$$\frac{T(b^m)}{a^m} = \frac{T(b^{m-1})}{a^{m-1}} + \left\{\frac{b^k}{a}\right\}^m \tag{10.3}$$

m의 다른 값에 이 식을 적용하면, 다음의 식을 얻는다.

$$\frac{T(b^{m-1})}{a^{m-1}} = \frac{T(b^{m-2})}{a^{m-2}} + \left\{\frac{b^k}{a}\right\}^{m-1} \tag{10.4}$$

$$\frac{T(b^{m-2})}{a^{m-2}} = \frac{T(b^{m-3})}{a^{m-3}} + \left\{\frac{b^k}{a}\right\}^{m-2} \tag{10.5}$$

$$\vdots$$

$$\frac{T(b^{1})}{a^{1}} = \frac{T(b^{0})}{a^{0}} + \left\{\frac{b^k}{a}\right\}^{1} \tag{10.6}$$

식 (10.3)에서 (10.6)까지 식을 모두 더한다. 실제적으로 모든 좌항은 우항의 앞부분과 같이 삭제되어 아래와 같은 식이 산출된다.

$$\frac{T(b^{m})}{a^{m}} = 1 + \sum_{i=1}^{m} \left\{\frac{b^k}{a}\right\}^{i} \tag{10.7}$$

$$= \sum_{i=0}^{m} \left\{\frac{b^k}{a}\right\}^{i} \tag{10.8}$$

그러므로

$$T(N) = T(b^m) = a^m \sum_{i=0}^{m} \left\{\frac{b^k}{a}\right\}^{i} \tag{10.9}$$

만약 $a > b^k$라면, 모든 합은 1보다 작은 비율을 가진 기하급수이다. 그러므로 무한 연속(series)의 합은 상수로 수렴할 수 있고, 유한 합은 또한 상수에 의해 한계 지어질 수 있다. 그러므로 10.10의 식을 적용한다.

$$T(N) = O(a^m) = O(a^{\log_b N}) = O(N^{\log_b a}) \tag{10.10}$$

만약 $a = b^k$라면, 각 항의 합은 1이 된다. 그러므로 합은 $1+\log_b N$ 항을 가지고 $a = b^k$를 적용하여 $\log_b a = k$가 된다.

$$\begin{aligned} T(N) &= O(a^m \log_b N) = O(N^{\log_b a} \log_b N) = O(N^k \log_b N) \\ &= O(N^k \log N) \end{aligned} \tag{10.11}$$

마지막으로 $a < b^k$라면, 기하급수의 모든 항은 1보다 크게 된다. 그리고 1.2.3절의 두 번째 식을 적용하여 아래와 같은 식을 얻게 된다.

$$T(N) = a^m \frac{(b^k/a)^{m+1} - 1}{(b^k/a) - 1} = O(a^m (b^k/a)^m) = O((b^k)^m) = O(N^k) \tag{10.12}$$

정리의 마지막 경우를 증명해 보자.

예를 들면, 병합 정렬은 $a=b=2$와 $k=1$을 갖는다. 두 번째 경우를 적용하면, $O(N \log N)$의 해가 주어진다. 만약 우리가 3개의 문제를 푼다면, 각각은 원래 문제 크기의 절반이 되고 $O(N)$ 만큼의 추가 작업이 필요한 해가 결합된다. 그러면 $a=3$, $b=2$, $k=1$이 되고 1의 경우를 적용하면 $O(N^{\log_2 3}) = O(N^{1.59})$의 한계가 주어진다. 세 개의 절반 크기의 문제들을 해결하는 알고리즘은 해를 병합하는 데 $O(N^2)$만큼 작업하는 것이 필요하고 $O(N^2)$만큼의 실행시간을 가지며 따라서 3번째 경우가 적용된다.

정리 10.6에 의해 해결되지 않는 두 가지 중요한 경우가 있다. 두 개의 추가되는 정리들은 연습문제에서 증명하기 위해 남겨 두기로 하자. 정리 10.7은 이전의 정리를 일반화한 것이다.

정리 10.7

$T(N) = aT(N/b) + \Theta(N^k \log^p N)$, $a \ge 1$, $b > 1$, $p \ge 0$인 경우

$$T(N) = \begin{cases} O(N^{\log_b a}) & \text{if } a > b^k \\ O(N^k \log^{p+1} N) & \text{if } a = b^k \\ O(N^k \log^p N) & \text{if } a < b^k \end{cases}$$

정리 10.8

$\sum_{i=1}^{k} \alpha_i < 1$이면, 식 $T(N) = \sum_{i=1}^{k} T(\alpha_i N) + O(N)$에 대한 해는 $T(N) = O(N)$이다.

10.2.2 가장 가까운 점 구하기 문제(Closest-points Problem)

우리의 첫 번째 문제에 대한 입력은 평면 상의 점들의 리스트 P이다. 만약 $p_1 = (x_1, y_1)$과 $p_2 = (x_2, y_2)$인 경우에, p_1과 p_2 사이의 유클리디언(Euclidean) 거리는 $[(x_1 - x_2)^2 + (y_1 - y_2)^2]^{1/2}$가 된다. 우리는 점들간의 가장 가까운 쌍을 찾아야 한다. 두 점이 같은 위치에 있는 경우, 즉 거리가 0인 경우도 가능하다.

N개의 점이 있다고 하면, 모두 $N(N-1)/2$개만큼의 쌍이 있을 것이다. 우리는 간단한 프로그램을 작성해서 이들 모두를 확인해 볼 수는 있지만 이것은 $O(N^2)$만큼의 비용이 들게 된다. 이러한 접근은 전수 탐색 방법이기 때문에 우리는 더 나은 방법을 찾아 봐야 한다.

그 점들이 x축에 의해 정렬되었다고 가정해 보자. 가장 나쁜 경우에, 이러한 방법은 정렬 때문에 $O(N \log N)$만큼의 시간이 추가된다. 우리는 전체 알고리즘이 $O(N \log N)$의 비용을 갖게 된다는 것을 보일 것이기 때문에 이 정렬 과정은 복잡도 관점에서 보면 복잡도를 더 늘리지는 않는다.

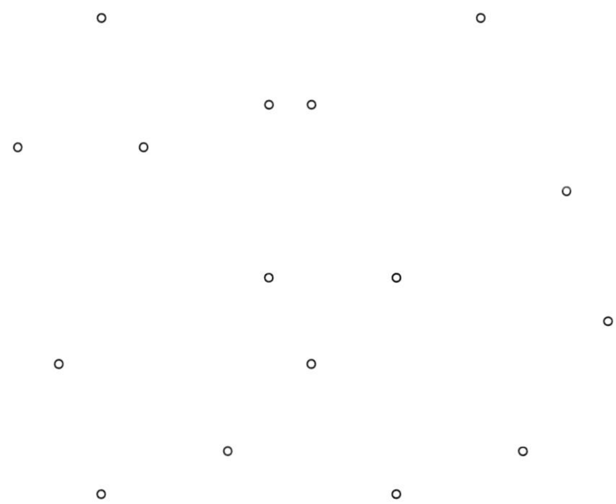

그림 10.29 작은 점들의 집합

그림 10.29에서 작은 크기의 샘플 점 집합 P를 볼 수 있다. 점들은 x축에 의해 정렬되어 있기 때문에 우리는 간단하게 가상의 수직선을 그려서 전체 집합을 절반으로 나누어 P_L과 P_R로 나눌 수 있다. 자 그럼 이제 우리는 거의 정확하게 2.4.3절에서 보았던 maximum subsequence sum problem과 똑같은 상황이 되었다. 가장 가까운 점들이 둘 다 P_L에 있거나, 혹은 모두 P_R에 있거나, 혹은 하나는 P_L에 있고 하나는 P_R에 있는 세 가지 경우 중의 하나가 된다. 이들 거리를 각각 d_L, d_R, 그리고 d_C라고 부르기로 하자. 그림 10.30을 보면 그 점들의 분할과 이들 세 가지 거리를 볼 수 있다.

우리는 d_L과 d_R을 재귀적으로 계산할 수 있다. 그렇다면 문제는 d_C를 계산하는 것이 되게 된다. 우리는 $O(N \log N)$의 해를 원하기 때문에 우리는 d_C를 계산하는 데 $O(N)$의 추가작업으로 계산할 수 있다. 우리는 크기를 절반으로 계속 재귀적으로 나누는 작업과

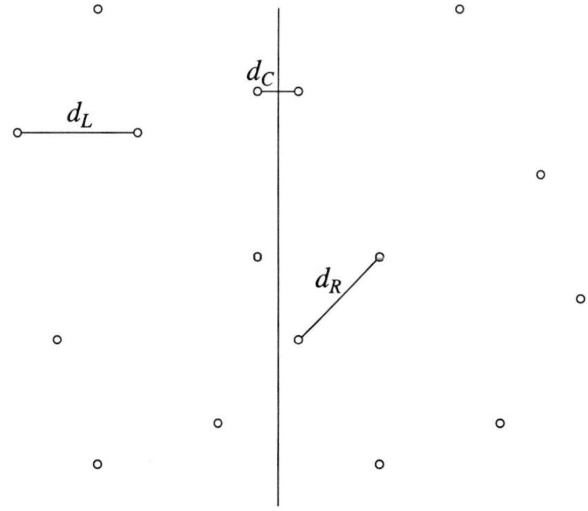

그림 10.30 P_L과 P_R로 분할된 P ; 가장 짧은거리가 표시됨

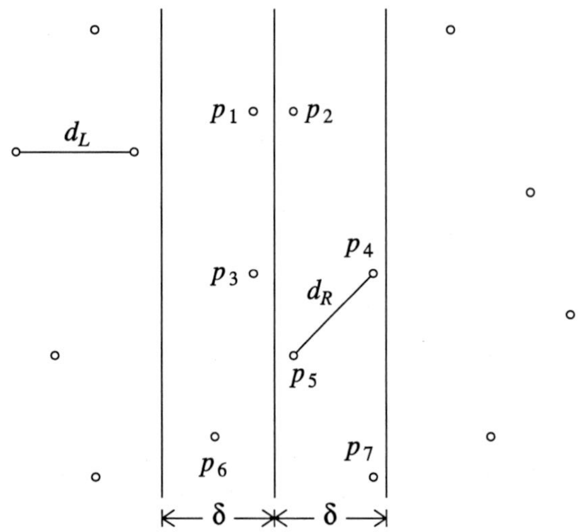

그림 10.31 d_C strip을 고려한 모든 점들을 포함하는 두선 strip

$O(N)$의 추가 작업으로 구성된 프로시저가 있다면 그 전체 시간은 $O(N \log N)$이 걸릴 것이라는 사실을 이미 알고 있다.

$\delta = \min(d_{L,}\ d_R)$이라고 하자. 처음 관측에서는 d_C가 δ에서 개선된다면 d_C를 계산할 필요가 있다는 것이다. 만약 d_C가 그런 거리라면, d_C로 정의되는 두 점은 분리 선의 δ 안에 있게 된다. 우리는 이 구역을 **strip** 이라고 할 것이다. 그림 10.31에서 보여지듯이, 이러한 관측은 고려될 필요가 있는 점의 수를 제한한다(우리의 경우에는 $\delta = d_R$).

d_C를 계산하기 위해 시도할 수 있는 2가지 전략이 있다. 균등하게 분포된 많은 점들의 집합에서 strip에 있을 것으로 기대되는 점들의 수는 매우 작다. 실제로 평균적으로 strip 안에 $O(\sqrt{N})$ 점들만이 있다는 것을 증명하기란 쉬운 일이다. 그러므로 우리는 매우 쉽게 이러한 점들이 $O(N)$ 시간 안에 계산되는 것을 실행할 수 있다. 그림 10.32의 의사 코드는 이러한 전략으로 구현되며, C++ 관습에 따라서 그 점들은 0부터 인덱스(index)한다.

최악의 경우, 모든 점들이 strip 안에 있다면, 이 전략은 항상 선형적 시간 안에 끝나지 않는다. 우리는 다음의 관측을 통해 이 알고리즘을 개선할 수 있다. d_C를 정의하는 두 점의 y좌표는 많아야 δ만큼 차이가 있다. 그렇지 않다면, $d_C > \delta$이다. Strip 안에 있는 점들이 자신의 y 좌표에 의해 정렬되었다고 가정하자. 그러면 만약 p_i와 p_j의 y 좌표가 δ보다 더 크게 차이가 난다면, 우리는 p_{i+1}로 진행할 수 있다. 이러한 간단한 수정은 그림 10.33에서 구현된다.

```
// Points are all in the strip

for( i = 0; i < numPointsInStrip; i++ )
      for( j = i + 1; j < numPointsInStrip; j++ )
         if( dist(pi, pj) < δ )
            δ = dist(pi, pj)
```

그림 10.32 min(δ, d_C)의 단순한 계산

```
// Points are all in the strip and sorted by y-coordinate

for( i = 0; i < numPointsInStrip; i++ )
      for( j = i + 1; j < numPointsInStrip; j++ )
         if( pi and pj's y-coordinates differ by more than δ )
            break; // Go to next pi.
         else
         if( dist(pi, pj) < δ )
            δ = dist(pi, pj)
```

그림 10.33 min(δ, d_C)의 개선된 계산

이런 추가적인 테스트는 실행 시간에서 주목할 만한 효과를 가진다. 왜냐하면 p_i와 p_j의 y 좌표들이 δ만큼 달라지기 전에 각각의 p_i에 대하여 단지 몇 개의 p_j만 조사되고 안쪽의 for 문에서 강제로 빠져나오게 되기 때문이다.

최악의 경우에는 어떤 p_i에 대해 많아야 7개의 p_j 점들이 고려된다. 이러한 점들은 strip의 왼쪽 절반 안의 $\delta \times \delta$의 사각형 안에 놓이거나 오른쪽 절반 안의 $\delta \times \delta$의 사각형 안에 놓이기 때문이다. 또 한편으로는, 각 $\delta \times \delta$의 사각형 안에 모든 점들은 최소한의

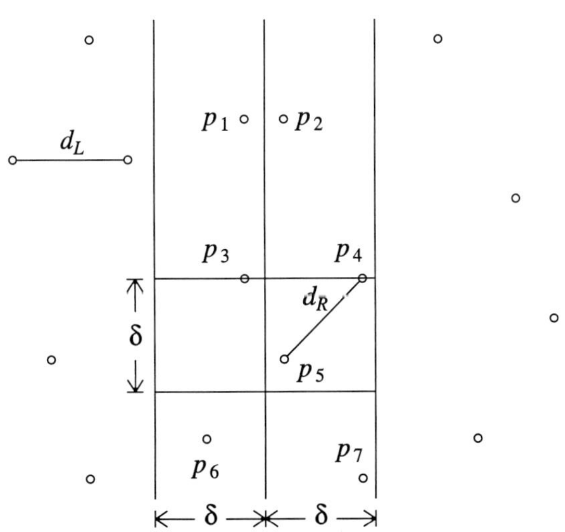

그림 10.34 오직 p_4와 p_5는 두 번째 for문에서 고려된다.

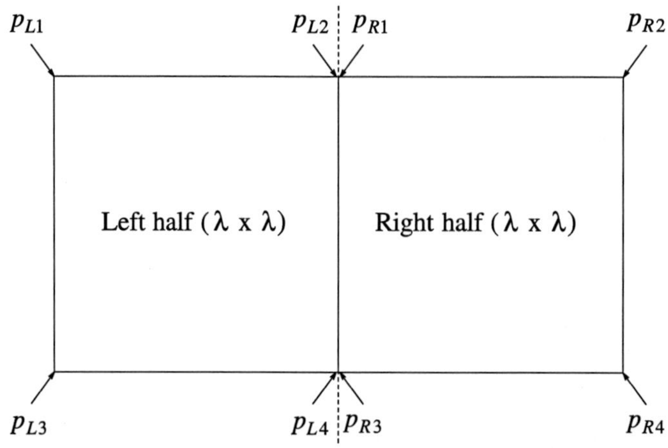

그림 10.35 많아야 8개의 점들이 사각형 안에 있다. 두 점에 의해 공유된 두 개의 좌표가 있다.

δ에 의해 분리된다. 최악의 경우에는 각 사각형이 네 개의 점들을 포함하고, 각 꼭지점에 놓이게 된다. 이런 점들이 p_i이고, 많아야 7개의 점들을 고려해야 한다. 이러한 최악의 상황은 그림 10.35에서 보여진다. 비록 p_{L2}와 p_{R1}이 같은 좌표를 가지더라도 그것은 다른 점이다. 실제적인 분석에서는, $\lambda \times 2\lambda$ 사각형 안의 점의 수는 $O(1)$이라는 점이 중요하고 이것은 확실하게 명백하다.

각 p_i에 대해 많아야 7개의 점들만 고려하면 되기 때문에 δ보다 더 좋은 d_C를 계산하는 시간은 $O(N)$이다. 그러므로, 우리는 두 결과를 결합하는 데 선형적인 추가 작업과 두 개의 절반 크기의 재귀 호출에 기반한 가장 가까운 점 구하기 문제를 위한 $O(N \log N)$의 해를 가지게 된다. 그러나 우리는 아직 완전한 $O(N \log N)$의 해를 가지지는 못한다.

문제는 y 좌표에 의해 점들의 리스트가 정렬되었다는 것을 가정하였다는 것이다. 만약 우리가 각 재귀호출에 의한 이 정렬을 실행한다면, 우리는 $O(N \log N)$의 추가 작업을 가져야 한다. 이것은 $O(N\log^2 N)$의 알고리즘에 의해 주어진다. 특히 $O(N^2)$와 비교했을 때 이것이 그리 나쁜 것은 아니다. 그러나, $O(N)$ 을 위해 각 재귀 호출을 위한 작업을 감소시키는 것은 매우 어려운 일이다. 그러므로 $O(N \log N)$ 알고리즘을 보장하는 것이다.

우리는 두 개의 리스트를 유지할 것이다. 하나는 x 좌표에 의해 정렬된 점들의 리스트이고 하나는 y 좌표에 의해 정렬된 점들의 리스트이다. 우리는 이러한 리스트를 각각 P와 Q라고 부르기로 한다. 이것들은 $O(N \log N)$의 비용이 필요한 전처리 정렬 단계에 의해 획득된다. 그러므로 시간 범위에 영향을 주는 것이 아니다. P_L과 Q_L은 왼쪽 절반 재귀 호출을 진행하는 리스트이고 P_R과 Q_R은 오른쪽 절반 재귀 호출을 진행하는 리스트이다. 우리는 이미 P가 중앙에서 쉽게 분리되는 것을 보였다. 분리선은 알고 있듯이,

우리는 Q를 통하여 연속적으로 다음단계로 나아가고 각 요소는 Q_L이나 Q_R에 적합하게 배치한다. Q_L과 Q_R이 y 좌표에 의해 자동적으로 정렬되는 것을 보이는 것은 쉽다. 재귀 호출이 리턴될 때, 우리는 Q 리스트를 스캔하고 x좌표가 strip 안에 있지 않은 모든 점들은 버린다. 그러면 Q는 오직 strip 에 포함된 점들만 가지게 된다. 그리고 이런 점들은 y 좌표에 의해 정렬된다는 것을 보장하게 된다.

이러한 전략은 단지 $O(N)$의 추가작업이 실행되기 때문에 전체 알고리즘이 $O(N \log N)$이 된다는 것을 보장한다.

10.2.3. 선택 문제(The Selection Problem)

선택 문제는 N개의 항목들이 들어 있는 집합 S에서 k번째로 값이 작은 항목을 찾아내는 것이다. 중간 값(median)을 찾는 것도 선택 문제에 해당된다. 이 경우에는 $k = \lceil N/2 \rceil$에 해당한다.

1장, 6장, 7장에서 우리는 이미 선택 문제에 대한 몇 가지 해를 보았었다. 7장에서는 퀵 정렬의 변형을 사용하여 $O(N)$의 평균 시간 안에 실행되는 것을 보았다. 사실 이것은 Hoare의 퀵 정렬에 대한 논문의 원문에서 설명되었던 것이다.

비록 이 알고리즘이 선형적 평균 시간 안에 실행되지만 최악의 경우에는 $O(N^2)$의 실행시간을 갖는다. 선택은 항목들이 정렬되어 있다면 최악의 경우에 $O(N\log N)$의 시간 안에 쉽게 해결되지만, 그것이 최악의 경우 $O(N)$의 시간 안에 완료될 수 있을지는 오랜 시간 동안 밝혀지지 않았다. 7.7.6절에서 설명된 퀵 정렬 알고리즘은 실제로 매우 효율적인 것이라서, 이러한 실행시간에 관한 것들은 대부분 이론적인 관점에서의 관심사라고 할 수 있었다.

기본 알고리즘은 단순한 귀납적 전략을 사용한다는 것을 우리는 알고 있다. 항목들이 모두 정렬되어 있고 N이 cutoff point보다 큰 값이라고 가정할 때, 피벗(pivot)을 항목 v로 골랐다고 해 보자. 그러면 나머지 항목들은 S_1과 S_2의 두 개의 집합으로 나뉘어 진다. 집합 S_1은 v보다 크지 않은 항목들이 포함될 것이고 S_2에는 v보다 작지 않은 항목들이 포함된다. 그렇게 되면 만약 $k \le |S_1|$라면, S안에 있는 k번째 가장 작은 항목은 S_1 안의 k번째 가장 작은 항목을 재귀적 계산으로 찾는 것과 같게 된다. 만약 $k = |S_1| + 1$이라면, 피벗이 바로 k번째 가장 작은 항목이 될 것이다. 위의 경우에 해당되지 않는 경우라면, S안의 k번째 가장 자은 항목은 결국 S_2 안의 $(k - |S_1| - 1)$ 번째 가장 작은 요소가 된다. 이 알고리즘과 퀵 정렬의 가장 큰 차이점은 재귀적으로 만들어지는 하위 문제가 두 개가 아니라 한 개가 된다는 것이다.

선형적 알고리즘을 얻기 위해서, 재귀적으로 만들어지게 되는 하위 문제가 원래 문제에 비해 단지 몇 개의 항목이 줄어드는 정도가 아니라 몇 분의 일 정도로 줄어든다는 것을 보여야만 한다. 물론, 우리가 시간을 투자한다면 그 같은 항목을 찾아 낼 수는 있겠지만 그 피벗을 찾기 위해서 너무 많은 시간을 투자할 수 없다는 것이 어려운 문제다.

퀵 정렬에서는 좋은 피벗을 선택하기 위해 세 개의 항목을 골라서 그들의 중간 값(median)을 피벗으로 사용하곤 했다. 이렇게 해서 골라진 피벗이 그리 나쁘지 않을 것이라는 기대도 하지만 어떠한 보장을 해 주는 것도 아니다. 만약 우리가 무작위로 21개 항목들을 선택해서 상수적(constant) 시간으로 정렬해서 그 11번째 큰 것을 피벗으로 사용하면, 그 피벗은 더 좋은 것이 될 수도 있다. 하지만, 만약 그 21개 항목들이 21개의 가장 큰 항목들이라면 그 피벗은 여전히 좋은 피벗이라고 할 수 없다. 이것을 확장해서, $O(N/\log N)$개의 항목들을 사용하여 그것을 힙 정렬을 사용하여 $O(N)$ 시간 안에 정렬하면 통계적 관점에서 볼 때에 좋은 피벗을 찾게 된다는 것을 거의 확신할 수 있다. 하지만 최악의 경우에는 $O(N/\log N)$개의 가장 큰 항목들을 선택하게 될 수가 있고 그러면 $[N-O(N/\log N)]$번째 가장 큰 항목이 피벗이 되며, 그렇게 되면 이것은 N의 상수적 부분이 아니게 된다.

기본적인 아이디어는 여전히 유용하다. 실제로, 우리는 그것을 사용하여 quickselect가 만드는 기대 비교 횟수를 향상 시킬 수 있음을 보일 것이다. 하지만 최악의 경우를 향상 시킬 수 있는 핵심 아이디어는 간접적 단계를 하나 더 사용하는 것이다. 무작위로 뽑아낸 항목들의 중간 값(median)을 사용하는 대신에 중간 값(median)들의 샘플로부터 다시 그 중의 중간 값(median)을 찾는 것이다.

기본 피벗 선택 알고리즘은 아래와 같다.

1. N개의 항목들을 각각 5개의 항목들로 이루어진 $\lfloor N/5 \rfloor$개의 그룹으로 재배열시킨다. 남게 되는 항목들(많아야 네 개)은 무시한다.
2. 각 그룹의 중간 값을 찾는다. 이렇게 하여 $\lfloor N/5 \rfloor$개의 중간 값들로 이루어진 리스트 M을 만든다.
3. M의 중간 값을 찾는다. 이것을 피벗 v로 지정한다.

우리는 위에 설명한 피벗 선택 규칙을 사용하는 quickselect 알고리즘을 설명하기 위하여 "**다섯개의 중간 값의 중간 값 분할(median-of-median-of-five partitioning)**"이라는 용어를 사용할 것이다. 우리는 이제 그 다섯 개의 중간 값의 중간 값 분할에 의하여, 재귀적으로 발생하는 하위문제는 원래 문제보다 최대 대략 70%의 크기가 되는 것을 보장함을 보이도록 하겠다. 그리고 전체 선택 알고리즘에 대하여 피벗이 $O(N)$ 실행시간만큼이나 빠르게 계산될 수 있음을 보이도록 하겠다.

남는 항목들이 없게 하기 위해 N이 5로 나누어지는 숫자라고 가정하자. 또한 $N/5$이 홀수라고 가정하여 집합 M이 홀수 개의 항목을 갖게 하자. 이것은 대칭(symmetry)을 제공한다. 따라서 계산의 편리를 위하여 N이 $10k+5$의 형태를 가진다고 가정하자. 또한 모든 항목들은 서로 같은 것 없이 서로 다른 것이라고 가정한다. 실제의 알고리즘은 이러한 가정들과는 관계없이 실행될 수 있어야 한다. 그림 10.36은 N=45일 때 피벗이 어떻게 선택되는 가를 보여 주고 있다.

그림 10.36에서 v는 알고리즘에 의해 피벗으로 선택된 항목이다. v는 9개 항목들의 중간 값이고 모든 항목들은 서로 다른 값을 가진다고 가정했기 때문에, v보다 큰 중간 값이 4개, 그리고 작은 중간 값이 4개가 있게 된다. 이것을 각각 L과 S라고 부르자. 큰 중간 값을 가지는 (L 타입) 다섯 개의 항목들을 생각해 보자. 그들의 중간 값은 두 개의 항목보다 작고, 다른 두 개의 항목보다는 크다. 우리는 큰 중간 값보다 더 큰 항목들을 H라는 기호를 사용하여 (거대(huge) 항목) 표시하기로 하자. 마찬가지로 T는 작은 중간 값보다 더 작은 항목들을 (tiny 항목) 표시하도록 하자. H 타입은 10개의 항목이 있는데, 두 개는 L 타입 중간 값을 가진 그룹의 각각에 있고, 또 두 개는 v와 같은 그룹에 있다. 마찬가지로 T 타입도 10개의 항목이 있다.

L 타입이나 H 타입의 항목들은 v보다 크다는 것이 보장되고, S 타입이나 T 타입은 v 보다 작다는 것이 보장된다. 그러므로 문제에서는 14개의 큰 수와 14개의 작은 수가 있다는 것이 보장된다. 그러므로, 재귀 호출에는 최대 $45 - 14 - 1 = 30$ 항목이 있을 수 있다.

이러한 분석을 $10k + 5$의 형태를 가진 일반화된 N으로 확장하여 보자. 이 경우에는, L 타입에 k개의 항목과 S 타입에 k개의 항목이 있게 된다. H 타입에는 $2k + 2$개의 항목과 T 타입에도 또한 $2k + 2$개의 항목이 있게 된다. 그러므로, v보다 큰 항목은 $3k + 2$개, 그리고 v보다 작은 항목들도 $3k + 2$개가 된다. 따라서, 이 경우에 재귀호출은 최대 $7k + 2 < 0.7N$개의 항목을 포함할 수 있다. 만약 N이 $10k + 5$의 형태가 아니더라도 기본적인 결과에 큰 영향을 주지 않는 범위 내에서 비슷한 분석을 할 수가 있다.

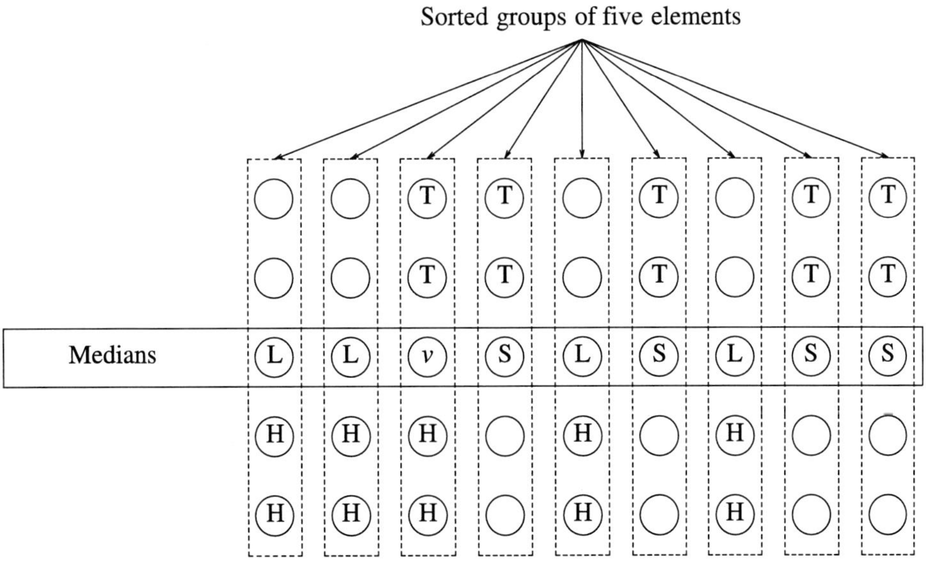

그림 10.36 피벗을 선택하는 방법

이제 피벗 항목을 얻기 위한 실행 시간의 범위를 알기 위한 부분이 남았다. 기본적으로 2단계가 있다. 우리는 다섯 개 항목의 중간 값을 상수적(constant) 시간 안에 찾을 수 있다. 예를 들면, 그 다섯 개의 항목들을 여덟 번의 비교 안에 정렬하는 것이 어려운 것이 아니다. 우리는 이것을 $\lfloor N/5 \rfloor$ 시간에 해야 하며, 그러면 이 단계는 $O(N)$의 시간이 걸린다. 그 다음에 우리는 $\lfloor N/5 \rfloor$개의 항목들 중에서 중간 값을 계산해야 한다. 이것을 확실하게 할 수 있는 방법은 그 항목들을 정렬하고 그 중간에 있는 항목을 리턴하는 것이지만 이것은 $O(\lfloor N/5 \rfloor \log \lfloor N/5 \rfloor) = O(N \log N)$ 시간이 걸리므로 우리가 원하는 것이 아니다. 해결 방법은 $\lfloor N/5 \rfloor$개의 요소들에 대하여 선택 알고리즘을 재귀적으로 호출하는 것이다.

이것으로 기본 알고리즘에 대한 설명을 끝내기로 한다. 만약 실제적인 구현을 원한다면 여전히 약간 더 구체적인 것들이 이야기 되어야만 한다. 예를 들면, 중복 항목들은 정확히 다루어 져야 하고 알고리즘은 재귀 호출이 진행될 수 있도록 충분히 큰 확장 범위(cutoff) 값이 필요하다. 매우 많은 오버헤드가 발생하게 되는데 그러면 이 알고리즘은 실용적이지 못하게 되므로, 고려할 필요가 있는 세부적인 내용들은 더 이상 설명하지 않도록 하겠다. 그럼에도 불구하고 이론적인 관점에서 이 알고리즘은 커다란 기여를 한 것이다. 왜냐하면 다음 정리에서 보게 되듯이 이 알고리즘의 실행시간은 최악의 경우에도 선형적이기 때문이다.

정리 10.9

다섯 개의 중간 값의 중간 값 분할(median-of-median-of-five partitioning)을 사용한 quickselect 알고리즘의 실행시간은 $O(N)$이다.

증명

이 알고리즘은 크기 $0.7N$과 $0.2N$에 대한 두 개의 재귀 호출과 추가적인 선형적 작업을 포함한다. 정리 10.8에 의하여 실행시간은 선형적이다.

평균 비교횟수의 감소(Reducing the Average Number of Comparisons)

분할 정복은 선택 알고리즘에 의해 요구되는 비교횟수의 기대치를 줄이는 데도 사용될 수 있다. 구체적인 예를 살펴보기로 하자. 1,000개의 숫자를 가지는 그룹 S가 있고 거기서 100번째로 작은 숫자를 찾기로 하고 이를 X라고 부르자. 우리는 100개의 수로 구성된 S의 부분집합 S'을 고른다. 우리는 X의 값이 S안에 10번째 작은 숫자와 크기가 비슷할 것이라고 기대할 수 있다. 좀 더 구체적으로 말하면 S' 안의 5번째로 작은 수는 X보다 거의 확실하게 작고, S' 안의 15번째 작은 수는 X보다 거의 확실하게 클 것이다.

좀 더 일반화시켜서 s개의 요소들로 이루어진 표본집합 S'가 N개의 항목들로부터 골라졌다고 하고, 그 프로시저에 의해 사용되는 평균 비교 횟수를 최소화 시키기 위해 나중에 선택할 어떤 수를 δ 라고 하자. 우리는 S' 안에서 $(v_1 = ks/N - \delta)$번째와 $(v_2 = ks/N + \delta)$번째 작은 요소를 찾는다. 거의 확실하게, S에서 k번째 작은 요소는 v_1과 v_2 사이에 자리 잡게 되고 그러면 2δ개의 항목들에 대한 선택(selection) 문제가 되게 된다. 낮은 확률로, k번째 작은 요소는 이 범위 안에 들어오지 않게 되고 그러면 우리는 많은 일을 더 해야만 하게 된다. 그러나, s와 δ을 잘 선택하게 되면, 두 번째 경우가 전체 작업에 불리한 영향을 주지는 않을 것이라고 확률에 의해 확신할 수 있을 것이다.

만약 분석을 실행하면, 만약 $s = N^{2/3}\log^{1/3}N$과 $\delta = N^{1/3}\log^{2/3}N$이면, 비교횟수의 기대치는 $N + k + O(N^{2/3}\log^{1/3}N)$가 되고 이것은 낮은 차수의 항을 제외하고는 최적 값이다(만약 $k > N/2$이면, 우리는 $(N-k)$번째 큰 항목을 찾는 대칭 문제를 고려할 수 있다).

분석의 대부분은 쉽게 실행된다. 마지막 항은 v_1과 v_2를 결정하기 위한 두 개의 선택을 실행하는 비용(cost)를 나타낸다. 분할(partition)의 평균 비용은 S 안에서 v_2의 순위에 대한 기대 값과 N을 더한 값과 같다. 이것은 $N + k + O(N\delta/s)$이다. 만약 k번째 요소가 S' 안에 존재한다면, 이 알고리즘을 실행하는 비용은 S'에 대한 선택(selection) 비용 즉, $O(s)$이 된다. 만약 k번째로 작은 요소가 S안에 존재하지 않는다면, 그 비용은 $O(N)$ 이 된다. 그러나 s와 δ는 매우 낮은 확률 $o(1/N)$을 가지고 일어나게 하려고 선택된 것이기 때문에 이 가능성의 기대 비용은 $o(1)$이 되고 이 항은 N이 커짐에 따라 0에 가까워진다. 정확한 계산은 연습문제 10.21에서 다루도록 남겨 두기로 한다.

이 분석에 따르면 중간 값을 찾는 것은 평균 $1.5N$의 비교를 필요로 한다. 물론 이 알고리즘에서는 부동 소수점 연산으로 s를 계산해야 하고 그러면 어떤 경우에는 알고리즘에 느려지게 될 수도 있다. 그럼에도 불구하고, 실험에 의하면 제대로 구현되기만 한다면 이 알고리즘은 7장에서의 quickselect 구현과 비교될 만하다.

10.2.4 산술문제에 대한 이론적 개선(Theoretical improvements for Arithmetic Problems)

이 절에서 우리는 두 개의 N자리 수를 곱하는 분할정복 알고리즘을 설명한다. 우리의 이전 계산 모델은 그 숫자가 작기 때문에 곱셈은 상수시간 안에 이루어진다고 가정했었다. 큰 숫자에서는, 이런 가정은 더 이상 유효하지 않다. 만약 우리가 곱해지는 숫자들의 크기의 관점에서 곱셈을 측정한다면, 자연수 곱셈 알고리즘은 이차식의 시간이 걸리게 된다. 분할정복 알고리즘은 이차식 이하의 시간 안에 실행된다. 우리는 또한 삼차식 이하의 시간 안에 두 개의 $N \times N$ 행렬을 곱하는 기본적인 분할정복 알고리즘을 보여줄 것이다.

정수 곱셈(Multiplying Integers)

두 개의 N자리 수, X와 Y를 곱한다고 가정하자. 만약 X와 Y 중 하나만 음수라면 답도 음수가 된다. 그렇지 않으면 답은 양수가 된다. 그러므로, 우리는 곱한 결과가 양수인지 음수인지 확인하여 수행하고 나서 $X,\ Y \geq 0$으로 가정한다. 손으로 계산할 때 거의 모든 사람들이 사용하는 이 알고리즘은 $\Theta(N^2)$의 계산이 필요하다. 왜냐하면 X의 각 자리수가 Y의 각 자리수에 곱해지기 때문이다.

만약 $X = 61{,}438{,}521$과 $Y = 94{,}736{,}407$이라면 $XY = 5{,}820{,}464{,}730{,}934{,}047$이다. X와 Y를 절반으로 나눠 각각 MSD(most significant digit)과 LSD(least significant digit)로 구성되게 해 보자. 그러면 $X_L = 6{,}143$, $X_R = 8{,}521$, $Y_L = 9{,}473$, $Y_R = 6{,}407$이다. 우리는 또한 $X = X_L 10^4 + X_R$과 $Y = Y_L 10^4 + Y_R$이 된다. 이것은 아래와 같다.

$$XY = X_L Y_L 10^8 + (X_L Y_R + X_R Y_L)10^4 + X_R Y_R$$

보다시피 이 식은 다음과 같은 4개의 곱셈으로 구성되어 있다: $X_L Y_L$, $X_L Y_R$, $X_R Y_L$과 $X_R Y_R$. 그리고 이들은 각각 원래 문제 크기의 절반이 된다($N/2$ 자리수). 10^8과 10^4의 곱셈은 0으로 채우게 된다. 이 계산과 다음에 추가되는 것은 단지 $O(N)$의 추가 작업만 더해질 뿐이다. 만약 우리가 이 알고리즘을 사용하여 이들 네 개의 곱셈을 재귀적으로 실행하고 적절한 기본 단계에서 멈춘다면, 우리는 다음과 같은 재귀식을 얻게 된다.

$$T(N) = 4T(N/2) + O(N)$$

정리 10.6에 따르면 $T(N) = O(N^2)$이다. 따라서 불행하게도 이 알고리즘은 개선되지 않았다. 이차식 이하의 알고리즘을 얻으려면 우리는 재귀 호출을 네 개보다는 적게 사용해야 한다. 자세히 살펴보면 우리는 다음과 같은 중요한 점을 발견할 수 있다.

$$X_L Y_R + X_R Y_L = (X_L - X_R)(Y_R - Y_L) + X_L Y_L + X_R Y_R$$

그러므로, 10^4의 계수를 계산하기 위하여 두 개의 곱셈을 사용하는 대신, 우리는 하나의 곱셈을 사용하고 이미 실행했던 두 개의 곱셈의 결과를 더하면 된다. 그림 10.37을 보면 단지 세 개의 귀납적인 하위 문제들을 해결하기만 하면 된다는 것을 보여 주고 있다.

이제 재귀 방정식이 다음을 만족하는 지를 보는 것은 어려운 일이 아니다.

$$T(N) = 3T(N/2) + O(N)$$

그래서 우리는 $T(N) = O(N^{\log_2 3}) = O(N^{1.59})$를 얻는다. 이제 이 알고리즘에서는 기본 단계(base case), 즉 재귀 없이도 해결될 수 있는 기본 단계만 있으면 된다.

두 숫자 모두가 한 자리수 일 때, 우리는 곱셈을 테이블을 보면서 할 수 있다. 만약 하나의 숫자가 0자리수이면, 0이 리턴 된다. 실제로는 만약 우리가 이 알고리즘을 사용한다면, 우리는 기계에 가장 편리한 것을 기본 단계로 선택할 것이다.

비록 이 알고리즘이 표준 이차 알고리즘보다 더 나은 점근적인(asymptotic) 성능을 가지긴 하지만 별로 사용되지는 않는다. 왜냐하면 작은 N에서는 오버헤드가 크고, 좀 더 큰 N의 경우에는 더 좋은 알고리즘이 있기 때문이다. 이들 알고리즘들 또한 분할정복법을 확장하여 사용하고 있는 것이라고 할 수 있다.

행렬 곱(matrix multiplication)

두 행렬의 곱셈은 기본적인 수치 계산 문제이다. 그림 10.38은 A, B 그리고 C가 $N \times N$의 행렬일 때 C = AB를 계산하는 $O(N^3)$의 간단한 알고리즘을 보여 준다. 이 알고리즘은 행렬 곱셈의 정의를 직접 보여 주고 있다. $C_{i,j}$를 계산하려면 A의 i번째 행과 B의 j 번째 열의 내적(dot product)을 계산하면 된다. 일반적으로 배열은 인덱스 0 에서 시작한다.

행렬 곱셈은 $\Omega(N^3)$의 시간이 필요한 것으로 오랫동안 여겨졌었다. 그러나, 60년대 후반에 Strassen은 $\Omega(N^3)$이라는 장벽을 깨뜨릴 수 있음을 보였다. Strassen 알고리즘의 기본 아이디어는 각 행렬을 그림 10.39에서 보여지는 것처럼 네 개의 4분면(quadrants)으로 나누는 것이다. 그러면 다음과 같이 쉽게 보여줄 수 있다.

$$C_{1,1} = A_{1,1}B_{1,1} + A_{1,2}B_{2,1}$$
$$C_{1,2} = A_{1,1}B_{1,2} + A_{1,2}B_{2,2}$$
$$C_{2,1} = A_{2,1}B_{1,1} + A_{2,2}B_{2,1}$$
$$C_{2,2} = A_{2,1}B_{1,2} + A_{2,2}B_{2,2}$$

함수	값	계산 복잡도
X_L	6,143	Given
X_R	8,521	Given
Y_L	9,473	Given
Y_R	6,407	Given
$D_1 = X_L - X_R$	−2,378	$O(N)$
$D_2 = Y_R - Y_L$	−3,066	$O(N)$
$X_L Y_L$	58,192,639	$T(N/2)$
$X_R Y_R$	54,594,047	$T(N/2)$
$D_1 D_2$	7,290,948	$T(N/2)$
$D_3 = D_1 D_2 + X_L Y_L + X_R Y_R$	120,077,634	$O(N)$
$X_R Y_R$	54,594,047	Computed above
$D_3 10^4$	1,200,776,340,000	$O(N)$
$X_L Y_L 10^8$	5,819,263,900,000,000	$O(N)$
$X_L Y_L 10^8 + D_3 10^4 + X_R Y_R$	5,820,464,730,934,047	$O(N)$

그림 10.37 분할정복 알고리즘의 실행

```
/**
 * Standard matrix multiplication.
 * Arrays start at 0.
 * Assumes a and b are square.
 */
matrix<int> operator*( const matrix<int> & a, const matrix<int> & b )
{
    int n = a.numrows( );
    matrix<int> c( n, n );

    int i;
    for( i = 0; i < n; i++ ) // Initialization
        for( int j = 0; j < n; j++ )
            c[ i ][ j ] = 0;

    for( i = 0; i < n; i++ )
        for( int j = 0; j < n; j++ )
            for( int k = 0; k < n; k++ )
                c[ i ][ j ] += a[ i ][ k ] * b[ k ][ j ];

    return c;
}
```

그림 10.38 $O(N^3)$의 간단한 행렬 곱셈

$$\begin{bmatrix} A_{1,1} & A_{1,2} \\ A_{2,1} & A_{2,2} \end{bmatrix} \begin{bmatrix} B_{1,1} & B_{1,2} \\ B_{2,1} & B_{2,2} \end{bmatrix} = \begin{bmatrix} C_{1,1} & C_{1,2} \\ C_{2,1} & C_{2,2} \end{bmatrix}$$

그림 10.39 $\mathrm{AB} = \mathrm{C}$를 네 개의 사분면으로 분해

예를 들어 아래의 AB 곱셈을 실행하려면,

$$\mathrm{AB} = \begin{bmatrix} 3 & 4 & 1 & 6 \\ 1 & 2 & 5 & 7 \\ 5 & 1 & 2 & 9 \\ 4 & 3 & 5 & 6 \end{bmatrix} \begin{bmatrix} 5 & 6 & 9 & 3 \\ 4 & 5 & 3 & 1 \\ 1 & 1 & 8 & 4 \\ 3 & 1 & 4 & 1 \end{bmatrix}$$

다음과 같은 8개의 $N/2 \times N/2$ 행렬을 정의해야 한다.

$$A_{1,1} = \begin{bmatrix} 3 & 4 \\ 1 & 2 \end{bmatrix} \quad A_{1,2} = \begin{bmatrix} 1 & 6 \\ 5 & 7 \end{bmatrix} \quad B_{1,1} = \begin{bmatrix} 5 & 6 \\ 4 & 5 \end{bmatrix} \quad B_{1,2} = \begin{bmatrix} 9 & 3 \\ 3 & 1 \end{bmatrix}$$

$$A_{2,1} = \begin{bmatrix} 5 & 1 \\ 4 & 3 \end{bmatrix} \quad A_{2,2} = \begin{bmatrix} 2 & 9 \\ 5 & 6 \end{bmatrix} \quad B_{2,1} = \begin{bmatrix} 1 & 1 \\ 3 & 1 \end{bmatrix} \quad B_{2,2} = \begin{bmatrix} 8 & 4 \\ 4 & 1 \end{bmatrix}$$

그런 다음에 8개의 $N/2 \times N/2$ 행렬의 곱셈을 실행하고, 4개의 $N/2 \times N/2$ 행렬의 덧셈을 실행한다. 행렬 덧셈은 $O(N^2)$의 시간이 걸린다. 만약 행렬 곱셈이 재귀적으로

실행된다면, 실행 시간은 다음을 만족한다.

$$T(N) = 8T(N/2) + O(N^2)$$

정리 10.6에서 우리는 $T(N) = O(N^3)$임을 알고 있으므로 성능이 향상되지는 않았다. 정수 곱셈의 경우에서 보았듯이 하위 문제들의 개수를 8이하로 줄여야 한다. Strassen은 정수 곱셈 분할정복(divide and conquer) 알고리즘과 유사한 전략을 사용하였는데 계산 과정을 잘 조정하여 7개의 재귀 호출만 사용하는 것을 보였다. 그 7개의 곱셈은 다음과 같다.

$$\begin{aligned}
M_1 &= (A_{1,2} - A_{2,2})(B_{2,1} + B_{2,2}) \\
M_2 &= (A_{1,1} + A_{2,2})(B_{1,1} + B_{2,2}) \\
M_3 &= (A_{1,1} - A_{2,1})(B_{1,1} + B_{1,2}) \\
M_4 &= (A_{1,1} + A_{1,2})B_{2,2} \\
M_5 &= A_{1,1}(B_{1,2} - B_{2,2}) \\
M_6 &= A_{2,2}(B_{2,1} - B_{1,1}) \\
M_7 &= (A_{2,1} + A_{2,2})B_{1,1}
\end{aligned}$$

일단 곱셈이 실행되면, 최종 결과는 8개의 추가 덧셈을 하여 얻을 수 있다.

$$\begin{aligned}
C_{1,1} &= M_1 + M_2 - M_4 + M_6 \\
C_{1,2} &= M_4 + M_5 \\
C_{2,1} &= M_6 + M_7 \\
C_{2,2} &= M_2 - M_3 + M_5 - M_7
\end{aligned}$$

이 순서대로 하면 원하는 값을 구할 수 있다는 것을 검증하는 것은 간단하다. 실행시간은 이제 아래의 순환식(recurrence)을 만족한다.

$$T(N) = 7T(N/2) + O(N^2)$$

이 순환식의 해는 $T(N) = O(N^{\log_2 7}) = O(N^{2.81})$이 된다.

물론 고려해야 할 구체적인 것들, 예를 들어 N이 2의 배수가 아닌 경우와 같은 것들이 있기는 하지만 그것들은 기본적으로 미미한 것들이다. Strassens의 알고리즘은 N이 아주 큰 경우에서만 기본 알고리즘보다 성능이 좋아진다. 이것은 희소 행렬(sparse matrix: 많은 항목들이 0으로 채워진 행렬)의 경우에 일반화되지는 않으며 또한 쉽게 병렬화되지도 않는다. 부동 소수점 행렬에 적용할 때에는 기본 알고리즘보다 수치적으로 덜 안정되어 있다. 그러므로, 이것은 제한적으로 적용해야 한다. 그럼에도 불구하고, 그것은 중요한 이론적인 이정표를 세운 것이며 컴퓨터과학에서는 비록 어떤 문제가 본질적인 복잡도를 가진 것처럼 보일지라도 증명되기 전에는 어떠한 것도 확실하지 않다는 것을 잘 보여 주고 있다.

10.3 동적 프로그래밍(Dynamic Programming)

우리는 이전 절에서, 수학적으로 재귀로 표현될 수 있는 문제는 또한 재귀적 알고리즘으로 표현될 수 있다는 것을 보았다. 그리고 많은 경우에 그것은 기본적인 전수탐색에 비하여 큰 성능향상을 보인다.

어떤 재귀적인 수학적 방정식이라도 재귀 알고리즘으로 직접 표현될 수는 있지만, 현실에서는 종종 컴파일러가 재귀 알고리즘을 제대로 변환하지 못하는 경우가 많으며 그래서 비효율적인 프로그램 결과가 나오기도 한다. 이러한 경우가 의심될 때에는 컴파일러에게 조금의 도움을 줄 수도 있는데, 예를 들어 재귀적 알고리즘을 시스템적으로 하위문제들에 대한 답을 하나의 테이블에 기록하게 하는 비재귀적 알고리즘으로 바꿔 써 보는 것도 도움이 될 수 있다. 이런 접근방법의 한 기법이 바로 **동적 프로그래밍**(dynamic programming)으로 알려져 있다.

10.3.1 재귀 대신에 테이블의 사용

제2장에서, 피보나치 숫자들을 계산하는 자연 재귀 프로그램이 매우 비효율적인 것을 보았다. 그림 10.40에 있는 프로그램이 $T(N) \geq T(N-1)+T(N-2)$를 만족하는 실행시간 $T(N)$을 가진다는 것을 상기해 보자. $T(N)$는 피보나치 수와 같은 순환관계(recurrence relation)를 만족시키고 같은 초기 조건을 가지기 때문에, 사실 $T(N)$는 피보나치 수와 같은 비율로 커지게 되며 그러므로 지수적(exponential) 실행시간을 갖는다.

반면에 F_N을 계산해 내기 위해 필요한 것은 F_{N-1}과 F_{N-2}이 전부이기 때문에 우리는 단지 가장 최근에 계산된 두 개의 피보나치 수들만 기록하면 된다. 이것은 그림 10.41에서처럼 $O(N)$알고리즘이 된다.

```
/**
 * Compute Fibonacci numbers as described in Chapter 1.
 */
int fib( int n )
{
   if( n <= 1 )
      return 1;
   else
      return fib( n - 1 ) + fib( n - 2 );
}
```

그림 10.40 피보나치 수를 계산하는 비효율적 알고리즘

```
/**
 * Compute Fibonacci numbers as described in Chapter 1.
 */
int fibonacci( int n )
{
   if( n <= 1 )
      return 1;

   int last = 1;
   int nextToLast = 1;
   int answer = 1;
   for( int i = 2; i <= n; i++ )
   {
      answer = last + nextToLast;
      nextToLast = last;
      last = answer;
   }
   return answer;
}
```

그림 10.41 피보나치 수를 계산하는 선형적 알고리즘

재귀 알고리즘이 그렇게 느린 이유는 재귀를 시뮬레이션하는 데 사용되는 알고리즘 때문이다. F_N을 계산하기 위해서, F_{N-1}과 F_{N-2}에 대한 호출이 있어야 한다. 그러나 F_{N-1}이 재귀적으로 F_{N-2}과 F_{N-3}을 호출하기 때문에 실제로 F_{N-2}를 계산하기 위해서 두 가지의 다른 호출이 있어야 한다. 만약 우리가 전체 알고리즘을 추적하여 본다면, F_{N-3}이 세 번, F_{N-4}는 다섯 번, F_{N-5}는 여덟 번, 이런 식으로 계산 되는 것을 볼 수 있다. 그림 10.42에서 보듯이 그 불필요한 중복된 계산이 그렇게 폭발적으로 증가하게 된다. 만약 컴파일러의 순환 시뮬레이션 알고리즘이 모든 미리 계산된 값들의 목록을 유지하고 이미 해결된 하위문제들에 대한 재귀호출을 하지 않는다면, 이러한 급격한 지수적 증가는 피할 수 있을 것이다. 이것이 바로 그림 10.41의 프로그램이 훨씬 더 효율적인 이유이다.

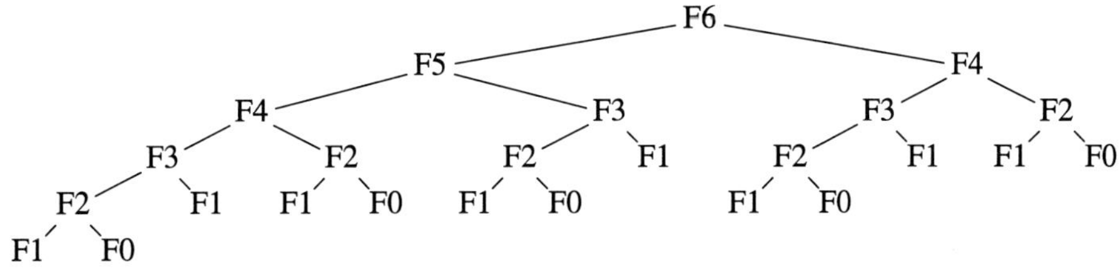

그림 10.42 피보나치 수의 재귀적 계산의 추적

```
double eval( int n )
{
   if( n == 0 )
      return 1.0;
   else
   {
      double sum = 0.0;
      for( int i = 0; i < n; i++ )
         sum += eval( i );
      return 2.0 * sum / n + n;
   }
}
```

그림 10.43 $C(N) = 2/N\Sigma_{i=o}^{N-1} C(i) + N$을 평가하는 재귀 함수

두 번째 예제로서, $C(0)$=1인 순환식 $C(N) = (2/N)\Sigma_{i=0}^{N-1} C(i) + N$을 어떻게 해결하는가를 7장에서 보았다. 우리가 얻은 해가 정확한지 검사하길 원한다고 하자. 그 순환을 평가하기 위하여 그림 10.43과 같은 간단한 프로그램을 작성할 수 있다.

다시 한번, 그 재귀 호출은 작업을 복제한다. 이런 경우에 실행시간 $T(N)$은 $T(N) = \Sigma_{i=0}^{N-1} T(i) + N$을 만족하는데 왜냐하면 그림 10.44에서 보듯이 크기가 0부터 N-1까지의 각 크기마다 하나의 (직접적) 재귀호출이 있으며, 거기다가 $O(N)$만큼의 추가적인 작업이 있기 때문이다(그림10.44에서의 트리를 우리는 다른 곳에서 이미 본적이 있지 않은가?). $T(N)$을 풀면서 우리는 그것이 지수적으로 증가하는 것을 알았다. 테이블을 사용함으로써, 우리는 그림 10.45에 있는 프로그램을 얻었다. 이 프로그램은 불필요하게 중복되는 재귀 호출을 하지 않고 있으며 $O(N^2)$의 실행 시간을 갖는다. 이것은 완벽한 프로그램은 물론 아니다. 연습문제로 간단한 것만 하나 고치면 실행시간을 $O(N)$으로 줄일 수가 있을 것이다.

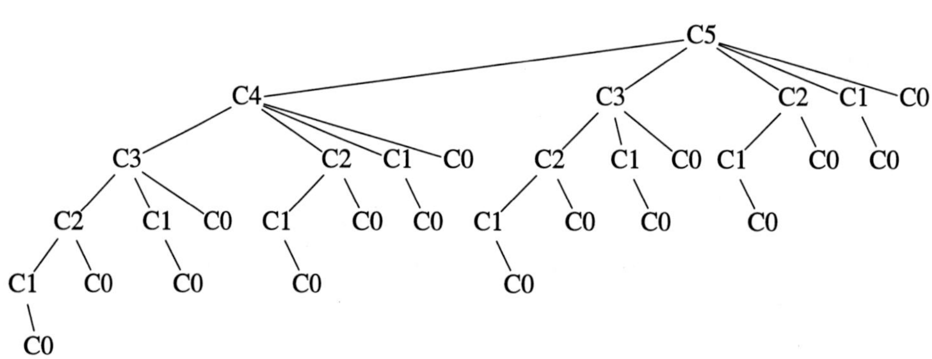

그림 10.44 eval에서의 재귀적 계산의 추적

```
double eval( int n )
{
vector<double> c( n + 1 );

c[ 0 ] = 1.0;
for( int i = 1; i <= n; i++ )
{
    double sum = 0.0;
    for( int j = 0; j < i; j++ )
    sum += c[ j ];
    c[ i ] = 2.0 * sum / i + i;
}

return c[ n ];
}
```

그림 10.45 테이블로 $C(N)=2/N\Sigma_{i=o}^{N-1}C(i)+N$ 을 평가하기

10.3.2 행렬곱셈의 순서

네 개의 행렬 A, B, C, D가 주어졌고 그 크기는 A= 50×10, B= 10×40, C= 40×30, D= 30×5와 같다고 해 보자. 비록 행렬이 교환법칙(commutative)이 적용되지는 않는다고 할지라도 결합법칙은 적용된다. 즉, 행렬곱 ABCD는 어떠한 순서로도 괄호 안에 묶여질 수 있고 평가될 수가 있다. 차원 $p\times q$ 그리고 $q\times r$를 각각 가지는 두 행렬을 곱셈하는 가장 분명한 방법은 pqr 스칼라 곱셈을 하는 것이다. (Strassen의 알고리즘처럼 이론적으로 월등한 알고리즘은 우리가 고려할 문제를 크게 바꾸지 않는다. 그래서 우리는 이 성능 한계를 가정한다.) ABCD를 계산하는데 요구되는 세 개의 행렬 곱셈을 실행하는 최고의 방법은 무엇인가?

네 개 행렬의 경우에는, 전수 탐색에 의해 문제를 해결하는 것이 간단하다. 왜냐하면 그 곱셈의 순서는 5가지 방법만 있기 때문이다. 각각의 경우를 아래와 같이 평가해 보자.

- (A((BC)D)) : BC를 계산하는 것은 10×40×30=12,000의 곱셈이 필요하다. (BC)D를 계산하는 것은 BC의 계산을 위한 12,000 곱셈과 추가로 10×30×5=1,500의 곱셈이 필요하므로 전체 13,500번이 된다. (A((BC)D))의 계산은 (BC)D에 13,500의 곱셈과 더하기 50×10×5=2,500번의 곱셈이 추가되어 전체는 16,000번의 곱셈이 된다.
- (A(B(CD))) : CD 계산에 40×30×5=6,000번의 곱셈이 필요하다. B(CD) 계산은 CD 계산에 사용되는 6,000번의 곱셈과 10×40×5=2,000번의 곱셈을 합해서 8,000번이다. (A(B(CD))) 계산은 B(CD) 계산에 필요한 8,000번과 추가로 50×10×5=2,500번의 곱셈이 필요해서 전체 합은 10,500번의 곱셈이 필요하게 된다.

- ((AB)(CD)) : CD 계산에 40×30×5=6,000번의 곱셈이 필요하고 AB의 계산에 50×10×40=20,000번의 곱셈이 필요하다. ((AB)(CD))의 계산은 AB를 위한 20,000번, CD를 위한 6,000번, 그리고 추가로 50×40×5=10,000번의 곱셈을 합하여 전체 합은 36,000번의 곱셈이 된다.
- (((AB)C)D) : AB의 계산에 50×10×40=20,000번의 곱셈이 필요하다. (AB)C는 AB 계산을 위한 20,000번과 추가로 50×40×30=60,000번의 곱셈을 합하여 80,000번이 된다. (((AB)C)D)의 계산은 (AB)C를 위한 80,000번과 50×30×5=7,500번의 곱셈을 합하여 전체 총합은 87,500번의 곱셈이 된다.
- ((A(BC))D) : BC의 계산은 10×40×30=12,000번의 곱셈이 필요하다. A(BC)는 BC의 계산을 위한 12,000번의 곱셈과 추가로 50×10×30=15,000번의 곱셈이 필요하여 전체 27,000번이 된다. ((A(BC))D)의 계산은 A(BC)계산을 위한 27,000번 곱셈과 추가로 50×30×5=7,500번의 곱셈을 합하여 전체 합은 34,500번이 된다.

이 계산은 최적의 순서는 최악의 순서를 사용했을 때보다 대충의 곱셈의 숫자가 9분의 1에 불과하다는 것을 보여 준다. 그러므로, 최적의 순서를 결정하기 위해 약간의 계산을 해볼 가치가 있다. 불행하게도 탐욕적 알고리즘은 별로 효과가 없어 보인다. 게다가 가능한 순서의 가지 수는 빠르게 증가한다. 이 숫자를 $T(N)$이라고 정의해 보자. 그러면 우리가 본 것처럼 $T(1)=T(2)=1$, $T(3)=2$, $T(4)=5$이다. 일반적으로

$$T(N)=\sum_{i=1}^{N-1} T(i)\,T(N-i)$$

이 식을 설명하자면, 행렬 $\mathbf{A}_1, \mathbf{A}_2, \ldots, \mathbf{A}_N$이 있다고 가정하고 제일 마지막으로 행해진 곱셈은 $(\mathbf{A}_1\mathbf{A}_2\cdots\mathbf{A}_i)(\mathbf{A}_{i+1}\mathbf{A}_{i+2}\cdots\mathbf{A}_N)$이라고 해 보자. 그러면 $(\mathbf{A}_1\mathbf{A}_2\cdots\mathbf{A}_i)$를 계산하기 위한 $T(i)$가지의 방법이 있고 $(\mathbf{A}_{i+1}\mathbf{A}_{i+2}\cdots\mathbf{A}_N)$을 계산하기 위한 $T(N-i)$가지의 방법이 있다. 그러므로 각 가능한 i에 대해 $(\mathbf{A}_1\mathbf{A}_2\cdots\mathbf{A}_i)(\mathbf{A}_{i+1}\mathbf{A}_{i+2}\cdots\mathbf{A}_N)$를 계산하기 위한 $T(i)T(N-i)$가지의 방법들이 있다.

이러한 재귀에 대한 해는 잘 알려진 Catalan numbers인데 지수적으로 증가한다. 그러므로 N이 클 때에는 모든 가능한 순서들을 전수 탐색하는 것은 무의미하다. 그럼에도 불구하고 이 계산 논쟁은 지수적(exponential)인 것보다 더 나은 해에 대한 기반을 제공한다. $1 \le i \le N$인 i에 대하여 c_i가 행렬 $\mathbf{A}_i$의 열(column)의 개수라고 해 보자. 그러면 $\mathbf{A}_i$는 c_{i-1}개의 행을 가진다. 왜냐하면 그렇지 않으면 그 곱셈이 유효하지 않기 때문이다. 우리는 c_0를 첫 번째 행렬 $\mathbf{A}_1$안에 있는 행의 개수로 정의할 것이다.

$m_{Left,\ Right}$이 $\mathrm{A}_{Left}\,\mathrm{A}_{Left+1}\cdots\mathrm{A}_{Right-1}\,\mathrm{A}_{Right}$를 곱하는 데 필요한 곱셈의 수라고 가정해 보자. 그리고 $m_{Left,\ Left}=0$이라고 하자. 그리고 i가 $Left \le i < Right$일 때 마지막 곱셈은 $(\mathrm{A}_{Left}\cdots\mathrm{A}_i)(\mathrm{A}_{i+1}\cdots\mathrm{A}_{Right})$이라고 가정해 보자. 그러면 사용된 곱셈의 개수는 $m_{Left,\ i}+m_{i+1,Right}+c_{Left-1}c_ic_{Right}$이다. 이 세가지 항은 각각 $(\mathrm{A}_{Left}\cdots\mathrm{A}_i)$, $(\mathrm{A}_{i+1}\cdots\mathrm{A}_{Right})$ 그리고 그들의 행렬곱을 계산하는 데 필요한 곱셈을 나타낸다.

만약 우리가 $M_{Left,\ Right}$를 최적의 순서에서 필요한 곱셈의 개수라고 정의한다면, $Left < Right$일 때 다음과 같이 정의 될 수 있다.

$$M_{Left,\ Right}=\min_{Left\le i<Right}\{M_{Left,i}+M_{i+1,Right}+c_{Left-1}\,c_i\,c_{Right}\}$$

이 식은 만약 우리가 $\mathrm{A}_{Left}\cdots\ \mathrm{A}_{Right}$에 대한 최적의 곱셈 순서를 갖는다면, 그 하위 문제 $\mathrm{A}_{Left}\cdots\mathrm{A}_i$과 $\mathrm{A}_{i+1}\cdots\mathrm{A}_{Right}$는 차선으로 실행되어질 수 없다는 것을 의미한다. 왜나하면, 만약 그렇지 않으면 그 차선의 계산을 최적 계산으로 바꾸어서 전체 결과를 향상 시킬 수 있을 것이기 때문이다.

그 공식은 재귀 프로그램으로 직접 변환된다. 그러나 우리가 마지막 절에서 보았듯이, 그런 프로그램은 확실히 비효율적이다. 그러나 계산되어질 필요가 있는 $M_{Left,\ Right}$ 의 값들이 단지 대략 $N^2/2$개가 있기 때문에 하나의 테이블이 이러한 값들을 저장하는 데에 사용될 수 있다는 것은 명백하다. 더 나아가 만약 $Right-Left=k$이면, $M_{Left,\ Right}$의 계산에서 필요로 하는 유일한 값들 $M_{x,y}$은 $y-x<k$를 만족한다. 이것으로 우리는 그 테이블을 순서대로 계산할 필요가 있다는 것을 알 수 있다.

만약 최종 해답 $M_{1,N}$ 외에 그 곱셈의 실제 순서를 알고 싶다면, 제9장에 있는 최단 경로 알고리즘에서의 아이디어를 이용할 수 있다. $M_{Left,\ Right}$ 값을 변경할 때마다 해당되는 i의 값을 기록한다. 그림 10.46의 간단한 프로그램을 가지고 해 볼 수 있다.

비록 이번 장에서 코딩을 강조하려는 것은 아니지만, 많은 프로그래머들은 변수 이름을 간단한 문자로 줄이려는 경향을 가진다는 것을 알아 둘 필요가 있다. c, i와 k는 한 문자 변수들로 사용되는데, 이는 매우 수학적인 알고리즘의 설명에서 우리가 사용해 온 이름들과 일치하기 때문이다. 하지만 일반적으로 문자 l은 변수이름으로 사용하는 것을 피하는 것이 좋은데 문자 l은 숫자 1과 비슷해 보여서 번역 에러가 난 경우에는 디버깅 하기가 무척 어렵기 때문이다.

다시 알고리즘으로 돌아가서, 이 프로그램은 3중 중첩 반복구조(loop)를 가지며 따라서 $O(N^3)$의 실행 시간을 가지게 된다는 것을 쉽게 볼 수 있다. 참고문헌을 보면 더 빠른 알고리즘에 대해서 보여 주지만 실제 행렬곱셈을 수행하는 시간은 최적의 순서로 계산하는 시간보다 여전히 매우 클 것이기 때문에 이 알고리즘은 여전히 꽤 실용적이다.

```
/**
 * Compute optimal ordering of matrix multiplication.
 * c contains the number of columns for each of the n matrices.
 * c[ 0 ] is the number of rows in matrix 1.
 * The minimum number of multiplications is left in m[ 1 ][ n ].
 * Actual ordering is computed via another procedure using lastChange.
 * m and lastChange are indexed starting at 1, instead of 0.
 * Note: Entries below main diagonals of m and lastChange
 * are meaningless and uninitialized.
 */
void optMatrix( const vector<int> & c,
                matrix<long> & m, matrix<int> & lastChange )
{
  int n = c.size( ) - 1;

  for( int left = 1; left <= n; left++ )
    m[ left ][ left ] = 0;
  for( int k = 1; k < n; k++ ) // k is right - left
    for( int left = 1; left <= n - k; left++ )
    {
      // For each position
      int right = left + k;
      m[ left ][ right ] = INFINITY;
      for( int i = left; i < right; i++ )
      {
        long thisCost = m[ left ][ i ] + m[ i + 1 ][ right ]
              + c[ left - 1 ] * c[ i ] * c[ right ];
        if( thisCost < m[ left ][ right ] ) // Update min
        {
              m[ left ][ right ] = thisCost;
              lastChange[ left ][ right ] = i;
        }
      }
    }
}
```

그림 10.46 행렬 곱셈의 최적 순서를 구하는 프로그램

10.3.3 최적의 이진 탐색 트리

두 번째 동적 프로그래밍의 예는 다음의 입력을 고려한다. 단어들의 목록, w_1, w_2, . . . , w_N과 그 단어들의 **고정된** 발생 확률이 주어졌다고 하자. 문제는 이들 단어들을 전체 접근 시간을 최소화 하는 방향으로 이진 탐색 트리에 배열 하고자 하는 것이다. 이진 탐색 트리에서는 트리의 깊이(depth) d에 있는 개체를 접근하는 데 필요한 비교 횟수는 d+1이다. 따라

서 만약 w_i가 깊이 d_i에 있다면 우리는 $\sum_{i=1}^{N} p_i(1+d_i)$을 최소화 시키고자 하는 것이다.

예를 들어, 그림 10.47은 일곱 개의 단어들과 그들의 발생 확률을 보여 주고 있다. 그리고 그림 10.48은 세 가지의 가능한 이진 탐색 트리를 보여 주고 있다. 그들의 탐색 비용은 그림 10.49에 있다.

단어	확률
a	0.22
am	0.18
and	0.20
egg	0.05
if	0.25
the	0.02
two	0.08

그림 10.47 최적 이진 탐색 트리 문제에 대한 샘플 입력

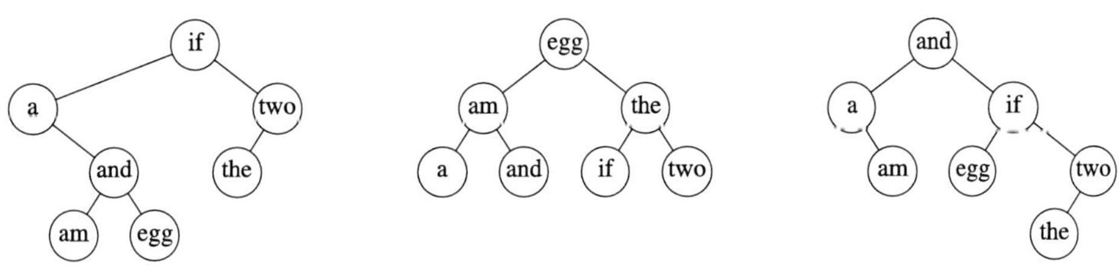

그림 10.48 그림 10.47의 데이터에 대한 세 가지 가능한 이진 탐색 트리

입력		트리 #1		트리 #2		트리 #3	
단어	확률	접근 비용		접근 비용		접근 비용	
w_i	p_i	Once	Sequence	Once	Sequence	Once	Sequence
a	0.22	2	0.44	3	0.66	2	0.44
am	0.18	4	0.72	2	0.36	3	0.54
and	0.20	3	0.60	3	0.60	1	0.20
egg	0.05	4	0.20	1	0.05	3	0.15
if	0.25	1	0.25	3	0.75	2	0.50
the	0.02	3	0.06	2	0.04	4	0.08
two	0.08	2	0.16	3	0.24	3	0.24
Totals	1.00		2.43		2.70		2.15

그림 10.49 세 가지 이진 탐색 트리의 비교

첫 번째 트리는 탐욕적 전략을 사용하여 만들었다. 접근 확률이 가장 높은 단어가 루트노드에 위치한다. 왼쪽과 오른쪽 하위 트리들도 마찬가지로 재귀적으로 만들어진다. 두 번째 트리는 완전한 균형 트리(balanced tree)이다. 이들 중 어느 것도 최적 트리가 아니라는 것을 세 번째 트리를 보면 알 수 있게 될 것이다. 이로부터 우리는 명백한 해결책 중 어떤 것도 효과가 없음을 볼 수 있다.

이것은 처음에는 의아스러운 것인데 왜냐하면 그 문제는 우리가 이미 보았던 탐욕적 알고리즘에 의해 해결할 수 있는 허프만 인코딩 트리를 만드는 것과 매우 흡사해 보이기 때문이다. 최적의 이진 탐색 트리를 만드는 것은 더 어렵다. 왜냐하면 그 데이터는 리프노드에만 나타나야 한다는 제한도 없으며 또한 그 트리는 이진 탐색 트리의 속성을 만족시켜야만 하기 때문이다.

동적 프로그래밍 해는 다음과 같은 두 가지 관찰로부터 얻어진다. 우리가 그 (정렬된) 단어들 $w_{Left}, w_{Left+1}, \ldots, w_{Right-1}, w_{Right}$를 이진 탐색 트리에 놓으려고 한다고 가정해 보자. 최적의 이진 탐색 트리는 루트노드로 w_i를 갖는다고 가정해 보자(단, $Left \le i \le Right$). 그러면 이진 탐색 트리의 속성에 의하여 왼쪽 하부트리는 $w_{Left}, \ldots, w_{i-1}$을 갖고 오른쪽 하부트리는 $w_{i+1}, \ldots, w_{Right}$을 갖는다. 더 나아가, 이 두 하부트리는 모두 최적이어야 하는데, 왜냐하면 만약 그렇지 않다면 $w_{Left}, \ldots, w_{Right}$를 위한 더 좋은 해를 주는 최적의 하부트리들로 바뀔 수가 있기 때문이다. 그러므로 우리는 최상의 이진 트리의 비용 $C_{Left,\, Right}$에 대한 공식을 만들 수 있다. 그림 10.50을 보면 도움이 될 것이다.

만약 $Left > Right$이면 그 트리에 대한 비용은 0인데 이것은 우리가 이진 탐색 트리에서 항상 갖는 Null 경우이다. 그렇지 않으면, 그 루트 노드의 비용은 p_i이다. 왼쪽 하부트리는 그것의 루트에 비하여 $C_{Left,\, i-1}$의 비용을 가지며 오른쪽 하부트리는 자기 루트에 비하여 $C_{i+1,\, Right}$의 값을 가진다. 그림 10.50에서 보듯이 이들 하부트리의 각 노드는 해당되는 루트들로부터가 아니라 w_i로부터 한 레벨 더 깊이 위치한다. 그래서 우리는 $\sum_{j=Left}^{i-1} p_j$과 $\sum_{j=i+1}^{Right} p_j$를 추가하여야 한다. 그렇게 되면 아래의 식이 나온다.

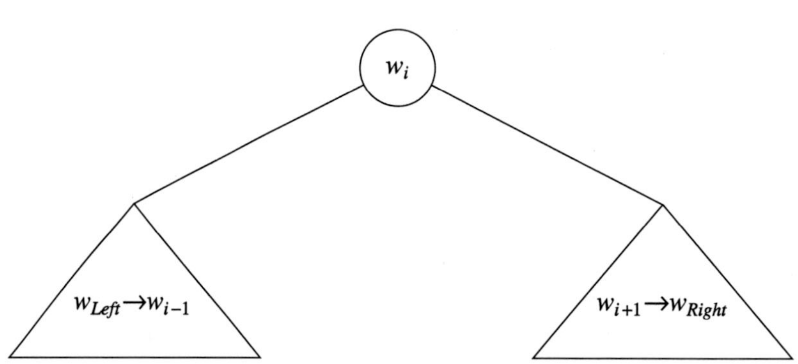

그림 10.50 최적 이진 탐색 트리의 구조

$$
\begin{aligned}
C_{Left,\,Right} &= \min_{Left \le i \le Right} \left\{ p_i + C_{Left,\,i-1} + C_{i+1,\,Right} + \sum_{j=Left}^{i-1} p_j + \sum_{j=i+1}^{Right} p_j \right\} \\
&= \min_{Left \le i \le Right} \left\{ C_{Left,\,i-1} + C_{i+1,\,Right} + \sum_{j=Left}^{Right} p_j \right\}
\end{aligned}
$$

이 식으로부터, 최적의 이진 탐색 트리 비용을 계산하는 프로그램을 만드는 것은 간단하다. 보통, 그 실제 탐색 트리는 $C_{Left,\,Right}$를 최소화시키는 i의 값을 구함으로써 유시될 수 있다. 그 표준적인 재귀적 절차는 실제 트리를 출력하는 데 사용될 수 있다.

그림 10.51은 그 알고리즘에 의해 만들어지는 테이블을 보여 준다. 단어들의 각 부분들에 대하여 최적 이진 탐색 트리의 비용과 루트가 그 테이블에 관리된다. 가장 바닥에 있는 항목은 입력된 단어들의 전체 집합에 대한 최적 이진 탐색 트리를 계산한다. 그 최적의 트리는 그림 10.48에 있는 세 번째 트리이다.

특정 범위, 즉 $am..if$, 에 대한 최적 이진 탐색트리의 정확한 계산은 그림 10.52에 나타나 있다. 그것은 루트에 am, and, egg, if를 위치시킴으로써 얻어지는 최소비용 트리를 계산함으로써 구할 수 있다. 예를 들어, and가 루트에 있을 때, 그 왼쪽 하부트리는 $am..am$(이전 계산에서 얻어진 비용 0.18)을 포함하고 오른쪽 하부트리는 $egg..if$(비용 0.35)를 포함하고, 전체 비용 1.21에 대하여 $p_{\mathrm{am}}+p_{\mathrm{and}}+p_{\mathrm{egg}}+p_{\mathrm{if}}=0.68$을 가진다.

이 알고리즘의 실행 시간은 $O(N^3)$이다. 왜냐하면 구현 시에 삼단계 반복 구소를 가지기 때문이다. 그 문제에 대한 $O(N^2)$알고리즘은 연습문제에서 언급된다.

	Left=1		Left=2		Left=3		Left=4		Left=5		Left=6		Left=7	
Iteration=1	a..a		am..am		and..and		egg..egg		if..if		the..the		two..two	
	.22	a	.18	am	.20	and	.05	egg	.25	if	.02	the	.08	two
Iteration=2	a..am		am..and		and..egg		egg..if		if..the		the..two			
	.58	a	.56	and	.30	and	.35	if	.29	if	.12	two		
Iteration=3	a..and		am..egg		and..if		egg..the		if..two					
	1.02	am	.66	and	.80	if	.39	if	.47	if				
Iteration=4	a..egg		am..if		and..the		egg..two							
	1.17	am	1.21	and	.84	if	.57	if						
Iteration=5	a..if		am..the		and..two									
	1.83	and	1.27	and	1.02	if								
Iteration=6	a..the		am..two											
	1.89	and	1.53	and										
Iteration=7	a..two													
	2.15	and												

그림 10.51 샘플 입력 값에 대한 최적 이진 탐색 트리의 계산

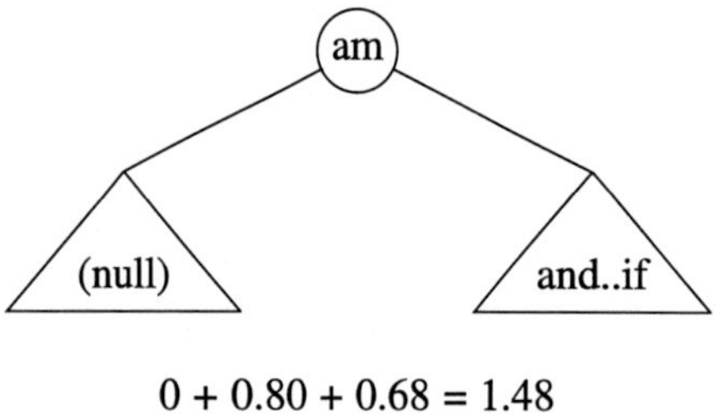

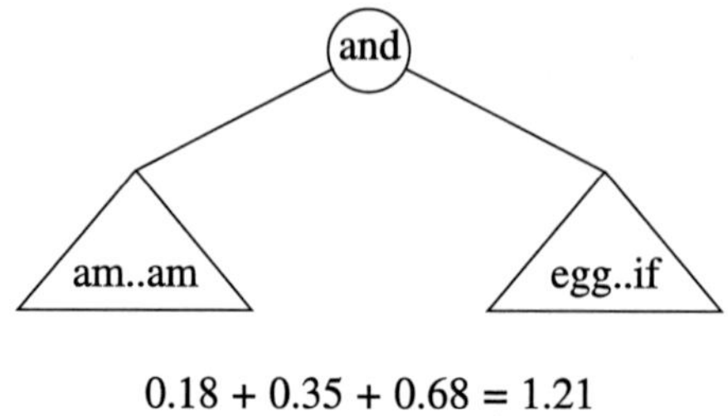

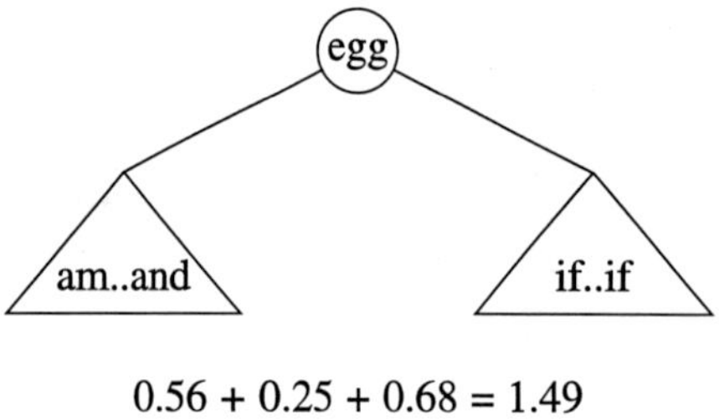

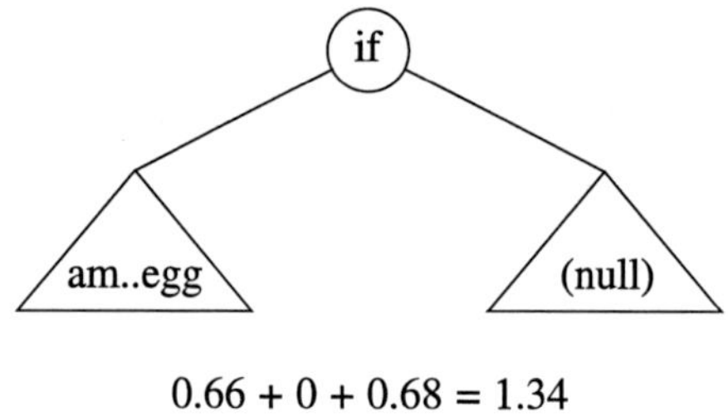

그림 10.52 $am..if$에 대한 엔트리(1.21, end)의 계산

10.3.4 전쌍최단경로(All-Pairs Shortest Path)

세 번째이면서 마지막 동적 프로그래밍 응용은 그래프 $G=(V, E)$의 점들의 모든 쌍들 사이에 최단 가중치 경로(shortest weighted paths)를 계산하는 알고리즘이다. 제9장에서 임의의 s에서 다른 모든 정점들까지의 최단 경로를 찾는 단일소스최단경로(single-source-path) 문제에 대한 알고리즘을 보았다. 그 알고리즘은(Dijkstra 알고리즘) 밀집된 그래프에서 $O(|V|^2)$시간에 실행되지만 밀집도가 낮은 그래프에서는 더 빠르다. 우리는 밀집된 그래프에서 전쌍 문제를 풀기 위한 간단한 알고리즘을 보도록 하겠다. 그 알고리즘의 실행 시간은 $O(|V|^3)$인데 그것은 Dijkstra 알고리즘의 $|V|$번의 반복에 대한 점근적 개선은 아니지만 매우 밀집한 그래프에서는 중첩문이 더 간결하기 때문에 더 빨라질 수 있다. 그 알고리즘은 또한 만약 음의 간선 비용이 있다면 정확하게 실행한다. 하지만 음의 비용 싸이클이 있는 경우에는 Dijkstra 알고리즘은 실패한다.

Dijkstra 알고리즘에 대한 중요한 세부사항을 다시 상기해 보자(필요하면 9.3절을 다시 보길 바란다). Dijkstra 알고리즘은 정점 s에서 시작해서 단계별로 움직인다. 그래프의 각 정점은 결국 중간 정점으로 선택된다. 만약 현재 선택된 정점이 v라면 각 $w \in V$에 대하여 d_w=min(d_w, $d_v+c_{v,w}$)로 정한다. 이 식은 s에서 w까지 최선의 거리는 이전에 구했던 거리이거나 혹은 s에서 v까지 가고 (최적으로) 그리고 바로 v에서 w까지 간 결과라는 것을 말해 준다.

Dijkstra 알고리즘은 동적 프로그램 알고리즘에 대한 아이디어 (정점들을 순차적 순서로 선택한다)를 제공한다. 우리는 $D_{k,i,j}$를 v_i부터 v_j까지 (중간 경로는 v_1, v_2, …, v_k 사용) 최단 경로의 가중치로 정의한다. 이 정의에 의해, $D_{0,i,j} = c_{i,j}$이고 만약 (v_i, v_j)가 그래프상의 간선이 아니라면 $c_{i,j} = \infty$가 된다. 또한 정의에 의해 $D_{|V|,i,j}$는 그래프에서 v_i에서 v_j까지 최단경로이다.

그림 10.53에서 보듯이 $k > 0$일 때 우리는 $D_{k,i,j}$에 대한 간단한 공식을 만들 수 있다. v_i에서 v_j로의 최단 경로가 중간 정점으로서 v_1, v_2, …, v_k 만을 갖는다고 할 때, 최단 경로는 중간 정점으로서 v_k를 갖지 않는 것이거나 혹은 $v_i \rightarrow v_k$와 $v_k \rightarrow v_j$의 두 경로를 합친 것일 수가 있다. 그 각각은 중간 정점으로 처음 k-1개만 사용한다. 따라서 다음 공식이 나온다.

$$D_{k,i,j} = \min\{D_{k-1,i,j},\ D_{k-1,i,k} + D_{k-1,k,j}\}$$

시간은 여전히 $O(|V|^3)$이다. 이전의 두 가지 동적 프로그래밍 예와는 달리 이 시간은 다른 접근 방법에 의해 크게 낮아지지는 않았다.

k번째 단계는 (k-1)단계에만 의존하기 때문에 단지 두 개의 $|V| \times |V|$ 행렬만 유지되면 될 것처럼 보인다. 하지만 k로 시작하거나 끝나는 경로 위에 있는 중간 정점으로 k를 사용하는 것은 음의 싸이클이 없다면 그 결과를 향상시키지 않는다. 그러므로 단지 하나의 행렬만 필요한데, 그 이유는 $D_{k-1,i,k} = D_{k,i,k}$와 $D_{k-1,k,j} = D_{k,k,j}$이기 때문이다. 이식의 등식 오른편 부분은 값이 바뀌지도 않고 저장될 필요도 없다는 것을 의미한다. 이렇게 해서 그림 10.53에 있는 간단한 프로그램을 만들 수 있다. 이 프로그램에서는 C++의 관례에 따라서 정점의 번호를 0부터 부여했다.

정점의 모든 쌍이 양방향으로 모두 연결되어 있는 완전 그래프에서는, 이 알고리즘이 Dijkstral 알고리즘의 $|V|$ 반복보다 더 빠르다는 것이 거의 확실하다. 왜냐하면 그 중첩문이 간결하기 때문이다. 그림 10.53의 프로그램에서 18번째 라인에서부터 22번째 라인까지는 병렬로 수행될 수 있다. 라인 27번에서부터 라인 34번까지도 마찬가지이다. 따라서 이 알고리즘은 병렬 계산에 잘 들어 맞는 것 같아 보인다.

동적 프로그래밍은 문제 해결의 시작점을 제공해 주는 강력한 알고리즘 설계 기법이다. 이것은 기본적으로 더 간단한 문제를 먼저 해결하는 분할정복(divide and conquer) 패러다임이다. 다만 중요한 차이점은 더 간단한 문제들이 원래의 문제가 명확하게 분할된 형태가 아니라는 것이다. 하위 문제들이 반복적으로 해결되기 때문에 그것들을 재계산 하기보다는 테이블에 그들의 해를 기록하는 것이 중요하다. 어떤 경우에는 그 해가 최적이 아닐 수도 있고 (비록 언제나 분명한 것도 아니고 때로는 어렵기는 하지만), 또 어떤 경우에는 동적 프로그래밍 기법은 알려진 최고의 접근방법일 수도 있다.

더 많은 동적 프로그래밍의 예들은 연습문제와 참고문헌들을 통해서 찾을 수 있다.

```
/**
 * Compute all-shortest paths.
 * a contains the adjacency matrix with
 * a[ i ][ i ] presumed to be zero.
 * d contains the values of the shortest path.
 * Vertices are numbered starting at 0; all arrays
 * have equal dimension. A negative cycle exists if
 * d[ i ][ i ] is set to a negative value.
 * Actual path can be computed using path[ ][ ].
 * NOT_A_VERTEX is -1
 */
void allPairs( const matrix<int> & a,
                matrix<int> & d, matrix<int> & path )
{
    int n = a.numrows( );

    // Initialize d and path
    for( int i = 0; i < n; i++ )
        for( int j = 0; j < n; j++ )
        {
            d[ i ][ j ] = a[ i ][ j ];
            path[ i ][ j ] = NOT_A_VERTEX;
        }

    for( int k = 0; k < n; k++ )
        // Consider each vertex as an intermediate
        for( int i = 0; i < n; i++ )
            for( int j = 0; j < n; j++ )
                if( d[ i ][ k ] + d[ k ][ j ] < d[ i ][ j ] )
                {
                        // Update shortest path
                        d[ i ][ j ] = d[ i ][ k ] + d[ k ][ j ];
                        path[ i ][ j ] = k;
                }
}
```

그림 10.53 전쌍 최단 경로

10.4 확률적 알고리즘(Randomized Algorithms)

여러분이 매주 프로그래밍 숙제를 내고 있는 교수라고 가정해 보자. 그렇다면 당신은 학생들이 스스로 프로그래밍을 하고 있는지 혹은 최소한 제출하는 코드는 이해하고 있는

지를 확인해 보고 싶을 것이다. 하나의 해결책은 각 프로그램 제출 마감날에 퀴즈 시험을 보는 것이다. 반면, 이러한 퀴즈 시험은 정규수업 외의 시간을 소비하게 되어서, 프로그램의 절반 정도만 퀴즈를 주는 것이 실제적인 수업이 될 수 있을 것이다. 여러분의 문제는 언제 퀴즈 시험을 볼지를 결정하는 것이다.

물론 퀴즈 시험이 사전에 공지된다면, 퀴즈로 제시되지 않을 절반 정도의 프로그램에 대한 임묵직 변명으로 해석될 수 있다. 한 방법은 공지하지 않은 채 대체 프로그램으로 퀴즈를 주는 전략을 차용할 수 있으나, 학생들은 이미 오래 전에 그 전략을 알고 있다. 다른 방법은 중요한 프로그램의 퀴즈 시험을 보는 것이나 이 또한 학기를 거듭할수록 유사한 퀴즈 유형을 사용하게 되어 학생들은 그것들이 어떤지 소문을 내어서, 이런 전략은 쓸모 없게 될 것이다.

이러한 문제점들을 해결할 수 있는 한 가지 방법은 동전을 사용하는 것이다. 모든 프로그램에 대해서 퀴즈를 만들고(퀴즈 만드는 것은 채점하는 것만큼 시간이 들지는 않을 것이다), 수업 시삭에 교수는 동전을 던져서 그 퀴즈를 낼 것인지를 결정한다. 이렇게 하면 퀴즈를 볼지 안 볼지를 수업 전에 아는 것이 불가능하고 같은 유형이 매 학기 반복되지도 않는다. 그러므로, 학생들은 이전의 퀴즈 유형에 상관없이 50퍼센트의 확률을 가지고 퀴즈 여부를 예상하게 될 것이다. 단점은 학기 내내 퀴즈가 한 번도 없을 가능성도 있다는 것이다. 동전에 무슨 문제가 있지 않는 한 이런 일은 거의 일어나지 않을 것이다. 매 학기의 퀴즈 예상 횟수는 프로그램 개수의 절반 정도가 될 것이며, 확률적으로 퀴즈의 횟수는 이것으로부터 크게 벗어나지 않을 것이다.

이러한 예는 **확률적 알고리즘**이라고 부르는 것이 무엇인지를 설명해 준다. 알고리즘 내에서 적어도 한 번은 난수가 사용된다. 이런 경우에 이 알고리즘의 실행시간은 특정 입력 값에 뿐만 아니라 발생하는 난수가 무엇이냐에 따라서도 좌우된다.

확률적 알고리즘의 최악의 경우 실행시간은 때로는 비 확률적 알고리즘의 최악의 실행시간과 같다. 중요한 차이는 좋은 확률적 알고리즘은 나쁜 입력 값을 가지지는 않지만 상대적으로 나쁜 난수를 가진다는 것이다. 철학적인 차이처럼 보일 수도 있지만 다음의 예에서 나타나듯이 이것은 실제로 매우 중요할 수 있다.

퀵 소트의 두 가지 버전을 생각해 보자. A는 피벗으로 처음 요소를 사용하는 반면 B는 피벗을 무작위로 선택된 요소를 사용한다. 이 두 경우에, 최악의 실행시간은 $\Theta(N^2)$가 된다. 왜냐하면 각 단계에서 가장 큰 요소가 피벗으로 선택될 수 있기 때문이다. 이들 두 가지 최악의 경우의 차이점은 A에게 입력되는 어떤 특정한 입력 값은 항상 A에게 최악의 실행시간을 야기 시킬 수 있다는 것이다. 그것이 만약 이미 정렬된 리스트이라면 A는 항상 $\Theta(N^2)$의 실행시간을 가지게 된다. 하지만 B의 경우에는 똑 같은 입력 값을 두 번 받더라도 그 실행시간은 다르게 될 것이다. 왜냐하면 그 실행시간은 어떤 난수가 피벗으로 사용될 지에 따라 다르기 때문이다.

이 책에서는 실행시간을 계산할 때, 우리는 모든 입력 값들은 같은 발생확률을 가진다고 가정한다. 하지만 이것은 사실이 아니다. 왜냐하면 예를 들어서 거의 정렬된 입력 리스트는 통계적 기대치보다 훨씬 많이 발생하고, 이것은 특히 퀵 정렬이나 이진 탐색 트리에서 문제를 야기시킨다. 확률적 알고리즘을 사용함으로써 그러한 특정 입력 리스트가 더 이상 중요한 역할을 하지 않게 될 수 있다. 대신 난수가 중요한 역할을 하게 되고, 이제는 모든 가능한 입력 리스트에 대해서가 아닌 모든 가능한 난수에 대하여 평균을 계산하는 **예상 실행시간(expected running time)**을 계산할 수 있게 된다. 난수 피벗을 사용하는 퀵 정렬은 난수의 통계치에 기반해서 $O(N\log N)$의 예상 실행시간 알고리즘이 된다. 예상 실행시간의 한계는 평균 경우의 한계보다 더 엄격하지만 최악의 경우 한계보다는 덜 엄격하다. 반면에 우리가 선택 문제(selection problem)에서 본 것처럼, 최악의 경우의 한계의 해는 그것의 평균 경우의 한계처럼 실용적이지는 못하다. 확률적 알고리즘은 일반적으로 실용적이다.

이번 절에서 우리는 난수화(randomization)의 두 가지 사용 예를 설명할 것이다. 먼저, 우리는 이진 탐색 트리를 $O(N\log N)$ 예상 실행 시간 안에 실행할 수 있게 해 주는 새로운 구조를 보여줄 것이다. 다시 한번 말하지만, 여기서는 나쁜 입력 데이터라는 것은 없으며 오직 나쁜 난수만이 영향을 줄 수 있다. 이론적 관점에서 보면 아주 흥미로운 것은 아닌데 왜냐하면 균형 탐색 트리(balanced search tree)는 $O(N\log N)$ 한계를 최악의 경우에 얻게 되기 때문이다. 그럼에도 불구하고, 난수화의 사용은 탐색, 삽입, 특히 삭제의 경우에 상대적으로 단순한 알고리즘을 이끌어 내게 할 수 있다.

우리의 두 번째 어플리케이션은 큰 숫자들의 소수 여부 테스트(primality test)에 확률적 알고리즘을 사용하는 것이다. 우리가 제시하는 그 알고리즘은 빠르기는 하지만 종종 에러를 발생시키기도 한다. 하지만 에러의 확률은 무시할 만큼 작게 만들 수 있다.

10.4.1 난수 생성기(Random Number Generators)

우리의 알고리즘에서는 난수가 필요하기 때문에 그것을 생성하는 방법이 있어야 한다. 사실상, 완전 난수(true randomness)를 컴퓨터에서 만들어 내는 것은 거의 불가능한데 그 이유는 난수는 알고리즘에 좌우되기 때문에 실제로 난수가 아니다. 일반적으로는, **의사난수(pseudorandom)**를 만들어 내는 것으로 만족해야 한다. 난수는 잘 알려진 통계적인 속성들을 가지고 있는데 의사난수도 통계적 속성들의 대부분을 만족한다. 놀랍게도, 의사난수를 발생하는 것 또한 말하기는 쉬우나 행하기는 어렵다.

동전을 튕긴다고 하면, 0(동전의 앞면)이거나 1(동전의 뒷면)이 반드시 생성될 것이다. 0, 1의 난수를 생성하는 다른 방법은 시스템시계(컴퓨터에서 제공하는 시계)를 살펴보는 것이다. 그 시계는 시작 시간부터 초 단위로 시간을 정수로 기록할 것이다. 기록된 시간에서 최하위 비트에 있는 숫자를 난수로 사용할 수 있다. 난수의 나열(sequence)이 필요한 경우에는 이것은 별로 적절하지 않다. 1초는 긴 시간이고, 시계는 프로그램이 실행[7] 하는 동안 전혀 움직이지 않을 것이다. 만약 시간이 마이크로 초(즉, 백만 분의 1초) 단위로 기록된다고 할지라도 프로그램이 실행되면 생성되는 숫자들의 나열은 난수와는 거리가 멀 것이다. 왜냐하면 난수 생성기(시스템시계)가 호출되는 시간은 기본적으로 매 프로그램에서 동일할 것이기 때문이다. 그러면 이제 진짜 필요한 것은 난수의 나열이라는 것을 알 수 있다. 지금부터는 의사난수 대신에 줄여서 난수라고 하기로 한다. 이들 숫자들은 독립적이어야 한다. 만약 동전을 튕겨서 앞면이 나타나도 그 다음 번도 앞면 혹은 뒷면이 나올 가능성이 똑같이 동일해야 한다는 것이다.

1951년에 Lehmer에 의해 처음 설명된 선형 합동 생성기(linear congruential generator)는 난수의 나열을 발생시키는 가장 간단한 방법이다. 생성되는 숫자 x_1, x_2, …는 다음을 만족한다.

$$x_{i+1} = Ax_i \bmod M$$

난수의 나열이 시작되려면, x_0의 어떤 값이 있어야 한다. 이 값을 시드(seed)라고 부른다. 만약 $x_0 = 0$이라면, 나열은 난수와는 거리가 멀게 된다. 하지만 A와 M이 정확히 선택된다면 x_0이 $1 \le x_0 \le M$의 값을 가지면 유효하다. 만약 M이 소수(prime)라면, x_i는 0이 되지 않는다. 예를 들면, 만약 M=11, A=7, 그리고 $x_0 = 1$이면 생성된 수는 다음과 같다.

$$7,\ 5,\ 2,\ 3,\ 10,\ 4,\ 6,\ 9,\ 8,\ 1,\ 7,\ 5,\ 2,\ \ldots$$

M-1=10개의 숫자 이후에 같은 나열이 반복되는 것을 알 수 있다. 따라서 이 순서는 최대 M-1의 주기를 갖는다(pigeonhole 원리에 의해). 만약 M이 소수(prime)라면, M-1의 완전한 주기를 가지게 하는 A값을 언제나 고를 수 있다. 그러나 어떤 A값을 선택하면 그렇지 않을 수도 있다. 예를 들어 만약 A=5이고 $x_0 = 1$이면, 순서의 주기는 짧아져서 5가 된다.

$$5,\ 3,\ 4,\ 9,\ 1,\ 5,\ 3,\ 4,\ \ldots$$

만약 M이 31-bit 소수와 같이 큰 수로 선택되었다면 그 주기는 대부분 어플리케이션에서 굉장히 커지게 된다. Lehmer는 31-bit 소수 $M=2^{31}-1$=2,147,483,647의 사용을 제안했다. 이 소수에 대하여 A=48,271은 완전 주기를 만들 수 있는 많은 값들 중에 하나이다. 이 값을 사용하는 것에 대한 많은 연구가 있어 왔고, 프로그램 전문가들도 이 값을 사용하는 것을 추천한다. 난수 생성기는 서툴게 하면 망치게 되므로 이 식을 충실하게 잘 사용해야 한다는 것을 보게 될 것이다.

7) 역자의 주 : 실행 시간이 1초보다 작은 프로그램이라고 가정

이것은 구현하기에 간단해 보인다. 일반적으로, 클래스 변수는 x의 현재 값을 저장하는 데 사용된다. 난수를 사용하는 프로그램을 디버깅 할 때에는 아마도 $x_0 = 1$로 하는 것이 최상일 것이다. 그렇게 해서 항상 같은 난수 나열이 나오도록 한다. 디버깅이 끝나서 프로그램이 잘 돌아가면, 시스템 시계를 사용하거나 혹은 프로그램의 사용자가 시드 값을 직접 넣도록 한다.

개구간 (0, 1) (0, 1을 포함하지 않는다) 안의 실수 난수를 사용하는 것도 또한 흔한 일이다. 이것은 M으로 나누면 가능하다. 이로부터 어떤 폐구간 $[\alpha, \beta]$안의 난수는 정규화(normalizing)되어 계산할 수 있다. 이것은 그림 10.54의 클래스에 명백히 나타나 있는데, 이는 잘못된 것이다.

이 클래스의 문제는 곱셈이 오버플로우(overflow)가 일어날 수 있다는 것이다. 비록 이것은 에러는 아니더라도 결과에 영향을 주어 의사난수에도 영향을 주게 된다. Schrage는 32-bit기계에서 모든 계산에서 오버플로우가 일어날 수 없는 프로시저를 보여 주었다. 우리는 M/A의 몫과 나머지를 계산하고 이것들을 각각 Q와 R로 정의한다. $R < Q$인 $Q=$44,488, $R=$3,399를 예로 들면 아래와 같은 식을 가지게 된다.

$$\begin{aligned} x_{i+1} &= Ax_i \bmod M = Ax_i - M\left\lfloor \frac{Ax_i}{M} \right\rfloor \\ &= Ax_i - M\left\lfloor \frac{x_i}{Q} \right\rfloor + M\left\lfloor \frac{x_i}{Q} \right\rfloor - M\left\lfloor \frac{Ax_i}{M} \right\rfloor \\ &= Ax_i - M\left\lfloor \frac{x_i}{Q} \right\rfloor + M\left(\left\lfloor \frac{x_i}{Q} \right\rfloor - \left\lfloor \frac{Ax_i}{M} \right\rfloor\right) \end{aligned}$$

$x_i = Q\left\lfloor \frac{x_i}{Q} \right\rfloor + x_i \bmod Q$이므로 처음의 Ax_i를 대치할 수 있고 그러면 다음과 같은 식을 가지게 된다.

$$\begin{aligned} x_{i+1} &= A\left(Q\left\lfloor \frac{x_i}{Q} \right\rfloor + x_i \bmod Q\right) - M\left\lfloor \frac{x_i}{Q} \right\rfloor + M\left(\left\lfloor \frac{x_i}{Q} \right\rfloor - \left\lfloor \frac{Ax_i}{M} \right\rfloor\right) \\ &= (AQ - M)\left\lfloor \frac{x_i}{Q} \right\rfloor + A(x_i \bmod Q) + M\left(\left\lfloor \frac{x_i}{Q} \right\rfloor - \left\lfloor \frac{Ax_i}{M} \right\rfloor\right) \end{aligned}$$

$M = AQ + R$이므로, $AQ - M = -R$이 된다. 따라서 다음과 같은 식을 가지게 된다.

$$x_{i+1} = A(x_i \bmod Q) - R\left\lfloor \frac{x_i}{Q} \right\rfloor + M\left(\left\lfloor \frac{x_i}{Q} \right\rfloor - \left\lfloor \frac{Ax_i}{M} \right\rfloor\right)$$

$\delta(x_i) = \left\lfloor \frac{x_i}{Q} \right\rfloor - \left\lfloor \frac{Ax_i}{M} \right\rfloor$는 0이거나 1인데 그 이유는 두 항 모두 정수이고 그들의 차이는 0과 1 사이에 있기 때문이다. 따라서 다음과 같은 식을 가지게 된다.

```
static const int A = 48271;
static const int M = 2147483647;

class Random
{
  public:
    explicit Random( int initialValue = 1 );

    int randomInt( );
    double random0_1( );
    int randomInt( int low, int high );

  private:
    int state;
};

/**
 * Construct with initialValue for the state.
 */
Random::Random( int initialValue )
{
  if( initialValue < 0 )
    initialValue += M;

  state = initialValue;
  if( state == 0 )
    state = 1;
}

/**
 * Return a pseudorandom int, and change the
 * internal state. DOES NOT WORK CORRECTLY.
 * Correct implementation is in Figure 10.55.
 */
int Random::randomInt( )
{
  return state = ( A * state ) % M;
}

/**
 * Return a pseudorandom double in the open range 0..1
 * and change the internal state.
 */
double Random::random0_1( )
{
  return (double) randomInt( ) / M;
}
```

그림 10.54 문제가 있는 난수 생성기

$$x_{i+1} = A(x_i \bmod Q) - R\left\lfloor \frac{x_i}{Q} \right\rfloor + M\delta(x_i)$$

$R < Q$이기 때문에, 모든 남은 항들은 오버플로우 없이 계산될 수 있음을 알 수 있다(이것이 $A = 48{,}271$을 선택한 이유 중의 하나이다). 게다가, 남은 항들이 0보다 작을 때에만 $\delta(x_i) = 1$이 된다. 그러므로 $\delta(x_i)$은 명시적으로 계산될 필요가 없고 간단한 테스트에 의해 결정될 수 있다. 그래서 그림 10.55와 같이 수정할 수 있다.

이 프로그램은 INT_MAX$\geq 2^{31}-1$를 만족하는 한 문제가 발생하지 않는다. 우리는 모든 컴퓨터에 그림 10.55와 같은 훌륭한 난수 생성기가 표준 라이브러리로 제공되는 것으로 생각할 지도 모른다. 슬프게도, 실상은 그렇지 못하다. 많은 라이브러리들은 다음과 같은 함수에 기반한 난수 생성기를 가지고 있다.

$$x_{i+1} = (Ax_i + C) \bmod 2^B$$

여기서 B는 컴퓨터 정수의 비트 수와 같게 설정되며 C는 홀수이다. 불행하게도 이들 난수생성기는 언제나 짝수와 홀수를 왔다 갔다 하는 x_i의 값을 생성한다. 이것은 바람직한 것이 아니다. 실제로, 하위 k 비트는 최대 2^k의 주기를 가지고 순환한다. 많은 다른 난수 생성기들은 그림 10.55보다 더 작은 순환 주기를 가진다. 이런 것들은 긴 난수의 나열이 필요한 경우에는 적합하지 않다. 유닉스 drand48 함수는 이 형태의 난수생성기를 사용한다. 그러나, 이것은 48비트 선형 합동 생성기를 사용하여 상위 32비트만 사용해서

```
static const int A = 48271;
static const int M = 2147483647;
static const int Q = M / A;
static const int R = M % A;

/**
* Return a pseudorandom int, and change the internal state.
*/
int Random::randomInt( )
{
    int tmpState = A * ( state % Q ) - R * ( state / Q );

    if( tmpState >= 0 )
    state = tmpState;
    else
    state = tmpState + M;

    return state;
}
```

그림 10.55 32비트 컴퓨터에서 오버플로우가 없는 난수 수정

하위 비트에서 발생하는 순환문제를 해결하고 있다. 상수는 A=25,214,903,917, B=48 그리고 C=13이다. 마지막으로, 언급된 식에 상수를 하나 추가하면 더 좋은 난수생성기를 만들 수 있을 것처럼 보인다. 다음의 예를 보자.

$$x_{i+1} = (48,271x_i + 1) \bmod (2^{31} - 1)$$

이 식은 더 무작위적인 난수를 생성할 것처럼 보인다. 그러나 다음 식은 상수를 더한 난수생성기가 얼마나 불안한지를 보여 준다.

$$[48,271(179,424,105) + 1] \bmod (2^{31} - 1) = 179,424,105$$

따라서 만약 시드가 179,424,105라면, 난수생성기는 주기 1의 순환에 빠지게 된다.

10.4.2 스킵 리스트(Skip Lists)

우선, 탐색과 삽입을 $O(\log N)$ 예상시간 안에 지원하는 자료 구조를 난수화해 보도록 하자. 이번 절의 초기에 언급했던 것처럼, *어떠한 입력열*에 대해서도 각 연산의 예상 실행시간은 $O(\log N)$이 된다는 것을 의미하는 것이며, 예상은 입력 값이 아니라 난수 생성기에 의존한다는 것이다. 삭제 연산과 순서와 관련된 연산을 추가하는 것은 가능하고 이진 탐색 트리의 평균 시간 바운드와 같은 예상 시간을 얻는 것도 가능하다.

탐색을 지원하는 가장 간단한 데이터 구조는 연결 리스트이다. 그림 10.56은 간단한 연결리스트를 보여 준다. 탐색 실행 시간은 검사해 봐야 할 노드의 수 (최대 N)에 비례한다.

그림 10.57의 연결 리스트에서는 모든 노드는 자신보다 두 개 앞에 있는 노드로 추가 연결을 가지고 있다. 이것 때문에 최악의 경우 $\lceil N/2 \rceil + 1$개의 노드가 검사된다.

이 아이디어를 확장하면 그림 10.58처럼 된다. 즉 매 네 번째 노드는 네 개 앞의 노드에 연결링크를 가진다. 그러면 $\lceil N/4 \rceil + 2$개의 노드만 검사된다.

이런 아이디어에 대한 제한점이 그림 10.59에 있다. 모든 2^i번째 노드는 자신의 2^i번째 앞의 노드에 링크된다. 링크의 전체 개수는 두 배가 되지만 탐색 동안에 검사되어야 하는 노드는 최대 $\lceil \log N \rceil$이다. 탐색에 사용되는 전체 시간이 $O(\log N)$이라는 것은 어렵지 않게 알 수 있다. 왜냐하면 탐색은 새로운 노드로 전진하거나 혹은 같은 노드의 하위 링크로 떨어지거나 둘 중의 하나이기 때문이다. 이들 각 단계는 탐색 동안에 최대 $O(\log N)$의 전체 시간이 든다. 이 데이터 구조에서의 탐색은 기본적으로 이진 탐색이라는 것을 주목하자.

이러한 데이터 구조의 문제는 효과적인 삽입 연산을 하기에는 너무 경직되어 있다는 것이다. 이러한 데이터 구조를 사용할 만한 것으로 하게 하는 핵심은 구조 조건을 약간 완화시키는 것이다. 우리는 "레벨 k 노드(level k node)"를 k개의 링크를 가지는 노드라고 정의한다. 그림 10.59에서 보듯이 어떤 레벨 k 노드($k \geq i$) 에서의 i번째 링크는 적어도

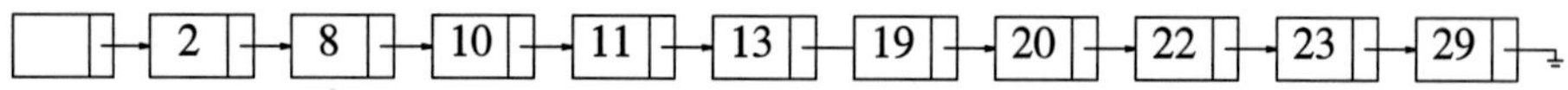

그림 10.56 간단한 연결 리스트

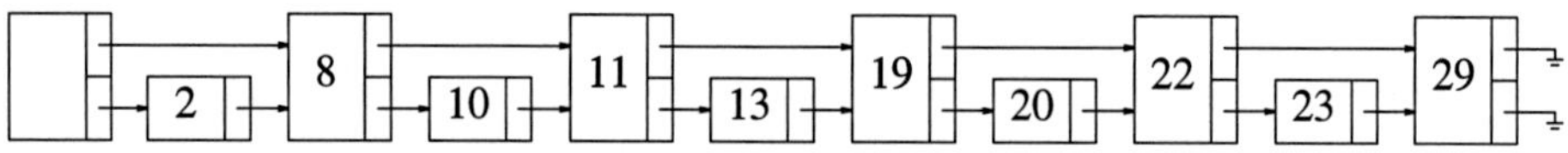

그림 10.57 두 칸 앞으로의 링크를 가진 연결 리스트

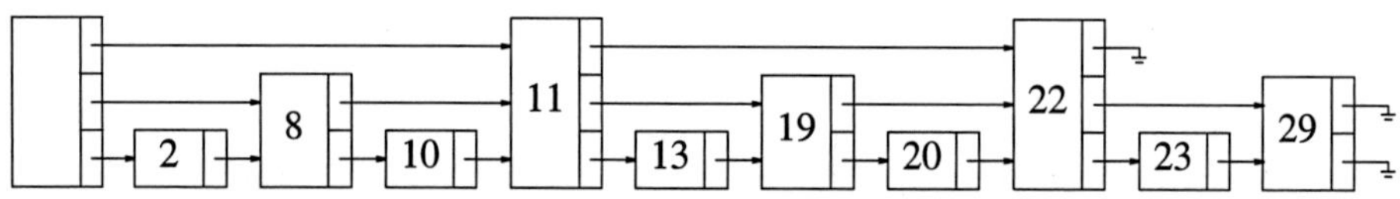

그림 10.58 네 칸 앞으로의 링크를 가진 연결 리스트

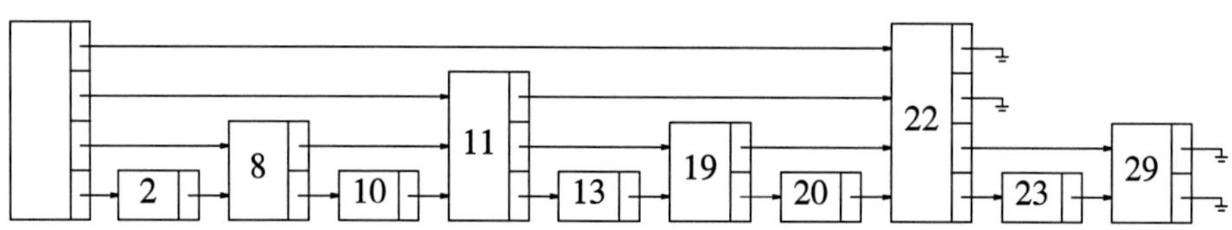

그림 10.59 2^i칸 앞으로의 링크를 가진 연결 리스트

i개의 레벨을 가진 다음 노드에 링크된다. 이것은 좀 쉬운 속성이다. 하지만 그림 10.59는 이것보다 좀 더 엄격한 속성을 보여 준다. 그러므로 우리는 i번째 링크가 2^i개 앞의 노드에 링크된다는 조건을 없애고, 위와 같은 덜 엄격한 제한적인 조건으로 대체한다.

새로운 항목을 삽입할 때에는, 그것에 새로운 노드를 할당한다. 이 시점에서 그 노드가 어느 레벨에 있어야 하는지를 결정해야 한다. 그림 10.59를 보면 대략 절반 정도의 노드들이 레벨 1 노드이고, 대략 1/4 정도의 노드는 레벨 2이다. 일반적으로 약 $1/2^i$개의 노드들은 레벨 i가 된다. 우리는 이 확률 분포에 따라서 노드의 레벨을 랜덤하게 선택한다. 이것을 하는 가장 쉬운 방법은 동전을 앞면이 나타날 때까지 던지는 것인데 던진 전체 횟수를 노드의 레벨로 사용하는 것이다. 그림 10.60이 전형적인 스킵 리스트이다.

이것이 주어지면, 스킵 리스트 알고리즘은 쉽게 설명된다. 탐색을 실행하기 위해, 헤더에서 가장 높은 링크에서 시작한다. 우리가 찾는 것(혹은 null)보다 더 큰 다음 노드를 찾을 때까지 이 레벨을 따라서 돌아다닌다. 이것이 발생할 때는 다음 낮은 레벨로 가고, 이 전략을 계속한다. 레벨 1에서 진행이 멈출 때는 우리가 찾는 노드 바로 앞에 있거나 리스트 안에 그것이 없거나 둘 중 하나이다. 삽입을 실행하기 위해서, 탐색에서 처럼 진행하고, 더 낮은 레벨로 바뀌는 각각의 시점의 트랙을 유지한다. 새로운 노드는 그것의 레벨이 랜덤하게 결정되는 리스트 안으로 이어진다. 이러한 방식은 그림 10.61에서 보여진다.

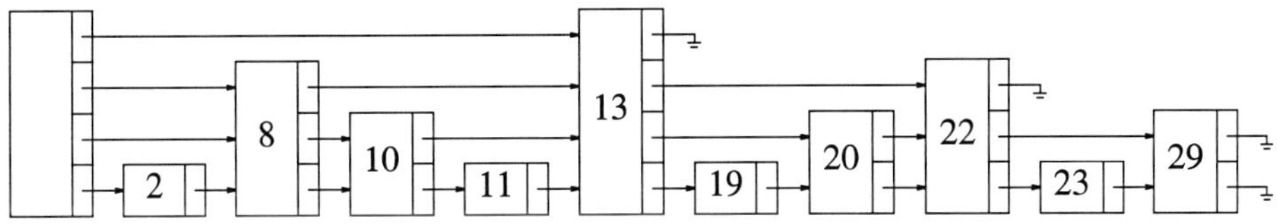

그림 10.60 스킵 리스트

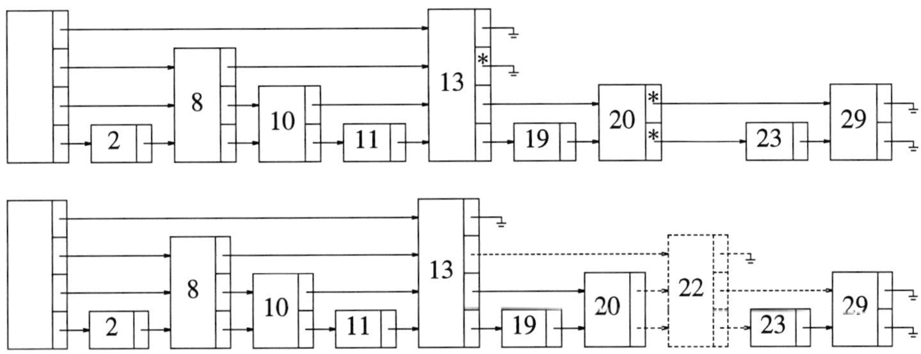

그림 10.61 삽입 전과 후

피상적인 분석은, 각 레벨의 노드의 예상 수는 원래(랜덤되지 않은) 알고리즘으로부터 바뀌지 않기 때문에, 같은 레벨의 노드들을 탐색하는 데 걸린 전체 작업량은 변하지 않는다는 것을 보여 준다. 이러한 계산은 $O(\log N)$만큼의 예상 비용을 가진다는 것을 우리에게 말해 준다. 물론, 더 공식적인 증명이 필요하지만, 이러한 방법과 많은 차이가 있진 않다.

스킵 리스트는 요소들이 리스트 안에 있을 것이라 생각하고 요소의 수를 계산하는 것이 필요하다는 점에서 해시 테이블과 유사하다(그 결과 레벨의 수는 결정될 수 있다). 만약 계산치가 유용하지 않다면, 우리는 큰 수나 리해싱과 유사한 테크닉의 사용을 가정할 수 있다. 실험은 스킵 리스트는 많은 균형 탐색 트리의 구현처럼 효과적이고, 확실히 많은 언어에서 구현이 간단하다는 것을 보여 준다.

10.4.3 소수 판별법(Primality Testing)

이번 절에서는 어떤 큰 숫자가 소수 인지 아닌지 결정하는 문제를 살펴본다. 제 2장의 마지막 부뷰에서 언급했듯이, 몇몇 암호화 스키마는 큰 숫자, 즉 400자리 수를 두 개의 200자리 소수로 인수분해하는 복잡함을 사용한다. 이러한 스키마를 구현하기 위해서는 이 두 개의 소수를 생성하는 방법이 필요하다. 만약 N의 자리수를 d라고 하면, 가장 간단한 방법은 3부터 $\sqrt{N}$까지의 홀수에 의해 나눠지는 지를 테스트하면 되는데 이것은 대략 $\frac{1}{2}\sqrt{N}$번의 나누는 것이 필요하다. 이것은 약 $10^{d/2}$이므로 200자리 숫자에 대해서는 거의 실행불가능한 것이다.

이 절에서, 우리는 소수성을 판별할 수 있는 다항-시간(polynomial-time) 알고리즘을 소개하도록 하겠다. 만약 그 알고리즘이 그 수가 소수(prime)가 아니라고 선언하면, 그 수가 소수가 아니라고 확신할 수 있다. 만약 그 알고리즘이 그 수가 소수라고 선언하면, 100퍼센트는 아니지만 높은 확률로 그 수는 소수일 수 있다. 에러확률은 테스트 되어지는 특정한 수에 좌우되지는 않고, 대신 알고리즘이 사용하는 랜덤 선택에 좌우된다. 그러므로, 이 알고리즘은 때때로 실수를 하기도 한다. 하지만 그 에러율은 임의로 무시될 수 있을 만큼 매우 작다.

이 알고리즘의 핵심은 이미 잘 알려진 Fermat 이론에 기인한다.

정리 10.10 (Fermat's Lesser Theorem)

만약 P가 소수(prime)이고, $0 < A < P$이면 $A^{p-1} \equiv 1 (\text{mod}\, P)$

증명

증명은 수이론(number theory)에 대한 책에 대부분 소개되어 있다.

예를 들어 67은 소수이기 때문에, $2^{66} \equiv 1(\text{mod } 67)$ 이다. 이것으로 숫자 N이 소수인지 아닌지를 검사하는 알고리즘을 만들 수 있다. 즉 $2^{N-1} \equiv 1(\text{mod}\, N)$인지 아닌지만 체크하면 된다. 만약 $2^{N-1} \not\equiv 1(\text{mod}\, N)$라면, 우리는 N이 소수가 아니라고 확신한다. 반면에 같다면, N은 아마도 소수일 것이다. 예를 들면, $2^{N-1} \equiv 1(\text{mod}\, N)$을 만족하고 소수가 아닌 가장 작은 N은 341이다.

이러한 알고리즘은 가끔 오류를 만들지만 문제는 그것이 항상 같은 오류를 만들 것이라는 것이다. 다른 말로 하면 오류를 만드는 N들은 정해져 있다는 것이다. 우리는 이 알고리즘을 다음과 같이 랜덤화 시킬 수 있다: 랜덤으로 $1 < A < N-1$인 A를 고른다. 만약 $A^{N-1} \equiv 1(\text{mod}\, N)$이면, N을 아마도 소수라고 선언하고, 그렇지 않으면 N을 확실히 소수가 아니라고 선언한다. 만약 N=341이고 A=3이면, $3^{340} \equiv 56(\text{mod}\, 341)$이라는 것을 알 수 있다. 그러므로, 만약 이 알고리즘이 우연히 A=3을 선택하면, 그것은 N=341에 대해서 맞는 답(즉, 소수가 아니다)을 얻게 된다.

비록 이것은 문제가 없어 보이지만, 선택되는 A의 대부분 값에 대해서도 이 알고리즘이 틀린 답을 주게 되는 수들이 존재한다. Carmichael numbers라고 알려진 수들이 그 중 하나이다. 이들 수들은 N에 대해 상대적으로 소수인 모든 $0 < A < N$에 대해서 $A^{N-1} \equiv 1(\text{mod}\, N)$은 만족하지만 소수가 아니다. 그와 같은 가장 작은 수는 561이다. 그러므로, 오류를 만들지 않을 확률을 높이기 위해 추가적인 검사가 필요하다.

제7장에서, 2차 탐색(quadratic probing)과 관련된 정리를 증명했었다. 이 정리의 특별한 경우는 다음과 같다.

정리 10.11

만약 P가 소수이고 $0 < X < P$이면, $X^2 \equiv 1 (\mathrm{mod}\, P)$의 유일한 해답은 $X = 1$, $P - 1$이다.

증명

$X^2 \equiv 1 (\mathrm{mod}\, P)$은 $X^2 - 1 \equiv 0 (\mathrm{mod}\, P)$이 된다. 이것은 다시 $(X-1)(X+1) \equiv 0 (\mathrm{mod}\, P)$가 된다. P가 소수이고 $0 < X < P$이고 P는 $(X-1)$ 또는 $(X+1)$에 의해 나누어지므로 정리는 옳다.

그러므로, $A^{N-1} (\mathrm{mod}\, N)$을 계산하는 중에 만약 이 정리에 어긋나는 것을 발견한다면, N이 확실히 소수가 아니라고 말할 수 있다. 2.2.4절에서 pow를 사용한다면 이 검사에 적용할 수 있는 몇몇 기회가 생길 것이다. 이 루틴을 수정해서 $\mathrm{mod}\, N$ 계산을 실행하고 정리 10.11의 검사를 적용해 볼 수 있다. 이 방법은 그림 10.62에 의사코드로 구현되어 있다.

만약 witness가 1이 아닌 다른 것을 리턴 한다면, 그것은 N이 소수가 될 수 없다는 것을 증명한 것이다. 이 증명은 실제적으로 인수들을 찾는 방법이 주어지지 않기 때문에 구조적이지 않다. 어떤 (충분히 큰) N에 대해서, A의 최대 $(N-9)/4$ 값들로 이 알고리즘이 돌아가지 않는 다는 것이 보여졌다. 그러므로, 만약 A가 랜덤으로 선택되고, 알고리즘이 N이 (아마도) 소수라고 답을 한다면, 최소 75 퍼센트만 정확한 것이다. witness가 50번 돌아간다고 가정해 보자. 이 알고리즘이 한번 잘못할 확률은 최대 1/4이다. 그러므로, 50번의 독립적인 랜덤 시도에서 이 알고리즘이 잘못할 확률은 $1/4^{50}=2^{-100}$을 넘지 않는다.

이것은 실제적으로 매우 보수적인 추정치이며 아주 몇몇의 N값에만 해당되는 것이다. 그 경우라고 하더라도, 소수의 부정확한 판별보다는 하드웨어 오류 가능성이 더 높을 수 있다.

소수판별을 위한 랜덤화된 알고리즘은 중요하다. 왜냐하면 그 알고리즘은 가장 빠르다는 비랜덤화 알고리즘보다 아주 더 빠르다고 오랫동안 알려져 왔고, 비록 랜덤화된 알고리즘이 종종 소수라고 잘못 판별하는 경우가 발생 하더라도 그것이 발생할 확률은 무시해도 될 만큼 충분히 작기 때문이다.

오랫동안, d자리 수의 소수성을 d의 다항식 시간에 검사하는 것이 가능한지에 대해 많은 논의가 있었지만 최근까지 그러한 알고리즘은 알려지지 않았었다. 그러나, 최근에, 소수성 테스트를 위한 비확률적 다항식 시간 알고리즘들이 발견되었다. 이러한 알고리즘들은 이론적으로 놀라운 결과들임에도 불구하고, 아직 랜덤화된 알고리즘과의 경쟁을 할 정도는 아니다. 이들에 대한 더 많은 정보는 이번 장 마지막 참고문헌에 나와 있다.

```
/**
 * Function that implements the basic primality test.
 * If witness does not return 1, n is definitely composite.
 * Do this by computing a^i (mod n) and looking for
 * non-trivial square roots of 1 along the way.
 */
HugeInt witness( const HugeInt & a, const HugeInt & i, const HugeInt & n )
{
  if( i == 0 )
    return 1;

  HugeInt x = witness( a, i / 2, n );
  if( x == 0 ) // If n is recursively composite, stop
    return 0;

  // n is not prime if we find a non-trivial square root of 1
  HugeInt y = ( x * x ) % n;
  if( y == 1 && x != 1 && x != n - 1 )
    return 0;

  if( i % 2 != 0 )
    y = ( a * y ) % n;

  return y;
}

/**
 * The number of witnesses queried in randomized primality test.
 */
const int TRIALS = 5;

/**
 * Randomized primality test.
 * Adjust TRIALS to increase confidence level.
 * n is the number to test.
 * If return value is false, n is definitely not prime.
 * If return value is true, n is probably prime.
 */
bool isPrime( const HugeInt & n )
{
  Random r;

  for( int counter = 0; counter < TRIALS; counter++ )
    if( witness( r.randomInt( 2, (int) n - 2 ), n - 1, n ) != 1 )
      return false;

  return true;
}
```

그림 10.62 확률적 소수판별 알고리즘

10.5 역추적 알고리즘(Backtracking Algorithms)

알고리즘 설계 기법의 마지막은 **역추적 알고리즘**이다. 많은 경우에, 역추적 알고리즘은 일반적으로 전수 탐색, 즉 성능 면에서 그리 선호되지 않는 탐색방법을 잘 구현해야 하는 것으로 귀결된다. 하지만 항상 그런 것은 아니며 비록 그렇다 하더라도, 몇몇 경우에는 매우 간단한 탐색기법에서의 절감이 매우 중요할 수 있다. 물론 성능은 상대적이다. 예를 들어 정렬에서는 $O(N^2)$ 알고리즘은 좋지 않지만 외판원(traveling salesman) 문제와 같은 어떤 NP-complete 문제에서는 $O(N^5)$ 알고리즘만 되어도 획기적인 결과가 된다.

역추적 알고리즘의 실제적인 예로 많이 사용하는 것은 이사간 집에 가구를 배치하는 문제이다. 시도될 수 있는 가지 수는 많이 있지만 일반적으로 실제 고려되는 방법은 매우 적다. 아무 가구도 배치되지 않은 상태에서 시작해서 각 가구는 방의 어떤 공간에 위치될 것이다. 만약 모든 가구들이 배치되고 집주인이 만족하면, 알고리즘은 종결된다. 가구 배치를 차례대로 하다가 어느 순간 제대로 되지 않았다고 생각되면, 바로 전 마지막 단계(즉 제일 마지막에 한 가구 배치)를 취소하고 다른 배치를 해 봐야 한다. 물론, 이렇게 하면 또 다른 취소(undo)를 해야 할 지도 모르고 그렇게 반복될 수 있다. 만약 모든 가능한 첫 단계들을 취소한다면, 만족스러운 가구 배치는 없게 된다. 그렇지 않다면, 마침내 만족스러운 배치로 일을 끝내게 된다. 비록 이 알고리즘이 본질적으로는 매우 단순하지만, 모든 경우를 직접 다 시도해 보지는 않는다. 예를 들면, 부엌에 소파를 배치하는 고려는 결코 시도되지 않는다. 배치에 있어서 바람직하지 않은 부분집합들은 알 수 있기 때문에 많은 다른 나쁜 배치들은 초반에 제거된다. 한 단계에서 많은 경우의 가지 수들을 제거하는 것을 **가지치기(pruning)**라고 부른다.

역추적 알고리즘의 두 가지 예를 살펴볼 것이다. 첫 번째는 계산 기하학의 문제이다. 두 번째 예는 체스나 체커와 같은 게임에서 컴퓨터가 돌을 놓는 위치를 어떻게 선택하는지에 대한 것이다.

10.5.1 유료도로 재구성 문제(The Turnpike Reconstruction Problem)

x-축에 N개의 점, p_1, p_2, …, p_N이 있다고 가정해 보자. x_i는 점 p_i의 x좌표이다. 좀 더 나가서 $x_1 = 0$이고 점들은 왼쪽에서 오른쪽으로 주어졌다고 가정해 보자. 이들 N개의 점들이 있다고 하면 $|x_i - x_j|(i \neq j)$로 결정되는 각 두 점들 간의 거리 d_1, d_2, ..., d_N는 모두 $N(N-1)/2$개가 된다. 우리가 그러한 점 집합을 가질 때, 거리들의 집합을 $O(N^2)$ 시간 안에 구하는 것은 그리 어렵지 않다. 이 집합은 정렬되지 않았을 것인데, 만약 정렬을 한다면 우리는 $O(N^2 \log N)$의 시간에 거리들의 집합을 구할 수 있을 것이다. 유료도로 재구성 문제는 그 거리들로부터 점 집합을 재구성하는 것이다. 이것은 물리학이

나 분자생물학(더 자세한 정보는 참고문헌을 참조)에서 응용할 수도 있다. 이 이름은 동부연안 고속도로의 출구 요금소들까지의 점들에 대한 비유에서 나온 것이다. 곱셈보다 인수분해가 더 어렵듯이, 재구성 문제는 구성문제보다 더 어렵게 보인다. 아직도 다항식의 시간 안에 이 문제를 해결할 수 있는 것을 보장하는 알고리즘이 만들어지지 않았다. 일반적으로는 $O(N^2 \log N)$ 시간 복잡도를 가지지만 최악의 경우에는 지수적 시간이 걸린다.

물론 그 문제에 대한 하나의 해가 주어진다면, 다른 무한 수는 모든 점들의 오프셋을 추가하여 구성할 수 있다. 이것이 처음 점을 0에 고정시켜 놓고 해가 되는 점 집합을 오름차순으로 출력하는 이유이다.

D를 거리들의 집합이라고 하고 $|D| = M = N(N-1)/2$라고 하자. 예를 들면, 다음과 같이

$$D = \{1, 2, 2, 2, 3, 3, 3, 4, 5, 5, 5, 6, 7, 8, 10\}$$

$|D| = 15$이기 때문에 $N = 6$이 된다. $x_1 = 0$으로 해 놓고 알고리즘을 시작한다. 그러면 D에서 10이 가장 큰 수이므로 $x_6 = 10$인 것은 분명하다. 우리는 D에서 10을 제거한다. 지금까지 배치한 점들과 나머지 거리들은 아래의 그림과 같이 된다.

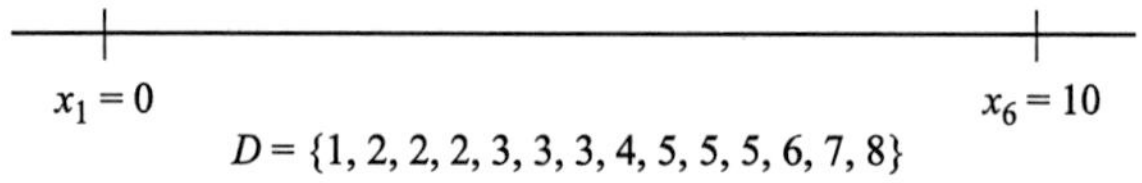

남은 거리 중에서 가장 큰 거리는 8이다. 이것은 $x_2 = 2$이거나 $x_5 = 8$이라는 것을 의미한다. 대칭이기 때문에 어느 것을 선택하는지는 중요하지 않다고 결론지을 수 있다. 왜냐하면 두 가지 경우 모두 해를 구할 수가 있거나 (서로에게 미러(mirror) 이미지), 모두 못 구하기 때문이다. 그래서 결과에 영향을 주지 않으면서 $x_5 = 8$을 선택할 수 있다. 그런 다음에 D로부터 거리 $x_6 - x_5 = 2$와 $x_5 - x_1 = 8$을 제거하면 다음과 같이 된다.

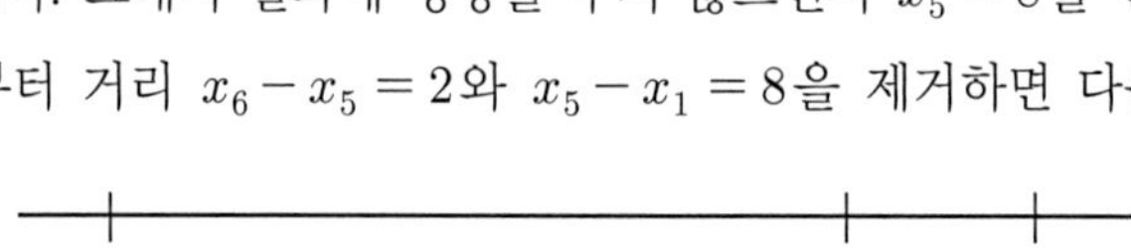

다음 단계도 명확하다. 7이 D에서 가장 큰 값이기 때문에, $x_4 = 7$이거나 $x_2 = 3$일 수 있다. 만약 $x_4 = 7$이라면, 거리 $x_6 - 7 = 3$과 $x_5 - 7 = 1$도 D에 반드시 있어야 한다. 빠르게 체크해 보면 그것들이 있다는 것을 확인할 수 있다. 반면, 만약 $x_2 = 3$이라고 하면, 거리 $3 - x_1 = 3$과 $x_5 - 3 = 5$가 반드시 D에 있어야 한다. 역시 이 거리들도 D에 있기 때문에, 어떤 선택을 해야 좋은지에 대한 안내를 받을 수 없다. 그러므로, 만약 그것이 해를 이끌어 내는지를 한번 시도해 본다. 만약 그것으로 해가 구해지지 않는다면 다시 돌아와 다른 방법을 시도할 수 있다. 첫 번째 시도로서 $x_4 = 7$로 하면 아래와 같이 된다.

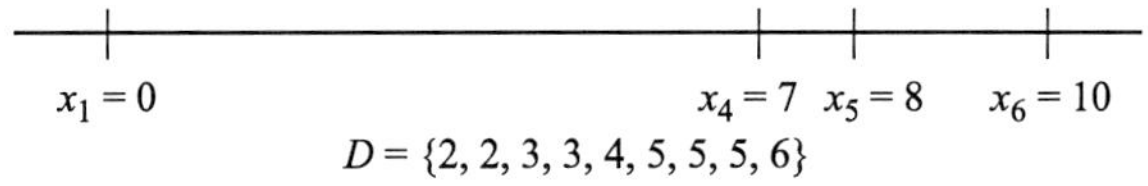

이 시점에서, $x_1 = 0$, $x_4 = 7$, $x_5 = 8$과 $x_6 = 10$이 정해졌다. 이제 남아 있는 가장 큰 거리는 6이고, 따라서 $x_3 = 6$ 혹은 $x_2 = 4$가 된다. 그러나 만약 $x_3 = 6$이면 $x_4 - x_3 = 1$이 되어야 하는데 이것은 불가능 하다. 왜냐하면 1은 더 이상 D에 없기 때문이다. 반면, 만약 $x_2 = 4$이면 $x_2 - x_0 = 4$ 그리고 $x_5 - x_2 = 4$이다. D에는 4가 오직 한 번만 나오기 때문에 이것은 불가능하다. 그러므로, 이번 추정으로는 해를 구하지 못한다. 따라서 우리는 다시 돌아간다(backtrack).

$x_4 = 7$로는 해를 내는 데 실패했기 때문에, 우리는 $x_2 = 3$으로 다시 시도해 본다. 만약 이것도 실패하면, 우리는 포기하고 해가 없는 것으로 정리한다. 이제 우리가 얻은 결과는 다음과 같다.

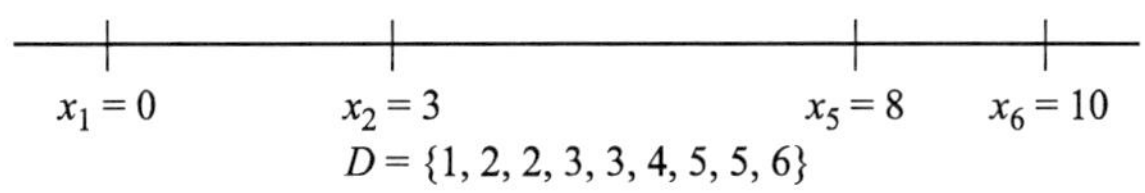

다시 한번, 우리는 $x_4 = 6$과 $x_3 = 4$ 중에서 선택해야 한다. $x_3 = 4$은 불가능하다. 왜냐하면 이렇게 하면 D에서 4가 두 번 필요한데, D에서 4는 오직 한 번만 나타나기 때문이다. $x_4 = 6$은 가능하므로 우리는 다음을 얻게 된다.

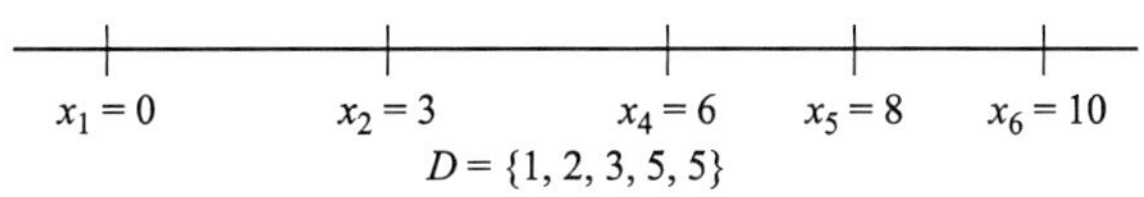

마지막으로 $x_3 = 5$만 남았다. 이렇게 하면 D에 아무것도 남지 않게 되므로 우리는 최종 해를 다음과 같이 얻게 된다.

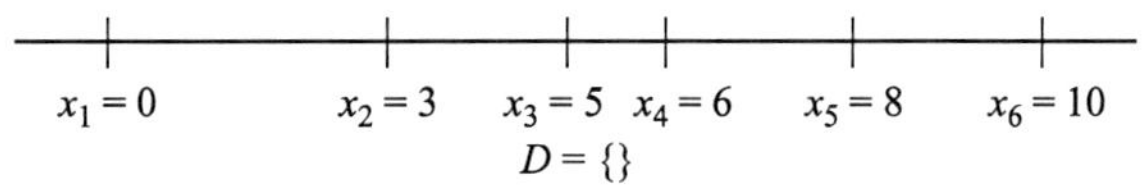

그림 10.63은 해에 도달하는 단계를 결정트리(decision tree) 형태로 보여 주고 있다. 각 가지에 라벨 표시를 하는 대신에, 우리는 가지들의 도착지(destination) 노드 안에 라벨을 둔다. 별표(*)된 노드는 주어진 거리를 가지고 그 지점을 선택하면 모순이 되는 것을 가리킨다. 별표 2개인 노드는 자식 노드와 같이 불가능한 노드가 되고, 결국 틀린 길인 것을 알려준다.

이 알고리즘은 대부분 의사코드로 그대로 구현될 수 있다. 드라이버 루틴, turnpike가 그림 10.64에 제시되고 있다. 이 루틴은 점들의 배열 x(초기화 될 필요 없음)와 거리

집합 D, 그리고 N을 입력 값으로 받는다.[8] 해(solution)가 찾아지면 true가 되돌려질 것이고, 해답은 x 안에 들어 있게 되고 D는 비어 있게 될 것이다. 반면, false가 되돌려지면, x는 정의되지 않고 거리 집합 D는 원래대로 그대로 남아 있게 된다. 이 루틴은 x_1, x_{N-1}과 x_N을 위에 설명된 것처럼 정하고, D를 바꾸고, 역추적 알고리즘 place를 호출해서 다른 점들을 배치한다. $|D| = N(N-1)/2$인 것을 확인하는 체크는 이미 한 것으로 간주한다.

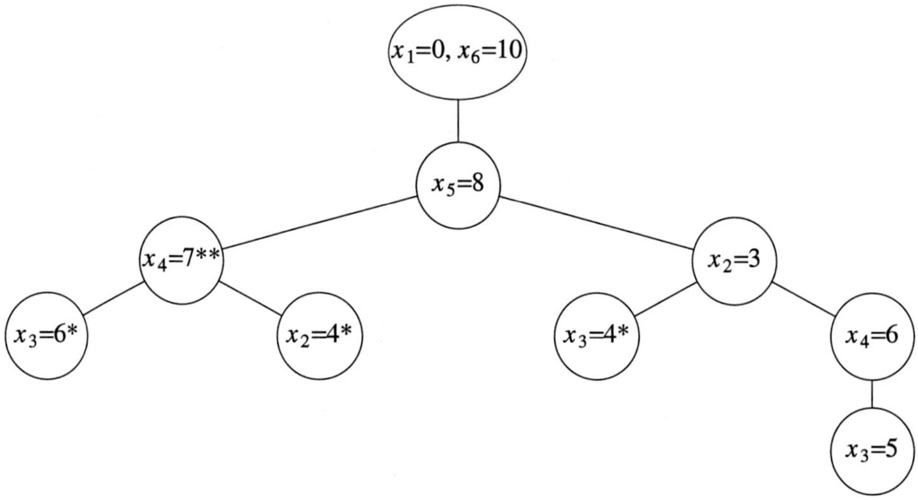

그림 10.63 유료도로 재구성 예제에 대한 결정트리

```
bool turnpike( vector<int> & x, DistSet d, int n )
{
      x[ 1 ] = 0;
      d.deleteMax( x[ n ] );
      d.deleteMax( x[ n - 1 ] );
      if( x[ n ] - x[ n - 1 ] ∈ d )
      {
         d.remove( x[ n ] - x[ n - 1 ] );
         return place( x, d, n, 2, n - 2 );
      }
      else
         return false;
}
```

그림 10.64 유료도로 재구성 알고리즘의 드라이버 루틴(의사코드)

8) 우리는 한 문자(one-letter) 변수 이름을 사용해 왔는데 이것은 그리 좋은 습관은 아니다. 하지만 우리가 예로 사용한 것과의 일관성을 위해 그렇게 사용했다. 또한 간단히 하기 위해서 변수의 타입을 주지 않았다. 마지막으로 배열의 인덱스를 0대신 1에서 시작했다

```
/**
 * Backtracking algorithm to place the points x[left] ... x[right].
 * x[1]...x[left-1] and x[right+1]...x[n] already tentatively placed.
 * If place returns true, then x[left]...x[right] will have values.
 */
bool place( vector<int> & x, DistSet d, int n, int left, int right )
{
  int dmax;
  bool found = false;

  if( d.isEmpty( ) )
     return true;
  dmax = d.findMax( );

     // Check if setting x[right] = dmax is feasible.
  if( | x[j] - dmax | ∈ d for all 1≤j<left and right<j≤n )
  {
     x[right] = dmax;                    // Try x[right]=dmax
     for( 1≤j<left, right<j≤n )
        d.remove( | x[j] - dmax | );
     found = place( x, d, n, left, right-1 );

     if( !found )                 // Backtrack
        for( 1≤j<left, right<j≤n )       // Undo the deletion
           d.insert( | x[j] - dmax | );
  }
     // If first attempt failed, try to see if setting
     // x[left]=x[n]-dmax is feasible.
  if( !found && ( | x[n] - dmax - x[j] | ∈ d
                    for all 1≤j<left and right<j≤n ) )
  {
     x[left] = x[n] - dmax; // Same logic as before
     for( 1≤j<left, right<j≤n )
        d.remove( | x[n] - dmax - x[j] | );
     found = place( x, d, n, left+1, right );

     if( !found )                 // Backtrack
        for( 1≤j<left, right<j≤n )       // Undo the deletion
           d.insert( | x[n] - dmax - x[j] | );
  }
  return found;
}
```

그림 10.65 Turnpike 재구성 알고리즘의 역추적 단계 (의사코드)

좀 더 어려운 부분은 그림 10.65에 보여지는 역추적 알고리즘이다. 대부분의 역추적 알고리즘에서처럼, 재귀는 가장 편리한 구현 방법이다. 여기서 같은 인수들과 경계 $Left$와

$Right$를 넘겨준다. x_{Left}, …, x_{Right}는 우리가 배치하려고 하는 점들의 x 좌표이다. 만약 D가 비었다면(또는 $Left > Right$), 해는 찾아진 것이고 되돌아가면 된다. 그렇지 않으면 먼저 $x_{Right} = D_{\max}$를 시도한다. 만약 모든 타당한 거리들이 정확한 값으로 제공되었다면 우리는 이들 점들을 임시로 배치하고, 이들 거리들을 제거하고, $Left$로부터 $Right$-1까지 채워 나간다. 만약 그 거리들이 제공되지 않거나, $Left$로부터 $Right$-1까지 채워지지 않으면, 우리는 비슷한 전략을 사용하여 $x_{Left} = x_N - d_{\max}$로 시도한다. 만약 이것이 안되면, 해는 없는 것이다. 그렇지 않으면 해가 찾아질 것이고, 이 정보는 결국 return 문과 x 배열에 의해 turnpike에게 도로 전달되게 된다.

이 알고리즘의 분석은 두 요소를 고려해야 한다. 라인 9부터 11까지 그리고 라인 18부터 20까지는 결코 실행되지 않는다고 해 보자. 그리고 D는 균형 이진 탐색 트리(혹은 splay 트리)로 유지할 수 있다(이것은 물론 코드 수정이 필요하다). 만약 우리가 역추적 기법을 결코 하지 않는다면, D에서는 삭제(deletion) 연산과 라인 4와 12-13에서의 contain과 같은 연산이 최대 $O(N^2)$ 발생한다. 삭제 연산에 대해서는 이것은 분명하다. 왜냐하면 D는 $O(N^2)$개의 원소를 가지는데 아무 것도 다시 삽입되지 않기 때문이다. place의 각 호출은 최대 $2N$번의 contain을 사용하고, 이 분석에서 place는 결코 역추적을 하지 않으므로 최대 $2N^2$번의 contain이 있을 수 있다. 그러므로, 만약 역추적이 없다면, 실행시간은 $O(N^2 \log N)$이 된다.

물론 역추적이 일어난다면, 그리고 그것도 반복적으로 일어난다면, 이 알고리즘의 성능이 영향 받게 된다. 이것은 병리학의 경우의 구성에 의해 강제적으로 일어날 수 있다. 실험적으로 밝혀진 것에 의하면, 만약 점들이 $[0, D_{\max}]$에 균일하고 랜덤하게 분포 되어진 정수 좌표를 갖는다면(단, $D_{\max} = \Theta(N^2)$), 전체 알고리즘 실행 동안에 최대 한 번의 역추적은 거의 확실하게 실행된다.

10.5.2 게임(Games)

마지막 응용으로서 컴퓨터가 체커나 체스와 같은 전략 게임을 할 때 사용할 수 있는 전략을 생각해 볼 것이다. 예를 들어 설명을 쉽게 하기 위하여 tic-tac-toe와 같은 훨씬 단순한 게임을 사용해 보도록 하겠다.

tic-tac-toe는 양편이 모두 최적의 경기를 하면 비기게 된다. 각 경기 케이스 별로 주의 깊게 분석을 해 보면, 결코 지지 않고 기회가 오면 항상 이기는 알고리즘을 만드는 것은 그리 어려운 일은 아니다. 어떤 칸은 함정이라고 알려져 있고 검색 테이블로 다루어질 수 있기 때문이다. 또 다른 전략, 즉 예를 들어 제일 가운데 중앙 칸을 차지하는 것은 분석을 더 간단하게 만든다. 이렇게 되면 표를 사용해서 현재의 돌의 위치 정보만 사용하여 다음 돌을 어디에 놓아야 할지를 언제나 정할 수 있다. 물론 이 전략은 컴퓨터가 아니라 프로그래머가 대부분의 생각을 해야 한다.

Minimax 전략

더 일반적인 전략은 칸 위치의 "goodness"를 정량화 하는 평가 함수를 사용하는 것이다. 컴퓨터가 이기는 위치에는 값 +1을, 비기게 되는 위치에는 값 0을, 컴퓨터가 지는 위치는 값 -1이 주어질 수 있다. 게임 판에서 이렇게 값을 줄 수 있는 위치를 **터미널 포지션**이라고 한다.

터미널 포지션이 아닌 위치(포지션)에 대한 값은 양 편이 최적의 플레이를 한다는 가정하에 재귀적으로 정해질 수 있다. 이것이 **minimax 전략**이라고 알려진 것인데 한 플레이어(사람)가 그 위치의 값을 최대화시키려 하는 반면에 다른 플레이어(컴퓨터)는 그것을 최소화시키려고 노력하기 때문이다.

P의 **successor position**은 한번의 이동(돌의 움직임)에 의해 P로 부터 갈 수 있는 어떠한 위치이며 P_s라고 표시한다. 컴퓨터가 어떤 위치 P에서 이동을 하려고 하면, 그 P의 모든 successor position들의 값을 재귀적으로 평가한다. 컴퓨터는 가장 큰 값을 가지고 이동을 하는데, 이것이 P의 값이다. 어떠한 successor position P_s를 평가하기 위해서는 P_s의 모든 successor들이 재귀적으로 평가되어야 하고 가장 작은 값이 선택된다. 이 가장 작은 값은 인간 플레이어에 대한 가장 선호되는 응답임을 보여 준다.

그림 10.66에서의 코드를 보면 컴퓨터의 전략을 좀 더 명확하게 볼 수 있다. 14번째부터 18번째 줄의 코드는 승리나 비김을 즉시 평가하는 부분이다. 여기에 해당하지 않는다면 터미널 포지션이 아닌 것이다. 변수 value가 모든 가능한 successor position들의 최대값을 가진다는 것을 상기하면, 21번째 줄은 그것을 가능한 가장 작은 값으로 초기화시키고, 22번째부터 37번째 줄까지의 반복과정을 통하여 그것을 개선시켜 나간다. 각 successor position은 26에서 28번째 줄을 통해 재귀적으로 평가된다. 이것은 재귀적인데 왜냐하면 findHumanMove가 findCompMove를 호출하기 때문이다. 만약 어떤 이동에 인간의 대응이 컴퓨터로 하여금 이전의 컴퓨터의 가장 좋은 이동으로 얻어진 것보다 더 좋은 위치를 가질 수 있게 한다면, 그 value와 bestMove는 갱신된다. 그림 10.67은 인간의 이동 선택에 대한 함수를 보여 준다. 논리는 기본적으로 같지만 다만 다른 부분은 인간 플레이어는 가장 낮은 값의 위치로 가는 이동을 선택한다는 것이다. 실제로 이들 두 프로시져를 하나로 합치는 것은 어려운 것이 아니다. 왜냐하면 누구의 차례인지를 지정하는 추가적인 변수를 하나 더 사용하면 되기 때문이다. 하지만 프로그램 코드를 읽는 것이 좀 어려워 질 수 있기 때문에 우리는 그냥 프로그램 루틴을 별도로 제시했다.

이 외의 루틴들은 연습문제로 남긴다. 가장 시간이 많이 걸리는 부분은 컴퓨터가 제일 처음으로 이동을 해야 하는 경우이다. 이 단계에서 게임은 비기는 것이기 때문에 컴퓨터는 칸 1을 선택한다.[9] 전체 97,162개의 위치들이 검토되는데 몇 초의 계산이 걸렸다. 코드를 최적화하려는 시도는 하지 않았다. 컴퓨터가 인간 다음으로 두 번째 순서로 시작할

---

9) 칸의 번호는 제일 위쪽 좌측부터 시작해서 오른쪽으로 진행하면서 붙여진다. 이것은 나머지 루틴에서도 중요하다.

```
/**
 * Recursive function to find best move for computer.
 * Returns the evaluation and sets bestMove, which
 * ranges from 1 to 9 and indicates the best square to occupy.
 * Possible evaluations satisfy COMP_LOSS < DRAW < COMP_WIN.
 * Complementary function findHumanMove is Figure 10.67.
 */
int TicTacToe::findCompMove( int & bestMove )
{
   int i, responseValue;
   int dc; // dc means don't care; its value is unused
   int value;

   if( fullBoard( ) )
      value = DRAW;
   else
   if( immediateCompWin( bestMove ) )
      return COMP_WIN; // bestMove will be set by immediateCompWin
   else
   {
      value = COMP_LOSS; bestMove = 1;
      for( i = 1; i <= 9; i++ ) // Try each square
      {
         if( isEmpty( i ) )
         {
            place( i, COMP );
            responseValue = findHumanMove( dc );
            unplace( i ); // Restore board

            if( responseValue > value )
            {
                  // Update best move
                  value = responseValue;
                  bestMove = i;
            }
         }
      }
   }
   return value;
}
```

그림 10.66 Minimax tic-tac-toe 알고리즘: 컴퓨터의 선택

```
int TicTacToe::findHumanMove( int & bestMove )
{
   int i, responseValue;
   int dc; // dc means don't care; its value is unused
   int value;

   if( fullBoard( ) )
      value = DRAW;
   else
   if( immediateHumanWin( bestMove ) )
      return COMP_LOSS;
   else
   {
      value = COMP_WIN; bestMove = 1;
      for( i = 1; i <= 9; i++ ) // Try each square
      {
         if( isEmpty( i ) )
         {
            place( i, HUMAN );
            responseValue = findCompMove( dc );
            unplace( i ); // Restore board

            if( responseValue < value )
            {
                 // Update best move
                 value = responseValue;
                 bestMove = i;
            }
         }
      }
   }
   return value;
}
```

그림 10.67 Minimax tic-tac-toe 알고리즘: 인간의 선택

때에는, 만약 인간이 가운데 칸을 먼저 선택했다면 컴퓨터가 검토해야 하는 칸의 수는 5,185개이고, 만약 인간이 코너 칸을 선택했다면 9,761개, 그리고 코너가 아닌 가장자리 칸을 선택했다면 13,233개가 된다.

체커와 체스같은 더 복잡한 게임에서는 터미널 노드로 가는 모든 경로를 다 찾는 것은 불가능하다.[10] 이런 경우에는 재귀의 진행 깊이를 제한하여 어느 이상 되면 탐색을

10) 체스에서 이 같은 탐색을 한다면, 첫 번째 move를 결정하기 위하여 최소한 10^{100}개의 위치들이 검토되어야 한다. 비록 본 섹션의 뒤쪽에 설명되는 개선 방법이 반영된다 하더라도 이 크기는 실제 사용할 수 있는 범위 내로 줄여지지 않을 것이다.

멈추도록 해야 한다. 재귀가 멈춰지는 노드가 터미널 노드가 되고 이러한 터미널 노드들은 그 위치의 값을 추정하는 함수에 의해 평가된다. 예를 들어, 체스 프로그램에서 평가함수는 각 돌들의 상대적 양과 힘, 그리고 위치적 요소와 같은 변수들을 측정한다. 그 평가함수는 매우 중요한데, 왜냐하면 컴퓨터의 이동 선택은 기본적으로 이 함수를 최대화하는 데 기반하고 있기 때문이다. 최고의 컴퓨터 체스 프로그램은 놀라울 정도의 복잡한 평가함수들을 가지고 있다.

그럼에도 불구하고, 컴퓨터 체스에서 가장 중요한 한가지 요인은 그 프로그램이 몇 수 앞을 내다볼 수 있도록 만든 것인지가 될 것이다. 이것은 ply로 알려져 있는 것인데 재귀의 깊이와 똑같다. 이것을 구현하기 위해서는 추가적인 매개변수가 탐색 루틴에 사용된다.

게임 프로그램에서의 앞을 내다보는 수를 증가시키기 위한 기본적인 방법은 정보를 잃어버리는 것 없이도 더 적은 수의 노드를 평가하는 방법과 같은 것이다. 우리가 이미 보아왔던 한가지 방법은 평가 되어져 왔던 모든 위치들을 추적할 수 있는 표를 사용하는 것이다. 예를 들어 첫 번째 이동을 찾는 과정에서, 프로그램은 그림 10.68에 있는 칸들을 검토할 것이다. 만약 그 칸들의 값이 저장된다면 두 번째에는 그 칸을 다시 계산할 필요가 없으니까 기본적으로 터미널 노드가 되는 것이다. 이것을 기록하는 자료 구조는 transposition table이라고 하는데 거의 대부분 해싱으로 구현된다. 많은 경우에, 이것으로 상당한 계산을 절약할 수 있다. 예를 들어, 체스 게임에서 돌이 몇 개 남아 있지 않은 후반 단계에서는 그러한 시간 절약은 내다 보는 수를 몇 단계 더 깊이 탐색해 볼 수 있게 할 수 있다.

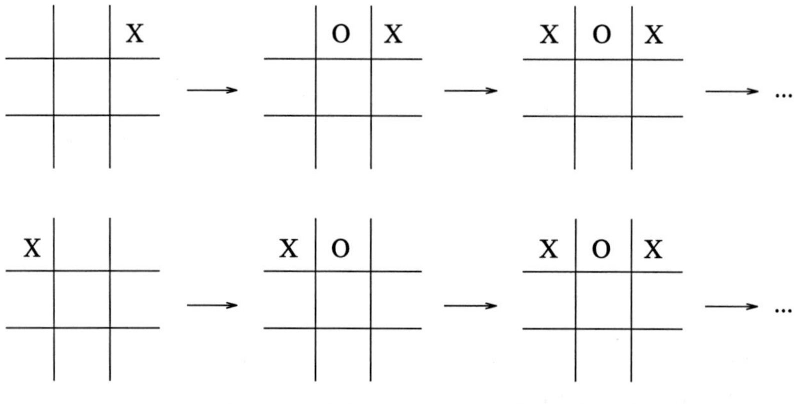

그림 10.68 같은 위치에 도달하는 두 가지의 탐색 경로

$\alpha-\beta$ 가지치기($\alpha-\beta$ Pruning)

아마도 가장 중요한 개선이 바로 **$\alpha-\beta$ 가지치기($\alpha-\beta$ Pruning)**일 것이다. 그림 10.69는 가설 게임에서의 몇 가지 가설 포지션을 평가하는 데 사용되는 재귀 호출의 추적 결과를 보여 주고 있다. 이것을 흔히 게임 트리(game tree)라고 부른다(지금까지는 이 용어를 사용하지 않았다. 왜냐하면 우리 알고리즘에서는 어떤 트리도 만들지 않았기 때문에 이 용어로 인해 독자가 혼동스러워 할지 모르기 때문이다. 게임 트리는 나만 추상적 개념이다). 이 게임 트리의 값은 44이다.

그림 10.70을 보면 같은 게임 트리에서의 평가를 보여 주는데 몇몇 노드들은 평가되지 않고 있음을 볼 수 있다. 터미널 노드들의 거의 절반이 검토되지 않았다. 그것들을 평가한다고 하더라도 루트 노드의 값에는 전혀 영향이 없음을 보여 준다.

먼저, 노드 D를 보도록 하자. 그림 10.71은 D를 평가해야 하는 그 시점에서 이미 정리된 정보를 보여 주고 있다. 이 시점에서, 우리는 여전히 findHumanMove에 있고 D에 대하여 findCompMove를 호출하려고 하고 있다. 그러나 우리는 이미 그것이 min 노드이기 때문에 findHumanMove가 많아야 40을 돌려줄 것이라는 것을 알고 있다. 반면에, 그것의 max 노드 부모는 이미 44를 보장하는 결과를 발견했다. D가 이 값보다 큰 값을

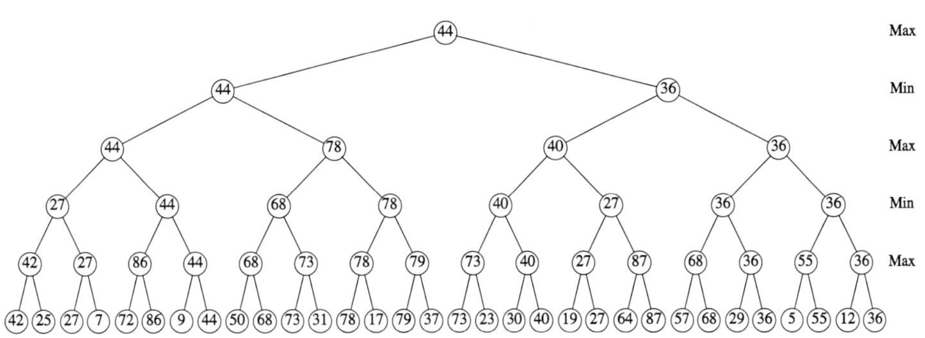

그림 10.69 가설의 게임 트리

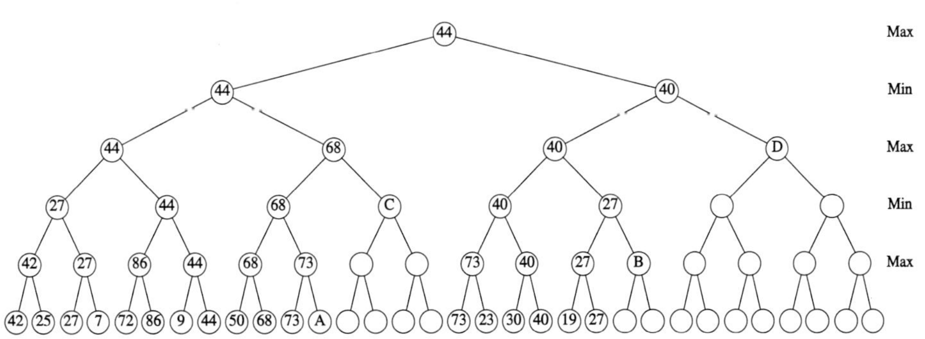

그림 10.70 가지치기된 게임 트리

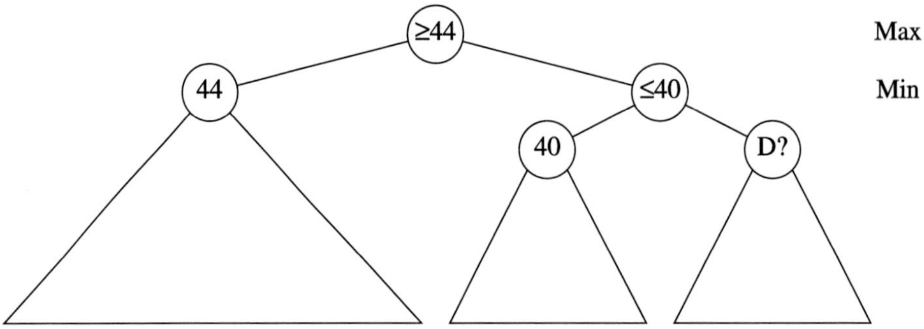

그림 10.71 ?로 표시된 노드는 중요하지 않다.

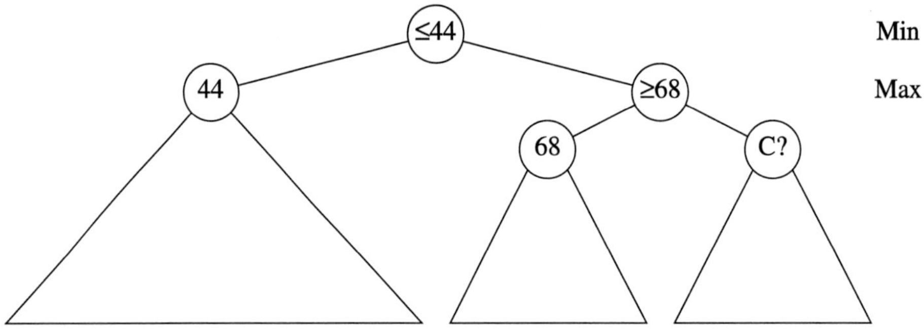

그림 10.72 ?로 표시된 노드는 중요하지 않다.

낼 수 있는 방법은 없다. 그러므로, D는 평가될 필요가 없다. 트리의 이러한 가지치기를 α 가지치기라고 한다. 동일한 상황이 노드 B에서도 발생한다. α 가지치기를 구현하기 위해서, findCompMove는 그것의 임시 최대 값 (α)을 findHumanMove에 전달한다. 만약 findHumanMove의 임시 최소 값이 이 값보다 작다면, findHumanMove는 즉시 리턴한다.

A와 C 노드에서도 비슷한 경우가 발생한다. 이번에는, findCompMove의 중간에 있고, C를 평가하기 위해 findHumanMove를 호출하려는 참이다. 그림 10.72는 노드 C에서 만나는 경우를 보여 준다. 하지만 findCompMove를 호출한 min 레벨의 findHumanMove는 이미 최대 값으로 44을 가질 수만 있다(인간의 편에서는 작은 값이 좋은 것이라는 것을 상기하라). findCompMove가 임시 최대 값 68을 가지고 있기 때문에 C가 하는 어떤 것도 min 레벨에서의 결과에 영향을 주지 못할 것이다. 따라서 C는 평가되지 말아야 한다. 이런 종류의 가지치기를 β 가지치기라고 한다. 이것은 α 가지치기의 대칭 버전이라고 할 수 있다. 두 가지 기법을 합쳐서 $\alpha-\beta$ 가지치기라고 한다.

$\alpha-\beta$ 가지치기를 구현하는 데는 놀랄 정도로 적은 코드만 필요하다. 그림 10.73은 $\alpha-\beta$ 가지치기 체계의 절반(그리고 타입 선언도 빼고)을 보여 주고 있는데 나머지 절반을 코딩하는 데에도 아무 어려움이 없을 것이다.

```
/**
 * Same as before, but perform alpha-beta pruning.
 * The main routine should make the call with
 * alpha = COMP_LOSS and beta = COMP_WIN.
 */
int TicTacToe::findCompMove( int & bestMove, int alpha, int beta )
{
    int i, responseValue;
    int dc; // dc means don't care; its value is unused
    int value;

    if( fullBoard( ) )
        value = DRAW;
    else
    if( immediateCompWin( bestMove ) )
        return COMP_WIN; // bestMove will be set by immediateCompWin
    else
    {
        value = alpha; bestMove = 1;
        for( i = 1; i <= 9 && value < beta; i++ ) // Try each square
        {
            if( isEmpty( i ) )
            {
                place( i, COMP );
                responseValue = findHumanMove( dc, value, beta );
                unplace( i ); // Restore board

                if( responseValue > value )
                {
                        // Update best move
                    value = responseValue;
                    bestMove = i;
                }
            }
        }
    }
    return value;
}
```

그림 10.73 α-β 가지치기를 포함한 Minimax tic-tac-toe 알고리즘 : 컴퓨터의 선택

α-β 가지치기를 최대로 활용하기 위해서 게임 프로그램은 평가 함수를 터미널 노드가 아닌 노드에 먼저 적용시켜서 탐색 초반에 가장 좋은 이동을 찾으려고 한다. 그 결과는 노드를 무작위 순서로 하는 것보다 더 많은 가지치기를 하게 된다. 다른 기법들, 즉 더 활동적인 플레이에서 더 깊은 탐색을 하는 것과 같은 것들도 또한 사용될 수 있다.

실제적으로 $\alpha-\beta$ 가지치기는 탐색을 $O\sqrt{(N)}$ 노드 정도까지만 제한한다(N은 전체 게임 트리의 크기). 이것은 굉장한 절약이며 $\alpha-\beta$ 가지치기를 사용한 탐색은 그렇지 않은 탐색에 비하여 거의 두 배 정도 더 깊이 탐색을 할 수 있다는 것을 의미한다. 우리의 tic-tac-toe 예제는 같은 값들이 아주 많기 때문에 그리 좋은 예는 아니지만, 그렇다 하더라도 초기 탐색 노드 97,162개를 4,493개로 줄일 수가 있는 것이다(이 숫자는 터미널이 아닌 노드를 포함한 것이다).

많은 게임들에서 컴퓨터는 세상에서 가장 훌륭한 플레이어 중의 하나에 속한다. 사용된 기법들은 매우 흥미로운 것들이며 더 실제적인 문제에 적용될 수 있다. 더 자세한 내용은 참고문헌을 참조하기 바란다.

10장 요약

이번 장에서는 알고리즘 설계에서 사용되는 가장 일반적인 다섯 가지 기법을 설명하였다. 문제에 부딪혔을 때, 이들 방법들을 적용해 보는 것은 도움이 될 것이다. 적절한 자료구조를 현명하게 사용하면서 적절한 알고리즘을 잘 선택한다면 효율적인 해결책을 빠르게 찾을 수 있을 것이다.

10장 연습문제

10.1 다중 프로세서 작업 스케줄링(multiprocessor job scheduling) 문제에서 평균 완료 시간을 최소화하는 데 탐욕적 알고리즘이 사용될 수 있는지를 보여라.

10.2 입력 값은 작업 $j_1, j_2, \ldots, j_N$의 집합이다. 그들 각각은 완료되기 위해서 한 시간 단위가 필요하다. 각각의 작업 j_i는 만약 시간 제한 t_i안에 완료된다면 d_i 만큼의 돈을 얻는다. 그러나 시간 제한 이후에 완료된다면 어떠한 돈도 얻지 못한다.

a. 이 문제를 풀기 위한 $O(N^2)$의 탐욕적 알고리즘을 보여라

**b. $O(N\log N)$ 시간 한계를 얻기 위해서 알고리즘을 수정하여라.
(힌트 : 시간 한계는 돈으로 작업을 정렬하는 것에 완전히 달려있다. 알고리즘의 나머지는 $o(N\log N)$안에 서로소 집합 자료 구조를 사용함으로써 구현될 수 있나.)

10.3 파일이 다음의 빈도로 단지 콜론, 공백, 줄바꿈 문자, 콤마와 숫자만 포함되어 있다. 콜론(100), 공백(605), 줄바꿈 문자(100), 콤마(705), 0(431), 1(242), 2(176), 3(59), 4(185), 5(250), 6(174), 7(199), 8(205), 9(217). 허프만 코드를 만들어라.

10.4 인코딩된 파일의 일부는 허프만 코드를 나타내는 헤더이어야 한다. 심볼 이외에 많아야 $O(N)$의 크기를 갖는 헤더를 만드는 방법을 나타내어라. N은 심볼의 숫자이다.

10.5 허프만 알고리즘이 최적의 prefix code를 만들어 낸다는 증명을 완성하라.

10.6 만약 심볼이 빈도수로 정렬된다면 허프만 알고리즘은 선형 시간 안에 구현될 수 있음을 보여라.

10.7 허프만 알고리즘을 사용하여 파일 압축(그리고 압축 해제)을 구현하는 프로그램을 작성하라.

*10.8 온라인 상자 채우기 알고리즘은 적어도 3/2 상자의 최적 수를 사용해야 할 수 있음을 다음의 일련의 항목을 고려함으로써 보여라.

N개의 $\frac{1}{6}-2\varepsilon$ 크기의 항목, N개의 $\frac{1}{3}+\varepsilon$ 크기의 항목, N개의 $\frac{1}{2}+\varepsilon$ 크기의 항목

10.9 first fit과 best fit을 $O(N \log N)$ 시간 안에 구현하는 방법에 대하여 설명하여라.

10.10 입력 값 0.42, 0.25, 0.27, 0.07, 0.72, 0.86, 0.09, 0.44, 0.50, 0.68, 0.73, 0.31, 0.78, 0.17, 0.79, 0.37, 0.73, 0.23, 0.30에 대하여 10.1.3절에 논의된 모든 상자 채우기 전략을 실행해 보여라.

10.11 다양한 상자 채우기 휴리스틱을 사용하여 시간과 사용된 상자 수로 성능을 비교하는 프로그램을 작성하여라.

10.12 정리 10.7을 증명하여라.

10.13 정리 10.8을 증명하여라.

***10.14** N개의 점이 단위 사각형(1×1)에 있다고 하자. 가장 가까운 짝의 거리는 $O(N^{-1/2})$임을 보여라.

***10.15** 가장 가까운 점 찾기 알고리즘에 대하여 스트립(strip)에 있는 평균 점의 수는 $O(\sqrt{N})$임을 보여라. (힌트 : 이전의 연습문제의 결과를 사용하여라.)

10.16 가장 가까운 점 찾기 알고리즘을 구현하는 프로그램을 작성하여라.

10.17 셋 중간 값의 중간 값 분할 전략(median-of-median-of three partitioning)을 사용할 때 quickselect의 점근적 실행시각은 어떻게 되는가?

10.18 일곱의 중간 값의 중간 값 분할 전략을 가지는 quickselect는 선형적임을 보여라. 왜 일곱의 중간 값의 중간 값을 증명에서 사용하지 않았을까?

10.19 7장의 quickselect 알고리즘과 다섯 중간 값의 중간 값을 사용하는 quickselect와 10.2.3절의 샘플링 알고리즘을 구현하고 실행 시간을 비교하여라.

10.20 다섯 중간 값의 중간 값을 계산하기 위한 정보들의 대부분이 사라졌다. 어떻게 더 주의해서 정보를 사용함으로써 비교횟수를 줄일 수 있을지에 대해서 보여라.

*10.21 10.2.3절의 마지막에 언급된 샘플링 알고리즘의 분석을 완료하고 δ와 s의 값이 어떻게 선택되는지에 대해서 설명하여라.

10.22 재귀적 곱셈 알고리즘이 X=1234, Y=4321일 때 어떻게 XY를 계산하는지를 보여라. 모든 재귀적 계산을 포함하여라.

10.23 단지 세 번의 곱셈을 사용해서 어떻게 두 개의 복소수 $X = a + bi$, $Y = c + di$를 곱하는지 보여라.

10.24 a. $X_L Y_R + X_R X_L = (X_L + X_R)(Y_L + Y_R) - X_L Y_L - X_R Y_R$임을 보여라.

b. 이것은 N자리 수를 곱하는데 $O(N^{1.59})$알고리즘을 준다. 이 방법을 본문에 있는 해결 방법과 비교해 보아라.

10.25 *a. 어떻게 대략 원래 크기의 약 3분의 1인 다섯 문제들을 풀어서 두 개의 수를 곱하는지를 보여라.

**b. 어떠한 상수 $\varepsilon > 0$에 대하여 $O(N^{1+\varepsilon})$ 알고리즘을 얻을 수 있는 문제로 일반화하여라.

c. b에 있는 알고리즘은 $O(N \log N)$보다 나은가?

10.26 2×2 행렬의 곱셈에서 교환법칙을 사용하지 않는 Strassen의 알고리즘이 왜 중요한가?

10.27 두 개의 70×70 행렬을 143,640개의 곱셈을 사용해서 곱할 수 있다. 어떻게 이러한 사실이 Strassen의 알고리즘에 의해 주어진 한계를 향상시키기 위해서 사용될 수 있는지 보여라.

10.28 행렬이 $A_1 : 10 \times 20$, $A_2 : 20 \times 1$, $A_3 : 1 \times 40$, $A_4 : 40 \times 5$, $A_5 : 5 \times 30$, $A_6 : 30 \times 15$일 때 $A_1 A_2 A_3 A_4 A_5 A_6$을 계산하기 위한 최적의 방법은 무엇인가?

10.29 연쇄 행렬 곱셈을 하기 위해서 다음의 탐욕적 알고리즘 중 어떠한 것도 작동하지 않음을 보여라. 각 단계에서는

a. 가장 비용이 작은 곱셈으로 계산하여라.

b. 가장 비용이 큰 곱셈으로 계산하여라.

c. 상기의 규칙 중 하나로 결합을 분해해서 M_i에 있는 열의 수를 최소화하여 두 개의 행렬 M_i과 M_{i+1}의 곱셈을 계산하여라.

10.30 행렬 곱셈에서 가장 좋은 순서를 계산하는 프로그램을 작성하여라. 실제 순서를 프린트하는 루틴을 포함하여라.

10.31 발생빈도가 괄호에 나타나 있는 다음 단어들에 대한 최적의 이진 탐색 트리를 보여라. $a(0.18)$, $and(0.19)$, $I(0.23)$, $it(0.21)$, $or(0.19)$

***10.32** 최적의 이진 탐색 트리 알고리즘의 탐색을 성공적으로 수행하지 못할 수도 있게 확장하여라. 이 경우, $1 \le j < N$인 q_i는 $w_j < W < w_{j+1}$을 만족하는 어떠한 단어 W에 대해서 수행될 탐색의 확률이다. q_0은 $W < w_1$을 탐색하는 확률이고 q_N은 $W > w_N$을 탐색하는 확률이다. $\sum_{i=1}^{N} p_i + \sum_{j=0}^{N} q_j = 1$임을 주목하라.

***10.33** $C_{i,i} = 0$이고 그렇지 않을 경우 $C_{i,j} = W_{i,j} + \min_{i<k\le j}(C_{i,k-1} + C_{k,j})$임을 가정하자. W은 모든 $i \le i' \le j \le j'$일 때 $W_{i,j} + W_{i',j'} \le W_{i',j} + W_{i,j'}$ quadrangle 부등식을 만족한다고 가정하다. 또한 W은 단조적이라고 가정하다. 만약 $i \le i'$이고 $j \le j'$이면 $W_{i,j} \le W_{i',j'}$이다.

a. C는 quadrangle 부등식을 만족함을 증명하여라.

b. $R_{i,j}$는 $C_{i,k-1} + C_{k,j}$을 위한 가장 큰 k라고 하자. 단 결합의 경우, 가장 큰 k를 선택하여라.
$R_{i,j} \le R_{i,j+1} \le R_{i+1,j+1}$임을 증명하여라.

c. R은 행과 열에 따라서 감소하지 않음을 보여라.

d. 이것을 사용하여 C에 있는 모든 원소들은 $O(N^2)$ 시간 안에 계산되어짐을 보여라.

e. 이러한 기법을 사용할 때 $O(N^2)$ 안에 해결할 수 있는 동적 알고리즘 중에 어느 것이 있는가?

10.34 10.3.4절에 있는 알고리즘으로부터 최단 거리를 다시 구축할 수 있는 루틴을 작성하여라.

10.35 이항계수 $C(N, k)$는 다음과 같이 재귀적으로 증명할 수 있다. $C(N, 0) = 1$, $C(N, N) = 1$이고 $0 < k < N$에 대하여 $C(N, k) = C(N-1, k) + C(N-1, k-1)$이

다. 함수를 작성하고 다음과 같이 이항계수를 계산하기 위해서 실행시간을 분석하여라.

a. 재귀적

b. 동적 프로그래밍 사용

10.36 스킵 리스트에서 삽입, 삭제, 탐색을 수행하는 루틴을 작성하여라.

10.37 스킵 리스트의 실행에 대해서 예상 시간이 $O(\log N)$임을 형식적으로 증명하여라.

10.38 a 당신의 시스템의 난수 생성기를 조사하여라. 그것은 어느 정도로 무작위인가?

b. 그림 10.74는 random이 정수를 되돌려 준다고 가정하는 동전 뒤집기를 하는 루틴을 보여 준다. 만약 난수 생성기가 불행히도 많은 시스템에서 널리 사용되는 $M=2^B$의 모듈을 사용한다면 스킵 리스트 알고리즘의 예상 수행은 어떻게 되는가?

10.39 a. $2^{340} \equiv 1 \pmod{341}$을 증명하기 위해서 지수적 알고리즘을 사용하라.

b. A에 대해서 여러 가지 선택이 가능한 N=561에 대해서 어떻게 난수화된 소수 판별기가 작동하는지를 보여라.

10.40 유료도로 재건설 알고리즘을 구현하여라.

10.41 두 점의 집합은 그들이 똑같은 거리 집합을 나타내고 각각의 회전이 아니라면 동형이라고 한다. 다음의 거리 집합은 두 개의 구분된 점 집합을 나타낸다. {1, 2, 3, 4, 5, 6, 7, 8, 9, 10, 11, 12, 13, 16, 17} 두 개의 점 집합을 찾아라.

10.42 거리 집합이 주어질 때 모든 동형 점 집합을 찾기 위한 재건설 알고리즘을 확장하여라.

```
CoinSide flip( )
{
    if( ( random( ) % 2 ) == 0 )
        return HEADS;
    else
        return TAILS;
}
```

그림 10.74 동전 던지기

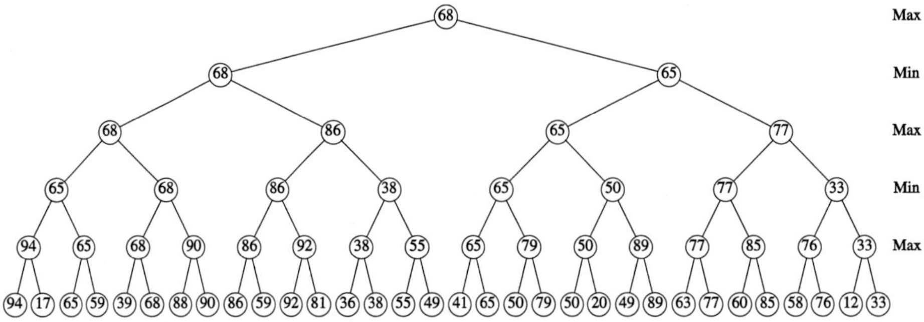

그림 10.75 가지치기가 가능한 게임 트리

10.43 그림 10.75의 트리의 $\alpha-\beta$ 가지치기의 결과를 보여라.

10.44 a. 그림 10.73의 코드는 α 가지치기나 β 가지치기를 구현할 수 있는가?
b. 보완적인 루틴을 구현하여라.

10.45 구현되지 않는 tic-tac-toe 절차를 작성하여라.

10.46 일차원 원 채우기 문제는 다음과 같다. 반지름이 $r_1, r_2, \ldots, r_n$의 원을 가진다고 하자. 각각의 원들은 상자의 바닥에 접하고 원래 순서대로 정렬되어 박스에 채워진다. 문제는 박스의 최소 크기의 넓이를 찾는 것이다. 그림 10.76은 반지름이 각각 2, 1, 2인 원들에 관한 예시를 보여 준다. 최소 크기의 박스는 $4+4\sqrt{2}$ 이다.

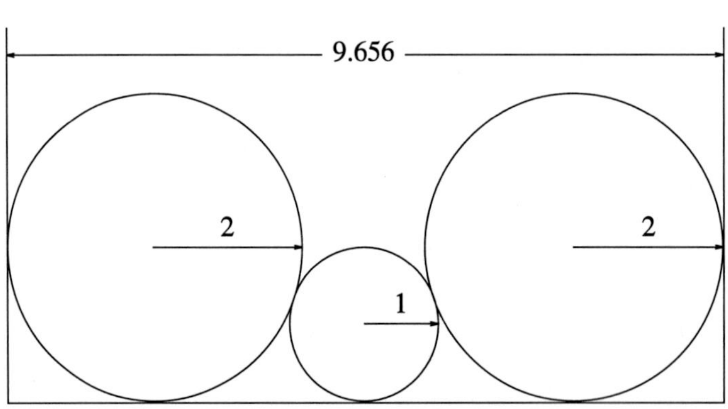

그림 10.76 원 채우기 문제에 대한 예제

*10.47 무향 그래프 G에 있는 간선은 삼각 부등식 $c_{u,v} + c_{v,w} \geq c_{u,w}$를 만족한다고 가정하자. 어떻게 하면 많아야 최적의 2배의 비용으로 외판원(traveling salesman) 문제를 계산할 수 있는지를 보여라. (힌트 : 최소 신장 트리(minimum spanning tree)를 사용하라.)

*10.48 여러분이 토너먼트 감독이고 $N = 2^k$의 선수들을 라운드 로빈(round robin) 방식으로 배열할 필요가 있다고 하자. 토너먼트에서 모든 선수는 하루에 한 번만 경기를 한다. N-1일이 지나서 모든 선수들간의 경기가 진행되었다. 이것을 하기 위한 재귀 알고리즘을 보여라.

10.49 *a. 라운드 로빈 방식의 토너먼트에서 $1 \leq j < N$인 모든 p_{i_j}에 대해서 $p_{i_{j+1}}$의 경기를 이기는 선수들을 $p_{i_1}, p_{i_2}, \ldots, p_{i_N}$ 순서로 배열하는 게 항상 가능하다는 것을 증명하여라.

b. 그러한 배열을 찾기 위한 $O(N \log N)$ 알고리즘을 보여라. 이 알고리즘은 a.에 대한 증명으로서 역할을 한다.

*10.50 평면에서 N개의 점 $P = p_1, p_2, \ldots, p_N$의 집합을 가진다고 하자. 보로노이(Voronoi) 도형은 평면을 P에 있는 어떠한 다른 점보다 p_i에 가까운 R_i에 있는 모든 점들의 지역 R_i를 N개로 나누는 도형이다. 그림 10.77은 7개의 정렬된 점들에 대한 보로노이 도형의 예시를 보여 준다. 보로노이 도형을 만들기 위한 $O(N \log N)$ 알고리즘을 보여라.

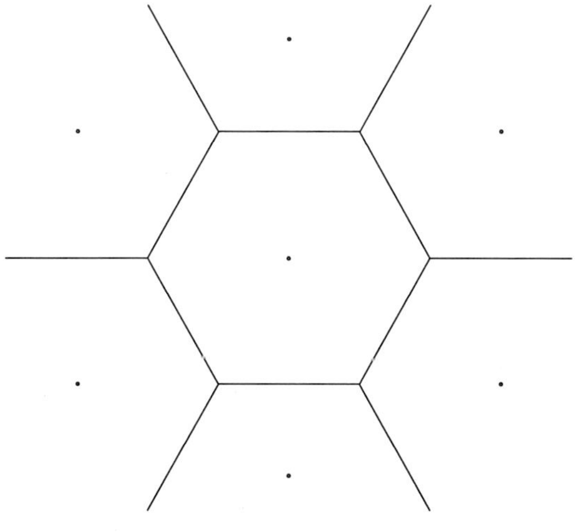

그림 10.77 보로노이(Voronoi) 다이어그램

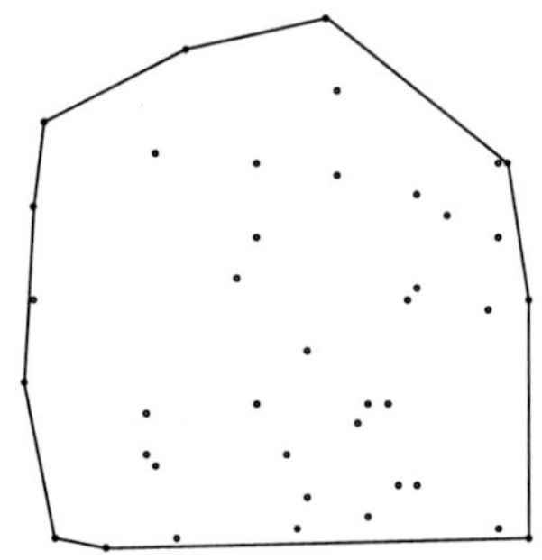

그림 10.78 Convex hull의 예제

***10.51** 볼록 다각형(Convex polygon)은 다각형의 꼭지점을 이은 모든 선분이 다각형 내에 있는 속성을 가지는 다각형이다. Convex hull 문제는 평면 안의 점들을 포함하는 가장 작은 볼록 다각형을 찾는 것이다. 그림 10.78은 40개의 점들에 대한 convex hull을 보여 준다. Convex hull을 찾기 위한 $O(N \log N)$ 알고리즘을 보여라.

***10.52** 문단에서 오른쪽 정렬을 하는 문제에 대해서 생각해 보자. 문단은 길이가 $a_1, a_2, \ldots, a_N$인 단어의 열 $w_1, w_2, \ldots, w_N$을 포함한다. 우리는 그것을 길이 L줄로 나누길 원한다. 단어는 이상적인 크기가 b밀리미터인 공백으로 나누어지나 공백은 필요에 따라서 늘어나거나 줄어들 수 있지만 0보다 커야 한다. 그래서 어떤 줄 $w_i w_{i+1} \ldots w_j$는 정확히 길이 L을 가질 수 있게 된다. 그러나 각각의 공백 b'에 대해서 우리는 $|b'-b|$의 보기흉한 점을 붙일 것이다. 단 마지막 줄은 예외이다. 그러나 단지 $b' < b$일 때, 즉 단지 축소를 위할 때만 보기흉한 점을 붙일 것이다. 왜냐하면 마지막 줄은 정렬할 필요가 없기 때문이다. 따라서 b_i가 a_i와 a_{i+1}사이의 공백 길이라면 마지막 줄을 제외하고 $j > i$인 어떠한 줄 $w_i w_{i+1} \ldots w_j$에 보기흉한 점을 덧붙이는 것은 $\sum_{k=1}^{j-1} |b_k - b| = (j-i)|b'-b|$(여기서 b'는 이 줄의 공백의 평균 크기)이다. 이것은 $b' < b$일 때 만 마지막 줄에도 적용된다. 그렇지 않으면 마지막 줄은 전혀 보기흉한 점들이 추가되지 않을 것이다.

a. $w_1, w_2, \ldots, w_N$을 길이 L줄로 나누는 최소한의 보기흉한 점을 덧붙이는 동적 프로그래밍 알고리즘을 보여라. (힌트 $i = N, N-1, \ldots, 1$에 대해서 $w_i, w_{i+1}, \ldots, w_N$을 두는 가장 좋은 방법을 계산하여라.)

b. 단어의 수 N에 대한 함수로서 알고리즘에 대한 시간 공간 복잡도를 구하여라.

c. 고정 길이 서체를 사용하는 특별한 경우를 고려해 보자. 이때 최적의 b의 값을 1(공백)로 가정하자. 이와 같은 경우에 다음의 가장 작은 공백이 0이기 때문에 공백의 축소는 용인되지 않는다. 이 경우 최소한의 보기흉한 점을 덧붙이는 선형 알고리즘을 보여라.

*10.53 가장 긴 증가 부분열(Longest increasing subsequence) 문제는 다음과 같다. 숫자 a_1, a_2, $\ldots$, a_N이 주어질 때 $a_{i_1}<a_{i_2}<\cdots<a_{i_k}$이고 $i_1<i_2<\cdots<i_k$일 때 k의 최대 값을 찾는 것이다. 예를 들어, 입력 값이 3, 1, 4, 1, 5, 9, 2, 6, 5일 때 최대 증가 부분열은 길이가 4이다(중앙의 1, 4, 5, 9). 가장 긴 증가 부분열 문제를 풀기 위한 $O(N^2)$ 알고리즘을 보여라.

*10.54 가장 긴 공통 부분열(Longest common subsequence) 문제는 다음과 같다. 두 개의 열 $A=a_1, a_2, \ldots, a_M$과 $B=b_1, b_2, \ldots, b_N$에서 열 $C=c_1, c_2, \ldots, c_k$의 부분열(반드시 연속일 필요는 없다)의 길이 k를 찾는 것이다. 예를 들어, 만약 A=d, y, n, a, m, i, c이고 B=p, r, o, g, r, a, m, m, i, n, g라면 가장 긴 공통 부분열은 a,m,i이고 길이는 3이다. 가장 긴 공통 부분열을 해결하는 알고리즘을 보여라. 알고리즘은 $O(MN)$ 시간 안에 실행되어야 한다.

*10.55 패턴 매칭 문제는 다음과 같다. 텍스트의 문자열 S와 패턴 P가 주어질 때, S에서 처음으로 P가 일치하는 것을 찾아라. 근사적 패턴 매칭은 3가지 유형의 k개의 오매칭(mismatches)를 용납한다.

1. P에는 있지 않는 문자가 S에 있을 수가 있다.
2. S에는 있지 않는 문자가 P에 있을 수가 있다.
3. P와 S의 위치가 다르다.

예시처럼, 만약 “textbook”이라는 패턴을 “data structures txtborpk”에서 많아야 3개의 오매칭을 용납하여 찾을 때, 우리는 매칭을 찾는다(e를 삽입하고 r을 o로 바꾸고, p를 삭제한다). $M=|P|$이고 $N=|S|$일 때 근사적 스트링 매칭 문제를 풀기위한 $O(MN)$의 알고리즘을 보여라.

*10.56 배낭 문제의 한 가지 형태는 다음과 같다. 우리는 정수의 집합 $A=a_1, a_2, \ldots, a_N$과 정수 K를 가진다. 합이 정확히 K인 A의 부분집합이 있는가?

a. 배낭 문제를 풀기 위한 $O(NK)$의 알고리즘을 보여라.
b. 왜 이것은 $P=NP$를 보여 주지 못할까?

*10.57 $c_1, c_2, \ldots, c_N$ 센트(순서대로 값이 작아지는)의 동전을 가진 통화 시스템이 주어진다고 하자.

a. K센트의 잔돈을 거슬러 주기 위해서 필요한 최소의 동전 수를 계산하는 알고리즘을 보여라.
b. K센트의 동전을 거슬러 주기 위한 다른 방법의 수를 계산하는 알고리즘을 보여라.

*10.58 8×8 체스판에 여덟 개의 퀸을 두는 문제를 생각해 보자. 만약 두 개의 퀸이 같은 열이나 행 또는 (반드시 중심일 필요는 없다) 대각선에 있을 때 두 개의 퀸은 서로를 공격한다고 한다.

a. 체스판에 서로 공격을 하지 않은 여덟 개의 퀸을 두는 난수화된 알고리즘을 보여라.
b. 같은 문제를 풀기위한 역추적 알고리즘을 보여라.
c. 두 개의 알고리즘을 구현하고 실행 시간을 비교하여라.

*10.59 체스 게임에서 R행, C열에 있는 기사는 $1 \le R' \le B$ 행, $1 \le C' \le B$ 열만큼 다음과 같이 움직일 수가 있다(B는 체스판의 크기).

$$|R-R'|=2 \text{이고 } |C-C'|=1 \text{ 또는 } |R-R'|=1 \text{이고 } |C-C'|=2$$

*기사의 여행*은 시작점에 돌아오기 전까지 모든 체스판을 딱 한 번만 방문하는 움직임들의 나열이라고 한다.

a. B가 홀수이면 기사의 여행은 존재할 수 없음을 증명하여라.
b. 기사의 여행을 찾는 역추적 알고리즘을 보여라

10.60 그림 10.79에서 s에서 t까지 사이클이 없는 최단 가중치 경로를 찾는 재귀적 알고리즘을 고려해 보자.

a. 왜 이 알고리즘이 일반적인 그래프에서는 작동하지 않을까?
b. 이 알고리즘이 사이클이 없는 그래프에서 종결됨을 증명하여라.
c. 이 알고리즘에 대해서 최악의 경우 실행시간은 어떻게 되는가?

```
Distance Graph::shortest( s, t )
{
    Distance d_t, temp;

    if( s == t )
      return 0;

    d_t = ∞
    for each Vertex v adjacent to s
    {
      tmp = shortest( v, t );
      if( c_s,v + tmp < d_t )
         d_t = c_s,v + tmp;
    }
    return d_t;
}
```

그림 10.79 재귀적 최단 경로 알고리즘(의사코드)

10.61 A를 0 또는 1을 가지는 $N \times N$ 행렬이라고 하자. A의 부분 행렬인 S는 정사각 행렬을 형성하는 인접 행렬의 집합이라고 하자.

a. A에서 1로만 구성된 가장 큰 부분 행렬의 크기를 결정하는 $O(N^2)$ 알고리즘을 설계하여라. 예를 들어, 다음의 행렬에서 가장 큰 부분 행렬은 4×4 정사각행렬이다.

```
10111000
00010100
00111000
00111010
00111111
01011110
01011110
00011110
```

b. **S가 정사각 행렬이 아닌 직사각형 행렬이 될 수 있게 a.를 반복해라. 가장 큰 것은 영역으로 측정된다.

10.62 체스게임에서 비록 컴퓨터가 바로 승리할 수 있는 수가 있을지라도 만약 승리를 보장하는 다른 수도 있다면 승리하는 수로 움직이지 않을 지도 모른다. 어떤 초기 체스 게임은 승리가 강요되었을 때 위치의 반복에 빠지는 문제를 가졌다. 그것은 상대방이 비길 수 있게 하였다. tic-tac-toe에서 이것은 문제가 아니다. 왜냐하면 프로그램은 결국 승리할 것이기 때문에다. tic-tac-toe 알고리즘을 수정해서 이길 수 있는 위치를 발견했을 때 가장 짧게 승리할 수 있게 하는 움직임을 취할 수 있게 변경하여라. 가장 빠르게 승리하는 것이 가장 큰 값을 가지도록 9-depth에 COMP_WIN을 추가함으로써 이것을 할 수 있다.

10.63 열에 4개가 있을 때 승리하는 5 × 5 tic-tac-toe를 하는 게임을 작성하여라. 당신은 터미널 노드를 찾을 수 있는가?

10.64 Boggle 게임은 문자의 격자와 단어 리스트로 구성된다. 목적은 격자에서 두 개의 인접한 문자가 격자에서 인접해야 하고 각각의 격자에 있는 항목은 많아야 단어당 한 번만 사용할 수 있는 제약사항에서 단어를 찾는 것이다. Boggle 게임에 대한 프로그램을 작성하여라.

10.65 MAXIT를 수행하는 프로그램을 작성해라. 게임이 시작할 때 $N \times N$ 격자 게임판에 무작위로 숫자가 주어진다. 어떤 위치가 처음 시작지점으로 지정된다. 두 명의 플레이어가 교대로 현재의 열이나 행에서 격자의 요소를 선택해야 한다. 선택된 위치의 값은 플레이어의 점수에 더해지고 선택된 위치는 현재의 위치가 되고 다시 선택할 수 없다. 플레이어는 현재의 열이나 행에서 모든 격자의 요소가 선택될 때까지 교대를 반복한다. 게임이 끝날 때 많은 점수를 가진 플레이어가 승리한다.

10.66 6×6 게임판에서 실행되는 오델로는 검은색이 승리가 가능하다. 프로그램을 작성해서 이것을 증명해라. 만약 각각이 최적이라면 최종 점수는 어떻게 될까?

10장 참고문헌

허프만 코드에 대한 원문은 [23]이다. 알고리즘의 변형은 [31][34][35]에서 언급된다. 다른 인기있는 압축 구조는 Ziv-Lempel의 [62][63] 인코딩이다. 여기에서 코드는 고정된 길이지만 문자 대신에 문자열을 이용했다. [9]와 [37]은 일반적인 압축 구조에 대해서 자세히 조사하였다.

휴리스틱 상자 채우기의 분석은 처음에 Johnson의 박사 학위 가설에 소개되어 [24]에 출간되었다. 연습문제 10.8에 나타난 온라인 상자채우기에 대한 향상된 하한은 [59]로부터 유래한다. 이러한 결과는 [38][57]에서 더욱 개선되었다. [51]은 온라인 상자채우기에 대한 다른 접근방법을 보여 준다.

정리 10.7은 [8]에서 유래한다. 가장 가까운 점 찾기 알고리즘은 [52]에서 소개되었다. [54]는 유료도로 재건설 문제와 그것의 응용에 대해서 소개한다. 지수적 최악의 입력은 [61]에 나타나 있다. 상대적으로 계산 기하학의 새로운 분야에 대한 두 권의 오래된 책은 [15]와 [47]이다. [43][44]는 훨씬 최근의 결과를 포함한다. [2]는 MIT의 계산 기하학 수업의 정리 노트이다. 이것은 더 많은 관련 서적 목록을 포함한다.

선형 시간의 선택 알고리즘은 [10]에 소개된다. [18]은 1.5N의 예상 비교로 중간 값을 찾는 샘플링 방법에 대한 접근에 대해서 다룬다. $O(N^{1.59})$의 곱셈은 [25]에 유래되있다. 일반화는 [11][27]에 다루어진다. Strassen의 알고리즘은 [55]의 짧은 논문에 나타난다. 이 논문은 결과만 언급하고 그 밖의 것에 대해서는 많이 다루지 않는다. Pan[45]는 연습문제 10.27에 있는 알고리즘을 포함한 여러 분할 정복 알고리즘을 소개하였다. 가장 많이 알려져 있는 한계인 $O(N^{2.376})$은 Coppersmith와 Winograd [14] 덕택이다.

동적 프로그래밍의 고전적인 참고 문헌은 [6][7]이다. 행렬 순서 문제는 [20]에서 처음으로 연구되었다. 이 문제가 $O(N \log N)$ 시간에 풀 수 있다는 것은 [22]에서 볼 수 있다. Knuth[28]는 최적의 이진 탐색 트리를 구축하는 $O(N^2)$ 알고리즘을 제공하였다. 전쌍 최단 경로(all pair shortest path) 알고리즘은 Floyd[17]에 의해서 유래하였다. 이론적으로 더 우수한 $O(N^3(\log \log N/\log N)^{1/3})$ 알고리즘은 Fredman[19]에 의해서 제안되었다. 그러나 놀랍지 않게도, 그것은 실용적이지 못하다. 더 향상된 한계 (1/3 대신에 1/2)는 [56]에서 제공되었다. 관련된 결과에 대해서 [4]를 참고하자. 어떤 조건 아래서는 동적 프로그램의 실행시간은 자동적으로 N 또는 그 이상 분의 1만큼 향상될 수 있다. 이것은 연습문제 10.33[16][60]에서 논의된다.

난수생성기에 대한 논의는 [46]을 기초로 한다. Park와 Miller는 Schrage[53] 덕택에 이식가능한 구현을 할 수 있었다. 스킵 리스트는 Pugh [48]에 의해서 논의되었다. treap이라고 하는 대안은 12장에서 다루어진다. 난수화된 소수 판별 알고리즘은 Miller[40]과 Rabin[50] 덕택이다. 많아야 A의 $(N-9)/4$ 값이 알고리즘을 낭비하게 한다는 정리는

Monier[41]에 의해서이다. 2002년에 $O(d^{12})$ 결정적(deterministic) 다항 시간 소수 판별 알고리즘은 [3]에서 발견되었고, 차후에 $O(d^6)$으로 향상된 알고리즘이 [38]에서 발견되었다. 그러나 이러한 알고리즘들은 난수화된 알고리즘보다 훨씬 더 느리다. 다른 난수화된 알고리즘은 [49]에서 다루어졌다. 더 많은 난수화 기법에 대한 예들은 [22][26][42]에서 찾을 수 있다.

$\alpha-\beta$ 가지치기에 대한 더 많은 정보는 [1][29][32]에서 발견할 수 있다. 체스, 체커, 오델로, backgammon에 대한 최고의 프로그램들은 세계 최고의 지위를 얻었다. [36]은 오델로 게임에 대해서 다룬다. 이 논문은 컴퓨터 게임에 대한 특별한 주제를 다룬다. 이 주제는 아이디어의 원천이다. 논문 중 하나는 체스판에 오직 몇 개만 남았을 때, 체스의 마지막을 해결해 줄 동적 프로그래밍에 대해 설명한다. 관련 연구는 이런 경우에 50-이동 규칙의 변화를 가져왔다.

연습문제 10.41은 [9]에서 해결되었다. 어떠한 같은 값을 가지지 않는 동형 점 집합이 N>6에 대해서 존재하는지 결정하는 것이 공개되었다. Christofides [13]은 연습문제 10.47에 대한 해결책을 제시하였다. 또한 많아야 3/2의 최적의 방문을 발생시키는 알고리즘을 보여 주었다. 연습문제 10.52는 [30]에서 다루어 졌다. 연습문제 10.55는 [58]에서 해결되었다. $O(kN)$ 알고리즘은 [33]에서 나타나 있다. 연습 문제 10.57은 [12]에서 다루어졌지만 논문의 제목에 의해 오해를 사서는 안 된다.

1. B. Abramson, "Control Strategies for Two-Player Games," *ACM Computing Surveys*, 21 (1989), 137-161.
2. A. Aggarwal and J. Wein, *Computational Geometry: Lecture Notes for 18.409*, MIT Laboratory for Computer Science, 1988.
3. M. Agrawal, N. Kayal, and N. Saxena, "Primes in P (preprint)" (2002), (see http://www.cse.iitk.ac.in/news/primality.pdf)
4. N. Alon, Z. Galil, and O. Margalit, "On the Exponent of the All-Pairs Shortest Path Problem," *Proceedings of the Thirty-Second Annual Symposium on the Foundations of Computer Science* (1991), 569-575.
5. T. Bell, I. H. Witten, and J. G. Cleary, "Modeling for Text Compression," *ACM Computing Surveys*, 21 (1989), 557-591.
6. R. E. Bellman, *Dynamic Programming*, Princeton University Press, Princeton, N.J., 1957.
7. R. E. Bellman and S. E. Dreyfus, *Applied Dynamic Programming*, Princeton University Press, Princeton, N.J., 1962.

8. J. L. Bentley, D. Haken, and J. B. Saxe, "A General Method for Solving Divide-and-Conquer Recurrences," *SIGACT News*, 12 (1980), 36-44.
9. G. S. Bloom, "A Counterexample to the Theorem of Piccard," *Journal of Combinatorial Theory A* (1977), 378-379.
10. M. Blum, R.W. Floyd, V. R. Pratt, R. L. Rivest, and R. E. Tarjan, "Time Bounds for Selection," *Journal of Computer and System Sciences*, 7 (1973), 448-461.
11. A. Borodin and J. I. Munro, *The Computational Complexity of Algebraic and Numerical Problems*, American Elsevier, New York, 1975.
12. L. Chang and J. Korsh, "Canonical Coin Changing and Greedy Solutions," *Journal of the ACM*, 23 (1976), 418-422.
13. N. Christofides, "Worst-case Analysis of a New Heuristic for the Traveling Salesman Problem," *Management Science Research Report #388*, Carnegie-Mellon University, Pittsburgh, PA, 1976.
14. D. Coppersmith and S. Winograd, "Matrix Multiplication via Arithmetic Progressions," *Proceedings of the Nineteenth Annual ACM Symposium on the Theory of Computing* (1987), 1-6.
15. H. Edelsbrunner, *Algorithms in Combinatorial Geometry*, Springer-Verlag, Berlin, 1987.
16. D. Eppstein, Z. Galil, and R. Giancarlo, "Speeding up Dynamic Programming," *Proceedings of the Twenty-ninth Annual IEEE Symposium on the Foundations of Computer Science* (1988), 488-495.
17. R. W. Floyd, "Algorithm 97: Shortest Path," *Communications of the ACM*, 5 (1962), 345.
18. R. W. Floyd and R. L. Rivest, "Expected Time Bounds for Selection," *Communications of the ACM*, 18 (1975), 165-172.
19. M. L. Fredman, "New Bounds on the Complexity of the Shortest Path Problem," *SIAM Journal on Computing*, 5 (1976), 83-89.
20. S. Godbole, "On Efficient Computation of Matrix Chain Products," *IEEE Transactions on Computers*, 9 (1973), 864-866.
21. R. Gupta, S. A. Smolka, and S. Bhaskar, "On Randomization in Sequential and Distributed Algorithms," *ACM Computing Surveys*, 26 (1994), 7-86.
22. T. C. Hu and M. R. Shing, "Computations of Matrix Chain Products, Part I," *SIAM Journal on Computing*, 11 (1982), 362-373.
23. D. A. Huffman, "A Method for the Construction of Minimum Redundancy Codes," *Proceedings of the IRE*, 40 (1952), 1098-1101.

24. D. S. Johnson, A. Demers, J. D. Ullman, M. R. Garey, and R. L. Graham, "Worst-case Performance Bounds for Simple One-Dimensional Packing Algorithms," *SIAM Journal on Computing*, 3 (1974), 299-325.
25. A. Karatsuba and Y. Ofman, "Multiplication of Multi-digit Numbers on Automata," *Doklady Akademii Nauk SSSR*, 145 (1962), 293-294.
26. D. R. Karger, "Random Sampling in Graph Optimization Problems," Ph.D. thesis, Stanford University, 1995.
27. D. E. Knuth, *The Art of Computer Programming, Vol 2: Seminumerical Algorithms*, 3d ed., Addison-Wesley, Reading, Mass., 1998.
28. D. E. Knuth, "Optimum Binary Search Trees," *Acta Informatica*, 1 (1971), 14-25.
29. D. E. Knuth, "An Analysis of Alpha-Beta Cutoffs," *Artificial Intelligence*, 6 (1975), 293-326.
30. D. E. Knuth, *TEX and Metafont, New Directions in Typesetting*, Digital Press, Bedford, Mass., 1981.
31. D. E. Knuth, "Dynamic Huffman Coding," *Journal of Algorithms*, 6 (1985), 163-180.
32. D. E. Knuth and R.W. Moore, "Estimating the Efficiency of Backtrack Programs," *Mathematics of Computation*, 29 (1975), 121-136.
33. G. M. Landau and U. Vishkin, "Introducing Efficient Parallelism into Approximate String Matching and a New Serial Algorithm," *Proceedings of the Eighteenth Annual ACM Symposium on Theory of Computing* (1986), 220-230.
34. L. L. Larmore, "Height-Restricted Optimal Binary Trees," *SIAM Journal on Computing*, 16 (1987), 1115-1123.
35. L. L. Larmore and D. S. Hirschberg, "A Fast Algorithm for Optimal Length-Limited Huffman Codes," *Journal of the ACM*, 37 (1990), 464-473.
36. K. Lee and S. Mahajan, "The Development of a World Class Othello Program," *Artificial Intelligence*, 43 (1990), 21-36.
37. D. A. Lelewer and D. S. Hirschberg, "Data Compression," *ACM Computing Surveys*, 19 (1987), 261-296.
38. H.W. Lenstra, Jr. and C. Pomerance, "Primality Testing with Gaussian Periods," Manuscript (2003).
39. F. M. Liang, "A Lower Bound for On-line Bin Packing," *Information Processing Letters*, 10 (1980), 76-79.

40. G. L. Miller, "Riemann's Hypothesis and Tests for Primality," *Journal of Computer and System Sciences*, 13 (1976), 300–317.

41. L. Monier, "Evaluation and Comparison of Two Efficient Probabilistic Primality Testing Algorithms," *Theoretical Computer Science*, 12 (1980), 97–108.

42. R. Motwani and P. Raghavan, *Randomized Algorithms*, Cambridge University Press, New York (1995).

43. K. Mulmuley, Computational Geometry: *An Introduction Through Randomized Algorithms*, Prentice-Hall, Englewood Cliffs, N.J. (1994).

44. J. O'Rourke, *Computational Geometry in C*, Cambridge University Press, New York (1994).

45. V. Pan, "Strassen's Algorithm Is Not Optimal," *Proceedings of the Nineteenth Annual IEEE Symposium on the Foundations of Computer Science* (1978), 166–176.

46. S. K. Park and K. W. Miller, "Random Number Generators: Good Ones Are Hard To Find," *Communications of the ACM*, 31 (1988), 1192–1201. (See also *Technical Correspondence*, in 36 (1993), 105–110.)

47. F. P. Preparata and M. I. Shamos, *Computational Geometry: An Introduction*, Springer-Verlag, New York, 1985.

48. W. Pugh, "Skip Lists: A Probabilistic Alternative to Balanced Trees," *Communications of the ACM*, 33 (1990), 668–676.

49. M. O. Rabin, "Probabilistic Algorithms," in *Algorithms and Complexity, Recent Results and New Directions* (J. F. Traub, ed.), Academic Press, New York, 1976, 21–39.

50. M. O. Rabin, "Probabilistic Algorithms for Testing Primality," *Journal of Number Theory*, 12 (1980), 128–138.

51. P. Ramanan, D. J. Brown, C. C. Lee, and D. T. Lee, "On-line Bin Packing in Linear Time," *Journal of Algorithms*, 10 (1989), 305–326.

52. M. I. Shamos and D. Hoey, "Closest-Point Problems," *Proceedings of the Sixteenth Annual IEEE Symposium on the Foundations of Computer Science* (1975), 151–162.

53. L. Schrage, "A More Portable FORTRAN Random Number Generator," *ACM Transactions on Mathematics Software*, 5 (1979), 132–138.

54. S. S. Skiena, W. D. Smith, and P. Lemke, "Reconstructing Sets from Interpoint Distances," *Proceedings of the Sixth Annual ACM Symposium on Computational Geometry* (1990), 332–339.

55. V. Strassen, "Gaussian Elimination Is Not Optimal," *Numerische Mathematik*, 13 (1969), 354-356.
56. T. Takaoka, "A New Upper Bound on the Complexity of the All-Pairs Shortest Path Problem," *Information Processing Letters*, 43 (1992), 195-199.
57. A. van Vliet, "An Improved Lower Bound for On-Line Bin Packing Algorithms," *Information Processing Letters*, 43 (1992), 277-284.
58. R. A. Wagner and M. J. Fischer, "The String-to-String Correction Problem," *Journal of the ACM*, 21 (1974), 168-173.
59. A. C. Yao, "New Algorithms for Bin Packing," *Journal of the ACM*, 27 (1980), 207-227.
60. F. F. Yao, "Efficient Dynamic Programming Using Quadrangle Inequalities," *Proceedings of the Twelfth Annual ACM Symposium on the Theory of Computing* (1980), 429-435.
61. Z. Zhang, "An Exponential Example for a Partial Digest Mapping Algorithm," *Journal of Computational Molecular Biology*, 1 (1994), 235-239.
62. J. Ziv and A. Lempel, "A Universal Algorithm for Sequential Data Compression," *IEEE Transactions on Information Theory* IT23 (1977), 337-343.
63. J. Ziv and A. Lempel, "Compression of Individual Sequences via Variable-rate Coding," *IEEE Transactions on Information Theory* IT24 (1978), 530-536.

11 상환 분석

Data structures and Algorithm Analysis in C++

이 장에서는 4장과 6장에서 제시된 고급 자료 구조들의 실행 시간을 분석하고자 한다. 특히 M개의 일련의 연산에 대한 최악 실행 시간을 고려할 것이다. 이러한 것은 **하나의** 연산에 대해서만 최악의 시간 한계가 주어지는 전형적인 분석과는 대조를 이룬다.

예를 들어, 우리는 AVL 트리가 하나의 연산당 $O(\log N)$에 해당하는 최악 경우 시간 안에 표준 트리 연산자를 지원하는 것을 보았다. AVL 트리는 많은 사례들이 있어서 뿐만 아니라 높이 균형 정보가 유지되어야 하고 올바르게 변경되어야 하기 때문에 구현하기가 다소 복잡하다. AVL 트리가 사용되는 이유는 비균형 탐색트리에서 $\Theta(N)$의 일련의 연산들이 비싼 $\Theta(N^2)$ 시간을 요구하기 때문이다. 탐색 트리에서 연산당 $O(N)$ 최악 경우 실행 시간은 실제적인 문제는 아니다. 더 큰 문제는 그것이 반복적으로 발생하는 것이다. 이미 스프레이 트리가 다른 대안을 제공한다. 비록 어떤 연산도 여전히 $\Theta(N)$ 시간을 요구하더라도 이런 일은 반복해서 발생하지 않고 M개의 어떤 연산열도 최악의 경우 $O(M\log N)$ 시간이 걸림을 증명할 수 있다. 그래서 결국에 이 자료구조가 비록 각 연산이 $O(\log N)$ 걸리더라도 동작한다. 이러한 것을 **상환 시간 한계**라고 한다.

상환 한계는 어떤 하나의 연산에 대한 보장이 없으므로 해당하는 최악 한계보다는 약하다. 이것은 일반적으로 중요하지 않기 때문에 만약 일련의 연산열에 대해서 동일한 한계를 유지할 수 있고 동시에 자료 구조를 간단하게 할 수 있다면 하나의 연산에 대한 한계를 기꺼이 희생할 수 있다. 상환 한계는 동일한 평균 경우 한계보다는 강하다. 예를 들어, 이진 탐색 트리는 한 연산당 평균 $O(\log N)$ 시간을 갖지만 여전히 M개의 일련의 연산열들에 대해서 $O(MN)$ 시간이 걸리는 것이 가능하다.

상환 한계를 도출하기 위해서 하나의 연산 대신에 전체 연산열을 보아야 하기 때문에 그 분석이 더 까다로울 것으로 기대한다. 우리는 이 예상이 일반적으로 실현되는 것을 볼 것이다.

이 장에서는 다음과 같은 것들을 다루도록 한다.

- 이항 큐를 분석한다.
- 기울어진 힙(skew heap)을 분석한다.

- 피보나치 힙을 소개하고 분석한다.
- 스프레이 트리를 분석한다.

11.1 비연관 퍼즐

다음 퍼즐을 생각해 보자: 두 마리의 새끼고양이가 축구장의 100야드 떨어진 양 끝에 위치하고 있다. 그들은 1분당 10야드의 속도로 서로에게 가까워진다. 같은 시간에, 그들의 어미고양이가 경기장 한 끝에 있다. 어미고양이가 낼 수 있는 속도는 1분에 100야드이다. 어미가 하나의 새끼고양이에서부터 다른 새끼고양이에게 뛰어갔다가 다시 방향을 바꾸어 다른 새끼고양이에게 뛰어가는 것을 반복한다. 이 경우 두 새끼고양이가 만날 때까지 어미 고양이는 어느 정도 거리를 달리게 되는가?

이 퍼즐을 하나 하나 대입하는 방식으로 풀어내는 것은 어렵지 않다. 세부적인 것은 여러분에게 남겨 놓겠지만, 이 계산은 무한 기하 급수 합의 계산을 기대할 수 있다. 비록 이런 직접적인 계산이 답을 이끌어 낼 수 있지만 시간이라는 다른 추가적인 변수를 도입함으로써 훨씬 쉬운 해결 방법을 기대할 수 있다.

결국 고양이들이 100야드 가까워지는 것은 분당 20야드씩 가운데 쪽으로 간다는 말이고, 이것은 5분후면 중앙에 도착한다는 것이다. 따라서 어미고양이도 5분간 분당 100야드를 뛰게되기 때문에 총 500야드를 뛰게 된다.

이 퍼즐의 예는 가끔 문제를 직접적으로 푸는 것보다 간접적으로 푸는 것이 훨씬 용이할 수 있다는 것을 시사한다. 우리가 수행할 상환 분석이 이런 아이디어를 사용한다. 어려운 것처럼 보이는 결과를 증명할 수 있도록 허용하는 **포텐셜(potential)**이라고 알려진 추가적인 변수가 소개될 것이다.

11.2 이항 큐

우리가 처음 살펴본 자료구조는 6장에서 배운 이항 큐이며, 여기서 잠깐 이항 큐에 대해서 다시 살펴보도록 하자. 다시 기억해 보면 이진트리 B_0는 하나의 노드가 있고 $k > 0$일 때 이진트리 B_k는 이진트리인 B_{k-1}와 함께 혼합되어 만들어진다. 그림 11.1은 이진트리 B_0가 B_4에 속해 있는 것을 보이고 있다.

이항트리에서 한 노드의 랭크는 자식수와 동일하다; 특별히 루트 B_k의 랭크는 k이다. 이진큐는 힙순서로 정렬된 이진트리의 집합이다. 이항 큐에서는 임의의 k에 대해서 최대한 하나의 이진트리 B_k가 있을 수 있다. 그림 11.2는 두 가지의 이항 큐인 H_1과 H_2를 나타내고 있다.

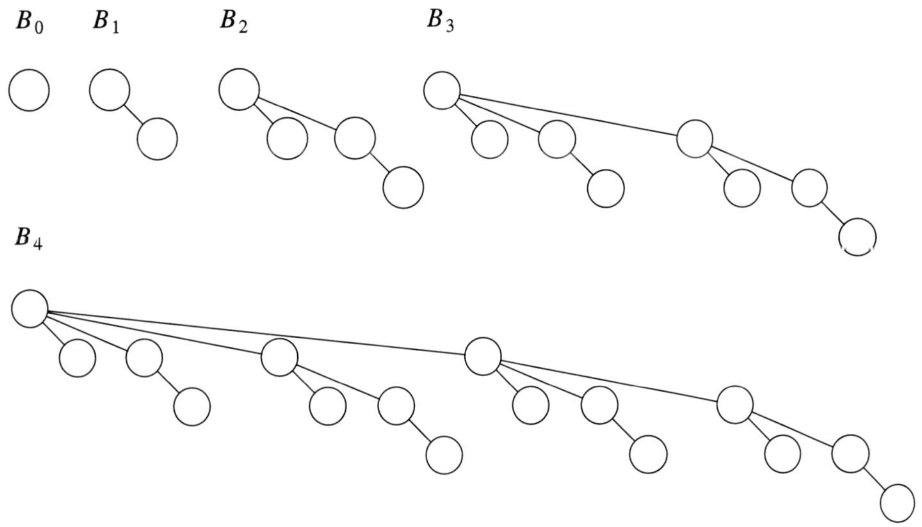

그림 11.1 이항트리 B_0, B_1, B_2, B_3 그리고 B_4

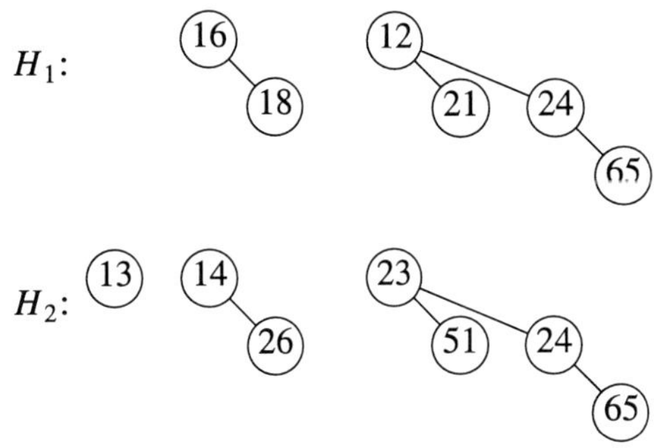

그림 11.2 두 개의 이항 큐 H_1과 H_2

가장 중요한 연산은 병합하는 연산이다. 두 가지의 이항 큐를 병합하는 위해서 이진 정수값을 더하는 것과 유사한 연산이 수행된다: 어떤 단계에서도 0개, 1개, 2개 또는 3개의 B_k트리를 가질 수 있다. 이것은 두 개의 우선 순위 큐가 B_k트리를 가지는 여부와 B_k트리가 이전의 다른 스텝으로부터 수행되었는지의 여부에 의존한다. 만약 두 개의 B_k트리가 있다면 하나의 B_{k+1}트리로 합쳐진다. 만약 3개의 B_k트리가 존재하면 하나는 이항 큐의 트리로 되고 다른 두 개는 합쳐진다. H_1과 H_2를 합쳐 놓은 결과가 그림 11.3이다.

삽입 연산은 노드가 하나인 이항 큐를 생성하고 **병합**을 수행함으로써 이루어진다. 이것을 하는데 걸리는 시간은 $M+1$이고 여기서 M은 이항 큐에 있지 않은 이항트리 B_M의 가장 작은 유형이다. 그래서 B_0 트리는 있지만 B_1 트리가 없는 이항 큐에 삽입하는 것은 두 단계를 요구한다. 최소의 삭제는 최소를 제거하고 본래의 이항 큐를 두 개의 이항 큐로 나눔으로써 이루어지며 그 다음 이들이 병합된다. 이런 연산들의 조금 간략한 설명이 6장에 있다.

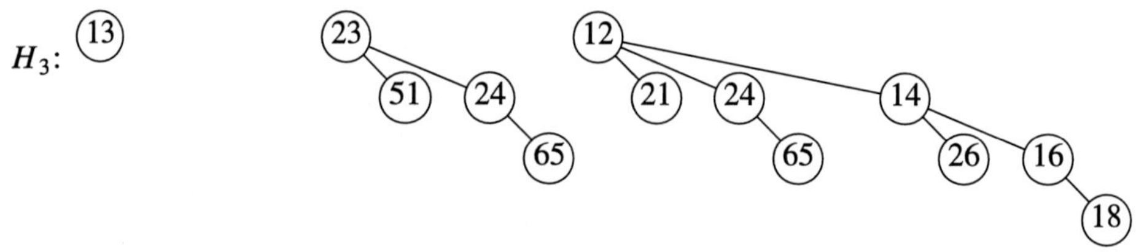

그림 11.3 이항 큐 H_3 : H_1과 H_2를 병합한 결과

먼저 매우 간단한 문제를 생각해보자. N개의 요소를 갖는 이진큐를 구축하려고 한다고 가정하자. 우리는 N개의 요소를 갖는 이항힙이 $O(N)$ 시간안에 구축됨을 안다. 따라서 이항 큐에 대해서도 유사한 한계를 기대한다.

주장

N개의 요소를 가지는 이항 큐는 N개의 연속적인 삽입을 통하여 $O(N)$ 시간안에 구축될 수 있다.

위의 주장이 사실이라면 그 주장은 매우 쉬운 알고리즘이다. 각 연산당 최악의 경우 시간이 $O(\log N)$이므로 그 주장이 사실이라는 것이 명확하지 않다. 만약 이 알고리즘이 이진힙에 적용된다면 실행 기간이 $O(N \log N)$될 것임을 기억하길 바란다.

그 주장의 증명을 위해서 우리는 직접 계산을 수행할 수 있다. 실행시간 측정을 위해 삽입을 위한 비용이 한 시간 단위와 각 연결 단계를 위한 추가적인 유닛의 합이라고 정의한다. 모든 삽입에 대한 비용을 합하면 전체 실행 시간을 얻을 수 있다. 이 전체는 N개의 유닛과 전체 연결 단계수의 합이다. 1번째, 3번째, 5번째와 모든 홀수 번호의 단계는 연결 단계를 요구하지 않다. 그 이유는 삽입 시간에 어떤 B_0도 있지 않기 때문이다. 그래서 삽입의 전반은 연결 단계를 요구하지 않는다. 삽입의 1/4이 단지 하나의 연결 단계를 요구한다(2번째, 6번째, 10번째 그리고 나머지). 8번째는 두 번을 요구한다. 우리는 이 모든 것을 더하고 N에 의해서 연결 단계 수의 한계를 지을 수 있으며, 이렇게 위의 주장이 증명된다. 우리가 삽입 이상의 것을 포함하는 일련의 연산열을 분석하기를 시도할 경우 이러한 brute-force 알고리즘은 도움이 되지 않는다. 그래서 이 결과를 증명하기 위하여 다른 접근법을 사용할 수 있다.

삽입 결과에 대해서 고려해 보자. 만약 B_0트리에 현재 삽입된 것이 없는 경우, 하나의 유닛을 삽입하는 데 드는 비용은 위와 같다. 현재의 B_0트리에 삽입하는 결과이고 하나의 트리에 추가된 이진트리를 가지고 있다. 새로운 B_1트리가 생기고 B_0보다 길이가 길지 않으면 트리의 수는 변하지 않은 것이다. 2-c트리에 c유닛을 삽입하는 가격은 증가하고, B_{c-1} 트리가 만들어지는데 모든 B_i 트리는 $0 \le i < c-1$로 제거 된다. 결국 트리에 추가, 삭제하는 것은 비싸고, 트리를 반복해서 만드는 것이 비용이 적게 든다.

C_i를 i번째 삽입 비용이라 하자. T_i를 i번째 삽입후 트리의 개수라고 하자. 초기에는 $T_0 = 0$이다. 그 다음 변하지 않는

$$C_i + (T_i - T_{i-1}) = 2 \tag{11.1}$$

를 가지게 된다. 그 다음은 아래와 같다.

$$\begin{aligned} C_1 + (T_1 - T_0) &= 2 \\ C_2 + (T_2 - T_1) &= 2 \\ &\vdots \\ C_{N-1} + (T_{N-1} - T_{N-2}) &= 2 \\ C_N + (T_N - T_{N-1}) &= 2 \end{aligned}$$

만약 이 모든 수식을 다 더하면, 대부분의 T_i는 없어지고 아래의 수식만 남는다.

$$\sum_{i=1}^{N} C_i + T_N - T_0 = 2N$$

또는 아래와 같이 정리하여 쓸 수 있다.

$$\sum_{i=1}^{N} C_i = 2N - (T_N - T_0)$$

$T_0 = 0$이고 N번의 삽입 후 트리의 개수인 T_N은 확실히 음수가 아님을 상기하길 바란다. 따라서 $(T_N - T_0)$은 음수가 아니다. 그래서 $\sum_{i=1}^{N} C_i \le 2N$이고 그 주장이 증명된다.

buildBinomialQueue 루틴 동안 각 삽입은 $O(\log N)$의 최악 경우 시간을 갖지만 전체 루틴이 기껏해야 $2N$ 시간 단위만을 사용하기 때문에 각 삽입은 단지 두 유닛을 사용하는 것처럼 동작한다.

이 예제는 우리가 사용할 일반적인 기법을 보여 주는 것이다. 어떤 특정 시간에서 자료구조의 상태는 *포텐셜*이라고 불리는 함수에 의해서 주어진다. 포텐셜 함수는 프로그램에 의해서 유지되지 않고 분석을 돕는 설명 장치이다. 연산들이 우리가 할당한 시간보다 적게 걸리면 사용되지 않은 시간이 상위 포텐셜 형태로 저장된다. 우리의 예에서 자료구조의 포텐셜은 단순히 트리의 개수이다. 위의 할당된 두 유닛을 사용하는 대신 하나의 유닛만 사용하는 삽입을 갖는다면 포텐셜의 증가에 의해서 다음을 위하여 저장된다. 실행시 할당된 시간을 넘어서게 되고, 포텐셜이 넘어서는 시간을 줄여준다. 포텐셜의 한 면을 살펴보면 산출의 저장을 들 수 있다. 만약 실행의 사용으로 할당하는 시간이 적어진다면, 더 비싼 값을 주고 다음을 위해 저장하는 것은 다르다. 그림 11.4를 보면

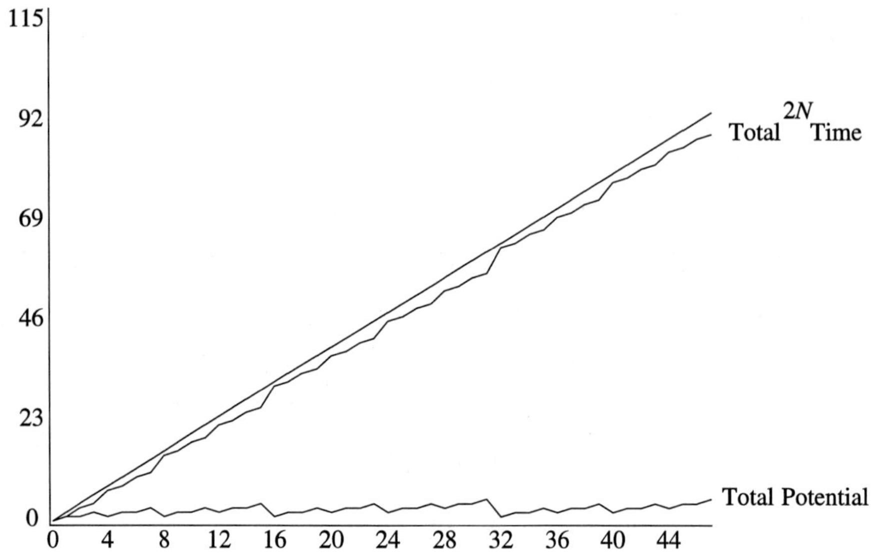

그림 11.4 N번의 삽입열

buildBinomialQueue의 연속적인 순서 삽입으로 실행시간이 늘어나고 있다. 살펴보면 삽입시 저장되는 것을 재보면 이항 큐에서의 포텐셜 실행시간은 결코 $2N$을 넘지 않는다.

한번 포텐셜 함수를 선택하면, 우리는 다음과 같이 쓸 수 있을 것이다:

$$T_{actual} + \Delta Potential = T_{amortized} \tag{11.2}$$

T_{actual}이 실형으로 활성화되면, 정확한 총 시간을 요구하는 특별한 명령이 실행된다. 이진 탐색 트리에서 예를 들면, find(x)의 실제 실행시간은 x를 담고 있는 노드의 깊이+1이다. 만약 기본적인 순서의 합이 같고, 마지막 포텐셜이 크게 초기화된 것이 무시할만하다면, 상환된 시간은 결과가 실행되는 동안 사용된 실제 시간을 상회할 것이다. 중요한 것은 T_{actual}가 실행된 후에는 안정된 $T_{amortized}$로 변한다는 것이다.

의미있는 한계를 증명하기 위한 포텐셜 함수를 선택하는 것은 대단히 까다로운 작업이다. 일반적으로 많은 포텐셜 함수는 작업이 시작되기 이전에 시도 된다. 그럼에도 불구하고, 위의 토의는 몇 개의 규칙을 제공하며 그것은 좋은 포텐셜 함수가 갖는 특징을 이야기 해 준다. 포텐셜 함수는 다음과 같아야 한다.

- 시작시에는 항상 최소로 간주하라. 잘 알려진 방법의 포텐셜함수 선택은 초기에 0이고 항상 음수가 아님을 보장한다. 우리가 만날 모든 예제들이 이 전략을 사용한다.
- 실제 시간에서 항목을 취소하라. 우리가 사용시, 실제적가격인 c라면 포텐셜의 추가 가격은 $2-c$이다. 그것들이 추가되면, 2의 가격을 상환시키는 것을 획득할 수 있다. 이것은 그림 11.5가 보여 준다.

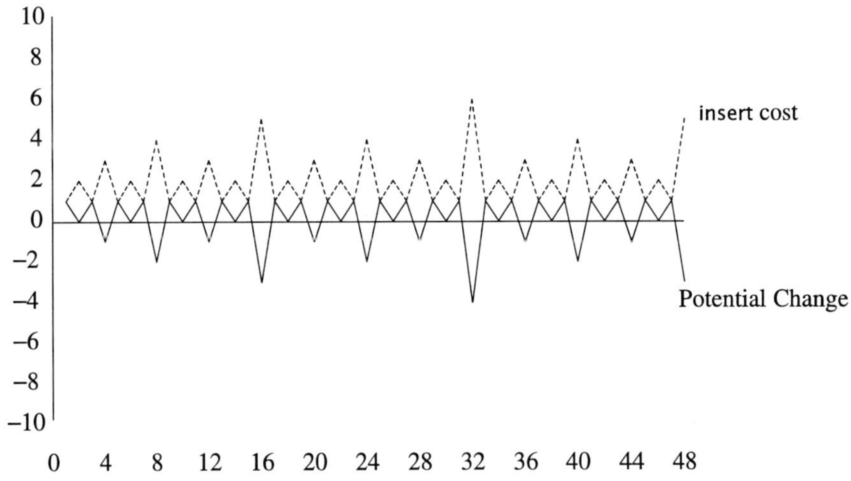

그림 11.5 각 연산당 삽입 비용과 포텐셜 변화

이제 이항 큐의 명령분석이 끝났다.

정리 11.1

이항 큐는 insert, deleteMin과 merge의 실행시간은 각각 $O(1)$, $O(\log N)$ 그리고 $O(\log N)$이다.

증명

포텐셜 함수는 트리의 수이다. 초기화 포텐셜은 0이고, 포텐셜은 항상 음수값은 아니다. 그래서 상환 시간은 실제 시간의 상한 시간이다. 삽입의 대한 분석은 위의 논의로부터 나온다. merge를 위해서는 노드 N_1과 N_2를 각각 갖는 트리 T_1과 T_2를 가정하자. 그리고 $N = N_1 + N_2$라고 하자. 합병 드는 실제 시간은 $O(\log(N_1) + \log(N_2)) = O(\log N)$이다. 합병이후, 대개 $\log N$ 트리는 잠재적으로 $O(\log N)$만큼 증가한다. 이것은 $O(\log N)$의 범위 안에서 상환되는 것이다. deleteMin의 범위는 비슷한 형태를 보인다.

11.3 기울어진 힙(Skew Heaps)

이항 큐의 분석은 분석하기 꽤 쉬운 예이다. 이제 skew heaps를 생각해 보자. 다른 많응 예에서와 같이 일단 포텐셜 함수가 찾아지면, 분석은 매우 쉽다. 어려운 일은 그 포텐셜 함수를 선택하는 것이다.

skew heaps을 다시 생각해 보면, 핵심연산이 병합 연산이다. 두 skew heaps를 합병하는 것은 올바른 경로를 병합하고 새로운 왼쪽 경로를 만드는 것이다. 마지막 노드를 제외한

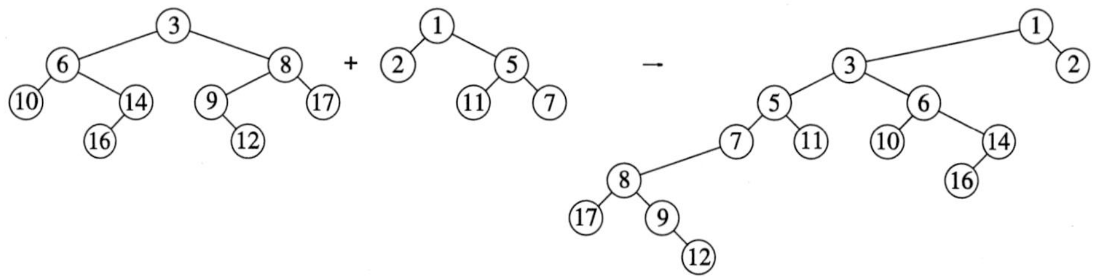

그림 11.6 두 개의 기울어진 힙의 합병

새로운 경로의 각 노드에 대해서 왼쪽 서브트리가 오른쪽 서브트리로서 붙는다. 마지막 노드는 오른쪽 서브트리를 가지지 않는다고 알려져 있다. 따라서 그것을 하나로 주는것은 현명하지 못한것이다. 한계는 이런 예외에 의존하지 않는데 이것은 루틴이 재귀적으로 코딩되어 있다면 당연한 것이다.

H_1과 H_2의 두 개의 힙으로 가정하고 r_1과 r_2 노드들은 각각 오른쪽 경로로 가정하자. r_1+r_2을 균형 잡히게 합병을 실행하는 것에 실제 시간이 걸린다. 그래서 우리는 Big-oh 표기법을 버릴 것이고 하나의 유닛이 각각 노드와 경로가 바뀐다. 이후 힙이 구조가 없을 때, 양쪽 힙의 모든 노드에 정상적인 경로는 가능하지 않고, 이것은 $\Theta(N)$로 힙을 합병하는 데 있어서 최악의 경우이다(연습 11.3에서 어떻게 해야 하는지 물을 것이다). 우리는 두 개의 skew heaps을 합병 시 $O(\log N)$의 시간이 상환되는 것을 볼 것이다.

요구된 것은 skew heap 작동의 영향을 주는 잠재적 포텐셜 함수이다. 병합의 효과는 오른쪽 경로의 모든 노드가 왼쪽 경로로 이동하고 그것의 과거의 왼쪽 자식이 새로운 오른쪽 자식이 되는 것임을 상기하라. 한 가지 아이디어 노드가 오른쪽 자식인지 아닌지에 의존하여 각 노드를 오른쪽 노드 또는 왼쪽 노드로 분류하고, 오른쪽 노드의 개수를 포텐셜 함수로 이용하는 것이다. 잠재적 포텐셜이 초기에 0이고 항상 음수값이 아님에도 불구하고 문제점은 잠재적 포텐셜이 병합 후에 줄지 않고 데이터 구조에 절약들을 반영하지 못하는 것이다. 결과적으로 이 잠재적 포텐셜 함수가 바람직한 범위를 증명하도록 사용될 수 없다.

유사한 아이디어로 어떤 노드의 오른쪽 서브트리가 왼쪽 서브트리보다 많은 노드를 가지고 있는지 아닌지에 따라서 무겁거나 가벼운 노드로 분류하는 것이 있다.

정의

만약 p의 오른쪽 서브트리의 자손들의 수가 최소한 p의 자손들의 수 이상이라면 p노드는 무거운 것이고, 그렇지 않으면 가벼운 것이다. 노드의 자손들의 수에 해당 노드로 포함된다는 것을 유념해야 한다.

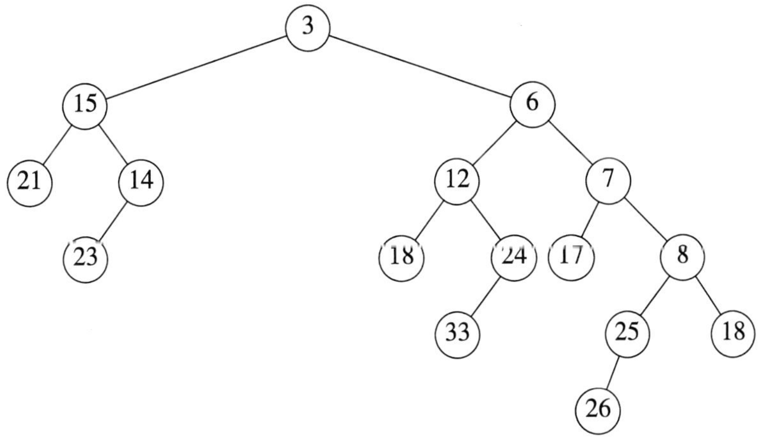

그림 11.7 기울어진 힙 – 3, 6, 7, 12 그리고 15가 무거운 노드

한 예로, 그림 11.7은 기울어진 힙을 보이고 있다. 15, 3, 6, 12와 7의 값을 가지고 있는 노드들은 무겁고, 다른 것들은 가볍다.

우리가 사용할 포텐셜 함수는 힙안의 무거운 노드 개수이다. 이것은 긴 오른쪽 경로가 대량 노드들의 과도한 수를 포함할 것이기 때문에 좋은 선택처럼 보인다. 왜냐하면 이 경로로 노드들은 무거운 노드의 자식들이 바꿔지도록 하기 때문이다. 이 노드들은 병합의 결과로서 노드들을 가볍게 바뀔 것이다.

정리 11.2

두 개의 skew heap을 병합하기 위한 상환 시간은 $O(\log N)$이다.

증명

H_1과 H_2 두 개의 힙이 있고, 각각 N_1과 N_2 노드가 있다. 오른쪽 경로에 H_1이 가벼운 l_1과 무거운 h_1을 가지고 있고, 합은 l_1+h_1이라고 가정하자. 마찬가지로, H_2는 가벼운 l_2와 무거운 h_2 노드를 오른쪽 경로에 가지고 있고 둘의 합은 l_2+h_2이라 가정하자. 만약 우리들이 두 개의 skew heap의 병합하는 비용이 그들의 오른쪽 경로들에 노드들의 합계라고 한다면, 병합을 수행하는 실제 시간은 $l_1+l_2+h_1+h_2$이다. 이제 무겁거나/가벼운 상태가 변할 수 있는 노드들은 초기에 오른쪽 경로(그리고 왼쪽 경로에서 끝나는)에 있는 것들이다. 왜냐하면 어떤 노드들도 변경된 서브트리를 갖지 않기 때문이다. 그림 11.8이 이 예제를 보이고 있다.

만약 무거운 노드가 오른쪽 경로로 초기화되어 있다면, 병합 후에 그것은 가벼운 노드로 되어야 한다. 오른쪽 경로로 있었던 다른 노드들은 가벼웠고 무겁게 되지 않을지도 모른다. 그러나 우리들이 상한 범위를 증명한 후에 무겁고 증가하는 포텐셜에 의해 최악이 될 것이다. 그 다음 무거운 노드들의 수에 실제적인 변화는 많을 것이다. 그러면

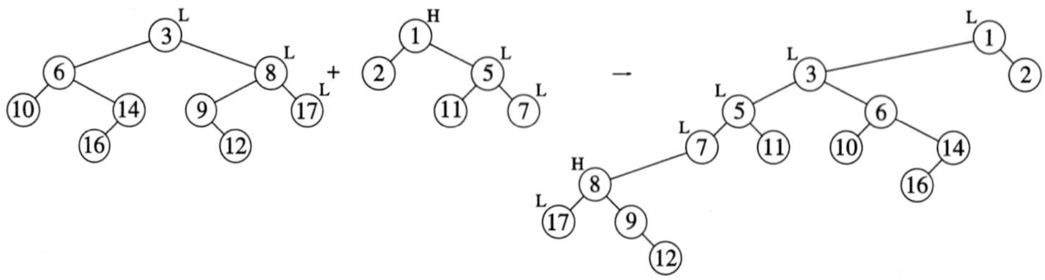

그림 11.8 병합의 결과로 무겁고 가벼움의 변화 상태

무거운 노드의 변화량은 최대 $l_1+l_2-h_1-h_2$이다. 실제 시간과 포텐셜 변화(방정식 (11.2))를 더하는 것은 $2(l_1+l_2)$의 상환된 범위를 준다.

이제 우리들은 $l_1+l_2=O(\log N)$임을 보여야 한다. l_1 그리고 l_2가 초기의 오른쪽 경로의 가벼운 노드들의 수이기 때문에, 가벼운 노드의 오른쪽 서브트리는 가벼운 노드에서 시작된 트리 크기의 절반이기 때문에 오른쪽 경로의 가벼운 노드의 수는 최대 $\log N_1+\log N_2$이고 이것은 $O(\log N)$이다. 초기 포텐셜이 0이고 포텐셜은 항상 음수가 아님을 주지하면 증명은 끝난다. 이것이 검증되지 않으면 상환 시간이 실제 시간과 맞지 않고 의미가 없어지므로 이 검증은 매우 중요하다.

insert와 deleteMin 연산들은 기본적으로 병합들이기 때문에, 그들은 또한 $O(\log N)$의 상환 한계를 갖는다.

11.4 피보나치 힙

9.3.2절에서, 우리들은 Dijkstra의 최단 경로 알고리즘의 $O(|V|^2)$의 개선을 위하여 우선 순위 큐들을 사용하는 방법을 보았다. 중요하게 보았던 점은 실행 시간이 $|E|$ decreaseKey 연산과 $|V|$ insert와 deleteMin 연산에 의해서 결정된다는 것이다. 이 작동은 최대한의 $|V|$의 크기의 집합에 대해서 일어난다. 바이너리 힙을 사용함으로써, 모든 이 작동은 $O(\log|V|)$ 시간을 필요로 하고, 그래서 Dijkstra의 알고리즘의 바운드는 $O(|E|\log|V|)$로 줄일 수 있다.

이 시간 범위를 낮추기 위하여, decreaseKey를 수행하기 위하여 요구되는 시간은 개선되어야만 한다. 6.5장에 기술되었던 d-heaps은 삽입을 위해 decreaseKey 작동과 같은 시간범위 $O(\log_d|V|)$를 가진다, 그러나 deleteMin은 $O(d\log_d|V|)$의 범위를 가진다.

d가 $|V|$ deleteMin 연산을 가지고 $|E|$ decreaseKey 연산 비용을 균형있게 하기 위한 d를 선택하고 d가 항상 최소 2이상이 되어야 함을 기억함으로써 d를 위한 좋은 선택이 아래와 같음을 알 수 있다.

$$d = \max(2, \lfloor |E|/|V| \rfloor)$$

이것은 Dijkstra의 알고리즘의 시간 한계 $O(|E|\log_{(2+\lfloor |E|/|V| \rfloor)}|V|)$로 개선시킨다.

피보나치 힙은 deleteMin과 remove의 제외하고 모든 기본적인 힙 연산시간을 $O(1)$에 수행하는 자료 구조이다. 예외적인 deleteMin과 remove는 $O(\log N)$의 상환 시간을 가진다. 또한, Dijkstra 알고리즘을 사용한 힙 연산은 $O(|E|+|V|\log|V|)$의 총 연산시간을 요구한다.

피보나치 힙은 2개의 새로운 개념을 더함으로써 이항 큐들을 일반화 한다:

decreaseKey*의 다른 구현* : 전에 우리들이 보았던 함수는 루트 쪽에서 여과된 요소를 다루는 것이다. 이 전략을 위해 $O(1)$의 상환 바운드를 기대하는 것은 합리적이지 않다. 그래서 새로운 방법이 필요하다.

게으른 합병 : 2개의 힙은 요구 될 때만 병합된다. 이것은 게으른 삭제와 비슷하다. 게으른 병합을 위해서 병합비용이 낮아야 한다. 하지만 게으른 병합은 실제로 트리를 결합시키지 않고, deleteMin 연산은 많은 트리들을 만날 수 있고, 그래서 그 연산의 비용이 높아진다. deleteMin은 선형적인 시간이 걸린다. 그러나 항상 앞의 merge연산에 그 시간을 부담시킬 수 있다. 특별히, 값비싼 deleteMin은 많은 수의 지나치게 값싼 merge보다 선행하고, 그렇기 때문에 추가적인 포텐셜을 저장할 수 있다.

11.4.1 좌향 힙의 노드 절단

바이너리 힙에, decreaseKey 연산은 노드의 값을 낮춤으로써 실현되고, 힙의 순서가 확립될 때까지 루트까지 가면서 노드들이 여과된다. 최악의 경우 이것은 $O(\log N)$ 시간이 소요되고, 이것은 균형 트리의 루트로의 가장 긴 패스의 길이에 해당한다.

만약 우선 순위 큐를 표현한 트리가 평형 트리에 루트쪽으로 가장 긴 경로의 길이인 $O(\log N)$ 시간을 가지고 있지 않으면 이 전략은 실행되지 않는다. 예를 들면 전략이 좌향힙에 적용된다면 그림 11.9에서 보이는 것 같이 decreaseKey연산은 $\Theta(N)$ 시간만큼 소요 될 수 있다.

가장 왼쪽 힙에서 decreaseKey 명령을 위해서 다른 전략들이 필요함을 알 수 있다. 우리들의 예는 그림 11.10에서와 같은 가장 왼쪽 힙이다. 우리들이 9에서 0에 값을 가지고 키를 줄이기를 원한다고 가정하자. 만약 우리들이 변화를 만든다면, 우리들은 힙의 순서를 어기게 되며 이것은 그림 11.11에서 점선으로 표시되어 있다.

우리들은 루트에 0을 여과하기를 원하지 않는다. 왜냐하면 우리가 벌써 보았듯이 이것이 비싼 비용일 수 있는 경우가 있기 때문이다. 해결책은 점선 부분을 잘라내어서 두 개의 트리를 생성하고 그 다음 그 두 트리를 다시 하나로 병합하는 것이다. X가 decreaseKey 연산이 적용될 노드이고 P가 그것의 부모라고 하자. 절단 후 루트가 X인 H_1과 초기의 트리에서 H_1의 삭제된 T_2를 갖게 된다. 그림 11.12는 이러한 상황을 보여 준다.

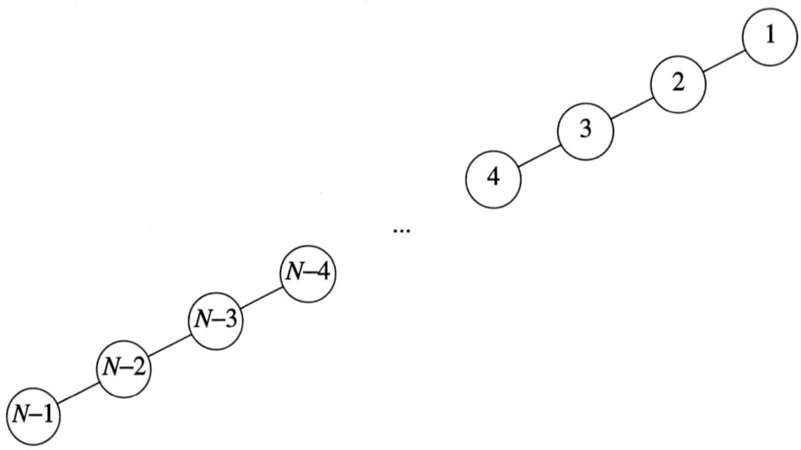

그림 11.9 여과를 통하여 $N-1$에서 0까지 감소는 $\Theta(N)$ 시간이 소요

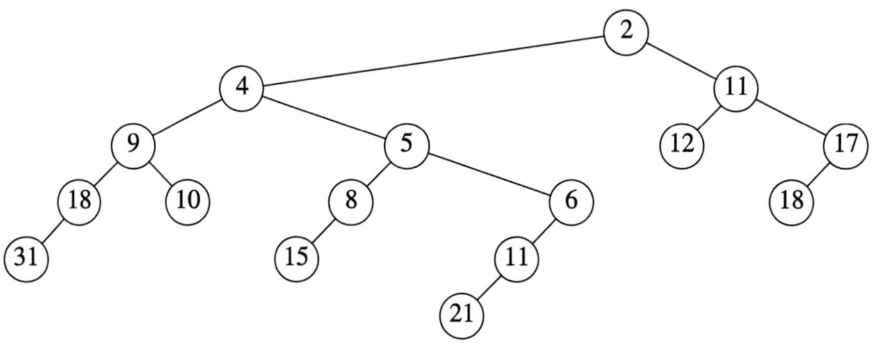

그림 11.10 샘플 좌향 힙 H

만약 이 2가지의 트리가 양쪽 왼쪽인 힙들이었다면, 그 다음에 그들은 시간 $O(\log N)$에서 병합될 수 있다. 노드들은 어느 것도 그들의 자손들에 어떠한 교환들도 하지 않았기에 H_1가 좌향 힙이라고 하기 쉽다. 이처럼, 그 후 그것의 노드들의 모든 것은 원래 좌향 특성을 만족시킨다.

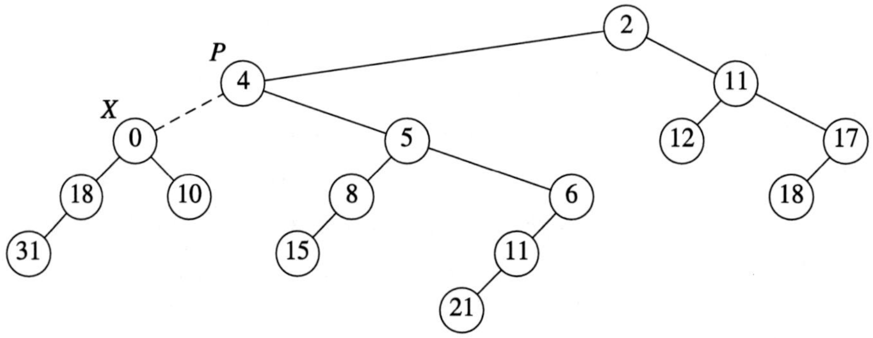

그림 11.11 9를 0으로 감소하면 힙 순서를 범하게 됨

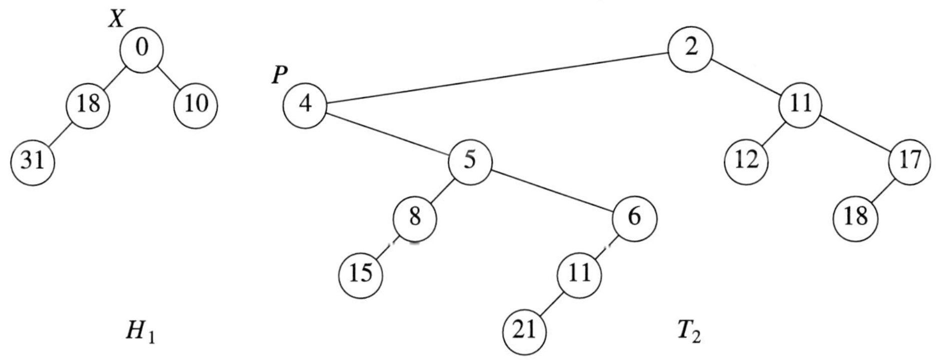

그림 11.12 절단 이후 두 개의 트리

그럼에도 불구하고, 이 계획이 T_2가 반드시 좌향는 것이 아니기 때문에 잘 되지 않을 것으로 보인다. 그러나, 두 개의 관측을 사용함으로써 좌향 힙 특성을 복위시키는 것은 간단하다:

- T_2의 루트까지 P부터 경로로 오직 노드들은 좌향 힙 특성에 위반될 수도 있다; 이것들은 자식들을 바꿈으로써 고쳐질 수 있다.
- 최대 오른쪽 경로 길이가 가장 큰 $\lfloor \log(N+1) \rfloor$ 노드이고, P에서 T_2의 루트까지 경로로 1번째 $\lfloor \log(N+1) \rfloor$ 노드들을 확인하는 것이 필요하다. 그림 11.13에서 H_1 and T_2가 T_2의 좌향 힙에서 바뀌었다는 것을 보여 준다.

우리들이 T_2를 좌향 힙 H_2로 $O(\log N)$단계에서 바꾸었고, 그 다음에 H_1 and H_2로 병합했다, 우리들은 좌향 힙들에 decreaseKey 작동을 수행하는 것에 대하여 $O(\log N)$ 알고리즘의 성능을 갖는다. 우리 예를 나타내는 힙이 그림 11.14에 나타나 있다.

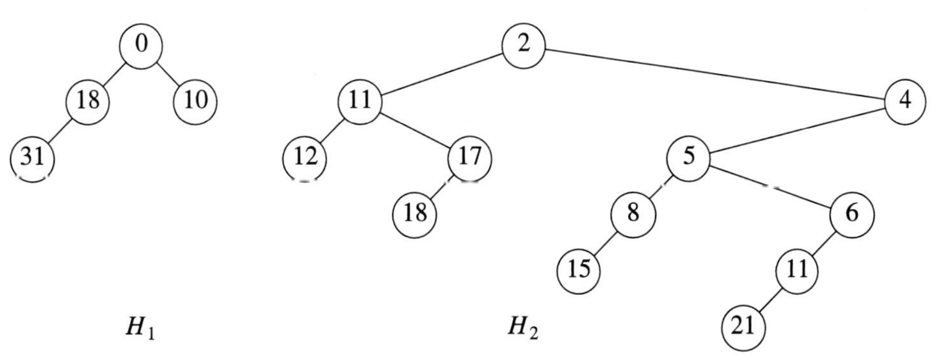

그림 11.13 좌향 힙 H_2로 변환된 T_2

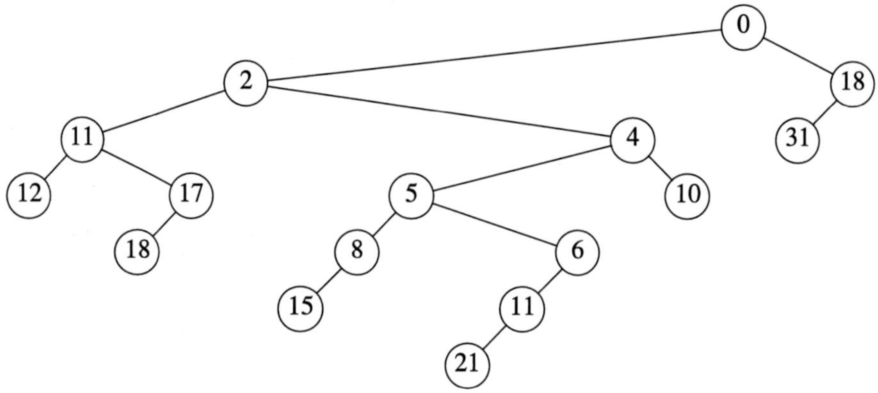

그림 11.14 H_1와 H_2를 병합함으로써 완성된 decreaseKey(X,9)

11.4.2 이항 큐를 위한 게으른 합병

피보니치 힙이 사용되는 두 번째 아이디어는 lazy merging이다. 우리는 이항 큐에 이 아이디어를 적용시킬 것이고, 합병 연산(삽입은 특별한 케이스이다)으로 $O(1)$의 시간이 상환되는 것을 보여 준다. deleteMin의 상환된 시간은 여전히 $O(\log N)$이다.

아이디어는 다음과 같다: 두 개의 이항 큐를 합병하기 위해서는 이항 트리의 두 개의 리스트를 단순히 연결하여 새로운 이항 큐를 생성한다. 이 새로운 큐는 같은 크기의 몇몇 트리들이 가질 수 있고, 그래서 이항 큐들 특성을 어긴다. 우리는 이것을 일관성을 유지하기 위하여 게으른 이항 큐라고 부른다. 이것은 최악의 경우에도 항상상수시간 만을 소요하는 빠른 연산이다. 전처럼, 삽입은 1개의 노드 이항식 큐를 생성하고 합병함으로써 수행된다. 다른 점은 병합이 게으르게(나중에) 이루어 진다는 것이다.

deleteMin 작동은 최종적으로 게으른 이항 큐를 표준 이항 큐로 전환하기 때문에 조금 더 힘들지만, 그것이 이전의 상황에서 고정적인 $O(\log N)$의 시간을 상환하는 것을 볼 수 있다. 그러나 $O(\log N)$은 최악의 상황이 아니다. deleteMin을 수행하기 위하여, 우리들은 최소 요소를 찾는다. 전처럼, 우리들은 큐로부터 그것을 삭제하고, 각각 새로운 자식트리를 만든다. 그리고 모든 트리를 이항 큐까지 합병하는데, 두 개의 같은 크기의 트리들을 가능한 길지 않도록 합병한다.

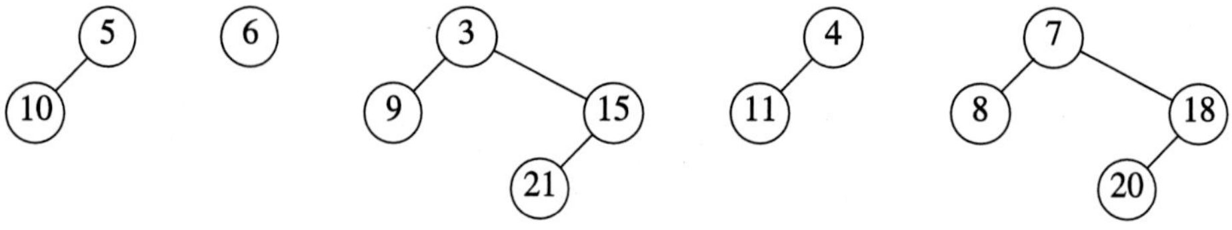

그림 11.15 게으른 이항 큐

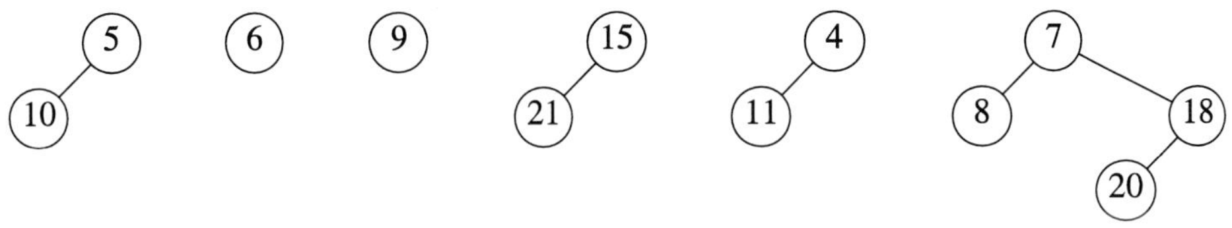

그림 11.16 최소 요소 (3)을 제거한 이후의 게으른 이항 큐

```
for( R = 0; R <= ⌊ log N⌋ ; R++ )
   while( |LR| >= 2 )
   {
      Remove two trees from LR;
      Merge the two trees into a new tree;
      Add the new tree to LR+1;
   }
```

그림 11.17 이항 큐를 회복시키는 프로시저

예를 들어, 그림 11.15는 게으른 이항 큐들을 보여 준다. 게으른 이항 큐들 안에 한 개 이상의 같은 크기의 사이즈가 있다. deleteMin의 실행을 위해서 우리는 가장 작은 요소들은 제거 하고 나면, 그림 11.16과 같은 트리를 얻을 수 있다.

우리는 이제 모든 트리를 합병힐 깃이고 정상적인 이항 큐를 얻는다. 정상적인 이항 큐는 많은 열들을 가지고 있다. 능률적으로 이것을 하기 위하여, 우리들은 제때에 병합을 수행할 수 있어야 한다. 트리들의 수에 비례항은 (T)(또는 $\log N$이거나 더 큰 것)를 의미한다. 이것을 하기 위하여 $R_{\max}$는 가장 큰 트리 순번인 곳에 배열리스트 L_0, L_1, …, $L_{R_{\max}+1}$를 형성한다. 각각의 리스트 L_R은 모든 트리의 R의 자리에 있다. 그림 11.17에 절차는 그 다음에 적용된다.

반복문의 각 시간, 트리의 전체 수는 1씩 줄어든다. 이것은 실행당 상수 시간을 소요하는 이부분의 코드가 $T-1$ 시간 수행될 수 있음을 의미하고, 여기서 T는 트리의 개수이다. 반복 for의 카운터와 while 문 끝의 테스트는 $O(\log N)$의 시간이 소요된다. 그래서 실행 시간은 요구되는 대로 $O(T+\log N)$이다. 그림 11.18은 이 알고리즘 전에 수집된 이항 트리의 실행을 보여 준다.

게으른 이항 큐의 상환분석

게으른 이항 큐들의 상황 분석을 위하여, 우리들은 표준 이항식 큐들을 위해서 사용되었던 잠재적 포텐셜 함수를 사용할 것이다. 이처럼, 따라서 이항 큐의 포텐셜은 트리의 개수이다.

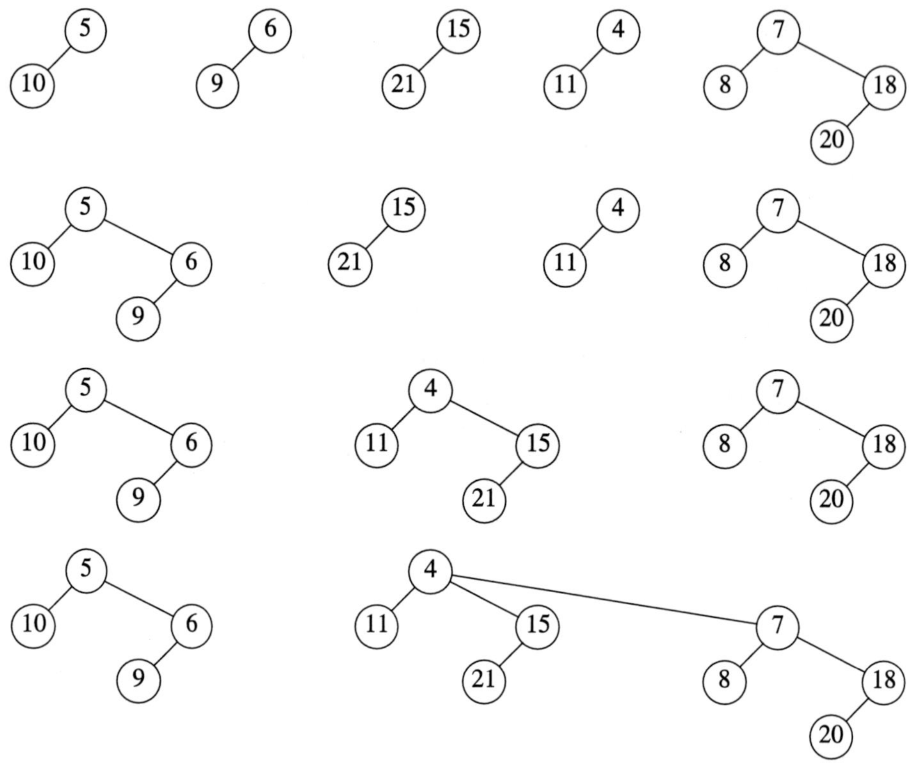

그림 11.18 이항트리를 이항 큐로 결합

정리 11.3

게으른 이항 큐에서 merge와 insert의 상환 실행 시간은 $O(1)$이다. deleteMin의 상환된 실행시간은 $O(\log N)$이다.

증명

포텐셜 함수는 수집된 이항 큐의 트리의 개수이다. 초기 포텐셜은 0이고, 포텐셜은 항상 음수가 아니다. 그래서 일련의 연산들에 대한 전체 상환 시간은 전체적인 실제 시간에 대한 상한이다.

merge 연산을 위해서 실제 시간은 상수이고, 이항 큐 집합내의 트리 개수는 변하지 않는다. 따라서 수식 (11.2)에 의해서 상환 시간은 $O(1)$이다.

insert를 위해서 실제 시간은 상수이고, 트리의 개수는 최대한 1씩 증가한다. 따라서 상환 시간은 $O(1)$이다.

deleteMin은 좀 더 복잡하다. R을 최소한의 요소를 갖는 트리의 랭크라 하고, T를 트리의 개수라 하자. 그러면 deleteMin 연산의 시작 시점의 포텐셜은 T이다. deleteMin을 수행하기 위하여 최소노드의 자식이 개별 트리들로 분리된다. 이것은 $T+R$ 트리를 생성하고 이것들은 표준 이항 큐로 병합되어야 한다. 만약 Big-Oh 식에서 상수를 무시한다면 이것을 수행하기 위한 실제 시간은 위의 주장에 의해서 $T+R+\log N$이다. 일단 이것이 이루어지면 최대 N개의 트리가 남고 그래서 포텐셜 함수는 최대한 $(\log N)-T$씩 증가한다. 실제 시간과 포텐셜에서의 변화를 더하면 상환 상한이 $2\log N+R$이 된다. 모든 트리들이 이항트리이므로 $R\le \log N$임을 알 수 있다. 따라서 deleteMin 연산을 위한 $O(\log N)$ 상한에 도달하게 된다.

11.4.3 피보나치 힙 연산들

앞에서 설명한 것처럼, 피보나치 힙은 좌향 힙 decreaseKey 연산과 이항 큐 merge 연산을 결합한 것이다. 불행하게도 우리는 양쪽 연산을 약간의 수정 없이 사용할 수는 없다. 문제는 이항트리에 임의의 절단이 수행되면 그 결과로 만들어지는 포레스트가 더 이상 이항트리 집합이 아니라는 것이다. 이것 때문에 모든 트리의 랭크는 최대 $\lfloor \log N \rfloor$이 아니다. 게으른 이항 큐의 deleteMin의 상환 상한이 $2\log N+R$로 알려졌기 때문에 deleteMin에 대한 상한이 유효하도록 $R-O(\log N)$가 필요하다.

$R=O(\log N)$임을 확실하게 하기 위해서 우리는 모든 비루트 노드들에 다음의 규칙을 적용한다.

- 처음 자식을 잃은 노드를 마크한다(잘라낸 이후에).
- 만약 마크된 노드가 또다른 자식을 잃었다면, 부모로부터 잘린 것이다. 이 노드는 이제 루트로 트리에서 잘려진 것이고 이제 길지 않다고 마크된다. 하나의 decreaseKey 연산에서 이것들이 여러 번 일어나기 때문에 이것을 **층계형 자름**이라 한다.

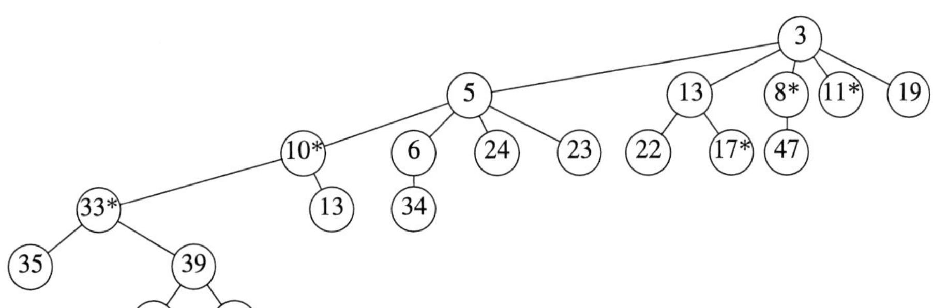

그림 11.19 39에서 12로 감소하기 이전의 피보나치 힙에서의 트리

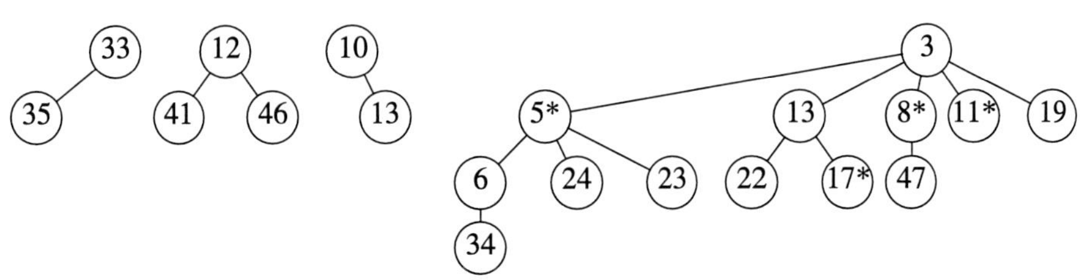

그림 11.20 decreaseKey 연산을 수행 후 피보나치 힙의 결과 세그먼트

그림 11.19는 decreaseKey 연산 이전의 피보나치 힙 안의 하나의 트리를 보이고 있다. 키 39가 있는 노드는 12로 바뀔 때 힙의 순서가 위배된다. 그러므로 그 노드는 부모로부터 절단되고, 새로운 트리의 루트가 된다. 33을 가지고 있는 노드가 마크되므로 이것은 그것의 두 번째 잃은 자식이고 그래서 그것은 부모 (10)으로부터 절단된다. 이제 10이 두 번째 자식을 잃었고 그래서 5로부터 절단된다. 5가 마크가 되어 있지 않기 때문에 이 과정은 여기서 중지된다. 결과는 그림 11.20에 나타나 있다.

마크를 위해서 사용된 10과 33은 이제 루트 노드이므로 그들이 더 이상 마크되어 있지 않음을 주목하길 바란다. 이것은 시간 상한의 증명에서 중요한 관찰이 될 것이다.

11.4.4 시간 상한의 증명

노드 마킹의 이유는 임의의 노드의 랭크 R(자식의 개수)의 상한을 결정하기 위하여 필요함을 기억하길 바란다. 이제 N개의 자손을 가진 어떤 노드도 랭크 $O(\log N)$을 가짐을 보일 것이다.

보조정리 11.1

X를 피보나치 힙내의 노드라고 하자. c_i는 X의 i번째 가장 어린 자식이라 하자. 그러면 c_i의 랭크는 최소한 $i-2$이다.

증명

c_i은 X와 연결되어있을 때, X는 이미 자식 $c_1, c_2, \cdots, c_{i-1}$을 가지고 있다. 따라서 X는 c_i에 연결되어 있을 때 최소 $i-1$이 개의 자식을 갖는다. 노드들은 동일한 랭크를 가질 때만 연결되기 때문에 c_i가 X에 연결되어 있을 때 c_i는 최소 $i-1$개의 자식을 갖게된다. 그때부터 그것은 최대 하나의 자식을 잃어나 또는 X로 부터 절단된다. 따라서 c_i은 마지막 $i-2$ 자식을 가진다.

11.1 보조정리로부터, 순서 R의 어떠한 노드라도 많은 자손을 가지고 있어야하는 것을 간단히 보일 수 있다.

보조정리 11.2

F_k를 1.2절에서와 같은 $F_0=1$, $F_1=1$과 $F_k=F_{k-1}+F_{k-2}$에 의한 피보나치 숫자라 하자. $R \geq 1$의 어떤 노드도 최소 F_{R+1}의 자손을 갖는다(본인을 포함해서).

증명

S_R을 랭크 R의 최소 트리라고 하자. 분명한 것은 보조정리에서 $S_0=1$과 $S_1=2$라는 것이다. 보조정리 11.1에 의해서 랭크 R의 트리는 최소 랭크 $R-2$, $R-3$, ..., 1과 0의 서브트리를 가져야만 하고 거기에 더해서 최소 하나의 노드 갖는 다른 서브트리를

가져야 한다. S_R 자신의 루트를 따라서 이것은 $S_R=2+\sum_{i=0}^{R-2} S_i$의 $S_{R>1}$에 대해서 최소 값을 준다. $S_R = F_{R+1}$임을 보이는 것은 쉽다(연습문제 1.11(a)).

피보나치 수가 지수 형태로 증가하는 것은 잘 알려져 있기 때문에, s의 자손들의 노드는 $O(\log s)$의 순번을 가지고 쫒아간다. 따라서 보조정리 11.3을 얻는다.

보조정리 11.3

피보나치 힙의 노드들은 $O(\log N)$의 랭크를 가진다.

증명

직접적으로 위의 보조정리를 토론해 보자.

우리가 관심있는 모든 것이 merge, insert 그리고 deleteMin 연산에 대한 시간 상한이라면 우리는 여기서 멈추고 원하는 상환 시간 상한을 증명할 수 있다. 물론 피보나치 힙의 모든 점은 decreaseKey에 대해서 $O(1)$ 시간 상환을 갖는다.

decreaseKey 연산에 요구되는 실제 시간은 연산 중 층계형 절단의 수에 1을 더한 값이다. 계층형 절단의 개수가 $O(1)$보다 훨씬 크기 때문에 우리는 포텐셜의 감소를 댓가로 치룰 필요가 있다. 그림 11.20을 보면 트리의 수가 실제 각 층계형 절단에 따라 증가하고, 그래서 계층형 질단 도중 감소시기기 위해서 어떤 것인가를 포함하도록 포텐셜 함수를 개선해야만 한다. 포텐셜 함수로부터 트리의 개수를 던져 버릴 수 없음을 주목하길 바란다. 그 이유는 merge 연산에 대한 시간 상한을 증명할 수 없을 수 있기 때문이다. 그림 11.20을 다시 보면, 숫자가 마크된 노드에서 층계형 자름이 감소하는 것을 알 수 있고, 따라서 층계형 자름으로 희생된 마크되지 않은 루트들의 각각의 노드가 있는 것을 알 수 있다. 각각의 층계형 자름은 하나의 유닛을 가지는 실제의 시간과 1씩 포텐셜이 트리에서 증가하는 비용이 지불되고, 두 개 유닛의 포텐셜과 같은 마크가 된 노드를 셀 수 있다. 이 방법으로 우리는 층계형 잘림을 취소할 수 있는 기회를 가질 수 있다.

정리 11.4

deleteMin을 위한 피보나치 힙의 insert, merge 그리고 decreaseKey의 피보나치 힙의 상환 시간 상한은 $O(1)$이고 deleteMin은 $O(\log N)$이다.

증명

포텐셜은 피보나치 힙 안의 트리들의 개수와 마크된 노드 수의 2배를 더한 것이다. 보통 초기 포텐셜은 0이고 항상 음수가 아니다. 따라서 일련의 연산들에 대해서 전체 상환 시간은 실제 전체 시간의 상한에 해당한다.

merge 연산에 대해서 실제 시간은 상수이고 트리의 수와 마크된 노드의 수는 변하지 않는다. 그래서 수식 (11.2)에 의해서 상환 시간은 $O(1)$이다.

deleteMin 연산에 대해서는 R을 최소 요소를 가지고 있는 트리의 랭크라고 하고, T를 연산 전의 트리의 개수라고 가정하자. deleteMin을 수행하기 위해서 트리의 자식을 분리하고 추가적인 R개의 새로운 트리를 생성한다. 비록 이것이 마크된 노드를 제거할 수 있지만 이것은 어떤 추가적인 마크된 노드를 생성할 수 없음을 주목하길 바란다. 이 R개의 새로운 트리는 존재 11.3에 의해서 $T+R+\log N = T+O(\log N)$ 비용으로 병합되어야 한다. 최대 $O(\log N)$개의 트리가 있을 수 있고, 마크된 노드의 개수가 증가할 수 없으므로 포텐셜은 최대 $O(\log N)-T$가 된다. 실제 시간과 포텐셜 변화를 더하면 deleteMin의 $O(\log N)$의 상환 상한을 얻어진다.
마지막으로, decreaseKey의 작동은 층계형 잘림의 숫자 C를 가진다. decreaseKey의 실제 비용은 C+1이고, 그것은 잘림 실행의 모든 숫자이다. 처음 자르는 것은 새로운 트리를 생성하지만, 층계형 자름을 할 하나의 유닛을 잃어버림으로써 마크된 노드를 마크되지 않은 루트 노드로 바꿔버린다. 마지막 자름에서 마크되지 않은 노드(그림 11.20의 5 노드)를 마크된 노드로 바꿀 수 있고, 따라서 포텐셜은 2 증가한다. 최종 포텐셜의 변화는 대부분 3-C이다.
실제시간과 포텐셜의 변화로 $O(1)$인 총 4가 추가된다.

11.5 스프레이 트리

마지막 예제로, 스프레이 트리의 실행시간을 분석할 것이다. 4장을 다시 생각해 보면 다음과 같은 3번의 연속된 연산으로 X는 루트로 옮겨진다: zig, zig-zag, and zig-zig. 3 차례의 회전은 그림 11.21을 보여 준다. 우리는 이런 관례를 따라야 한다. 만약 트리의 회전이 초기에 노드 X가 실행된다면, P의 회전 전이라면 P의 부모와 G는 조부이다.

다시 생각해 보면 X 노드의 어떤 트리연산이든 시간요구는 루트부터 X의 경로의 균형잡힌 노드의 숫자이다. 만약 zig 연산을 각각 세 본다면 한 번의 회전과 각각 zig-zag, 또는 zig-zig의 연산을 하는 것이나 두 번의 연산을 하는 것이나 같을 것이고, 따라서 비용은 어떤 접근이든지 회전의 수에 1을 더한 것과 같다.

정리하면 스프레이 단계에서 $O(\log N)$의 상환범위를 가지고, 우리는 포텐셜 함수가 필요하다. 대부분 $O(\log N)$의 증가가 가능하지만, 단계가 진행되는 동안 회전의 숫자는 상쇄된다. 이것은 모든 기준을 만족시키는 포텐셜 함수를 찾기 쉽지 않은 것을 말한다. 간단하게 한 가지 추측해 본다면 포텐셜 함수는 트리의 모든 노드들의 깊이의 합 일지도 모른다. 아무것도 하지 않은 상태에서 포텐셜은 접근하는 동안 $\Theta(N)$의 증가가 가능하다. 표준적인 예제는 요소삽입의 순차적인 명령에 의해 일어난다.

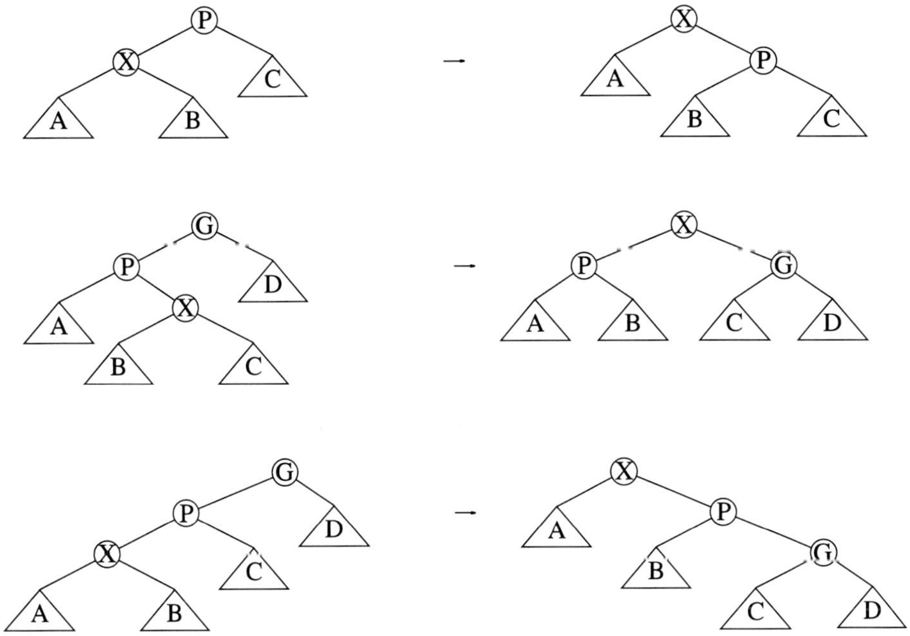

그림 11.21 zig, zig-zag, and zig-zig 연산들; 각각은 대칭적 경우를 갖는다. (보이지는 않음)

포텐셜함수 Φ는 다음과 같이 정의된다.

$$\Phi(\mathrm{T})=\sum_{i\in T}\log S(i)$$

$S(i)$의 자손은 i로 표현한다. 포텐셜 함수는 합이고, $S(i)$출신의 트리 T에 모든 노드 i가 있다. 간단히 말하면 다음과 같이 정의할 수 있다.

$$R(i)=\log S(i)$$

이것은 다음으로 만들어진다.

$$\Phi(\mathrm{T})=\sum_{i\in T}R(i)$$

$R(i)$은 노드 i의 랭크를 나타낸다. 요점은 알고리즘인 이항 큐와 피보나치 힙이 공통 원소를 가지지 않는 것과 유사하다. 모든 데이터 구조체 안에서 순위가 의미하는 것은 약간 다를지도 모르겠지만, 일반적으로 로그크기를 가지는 트리의 연산을 하는 것이라고 할 수 있다. 트리 T와 노드 N으로 살펴보면, 루트의 순위는 간단하게 $R(T)=\log N$이다. 랭크의 합을 사용하면 포텐셜 함수는 포텐셜 함수의 높이에 합과 사용이 유사하다. 중요한 다른 점은 회전으로 트리의 많은 노드들인 X, P, G의 높이의 변화가 가능하다는 것이다. 주요 법칙을 증명하기 전에, 우리는 보조정리가 필요하다.

보조정리 11.4

만약 $a+b \le c$이고 a와 b가 서로 양수이면, $\log a + \log b \le 2\log c - 2$이다.

증명

다음 수식을 보면 $\sqrt{ab} \le (a+b)/2$이고, 이것은 $\sqrt{ab} \le c/2$이다. 양 항에 제곱을 하면 $ab \le c^2/4$와 같이 나타낼 수 있다.

양쪽에 로그를 취하면 보조정리와 같아진다, 이제 주요 법칙의 증명이 준비되었다.

보조정리 11.5

루트 T와 노드 X의 트리를 스프레이하여 상환된 시간은 일반적으로 $3(R(T)-R(X))+1 = O(\log N)$ 이다.

증명

포텐셜 함수는 트리 T의 노드 순위의 합이다. 만약 X가 T의 루트라면, 회전하지 않는다, 그리고 포텐셜 변화가 필요 없다. 노드로 접근하는 실제 시간이 1이다: 이것은 법칙이 맞다면 상환시간이 1이라는 것이다. 따라서 우리는 가장적은 한 번의 회전을 하면 된다고 추측할 수 있다.
스프레이 단계 전에 $R_i(X)$와 $S_i(X)$을 X의 순서와 크기라고 하자. 그리고 $R_f(X)$와 $S_f(X)$를 스프레이 단계 후의 X의 순서와 크기라고 하자. 우리는 zig의 상환시간이 기껏해야 $(R_f(X)-R_i(X))$인 것을 알 수 있다. 우리는 우리가 모든 단계 후에 시간범위의 합을 예측할 수 있다.

- *zig 단계* : zig단계에서는 실제 시간은 1(한번 회전에서)이고, 포텐셜 변화는 $R_f(X) + R_f(P) - R_i(X) - R_i(P)$이다. 중요한 것은 포텐셜 변화가 쉽게 계산이 되고 오로지 X와 P의 트리 변화 크기이다. 따라서,

$$AT_{zig} = 1 + R_f(X) + R_f(P) - R_i(X) - R_i(P)$$

이다. 그림 11.21에서 우리는 $S_i(P) \ge S_f(P)$인 것을 알 수 있다; 그것은 $R_i(P) \ge R_f(P)$로 다시 쓸 수 있다. 따라서,

$$AT_{zig} \le 1 + R_f(X) - R_i(X)$$

다음으로 $S_f(X) \ge S_i(X)$이고 $R_f(X) - R_i(X) \ge 0$이기 때문에 오른쪽은 증가할 것이므로 다음 식을 얻을 수 있다.

$$AT_{zig} \le 1 + 3(R_f(X) - R_i(X))$$

이다.

• *zig-zag 단계* : zig-zag 경우에는, 현실적인 비용은 2이고, 포텐셜 변화는 $R_f(X)+R_f(P)+R_f(G)-R_i(X)-R_i(P)-R_i(G)$이다. 받는 상환된 시간은 다음과 같다.

$$AT_{zig-zag}=2+R_f(X)+R_f(P)+R_f(G)-R_i(X)-R_i(P)-R_i(G)$$

그림 11.21에서 우리는 $S_f(X)=S_i(G)$라는 것을 알 수 있고, 그들의 순위는 같다. 따라서, 우리는 다음 식을 얻을 수 있다.

$$AT_{zig-zag}=2+R_f(P)+R_f(G)-R_i(X)-R_i(P)$$

우리는 또한 $S_i(P)\geq S_i(X)$를 알 수 있다. 결과적으로 $R_i(X)\leq R_i(P)$가 된다.

$$AT_{zig-zag}\leq 2+R_f(P)+R_f(G)-2R_i(X)$$

만약 모조정리 11.4를 적용한다면 우리는 다음 식을 얻을 수 있다.

$$\log S_f(P)+\log S_f(G)\leq 2\log R_f(X)-2$$

순위를 정의한다면 다음과 같다.

$$R_f(P)+R_f(G)\leq 2R_f(X)-2$$

이것은 다음과 같이 바꿀 수 있다.

$$\begin{aligned}AT_{zig-zag}&\leq 2R_f(X)-2R_i(X)\\&\leq 2(R_f(X)-R_i(X))\end{aligned}$$

다음으로 $R_f(X)\geq R_i(X)$를 적용하면 다음 식을 얻을 수 있다.

$$AT_{zig-zag}\leq 3(R_f(X)-R_i(X)$$

• *zig-zig 단계*: 세 번째 단계는 zig-zig 단계이다. 이 경우를 매우 간단한 zig-zig 경우로 증명된다. 중요한 점은 부등식 $R_f(X)=R_i(G)$, $R_f(X)\geq R_f(P)$, $R_i(X)\leq R_i(P)$과 $S_i(X)+S_f(G)\leq S_f(X)$이다. 상세사항은 연습문제 11.8에 자세히 다루기 위해 남겨 둔다.

전체적인 스프레이시 상환비용은 각각 스프레이 되는 상환비용들의 합이다. 그림 11.22는 노드 2에 스프레이 한 것을 보여 준다. $R_1(2)$, $R_2(2)$, $R_3(2)$와 $R_4(2)$는 4개의 트리에서 노드 2를 가지는 것의 순위를 나타낸다. 첫 번째 단계인 Zig-zig의 비용은 일반적으로 most $3(R_2(2)-R_1(2))$이다. 두 번째 단계인 Zig-zig의 비용은 $3(R_3(2)-R_2(2))$이다. 마지막 단계인 zig는 $3(R_4(2)-R_3(2))+1$의 비용을 가진다. 전체적인 비용은 $3(R_4(2)-R_1(2))+1$와 같이 들어간다.

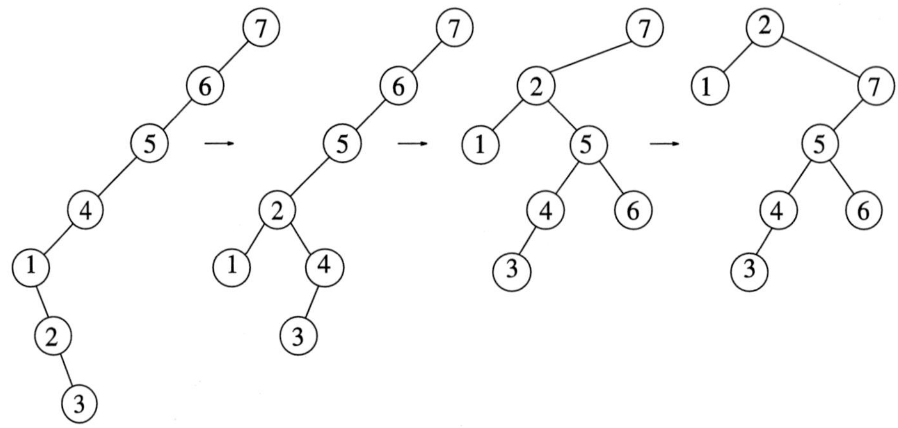

그림 11.22 노드 2 스프레잉에 포함된 스프레잉 단계들

일반적으로 추가되는 모든 종류의 회전의 상환되는 가격은 대부분 하나의 zig이고, 우리는 전체의 노드 X가 스프레이로 상환된 가격은 대부분 $3(R_f(X)-R_i(X))+1$이고, $R_i(X)$는 처음 스프레이 단계전의 X의 순위이고 $R_f(X)$는 X는 스프레이 단계 후의 순위이다. 이후 마지막 스프레이 단계에는 루트에 S가 남겨져 있고, 우리는 $3(R_f(T)-R_i(X))+1$의 상환된 시간을 얻을 수 있고, $O(\log N)$이다.

그래서 모든 연산은 스프레이로 스프레이 트리를 만들어 준다. 연산에서 상환된 시간은 스프레이에서 상환된 시간은 변하지 않는 상수 시간 안에 존재한다. 따라서 모든 스프레이 트리 연산은 $O(\log N)$의 상환시간을 가진다. 더 일반적인 포텐셜 함수를 사용하면, 스프레이 트리가 몇몇의 주목할만한 특성을 보여 주는 것이 가능하다.

11장 요약

이 장에서 우리는 어떻게 분석이 연산들 중에 비용을 분배하는데 사용될 수 있는지를 보았다. 분석을 수행하기 위하여, 포텐셜 함수라는 것을 고안했다. 포텐셜 함수는 시스템의 상태를 측정한다. 높은 포텐셜 자료구조는 휘발성이 있어 상대적으로 저렴한 연산들로 구축된다.

어떤 연산에 대해서 비싼 비용이 들게되면, 이전의 연산들에서 절약함으로써 값이 치루어 진다. 포텐셜은 재앙의 포텐셜을 위하여 있다고 볼 수 있다. 이 말은 고비용의 연산은 자료구조가 높은 포텐셜을 가지고 할당된 시간보다 훨씬 적은 시간을 사용할 때에만 나타날 수 있다는 것이다.

낮은 포텐셜을 각 연산의 비용이 대충 그것을 위해 할당된 시간과 동일하다는 것을 의미한다. 부정적 포텐셜은 빚을 의미한다. 즉 할당된 시간보다 많은 시간을 소요 할 수록 할당된(상환된) 시간은 의미있는 상한이 아니라는 것이다.

식 (11.2)로 표현된 것처럼 연산을 위해 상환된 시간은 포텐셜 변화와 실제 시간의 합과 같다. 전체 연산에 대해서 상환시간은 전체 연산들에 포텐셜에서의 추가 변화를 더한 것과 같다. 추가 변화가 양수이면 상환된 바운드(bound)는 실제 소요된 시간에 대한 상환(upper band)을 제공하며 의미있는 것이다.

포텐셜 함수를 선택할 때 핵심적인 사항은 알고즘의 초기에 최소 포텐셜이 발생하고 값싼 연산에 대해서 포텐셜이 증가하고 비싼 연산에 대해서는 감소하도록 하는 것을 보장할 수 있는 함수를 선택하는 것이다. 시간의 절약 또는 초과가 포텐셜의 반대 변화로 인하여 측정될 수 있다는 것이 중요하다. 불행히도 말하기도 쉬워도 하기는 어려운 것이 현실이다.

11장 연습문제

11.1 이항 큐로 M의 연속적인 삽입이 $2M$의 유닛시간보다 적을 때는 언제인가?

11.2 이항 큐에서 $N=2^k-1$이 만들어진다고 가정하자. M을 insert와 deleteMin의 쌍을 실행한다. 명백하게, 각 연산은 $O(\log N)$의 시간이 걸린다. 이것은 왜 삽입의 상환시간이 $O(1)$인 것과 모순되지 않는가?

*11.3 최악의 경우로 바뀐 텍스트연산의 상환 범위가 $O(\log N)$인 skew 힙연산 묘사는 연속된 연산으로 merge Θ(N)의 시간을 이끌어 내어 주는 것을 보여라.
텍스트에서 기술된 기울어진 힙(skew heap) 연산에 대한 $O(\log N)$상환 시간이 Θ시간을 요구하는 merge를 초래하는 연산들을 줌으로써 최악의 경우의 시간으로 전환 될 수 없음을 보여라.

*11.4 어떻게 두 개의 skew힙을 하나의 경로를 가지고, $O(1)$의 가격을 가지도록 합치는지 보여라.

11.5 skew힙이 $O(\log N)$의 상환시간내에 decreaseKey를 지원하도 확장하시오.

11.6 피보나치 힙을 구현하고 Dijkstra 알고리즘에 사용될 때 이진 힙과의 성능을 비교하시오.

11.7 피보나치 힙을 구현하는 표준 방식은 노드당 4개의 링크를 요구한다(부모, 자식, 그리고 두 개의 형제링크). 실행 시간에 상수 요소를 희생하면서라도 링크의 개수를 줄일 수 있는 방법을 설명하시오.

11.8 zig-zig 스프레이의 상환 시간이 최대 $3(R_f(X)-R_i(X))$인 것을 보여라.

11.9 포텐셜을 바꿈으로써, 스프레이 되는 것에 대하여 다른 바운드들을 증명하는 것은 가능하다. 가중치 함수 $W(i)$를 트리의 각각의 노드에 적용하고, 가중치 합의 $S(i)$을 모든 루트형태로 생겨있는 i에 적용한다. 특별한 케이스인 $W(i)=1$인 경우와 스프레이 범위의 함수를 사용한 것을 증명하는 것은 같다. N은 트리의 노드들의 수이고, M은 접근들의 수이다. 다음 2가지 법칙을 증명하시오.

a. 전체 접근시간이 $O(M+(M+N)\log N)$이다.

*b. 만약 q_i이 i의 접근 개수를 가진다면, 모든 i는 $q_i > 0$이고 전체 접근시간은 $O\left(M + \sum_{i=1}^{N} q_i \log(M/q_i)\right)$이다.

11.10 a. 스프레이 트리에서 merge 연산 시 한 개의 요소만 가진 트리 N의 $N-1$ 결합의 시간이 $O(N\log^2 N)$ 시간임을 보여라.

*b. $O(N\log N)$의 범위를 개량하라.

11.11 5장에서 rehashin을 설명한 것처럼 테이블이 절반이 가득 찰 때 두 배의 새로운 테이블이 구성되고, 오래된 테이블은 rehashed 된다. 포텐셜 함수로 상환시간 분석 시 삽입의 가격이 $O(1)$로 일정함을 보여라.

11.12 Fibonacci 힙의 최대 깊이는 무엇인가?

11.13 디큐와 힙은 다음 명령이 실행될 수 있는 리스트의 데이터구조로 구성되어 있다:

push(x) : 디큐의 처음 부분에 x 아이템을 삽입한다.
pop( ) : 디큐의 처음 부분의 아이템을 삭제하고 그것을 돌려준다.
inject(x) : 디큐의 마지막 부분에 x 아이템을 삽입한다.
eject( ) : 디큐의 마지막 부분의 아이템을 삭제하고 그것을 돌려준다.
findMin( ) : 디큐안의 가장 작은 아이템을 돌려준다.

a. 상수 시간의 연산이 상환될 때, 연산의 방법을 묘사하시오.

**b. 최악 시간의 연산이 상환될 때, 연산의 방법을 묘사하시오.

11.14 이항 큐에서 실제적인 병합이 $O(1)$의 상환시간을 가지는 것을 보여라. 이항 큐의 포텐셜은 가장 큰 트리에서 몇몇의 트리의 순위로 정의하라.

11.15 두 번째 트리연산을 스프레이하여 저장된 시간을 생각해 보라. 대수로 남아 있는 상환비용은?

11.16 스프레이 트리 범위의 증명 안에서의 포텐셜 함수 사용에서 스프레이 트리의 최대와 최소의 포텐셜은 무엇인가? 하나의 스프레이시 포텐셜 함수의 감소는 어느 정도인가? 하나의 스프레이시 포텐셜 함수의 증가는 어느 정도인가? big-oh(O(x))로 답하여라.

11.17 결과적으로 스프레이는 대부분 노드들에 접속하는 경로가 루트에서 절반만 움직이면 된다. 커플노드 경로가 한 레벨 아래로 이동할 때, 이것은 노드의 깊이가 포텐셜 함수인 것과 같이 모든 노드의 합이 로그로 나타낼 수 있는 것을 제안한다.

a. 포텐셜 함수의 최대 값은 무엇인가?

b. 포텐셜 함수의 최소 값은 무엇인가?

c. 답에서 (a)와 (b)의 다른 점은 포텐셜 함수가 얼마나 좋은지에 따라 나타난다. 스프레이 연산에서 포텐셜이 $\Theta(N/\log N)$로 증가하는 것을 보여라.

11장 참고문헌

상환분석에 대한 자세한 조사에 대한 내용을 [10]에서 찾을 수 있다.

대부분 참고문헌이 이전의 것들과 중복되어 있다. 하지만 편의성과 완전성을 생각하여 다시 참고문헌으로 소개한다. 이항 큐는 [11]에서 처음 기술되었고 [1]에서 분석이 이루어 졌다. 연습문제 11.3과 11.4에 대한 해답은 [9]에 있다. 피보나치 힙은 [3]에 기술되어 있다. 연습문제 11.9(a)는 최적의 탐색 트리의 상수 요소내에서 스프레이 트리가 최적임을 보여 준다. 다른 두 개의 강력한 결과 뿐만 아니라 이것들도 최초의 스프레이 관련 문헌 [7]에서 증명되었다.

상환 분석은 균형탐색트리를 효율적으로 병합하기 위하여 [2]에서 사용되었다.
그 병합 연산은 [6]에 나와 있다. 연습문제 11.13은 [4]에서 찾을 수 있다. 연습문제 11.14는 [5]에서 나왔다.

[8]에서 상환분석이 연속 질의들을 처리하는 온라인 알고리즘을 설계하기 위하여 사용되었다.

1. M. R. Brown, "Implementation and Analysis of Binomial Queue Algorithm," *SIAM Journal on Computing*, 7 (1978), 298-319
2. M. R. Brown and R. E. Tarjan, "Design and Analysis of a Data Structure for Representing Sorted Lists," *SIAM Journal on Computing*, 9 (1980), 594-614
3. M. L. Fredman and R. E. Tarjan, "Fibonacci Heaps and Their Uses in Improved Network Optimization Algorithms," *Journal of the ACM*, 34 (1987), 596-615
4. H. Gajewska and R. E. Tarjan, "Deques with Heap Order," *Information Processing Letters*, 22 (1986), 197-200
5. C. M. Khoong and H. W. Leong, "Double-Ended Binomial Queues," *Proceedings of the Fourth Annual International Symposium on Algorithms and Computation* (1993), 128-137.
6. G. Prt and A. Moffat, "A Fast Algorithm for Melding Splay Trees," *Proceedings of First Workshop on Alorithms and Data Structures* (1989), 450-459.
7. D. D. Sleator and R. E. Tarjan, "Self-adjusting Binary Search Trees," *Journal of the ACM*, 32 (1985), 652-686
8. D. D. Sleator and R. E. Tarjan, "Amortized Efficiency of List Update and Paging Rules," *Communications of the ACM*, 28 (1985), 202-208
9. D. D. Sleator and R. E. Tarjan, "Self-adjusting Heaps," *SIAM Journal on Computing*, 15 (1986), 52-69

10. R. E. Tarjan, "Amortized Computational Complexity," *SIAM Journal on Algebraic and Discrete Methods*, 6 (1985), 306-318
11. J. Vuillemin, "A Data Structure for Manipulating Priority Queues," *Communications of the ACM*, 21 (1978), 309-314

12 고급 자료구조와 구현

이 장에서는 실용적인 측면에서 중요한 7개의 자료구조에 대해 알아본다. 우선 4장에서 알아본 AVL 트리의 대안들인 최적화된 스플레이 트리(splay tree), 레드-블랙 트리(red-black tree), 10장에서 살펴본 결정적 스킵 리스트(deterministic skip list), AA-트리와 트립(treap)에 대해 알아본다.

다음으로 다차원 데이디에 사용할 수 있는 자료 구조를 살펴본다. 이 경우, 각 아이템(item)은 여러 개의 키를 가지고 있다. $k-d$ 트리는 어느 키로도 탐색을 할 수 있다.

마지막으로 피보나치 힙(Fibonacci heap)의 실용적인 대안인 페어링 힙(pairing heap)에 대해 알아본다.

이 장은 다음을 포함하고 있다.

- 비재귀적이자 하향식(상향식 대신 사용) 탐색 트리 구현
- 감시자 노드를 사용하는 세부적이고 효율적인 구현

12.1 하향식 스플레이 트리(Top-down Splay Trees)

4장에서 기본적인 스플레이 트리 연산에 대해 알아보았다. 아이템 X가 리프(leaf) 노드에 삽입되었을 때, 스플레이(splay)라고 하는 트리 회전에 의해 X는 트리의 새로운 루트가 된다. 스플레이는 탐색 중에도 수행되고, 아이템이 발견되지 않으면 접근 경로에서 최근에 접근했던 노드에서 수행된다. 11장에서는 스플레이 트리 연산에서 양도된(armortized) 비용은 $O(\log N)$임을 보여 주었다.

이러한 방법의 직접적인 구현에는 루트에서부터 아래로의 트리의 탐색과 스플레이 스텝을 위한 상향식(bottom-up) 탐색이 필요하다. 이는 부모노드로의 링크를 유지하거나 스택에 접근 경로를 저장함으로써 가능하다. 불행하게도 두 방법 모두 심각한 오버헤드를 발생시키고 많은 특수한 경우를 처리해야 한다. 이 절에서는 초기의 접근경로에서 회전을 수행하는 기법에 대해 살펴보며, 이 기법에 의해 결과는 단지 $O(1)$의 추가 공간으로 $O(\log N)$의 양도된 실행시간을 유지할 수 있다.

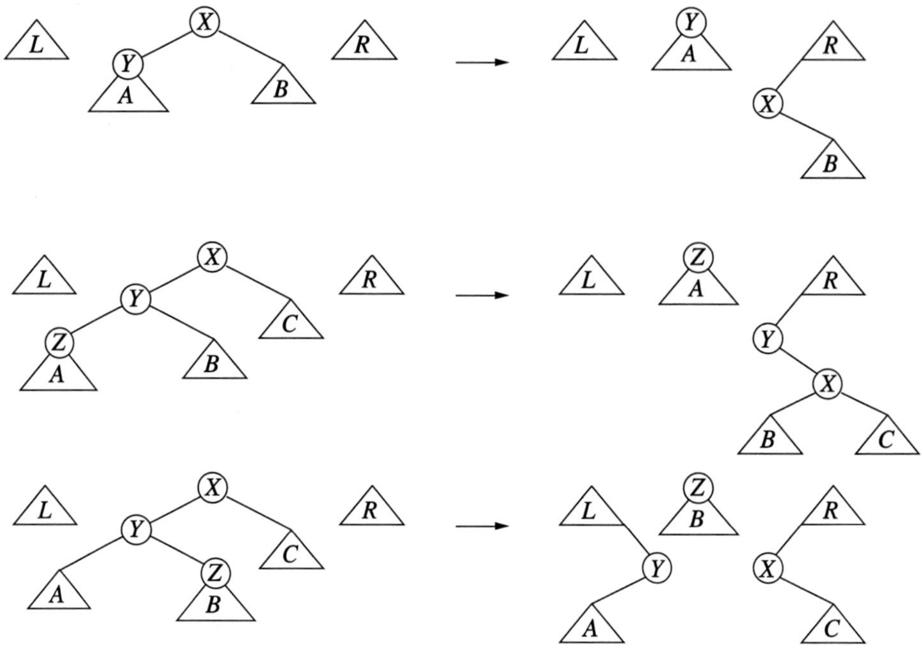

그림 12.1 하향식 스플레이 회전: *zig*, *zig-zig*, *zig-zag*

그림 12.1은 *zig*, *zig-zig*, *zig-zag*를 보여 준다(통상적으로 '회전'은 생략한다). 어느 지점에서 접근하든지 현재 *X*노드가 하위트리(subtree)의 루트가 된다. 이는 본 그림에서 가운데 위치한 트리로서 표현된다.[1] 트리 *L*은 트리 *T*에 있는 *X*보다 적고 *X*의 하위트리가 아닌 노드를 저장한다. 비슷하게 트리 *R*은 트리 *T*에 있는 *X*보다 크고 *X*의 하위트리가 아닌 노드를 저장한다. 초기 상태에서 *X*는 *T*의 루트이고 *L*과 R은 비어 있다.

회전이 *zig*가 되면 *Y*는 중앙 트리의 새로운 루트가 된다. *X*와 *X*의 하위 트리 *B*는 트리 *R*에 있는 가장 작은 아이템의 왼쪽 자식 노드에 포함된다. *X*의 왼쪽 자식노드는 논리적으로 NULL이 된다.[2] 결과적으로, *X*는 *R*에 있는 새로운 가장 작은 아이템이 된다. *Y*는 적용되는 *zig*를 위해 단말 노드가 되어야 할 필요는 없다. *Y*보다 작은 아이템을 찾을 때, *Y*가 오른쪽 자식 노드는 있지만 왼쪽 자식노드가 없을 경우 *zig* 연산이 적용된다.

zig-zig 연산을 하기 위해 비슷한 분석을 해 보자. *X*와 *Y*사이에 회전이 수행된다는 점이 중요하다. *zig-zig* 연산은 중앙 트리의 루트에 하위 노드의 *Z*를 올려놓고 이와 동시에 *R*과 *L*에 하위트리 *X*와 *Y*를 포함시킨다. *Y*는 *L*에 있는 가장 큰 아이템에 포함된다.

1) 간단히 하기 위해 노드와 노드내의 아이템은 구별하지 않는다.

2) 코드내에서 R의 가장 작은 노드는 NULL 왼쪽 링크를 가지지 않는다. 왜냐하면 그것을 가질 필요가 없기 때문이고 이것은 printTree(r)이 논리적으로 *R*에 있지 않는 아이템을 포함함을 의미한다.

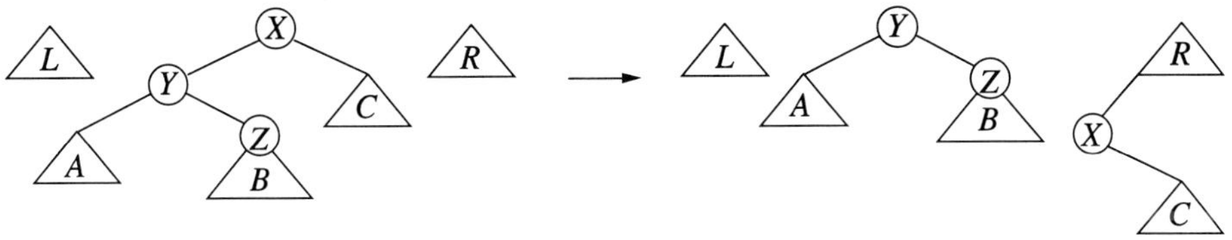

그림 12.2 간소화된 하향식 *zig-zag*

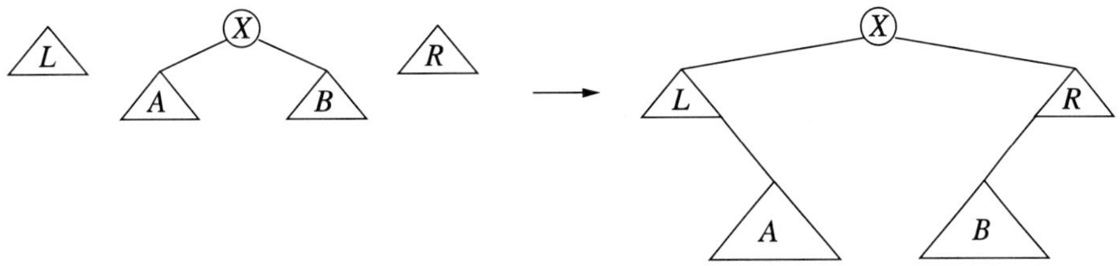

그림 12.3 하향식 스플레이의 마지막 정렬

zig-zag 연산은 회전을 줄임으로써 다소 간소화될 수 있다. Z를 중간 트리의 루트로 옮기는 대신에 Y를 루트로 옮기며 이는 그림 12.2에 표현되어 있다. 이 *zig-zag* 연산의 동작은 *zig* 연산과 일치하므로 코드가 간단해진다. 연산의 주체를 찾는 것은 많은 수행시간이 필요하기 때문에 이 연산은 장점을 가지는 것처럼 보인다. 그러나 단지 한 레벨만 낮추고 스플레이 프로시저에서 더 많은 반복 연산이 필요한 단점이 있다.

마지막 스플레이 스텝를 수행하기 위해서 그림 12.3은 L, R, 중앙 트리가 하나의 트리를 형성하는 데 어떻게 정렬되는지 보여 주며, 상향식 스플레이 트리와 다른 결과를 보인다. 중요한 점은 $O(\log N)$의 양도된 실행시간이 유지된다는 것이다.

하향식 스플레이 알고리즘의 예는 그림 12.4에서 보여진다. 트리 내에서 19를 접근해야 한다고 하면 첫단계는 *zig-zag*이다. 그림 12.2에 따르면 중앙 트리의 루트에 25를 가져다 놓고 12와 12의 왼쪽 하위트리를 L에 포함시킨다.

다음 단계로 *zig-zig* 연산을 수행한다. 이 연산은 15가 중앙 트리의 루트에 올라오고 20과 25사이에 회전이 수행되면서 R에 포함될 하위 트리가 결정된다. 19를 탐색하는 프로시저는 마지막 *zig* 연산을 수행하면서 종료된다. 중간 트리의 새로운 루트는 18이고 15와 15의 왼쪽 하위 트리는 L의 가장 큰 노드의 오른쪽 자식노드에 포함된다. 그림 12.3에 따르면 재결합(reassembly)은 스플레이 스텝을 종료시킨다.

우리는 왼쪽, 오른쪽 트리의 루트를 포함한 왼쪽, 오른쪽 링크를 가지고 있는 헤더를 사용할 수 있다. 이들 트리는 초기에 비어 있기 때문에 헤더는 초기상태에서 왼쪽 트리의 최대 노드, 오른쪽 트리의 최소 노드에의 링크를 가진다. 이 방법은 빈 트리의 검사를 피할 수 있다. 처음에 왼쪽 트리는 비어있지 않고 오른쪽 포인터는 초기화될 것이고 향후 변경되지 않는다. 오른쪽 포인터는 하향식 탐색의 끝에서 왼쪽 트리의 루트를 포함하고 있다. 비슷하게 왼쪽 포인터는 결국 오른쪽 트리의 루트를 포함한다.

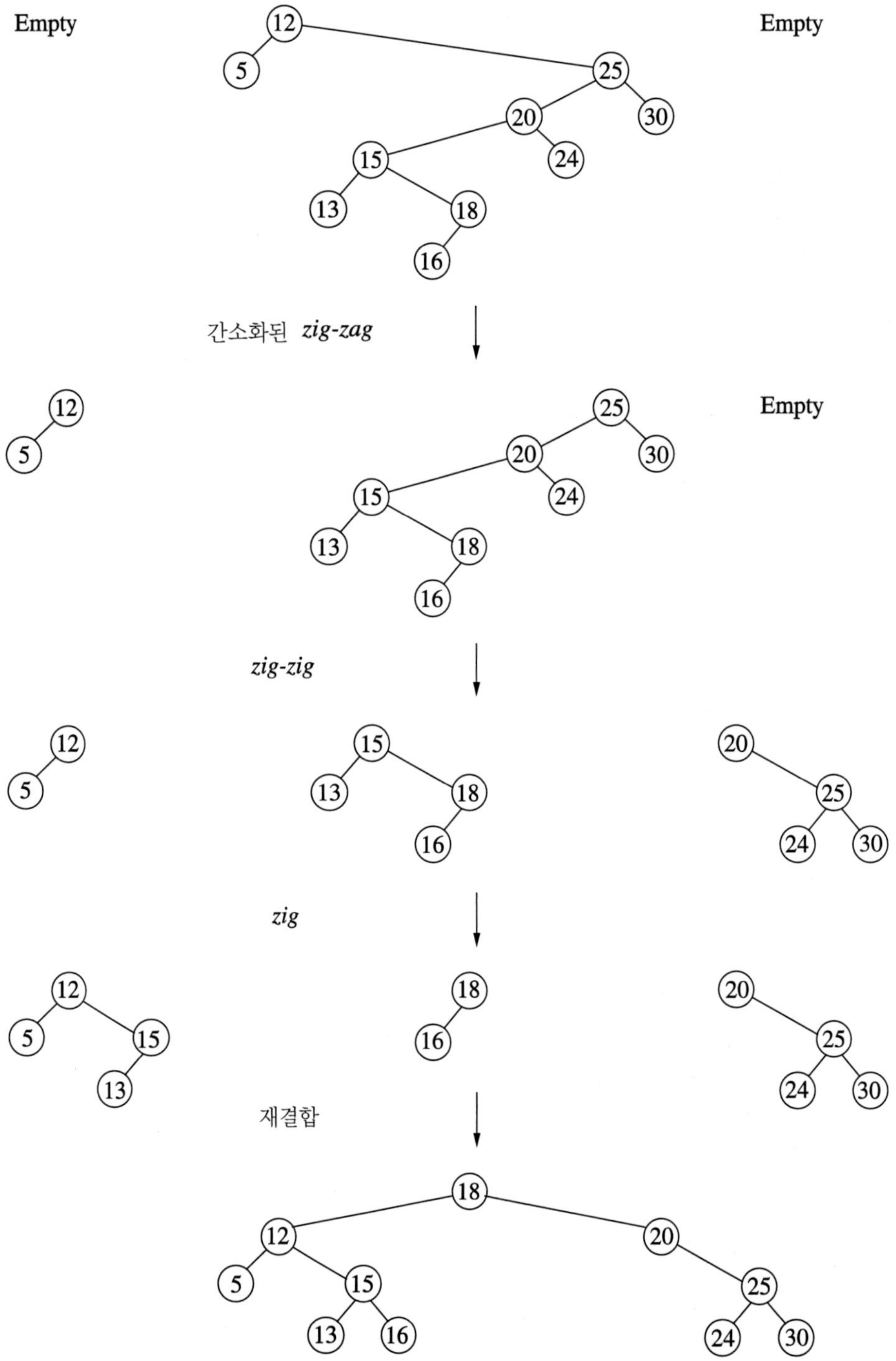

그림 12.4 하향식 스플레이 스텝 (19번 노드 접근)

SplayTrees의 클래스 인터페이스, 생성자, 소멸자는 그림 12.5에서 보여 주고 있다. 생성자는 nullNode 감시자를 할당한다. 또한 감시된 nullNode는 논리적으로 NULL 포인터를 표현하고 소멸자는 **makeEmpty** 함수를 호출한 후에 **nullNode**를 삭제한다. 코드를 간단히 하기 위해 이 기법을 반복적으로 사용할 것이다(결과적으로 코드가 다소 빨라진다). 그림 12.6은 스플레이 프로시저의 코드를 보여 준다. **header** 노드는 R이 비어 있는지 걱정할 필요없이 R의 가장 큰 노드에 X를 포함시킬 수 있다(L에 대해서도 동일한 프로시저를 수행한다).

```
template <typename Comparable>
class SplayTree
{
  public:
    SplayTree( )
    {
      nullNode = new BinaryNode;
      nullNode->left = nullNode->right = nullNode;
      root = nullNode;
    }

    ~SplayTree( )
    {
      makeEmpty( );
      delete nullNode;
    }

    // BinarySearchTree와 같은 방법(생략됨)

    SplayTree( const SplayTree & rhs );
    const SplayTree & operator=( const SplayTree & rhs );

  private:
    struct BinaryNode
      { /* 이진 탐색 트리 노드의 일반적 코드 */ };

    BinaryNode *root;
    BinaryNode *nullNode;

    // BinarySearchTree와 같은 방법(생략됨)

      // 트리 조정
    void rotateWithLeftChild( BinaryNode * & k2 );
    void rotateWithRightChild( BinaryNode * & k1 );
    void splay( const Comparable & x, BinaryNode * & t );
};
```

그림 12.5 스플레이 트리: 클래스 인터페이스, 생성자, 소멸자

```
/**
 * 하향식 스플레이를 수행하기 위한 내부 메소드
 * 최근에 접근한 노드는 새로운 루트가 된다.
 * 이 방법은 다른 스플레이 알고리즘에 함수재정의(overriding) 될 수 있다.
 * 그러나, 스플레이 트리 코드는 루트가 되는 접근된 아이템에
 * 따라 좌우된다.
 * x는 스플레이를 수행할 목표 아이템이다.
 * t는 스플레이를 수행하는 하위트리의 루트이다.
 */
void splay( const Comparable & x, BinaryNode * & t )
{
    BinaryNode *leftTreeMax, *rightTreeMin;
    static BinaryNode header;

    header.left = header.right = nullNode;
    leftTreeMax = rightTreeMin = &header;

    nullNode->element = x;    // 매치 보장

    for( ; ; )
        if( x < t->element )
        {
            if( x < t->left->element )
                rotateWithLeftChild( t );
            if( t->left == nullNode )
                break;
            // 오른쪽 링크
            rightTreeMin->left = t;
            rightTreeMin = t;
            t = t->left;
        }
        else if( t->element < x )
        {
            if( t->right->element < x )
                rotateWithRightChild( t );
            if( t->right == nullNode )
                break;
            // 왼쪽 링크
            leftTreeMax->right = t;
            leftTreeMax = t;
            t = t->right;
        }
        else
            break;

    leftTreeMax->right = t->left;
    rightTreeMin->left = t->right;
    t->left = header.right;
    t->right = header.left;
}
```

그림 12.6 하향식 스플레이 방법

위에서 언급한대로 스플레이의 마지막에 재결합을 수행하기 전에 **header.left**와 **header.right**는 R과 L의 루트를 가리킨다. 세부적인 내용을 제외하고 코드는 상대적으로 간단하다.

```
void insert( const Comparable & x )
{
   static BinaryNode *newNode = NULL;

   if( newNode == NULL )
      newNode = new BinaryNode;
   newNode->element = x;

   if( root == nullNode )
   {
      newNode->left = newNode->right = nullNode;
      root = newNode;
   }
   else
   {
      splay( x, root );
      if( x < root->element )
      {
         newNode->left = root->left;
         newNode->right = root;
         root->left = nullNode;
         root = newNode;
      }
      else
      if( root->element < x )
      {
         newNode->right = root->right;
         newNode->left = root;
         root->right = nullNode;
         root = newNode;
      }
      else
         return;
   }
   newNode = NULL; // 다음 insert는 새로운 호출을 한다.
}
```

그림 12.7 하향식 스플레이 트리 insert

그림 12.7은 트리에 아이템을 삽입하는 방법을 보여 준다. 필요하다면 새로운 노드가 할당되고, 트리가 비어 있다면 하나의 노드를 가진 트리가 생성된다. 트리가 비어 있지 않다면 삽입된 값인 **x**를 중심으로 **root**를 스플레이한다. 새로운 루트에 있는 데이터가 x와 같다면 중복되어 있음을 확인할 수 있다. 이 때에는 **x**를 재삽입하는 대신에 이후의 삽입을 위해 **newNode**를 유지하고 즉시 프로시저를 끝낸다. 새로운 루트가 **x**보다 더 큰 값을 가지고 있다면 새로운 루트와 그 오른쪽 하위트리는 **newNode**의 오른쪽 하위 트리가 되고 루트의 왼쪽 하위 트리는 **newNode**의 왼쪽 하위트리가 된다. 새로운 루트의 값이 x보다 작을 경우에도 비슷한 논리가 적용된다. 두 경우 모두 **newNode**가 새로운 루트가 된다.

```
void remove( const Comparable & x )
{
   BinaryNode *newTree;

     // 발견된 x는 루트가 된다.
   splay( x, root );
   if( root->element != x )
      return;    // 아이템이 발견되지 않았다. 아무 일도 하지 않는다.

   if( root->left == nullNode )
      newTree = root->right;
   else
   {
      // 왼쪽 하위 트리에서 최대 값을 찾는다.
      // 최대 값을 루트에 스플레이하고, 오른쪽 자식에 포함시킨다.
      newTree = root->left;
      splay( x, newTree );
      newTree->right = root->right;
   }
   delete root;
   root = newTree;
}

void makeEmpty( )
{
   while( !isEmpty( ) )
   {
      findMax( );            // 루트에 최대 아이템을 스플레이한다.
      remove( root->element );
   }
}
```

그림 12.8 하향식 삭제 프로시저와 makeEmpty

4장에서 스플레이 트리의 삭제가 쉬움을 밝혔다. 그 이유는 스플레이는 루트에 삭제할 노드가 위치해 있기 때문이다. 그림 12.8에서는 삭제 루틴을 보여 주고 있다. 삭제 프로시저가 삽입 프로시저보다 간단한 경우는 정말 드문 경우다. 또한, 그림 12.8은 makeEmpty 함수를 보여 준다. 트리 노드를 교정할 때 간단한 재귀 후위 순회는 안전하지 않다. 왜냐하면 스플레이 트리는 좋은 성능을 보일 때조차도 균형이 맞지 않아 재귀함수를 수행하면 스택 공간이 모자라게 되기 때문이다. 이런 경우에는 명백하지는 않지만 간단하게 $O(N)$으로 표현한다. 비슷한 고려대상은 연산자=를 필요로 한다.

12.2 레드-블랙 트리(Red-Black Trees)

AVL 트리의 오래되고 유명한 대안 트리로서 **레드-블랙 트리**(red-black tree)가 있다. 레드-블랙 트리의 연산자들은 최악의 경우에 $O(\log N)$의 수행 시간을 가지고 (삽입의 경우) 비재귀적 구현은 (AVL 트리와 비교하면) 상대적으로 쉽다.

레드-블랙 트리는 다음의 색상적 특징을 가지는 이진 탐색 트리이다.

1. 모든 노드는 빨간색이나 검정색으로 표현된다.
2. 루트는 검정색이다.
3. 노드가 빨간색이면 그 자식은 반드시 검정색이다.
4. 노드에서 NULL 포인터로 향하는 모든 경로는 반드시 같은 수의 검정색 노드를 가지고 있어야 한다.

색상 법칙에 의해 레드-블랙 트리의 높이는 최대 $2\log(N+1)$이다. 결과적으로 탐색은 로그 함수로 표현된다. 그림 12.9는 레드-블랙 트리를 보여 주며, 빨간 노드는 겹쳐진 두 개의 원으로 표현하였다.

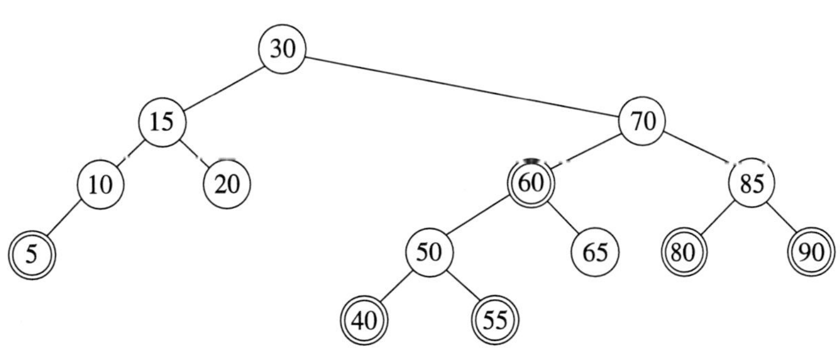

그림 12.9 레드-블랙 트리의 예제 (삽입 순서는 다음과 같다 : 10, 85, 15, 70, 20, 60, 30, 50, 65, 80, 90, 40, 5, 55)

일반적으로 트리에 새로운 아이템을 삽입하는 것은 어렵다. 일반적으로 새로운 아이템은 트리의 단말 노드에 위치하게 된다. 이 아이템을 검정색으로 칠한다고 하면 검정색 노드가 더 많은 경로가 생겨, 4번째 특징에 위반될 것이다. 그러므로 아이템은 반드시 빨간색이어야 한다. 부모가 검정색이라면 아무 문제없이 삽입되겠지만 빨간색이라면 연속적으로 빨간색 노드를 가질 수 없는 3번째 특징 때문에 문제가 발생한다. 이 경우 4번째 특징에 위배되지 않으면서 3번째 특징을 지킬 수 있는 방법을 찾아야한다. 이를 수행하기 위한 기본적인 연산이 색상 변경과 트리 회전이다.

12.2.1 상향식 삽입(Bottom-Up Insertion)

이미 언급한대로 새로 삽입되는 아이템의 부모가 검정색일 때는 문제없이 삽입가능하다. 그림 12.9에서 트리에 25를 삽입하는 프로시저는 간단하다.

부모 노드가 빨간색일 때는 고려해야 될 몇 가지 경우가 있다. 먼저 부모노드의 형제 노드가 검정색이라고 가정해 보자(관례상 NULL노드는 검정색이라고 간주한다). 3이나 8이 이에 적용되나 99의 삽입은 적용되지 않는다. *X*가 새로 삽입되는 단말노드이고 *P*가 부모노드, *S*가 부모노드의 형제노드(존재한다면), *G*가 조부모노드라고 하자. 이 경우 *X*와 *P*만이 빨간색이다. *G*는 연속된 두 노드가 같은 색이면 색상 법칙에 위배되므로 검정색이다. 스플레이 트리 개념을 적용하면 *X*, *P*, *G*는 *zig-zig* 사슬이거나 *zig-zag* 사슬을 형성한다. 그림 12.10은 P가 단말 노드일 때 어떻게 트리가 회전되는지 보여 준다(대칭일 경우에도 적용된다). *X*가 단말노드라고 하더라도 *X*가 트리의 중앙에 위치하도록 하여, 보다 일반적인 상태를 표현하였다. 이후에는 보다 일반적인 회전을 사용한다.

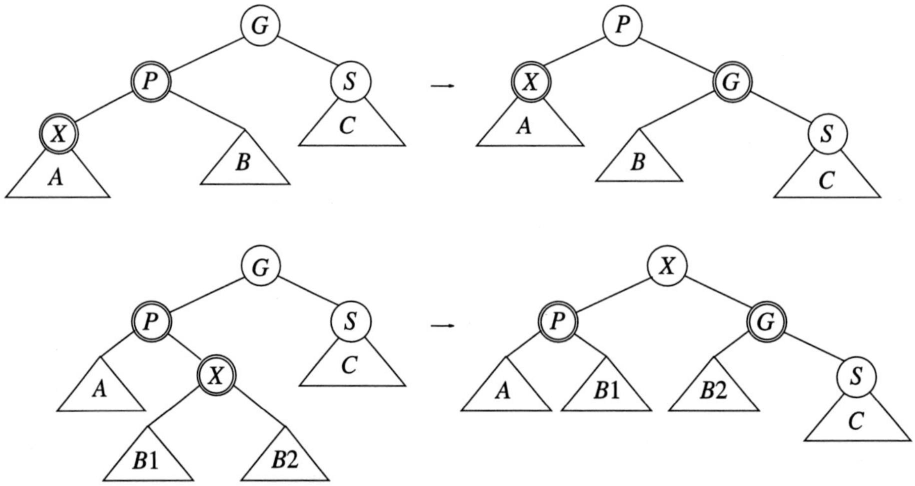

그림 12.10 S가 검정색일 때 *zig* 회전과 *zig-zag* 회전

회전에는 P와 G를 한 번 회전하는 첫 번째 경우와 X와 P, X와 G를 각각 두 번 회전하는 두 번째 경우가 있다. 이 코드를 작성할 때, 부모, 조부모, 재작성을 위한 증조부모를 쫓아가야 한다.

두 경우 모두 하위트리의 새로운 루트는 검정색이다. 본래의 증조부모노드가 빨간색이었다면 빨간색 노드가 연속적으로 나올 가능성은 없어지게 된다. 또한, A, B, C로의 경로에 검은색 노드의 개수는 회전의 결과와 상관없이 변하지 않는다.

지금까지는 좋았지만, S가 빨간색이고 그림 12.9의 트리에 79를 삽입하려 한다면 어떻게 될 것인가? 이 경우 초기에 C의 하위트리의 루트로부터 경로 상에 하나의 검은색 노드가 있었다. 회전 후에 단하나의 검은색 노드가 있어야 한다. 그러나 두 경우 모두 C로의 경로에는 세 개의 노드(새로운 루트, G, S)가 있다. 단 하나만 검은색이어야 하고, 연속된 빨간 노드는 없어야 하기에 S와 하위트리의 새로운 노드는 빨간색으로 바뀌야하고 G(4번째 노드)는 검은색으로 바뀌야 한다. 그런데 증조부모 노드가 빨간색이면 어떻게 되는가? 이 경우에는 더 이상 연속된 빨간 노드가 없거나 (바뀌진 검은색인) 루트에 도달할 때까지 B-트리와 이진 힙에서처럼 루트 쪽으로 프로시저를 여과(percolation)시킬 수 있다.

12.2.2 하향식 레드-블랙 트리(Top-Down Red-Black Trees)

여과 메소드를 수행하려면 스택을 사용하는 경로나 부모로의 링크를 유지해야 한다. 앞에서 스플레이 트리는 하향식 메소드를 사용했을 경우 더 효율적임을 보았다. 따라서, S가 빨간색이 아님을 보장하는 레드-블랙 트리를 위해 하향식 메소드를 적용해 본다.

하향식 메소드는 개념적으로 어렵지 않다. 밑으로 내려가면서 두 개의 빨간 노드를 자식으로 가지는 노드 X를 만났을 때, X를 빨간색으로 바꾸고 두 자식노드를 검정색으로 바꾼다(만약 X가 루트라면 빨간색이 되자마자 2번째 특성을 유지하기 위해 즉시 검정색으로 바꿀 수 있다). 그림 12.11은 이러한 색상 변경을 보여 주고 있다. X의 부모인 P가 빨간색일 때만 레드-블랙 트리에 위반된다. 그러나 이 경우에 그림 12.10에서 본 것과 같은 회전을 적용할 수 있다. 만약 X의 부모의 형제노드가 빨간색이라면 어떻게 될까? 이러한 가능성은 밑으로 내려가는 도중에 특정 행동에 의해 제거되며, X의 부모의 형제들은 절대 빨간색이 될 수 없다. 특히 트리를 따라 밑으로 내려가는 도중에 두 빨간 자식을 가지는 노드 Y를 만난다면, 회전이 일어났다 지더라도 우리는 Y의 조부모노드가 검정

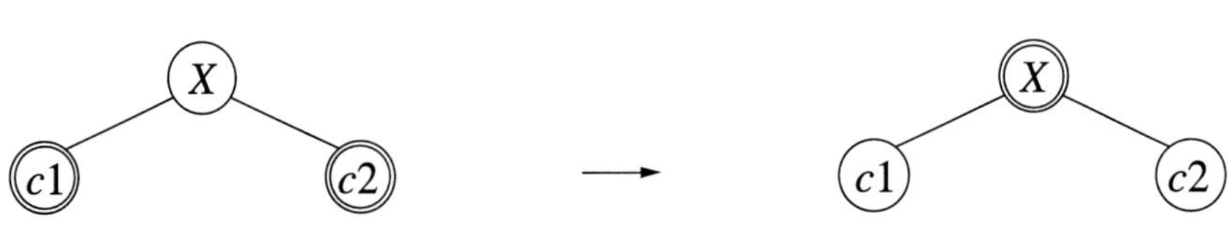

그림 12.11 색상 변경: X의 부모노드가 빨간색일 때만 회전을 수행한다.

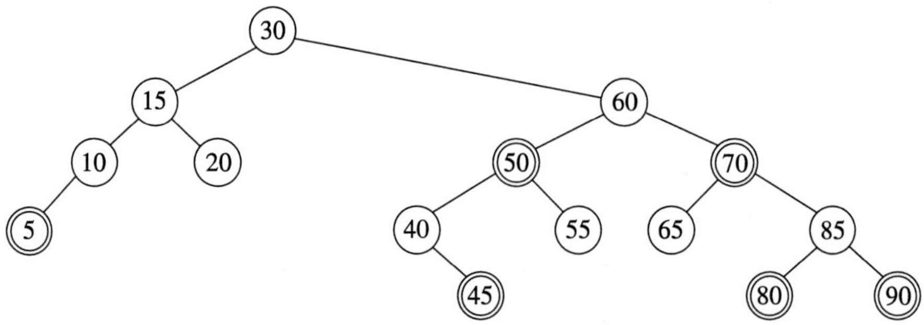

그림 12.12 그림 12.9에 45를 삽입

색이며 *Y*의 자식 또한 검정색이라는 것을 안다. 즉, 두 레벨에서 다른 빨간 노드를 절대 볼 수 없다. *X*의 경우, *X*의 부모가 빨강이면 *X*의 부모의 형제 또한 빨강색이 될 수 없다.

예를 들면 그림 12.9에서 트리에 45를 삽입하길 원할 때, 트리를 따라 밑으로 내려가는 도중에 우리는 두 개의 빨간 자식노드를 가지는 50번 노드를 만난다. 이에 우리는 색상 변경을 통해 50을 빨간색으로 40과 55를 검정색으로 바꾼다. 이제 50과 60은 모두 빨간색이다. 이에 60과 70사이에 회전을 수행하여 60을 30의 오른쪽 하위트리의 검은 색 루트로 만들고 70과 50을 모두 빨간색으로 바꾼다. 계속해서 경로 상에 두 개의 빨간 자식을 포함하는 노드가 있을 경우 위의 작업을 수행한다. 그래서 결국 단말노드에 다다르게 되면, 우리는 부모가 검정색이므로 45를 빨강 노드로 삽입한다. 결과트리는 그림 12.12에서 나타난다.

그림 12.12에서 보듯이 레드-블랙 트리는 상당히 균형잡힌 트리이다. 평균적으로 레드-블랙 트리는 AVL 트리만큼 깊지만, 탐색 시간은 최적에 가깝다. 레드-블랙 트리의 장점은 삽입을 수행할 때, 상대적으로 적은 오버헤드가 생기고, 회전이 상대적으로 덜 빈번히 일어난다는 점이다.

실제 구현은 가능한 회전의 주체뿐만 아니라 (10의 오른쪽 하위트리 같이) 특정 하위트리가 비어 있을 경우와 루트를 다루는 특수한 경우(부모가 없는 다른 경우 포함)에 의해 복잡해진다. 또한, 본 구현에서는 두 개의 감시자 노드를 사용한다. 하나는 루트이고 하나는 스플레이 트리에서 NULL 포인터를 가리키는 nullNode이다. 루트 감시자는 ∞키와 실제 루트의 오른쪽 링크인 키를 가진다. 이 때문에 탐색과 출력하는 프로시저는 조정해야 할 필요가 있다. 재귀 루틴은 매우 까다롭다. 그림 12.13은 중위 탐색이 다시 작성되었음을 보여 준다. printTree 절차는 간단하다. t!=t->left는 t!=nullNode로 바꿀 수 있다. 그러나 깊은 복사(deep copy)를 수행하는 비슷한 루틴에서는 함정이 있다. 이것 또한 그림 12.13에서 보여 준다. operator=는 별칭 테스트를 수행하고 목표 트리를 비워 놓은 이후에 clone을 호출한다. 그러나 clone에서 t==nullNode은 수행되지 않는다. nullNode가 근원(즉, rhs's)이 아니라 목표의 nullNode이기 때문이다. 따라서 우리는 까다로운 테스트를 수행한다.

```
void printTree( ) const
{
   if( header->right == nullNode )
      cout << "Empty tree" << endl;
   else
      printTree( header->right );
}

void printTree( RedBlackNode *t ) const
{
   if( t != t->left )
   {
      printTree( t->left );
      cout << t->element << endl;
      printTree( t->right );
   }
}

const RedBlackTree & operator=( const RedBlackTree & rhs )
{
   if( this != &rhs )
   {
      makeEmpty( );
      header->right = clone( rhs.header->right );
   }

   return *this;
}

RedBlackNode * clone( RedBlackNode * t ) const
{
   if( t == t->left )        // nullNode에 어긋나는 테스트는 할 수 없다!!!
      return nullNode;
   else
      return new RedBlackNode( t->element, clone( t->left ),
                                           clone( t->right ), t->color );
}
```

그림 12.13 두 개의 감시자를 가지는 트리 탐색: printTree와 operator=

그림 12.14는 생성자를 가지는 **RedBlackTree** 골자를 보여 준다.

다음으로 그림 12.15는 한 번의 회전을 수행하는 루틴를 보여 준다. 합성된 트리는 반드시 부모에 붙어야하기 때문에 **rotate**는 매개변수로서 부모노드를 취한다. 트리를 내려가는 동안 회전의 종류를 추적해 나가면서 매개변수로서 **item**을 받는다. 삽입 프로시저

동안에 회전이 몇 번 수행되지 않기 때문에 이는 간단하고 빠르다. rotate는 간단히 적절한 회전을 수행하는 결과를 반환한다.

마지막으로 그림 12.16에서는 삽입프로시저를 증명한다. handleReorient는 두 개의 빨간 자식을 가진 노드를 만날 때와 단말노드를 삽입할 때 호출된다. 까다로운 점은 두 번 회전이 실제 두 개의 한 번 회전인 것과 X(current에서 insert 메소드로 표현된)의 분기가 반대 방향을 가질 때만 수행된다는 것이다. 앞에서 언급한대로 insert는 트리를 밑으로 읽어나갈 때, 반드시 부모, 조부모, 증조부모를 추적해야 한다. handleReorient와 함께 이를 공유해야 하므로 이들 클래스 멤버를 만들어야 한다. 회전 후에 조부모와 증조부모에 저장된 값들은 더 이상 맞지 않다. 그러나 우리는 다음 번에 필요할 때 재저장될 것이라고 확신한다.

```
template <typename Comparable>
class RedBlackTree
{
  public:
    explicit RedBlackTree( const Comparable & negInf );
    RedBlackTree( const RedBlackTree & rhs );
    ~RedBlackTree( );

    const Comparable & findMin( ) const;
    const Comparable & findMax( ) const;
    bool contains( const Comparable & x ) const;
    bool isEmpty( ) const;
    void printTree( ) const;

    void makeEmpty( );
    void insert( const Comparable & x );
    void remove( const Comparable & x );

    enum { RED, BLACK };

    const RedBlackTree & operator=( const RedBlackTree & rhs );

  private:
    struct RedBlackNode
    {
      Comparable element;
      RedBlackNode *left;
      RedBlackNode *right;
```

그림 12.14 클래스 인터페이스와 생성자

```
        int color;

        RedBlackNode( const Comparable & theElement = Comparable( ),
                      RedBlackNode *lt = NULL, RedBlackNode *rt = NULL,
                      int c = BLACK )
          : element( theElement ), left( lt ), right( rt ), color( c ) { }
    };

    RedBlackNode *header;    // nefInf를 포함하는 트리 헤더
    RedBlackNode *nullNode;

        // insert 절차와 이를 도와주는 데 필요한 것들(논리적으로 정적)을 사용
    RedBlackNode *current;
    RedBlackNode *parent;
    RedBlackNode *grand;
    RedBlackNode *great;

        // 일반적 재귀 특성
    void reclaimMemory( RedBlackNode *t );
    void printTree( RedBlackNode *t ) const;

    RedBlackNode * clone( RedBlackNode * t ) const;

        // 레드-블랙 트리 조정
    void handleReorient( const Comparable & item );
    RedBlackNode * rotate( const Comparable & item, RedBlackNode *theParent );
    void rotateWithLeftChild( RedBlackNode * & k2 );
    void rotateWithRightChild( RedBlackNode * & k1 );
};


    /**
     * 트리를 생성한다.
     * negInf는 다른 것과 같거나 작은 값이다.
     */
    explicit RedBlackTree( const Comparable & negInf )
    {
        nullNode = new RedBlackNode;
        nullNode->left = nullNode->right = nullNode;
        header = new RedBlackNode( negInf );
        header->left = header->right = nullNode;
    }
```

그림 12.14 (계속)

```
/**
 * 내부 루틴은 한 번이나 두 번 회전을 수행한다.
 * 결과물은 부모에 붙게 되므로 다음 네 가지 경우가 발생한다.
 * hanldleReorient에 의해서 호출된다.
 * item은 hanldleReorient의 아이템이다.
 * theParent는 회전된 하위트리의 루트의 부모이다.
 * 회전된 하위트리의 루트를 반환한다.
 */
RedBlackNode * rotate( const Comparable & item, RedBlackNode *theParent )
{
   if( item < theParent->element )
   {
      item < theParent->left->element ?
         rotateWithLeftChild( theParent->left ) : // LL
         rotateWithRightChild( theParent->left ) ; // LR
      return theParent->left;
   }
   else
   {
      item < theParent->right->element ?
         rotateWithLeftChild( theParent->right ) : // RL
         rotateWithRightChild( theParent->right ); // RR
      return theParent->right;
   }
}
```

그림 12.15 **회전(rotate) 메소드**

```
/**
 * 내부 루틴은 노드가 두 개의 빨간 자식노드를 가지는 삽입 수행시 호출된다.
 * 색상 변경과 회전을 수행한다. item은 삽입당시의 아이템이다.
 */
void handleReorient( const Comparable & item )
{
      // 색상 변경을 수행
   current->color = RED;
   current->left->color = BLACK;
   current->right->color = BLACK;

   if( parent->color == RED )        // 회전 수행
   {
      grand->color = RED;
      if( item < grand->element != item < parent->element )
         parent = rotate( item, grand );          // dbl 회전 시작
      current = rotate( item, great );
```

그림 12.16 **삽입(Insertion) 프로시저**

```
            current->color = BLACK;
        }
        header->right->color = BLACK; // 루트를 검정색으로 바꿈
    }

    void insert( const Comparable & x )
    {
        current = parent = grand = header;
        nullNode->element = x;

        while( current->element != x )
        {
            great = grand; grand = parent; parent = current;
            current = x < current->element ? current->left : current->right;

                // 두 개의 빨간 자식이 있는지 확인, 있으면 수정
            if( current->left->color == RED && current->right->color == RED )
                handleReorient( x );
        }

            // 이미 존재하고 있으면 삽입 실패
        if( current != nullNode )
            return;
        current = new RedBlackNode( x, nullNode, nullNode );

            // 부모노드에 포함시킴
        if( x < parent->element )
            parent->left = current;
        else
            parent->right = current;
        handleReorient( x );
    }
```

그림 12.16 (계속)

12.2.3 하향식 삭제

레드-블랙 트리에서 삭제 또한 하향식으로 수행된다. 단말노드를 삭제할 수 있게 되면 삭제는 끝나게 된다. 이는 자식노드가 둘인 노드를 삭제하기 위해 오른쪽 하위트리의 가장 작은 노드로 교체하기 때문이다. 이는 최대 하나의 자식을 가져야 하는 노드가 삭제된다는 의미이다. 비슷하게 오른쪽 자식만 가지는 노드는 삭제할 수 있고 왼쪽 자식만 가지는 노드는 왼쪽 하위트리에서 가장 큰 노드와 함께 변경함으로써 삭제할 수 있다. 레드-블랙 트리에서 하나의 자식을 가지는 노드의 경우에 주위해야 한다. 왜냐하면, 트리의 중간에서 두 개의 빨간 노드가 연결되어 있는 레드-블랙 트리의 규칙을 깨는 행위

가 발생할지 모르기 때문이다.

물론 빨간 단말노드의 삭제는 쉽다. 그러나 단말 노드가 검정색이라면 삭제는 검정 노드의 삭제가 4번째 특성을 위반하기 때문에 더욱 복잡해진다. 해결책은 하향식 삭제 프로시저가 진행하는 동안에 단말노드가 빨간색이 되도록 유지하는 방법만이 있다.

이 절에서는 X는 현재의 노드이고 T는 현재노드의 형제노드, P는 이들의 부모노드가 된다. 우리는 루트를 빨간색으로 시작하면서 트리를 탐색해 나가는 동안에, X가 빨간색을 유지하도록 해야 된다. 새로운 노드를 탐색할 때 P가 빨간색(불변하게 유지함)이고 X와 T가 검정색(두 개의 연속된 빨간 노드를 가질 수 없음)임은 확실하다. 아래와 같은 상황이 두 개의 상황이 존재한다.

먼저, X가 두 개의 검정색 자식노드를 가진다고 가정하자. 여기에는 3가지의 하위 상황이 존재하며 이는 그림 12.17에서 보여 주고 있다. T가 두 개의 검정색 자식을 가진다면, 불변량을 유지하기 위해 X, T, P의 색상을 바꿀 수 있다. 그렇지 않으면 T의 자식 중 하나는 빨간색이다. 어떤 상황을 따르더라도[3] 그림 12.17의 두 번째, 세 번째 그림에서 보이는 회전을 수행한다. 이 경우는 nullNode가 검정색이 되도록 하기 때문에 단말노드에 적용된다.

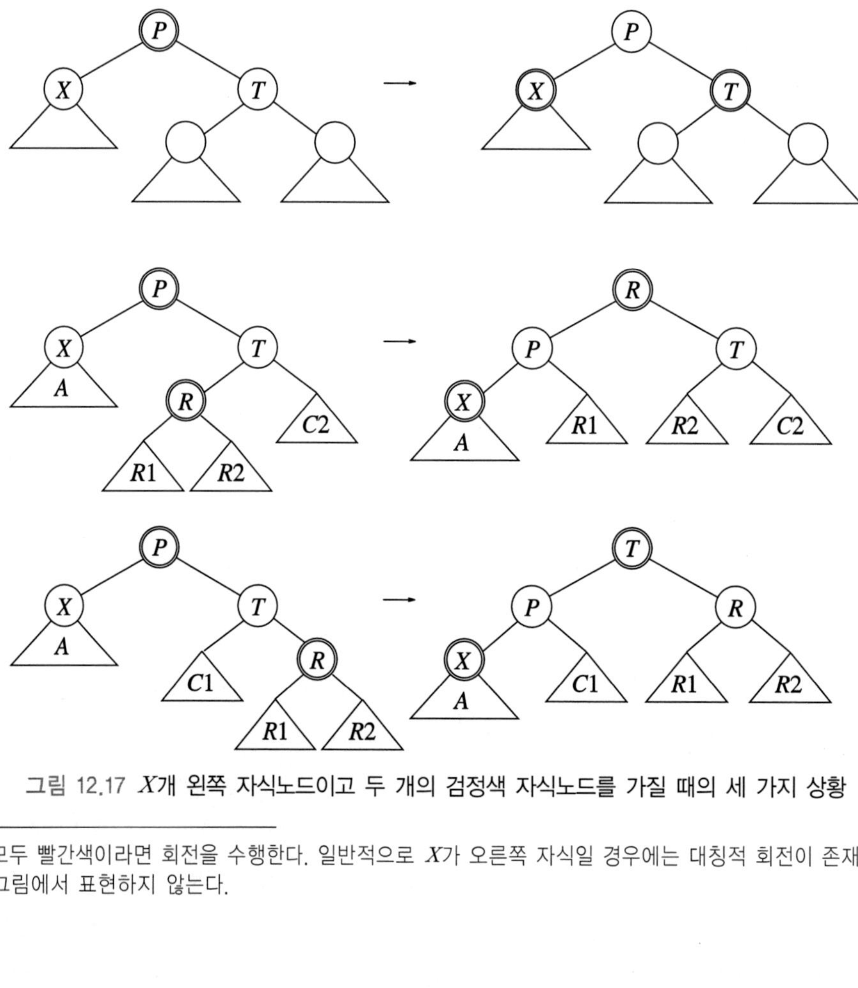

그림 12.17 X개 왼쪽 자식노드이고 두 개의 검정색 자식노드를 가질 때의 세 가지 상황

3) 자식 모두 빨간색이라면 회전을 수행한다. 일반적으로 X가 오른쪽 자식일 경우에는 대칭적 회전이 존재하며, 이는 그림에서 표현하지 않는다.

반면에 X의 자식중 하나가 빨간색인 경우를 생각해 보자. 이 경우에 새로운 X, T, P를 얻는 다음 레벨로 가는데 실패할 것이다. 운이 좋다면 X는 빨간 자식에 정착할 것이고 프로시저는 계속 진행될 수 있다. 그렇지 않다면 T는 빨간색이고 X와 P는 검정색임을 알 수 있다. 이때 X의 새로운 부모노드를 빨간색으로 바꾸면서, T와 P를 회전할 수 있다. 물론 X와 그의 조부모노드는 검정색이다. 이 점에서 우리는 그림 12.17의 첫 번째 그림으로 돌아갈 수 있다.

12.3 결정적 스킵 리스트(Deterministic Skip Lists)

레드-블랙 트리에서 보듯이 스킵 리스트도 로그형 최악 경우(logarithmic worst-case) 연산 실행시간을 가질 수 있다. 이 절에서는 **1-2-3 결정적 스킵 리스트**인 자료구조의 간단한 구현을 설명하려 한다.

10장에서 보았듯이 스킵 리스트에 있는 노드는 임의로 높이를 정한다. 높이 h의 노드는 p_1, p_2, …, p_h인 h개의 전진 링크를 포함한다. p_i는 높이 i와 같거나 큰 다음 노드로의 링크이다. 노드가 높이 h를 가질 확률은 0.5^h이다(0.5는 0에서 1.0사이의 모든 수로 교체가능하며 이는 시간과 공간을 트레이드오프하며 정한다). 결과적으로 레벨을 줄이지 않는 한 단지 몇 개의 전진 링크로 수행된다. 어림잡아 $\log N$ 레벨이므로 연산당 $O(\log N)$의 예상 수행 시간을 가진다.

이 실행시간을 최악의 경우 수행 시간으로 바꾸기 위해 더 낮은 레벨로 떨어뜨리지 않고 일정한 수의 전진 링크가 수행되도록 보장해야 할 필요가 있다. 이를 위해 균형 조건을 추가해야 하며, 다음과 같은 두 개의 정의가 필요하다.

정의 12.1 **한 원소에서 다른 원소로 갈수 있는 최소한 한 개의 링크가 있다면 두 원소는 연결되어 있다** (linked).

정의 12.2 **높이 h에서 연결되어 있는 두 원소 사이의 간격(gap size)은 이들 사이의 높이 h-1의 원소의 개수와 같다.**

1-2-3 결정적 스킵 리스트는 모든 간격의 크기(헤더와 테일 사이의 0 크기의 간격을 제외함)가 1, 2, 3이라는 특성을 만족한다. 예를 들면, 그림 12.18은 1-2-3 결정적 스킵 리스트를 보여 준다. 그림에서 보는 바와 같이 크기 3인 간격이 두 개가 존재한다. 하나는 25와 45사이의 높이 1인 세 개의 원소이다. 두 번째는 헤더와 테일 사이의 높이 2인 세 개의 원소이다. 테일노드는 ∞를 포함한다. 이는 알고리즘을 단순화시키고 리스트의 말단에서 간격의 개념을 정의하기 더 쉽게 한다.

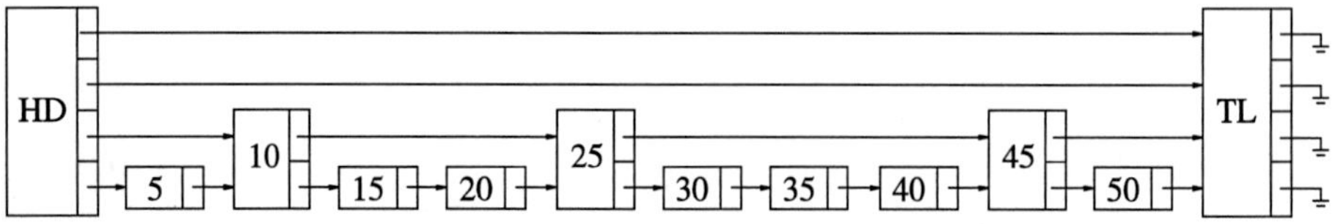

그림 12.18 1-2-3 결정적 스킵 리스트

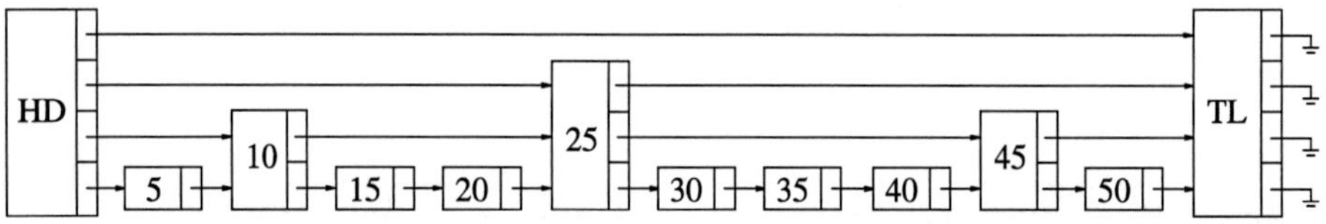

그림 12.19 27의 삽입: 첫 번째, 3개의 높이 2의 노드의 간격은 25를 올림으로써 분리된다.

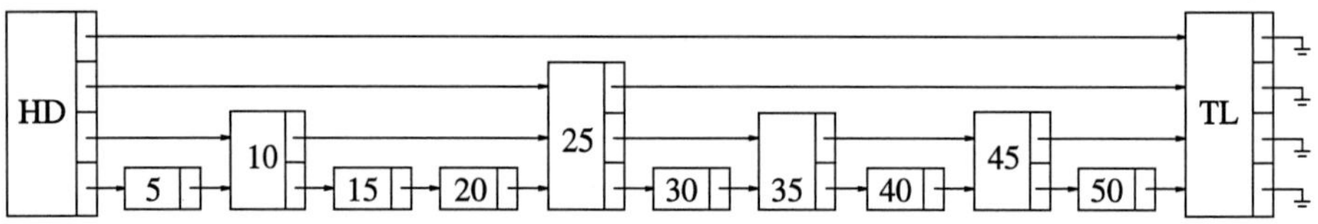

그림 12.20 27의 삽입: 두 번째, 3개의 높이 1의 노드의 간격은 35를 올림으로써 분리된다.

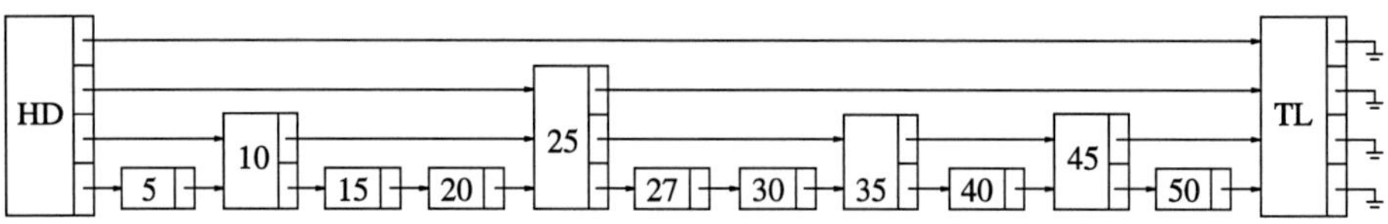

그림 12.21 27의 삽입: 마지막으로, 27은 높이 1인 노드로서 삽입된다.

분명하게 더 낮은 레벨로 떨어지기 전에 특정 레벨을 따라서는 링크의 고정된 개수만을 순회한다. 결과적으로 탐색 시간은 최악상황에서 $O(\log N)$이다.

삽입을 수행하기 위해서 높이 h의 새로운 노드가 추가되면, 4개의 높이 h노드의 간격을 만들지 않는다. 이는 간단하게 알 수 있다. 레드-블랙 트리와 비슷한 하향식 메소드를 적용하면 된다.

레벨 L에 있고 한 레벨을 낮춰야 한다고 가정해 보자. 떨어뜨려야 할 레벨의 간격이 3의 크기를 가진다면, 높이 h를 갖도록 간격에서의 중앙 아이템을 올려야 하고 이로 인해 크기 1의 두 개의 간격이 형성된다. 삽입동안에 크기 3의 간격은 없어지기 때문에 중앙 아이템의 어떤 높이의 증가에도 이 삽입은 안전하다.

예를 들어, 그림 12.19는 그림 12.18에서의 결정적 스킵 리스트로 27을 삽입하는 것을 보여 준다. 헤더노드에서 레벨 3에서 레벨 2로 낮춰 보자. 이 하락은 3개의 간격으로 되어 있고 중앙 아이템(25)는 높이 3으로 올라가고 그 안에 삽입된다. 레벨 2에서의 탐색은 레벨 1로 떨어지기 위해 필요한 지점인 25를 가져온다. 35가 높이 2로 올라가므로 다시

간격은 3개가 된다. 결과는 그림 12.20에 나타나 있다. 리스트에 접합되는 27을 삽입하는 것은 그림 12.21에 나타나 있다.

삭제는 크기 1의 간격에서는 어렵다. 크기 1의 간격으로 떨어지려고 하면 이웃으로부터 빌려오거나 이웃에서 간격이 분리된 노드의 높이를 낮춤으로써 해결할 수 있다. 두 방법 모두 크기 1의 간격을 가지기 때문에 결과는 간격 3이 된다. 코드는 다루어야 할 몇 가지 상황이 있기 때문에 위의 설명보다 더 복잡하다.

이 모든 것을 어떻게 구현해야 하는가? 이 모든 세부적인 설명을 한 후에 우리는 코드의 양이 실제 상당히 작음을 알 수 있다.

첫 번째 중요한 세부 내용은 높이 h인 노드를 높이 $h+1$로 올릴 때, 새로운 배열에 h개의 링크를 복사함으로써 $O(h)$ 실행시간을 쓸 수 없다는 점이다. 반면에 삽입에는 $O(\log^2 N)$의 실행시간이 소요된다. 적당한 방법으로 연결 리스트로 높이 h인 노드에서 h개의 전진 링크를 표현할 수 있다. 레벨을 낮추어 감으로써, 노드의 연결 리스트는 h 레벨 전진링크에서 시작해서 1레벨 전신 링크로 끝난다.

두 번째 최적화는 더 교묘하고 공간 비용이 크게 들 수 있다. 아이템과 전진 링크의 연결 리스트로서 노드를 저장하는 대신에 전진링크의 연결 리스트와 진진 아이템 한 쌍을 저장한다. 이를 설명하는 가장 쉬운 방법이 그림 12.21의 다른 표현 방법인 그림 12.22에 나타나 있다. 우리는 그림 12.21을 설명하는 데 추상적, 논리적 개념을 사용하고 (실제적) 구현으로 그림 12.22에 언급한다.

우선, 추상적 표현과 실제 구현의 스카이라인(왼쪽에서 오른쪽으로 읽을 때의 높이)은 테일 노드가 제거될 때를 제외하고는 동일하다. 본 구현에서는 (본래의 간단한 설명에서 보이듯이) 각 노드는 레벨을 낮추게 하는 링크와 같은 레벨에 있는 다음 노드로의 링크와 논리적으로 다음 아이템에 저장되어 있는 아이템을 유지한다.

몇몇 아이템은 한번 이상 나타난다. 예를 들어 25는 세 곳에서 나타난다. 실제로 노드가 추상적 표현에서 높이 h를 가지고 있다면, 이 아이템은 실제 구현에서는 h번 출현한다. 이러한 중요하고 놀랄만한 결과는 구현을 제공한 이후에 설명할 것이다.

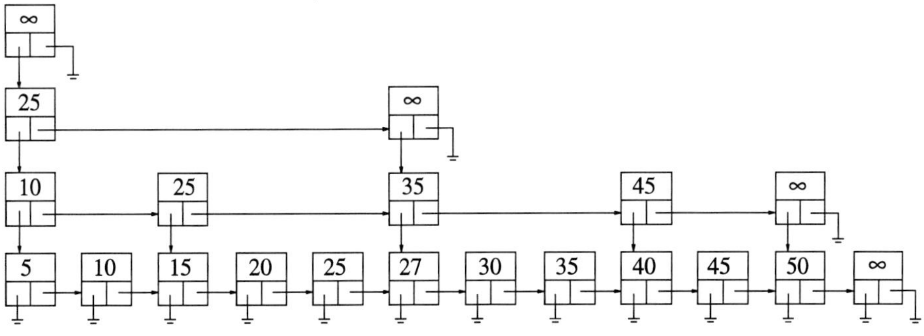

그림 12.22 그림 12.21의 1-2-3 결정적 스킵 리스트의 연결 리스트 구현

```
template <typename Comparable>
class DSL
{
  public:

    /**
     * 트리를 생성한다.
     * inf는 가장 큰 Comparable이다.
     */
    explicit DSL( const Comparable & inf ) : INFINITY( inf )
    {
      bottom = new SkipNode( );
      bottom->right = bottom->down = bottom;
      tail = new SkipNode( INFINITY );
      tail->right = tail;
      header = new SkipNode( INFINITY, tail, bottom );
    }

      // 추가된 public 멤버 함수 (보이지 않음)

private:
  struct SkipNode
  {
    Comparable element;
    SkipNode *right;
    SkipNode *down;

    SkipNode( const Comparable & theElement = Comparable( ),
                          SkipNode *rt = NULL, SkipNode *dt = NULL )
      : element( theElement ), right( rt ), down( dt ) { }

  };

  Comparable INFINITY;
  SkipNode *header; // The list
  SkipNode *bottom;
  SkipNode *tail;

    // 추가된 private 멤버 함수 (보이지 않음)
};
```

그림 12.23 결정적 스킵 리스트: SkipNode 클래스와 DSL 데이터 멤버

```
bool contains( const Comparable & x ) const
{
    SkipNode *current = header;

    bottom->element = x;
    for( ; ; )
        if( x < current->element )
                current = current->down;
        else if( current->element < x )
                current = current->right;
        else
                return current != bottom;
}
```

그림 12.24 결정적 스킵 리스트: contain 루틴

```
void insert( const Comparable & x )
{
    SkipNode *current = header;

    bottom->element = x;
    while( current != bottom )
    {
        while( current->element < x )
            current = current->right;

        // 간격 크기가 3이거나 바닥 레벨이면,
        // 삽입할때, 중간 원소를 올려야한다.
        if( current->down->right->right->element < current->element )
        {
            current->right = new SkipNode( current->element,
                                current->right, current->down->right->right );
            current->element = current->down->right->element;
        }
        else
            current = current->down;
    }

    // 필요하면 DSL의 높이를 올린다.
    if( header->right != tail )
        header = new SkipNode( INFINITY, tail, header );
}
```

그림 12.25 결정적 스킵 리스트: 삽입 프로시저

기본적으로 노드 하나는 하나의 아이템과 두 개의 링크를 가지고 있다. 코딩을 빠르고 간단하게 하기 위해 테일 노드를 사용한다. ∞로 할당하는 것이 불가능하거나 적합하지 않다면 몇 개의 다른 메커니즘이 사용된다. NULL 링크를 대신하기 위해 헤더와 테일에 감시자를 붙인다. SkipNode 클래스와 DSL 데이터 멤버는 그림 12.23에 나타나 있다.

탐색 함수는 무작위화된 스킵 리스트와 동일하다. 그림 12.24에서 적합한 짝을 가지지 않는다면 비교 연산의 의거하여 밑이나 오른쪽으로 이동할 것이다. 그림 12.25에서 보이듯이 삽입은 감시자에 의해 큰 폭으로 단순화된다. NULL의 각 링크를 모두 테스트를 하는 이 사악한 링크 경로로 인해 코드의 크기는 쉽게 3배 늘어난다.

그림 12.25에서 보이듯이 결정적 스킵 리스트 삽입의 코드는 레드-블랙 트리의 몇 가지 경우에 비해 다소 짧다. 우리가 지불해야 될 비용은 공간이 될 것 같다. 즉, 최악의 경우에서 두 개의 링크와 하나의 아이템을 가진 $2N$개의 노드의 공간이 필요하다. 레드-블랙 트리에서는 두 개의 링크, 하나의 아이템, 그리고 하나의 색상 비트를 포함하는 N개의 노드가 존재한다. 따라서 두 배만큼의 공간이 필요하다. 그러나 이것이 반드시 나쁘지는 않다. 우선, 실험결과를 보면 결정적 스킵 리스트가 평균 약 $1.57N$개의 노드를 가진다. 두 번째로, 어떤 경우에서 결정적 스킵 리스트는 실제적으로 레드-블랙 트리보다 적은 공간을 사용한다.

C나 C++에 적용되는 실제 예제가 있다. 32비트 머신에서 포인터와 정수는 4바이트이다. UNIX를 포함한 어떤 시스템에서는 메모리는 2의 거듭제곱의 단위로 할당된다. 하지만 보통 이러한 단위 중 4바이트가 메모리 관리 절차에서 사용된다. 12바이트의 요청은 16바이트 단위 안에 채워진다. 12바이트는 사용자를 위한 것이고 4바이트는 오버헤드이다. 그러나 13바이트를 요청하면 32바이트 단위에 채워져야 한다. 따라서 이 경우에 결정적 스킵 리스트는 노드당 16바이트를 사용하고 평균 $1.57N$개의 노드가 있으므로 약 $25N$ 바이트의 공간이 필요하다. 레드-블랙 트리는 32N 바이트를 사용한다! 이는 같은 머신에서

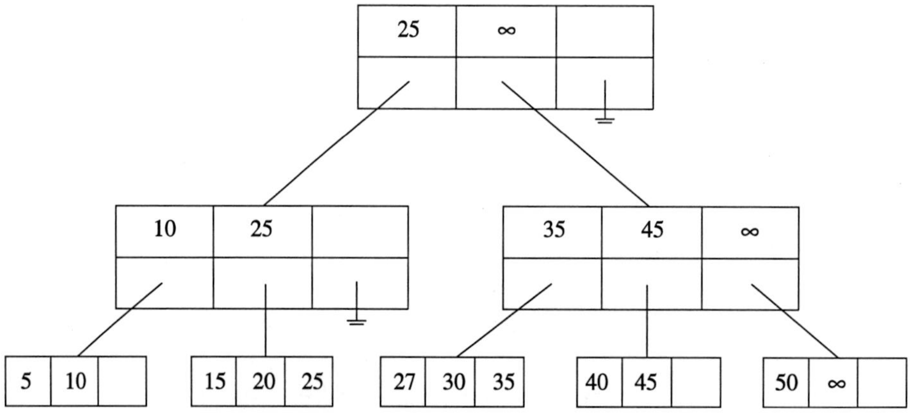

그림 12.26 그림 12.22의 수평적 배열 구현

추가 비트가 매우 비싸다는 것을 의미하며, 자기 조직화된(self-organizing) 구조의 장점 중 하나이다.

결정적 스킵 리스트의 성능은 레드-블랙 트리와 비교할 수 있다. 삽입 시간에서 개선될 점을 찾아볼 때 다음 코드가 눈에 띈다.[4)]

```
if( current->down->right->right->element < current->element )
```

세 원소의 배열에 아이템을 저장한다면 세 번째 아이템의 접근은 두 개의 right 포인터를 통하는 것보다 직접적이다. 아이러니하게도 그림 12.26에서의 결과적인 구조는 4장에서 토의한 B-트리와 상당히 닮아 있다. 이는 1-2-3 결정적 스킵 리스트의 **수평적 배열 구현**(horizontal array implementation)으로 알려져 있다. 고차원의 B-트리와 마찬가지로 고차원 결정적 스킵 리스트는 연결 리스트와 수평적 배열 형태 모두를 가지고 있다. 어느 방법이 최선인가는 연구해야 될 숙제이며 아마도 시스템과 어플리케이션의 종류와 상황에 따라 달러질 것이다.

12.4 AA-트리(AA-trees)

가능한 회전의 주체 때문에 레드-블랙 트리는 코드를 작성하기에 상당히 까다롭다(특히 삭제 연산의 경우 더욱 까다롭다). 결정적 스킵 리스트는 다소 적은 코드를 필요로 하지만 세 개의 감시자가 필요로 하는 점에서 까다롭다. 결정적 스킵 리스트에서 삭제는 확실히 어려운 일이다. 이 절에서는 BB-트리로 알려진, 간단하지만 경쟁력 있는 **이진 B-트리**(binary B-tree)의 구현에 대해 설명하려 한다. BB-트리는 최대 하나의 빨간 자식 노드를 가져야한다는 추가된 조건이 포함된 레드-블랙 트리이다. 코딩을 쉽게 하기 위해 다음 몇 개의 법칙을 적용한다.

1. 첫 번째로, 오른쪽 자식노드만이 빨간색이라는 조건을 추가한다. 이로서 절반의 재구성 상황을 제거하였다. 내부 노드가 단지 하나의 자식만 가진다면 자식은 반드시 오른쪽 빨간색 자식노드이어야 한다. 이는 검정색 왼쪽 자식이면 레드-블랙 트리의 4번째 특성에 위배되기 때문이다 또한 언제나 가장 작은 값을 가지는 내부노드는 오른쪽 하위트리로 교체할 수 있다.
2. 재귀적으로 프로시저를 코드화한다.
3. 각 노드에 색상 비트를 저장하는 것 대신에 작은 정수(예, 8비트)로 이루어진 정보를 저장한다. 이 정보는 노드의 레벨(level)이다. 노드의 **레벨**은 다음과 같다.

---

4) 더 "명백한" 테스트인 current -> element == current->down->right->right->right->element 같은 시스템에서 20%이상을 가진다.

- 노드가 단말 노드일 때 1
- 노드가 빨간색이면 부모의 레벨과 동일
- 노드가 검정색이면 부모의 레벨보다 1만큼 작음

법칙이 추가된 결과물은 AA-트리이다. 그림 12.27은 AA-트리에 사용되었던 타입 선언문을 보여 준다. 다시 말하지만, NULL을 표현하는 데 감시자를 사용한다.

색상에서 레벨까지 AA 구조 요구사항을 변형하면 왼쪽 자식은 정확히 부모보다 한 레벨이 낮아야 하고 오른쪽 자식은 0이거나 부모보다 한 레벨이 낮아야 한다(많으면 안 된다).

수평적 링크(horizontal link)는 동등한 레벨의 자식과 노드사이의 연결선이다. 구조 요구사항은 수평적 링크가 오른쪽 링크로 위임하게 하고 두 연속적인 수평 링크는 없애려

```
public:
   AATree( )
   {
      nullNode = new AANode;
      nullNode->left = nullNode->right = nullNode;
      nullNode->level = 0;
      root = nullNode;
   }

private:
   struct AANode
   {
      Comparable element;
      AANode *left;
      AANode *right;
      int level;

      AANode( ) : left( NULL ), right( NULL ), level( 1 ) { }
      AANode( const Comparable & e, AANode *lt, AANode *rt, int lv = 1 )
         : element( e ), left( lt ), right( rt ), level( lv ) { }
   };
```

그림 12.27 AA-트리: 노드 클래스와 AATree 초기화

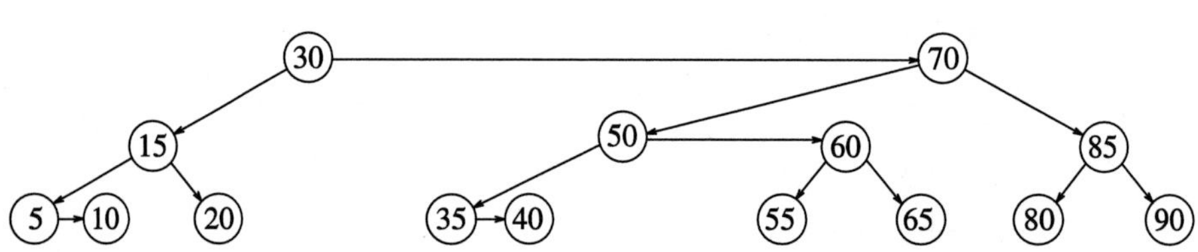

그림 12.28 10, 85, 15, 70, 20, 60, 30, 50, 65, 80, 90, 40, 5, 55, 35의 삽입후의 AA-트리

한다. 그림 12.28은 AA-트리 예제이다. 탐색은 일반적 알고리즘을 사용하였다. 새로운 아이템의 삽입은 언제나 바닥 레벨부터 시작한다. 그러나 두 개의 문제가 발생한다. 2의 삽입은 왼쪽 수평적 링크를 발생시키고, 45의 삽입은 두 개의 연속적인 오른쪽 수평적 링크를 생성한다.

두 경우 모두 한 번의 회전으로 이 문제를 해결한다. 왼쪽 수평적 링크는 오른쪽 회전에 의해 제거하고 연속적인 오른쪽 수평적 링크는 왼쪽 회전에 의해 제거된다. 이러한 프로시저를 각각 **skew**와 **split**로 명명하다. 그림 12.29는 초기의 코드를 보여 준다. **skew**는 왼쪽 수평적 링크를 제거하지만 연속된 오른쪽 수평적 링크를 생성한다. 이에 먼저 **skew**를 수행한 후 **split**를 수행한다. **split** 수행 후 중간 노드 R은 레벨이 증가한다. 이는 왼쪽 수평적 노드나 연속적 오른쪽 수평적 노드를 생성함으로써 X의 본래 부모에 문제를 야기한다. 모든 문제는 **skew/split** 전략을 적절히 조절함으로써 해결할 수 있다. 이는 재귀를 사용하면 자동적으로 수행가능하다. 그림 12.30은 두 메소드 모두를 도식화하고 있다.

그림 12.28에서 AA-트리에 45를 삽입함으로써 그림 12.31에서 그림 12.35까지의 작업이 수행된다. 삽입 프로시저는 그림 12.36에서 보이듯이 균형이 맞지 않는 구현보다 단지 두 줄이 더 많다.

```
/**
 * AA-트리의 skew 원시형
 * t는 트리의 루트 노드
 */
void skew( AANode * & t )
{
   if( t->left->level == t->level )
      rotateWithLeftChild( t );
}

/**
 * AA-트리의 split 원시형
 * t는 트리의 루트 노드
 */
void split( AANode * & t )
{
   if( t->right->right->level == t->level )
   {
      rotateWithRightChild( t );
      t->level++;
   }
}
```

그림 12.29 AA-트리: skew와 split 메소드

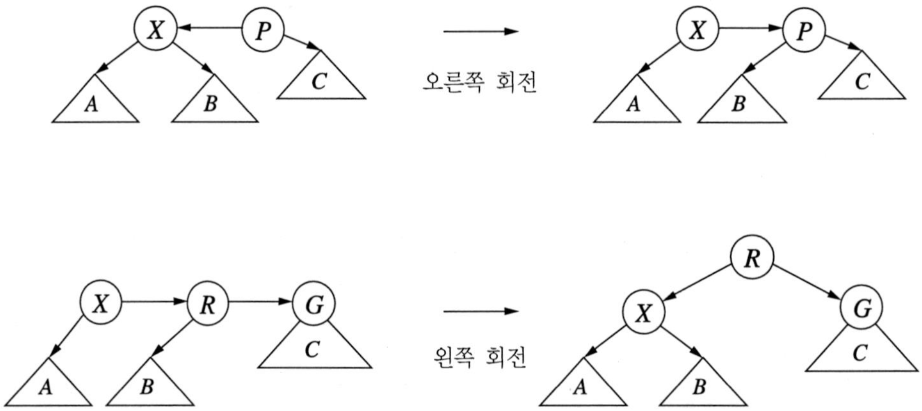

그림 12.30 skew와 split. R의 레벨은 split시 증가

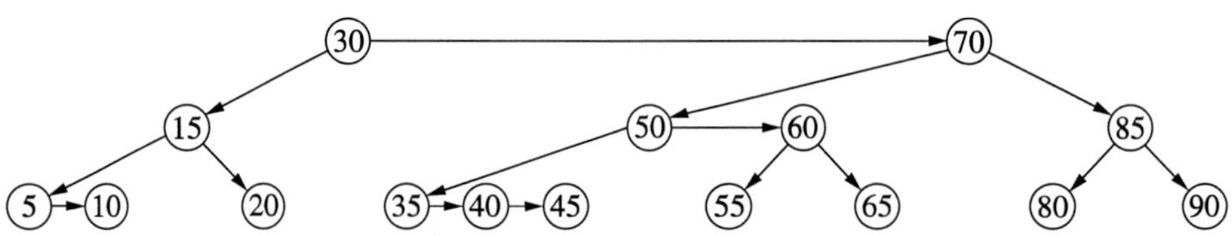

그림 12.31 예제 트리에 45를 삽입한 후

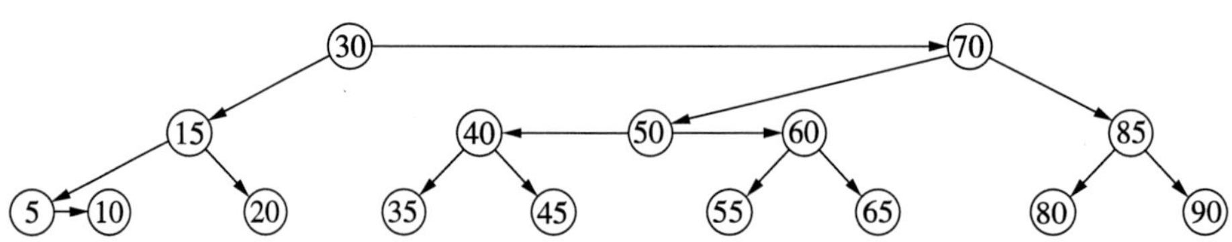

그림 12.32 35에서 split 수행 후

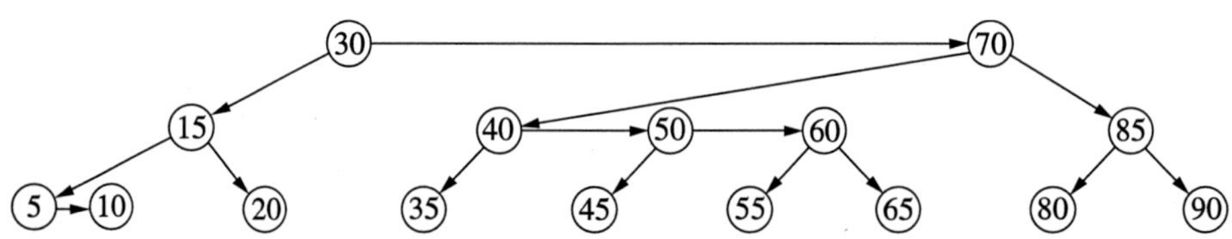

그림 12.33 50에서 skew 수행 후

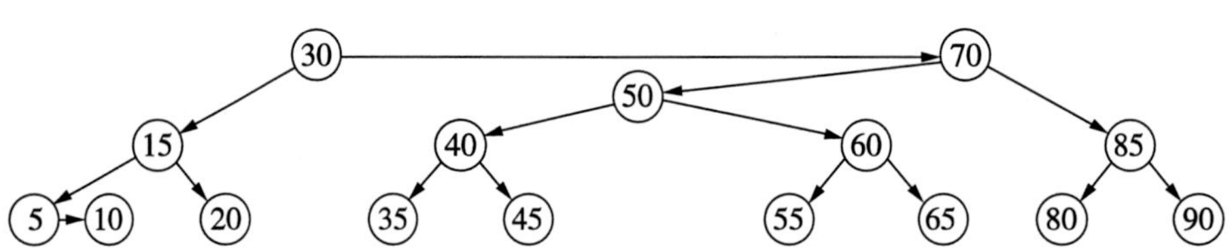

그림 12.34 40에서 split 수행 후

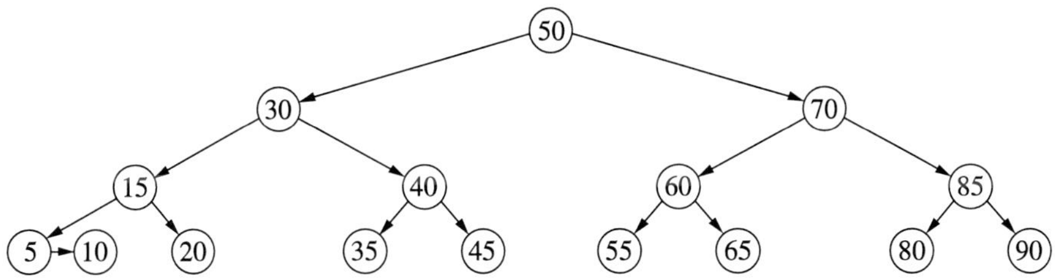

그림 12.35 70에서 skew, 30에서 split 수행 후 최종 트리

```
/**
 * 하위트리에 삽입하는 내부 메소드
 * x는 삽입할 아이템
 * t는 트리의 루트 노드
 * 하위투리의 새로운 루트를 정한다.
 */
void insert( const Comparable & x, AANode * & t )
{
   if( t == nullNode )
      t = new AANode( x, nullNode, nullNode );
   else if( x < t->element )
      insert( x, t->left );
   else if( t->element < x )
      insert( x, t->right );
   else
      return;    // 중복됨, 아무 작업도 수행하지 않음

   skew( t );
   split( t );
}
```

그림 12.36 AA-트리: 삽입 메소드

삭제는 더욱 복잡하지만, 특수한 경우의 대부분을 제거했기 때문에 코드는 실제적으로 상당히 적절하다. 무엇보다도 노드가 단말 노드가 아니면 노드는 반드시 오른쪽 자식 노드를 가져야 한다는 점을 상기하자. 이는 노드를 삭제할 때 레벨 1임을 보장할 수 있는 언제나 오른쪽 하위트리의 가장 작은 자식노드로 교체할 수 있다.

deleteNode와 lastNode의 두 클래스 변수는 위 설자를 더욱 보상해 준다. remove는 재귀 메소드이므로 이들은 데이터 멤버이다. 우리가 오른쪽 링크를 탐색할 때, deleteNode에 조정된다. 바닥에 도달할 때까지(하위탐색의 동등성 테스트는 하지 않는다.) 재귀적으로 remove를 호출하기 때문에 제거된 아이템이 트리 내에 있으면 deleteNode는 아이템을 포함하는 노드로 가리킬 것이다.[5] lastNode는 탐색이 종료되는 단말노드를 가리킨

5) 이 기술은 각 노드에서의 세 가지 비교 방법을 두 가지 비교 방법으로 바꾸고 거기에 바닥에서의 동등성 테스트를 추가하는 contains 메소드에서 사용될 수 있다.

다. 바닥에 도달할 때까지 멈추지 않기 때문에 아이템이 트리에 있다면, lastNode는 교체된 값을 포함하는 레벨 1 노드를 가리킬 것이고 반드시 트리에서 제거되어야만 한다.

트리의 바닥에 도달할때 우리는 두 번째 단계를 수행하며 이는 레벨 1 노드 값을 내부 노드에 복사하고 레벨 1 노드를 우회한다.

비단말 노드는 레벨이 재귀 호출에 의해 파기되는지 확인한다. T가 현재 노드라고 생각해 보자. 삭제는 T의 레벨보다 두 단계 낮게 T의 자식 중에 하나의 레벨을 낮춘다면 (단지 재귀 호출에 의해 들어온 자식들만 실질적으로 영향을 받지만, 단순화하여 이를 추적하지 않는다), T의 레벨 또한 낮추어야할 필요가 있다. 더 나아가 T가 오른쪽 빨간 자식이라면 T, T의 오른쪽 자식은 반드시 낮춰진 레벨을 가지고 있어야 한다. 이점에서 우리는 T의 오른쪽 빨간 자식인 R, R의 두 자식 노드, 자식의 오른쪽 빨간 자식 노드 등의 같은 레벨의 6개의 노드를 가질 수 있다. 그림 12.37은 간단한 가능 시나리오를 보여 준다.

노드 1이 제거된 후에 노드 2와 노드 5는 레벨 1 노드가 된다. 먼저 노드 5와 3사이에 소개되었던 왼쪽 수평적 링크를 조정해야 한다. 이것은 본질적으로 두 개의 회전을 필요로 한다. (5와 3사이에 하나, 5와 4사이에 다른 하나) 이 경우에 현재 노드 T는 포함되지 않는다. 반면에 삭제가 오른편에서부터 시작된다면, T의 왼쪽 노드는 갑자기 수평적으로 될 수 있다. 이는 (T에서 시작하는) 비슷한 두번의 회전을 필요로 한다. 모든 경우에 테스트하는 것을 피하기 위해서 skew를 세번 호출한다. 앞에서 한번 수행한 것과 같이 split의 두번의 호출은 수평적 간선을 재정렬하는 데 충분하다. 전체 삭제 프로시저는 그림 12.38에서 보이고 대체적으로 코딩하기에 상대적으로 간단한 자료구조이다.

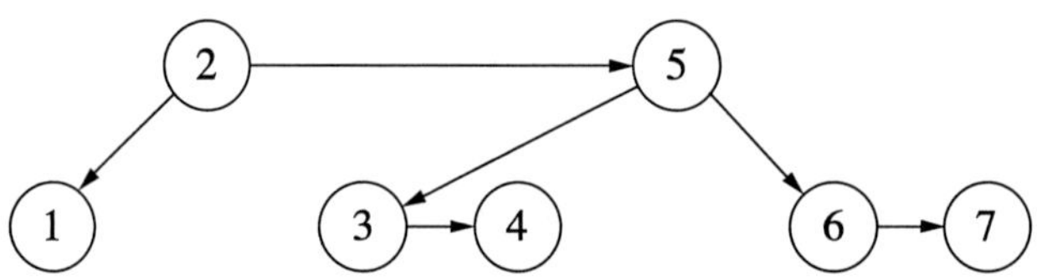

그림 12.37 1이 삭제될 때 모든 노드는 레벨 1이 되고 수평적 왼쪽 링크를 소개한다. 오른쪽 포인트로의 링크를 얻는 것은 skew의 세번의 호출에 의해 완성된다. split로의 두번의 호출은 연속된 수평적 링크를 제거한다.

```
/**
 * 하위트리에서 제거하는 내부 메소드
 * x는 제거할 아이템
 * t는 트리의 루트 노드
 * 하위투리의 새로운 루트를 정한다.
 */
```

그림 12.38 AA-트리: 삭제 프로시저

```
void remove( const Comparable & x, AANode * & t )
{
   static AANode *lastNode, *deletedNode = nullNode;

   if( t != nullNode )
   {
      // 단계 1: 트리를 따라 탐색하고 lastNode와 deletedNode를 설정한다.
      lastNode = t;
      if( x < t->element )
         remove( x, t->left );
      else
      {
         deletedNode = t;
         remove( x, t->right );
      }

      // 단계 2: 트리의 바닥에 있고
      // x가 존재하면 x를 제거한다.
      if( t == lastNode )
      {
         if( deletedNode == nullNode || x != deletedNode->element )
            return; // Item not found; do nothing
         deletedNode->element = t->element;
         deletedNode = nullNode;
         t = t->right;
         delete lastNode;
      }
      // 단계 3: 반면에 바닥에 있지 않다면 다시 균형을 잡는다.
      else
         if( t->left->level < t->level - 1 ||
            t->right->level < t->level - 1 )
         {
            if( t->right->level > --t->level )
               t->right->level = t->level;
            skew( t );
            skew( t->right );
            skew( t->right->right );
            split( t );
            split( t->right );
         }
   }
}
```

그림 12.38 (계속)

```
template <typename Comparable>
class Treap
{
  public:
    Treap( )
    {
      nullNode = new TreapNode;
      nullNode->left = nullNode->right = nullNode;
      nullNode->priority = INT_MAX;
      root = nullNode;
    }

    Treap( const Treap & rhs );
    ~Treap( );
      // 추가된 public 멤버 함수 (보이지 않음)

  private:
    struct TreapNode
    {
      Comparable element;
      TreapNode *left;
      TreapNode *right;
      int priority;

      TreapNode( ) : left( NULL ), right( NULL ), priority( INT_MAX ) { }
      TreapNode( const Comparable & e, TreapNode *lt, TreapNode *rt, int pr )
        : element( e ), left( lt ), right( rt ), priority( pr )
        { }
    };

    TreapNode *root;
    TreapNode *nullNode;
    Random randomNums;
      // 추가된 private 멤버 함수 (보이지 않음)
};
```

그림 12.39 Treap 클래스 인터페이스와 생성자

12.5 트립(Treaps)

트립(Treap)이라고 알려진 이진 탐색 트리의 마지막 타입은 가장 단순한 트리일 것이다. 스킵 트리와 마찬가지로 어떤 입력에 대해서도 $O(\log N)$의 예상된 수행 시간을 가지고 임의의 수를 사용한다. 삽입 시간이 재귀적 균형잡히지 않는 이진 탐색 트리보다 조금 느릴 때, 탐색시간은 균형 잡히지 않는 이진 탐색 트리와 동일하다(균형잡힌 이진트리보다는 조금 느리다). 삭제가 상당히 늦는다 하더라도 여전히 $O(\log N)$의 예상된 수행 시간을 가진다.

```
/**
 * 하위트리로 삽입하는 내부 메소드
 * x는 삽입할 아이템
 * t는 트리의 루트 노드
 * 하위투리의 새로운 루트를 정한다.
 * (randomNums는 트립의 데이터 멤버인 Random 객체이다.)
 */
void insert( const Comparable & x, TreapNode* & t )
{
   if( t == nullNode )
      t = new TreapNode( x, nullNode, nullNode, randomNums.randomInt( ) );
   else if( x < t->element )
   {
      insert( x, t->left );
      if( t->left->priority < t->priority )
         rotateWithLeftChild( t );
   }
   else if( t->element < x )
   {
      insert( x, t->right );
      if( t->right->priority < t->priority )
         rotateWithRightChild( t );
   }
   // 중복되면, 아무일도 하지 않는다.
}
```

그림 12.40 트립: 삽입 루틴

트립은 그림없이 설명할 수 있을 정도로 매우 간단하다. 트리의 각 노드는 아이템, 왼쪽 포인터, 오른쪽 포인터, 노드가 생성되었을 당시 임의로 할당되었던 우선권을 저장한다. 트립은 노드 우선권이 힙 순서를 만족하는 특성을 가지고 있는 이진 탐색 트리이다. 각 노드의 우선권은 적어도 부모노드보다는 커야 한다.

각각 별개의 우선권을 가지고 있는 아이템들의 집합은 하나의 트립으로 표현할 수 있다. 이는 가장 낮은 우선권을 가지고 있는 노드가 루트이기 때문에 귀납법에 의해 쉽게 추론할 수 있다. 결과적으로 트리는 N!개의 아이템 순서 대신에 N!개의 우선권 정렬로 형성된다. 노드 선언은 단지 데이터 멤버의 **priority**만 추가해 주면 되기 때문에 쉽게 할 수 있다. 그림 12.39에서 보이듯이 감시자 nullNode은 ∞의 우선권을 가질 것이다.

트립에서 삽입은 간단하다. 아이템이 단말노드에서 추가된 후에, 아이템의 우선권이 힙 순서를 만족할 때까지 트립을 회전한다. 회전의 예상된 횟수는 2보다 작다는 것을 보일 수 있다. 삭제된 아이템이 발견된 후에 아이템의 우선권을 ∞로 증가시키고 낮은 우선권을 가진 자식노드들을 통해서 회전하면서 삭제할 수 있다. 아이템이 단말노드라면 제거될 수 있다. 그림 12.40과 그림 12.41에서 수행 절차는 재귀를 이용한 방법을 구현하였다. 비재귀적인 구현은 독자들에게 남겨 놓았다(연습문제 12.17). 삭제에 있어서 노드가 논리적으로 단말노드에 있을 때, 노드는 아직도 왼쪽, 오른쪽 자식노드로서 **nullNode**를 가지고 있다. 결과적으로 오른쪽 자식노드와 함께 회전된다. 회전 이후에 **t**는 **nullNode**이고, 삭제된 아이템을 저장하는 왼쪽 자식노드는 자유롭게 풀리게 된다. 본 구현은 중복이 없다는 것을 가정한다. 그러면 중복이 되면 **remove**는 실패할 수 있다.

트립은 **priority** 데이터 멤버를 조절하는 것에 대해 걱정하지 않아도 되기 때문에 구현하기에 특히 쉽다. 균형 트리 접근법의 어려운 점 중에 하나가 연산의 프로시저에서 균형 정보를 업데이트하는데 실패에 따른 에러를 추적하기 어렵다는 점이다. 적당한 삽입과 삭제 패키지의 전체 코드의 양으로 볼 때, 트립은 비재귀 구현에서 특히 확실한 승자이다.

```
/**
 * 하위트리에서 제거하는 내부 메소드
 * x는 제거할 아이템
 * t는 트리의 루트 노드
 * 하위투리의 새로운 루트를 정한다.
 */
void remove( const Comparable & x, TreapNode * & t )
{
  if( t != nullNode )
  {
    if( x < t->element )
      remove( x, t->left );
    else if( t->element < x )
      remove( x, t->right );
    else
    {
        // 짝 발견
      if( t->left->priority < t->right->priority )
        rotateWithLeftChild( t );
      else
        rotateWithRightChild( t );

      if( t != nullNode ) // 계속 진행
        remove( x, t );
      else
      {
        delete t->left;
        t->left = nullNode; // 단말노드에서
      }
    }
  }
}
```

그림 12.41 트립: 삭제 프로시저

12.6 k-d 트리(k-d Trees)

광고회사는 데이터베이스를 유지하고 어떤 고객들을 위해 메일링 라벨을 만들어야 할 필요가 있다고 가정하자. 전형적인 요청으로 34에서 49세 사이이고 매년 수입이 $100,000에서 $150,000까지인 사람들에게 메일을 발송하려 한다. 이 문제는 2차원 범위질의로 알려져 있다. 1차원에서 문제는 미리 구성된 이진 탐색 트리를 순회함으로써 $O(M+\log N)$의 평균 시간을 가지는 간단한 재귀 알고리즘으로 해결할 수 있다. 두 개 이상의 차원에서도 비슷한 수행 시간을 얻고자 한다.

2차원 탐색 트리는 첫 번째 키에서 홀수 레벨을 나누고 두 번째 키에서 짝수 레벨을 나눈 간단한 특징을 가지고 있다. 루트는 마음대로 홀수 레벨에서 고른다. 그림 12.42는 2-d 트리를 보여 준다. 2-d 트리에 삽입은 이진 탐색 트리의 삽입의 간단한 연장이다.

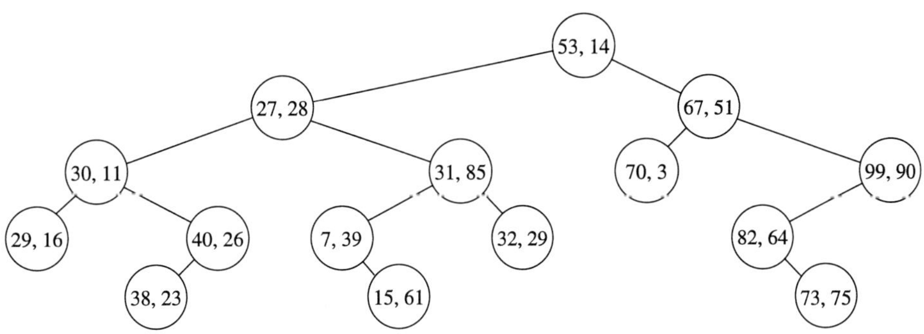

그림 12.42 2-d 트리 예제

```
public:
   void insert( const vector<Comparable> & x )
   {
      insert( x, root, 0 );
   }

private:
   void insert( const vector<Comparable> & x, KdNode * & t, int level )
   {
      if( t == NULL )
         t = new KdNode( x );
      else if( x[ level ] < t->data[ level ] )
         insert( x, t->left, 1 - level );
      else
         insert( x, t->right, 1 - level );
   }
```

그림 12.43 2-d 트리로의 삽입

트리를 따라 내려가면서 현재의 레벨을 유지할 필요가 있다. 코드를 간단히 하기 위해 기본 아이템이 두 원소의 배열이라고 가정한다. 그러면, 0과 1 사이에 레벨을 움직여야 할 필요가 있다. 그림 12.43은 삽입을 수행하는 코드를 보여 준다. 이 절에서는 재귀를 사용한다. 습관적으로 사용했던 비재귀 구현은 간단하며 연습문제 12.23에 나타나 있다. 한 개의 키에 대해 여러 아이템들이 일치할 수 있기 때문에 중복이 문제가 된다. 본 코드에서는 중복을 허용하고 항상 오른쪽 가지에 위치하도록 한다. 명확하게 이는 너무 많은 중복이 발생할 수 있는 문제점을 가진다.

임의로 생성된 2-d 트리는 트리의 높이가 평균 $O(\log N)$이지만 최악의 경우는 $O(N)$으로 임의 이진 탐색 트리와 같은 구조적 특성을 가진다.

```
public:
  /**
   * low[0] <= x[0] <= high[0] 와
   * low[1] <= x[1] <= high[1] 를
   * 만족하는 아이템을 출력한다.
   */
  void printRange( const vector<Comparable> & low,
                   const vector<Comparable> & high ) const
  {
    printRange( low, high, root, 0 );
  }

private:
  void printRange( const vector<Comparable> & low,
                   const vector<Comparable> & high,
                   KdNode *t, int level ) const
  {
    if( t != NULL )
    {
      if( low[ 0 ] <= t->data[ 0 ] && high[ 0 ] >= t->data[ 0 ] &&
          low[ 1 ] <= t->data[ 1 ] && high[ 1 ] >= t->data[ 1 ] )
        cout << "(" << t->data[ 0 ] << ","
                    << t->data[ 1 ] << ")" << endl;

      if( low[ level ] <= t->data[ level ] )
        printRange( low, high, t->left, 1 - level );
      if( high[ level ] >= t->data[ level ] )
        printRange( low, high, t->right, 1 - level );
    }
  }
```

그림 12.44 2-d 트리: 범위 탐색

$O(\log N)$의 최악 시간을 가지는 이진 탐색 트리와는 다르게 균형 2-d 트리를 보장하는데 알려진 개념은 없다. 이러한 개념은 트리 회전에 기반하고 트리 회전은 2-d 트리에서 수행되지 않는다는 점이 문제이다. 가장 좋은 방법은 연습문제에서 설명된 것처럼 하위트리를 재생성함으로써 트리를 주기적으로 다시 균형잡아 나가는 것이다. 비슷하게, 늦은 삭제 전략을 뛰어 넘는 삭제 알고리즘은 없다. 아이템 모두가 질의를 수행하기 전에 도착한다면, $O(N\log N)$번 동안 완벽하게 균형잡힌 2-d 트리를 생성할 수 있다. 이는 연습문제 12.21(c)에서 다룬다.

다양한 질의가 2-d 트리에서 가능하다. 우리는 정확한 답을 찾거나 두 개의 키 중 하나에 근거한 답을 찾을 수 있다. 질의의 후자는 **부분 매치 질의 (partial match query)**이고 양자는 모두 직교 **범위 질의 (range query)**의 특수한 경우이다.

사각형의 범위 질의는 첫 번째 키에서 특정한 값의 사이에 있는 모든 아이템과 두 번째 키에서 다른 특정 값 사이에 있는 아이템들을 반환한다. 이 문제는 이 절의 도입부에서 설명하였다. 범위 탐색은 재귀 트리 탐색에 의해 쉽게 해결할 수 있고 이는 그림 12.44에 나타나 있다. 재귀 호출을 하기 전에 테스트를 수행해서 불필요하게 모든 노드를 방문하는 것을 피할 수 있다.

특정한 아이템을 찾기 위해 특정 아이템과 동일한 low 값과 high 값을 설정할 수 있다. 부분 매치 질의를 수행하기 위해서, $-\infty$과 ∞에 매치에 포함되지 않는 키의 범위를 설정한다. 또 다른 범위는 매치에 포함된 키 값과 동일한 low 값과 high값으로 설정한다.

2-d 트리에서 삽입과 정확한 매치 탐색은 트리의 깊이에 비례하는 실행시간을 가진다. 이 실행시간은 평균 실행시간 $O(\log N)$과 최악의 실행시간 $O(N)$을 가진다. 범위 탐색의 수행 시간은 트리가 균형이 잘 잡혀 있는지와 부분 매치가 요청되는지, 실제 아이템이 얼마나 많이 발견되었는지에 따라 좌우된다. 이에 대해 자세히 알아보자.

먼저 완벽히 균형잡힌 트리에서 범위 탐색은 M개의 매치를 보고하는 데 최악의 실행시간 $O(M+\sqrt{N})$을 가진다. 어떤 노드에서도 네 개의 손자 노드 중 두 개를 방문해야 하는데 이는 $T(N)=2T(N/4)+O(1)$ 방정식을 이끌어 낸다. 그러나, 이와 같은 탐색은 매우 효율적이며 일반적인 N에 대해 최악 실행시간에서조차 나쁘지 않다. $\sqrt{N}$과 $\log N$과의 차이는 O(Big-Oh) 표기법에서 감춰진 더 작은 상수로 보완된다.

임의로 생성된 트리에서는 부분 매치 질의의 평균 실행시간은 $\alpha=(-3+\sqrt{17})/2$일 때, $O(M+N^{\alpha})$이다. 최근 다소 놀랍게도 이 결과는 본질적으로 임의 2-d 트리의 범위 탐색의 평균 실행시간과 같다.

k 차원에서 각 레벨에서 키를 통해 순환하는 동일한 알고리즘이 작동한다. 그러나, 이로 인해 중복되고 작위적인 입력 값들의 영향이 나타나면서 균형이 점점 더 깨어진다. 코딩의 세부사항은 독자들을 위해 연습문제로 남겨 놓았고 분석 결과를 언급하자면, 완벽하게 균형잡힌 트리에서 범위 탐색의 최악의 경우 실행시간은 $O(M+kN^{1-1/k})$이다. 임의

로 생성된 k-d 트리에서의 k개의 키 중 p개를 포함하는 부분 매치 질의는 $O(M+N^{\alpha})$를 가진다. 이때, α는 다음 등식의 양근이다.

$$(2+\alpha)^{P}(1+\alpha)^{k-p}=2^{k}$$

다양한 p와 k에 대한 α의 계산은 연습문제로 남겨 놓았다. $k=2$, $p=1$일 때의 값은 임의의 2-d 트리에서 부분 매칭을 상술한 결과에서 나타나 있다.

범위탐색을 지원하는 몇 개의 새로운 구조가 있음에도 불구하고 k-d 트리는 그 중 훌륭한 수행 시간을 가지는 가장 간단한 구조일 것이다.

12.7 페어링 힙(Pairing Heaps)

마지막 자료구조는 **페어링 힙**(pairing heap)이다. 페어링 힙의 구조 분석은 아직 해결되지 않았지만, decreaseKey 연산에 있어서, 다른 힙 구조보다 좋은 성능을 보인다. 이러한 효율성을 보이는 큰 이유는 간단하기 때문이다. 페어링 힙은 힙 순서를 가진 트리로 표현되며 그림 12.45는 페어링 힙의 예제를 보여 주고 있다.

실제 페어링 힙 구현은 4장에서 다룬 것과 같이 왼쪽 자식노드, 오른쪽 형제 노드 표현을 사용한다. decreaseKey 연산은 각 노드에 추가된 링크를 요구한다. 가장 왼쪽에 있는 자식노드는 부모노드로의 링크를 포함하고 그 이외의 노드는 오른쪽 형제 노드와 왼쪽 형제 노드로의 링크를 포함한다. 이러한 데이터 멤버를 prev라 지칭한다. 클래스 골격과 페어링 힙 노드 선언은 매우 간단하므로 분량상 생략한다. 그림 12.46은 그림 12.45의 페어링 힙의 실제 표현을 나타내고 있다.

기본적인 연산자를 중심으로 설명해 보자. 두 개의 페어링 힙을 합치기 위해서 큰 값을 가진 루트의 힙을 작은 값을 가진 루트의 힙의 왼쪽 자식으로 한다. 물론 삽입은 병합의 특수한 경우이다. decreaseKey를 수행하기 위해서, 요청된 노드에서 값을 낮춘다. 모든 노드에서 부모 포인터를 유지하지 않기 때문에, 이 과정이 힙 순서에 위배되는지 모른다. 따라서 부모노드로부터 인접된 노드를 자르고 두 힙에 그 결과를 병합함으로써 decreaseKey를 완성한다. deleteMin을 수행하기 위해서는 힙의 컬렉션을 생성하는 루트를 제거한다. 만약 루트에 c개의 자식노드가 있다면 병합 프로시저로의 c−1번의 호출은 힙을 새로 짜 맞출 것이다. 가장 중요한 점은 병합을 수행하기 위해 사용되는 메소드와 c−1번의 병합 과정이다.

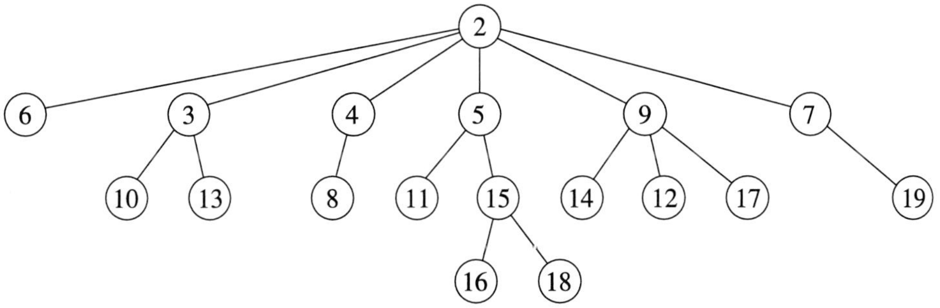

그림 12.45 페어링 힙 예제: 개괄적 표현

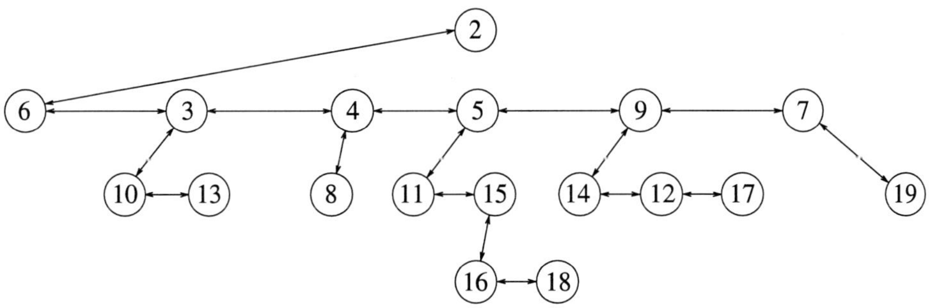

그림 12.46 이전 페어링 힘의 실제 표현

그림 12.47은 두 하위힙이 병합되는 과정을 보여 준다. 프로시저는 형제노드에 두 번째 하위힙을 허용한다. 앞에서 언급했듯이 큰 값의 루트를 가진 하위힙은 다른 하위힙의 왼쪽 자식노드로 이루어진다. 이 코드는 간단하며 그림 12.48에서 보여 주고 있다. 포인터는 prev 데이터 멤버에 할당하기 전에 NULL에 대해 테스트되는 몇 개의 인스턴스를 가지고 있다. 이는 이 절에서 탐색 트리 구현에 많이 사용한 nullNode 감시자를 가지는데 유용하다.

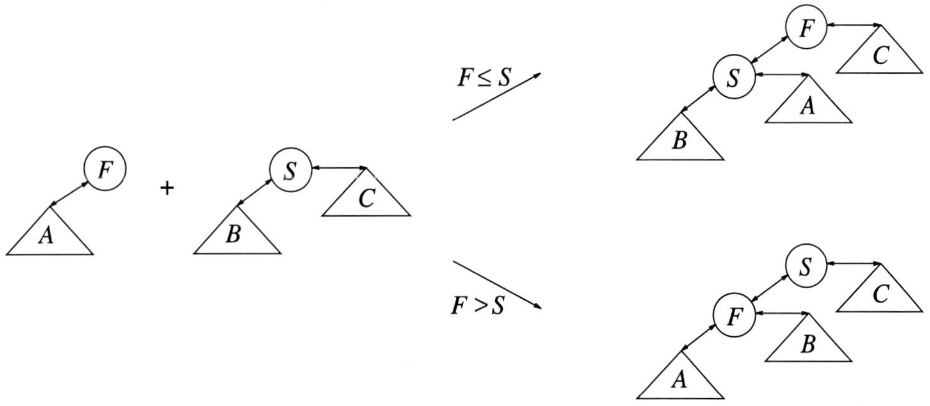

그림 12.47 compareAndLink는 두 하위힙을 병합한다.

```
/**
 * 순서를 유지하는 기본 연산자인 내부 메소드
 * 힙 순서를 만족하는 first와 second 링크
 * first는 트리 1의 루트이고 NULL이 아닐 것이다.
 * first->nextSibling은 엔트리에서 NULL이어야만 한다.
 * second는 트리 2의 루트이고 NULL일 수 있다.
 * first는 트리 병합의 결과가 된다.
 */
void compareAndLink( PairNode * & first, PairNode *second )
{
  if( second == NULL )
    return;

    if( second->element < first->element )
    {
      // first를 second의 가장 왼쪽 자식노드에 포함시킨다.
      second->prev = first->prev;
      first->prev = second;
      first->nextSibling = second->leftChild;
      if( first->nextSibling != NULL )
        first->nextSibling->prev = first;
      second->leftChild = first;
      first = second;
    }
    else
    {
      // second를 first의 가장 왼쪽 자식노드에 포함시킨다.
      second->prev = first;
      first->nextSibling = second->nextSibling;
      if( first->nextSibling != NULL )
        first->nextSibling->prev = first;
      second->nextSibling = first->leftChild;
      if( second->nextSibling != NULL )
        second->nextSibling->prev = second;
      first->leftChild = second;
    }
}
```

그림 12.48 페어링 힙: 두 개의 하위힙을 병합하는 루틴

```
struct PairNode;
typedef PairNode * Position;

/**
 * 힙 순서를 유지하면서 아이템 x를 우선권 큐에 삽입한다.
 * 새로운 아이템을 포함하는 (노드로의 포인터) 위치를 반환한다.
 */
Position insert( const Comparable & x )
{
  PairNode *newNode = new PairNode( x );

  if( root == NULL )
    root = newNode;
  else
    compareAndLink( root, newNode );
  return newNode;
}

/**
 * 페어링 힙에 저장된 아이템의 값을 바꾼다.
 * newVal이 현재 저장된 값보다 크면
 * IllegalArgumentException이 발생된다
 * p는 삽입에 의해 반환된 위치이다.
 * newVal은 현재 저장된 값보다
 * 작아야만 하는 새로운 값이다.
 */
void decreaseKey( Position p, const Comparable & newVal )
{
  if( p->element < newVal )
    throw IllegalArgumentException( );          // newVal은 더 이상 커질 수 없다.
  p->element = newVal;
  if( p != root )
  {
    if( p->nextSibling != NULL )
      p->nextSibling->prev = p->prev;
    if( p->prev->leftChild == p )
      p->prev->leftChild = p->nextSibling;
    else
      p->prev->nextSibling = p->nextSibling;

    p->nextSibling = NULL;
    compareAndLink( root, p );
  }
}
```

그림 12.49 페어링 힙: insert와 decreaseKey

```
void deleteMin( )
{
   if( isEmpty( ) )
      throw UnderflowException( );

   PairNode *oldRoot = root;

   if( root->leftChild == NULL )
      root = NULL;
   else
      root = combineSiblings( root->leftChild );

   delete oldRoot;
}
```

그림 12.50 페어링 힙: deleteMin

insert과 decreaseKey 연산자는 추상적으로 기술된 내용을 실제로 간단하게 구현한 것이다. decreaseKey는 position 객체인 PairNode*를 필요로 한다. 아이템이 처음 삽입되었을때 (변경할 수 없이) 결정되기 때문에 insert는 포인터를 PairNode에 반환하고 호출자에게 돌아가서 할당한다. 코드는 그림 12.49에서 보여진다. decreaseKey의 루틴에서는 새로운 값이 예전 값보다 적지 않다면 예외상황(exception)을 발생한다. 그렇지 않으면 결과 구조가 힙순서를 따르지 않을 수 있다. 기본적인 deleteMin 프로시저는 개괄적 설명을 따르며 이는 그림 12.50에 보여진다.

물론 중요한 것은 세부사항이다. 어떻게 combineSiblings가 구현되어 있느냐? 이에 대해 몇 개의 변형이 제안되어 왔지만, 어떤 것도 피보나치 힙과 동일한 이론적 실행시간 범위를 제공하지 않는다. 최근에 거의 모든 제안된 메소드는 피보나치 힙보다 덜 효율적임이 밝혀졌다. 그렇다 하더라도, 그림 12.51의 코드에서 설명한 메소드는 이진트리를 포함한 다른 힙 구조보다 더 좋은 성능을 보이며, 전형적인 그래프 이론에서는 decreaseKey 연산자의 주체를 포함하며 사용한다.

2-패스 병합(two-pass merging)으로 알려진 이 메소드는 제안되었던 많은 메소드 중 가장 간단하고 실용적이다. 먼저 자식노드의 짝을 병합하면서 왼쪽에서 오른쪽으로 검사한다.[6)] 첫 번째 검사후에는 병합할 트리가 절반이 되어 있다. 두 번째 검사는 오른쪽에서 왼쪽으로 진행된다. 각 단계에서는 첫 검사에서 남겨진 가장 오른쪽 트리와 현재 병합된 결과를 병합한다. 예를 들면, c_1에서 c_8까지의 8개의 자식이 있다면 첫 번째 검사는 c_1과 c_2, c_3과 c_4, c_5과 c_6, c_7과 c_8를 병합한다. 결과로서 d_1, d_2, d_3, d_4를 얻는다.

6) 자식이 홀수 개일 때를 주의해야 한다. 이 상황일 때 마지막 자식과 첫 번째 검사를 완성하기 위해 가장 오른쪽 병합의 결과와 합친다.

```
/**
 * 2-패스 병합을 구현한 내부 메소드
 * firstSibling은 집단의 루트이며 NULL이 아니다.
 */
PairNode * combineSiblings( PairNode *firstSibling )
{
  if( firstSibling->nextSibling == NULL )
    return firstSibling;

    // 배열을 할당한다.
  static vector<PairNode *> treeArray( 5 );

      // 배열에서 하위트리를 저장한다.
  int numSiblings = 0;
  for( ; firstSibling != NULL; numSiblings++ )
  {
    if( numSiblings == treeArray.size( ) )
      treeArray.resize( numSiblings * 2 );
    treeArray[ numSiblings ] = firstSibling;
    firstSibling->prev->nextSibling = NULL; // break links
    firstSibling = firstSibling->nextSibling;
  }
  if( numSiblings == treeArray.size( ) )
    treeArray.resize( numSiblings + 1 );
  treeArray[ numSiblings ] = NULL;

    // 왼쪽에서 오른쪽으로 이동하면서 동시에 두 개의 하위트리를 병합한다.
  int i = 0;
  for( ; i + 1 < numSiblings; i += 2 )
    compareAndLink( treeArray[ i ], treeArray[ i + 1 ] );

  int j = i - 2;

    // j는 마지막 compareAndLink의 결과이다.
    // 트리가 홀수 개이면, 마지막 트리를 얻는다.
  if( j == numSiblings - 3 )
    compareAndLink( treeArray[ j ], treeArray[ j + 2 ] );

    // 이제 오른쪽에서 왼쪽으로 이동하면서 마지막 트리와 그 바로 앞의 트리를 병합한다.
    // 결과는 새로운 마지막 트리가 된다.
  for( ; j >= 2; j -= 2 )
    compareAndLink( treeArray[ j - 2 ], treeArray[ j ] );
  return treeArray[ 0 ];
}
```

그림 12.51 페어링 힙: 2-패스 병합

두 번째 패스로서 d_3와 d_4를 병합하며 d_2는 이 결과에 병합되고 d_1는 이전까지의 병합의 결과와 병합된다.

이 책의 구현에서는 하위트리를 저장하기 위해서 배열을 사용한다. 최악의 경우 N-1개의 아이템은 루트의 자식이 될 수 있으나, combineSiblings내의 크기 N의 (non-static) 배열을 선언하는 데는 $O(N)$ 수행시의 알고리즘이 사용된다. 따라서 우리는 대신에 하나의 확장 배열을 사용한다. 이는 static이기 때문에 재초기화하지 않고 다른 셀에서 재사용된다.

다른 병합 전략은 연습문제에서 논의하기로 하자. 단 하나의 간단한 병합 전략은 왼쪽에서 오른쪽으로 단일 패스를 가진 병합으로서 성능이 좋지 않음을 쉽게 알 수 있다 (연습문제 12.35). 페어링 힙은 "간단한것이 좋은것"의 좋은 예제가 되고 decreaseKey나 merge 연산을 필요로 하는 심각한 어플리케이션에 선택될 수 있는 메소드이다.

12장 요약

이 장에서는 몇 개의 효율적인 이진 탐색 트리의 변형에 대해 알아보았다. 하향식 스플레이 트리는 $O(\log N)$의 이론적 실행시간 복잡도를 보이고, 트립은 $O(\log N)$의 무작위화한 성능을 보인다. 또한, 레드-블랙 트리, 결정적 스킵 리스트, AA-트리는 기본 연산에 대한 최악의 시간 성능 $O(\log N)$을 가진다. 다양한 자료구조간의 트레이드오프 (trade-off) 는 코드 복잡도, 삭제의 용이성, 다른 탐색 방법, 삽입의 비용을 포함한다. 어느 하나의 자료구조가 다른 것에 비해 명백하게 좋다라고 말하기는 어렵다. 반복되어 설명되는 주제는 트리 회전과 필요한 NULL 포인터의 귀찮은 테스트의 대부분을 제거할 수 있는 감시자 노드의 사용이다. k-d 트리는 이론적으로 최적화되진 않았지만, 범위 탐색을 수행하는 실용적인 메소드이다.

마지막으로, 페어링 힙의 구조와 코드에 대해 알아보았다. 페어링 힙은 decreaseKey 연산이 필요할 때 사용하며 피보나치 힙보다 이론상에서 덜 효율적이지만 가장 실용적인 병합 우선권 큐이다.

12장 연습문제

12.1 하향식 스플레이의 양도된 실행시간이 $O(\log N)$임을 증명하라.

**12.2 상향식 스플레이에서 엑서스(access)당 $2\log N$ 회전을 필요로 하는 엑서스 순서가 있음을 증명하고 하향식 스플레이에 비슷한 결과가 나오는지 보여라.

12.3 k번째 작은 아이템을 찾는 질의를 지원하도록 스플레이 트리를 수정하라. 이 질의를 결정적 스킵 리스트에서도 적용시켜 보아라.

12.4 경험적으로 단순화된 하향식 스플레이와 본래의 하향식 스플레이를 비교해라.

12.5 레드-블랙 트리의 삭제 프로시저를 작성하라.

12.6 레드-블랙 트리의 높이는 최대 $2\log N$이고 이는 대체로 낮아질 수 없음을 증명하라.

12.7 모든 AVL 트리는 레드-블랙 트리로 바꿀 수 있음을 보여라. 모든 레드-블랙 트리는 AVL 트리인가?

12.8 1-2-3 결정적 스킵 리스트가 2-3-4 트리 (예: 차수가 4인 B-tree)로 표현되는지 보여라. 단, 이때 아이템은 단말 노드뿐만 아니라 내부 노드에도 존재한다.

12.9 이미 결정적 스킵 리스트에 있는 아이템을 삽입하려 하면 어떤 일이 벌어지는가?

12.10 최대 $2N$ 노드가 1-2-3 결정적 스킵 리스트에서 사용되었음을 보여라.

*12.11 C++에서 포인터의 연결 리스트 대신에 전진 포인터의 동적 할당된 배열로서 각 추상적 노드를 표현할 수 있다. 여기에서 1-2-3 결정적 스킵 리스트를 구현하는 방법과 각 연산에서 $O(\log N)$을 유지하는 방법을 설명하라.

12.12 1-2-3 결정적 스킵 리스트에서 삭제 프로시저를 작성하라.

12.13 AA-트리에서 삭제 알고리즘이 정확한지 증명하라.

12.14 AA-트리의 비재귀적 하향식 구현을 수행하라. 또한 구현된 코드와 단순성과 효율성을 위해 텍스트와 비교해 보라.

12.15 삭제 과정에서 단 한번의 호출만 필요하도록 재귀적 skew와 split 프로시저를 작성하라.

12.16 AA-트리는 BB-트리보다 얼마나 적은 코드를 가지고 있는가? 또한 이로 인해 AA-트리가 얼마나 빠르게 되는가?

12.17 스택을 유지하면서 비재귀적인 트립의 삽입 루틴을 구현하라.

12.18 우선권과 같은 엑서스의 수를 사용하고 각 엑서스 후에 필요한 회전을 수행함으로써 자기-조정 기능을 가지는 트립 생성이 가능하다. 이 메소드를 무작위화된 전략과 비교하라. 다시 말하면 아이템 X가 엑서스될 때마다 임의의 수를 발생시키자. 이 수가 X의 현재 우선권보다 작다면 X에 새로운 우선권을 부여한다(이는 적절한 회전을 수행한다).

**12.19 아이템이 정렬되어 있다면, 우선권이 정렬되어 있지 않다 하더라도 트립은 선형 실행시간에 생성됨을 보여라.

12.20 nullNode 감시자를 사용하지 않은 트리 구조를 구현해 보라. 감시자에 의해 코드가 얼마나 줄어드는가?

12.21 각 노드별로 하위트리의 NULL 링크의 수 (노드의 가중치)를 저장한다고 가정하고 다음의 전략을 적용하라. 노드의 왼쪽과 오른쪽 하위 트리가 각각 2이상의 가중치를 가지고 있다면 노드의 하위트리를 완전히 개조한다. 다음을 보여라.

a. S가 노드의 가중치일때, $O(S)$ 실행시간에서 노드를 개조할 수 있다.
b. 알고리즘은 한 번 삽입당 $O(\log N)$의 양도된 실행시간을 가진다.
c. S가 노드의 가중치일때, $O(S \log S)$ 실행시간에서 k-d 트리의 노드를 개조할 수 있다.
d. 한 번 삽입당 $O(\log^2 N)$ 실행시간의 비용에서, k-d 트리에 알고리즘을 적용할 수 있다.

12.22 임의의 2-d 트리에서 rotateWithLeftChild를 호출한다고 가정하자. 이때 2-d 트리 이상은 가능하지 않은 이유에 대해서 상세히 서술하라.

12.23 k-d 트리에서 삭제 연산과 범위 탐색을 구현하라. 재귀를 사용하지 말라.

12.24 k=3, 4, 5 에 대응되는 p의 값의 부분 매치 질의에 대한 시간을 결정하라.

12.25 완벽하게 균형잡힌 k-d 트리에서 이 책에서 인용된 범위 질의의 최악의 경우 실행 시간을 유도하라.

12.26 2-d 힙(2-d heap)은 각각의 아이템에 두 개의 개별 키를 가질 수 있게 하는 자료구조이다. deleteMin은 이러한 키들에 대해 수행될 수 있다. 2-d 힙은 다음의 순서 특징을 가지는 완전 이진 트리이다. 짝수 깊이의 노드 X에서는 X에 저장된 아이템은 그 하위트리에 가장 작은 키 값 #1을 가진다. 홀수 깊이의 노드 X에서는 X에 저장된 아이템은 그 하위트리에 가장 값은 키 값 #2를 가진다.

a. 아이템 (1, 10), (2, 9), (3, 8), (4, 7), (5, 6)에서 가능한 2-d 힙을 그려라.
b. 최소 키 값 #1을 가진 아이템을 어떻게 찾는가?
c. 최소 키 값 #2를 가진 아이템을 어떻게 찾는가?
d. 2-d 힙에 새로운 아이템을 삽입하는 알고리즘을 작성하라.
e. 다른 키에 대해 deleteMin을 수행하는 알고리즘을 작성하라.
f. 선형 실행시간 내에서 buildHeap을 수행하는 알고리즘을 작성하라.

12.27 각각의 아이템이 k개의 개별 키를 가지고 있을때, k-d 힙을 얻는 바로 앞의 연습문제를 일반화하라. insert는 $O(\log N)$, deleteMin은 $O(2^k \log N)$, buildHeap은 $O(kN)$의 실행시간을 만족해야 한다.

12.28 k-d 힙은 이중-가능 우선 큐(double-ended prioriy queue)를 구현하는 데 사용될 수 있음을 보여라.

12.29 키 #1에서 갈라진 레벨에서만 두 자식노드를 가지기 위한, (다른 모든 레벨에서는 하나의 자식노드만 가짐) k-d 힙을 간략하게 일반화하라.

a. 포인터가 필요한가?
b. 명백하게 새로운 알고리즘이 작동되는가? 새 실행시간의 범위는 무엇인가?

12.30 deleteMin을 구현하기 위해 k-d 트리를 사용하라. 무작위 트리에서의 예상되는 평균 실행 시간은 얼마인가?

12.31 deleteMin을 지원하는 데크(double-ended queue)를 구현하기 위해 k-d 트리를 사용하라.

12.32 nullNode 감시자를 가진 페어링 힙을 구현하라.

**12.33 본 책의 페어링 힙 알고리즘에서 각 연산의 양도된 실행시간은 $O(\log N)$임을 보여라.

12.34 combineSiblings의 또 다른 메소드는 큐에 모든 형제노드를 배치하고 반복적으로 dequeue하면서 큐에서 첫 두 개의 아이템을 병합하여 큐의 끝에 결과를 배치한다. 이를 구현하라.

12.35 앞의 연습문제에서 큐 대신에 스택을 사용하는 것은 연산 하나당 $\Omega(N)$의 비용이 소요되어 좋지 않음을 보여라. 이는 왼쪽에서 오른쪽으로 이동하는 단일 경로 병합이다.

12.36 decreaseKey 없이 부모노드로의 링크를 제거할 수 있다. 비대칭 힙에서 결과는 얼마나 경쟁력이 있는가?

12.37 다음의 자료구조는 각각 부모 자식 포인터를 가지는 트리로서 표현된다고 가정하자. decreaseKey 연산을 어떻게 구현되는지 설명하라.

a. 이진 힙
b. 스플레이 트리

12.38 도표로 보면 2-d 트리에서 각 노드는 평면을 몇 개의 영역으로 분할한다. 예를 들면, 그림 12.52는 그림 12.42의 2-d 트리에서의 첫 5번의 삽입을 보여 준다. $p1$의 삽입은 평면을 왼쪽과 오른쪽 두 개의 영역으로 나눈다. 다음 $p2$의 삽입은 왼쪽 영역을 위쪽과 아래쪽 두 개의 영역으로 재분할한다.

a. 주어진 N개의 아이템 집합에서 삽입의 순서는 최종 분할에 영향을 주는가?
b. 두 개의 다른 삽입 순서가 같은 결과를 낸다고 하면, 같은 분할이 생성되는가?
c. N번의 삽입 후에 발생한 분할 영역의 수를 계산하는 공식을 구하라.
d. 그림 12.42의 2-d 트리의 최종 분할을 보여라.

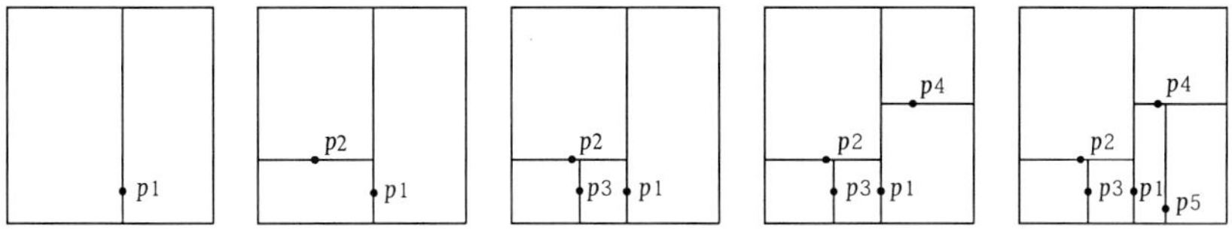

그림 12.52 p1 =(53,14), p2 =(27,28), p3 =(30,11), p4 =(67,51), p5 =(70,3)의 삽입 후에 2-d 트리에 의해 분할된 평면

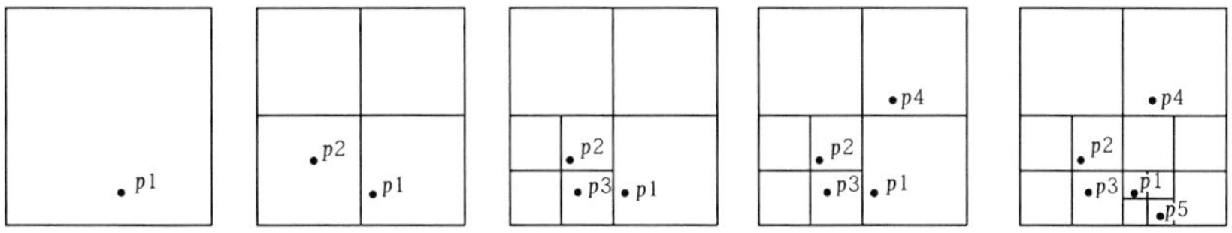

그림 12.53 p1 =(53,14), p2 =(27,28), p3 =(30,11), p4 =(67,51), p5 =(70,3)의 삽입 후에 쿼드 트리에 의해 분할된 평면

12.39 2-d 트리의 대안으로 쿼드 트리(quad tree)가 있다. 그림 12.53은 평면이 쿼드 트리에 의해 어떻게 분할되는지 보여 준다. 처음에는 하나의 영역에서 시작한다(보통 사각형이지만 꼭 사각형일 필요는 없다). 각 영역은 하나의 점을 저장한다. 두 번째 점이 한 영역에 삽입된다면 이 영역은 4개의 똑같은 크기의 사분면(북동, 북서, 남동, 남서)으로 분할된다. 이 분할로 인해 점들이 다른 사분면에 위치하게 되면($p2$가 삽입될 때) 분할은 끝나게 되며, 그렇지 않을 경우($p5$가 삽입될 때) 재귀적으로 분할을 계속해 나간다.

a. 주어진 N개의 아이템 집합에서 삽입의 순서는 최종 분할에 영향을 주는가?

b. 그림 12.42의 2-d 트리에 있는 같은 원소가 쿼드 트리에 삽입된다면 최종 분할이 어떻게 되는지 보여라.

12.40 트리 자료구조는 쿼드 트리를 저장하고 본래의 영역의 경계를 유지할 수 있다. 트리의 루트는 본래의 영역을 나타낸다. 각 노드는 삽입된 아이템을 저장하는 단말 노드와 4개의 사분면을 나타내는 정확히 4개의 자식노드를 가지는 비단말 노드가 있다. 탐색을 수행하기 위해 루트에서 시작하여 단말 노드(또는 NULL 엔트리)에 도달할 때까지 반복적으로 적절한 사분면을 찾아나간다.

a. 그림 12.53에 대응하는 쿼드 트리를 그려라.

b. (쿼드) 트리의 깊이에 영향을 주는 인자는 무엇인가?

c. 쿼드 트리에서 직사각형의 범위 탐색을 수행하는 알고리즘을 서술하라.

12장 참고문헌

하향식 스플레이 트리는 본래의 스플레이 트리 논문에서 서술하고 있다[29]. 중요한 회전이 없는 비슷한 전략은 [31]에서 설명하고 있다. 하향식 레드-블랙 트리 알고리즘은 [17]에서 참고하였고, 더 이해하기 쉬운 설명은 [28]에 있다. 감시자 노드가 없는 하향식 레드-블랙 트리의 구현은 [14]에 나타나 있고 이는 nullNode의 유용함을 확인시켜 준다. 결정적 스킵 리스트와 이의 변형 구조들은 [23]과 [26]에서 다루고 있다. 대칭적 이진 B-트리는 [6]에서 참고하였고, 책에서 보이는 AA-트리의 구현은 [1]과 [3]에서 서술한 것을 이용했다. 트랩[4]는 [32]에서 기술한 **카테시안 트리(Cartesian tree)**를 기반으로 하고 있다. 관련된 자료구조는 **우선 탐색 트리(priority search tree)**[21]이다.

k-d 트리는 [7]에서 처음 제안했다. 다른 범위-탐색 알고리즘은 [8]에서 서술하였다. 균형 k-d 트리의 범위 탐색의 최악의 경우는 [19]에서 참고했으며, 책에서 참고한 평균의 경우는 [13]과 [10]에서 인용했다.

페어링 힙과 연습 문제에서 제시한 대안 구조들은 [16]에서 서술하였다. 스플레이 트리를 제안한 [18]의 연구는 decreaseKey가 필요하지 않은 선택 우선큐이다. 다른 연구[30]은 페어링 힙이 피보나치 힙과 같은 점근적 범위를 가지고 있으며, 실제적으로 피보나치 힙보다 좋은 성능을 보임을 서술하고 있다. 그러나 최소 신장 트리 알고리즘을 구현하는 우선큐를 사용하는 연구[22]는 decreaseKey의 이론적 실행시간이 $O(1)$이 아님을 제안하고 있다. M.Fredman[15]는 decreaseKey 연산의 이론적 실행시간이 차선으로 최적(사실, 적어도 실행시간은 $\Omega(\log\log N)$임)인 순서가 있음을 증명함으로써 최적성의 문제를 풀었다. 반면에 그는 Prim의 최소 신장 트리 알고리즘을 구현되어 사용될 때, 페어링 힙이 그래프가 약간 조밀하다면 최적임을 보였다(즉, 그래프의 간선의 수는 어떤 ε에 대해서도 $O(N^{(1+\varepsilon)})$이다). 그러나, 페어링 힙의 완전한 분석은 아직 진행중이다.

연습문제의 대부분의 해답은 참고문헌에서 찾을 수 있다. 연습문제 12.21은 다소 대중적인 "늦은(lazy)" 균형 전략을 나타내고 있다. [20], [5], [11], [9]는 특정한 전략을 서술한다. [2]는 하나의 틀에서 이 모든 전략들이 어떻게 구현되는지 보여 준다. 연습문제 12.21의 특성을 만족하는 트리는 **무게가 균형잡힌(weight-balanced)** 트리이다. 이들 트리는 회전[24]에서 유지된다. 세부 문제 d는 [25]에서 서술되었다. 연습문제 12.26에서 12.28은 [12]에서 보이고 쿼드 트리는 [27]에서 서술하고 있다.

1. A. Andersson, "A Note on Searching a Binary Search Tree," *Software-Practice and Experience*, 21 (1991), 1125-1128.
2. A. Andersson, "General Balanced Trees," *Journal of Algorithms*, 30 (1999), 1-28.
3. A. Andersson, "Balanced Search Trees Made Simple," *Proceedings on the Third*

Workshop on Algorithms and Data Structures (1993), 61-71.

4. C. Aragon and R. Seidel, "Randomized Search Trees," *Proceedings of the Thirtieth Annual Symposium on Foundations of Computer Science* (1989), 540-545.
5. J. L. Baer and B. Schwab, "A Comparison of Tree-Balancing Algorithms," *Communications of the ACM*, 20 (1977), 322-330.
6. R. Bayer, "Symmetric Binary B Trees: Data Structure and Maintenance Algorithms," *Acta Informatica*, 1 (1972), 290-306.
7. J. L. Bentley, "Multidimensional Binary Search Trees Used for Associative Searching," *Communications of the ACM*, 18 (1975), 509-517.
8. J. L. Bentley and J. H. Friedman, "Data Structures for Range Searching," *Computing Surveys*, 11 (1979), 397-409.
9. H. Chang and S. S. Iyengar, "Efficient Algorithms to Globally Balance a Binary Search Tree," *Communications of the ACM*, 27 (1984), 695-702.
10. P. Chanzy, "Range Search and Nearest Neighbor Search," *Master's Thesis*, McGill University (1993).
11. A. C. Day, "Balancing a Binary Tree," *Computer Journal*, 19 (1976), 360-361.
12. Y. Ding and M. A. Weiss, "The k-d Heap: An Efficient Multi-Dimensional Priority Queue," *Proceedings of the Third Workshop on Algorithms and Data Structures* (1993), 302-313.
13. P. Flajolet and C. Puech, "Partial Match Retrieval of Multidimensional Data," *Journal of the ACM*, 33 (1986), 371-407.
14. B. Flamig, *Practical Data Structures in C++*, John Wiley, New York (1994).
15. M. Fredman, "Information Theoretic Implications for Pairing Heaps," *Proceedings of the Thirtieth Annual ACM Symposium on the Theory of Computing* (1998), 319-326.
16. M. L Fredman, R. Sedgewick, D. D. Sleator, and R. E. Tarjan, "The Pairing Heap: A New Form of Self-Adjusting Heap," *Algorithmica*, 1 (1986), 111-129.
17. L. J. Guibas and R. Sedgewick, "A Dichromatic Framework for Balanced Trees," *Proceedings of the Nineteenth Annual Symposium on Foundations of Computer Science* (1978), 8-21.
18. D.W. Jones, "An Empirical Comparison of Priority-Queue and Event-Set Implementations," *Communications of the ACM*, 29 (1986), 300-311.
19. D. T. Lee and C. K. Wong, "Worst-Case Analysis for Region and Partial Region Searches in Multidimensional Binary Search Trees and Balanced Quad Trees," *Acta*

Informatica, 9 (1977), 23-29.

20. W. A. Martin and D. N. Ness, "Optimizing Binary Trees Grown with a Sorting Algorithm," *Communications of the ACM*, 15 (1972), 88-93.
21. E. McCreight, "Priority Search Trees," *SIAM Journal of Computing*, 14 (1985), 257-276.
22. B. M. E. Moret and H. D. Shapiro, "An Empirical Analysis of Algorithms for Constructing a Minimum Spanning Tree," *Proceedings of the Second Workshop on Algorithms and Data Structures* (1991), 400-411.
23. J. I. Munro, T. Papadakis, and R. Sedgewick, "Deterministic Skip Lists," *Proceedings of the Third Annual Symposium of Discrete Algorithms* (1992), 367-375.
24. J. Nievergelt and E. M. Reingold, "Binary Search Trees of Bounded Balance," SIAM *Journal on Computing*, 2 (1973), 33-43.
25. M. H. Overmars and J. van Leeuwen, "Dynamic Multidimensional Data Structures Based on Quad and K-D Trees," *Acta Informatica*, 17 (1982), 267-285.
26. T. Papadakis, *Skip Lists and Probabilistic Analysis of Algorithms*, Ph.D. Dissertation, University of Waterloo (1993).
27. H. Samet, "The Quadtree and Related Hierarchical Data Structures," *Computing Surveys*, 16 (1984), 187-260.
28. R. Sedgewick, *Algorithms in C++*, Parts 1-4 (3rd edition), Addison-Wesley, Reading, Mass. (1998).
29. D. D. Sleator and R. E. Tarjan, "Self Adjusting Binary Search Trees," *Journal of the ACM*, 32 (1985), 652-686.
30. J. T. Stasko and J. S. Vitter, "Pairing Heaps: Experiments and Analysis," *Communications of the ACM*, 30 (1987), 234-249.
31. C. J. Stephenson, "A Method for Constructing Binary Search Trees by Making Insertions at the Root," *International Journal of Computer and Information Science*, 9 (1980), 15-29.
32. J. Vuillemin, "A Unifying Look at Data Structures," *Communications of the ACM*, 23 (1980), 229-239.

Appendix A 클래스 템플리트의 분리 편집

만약 우리가 클래스 템플리트(template)를 완전히 선언문안에서만 구현한다면, 우리가 지금까지 보았듯이, 거의 구문이 없을 것이다. 클래스 템플리트의 편집을 분리하는 것에 대한 컴파일러의 지원은 역사적으로 단점이 많았고 플랫폼에 종속적이었기 때문에 사실상 많은 클래스 템플리트는 선언문안에서만 구현되었다. 따라서, 많은 경우에 클래스 템플리트를 구현하는 전체 클래스는 하나의 헤더 파일안에만 두었었다. 일반적으로 표준 라이브러리의 구현도 클래스 템플리트를 구현하기 위한 전략으로 이와 같은 전략을 따라왔다.

최근의 표준은 이러한 위치를 수정하려고 시도하고 있다. 그래서 클래스 템플리트의 선언과 오랫동안 언어의 일부였던 구현을 분리하는 것이 점점 호소력을 가지게 되었다.

그림 A.1은 MemoryCell 클래스 템플리트의 구현을 보여 주고 있다. 물론, 이 부분은 이미 우리가 보아 왔었던 전체 클래스 템플리트의 일부분이기 때문에 아주 간단할 것이다.

이것을 구현하기 위해서, 우리는 함수 템플리트의 집합을 가져야 할 것이다. 이것은 각각의 함수는 템플리트의 선언을 포함해야 하고, 범위 연산자를 사용할 때, 클래스의 이름은 클래스 인자와 함께 개체화되어야 한다. 따라서 그림 A.2에서는 클래스의 이름은 MemeoryCell<Object>이다. 비록 구문은 큰 잘못이 없지만 약간 귀찮을 수가 있다. 예를 들어 명세서에서 Operator를 정의하는 것은 추가적인 작업을 요구하지는 않는다. 구현에서는 약간은 무지막지한 코드[1]를 가지게 될 것이다.

```
template <typename Object>
const MemoryCell<Object> &
MemoryCell<Object>::operator= ( const MemoryCell<Object> & rhs )
{
   if( this != &rhs )
      storedValue = rhs.storedValue;
   return *this;
}
```

1) Memorycell Memorycell<Object>로 구현하는 컴파일러를 가진다면 Memorycell<Object>(::뒤에서)가 몇 번 나타나는 것을 생략할 수 있다는 점을 주의해라.

```
#ifndef MEMORY_CELL_H
#define MEMORY_CELL_H

/**
 * A class for simulating a memory cell.
 */
template <typename Object>
class MemoryCell
{
  public:
    explicit MemoryCell( const Object & initialValue = Object( ) );
    const Object & read( ) const;
    void write( const Object & x );

  private:
    Object storedValue;
};

#endif
```

그림 A.1 MemoryCell 클래스 템플리트 인터페이스

지금 쟁점은 어떻게 클래스 템플리트의 선언과 멤버 함수 템플리트의 선언을 어떻게 구성할지에 관한 것이다. 이러한 주요한 문제는 그림 A.2의 구현은 실제로 작동하지 않는다. 그들은 단순한 확장을 기다리는 템플리트이다. 그러나 그들은 MemoryCell 템플리트가 개체화되었을 때조차 확장되지 않는다. 각각의 멤버함수 템플리트는 단지 호출될때만 확장이 된다.

A.1 모든 것을 헤더 안에 (Everything in the Header)

첫 번째 선택사항은 선언과 구현을 모두 헤더 파일안에 두는 것이다. 만약 여러 다른 소스 파일이 헤더 파일을 처리하는 데 방향성을 가진다면 다수의 정의된 함수를 가질 수 있기 때문에 클래스에는 적합하지 못하다. 그러나 모든 것이 템플리트이기 때문에, 즉 실제 클래스가 아니기 때문에 특별한 문제는 없다.

이 전략을 사용한다면, 단지 헤더파일이 자동적으로 구현 파일에서 읽게 하는 include directive (#endif 이전의)을 넘겨 주어서 코드를 읽을 목적에 대해서는 훨씬 쉬울 것이다. 이러한 전략을 따를때 템플리트를 저장하는 .cpp 파일은 직접적으로 컴파일되지 않는다.

```
#include "MemoryCell.h"

/**
 * Construct the MemoryCell with initialValue.
 */
template <typename Object>
MemoryCell<Object>::MemoryCell( const Object & initialValue )
  : storedValue( initialValue )
{
}

/**
 * Return the stored value.
 */
template <typename Object>
const Object & MemoryCell<Object>::read( ) const
{
  return storedValue;
}

/**
 * Store x
 */
template <typename Object>
void MemoryCell<Object>::write( const Object & x )
{
  storedValue = x;
}
```

그림 A.2 MemoryCell 클래스 템플리트 구현

A.2 명시적인 개체화(Explicit Instantiation)

어떤 컴파일러에서는 만약 명시적으로 구현한다면 편집을 분리하는 많은 장점을 얻을 수 있을 것이다. 이 방식에서는 .h와 .cpp 파일을 일반적인 클래스에서 구성하는 것 같이 구성하면 된다. 따라서 그림 A.1과 그림 A.2는 현재 보는 것과 똑같을 것이다. 헤더 파일은 구현을 읽어 들일 include directive를 가지지 않을 것이다. 중요한 루틴은 단지 헤더파일에 대한 include directive를 가지는 것이다. 그림 A.3은 전형적인 시험 프로그램을 보여 준다. 우리가 .cpp 파일 둘 다 컴파일한다면, 우리는 개체화된 멤버 함수가 발견되지 않는다는 것을 알게 될 것이다. 우리는 명시적으로 우리가 사용할 유형에 대해서

MemoryCell을 구현을 포함하는 별도의 파일을 생성함으로써 프로그램을 수정한다. 명시적인 구현의 예는 그림 A.4에서 보여진다. 이 파일은 프로젝트의 일부로 컴파일되고 템플리트 구현 파일(그림 A.2)은 프로젝트의 일부로 컴파일되지 않는다. 우리는 오래된 예전의 컴파일러에서는 이러한 기술을 사용함으로써 성공해 왔다. 단점은 템플리트의 모든 확장은 프로그래머에 의해서 목록화되어야 해서 클래스 템플리트가 다른 클래스 템플리트를 사용할 때, 가끔씩은 그러한 템플리트 또한 목록화되어야 한다는 것이다. 장점은 만약 MemoryCell에서 멤버 함수의 구현이 변경된다면, 단지 MemeoryCellExpand.cpp만 재컴파일하기만 하면 된다는 것이다.

A.3 Export Directive

새로운 컴파일러는 **export directive**를 지원한다. 그것은 최신의 언어에 추가되었다. 만약 우리가 클래스 템플리트 선언 이전에 export directive를 넘겨준다면 그림 A.5에서 보듯이, A.2절에서 추가 파일은 불필요해질 것이고 프로그램은 우리가 예상한 것처럼 연결될 것이다. 이것이 모든 컴파일러에서 올바르게 구현되기를 예상하지 말아라. Export directive는 또한 함수 템플리트에도 잘 작동한다.

```
#include "MemoryCell.h"
#include <iostream>
using namespace std;

int main( )
{
    MemoryCell<int> m1;
    MemoryCell<double> m2( 3.14 );

    m1.setValue( 37 );
    m2.setValue( m2.getValue( ) * 2 );

    cout << m1.getValue( ) << endl;
    cout << m2.getValue( ) << endl;

    return 0;
}
```

그림 A.3 MemoryCell 클래스 템플리트 사용

```
#include "MemoryCell.cpp"

template class MemoryCell<int>;
template class MemoryCell<double>;
```

그림 A.4 MemoryCellExpand.cpp 개체화 파일

```
#ifndef MEMORY_CELL_H
#define MEMORY_CELL_H

template <typename Object>
export class MemoryCell
{
    ⋮
```

그림 A.5 export directive

찾아보기

Data structures and Algorithm Analysis in C++

숫자

(A)

(B)

(C)

(D)

(E)

(F)

(H)

(I)

(K)

(L)

(M)

(N)

(O)

(P)

(Q)

(R)

(S)

(T)

(U)

(Z)

(ㄱ)

(ㄴ)

(ㄷ)

(ㄹ)

(ㅁ)

(ㅂ)

(ㅅ)

(ㅇ)

(ㅈ)

(ㅊ)

(ㅋ)

(ㅌ)

(ㅍ)

(ㅎ)

<저자 약력>

김현철

<학력>

1988 고려대학교 이과대학 전산과학과 학사

1998 University of Florida, 전산정보학 박사

<경력>

1999 - 현재 고려대학교 사범대학 컴퓨터교육과 교수

2010 - 2011 일본 홋카이도대학 정보기반센터 특임교수

2005 - 2006 University of Florida, 대우교수

유헌창

<학력>

1989 고려대학교 이과대학 전산과학과 학사

1994 고려대학교 대학원 전산과학과 박사

<경력>

1998 - 현재 고려대학교 사범대학 컴퓨터교육과 교수

2006 - 2010 한국컴퓨터교육학회 부회장

2005 미국 Georgia Tech. 방문교수

이상근

<학력>

1994 고려대학교 이과대학 컴퓨터학과 학사

1999 고려대학교 대학원 컴퓨터학과 박사

<경력>

2003 - 현재 고려대학교 정보통신대학 부교수

2009 IBM T.J.Watson 연구소 방문교수

2001 - 2003 LG전자 선임연구원

임희석

<학력>

1992 고려대학교 이과대학 컴퓨터학과 학사

1997 고려대학교 대학원 컴퓨터학과 박사

<경력>

2008 - 현재 고려대학교 사범대학 컴퓨터교육과 부교수

2004 - 2008 한신대학교 정보통신대학 컴퓨터공학부 부교수

1997 - 1999 삼성종합기술원 전문연구원

조광문

<학력>

1988 고려대학교 이과대학 전산과학과 학사

1995 고려대학교 대학원 전산과학과 박사

<경력>

2005 - 현재 목포대학교 경영대학 전자상거래학과 교수

2000 - 2005 천안대학교 정보통신학부 교수

1995 2000 삼성전자(주) 통신연구소 선임연구원

정가 34,000원

C++를 이용한 데이터 구조 및 알고리즘 분석 (3판)

2010년 2월 25일 초판 인쇄
2010년 3월 3일 초판 발행
저 자 : MARK ALLEN WEISS
역 자 : 김현철 · 유헌창 · 이상근 · 임희석 · 조광문
발행자 : 우 명 찬 · 송 준
발행처 : 홍릉과학출판사
주 소 : 서울시 강북구 인수동 455-60
142-885
등 록 : 1976년 10월 21일 제5-66호
전 화 : (02)999-2274 ~ 5, 996-8341, 903-7037
팩 스 : (02)905-6729
ISBN : 978-89-7283-849-4
e-mail: hongpub@hongpub.co.kr
http://www.hongpub.co.kr

역자와의 협의하에 인지생략